국권과 문명

근대 한국 계몽운동의 기로

김도형金度亨

1953년 경상남도 통영에서 태어나 서울대 국사학과, 연세대 대학원(문학박사)에서 수학했다. 계명대학교, 연세대학교 사학과 교수를 지냈다. 동북아역사재단 이사장, 한국사연구회장, 한국대학박물관협회장 등으로 활동했다. 1876년 전후에서 일제하에 이르는 시기의 정치사상사·민족운동사를 주로 연구하고 있다. 지은 책으로 《대한제국기의 정치사상연구》(지식산업사, 1994), 《근대 한국의 문명전환과 개혁론》(지식산업사, 2014), 《민족과지역》(지식산업사, 2017), 《민족문화와 대학》(혜안, 2018) 등이 있다.

국권과 문명
국권과 문명근대 한국 계몽운동의 기로

제1판 1쇄 2022. 1. 18.
제1판 2쇄 2022. 11. 25.

지은이   김도형
펴낸이   김경희
펴낸곳   (주)지식산업사
         본사 • 10881, 경기도 파주시 광인사길 53
         전화 (031)955-4226~7   팩스 (031)955-4228
         서울사무소 • 03044, 서울특별시 종로구 자하문로6길 18-7
         전화 (02)734-1978   팩스 (02)720-7900
         한글문패   지식산업사
         영문문패   www.jisik.co.kr
         전자우편   jsp@jisik.co.kr
         등록번호   1-363
         등록날짜   1969. 5. 8.

책값은 뒤표지에 있습니다.

ISBN 978-89-423-9102-8 (93910)

이 책을 읽고 저자에게 문의하고자 하는 이는 지식산업사 전자우편으로 연락 바랍니다.

2022년 문화체육관광부 세종도서 학술부문에 선정된 도서입니다.

국권과 문명

근대 한국 계몽운동의 기로

김 도 형

지식산업사

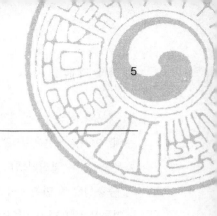

책을 펴내며

19세기 말, 20세기 초, 한국은 제국주의가 지배하는 세계 질서 속에서 자주적 근대국가, 근대사회를 건설하기 위한 개혁론, 개혁운동을 이어가던 '개혁의 시기'였다. 본필자는 그 동안 1905년 을사늑약乙巳勒約 이후의 국권회복운동을 다룬 《大韓帝國期의 政治思想 硏究》(지식산업사, 1994)와, 근대개혁론의 형성 과정에서 제기된 유교의 변용, 비판을 살핀 《근대 한국의 문명전환과 개혁론 ‒ 유교 비판과 변용》(지식산업사, 2014)을 간행하였다. 두 책에서 다룬 시기가 일부 겹치기는 하지만, 후자는 앞선 책에서 제기했던 몇 가지 문제 의식을 진전시킨 것이었다. 1994년도 책에서 요호饒戶 · 부농층富農層, 그리고 '문명개화'로 생각을 바꾼 '개신유학자' 등의 사상적 동향에 주목하였는데, 그 뒤로 연구를 더 진척하여 이들의 사상 구조를 유교의 변통론, 변법론에 입각한 '변법개혁론'으로 정의하였으며, 문명개화론과는 사상적, 사회 경제적인 면에서 차이가 있다고 보았다. 근대화 과정에서 제기된 서양 문명 수용과 유교 변용 또는 비판, 청산의 문제가 그 핵심이었다. 문명과 유교라는 문제는 일제 시기, 해방 뒤의 현대사회까지 걸치는 것이었지만, 우선 필자는 1910년 강점 이전 시기만을 대상으로 하여 2014년 책을 출간하였다.

이번에 출간하는 《국권과 문명》은 2014년 책의 후반부에 간략하게 서술했던 계몽운동에 대한 문제 의식 위에서 1994년 책의 '문화계몽운동' 부분을 대폭 수정하고, 그 운동이 1910년대를 거치면서 겪게 된 분화 · 재편 과정을 정리한 것이다. 2014년 책에서 근대개혁론의 향방

을 정부와 집권층, 문명개화 세력, 그리고 변법개혁 세력으로 구분하였
는데, 이 세 계열은 1905년 국권상실 이후에 계몽운동(이른바 '애국계
몽운동')으로 결집하였다. 그런데 운동 참여층의 사상적, 정치적 입장
의 중층성으로 민족·국권 문제, 문명화 문제를 둘러싸고 매우 상반된
논의들을 내포하고 있었다. 이 편차와 모순들로 계몽운동 계열은 대한
제국의 망국 이후에 새로운 민족운동으로 재편되었다. 물론 이 운동
대열에서 탈락한 친일 세력도 확산되었다.

계몽운동과 그 뒤의 분화 과정을 따로 책으로 꾸며야겠다는 생각은
이미 15년 이전으로, 이를 영어로도 간행하여 해외 한국사, 한국학 연
구자들에게 제공할 생각이었다. 국외에서 계몽운동을 다룬 연구도 제
출되어 있었으므로(Andre Schmid, *Korea Between Empires
1895~1919*, Columbia University Press, 2002. 한국어판 정여울
옮김, 《제국 그 사이의 한국, 1895~1919》, 휴머니스트, 2007), 이에
대해 어떤 형태로든지 답을 하지 않으면 안 되었다. 2006~2007년에
나는 미국 U.C.L.A. 아시아언어문화학과에서 J. Duncan 교수와 함
께 한국학, 한국사 전공의 대학원 수업을 할 기회가 있었는데, 그 과정
에서 한국근대사의 체계와 개혁운동을 이해하기 위해서는 계몽운동을
정리해야 한다고 깨달았다. 던컨 교수와 나, 그리고 김동노 교수(연세
대 사회학과) 등은 대한제국 시기 문제를 다룬 책(*Reform and
Modernity in the Taehan Empire*, Jimoondang, 2006)을 간행한
바 있기에 필자 단독으로 이에 짝하는 책을 구상하게 되었던 것이다.
이 작업은 내가 재직했던 연세대학교 문과대학의 지원으로 시작하였
다. 그리하여 10여 년 전에 해외 한국학 학자, 대학원 학생들에게 필요한
수준으로 정리한 한글본을 완료하였다. 영문으로 번역하는 일은 던컨
교수가 해 주기로 하였다. 나이로는 나보다 선배이지만 오랫동안 학문적

친구로 지내고 있는 분이다. 던컨 교수는 내 원고 가운데 '서장'을 먼저 번역하여 그 대학의 대학원 수업에서 학생들에게 읽히기도 하였다.

하지만 이런 계획은 생각대로 되지 않았다. 나도 2014년 책을 간행하는 작업을 행하였고, 또한 그 뒤 정년에 따른 정리 작업(《민족과 지역》, 지식산업사, 2017 ; 《민족문화와 대학》, 혜안, 2018) 등으로 짬을 내지 못하였다. 그 사이 던컨 교수도 대학에서 은퇴하였다. 나도 정년퇴직 1년여를 남기고 동북아역사재단의 일을 맡게 되면서 또 늦어지게 되었고, 재단 일을 하는 가운데 대학에서도 교수직 정년도 맞게 되었다(2019. 2). 이제 재단 이사장직도 임기를 마치게 되면서 미루었던 일들을 새삼스럽게 꺼내어 그간의 연구를 보완하여 다시 정리할 수 있었다. 재직했던 연세대 인근에 작은 연구실[海雲齋]을 마련하여 작업을 이어갔다.

내가 1994년 책에서 쓴 것이나, 또 10년 전에 정리한 것조차도 너무 오래 되었고, 또 2014년 책을 내면서 제기한 여러 논의들을 담기 위해서는 전면적으로 개편, 정리하지 않을 수 없었다. 그리하여 계몽운동의 범위를 독립협회에서 '애국계몽운동'까지 포괄한 위로부터의 부르주아 개혁운동으로 정하고, 1994년 저서 이후에 새로 쓴 논문들과 새롭게 출간한 2014년도 저서 가운데 필요한 것을 체제에 맞게 간추려 다시 다듬었다.

이 책을 꾸미면서 내가 특히 유의했던 점은 '한국 근현대사 속에서 민족주의'였다. 한국학계에서는 여전히 논란이 되고 있고, 또한 구미학계에서의 여러 논의도 이 문제이기 때문이다. 한국 근현대사는 민족이 결집하여 근대민족국가 건설을 향해 가던 때였고, 이를 견인한 논리는 민족주의였다. 민족주의는 역사적으로 형성되어 있던 민족적 동질감이 당시 사회 과제 속에서 발현된 것이었다. 근대화 과정 속에서 필요했던 국민적, 민족적 자질과 의식을 교육과 계몽을 통해 만들어가는 과정이 기도 하였지만, 결코 '허구'의 논리를 창출한 것이 아니었다. 당시 식민 지화의 위기 속에서 민족적 과제를 해결하고자 우리 역사를 재창조한 논리였다. 이후의 역사 과정에서 민족주의가 국가주의 성격을 띠었다 고 형성 단계의 역사적 의미까지 부정할 것은 아니다.

이렇게 형성, 발전된 민족주의는 시대의 변화나 집단, 계층에 따라 매우 다양한 모습으로 나타났다. 민족주의는 타민족의 침략에 대응하 여 자민족과 다른 민족의 문화적, 인종적 구분에서 출발하였고, 따라서 강한 배타성과 저항성을 지니고 있었다. 하지만 이를 달성하기 위해서 는 구래의 유교 문명으로는 불가능하였고, 근대 서양 문명을 수용하며 새로운 근대사회를 만들어야 했다. 민족주의는 바로 이런 과제를 이끌 어가는 논리였다. 일제 강점 아래에서의 민족주의도 마찬가지였다. 약 소국이 자민족을 지키고 주체적으로 새로운 근대문명과 근대사회를 만 들고, 궁극적으로 근대국가를 만들어가기 위한 논리였다. 민족주의는 국권 문제, 문명화 문제, 계급 문제를 해결하여 근대국가를 만드는 이 념이었다.

이 책에서 다룬 근대 한국의 계몽운동도 민족주의의 형성, 발전 과정 에서 일어난 것이었다. 계몽운동은 신문명을 수용한 지배층, 식자층이 자주독립과 문명화를 추구했던 운동이었다. 곧 위로부터 이루어진 부 르주아 개혁운동의 일환이었다. 민족을 본위로 서양 열강, 일본 침탈을 극복하면서, 동시에 서양 문명을 수용하여 정치체제로부터 일상생활에 이르기까지 구래의 중세체제를 '근대화'하고자 하였다. '독립과 문명' 또는 '국권과 문명'이라는 문제는 서로 보완적으로 결합하기도 하였지 만, 때로는 어느 한쪽으로 기울어지면 당시의 역사적 과제를 외면할 수도 있었다. 국권을 찾기 위해서는 문명화가 필요하고, 또 문명화를 위해서는 서구 문명, 일본 문명을 수용해야 했지만, 과도한 외래 문명 수용은 역으로 자주독립, 국권 문제에 치명적인 것이 될 수 있었다. 당시 계몽운동에 참여하였던 지식인들은 이런 모순 구조 속에서 끊임없이 고민하였다. '자주독립', '국권회복', 문명화라는 목표는 동일하였지만, 사상적 배경이나 사회경제적 이해관계가 다르고, 따라서 문명화의 방안이나 국권에 대한 생각이 다른 다양한 사람들이 참여하면서 생긴 것이었다. 이 책 제목도 당시 지식인의 고민을 담아서 정했다.

이 책은 1994년 책의 해당 부분을 다음과 같이 수정 또는 보완하였다. 첫째, 운동의 주도 세력을 '문명개화론자'로 규정하였던 것을, 그 사이 축적된 필자의 연구를 활용하여 두 계열로 정리하였다. 문명개화론자와 개혁의 방향이나 방법이 다른 변법개혁론자의 동향을 크게 보완하였다. 그리하여 계몽운동에는 현실 인식(국권 침탈, 의병항쟁 인식), 운동론(자강론, 실력양성론), 문명화론과 유교 등에서 대비되는 두 경향이 있었던 점에 유의하였다. 초판에서 언급한 내부의 편차는 문명개화론의 틀 안에서만 구상하였다면, 이제는 두 계열의 형성, 운동론까지 대별시켰다.

둘째, 운동의 명칭도 '계몽운동'으로 표기하였다. 1994년 책에서는 운동이 '문화적 형태'로 전개되었던 점을 중시하여 '문화계몽운동'이라고 하였다. 특히 문명개화론에 근거한 부르주아 계열의 운동이 1920년대 문화운동에 이르기까지 그 발전 과정과 계통이 명확했기 때문에 '문화'라는 관두어를 붙였었다. 그러나 계몽운동에 참여했던 변법개혁론들은 민족주의를 지향하면서 '문화운동'의 문제점을 인식하고 있었다. 이 운동은 아래로부터의 의병항쟁에 대비되어 민중, 농민층을 '계몽'하기 위해 많은 활동을 했다는 점 등이 중요하다고 판단하여 '계몽운동'으로 정리하였다. 물론 그 이념 가운데는 애국주의가 강조되기도 하였지만, 민족주의 형성과정에서 점차 극복되어야 할 과제였고, 또 '애국'이라는 낱말의 계급적 '독점'에 대한 학계 연구에 동의하는 차원에서 이를 사용하지 않았다.

셋째, 계몽운동은 '계몽'을 위해 단체를 만들고, 매체를 활용하여 운동을 전개하면서도 운동의 목표에 따라 계기적으로 발전하였던 점에 유의하였다. 우선 운동의 시작을 본격적인 조직운동으로 일어난 독립협회와 《독립신문獨立新聞》으로 보았다. 그 운동에서 주장하던 바는 문명개화와 자주독립이었고, 이는 《황성신문皇城新聞》이나, 그 이후의 개혁당, 헌정연구회, 보안회 등으로 이어졌다. 그 운동의 발전 과정 속에서 점차 '민족', '국권' 문제가 인식되기 시작하였다. 그리하여 마침내 1905년의 국권상실로 국권회복, 독립을 위한 운동이 당면의 목표로 내걸리면서 계몽운동은 새로운 차원, 국권회복운동으로 발전하였으며, 그 운동의 시작은 대한자강회였다. 이런 점에서 일반적으로 보안회나 국민교육회를 '애국계몽운동'의 출발로 보는 연구와는 다른 입장을 취하였다.

오랜 시간을 두고 정리한 책이기에 필자의 여러 제자들이 '세대'를 이어가면서 수고를 아끼지 않았다. 2010년 경, 1994년 책의 계몽운동 부분을 기반으로 이 책의 초고를 만들 때까지는 당시 연세대 대학원 사학과의 석사생이었던 오상미, 최경선, 김미성, 김윤정, 신가영 등이 도와주었다. 자신들의 일을 제쳐두고 적지 않은 분량을 교정, 입력해 주었다. 이제는 그들도 각자의 전공 분야에서 두각을 드러내는 소장 학자가 되었기에 대견스럽기만 하다. 중단했던 작업을 간간이 이어갈 때는 신효승 박사, 고태우 박사, 이정윤 박사생, 조민영 석사 등이 수고를 아끼지 않았다. 퇴직 후 도서관 이용이 자유롭지 않은 불편은 연세대박물관 학예사 윤현진 선생이 덜어 주었다. 또한 연세대박물관(관장 조태섭)은 소장한 '대한국독립협회지장'(국가등록문화재) 인영을 책 표지에 사용하게 해 주었다. 10년 전에 중단되었던 작업을 다시 시작하여 이제라도 마무리한 것은 모두 이들의 헌신적인 도움으로 가능하였다. 이런 점에서 이 책은 이들 모두가 만들어 준 정년, 퇴직 축하 선물인 셈이다.

이 책의 간행으로 지식산업사에 또 빚을 지게 되었다. 언제나 국학과 인문학 진흥을 위해 애쓰시는 선배 김경희 사장님의 호의가 없었으면 마무리할 수 없었다. 어려운 출판계의 사정 속에서 애쓰시는 모습이 존경스럽고 또한 죄송할 뿐이다. 더욱 건강한 가운데 국학진흥을 위해 산적한 문제들도 이끌어 주시기를 바라며, 감사드린다. 덧붙여 볼품없는 원고를 깔끔하게 다듬어 품위 있는 책으로 작업해 준 편집실의 김연주, 권민서 선생에게도 고마움을 전한다.

책을 준비하는 시간이 지난 만큼 세월의 흐름도 쉼이 없다. 더욱이 필자의 은사이신 송암松巖 선생님께서도 작년 가을에 돌아가셨다. 학문이나 인생사에서 크고 작은 일을 모두 챙겨주시던 은사님께 더 이상의 지도를 받지 못하는 것이 힘들 따름이다. 감히 원한다면 이 작은 책으로 선생님의 학은에 보답할 수 있었으면 좋겠다.

다시 시간과 여건이 허락된다면, 이 책을 다시 간결하게 정리하여, 처음 계획한 대로 영문으로 출간하여 구미 지역에서 한국근대사를 이해하는 데 작은 도움이라도 되었으면 하는 바람도 덧붙인다.

2021년 12월

延禧洞天 海雲齋에서

김 도 형

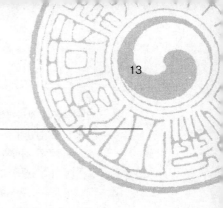

차 례

I

서 장

1.
민족주의와 계몽운동

   (1) 1876년 조일수호조규朝日修好條規(강화도조약)로 한국은 세계적 규모의 제국주의, 자본주의 체제 속에 흡수되었다. 문호개방으로 한국은 상품화폐경제를 진전시켰지만, 동시에 제국주의 체제 아래에서 식민지화의 위기도 맞게 되었다. 한국은 자립적인 근대사회, 근대국가로 나아가는 어려운 개혁의 과정을 걸어야 하였다. 근대개혁을 위해서는 19세기에 들어 격화된 농민항쟁을 해결하여 농민층을 안정시키면서, 다른 한편으로는 서양의 새로운 문명을 배워 근대화를 이루어야 하였다. 이 두 과제는 별개의 것이 아니며, 구조적으로 결합되어 있었다. 개혁 과정에서 근대 민족과 국민이 형성되고, 이념으로 민족주의가 발전하였다.[1]

---

  1) 姜萬吉은 "민족주의는 역사적 시점에서 볼 때 國民主權主義로 이해되어야 하고, 국민주권 의식보다는 국가주의적 의식이 팽배하였던 한말의 시기는 엄격히 말해서 국가주의의 시대나 민

민족주의는 한국 근현대사를 만들고 이끌어 간 핵심 논리였다. 식민지화의 위기와 그 지배 아래에서, 민족주의는 외세 침탈을 막아내고자 자민족을 우선시하는 배외주의였다. 하지만 한국과 같은 약소국의 민족주의는 자민족을 지키고 주체적으로 새로운 근대문명과 국가를 만들어가는 논리로 발전하였다. 단순한 배외주의, 인종주의, 국수주의와는 달랐다.

민족주의는 당연하게 민족을 최우선의 단위로 결집하여야 하였다. 하지만 민족운동은 하나의 '민족'으로 결집하여 통일적, 획일적 형태로 전개되지 않았다. 결집한 세력, 집단의 사회경제적 조건, 정치사회적 지향에 따라 민족운동도 여러 갈래로 일어났고, 운동이 지향하는 근대사회의 모습도 달랐다. 민족주의는 저항성, 근대성, 계급성이라는 속성이 있었던 것이다.

민족주의는 일반적으로 '자민족' 정체성에서 시작하였다. 한국은 오랜 역사 속에서 이민족과 다른 자국의 역사문화를 영위하고 있었고, 새로운 근대 '민족'으로 나아갈 수 있는 기반이 되었다. 특히 조선 후기의 실학사상에서 중국과 다른 자국 문화를 강조하고, 중국 중심의 화이관, 세계관에 의문을 가졌다. 이런 인식의 발전 위에서 근대 '민족'으로 결집하는 계기가 된 것은 1876년 문호개방이었다. 민족의 결집은 제국

족주의의 배태기는 될지언정 민족주의 시기로 보기는 어렵다"고 하였다. 국민주권주의의 형성·발전이라는 측면에서 ① 국민주권 의식이 점차 싹터가고 있었던 구한말 시기, ② 독립운동의 목적으로 共和主義가 정착해가면서 최초의 공화주의 정부였던 상해임시정부가 수립되던 시기, ③ 노농계급의 성장과 독립운동 내부의 좌·우익의 대립과 연합을 이루던 시기, ④ 해방 이후 국민주권주의의 시련과 民主化와 統一運動의 시기 등, 4시기로 구분하고 있다(《韓國民族運動史論》, 한길사, 1985). 이런 문제를 농업구조의 변동에 맞추어서 분석한 金容燮은 중세적 경제구조의 근간을 이루던 지주제의 처리를 둘러싸고 제기된 지주적 코스와 농민적 코스, 그리고 일제 시대 농업문제의 해결방안으로 제기된 부르주아적 입장과 사회주의적 입장을 계통적으로 정리하여 새로운 近代國家建設論으로 연결하였으며, 남북분단의 역사적 이론적 배경으로 파악하였다(〈近代化過程에서의 農業改革의 두 방향〉, 《韓國資本主義性格論爭》, 대왕사, 1988; 〈日帝 强占期의 農業問題와 그 打開方案〉, 《東方學志》 73, 1991. 두 편 모두 《韓國近現代農業史硏究》, 증보판, 지식산업사, 2000 所收).

주의 침략 앞에서 자주 국권을 지키고, 또한 서양의 근대문명을 수용하여 새로운 근대국가를 추구하는 근대개혁운동의 원동력이었다.

　문호개방 이후의 개혁운동, 민족운동은 사회경제구조의 변화에 따라 그 목표나 노선이 조정되기도 하였다. 개항 이후 문명화, 개화가 중시되던 때에는 근대사회, 국가 건설을 위한 개혁으로 전개되었고, 1905년 을사늑약으로 국권이 상실된 시점에서는 국권회복운동으로 나타났으며, 일제 식민 지배의 진전에 따라서는 민족해방운동으로 전개되었다. 해방 뒤에는 민주화와 통일이 중요한 과제가 되었다.

　(2) 문호개방 뒤 한반도를 둘러싼 국제 질서는 새로운 차원으로 만들어졌다. 흔히 화이華夷 체제, 조공朝貢 질서 등으로 불리는 전근대 동아시아 질서가 무너지기 시작하였고, 불평등조약에 근거한 제국주의 질서가 구축되어 갔다. 조선은 '만국공법萬國公法'의 이름 아래 제국주의 국제 질서 속에 편입되었다. 이에 조선은 '국권' 문제를 새롭게 인식하기 시작하였다. 구래의 화이 체제를 유지하려던 청淸의 간섭에서 벗어나 '독립'된 국가로 자립해야 하였고, 또 다른 한편으로는 공법 질서 아래에서 서구 열강과의 불평등 관계와 일본의 침략 앞에서 '국권'을 지켜야 했다.

　'국권'을 지키기 위해서는 모순적이지만, 서양과 통교하고 그 문명을 수용하여 근대화, 문명화를 이루어야 하였다. 그때까지 '문명'으로 여겼던 유교로는 변화된 현실을 해결할 수 없었다. 처음에는 서양의 기술 문명 정도를 수용하면 해결할 수 있을 것으로 판단하였다. 그러나 점차 문명화를 이루기 위해서는 서양의 정치, 종교까지 배워야 함을 알았다. 그리하여 서양 문명을 어느 수준에서, 어떤 분야를 수용해야 할 것인가라는 점에 따라 '개화론' 안에 다양한 계열이 존재하게 되었다.

　한편, 문호개방은 조선 후기부터 진행되어 온 농민층 분화를 광범하고 급속하게 촉진시켰다. 계급적 재편 속에서 민족주의를 담당할 여러 집단이 형성되었다. 통상무역과 정부의 식산흥업 정책 등으로 상품화폐경제가 발전하였고, 미곡의 상품화, 수출 등으로 지주층이나 상품화를 담당하던 상인층이 많은 부를 축적하였다. 이들은 다시 토지를 사들여 집적하고, 지주 경영도 강화하였다. 상품화폐경제의 발전 속에서 일부 부농층이나 사상인私商人층도 성장하였다. 그러나 대부분의 소농·빈농층은 몰락하였다. 그리하여 이들은 사회경제적 이해관계에 따라 여러 형태의 개혁운동을 전개하였다. 봉건체제의 변혁이나 변용, 침투한 외래 자본에 대한 저항 또는 순응 등과 연관되었다. 이는 궁극적으로 민족 문제를 보는 태도를 결정하였다.

그리하여 근대 민족운동은 결집된 세력의 계급적, 이념적 성향에 따라 다양한 형태로 일어났다. 지배층, 지주층은 서양 문명을 적극적으로 수용하여 근대화, 문명화를 목표로 위로부터의 개혁운동을 전개하였으며, 농민층은 아래로부터 구래의 봉건체제를 비판하면서 자신들의 몰락을 가져온 서양, 일본의 경제 침탈에 항쟁하였다. 이 두 계열의 운동은 서로 적대적이었다. 개항 뒤 농민층의 항쟁이 1894년 농민전쟁으로 터져 나왔지만, 정부나 지배층은 농민층의 저항을 힘으로 누르고 갑오개혁을 추진하였다. 1905년 을사늑약으로 국권이 상실된 단계에서 일어난 계몽운동과 의병항쟁도 기본적인 속성은 동일하였다.

위로부터, 그리고 아래로부터 전개된 두 계열의 민족운동이 계급적 차원에서 하나의 목표 아래 일어났지만, 각 운동의 내부에는 다양한 참여층이 '연합'의 형태로 결집하였다. 참여층의 내적 차이에 따라 운동은 획일적, 통일적으로 전개되지 않았다. 국권회복운동으로 일어난 계몽운동도 그러하였고, 의병항쟁도 그러하였다. 계몽운동에는 크게 사상적 연원이 다른 문명개화론 계열과 변법개혁론 계열이 있었고, 계급적으로도 구래의 지주층으로부터 새로운 상인층, 부농층까지 망라하였

다. 의병에도 봉건적 보수 유생층과 몰락한 농민층, 상인층 등의 민중
층이 결합하였다.

각 운동이 '계급 연합'으로 전개되면서 그 내부에는 지향점이 서로
다른 집단이 이념과 노선에서 서로 대립하였고, 어느 측면에 중점을
두느냐에 따라 그 운동의 성격도 달라졌다. 의병은 계급적으로 보수
유생층과 민중층의 대립이 명확하였다. 계몽운동은 공통적으로 국권회
복을 위해서 문명, 부강을 주장하였는데, 일부는 문명, 부강을 위해서
는 강대국(문명국 일본이나 서양)의 '지도'도 필요하다고 보았다. 전자
는 민족의 실력, 힘을 길러 경쟁에서 살아남아야 한다는 것이었다면,
후자는 문명화의 논리에 매몰되어 국권, 민족 문제를 포기한 것이었다.
서양 문명 수용과 문명화를 어떤 방향에서, 어떤 논리에서 달성하느냐
에 따라 민족 문제도 결정되었는데, 이를 주장하던 집단이 계몽운동
내부에 공존하고 있었던 것이다.

이런 내부의 이념적 차이로 계몽운동은 언제나 분화될 가능성을 지
니고 있었다. 국권이라는 공동의 민족 문제를 해결하고자 여러 계열이
연합하였다가, 일정한 단계에 이르면 분화하게 되었던 것이다. 민족운
동에는 언제나 국권 문제, 계급 문제, 그리고 문명화의 논의들이 결합
되어 있었기 때문이었다.

(3) 근대개혁의 핵심은 문명개화와 자주적 '독립', 국권 문제였다.
두 문제는 한국 근대개혁운동에서 핵심적인 과제로 추구한 것이었다.[2]

(가) 국권을 위해 새로운 문명화가 필요하다는 논의는 1880년대 초
반에 제기되었다. 자주적 국권을 유지하고, 이를 위해 서양 문명을 수

---

2) 김도형, 《근대 한국의 문명 전환과 개혁론―유교 비판과 변용》, 지식산업사, 2014.

용해야 한다는 것이었고, 이로써 '문명'에 대한 생각도 바뀌기 시작하였다. 유자儒者들은 요순堯舜, 삼대三代 사회를 '문명'과 '개화'의 상태로 여겼다. 따라서 서양 문명을 철저하게 부정하고, 이들과의 통교는 유교 문명의 금수화를 가져올 것이라고 반대하였다. 이에 견주어 지배층 일각에서는 서양이나 일본의 부강富强을 직간접으로 경험하면서 메이지 유신 뒤 일본의 '문명개화'를 수용하고 배워야 한다는 논의가 형성되었다. 그들은 서양문명론에 따라 문명에도 등급과 차별이 있다고 보았다. 가장 낮은 야만 또는 미개의 단계, 그 위의 반半개화 단계, 그리고 상위의 서양 문명을 문명 · 개화의 단계로 보았다. 이는 서양 문명을 미개, 야만으로 보던 유교문명관과는 정반대의 생각이었다. 반개화 단계의 조선은 서양이나 일본을 본받아 '개화'해야 한다고 했다.

문명개화론의 사상적 연원은 조선 후기의 북학론北學論이었다. 이적夷狄의 학문이라도 이용후생利用厚生에 필요한 것은 배워야 한다는 것이었다. 이적의 문명도 유교 문명과 전혀 다른 것이 아니며, 또 서양의 발달된 기계, 과학도 모두 중국 문명에서 나온 것이라는 논리를 내세웠다. 더불어 중국, 중화 민족만이 문명을 만들 수 있다는 주장에 동의하지 않으면서, 문명화는 인종이나 민족에 따른 문명의 수준 차이도 없다고 보았다. 이적이었던 청의 문명이나, 또 청에 전래된 서양 문물을 경험하면서 전통적인 화이관이 달라지기 시작하였던 것이다. 중화 문명의 절대성을 부정한 것만으로도 획기적인 논리였다. 그러면서도 유교 문화의 절대성을 여전히 견지하였고, 서양 종교와 과학기술을 분리하여, 기술문명만 이용후생 차원에서 허용하였다. 이런 인식의 변화속에서 유자들 가운데는 조선, 곧 동국東國의 문화가 중국 못지않다고 생각하였다. 유교적 중화론에 입각한 사람들 가운데는 명나라 멸망 이후에 중화 문명이 조선에만 남아 있다는 '소중화론' 속에서 유교적 조선 문화의 자부심을 찾았다.

19세기 중후반, 북학론 계통의 노론老論 낙론洛論계가 정권을 장악하였다. 이 계열은 고종이 등극한 뒤에 대원군의 정치적 기반이 되었다. 대원군은 중세 체제 유지를 위해서 왕권을 강화하는 일련의 사업을 추진하였고, 대외적으로도 문호개방을 거부하였다. 서양 종교는 체제를 위협하는 것이라고 탄압하면서도 기술문명에 대해서는 그렇게 부정적으로 보지 않았다. 이에 대한 수용 논의는 대원군이 물러나고 같은 북학론 후예인 민씨 세력이 집권하면서 본격적으로 일어났다. 이들은 변화된 대외 정세에 따라 외교 문제를 다루는 별도의 기구(통리기무아문, 통리교섭통상사무아문 등)를 만들고, 그 아래에 서양을 배우는 여러 기관(제중원, 육영공원 등)을 두었다. 이들의 개혁론은 기본적으로 유교 사회 틀 안에서 서양의 기술을 배워 부강을 이루고자 했던 양무洋務 개혁이었다.

정부의 양무개혁이 진행되는 가운데 임오군란(1882)이 일어났고, 이를 계기로 집권층 일각에서 양무개혁에 대한 비판이 일었다. 이들은 일본 메이지유신의 문명개화를 높게 평가하고, 서양 문명을 더 적극적으로 수용하여 근대개혁을 추진하자고 주장하였다. 특히 유교의 절대성을 비판하고, 서양 기독교도 종교 자유 차원에서 허용하자고 하였으며, 나아가 서양의 근대 정치사상에 근거하여 신분제 타파, 민권 신장, 새로운 정치 운영 등을 주장하였다. 이들 개화파는 자신들의 목표를 달성하기 위해 갑신정변甲申政變을 일으켰다(1884).

갑신정변은 국제 관계 변화에 대응하는 구상도 포함하였다. 1880년대 들어 조선 정부는 미국을 비롯한 서양의 여러 나라와 통상조약을 맺었다. 하지만 여전히 청과는 구래의 조공 질서에 매여 있었다. 조선을 둘러싸고는 중국 중심의 전근대적 질서와 동시에 근대적 만국공법 질서가 동시에 작용하였다. 1880년대 집권 세력은 상반된 두 질서를 그대로 받아들였고, 청이 《조선책략朝鮮策略》 속에 권유한 친親중국, 결

結일본, 연미방聯美邦이라는 국제 관계를 받아들였다. 유길준이 말하던 '양절체제兩截體制'였다. 이에 문명개화파는 만국공법 질서를 지향하면서 청이 강요하는 전근대적 조공 질서를 벗어나고자 노력하였다. 곧 청으로부터의 '독립'이었다. 임오군란이 청의 도움으로 해결되면서 청의 내정간섭은 더 심화되었기 때문이었다. 이를 둘러싸고 집권층 내부에서 대외 관계는 청에 의존해야 한다는 집단과, 청으로부터 '독립'해야 한다는 문명개화파와의 대립이 일어났다. 개화파는 갑신정변에서 이런 점을 정강의 제1조에 제시하였던 것이다.

갑신정변 뒤, 1894년 청일전쟁에 이르는 시기에 '문명과 독립' 문제는 더 심화되었다. 갑신정변 또한 청의 도움으로 진압되면서 청의 간섭은 더 심해졌다. 고종과 민씨 세력조차 청으로부터 벗어나기 위해 노력하였다. 러시아와 밀약을 시도하기도 하였고, 구미 여러 나라에 독자적으로 외교 사절을 파견하기도 했다. 그러나 이마저도 청의 반대로 좌절되었다. 갑신정변 주도자 가운데는 박영효처럼 국외에서 문명개화론을 심화한 이도 있었다(이른바 〈建白書〉). 조선 정부도 별도의 정부 기구로 내무부內務府를 만들어 서양기술 수용을 적극적으로 추진하면서 개혁사업을 이어갔다. 대외적으로는 여러 형태의 논의 속에서 세력균형, 조선 중립화 등의 방안도 제기되었다. 유폐 중이던 유길준은《서유견문西遊見聞》속에서 '국권' 보전을 위해 '독립, 자수自守'의 주권, 국권을 주장하였다.

(나) 1894년 청일전쟁은 한국을 둘러싼 동아시아 정세에서 획기적인 분기점이었다. 청일전쟁은 전쟁의 당사국인 일본과 청은 물론이거니와, 이 전쟁이 조선을 두고 일어났던 점에서 조선에 끼친 영향은 더 컸다. 청으로부터 조선의 '독립'은 일본이 전쟁을 일으킨 명분이었다. 일본은 전쟁에서 이기자 시모노세키 조약 제1조에 이를 명시하였다.

'조선의 독립'은 청의 간섭을 배제하고 조선에 대한 일본의 독점적 지배를 의미하는 것이었다. 외형적으로는 전근대적 동아시아 국제 질서, 곧 화이체제華夷體制가 붕괴되었다.

외적인 정세 변동 속에서 조선의 개혁운동도 동요하였다. 농민층이 주도한 농민전쟁(1894)은 정부군과 이와 결탁한 일본군에 의해 진압되었다. 개혁사업은 일본의 힘에 기댄 개화세력이 주도하였다(갑오개혁). 신분제와 과거제도 폐지, 새로운 교육제도 실시, 내각제도의 도입, 단발령 실시, 양력 사용, 그리고 청으로부터의 자주와 독립 등, 구래의 사회제도와 체제를 바꾸는 것이었다. 그러나 갑오개혁이 급진적, 외세의존적으로 추진된 만큼 이에 불만을 가진 세력도 많았다. 마침내 '아관파천俄館播遷(1896)'으로 갑오개혁 정권 또한 무너졌다.

새로운 국제 정세 아래에서, '자주독립과 문명화'는 새로운 국면에 들게 되었다. 갑오정권을 무너뜨리고 출범한 대한제국은 물론이거니와, 문명개화 세력에게도 마찬가지였다. 문명개화 세력은 갑신정변 이래 추구했던 두 과제를 새로운 차원의 운동으로 전개하였다. 특히 자신들의 계급적 제약으로 민중층의 지지를 받지 못했고, 또한 개혁론의 급진성으로 실패했던 점을 자성하면서, 민중층을 계몽하고, 보수 유생들까지 자신들의 운동으로 끌어들이고자 하였다. 이에 문명개화 세력이 주도하는 조직적인 계몽운동이 시작되었다.

계몽운동을 시작하고 확산시킨 것은 《독립신문》과 독립협회였다. 그들은 다양한 방법으로 문명개화와 자주독립의 필요성을 제기하고, '우매'한 민중을 계몽하였다. 청일전쟁에서 일본이 승리한 것은 서양 문명을 열심히 배운 결과라고 하면서, 조선도 문명화, 개화를 위해서는 이를 적극적으로 수용해야 한다고 주장하였다. 또 청일전쟁으로 조선이 청으로부터 '독립'하였고, 국제적으로 자주독립을 인정받는 '제국帝國'으로 바로 서야 한다는 점도 강조하였다. 독립협회는 '독립'을 기념하기

위한 상징물인 독립문을 건립하고, 이후 토론회, 연설회를 통하여 계몽
활동을 강화하였다. 《독립신문》은 이런 사실과 개혁의 필요성을 민중
에게 소개하고 깨우치는 활동을 전개하였다.

독립협회 해산과 《독립신문》 폐간 후에는 계몽운동이 잠시 위축되었
다. 오히려 대한제국이 성립되면서 추진된 여러 개혁사업이 성과를 내
고 있었다(광무개혁). 정부는 유교 원리를 유지하면서, 서양의 법률·
기술 등을 본받아 정부 제도를 고치고 식산흥업 정책을 추진하였다.
특히 교육 진흥 정책을 활발하게 추진하여 전국 주요 도시에 학교를
세웠다. 정부의 권유로 지배층, 자산가층이 대대적으로 학교를 설립하
였다. 학교 교육으로 유교 이념을 유지하는 동시에 서양의 신사조를
배우고 개혁의 중심에 서 있던 황제 권한을 강화하여 '국민'을 만들고자
하였다.

한반도를 둘러싼 정세의 변동 속에서 서양 문명 수용이 활발하게 논
의되고, 또한 대한제국 정부의 개혁사업이 추진되자 일부 유자儒者들의
사상적 변화가 일어났다. 종래의 유교 이념으로는 국권 위기 극복은
말할 것도 없고 개화도 달성할 수 없다는 판단이었다. 그리하여 그들은
시대에 뒤떨어진 유교를 개혁하고, 동시에 서양의 정치론, 기술 문명
등을 수용하자고 하였다. 이 개혁의 원리는 유교에서 때에 따라 거론했
던 '변통變通', '변법變法', 곧 '수시변역隨時變易'이었다. 이들은 《황성신
문》을 통하여 계몽운동에 참여하였다. 《황성신문》은 문명화와 국권, 민
족 문제에 대한 자신의 논점을 개진하였는데, 《독립신문》과는 다른 논
리 체계였다. 특히 서양 문명 인식과 수용 범위, 유교 비판이나 변용,
그리고 계몽 대상 등에서 그러하였다. 유교적 기반을 전면적으로 부정
하지 않으면서, 또한 국한문 혼용으로 발간한 점에서는 시세의 변화에
따르지 않고 옛 것만 지키려는 보수 유생층을 계몽의 주 대상으로 삼았
다. 우리는 이를 변법개혁론이라고 할 수 있다.

　이와 같이 계몽운동은 그 초기부터 내부에 학문적 배경이 다른 두 계열, 즉 문명개화론자와 변법개혁론자가 참여하였다. 《독립신문》 폐간 이후 한 동안 《황성신문皇城新聞》만이 그 역할을 감당하였지만, 사회단체에는 두 계열이 같이 합류하였다. 서로 다른 두 계열이 다시 강하게 결합한 것은 1905년 을사늑약 이후였다. 이 조약으로 국권을 상실하고, 따라서 국권회복을 목표로 하는 계몽운동(이른바 애국계몽운동)을 전개하였다. 계몽운동을 이끌어 간 것은 여러 사회, 교육 단체였다. 대한자강회, 대한협회, 서북학회, 기호흥학회, 호남학회, 교남교육회 등이 만들어졌고, 여러 잡지와 신문을 발간하였다. 여전히 발간되던 《황성신문》을 비롯하여 새로 《대한매일신보》, 《대한민보》, 《만세보萬歲報》 등의 언론 매체들도 그 역할을 담당하였다.

　계몽운동이 국권회복을 목표로 하였던 점에서 이에 찬동하는 여러 계열의 사람이 동참하였다. 이 운동에는 의병항쟁으로 가지 않은 대부분의 식자층, 관료층, 자산가들이 모였다. 이념적으로는 문명개화론, 변법개혁론의 두 계열이 결합하였고, 사회경제적 처지나 생각이 다른 여러 인사들도 참여하였다. 이렇게 되자 계몽운동 진영 내부에서도 문명화와 민족, 국권 문제에 다양한 입장이 나타났다. 이런 내부의 모순들로, 1910년 대한제국이 멸망 단계에 이르면서 운동의 논리와 진영이 나누어지게 되었다.

민족운동 및 계몽운동에 관한 여러 논의

계몽운동을 둘러싼 여러 연구와 논의는 근대 한국의 민족주의와 민족운동을 어떻게 볼 것인가라는 문제와 직접 관련되어 있다.3)

(1) 계몽운동의 성격과 성과에 대해서는 당시 운동에 참여했던 사람들이 먼저 정의하였다. 박은식朴殷植은 대한자강회, 서우학회, 《대한매일신보》, 《황성신문》 등의 여러 단체와 언론 매체에서 활동한 대표적인 계몽운동가였다. 그는 계몽운동을 개화운동의 발전과정에서 파악하면서, 초기 개화파의 외세의존적인 자세를 극복한 '애국당'의 활동으로 보았다. 개화파의 개혁성을 대체로 긍정적으로 보면서도 외세를 끌어

---

3) 이에 대해서는 金度亨, 〈近代社會成立論〉, 《韓國史認識과 歷史理論》, 김용섭정년기념 한국사학논총(1), 지식산업사, 1997 ; 〈애국계몽운동에 대한 연구 동향과 과제〉, 《한민족독립운동사》(12), 국사편찬위원회, 1993 등을 참조하였다.

들인 갑신정변에 대해서는 비판적이었다. 김옥균金玉均, 박영효 등의
'소년당'이 친청, 친로파를 제거하고 개혁을 단행하려 하였지만, 일본
인의 침략성을 깨닫지 못하고 "일본인에 붙어 대사를 치르려는 것은
큰 착오였다"는 것이었다. 또 주모자들의 혁명 준비도 미흡하였고, 그
행동도 잔인하여 위로는 국왕의 지지를 얻지 못하고, 옆으로는 관료의
지지를 얻지 못했으며, 아래로는 군대와 백성의 지지도 얻지 못하여
사면에 적과 대립하였으므로 성공하기 어려웠다고 하였다. 박은식은
독립협회에 대해서도 이런 관점에서 비판적이었다. 독립당은 본래 지
식의 뿌리가 얕아 강력한 힘도 없으면서 일을 빨리 이루려다 실패하였
다고 하였다. 하지만 그 뒤 그 스스로 참여했던 계몽운동에 대해서는
'애국당'이라고 높게 평가하였다.[4]

'계몽운동'이라는 말을 처음 사용한 사람은 1920년대 황의돈黃義敦
이었다. 그는 계몽운동의 발전을 '전 민중의 자각' 과정이라고 하였다.
갑오 · 을미개혁을 추진한 세력을 '유신당維新黨 내각'으로, 독립협회를
'민론民論의 대표 기관'이라고 하였다. 특히 《독립신문》은 위로는 정부
의 행정을 감시하고, 아래로는 민중에게 신사상을 주입하고 신정신을
환기하였다고 하였다. 그는 이것을 '계몽운동의 서광'이라 하였다. 하
지만 독립협회 운동은 '전민중의 자각적 운동'이 아니었고, 다만 몇몇
청년 선각자가 일본 세력의 후원 아래 분기하여 일으킨 일종의 '임시적
인 정치적 혁신운동'이라고 규정하였다. 이에 비해 1904년 이후의 계
몽운동에 대해서는 적극적으로 평가하였다. '민중의 자각'이 이루어지
면서 《황성신문》과 《대한매일신보》의 언론 활동, 보민회(아마도 보안
회)와 대한자강회의 정치적 결사가 나왔고, 장기적인 안목에서 사립학

---

4) 朴殷植, 《韓國痛史》, 김도형 역주, 계명대학교출판부, 1997, 〈해제〉; 愼鏞廈, 《朴殷植의 社
會思想硏究》, 서울대학교출판부, 1982, 제6장 〈朴殷植의 歷史觀〉 참조. 박은식은 민중 항쟁
인 '갑오동학란'에 대해서는 부정적이면서 의병에 대해서는 매우 높게 평가하였다.

교 설립, 학회 창설, 대한협회와 같은 정치적 결사 등으로 계몽사상을 고취시켰다고 하였다. 그는 독립협회 이후에 '민중의 자각'으로 저변이 점차 확대되면서 1904년 이후에 계몽운동이 "진면목으로 민중 전체의 각성적 운동"으로 발전하였다고 파악하였다.5)

최남선崔南善은 '문화운동'이라고 하였다. 운동은 기본적으로 교육(교화) 사업의 신교육 운동(사립학교 설립, 지방적 학회와 그 부설 학교), 황성기독교청년회, 유길준의 《서유견문西遊見聞》, 신소설, 주시경의 어학 연구, 신채호ㆍ장지연의 사학 연구, 기독교ㆍ대종교ㆍ천도교 등의 문학과 종교 활동 등과 같은 '문화 분야의 운동'이라고 하였다.6)

해방 직후 손진태孫晉泰는 이를 '애국계몽운동'으로 규정하였다. 그는 의병의 '무력 반항'에 대해서는 별로 주목하지 않았다. 다만 조선의 지식층들이 "자신의 힘으로 독립을 싸워 얻어야 하겠다"는 자각을 중시하고, 이들이 사립학교, 학회, 종교 단체(천도교, 예수교, 대종교) 등을 세우고 일으키어 새 학문, 정치 사상, 민족 정신 등을 불어 넣어, 민족이 '한 덩어리'가 되어 독립을 위해 싸운 '애국계몽운동'이라고 규정하였다.7) 손진태가 활동하였던 해방 직후의 사회 상황을 어느 정도 반영한 견해였으며, '애국계몽운동'이라는 이름은 지금도 가장 보편적으로 통용되고 있다.

(2) 해방 뒤, 민족주의는 1960년 4.19를 계기로 다시 고조되었다. 세계적으로 제3세계를 중심으로 민족주의가 고양되던 속에서, 4.19는 민주ㆍ통일운동으로 추진되었다. 5.16을 일으킨 군부세력들도 민족주

---

5) 黃義敦, 〈昌德宮中의 御晩年—光武隆熙年代의 啓蒙運動〉, 《新民》14, 1926. 순종 서거를 기념하여 만든 잡지로, 순종 연간 여러 분야의 활동이 회고 형식으로 정리되어 있다.
6) 崔南善, 《故事通》, 삼중당서점, 1943, 245~246쪽.
7) 孫晉泰, 《國史大要》, 을유문화사, 1949, 138~139쪽 ; 《國史講話》, 을유문화사, 1950, 193~194쪽.

의를 강조하였다. 이런 사회 분위기는 역사 연구에도 영향을 끼쳤다.[8]

(가) 민족주의의 성행 속에서, 일제의 식민 수탈의 실상과 동시에 일제에 저항한 독립운동, 민족운동을 활발하게 연구하였다. 국사편찬위원회의 《한국독립운동사》(1965)가 대표적이었다. 개항 이후의 역사를 '항일 독립운동'으로 정리하면서, '저항'의 측면에서 특히 의병운동을 높게 평가하였다. 개화파의 운동이나 계몽운동에 대해서는 별로 주목하지 않았다. 《대한매일신보》의 '애국'적 언론 활동이 '항일 언론 항쟁'으로 언급되었을 뿐이었다. 대부분의 개화파 후예들이 뒷날 친일파가 되었던 점도 작용하였다. 대한자강회나 대한협회 등이 일제의 침략 논리였던 '시정개선론施政改善論'을 합리화한 친일적인 경향을 보이고 있다는 연구도 나왔다.[9]

척사론斥邪論이 강조된 것도 이런 분위기였다. 척사사상이 비록 봉건성을 벗어나지 못했지만 배외적 저항성이 강하여, 친일로 빠진 개화파와 대비되었다. 주자학 속에 '봉건적'인 형태의 '민족주의'가 있다고 하였으며, 더 나아가 척사사상이 바로 '민족주의'라고 규정하였다.[10] 1970년대 유신체제 아래 풍미하던 '주체적 민족주의'를 보강하는 역사적 사례로 활용되었다.

(나) 민족주의의 성행 속에서 한국사 연구의 주류는 일제의 식민사학을 비판하고, 한국사를 주체적, 발전적으로 파악하는 흐름이었다. 조선

---

8) 金度亨, 〈近代社會成立論〉, 《韓國史認識과 歷史理論》, 1997 ; 金仁杰, 〈1960, 70년대 內在的 發展論과 韓國史學〉, 같은 책, 참조.

9) 李鉉宗, 〈大韓自强會에 대하여〉, 《震檀學報》 29·30, 1966 ; 〈大韓協會에 관한 연구〉, 《亞細亞研究》 13-3, 1970.

10) 金龍德, 〈朱子學的 民族主義論〉, 《朝鮮後期思想史研究》, 을유문화사, 1977 ; 崔昌圭, 《近代韓國政治思想史》, 일조각, 1972 ; 吳英燮, 《華西學派의 思想과 民族運動》, 국학자료원, 1999. 등 참조.

후기의 사회경제 변화를 '자본주의 맹아'로 규정하였으며, 자생적 자본주의화, '근대화'에 주목하였다.[11] 근대개혁운동, 민족운동 가운데는 자연스럽게 서양 문명 수용을 통해 근대개혁, 근대화를 추구했던 개화파와 개화사상을 긍정적으로 보는 경향이 강화되었다.

A- 북한에서는 오랜 논쟁을 통하여 근대 시기를 1866(병인양요, 조불전쟁)~1926년(타도제국주의동맹)으로 설정하고, 역사적 단계를 부르주아 민족운동 시기로 보았다.[12] 이때의 기본 과제는 자본주의적 관계의 발생·발전에 따라 봉건적 제 관계를 청산하는 반봉건 부르주아 혁명을 수행하는 동시에, 외래 제국주의의 침략을 물리치고 나라의 독립과 자주권을 지키는 반침략 투쟁을 전개하는 것이었다. 조불전쟁(병인양요)을 시점으로 삼은 것도 조선 민족의 외래 침략자에 대한 주체적 투쟁을 기본 노선으로 이해한 것이었다. 즉 반침략 민족운동의 발생, 발전이라는 측면에서 이를 모두 부르주아 민족운동의 범주로 포괄하였다.

그리하여 북한에서는 부르주아 개혁 또는 혁명을 규명하는 연구를 활발하게 행하였다. 개화사상, 운동의 발전 단계를 1884년의 부르주아 혁명(갑신정변), 1894년 부르주아 개혁(갑오개혁), 그리고 부르주아

---

11) 이런 학계의 흐름은 당시 박정희 정권에서 내건 '조국 근대화'와는 서로 출발점이 다른 것이었다. 하지만 자생적, 주체적 근대화라는 점은 역사학계도 일정하게 영향을 끼쳤다. 역사학계에서 '근대화'에 관한 논쟁들이 일어나기도 하였는데, 조선 후기의 자본주의 맹아론에서 서양학계의 근대화 논의, 그리고 '조국 근대화' 등이 혼합되어 있었다. 한국사의 근대사회 문제는 한국경제사학회 편, 《韓國史時代區分論》, 1970 참조. 한국경제사학회가 주관한 두 번의 토론회(1967, 1968)를 전후하여 동·서양사, 사회과학 등의 입장에서 근대화론이 소개되었다. 가령, 高柄翊, 〈近代化의 起點은 언제인가〉, 《新東亞》 1966년 8월호 ; 関錫弘, 〈유럽 近代化에 관한 一考察〉, 《東亞文化》 3, 1965 ; 〈韓國近代化의 理念과 方向〉, 《東國大 開校60주년기념 학술심포지움 논문집》, 1967 (〈西歐의 近代化 理念과 韓國〉, 《西洋近代史研究》, 일조각, 1975) 등. 최근 연구로 홍정완, 《한국 사회과학의 기원》, 역사비평사, 2021 참조.
12) 이병천, 〈북한학계의 한국근대 사회성격과 시대구분 논쟁〉, 《북한학계의 한국근대사논쟁》, 창작과 비평사, 1989 ; 하원호, 〈부르주아민족운동의 발생·발전〉, 《북한의 한국사 인식》(Ⅱ), 한길사, 1990.

민족운동으로서의 독립협회, 만민공동회운동, 애국문화운동으로 파악
하였고, 이는 '자본주의적 관계의 발전을 반영한 합법칙적 소산'이라고
하였다. 물론 당시 사회경제적 조건에서 부르주아 계급의 성장이 미약
하였으므로 양반 출신인 개화파가 운동을 지도하였다고 보면서, 김옥
균과 갑신정변에 연구력을 집중하였다.[13] 부르주아 개혁과 개화파 사
상에 대한 북한의 연구는 일본의 조선인 연구자들에게도 영향을 끼쳤
다.[14]

B- 한국학계에서도 1960년대 후반~1970년대에 개화파, 개화사상
에 대한 연구가 본격화하였다. 개화사상 형성의 내재적 원인에 주목하
고, 이를 실학사상, 특히 북학론을 계승, 발전한 것으로 보았다. 실학사
상이 개화사상으로 '근대적 전회轉回'했다는 것이었다.[15] 이런 사정 아
래 개화파의 형성 과정, '개화당'과 갑신정변, 그리고 개화사상에 대한
연구를 진행하였다.[16]

이 가운데 신용하愼鏞廈는 독립협회 사상을 자주독립사상, 자유민권
사상, 자강개혁사상으로, 그 운동을 '자주민권자강운동'으로 규정하였
다. 그는 독립협회 단계에서 "개화독립사상과 민중을 결합시키고 민중
들의 사회의식을 크게 계발했으며, 민권사상과 공화정 사상을 국민에
게 보급하기 시작"한 것이라고 하였다. 곧 우리나라의 근대 민주주의
사상의 형성은 독립협회 · 만민공동회에서 본격적으로 비롯되었다는
것이다.[17]

13) 사회과학원 력사연구소 편, 《김옥균》, 1964 (서울 : 역사비평사, 1990).
14) 姜在彦, 《韓國의 開化思想》(1980), 정창렬 역, 비봉출판사, 1981 ; 《韓國近代史研究》, 한울, 1982 ; 《韓國의 近代思想》, 한길사, 1985 등.
15) 金泳鎬, 〈實學과 開化思想의 聯關問題〉, 《韓國史研究》 8, 1972.
16) 李光麟, 《韓國開化史研究》, 일조각, 1969 ; 《開化黨研究》, 일조각, 1973 ; 《韓國開化思想研究》, 일조각, 1979 등.
17) 愼鏞廈, 《獨立協會研究》, 일조각, 1976 ; 〈大韓帝國과 獨立協會〉, 《한국사연구입문》(2판),

다른 한편, 한국 근대사를 민족주의적 관점으로 보면서도 근대개혁 운동이 가지는 사회경제적 지향, 주체 세력의 계급적 성격에 따라 상반된 노선으로 전개되었다는 점을 지적한 연구도 제기되었다. 즉 개화파의 '위로부터의 개혁'이 가지는 계급적 성격을 지적하고, 농민층의 개혁운동도 민족운동의 일환으로 본 것이었다. 김용섭金容燮은 개항 뒤 근대개혁운동이 개항 전 봉건체제 해체과정과 단절되어 제기되지 않는다는 점에서, 지주제를 유지하고 불합리한 부세제도만을 고치려 했던 '지주적 입장'과, 부세제도는 말할 것도 없고 토지제도까지도 개혁하려던 '농민적 입장'으로 대별시켰다. 따라서 두 개혁방안은 계급적 이해관계에서 필연적으로 대립할 수밖에 없었고, 일본과의 관계에서도 상반된 입장을 취하게 되었다고 하였다. 그러나 현실적으로는 외세와 연합한 전자의 승리로 농민이 주장한 근대화 방안은 좌절되고, 지주적 상품생산을 바탕으로 근대화하려는 갑신정변·갑오개혁·광무개혁 등으로 전개되었다는 것이다. 개화파 정권은 '토지개혁 없는 부르주아 혁명'을 시도한 것으로 규정하였다. 이들 개화 세력이 부르주아 개혁을 지향한 것은 틀림없지만, 농민적 개혁을 힘으로 진압한 계급적 한계와 더불어 외세로부터의 자주화를 지향하지 못한 점에서, 이들 개혁 또한 당시의 사회경제적 관계를 바르게 해결할 수 없는 것으로 보았다.[18]

근대개혁운동의 성격과 주체 세력에 관해 대비되는 위의 두 연구 경향은 한국사학계에서는 드물게 '학술 논쟁' 형태로도 비화하였다. 이른바 '광무개혁 논쟁'이었다. 김용섭은 《獨立協會研究》(신용하, 1976)에 대한 서평에서 "독립협회의 체제 변혁 사상이 불명확하고, 독립협회의 민족주의도 불투명하다"는 점을 지적하였다.[19] 이에 신용하는 《韓國近

지식산업사, 1987 ; 〈개화당과 독립협회〉, 《한민족독립운동사(1)-국권수호운동(Ⅰ)》, 국사편찬위원회, 1987.

18) 金容燮, 〈近代化過程에서의 農業改革의 두 方向〉(1988), 《韓國近現代農業史研究》, 2000.

19) 金容燮, 〈書評: 獨立協會研究〉, 《韓國史研究》 12, 1976.

代農業史研究》(김용섭, 1975)에 대한 서평에서, 이른바 '광무개혁光武
改革'이라는 것은 "친로 수구파들이 개혁파 운동을 탄압하면서 시대착
오적인 수구 고식책姑息策"으로 규정하였다.[20] 기본적으로 근대사를
보는 관점의 차이를 잘 드러낸 논쟁이었다.

　(다) 한편, 한국의 주체적 근대화와 강한 민족주의를 비판하는 논의
도 제기되었다. 서구 학계의 영향을 받으며, 냉전 체제 아래에서 형성
된 '근대화론'에서, 2000년대 이후 성행한 탈민족 · 탈근대[포스트 모
더니즘] 등이었다. 논자에 따라 강조하는 논리가 다르기도 하였고, 때
로는 뒤섞여 있기도 하였다. 그럼에도 공통인 점은 한국사의 주체적
발전과 더불어 민족주의 자체를 비판, 부정하고 근대화, 근대사회는
일제 식민지 아래에서 가능하였다는 '식민지 근대화론'이었다.[21]
　'근대화론'은 1960년대 미국에서 형성되었다. 미국의 세계전략 속에
서 마르크스 역사론을 반대하고, 자본주의적 세계질서를 유지하기 위
한 이론이었다. 제3세계의 민족해방운동과 사회주의화를 방지하고자
일본의 근대화를 제3세계 근대화의 유력한 모델로 제시하였다. 따라서
근대화론에서는 사회 내부의 계급적인 모순이나 대립에 대해서는 별로
유의하지 않았다.[22] 미국의 한국학 연구도 이런 논의 틀 속에서 발전
하였다. 조선 왕조가 중국이나 일본보다 더 오랜 기간 이를 안정적으로

---

20) 愼鏞廈, 〈書評: 韓國近代農業史研究〉, 《韓國史研究》 13, 1976. 이런 공방 뒤에 다시 강만길
　　과 신용하 사이에도 논전이 있었다. 그런데 이때는 '광무개혁'의 실체 유무에 집중되었다. 이
　　점은 앞서 김용섭이 제기한 문제 의식과는 차원이 좀 다른 것이었다. 그 뒤 신용하는 당시
　　소장학자들이 독립협회의 문제점을 지적하자(주진오, 최덕수 등), 이에 대해서도 "이러한 견
　　해들은 자기 나라 민족운동에 대한 애정을 갖지 않고 실사구시 방법에 따른 기본 흐름을 보지
　　않으면서 지도교수들의 주장을 무리하게 증명하려고 잘못된 조각들을 주워 맞추고 있다"고
　　반박하였다(《大韓帝國과 獨立協會》, 454쪽).
21) 金度亨, 〈近代社會成立論〉, 《韓國史認識과 歷史理論》, 1997, 502~506쪽 참조.
22) 근대화론에 대해서는 金原左門, 《日本近代化論의 歷史像–その批判的檢討への視點》 증보판,
　　東京:中央大學出版部, 1971 ; 和田春樹, 〈近代化論〉, 《講座日本史》 9, 東京:東京大學出版
　　會, 1971 등 참조.

유지한 '장기안정성'은 조선의 관료체제, 신분제도, 유교 사상 등으로 가능하였다고 보았다. 따라서 한국학계에서 역사를 주체적, 발전적인 관점으로 보고, 조선 후기에서 자본주의 맹아를 찾고, 경영형 부농 등을 실증한 것조차도 국수주의적 의미의 '민족주의'로 단정하였다. 아울러 해방 뒤 한국의 경제 발전도 일제 식민지 아래의 '경제 발전'이 그 토대가 되었다고 하였다.23) 한편 탈민족주의적 경향 속에서 일제 시기의 성격과 관련된 논의도 대두되었다. 그들은 한국 역사학계의 민족주의적 경향을 '내재적 발전론', '수탈론' 등으로 파악하고, 식민지 아래의 근대적 변화에 주목하였다. 논자에 따라 차이는 있지만, 대체로 한국의 근대성에는 식민지적 성격이 있음을 주장하였다.24)

해외 한국학계의 민족주의 비판은 국내 학계에도 영향을 주었다. 특히 1980년대 이후 한국을 비롯한 '신흥공업국가[NICs]'의 비약적 경제 발전이 이루어지면서 새로운 형태로 강화되었다. 근대화, 산업화, 자본주의화에 초점을 두고, 제국주의 침탈성에 주목하지 않은 채, 계급 문제도 고려하지 않았다. 일제 시기를 '식민지 (반)봉건사회론'으로 보는 것은 사회경제구조를 분석한 결과 나온 것이 아니라 오히려 일제와 싸우던 민족운동이 반제반봉건운동으로 추진되면서 연역演繹되어 나온 '논리'일 따름이라고 주장하였다. 따라서 일반적인 한국 역사학계를 비

---

23) E. Wagner, *The Literai Purges : Political Conflict in Early Yi Korea*(Cambridge, Mass : Havard Univ. Press, 1974) ; J. Palais, *Politics and Policy in Traditional Korea*, Cambridge, Mass: Harvard Univ. Press, 1975.(李勛相 역, 《傳統韓國의 政治와 政策》, 신원문화사, 1993); Carter J. Eckert, *Offspring of Empire: The Koch'ang Kims and the Colonial Origins of Korean Capitalism, 1876~1945*, Seattle: Univ. of Washington Press, 1991.(카터 J. 에커트 지음, 주익종 옮김, 《제국의 후예 : 고창 김씨가와 한국 자본주의의 식민지 기원, 1876~1945》, 푸른역사, 2008) ; J. Palais, "Confucianism and the Aristocratic/Bureaucratic Balance in Korea", Harvard Journal of Asiatic Studies, vol.44, no.2, 1984 등.

24) Gi-Wook Shin and Michael Robinson, editors, *Colonial Modernity in Korea*, Havard East Asian Monographs, 1999. (신기욱, 마이클 로빈슨 엮음, 도면회 옮김, 《한국의 식민지 근대성》, 삼인, 2006).

판하며 ① 조선 후기 이래 발전하던 자본주의 맹아 부정, ② 자본주의화에서의 농민적인 길 부정, ③ 식민지화된 책임을 농민층(농민항쟁)으로 전가, ④ 한국자본주의 발전의 식민지적 기원, ⑤ 자본주의 발전에서 정치 권력 집중[독재]의 정당성 등을 거론하였다. 결국 식민 지배 아래의 민족해방운동, 특히 민중운동과 사회주의운동 등의 역사적 의미를 바르게 보지 못하고, 아울러 해방 뒤 한국 자본주의 발전과정에서 나름 중요한 역할이 있었던 미국의 세계 전략, 원조 경제, 반공 기지 등의 측면을 소홀하게 취급해 버렸다.[25]

한편, 민족주의 자체를 문제 삼은 연구도 제기되었다. 민족주의를 "신화와 허무"의 논리로 지적하고, 민족주의가 자민족 중심에서 벗어나 보편성을 찾아야 한다는 주장이었다.[26] 민족주의 비판론자들 가운데는 이를 기형적인 '정치운동'으로 제기하기도 했다. 남북 분단 상황에서 '민족' 문제와 진보, 보수 등의 정치적 논의가 결합하여 한국 역사학계 주류를 민족주의, 그것도 '좌파 민족주의'로 규정하고, 이를 "민족지상주의와 민중 혁명 필연론이 우리 역사 해석에 끼친 폐해"라고 비판하였다. 이들은 근대개혁에서 일어난 농민, 민중층의 항쟁을 경시하고 오직 부르주아 개혁운동(이승만, 독립협회 등)이 그 가능성이 있었다고 하였으며, 일제 아래 경제 발전이 한국 자본주의화의 기원이며, 남북 분단에서는 한국(남한)의 정통성을 강조하였다.[27] 최근에는 한국 역사학계의 '민족주의'는 그 본질이 오직 반일反日만 주장하는 '반일 종족주의'라고 규정하고 있다.[28]

---

25) 李榮薰, 〈韓國史에 있어서 近代로의 移行과 特質〉, 《제39회 전국역사학대회 발표요지》, 1996.
26) 임지현, 《민족주의는 반역이다》, 소나무, 1999.
27) 박지향·김철·김일영·이영훈 엮음, 《해방전후사의 재인식》, 책세상, 2006, 〈머리말〉.
28) 최근에 물의를 일으킨 이영훈 외, 《반일종족주의》, 미래사, 2019.

(3) 한국의 근대변혁과 운동을 둘러싼 위의 논의들 속에서 부르주아 민족운동의 일환이었던 계몽운동에 대한 연구도 이루어졌다.[29] 당시 개혁운동의 단계가 '부르주아 운동'의 일환이라는 점은 동의하면서도, 국권·독립 등의 '민족' 문제, 의병 등 민중과의 관계, 문명화의 방략 등을 둘러싸고 그러하였다.

(가) 대부분의 논지는 개화파, 개화사상을 중심으로 근대개혁운동을 정리하고 있다. 계몽운동은 서양 문명을 수용하여 '근대'를 지향하면서, 민족, 항일의 측면에서 계급적 이해관계가 다른 의병운동까지 별 모순 없이 결합하였다고 보았다.

앞서 본 신용하는 독립협회·만민공동회를 자주독립사상, 자유민권사상, 자강개혁사상에 따른 '자주민권자강운동'으로 규정하고, '애국계몽운동'도 이를 계승하였다고 보았다. 이 운동을 이끌던 개화자강파는 안으로는 실학사상과 개화사상을 계승하고, 밖으로는 서구 시민사상(사회진화론, 서구계몽사상)을 수용하여 형성된 세력이었다. 그는 '애국계몽운동'을 '을사5조약'으로 국권을 박탈당한 전후 "개화자강파가 중심이 되어 완전한 '국권회복'을 목적으로 전개한 1905년~1910년 사이의 민력 계발과 민족독립역량 양성운동을 총칭"한 것이라고 하였다. 그때의 국권상실은 한국과 일본의 '힘·실력'의 '격차' 때문에 일어난 것이므로, '애국계몽운동'은 "한국 민족의 '힘·실력'을 양성하여 궁극적으로 자기 민족의 배양된 실력에 의해서 자기의 힘으로 국권을 회복하려는 운동"이라고 하였다. 이 운동은 '문화운동'뿐만 아니라 ① 신교육 구국운동, ② 언론계몽운동, ③ 민족산업진흥운동(실업구국운동), ④ 국채보상운동, ⑤ 신문화·신문학운동, ⑥ 국학운동, ⑦ 민족종교운

29) 趙東杰, 〈獨立運動史 研究의 回顧와 課題〉, 《정신문화연구》 여름호, 한국정신문화연구원, 1985, 20~24쪽 ; 《민족해방운동사─쟁점과 과제》, 역사비평사, 1990, 제1~2장.

동, ⑧ 해외 독립군기지 창건운동 등을 포함한다고 하였다. 그리하여
'애국계몽운동'은 "한국 민족의 새로운 근대 민족문화를 창조하여 발전
시켰고, 근대 민족교육과 교육열을 창조하여 발전시켰으며, 자기 민족
과 사회를 발전시켰을 뿐 아니라, 3.1운동과 독립군무장투쟁을 비롯한
독립운동의 직접적인 원류를 이룬 것"이라고 평가하면서, 국권회복운
동이 장기전이 될 수밖에 없으므로 실력을 양성하는 '애국계몽운동'이
올바른 방안이었다고 지적하였다.30)

유영렬柳永烈도 '애국계몽운동'의 의의를 높게 평가하였다. 부르주아
계급에 의한 '근대국민국가 건설'이라는 방향 속에서 '애국계몽운동'을
"한국이 자강치 못한 때문이라는 자가반성론적인 입장에서 전개한 국권
회복을 위한 실력양성운동"이었다고 하였다.31) 그리하여 '애국계몽운동'
에서는 국민국가에 부합되는 정치체제로 공화 정체와 입헌 정체를 구상
하였으며, 그들의 단체를 '국민적 정당'으로 간주하였으며, 더욱이 신민
회에서 주창한 공화정체를 '획기적인 진전'이라고 평가하였다.32)

부르주아 개혁을 '애국계몽운동'을 중심으로 보게 되면 의병항쟁은
자연스럽게 '애국계몽운동'을 보완하는 것이 되었다. 신용하는 의병운
동과 '애국계몽운동'은 상호대립적이 아니라 '상호보완적'이라고 하면
서, '애국계몽운동'의 보위전保衛戰으로 보았으며, 이에 힘입어 '애국계
몽운동'이 치열하게 전개되었다고 하였다.33)

30) 愼鏞廈,〈韓末愛國啓蒙思想과 運動〉,《韓國史學》1, 1980 (《韓國近代社會思想史硏究》, 일지
사, 1987).
31) 柳永烈,〈大韓自强會의 愛國啓蒙運動〉,《韓國近代民族主義運動史硏究》, 일조각, 1987.
32) 柳永烈, 위 글, 1987 ;〈大韓協會의 愛國啓蒙思想〉,《李載龒博士還曆紀念韓國史學論叢》, 한
울, 1990 ;〈愛國啓蒙派의 民族運動論〉,《國史館論叢》15, 1990 ;〈大韓帝國期의 民族運動〉,
일조각, 1997.
33) 愼鏞廈,〈韓末愛國啓蒙思想과 運動〉, 350~351쪽. 신용하는 역관계도 성립한다고 하여, '애국
계몽운동'이 치열하게 전개되었기 때문에 의병운동의 지원 세력이 강화되었고, 의병전쟁이
근대적 독립항전으로 실질적인 큰 전과를 올리면서 장기적으로 전개될 수 있었으며, 특히 계몽운
동 진영에서 국외에 독립군기지를 창설했기 때문에 의병운동의 퇴조기에 의병이 독립군으로
합류 발전하여 장기전 무장독립항전을 전개할 수 있었다고 하였다. 한편 尹炳奭도 '의병의

결국 '애국계몽운동'은 실력양성론에서 독립전쟁론까지 포괄하는 운동으로, 그 대표단체도 신민회를 거론하였다. 신민회는 실력을 먼저 양성하여 독립의 기회에 대비한[先實力 後機會論], 곧 실력양성에 의한 독립전쟁론 또는 독립전쟁준비론이라고 하였다.[34]

(나) 1980년대에 들어서 역사 연구에서 민중적 시각이 강화되었다. 근대 민족운동에서 저항 주체, 변혁 주체의 계급적 성격을 고려한 것이었다. 근대민족주의의 발전과 그 주체로서 농민층 · 민중층의 성장을 강조하고, 개화파의 계급적, 지주적 성격과 대외인식의 한계를 지적하였으며, 또한 척사斥邪사상의 봉건적 성격을 지적하고, 민중운동 차원의 의병항쟁을 거론하였다.[35] 그렇지만 농민, 민중층은 아직 근대개혁운동의 주도권을 다툴 수 있는 계급적 역량으로 자립하지 못했다. 민중층의 혁명역량과 마찬가지로 부르주아적 세력의 지도 역량도 중요하였다. 계몽운동의 주도 세력은, 그 한계에도 불구하고 부르주아 운동을 주도하는 세력으로 성장할 가능성을 보여주고 있었다.[36]

이런 논의 속에서 계몽운동 주도 세력 내부의 편차에 관심을 가지게

항일전은 현실적으로 실패한 것 같지만, 1904 · 5년에 노일전쟁과 을사오조약 이후 1910년까지는 그나마 대한제국의 국권을 지켜 그 동안에 애국계몽운동을 전국적으로 활발히 전개할 수 있는 터전을 마련하였던 것'이라고 하였다(《한국사》 19, 국사편찬위원회, 1978, 457쪽).

34) 柳永烈, 〈愛國啓蒙派의 民族運動論〉, 1990, 124~126쪽. 또 신용하는 더 구체적으로 이를 단계적으로 나누어, ① 국내에서는 국민을 애국주의와 신지식으로 계몽하여 사회관습을 개혁하고 민족 산업을 일으키며, 청소년을 국권회복운동을 위한 민족간부로 양성하여 내부 실력을 준비하는 한편 ② 국외에 독립군기지를 설치하고 독립군을 양성해 두었다가 ③ 중 · 일전쟁, 미 · 일전쟁 또는 일본에 대한 다른 전쟁이 일어나는 절호의 기회가 오면 밖에서는 독립군이 진공하여 독립전쟁을 전개하고 국내에서는 그동안 준비한 실력으로 총단결하여 봉기해서 내외의 호응을 얻어 일거에 일본제국주의를 구축하고 국권을 회복한다는 것이라고 하였다[〈新民會의 創建과 그 國權恢復運動(上)〉, 《韓國學報》 8, 1977, 32~33쪽 ; 〈新民會의 獨立軍基地 創建運動〉, 《한국문화》 4, 1983 (《한국근대민족운동사연구》, 일조각, 1988)].

35) 《역사와 현실》 1, 〈한국근대의 변혁운동과 민족문제〉, 1989에 수록된 논고(주진오, 〈집권, 관료세력의 민족문제 인식과 대응〉 ; 김도형, 〈재야 지배세력의 민족문제 인식과 대응〉 ; 조성윤, 〈민중의 민족문제 인식과 대응〉) 참조.

36) 위의 〈한국근대의 변혁운동과 민족문제〉(토론), 109~111쪽.

되었다. 현실적으로 계몽운동과 의병, 민중 항쟁과는 서로 적대적이었
지만, 계열이나 지역에 따라 민족 문제를 해결하기 위한 연합도 간혹
이루어지고 있었다. 문명개화 계열의 부르주아 세력이 운동을 주도하
는 가운데, 민중, 농민층을 대변하고 이들과 결합한 세력도 계몽운동에
적극적으로 참여하였던 것이다. 1905년의 국권 침탈로 '국권회복'이라
는 공동 목표가 제기되면서, 개화운동도 대중운동을 통한 계몽의 방법
을 강구하여 부국강병과 근대민족국가의 수립을 외치는 방향으로 나아
가고, 일부에서는 민중층의 동력과 결합하는 방향을 모색하였다.

김도형金度亨은 계몽운동 내부에 이념과 운동 방법을 달리하는 두 계
열이 연합하고 있다고 보았다. 사회경제적인 처지(대지주층인가 또는
부요호층인가), 사상적 배경(기독교적인가 혹은 유교적인가)에서 차별
되는 계열이었다. 운동을 주도하던 집단은 개화파의 후예인 문명개화
론자들이었지만, 이들은 제국주의와의 통상무역, 제국주의 침략을 '문
명화'로 인식하고, 문명국 일본의 지도와 지배를 받는 것이 문명개화의
첩경이라고 생각하였던 개량적 측면이 있었으며, 또 민중층의 항쟁,
의병항쟁을 반대하였는데, 이런 성격은 지배층·지주층의 계급적 성격
에서 연유하는 것이었다. 하지만 이와 달리 조선 후기 이래 반봉건 운
동에 일정하게 관련되었던 요호·부민층이나, 이념적으로 사상적 변화
를 꾀한 변법론적 유자층 등은 계급분화의 미성숙으로 아직 독자적인
정치 세력으로 성장하지는 못하였으나 문명개화 계열과 다른 태도를
보였다. 이들은 계몽운동의 지방 지회를 주도적으로 이끌기도 하였고,
의병항쟁과 연결되기도 하였으며, 때에 따라서는 일제의 토지 수탈,
조세 수탈에는 민중층과 연합하였다. 뒷날 계몽운동이 분화, 자립하게
되는 원인이 되었다고 지적하였다.[37)]

---

37) 金度亨, 〈韓末 啓蒙運動의 政治論 硏究〉, 《韓國史硏究》 54, 1986 ; 〈韓末 啓蒙運動의 地方支
會〉, 《孫寶基博士停年紀念 韓國史學論叢》, 知識産業社, 1988 ; 《大韓帝國期의 政治思想硏

　박찬승朴贊勝은 계몽운동을 '자강운동'으로 불렀다. 계몽운동의 목표가 '개화자강'에 있었으며, "자강운동이란 한마디로 한국 민족이 주체가 되어 교육과 실업을 진흥함으로써 경제적 문화적 실력을 양성하고 나아가 부국강병을 달성하여 장차 국권회복의 토대를 마련하려는 운동"이라고 하였다. 그리고 운동 내부에는 운동론에 따라 처음부터 네 계열이 있었다고 하였다. 즉, ① 보호정치 아래에서 정당정치를 주장하던 대한협회 계열, ② 점진적 문명개화와 유교 개혁을 주장하던《황성신문皇城新聞》계열, ③ 국가의식 고취와 국수國粹 보전을 강조하던《대한매일신보》계열, 그리고 ④ 인격 수양을 강조하던 청년학우회靑年學友會 계열 등이었다. 그 가운데《대한매일신보》계열을 제외한 나머지는 모두 제국주의 침략을 정확하게 인식하지 못하고, 실력양성을 달성하면 독립이 자연히 이루어질 것으로 파악하였던 '선先 실력양성, 후後 독립론'을 내세웠다고 하였다. 이런 운동론에서는 공통적으로 동양삼국연대론, 한일동맹론, 한국부조론韓國扶助論 등을 받아들이면서, 한국의 보호국화를 불가피한 것으로 생각하였다. 보호국을 벗어나기 위해서는 실력을 양성하는 길밖에 없고, 이 길은 문명국 일본의 '지도'로 가능하다고 믿고 있었다고 하였다.[38]

　강재언姜在彦은 대한자강회 이후 체제내적인 대한협회와 비밀결사였던 신민회로 분화를 지적하였다. 대한협회는 체제내적인 계몽단체로서 그 운동을 제약하였지만, '국권회복을 위한 개화운동의 본류는 대한자강회와 그것에 이어지는 비밀결사 신민회가 이어받았다고 보아야 할 것'이라고 하여, 일계적인 파악을 하면서도 대한협회와 차이를 지적하였다.[39]

　　究), 지식산업사, 1994.
38) 朴贊勝,〈韓末 自强運動論의 각 계열과 그 성격〉,《韓國史硏究》 68, 1990.
39) 姜在彦,《韓國의 開化思想》(1980), 1981, 250쪽.

조동걸趙東杰은 계몽운동을 좌 · 우파로 구분하였다. 1907년 8월 이후, 계몽운동이 분화하면서, 우파는 명백하게 개량적 측면을 드러내었다고 하였다. 특히 대한협회의 '우파적 성향'은 '계몽주의자'들이 대개 지주나 자산가라는 속성 때문에 제국주의 침략에 대응한 경제이론, 즉 민족경제로서의 상공업적 인식도 창출하지 못하고 일본제국주의 체제에 편입되어 갔다고 하였다.[40]

쓰키아시[月脚達彦]도 '애국계몽운동' 내부에 크게 입헌개혁파(윤효정 · 오세창 · 권동진 등)와 개신유학파(박은식 · 장지연 등)가 있다고 하였다. 구미 열강의 부강은 입헌제의 채용에 있다고 판단한 전자는 입헌 정체로의 개혁으로 국권회복을 달성할 수 있다고 보았다면, 후자는 자강을 위해 서양의 과학기술 교육을 주장하고, 유교의 개신改新을 주장하였다. 그러나 두 계열 모두 제국주의 인식에는 한계가 있었다고 하였다. 전자는 구미 · 일본의 정체를 무비판적으로 이상理想 정치로 받아들였기 때문에 구미 열강이나 일본의 위선성 · 침략성을 깨닫지 못하였고, 후자도 아시아의 황색인종인 일본과의 제휴 · 동맹을 전제로 일본을 침략국으로서 전면 대결의 대상이 아니라 선진국 · 동맹국으로 규정하였던 점이었다. 이런 점에서 1907년 말에서 1908년 초, 후자의 개신유학파 사이에 또 다시 분화가 일어나게 되었는데, 《황성신문》은 삼국동맹, 세계 평화, 조선 자강 등을 주장하였고, 《대한매일신보》에서는 조선 독립만 강조하고 전면적인 일본과의 대결을 주장하였다는 것이었다. 이런 분열의 과정에서 앞에 나서 논리를 전개하던 사람이 신채호였으며, 1910년을 거치면서 입헌개혁파, 개신유학파, 신채호 등으로 3분 되었다고 하였다.[41]

---

40) 趙東杰, 〈韓末 啓蒙主義의 構造와 獨立運動上의 位置〉(1989), 《韓國民族主義의 成立과 獨立運動史 研究》, 지식산업사, 1989.

41) 月脚達彦, 〈愛國啓蒙運動의 文明觀 · 日本觀〉, 《朝鮮史研究會論文集》 26, 1989. ; 쓰키아시 다쓰히코[月脚達彦], 《조선의 개화사상과 내셔날리즘》(2009), 최덕수 역, 열린책들, 2014.

(다) 북한학계에서는 부르주아 변혁운동을 기본으로 보면서, 이를 사회주의적 애국주의, '인민의 혁명 역량' 등과 결합하여 파악하였다. 계몽운동과 의병운동도 국권 침탈의 현실 속에서 각각의 역할과 한계점이 있지만, 반침략, 반봉건 운동이라고 하였다.

특히 부르주아 사상으로서 개화사상과 개화파의 활동에 주목하였고, 계몽운동을 부르주아 계몽사상가의 반침략, 반봉건 애국운동이라고 규정하였다. 1958년《조선통사(하)》에서는 '실학파들의 실사구시 사상을 계승'하면서, "외래자본주의 침략자들과, 그들과 결탁한 국내 봉건세력 등을 반대하는 반제반봉건투쟁"인 동시에 자유, 평등, 민권, 문명, 개화 등을 표방한 "부르주아 민주주의 문화계몽운동"이라고 하였다. 물론 당시 조선의 자본주의 발전이 미약하였던 점에서 인민대중을 동원하는 '혁명성'이 부족하였지만 "애국적 사상과 계몽적 역할로 진보적 의의"도 있다고 하였다.42)

1962년의《조선근대혁명운동사》에서는 '애국'이라는 단어를 더 첨가하였다. 즉 "대두하는 민족부르주아의 정치·경제·문화적 제 요구를 반영하여 전개된 반침략·반봉건적 운동", 곧 '애국문화계몽운동'이라고 하였다.43) 그 뒤 1963년 경, 김일성의 연설문에 '애국문화운동'이라는 용어가 나오면서, 뒤이어《김옥균》에서는 '애국문화운동'이라고 하였고,《조선전사》에서도 '애국문화운동'이라고 하였다.44)

《조선전사》에서는 계몽운동을 애국적 지식인들에 따른 '애국문화운

---

42) 사회과학원 력사연구소,《조선통사(하)》, 1958 (서울: 오월, 1989), 119~123쪽. 이 책에서는 특히 1905~1907년의 러시아혁명의 영향을 강조하였으며, 백과전서적으로 과학, 문학, 예술의 전 분야에 걸쳐 연구하였으며, 그들의 세계관이 초보적이나마 유물론적 견지에 서 있었다고 하였다.
43) 사회과학원 력사연구소,《조선근대혁명운동사》, 1962(서울: 한마당, 1988), 140쪽. 한국학계의 金義煥은 독립협회가 비합법화한 뒤, 대중적 정치운동은 일시 저조해지면서 문화계몽의 형태로 바뀌게 되었다고 하여, 이를 '애국문화계몽운동'이라고 하였다(〈反日義兵戰爭과 愛國啓蒙運動〉,《한국사연구입문》 2판(1987).
44) 하원호,〈부르주아민족운동의 발생·발전〉, 123쪽.

동'과 정치투쟁으로 나누어 서술하면서, 이를 '부르주아 민족운동의 한 조류'이자 '국권회복을 위한 애국적 반일운동의 한 조류'라고 규정하였다. 계몽운동이 부르주아 민족운동이었지만, 운동을 이끌어 갔던 민족 부르주아지의 정치사상적 취약성, 직접적 담당자들이었던 소부르주아 출신 지식인들의 소심성과 동요성, 나약성 등으로 제한성도 있다고 지적하였다. 즉, ① 반침략, 반봉건 투쟁의 중요한 고리의 하나였음에도 일제의 침략과 봉건제도를 혁명적으로 청산하는 데까지 이르지 못하고, 대중을 계몽하면 국권이 회복된다고만 생각하였지, 그들을 반일투쟁에 조직 동원하는 적극적인 활동을 벌이지 못했던 것, ② 문화운동 형태를 절대화하고 반일의병운동과 합류하지 못한 점, ③ 이 운동 담당자들의 머릿속에서 사대주의, 지방주의 분파주의적 잔재들이 완전히 청산되지 못한 점 등이었다. 그렇지만 전체적으로는 ① 민족적 자각을 높여주고 대중을 문화적으로 계몽하는데 일정하게 기여하여, 대중들의 반일애국투쟁에 떨쳐나서게 하였고, ② 일제의 민족문화 말살 책동으로 부터 민족의 우수한 문화를 고수, 발전할 수 있는 토대를 이루었으며, ③ 과학, 기술, 문화 분야에서 중세적 때를 벗었던 점 등에서 의의도 있다고 하였다.[45]

이런 논의 속에서 황공률도 '애국문화운동'은 "일제의 조선 강점을 전후한 시기 우리 인민이 벌인 애국운동의 중요한 형태의 하나"라고 규정하였다. 이 운동은 1870~80년대에 발단하여 1919년 '3.1인민봉기'에 이르는 시기에 전개되었으며, 이를 주도한 세력은 "근대적 사상으로 계몽 각성된 애국적 지식인이었으며, 그 지도 이념은 부르죠아민족주의"라고 하였다. 또 이 운동은 봉건적 낙후성을 극복하고 "나라의 근대적 부강 발전을 이룩하며 일제에게 빼앗긴 국권을 되찾고 나라의

---

45) 《조선전사》 14, 평양: 조선과학백과사전종합출판사, 1980, 132쪽, 224쪽, 254~257쪽.

독립과 민족적 존엄을 고수할 것을 지향한 애국애족적인 운동"이라고
규정하였다. 그는 애국문화운동이 크게 3단계로 발전하였다고 보았는
데, 국권회복을 내세우며 반일애국사상을 고취한 계몽 활동을 하던 시
기(1905~1910)를 운동의 전성기로 보았다.46)

　(라) 한국학계의 민족주의적 경향에 대한 비판은 구미의 한국학 학자
들이 이미 오래전부터 제기하던 바였다. 한국 역사학계가 과도한 민족
주의론에 근거하여 역사를 너무 발전적으로 보고 있다는 것이었다.
　이런 논의 속에서 슈미트(Andre Schmid)는 계몽운동, 특히 1905
년 이후 '애국계몽운동'에서 어떻게 '민족'이 만들어지는가를 분석하였
다. 그는 당시 간행되었던 《독립신문》, 《황성신문》, 《대한매일신보》 등
을 분석하여, 한국사에서 민족은 근대적 발명의 산물, 계몽운동가들의
민족 프로젝트의 산물이라고 하였다. 즉 계몽운동가들이 "민족에 대해
결정을 내리고 비전을 형성한 것이 민족주의의 전략과 강령이 되었으
며, 민족의 운명에 영향을 주게 되었다"고 지적하였다. 그는 특히 계몽
운동가들이 행한 역사 연구에서 민족, 민족주의가 '발명'되었다고 하였
다. 뿐만 아니라 그는 당시 계몽운동에서 중시했던 문명화 담론을 민족
문제와 결합하여 민족 담론이 문명화의 포로가 되어 간 점도 지적하였
다.47)

　(4) 이런 연구 속에서 이 책은 계몽운동이라는 명칭 및 시작 문제를
명확히 하였다. 계몽운동이 국권회복을 목표로 하였지만, 운동이 전개
되면서 오히려 여러 이유로 정치적 차원의 '국권'이 다소 애매하거나

---

46) 황공률, 《조선근대애국문화운동사》, 평양: 과학백과사전종합출판사, 1990 (개정판, 사회과
　　학출판사, 2012).
47) Andre Schmid, *Korea Between Empires 1895~1919*, Columbia University Press,
　　2002. (정여울 옮김, 《제국 그 사이의 한국, 1895~1919》, 휴머니스트, 2007).

미약해졌다. 보호국이라는 현실 체제를 근본적으로 부정하지 못하고 주로 문화적인 매체나 기구를 통하여 실력을 양성하려고 하였다. 서양의 근대적인 정치사상을 소개하였지만, 이를 통한 정치 활동을 조직한 것도 아니며, 또한 경제 활동의 중요성을 지적하면서도 직접적인 경제 활동보다는 그 필요성을 강조한 계몽 활동이 더 우선하였다. 이런 차원에서 본다면 그 운동의 성격은 분명하게 체제내적인 운동을 지향했던 '문화운동'이었다. 1920년대 부르주아 '문화운동'과 거의 동일한 논리 구조였다. 그러나 외적인 사회구조가 달랐고, 따라서 운동론도 차이가 있었으므로, 혼동을 피할 필요는 있다. 따라서 계급적인 태도를 명확히 한다면, 이는 지배층이나 부르주아적 성향을 띤(부르주아를 지향하는) 세력이 제기한 문화운동이었고, 그 방안으로 '계몽'의 방법을 택한 운동이라는 측면에서 '문화계몽운동'이 그 성격을 명확하게 표현한 말이다. 그러나 이 또한 논의를 더 복잡하게 만들 수 있으므로, 이 책에서는 이를 줄여 '계몽운동'으로 표현하고자 한다.

'계몽'이라는 운동 방법이 정립된 것은 독립협회, 《독립신문》이었다. 그러나 계몽운동은 시대의 정세에 따라 그 목표도 달라졌다. 독립협회 단계에서는 국권보다 문명화를 더 중요한 과제로 제기하였다면, 1905년 이후에는 국권상실이라는 현실 속에서 국권, 독립이 최우선의 과제였고, 이를 이루기 위한 방안으로 문명화가 추진되었다. 이런 점에서 본다면 국권회복 계몽운동의 시작은 국권회복을 명확하게 내건 대한자강회였다.

이와 아울러 다음의 몇 가지 점도 유의하였다. 첫째, 계몽운동은 지배층, 식자층이 보수적 유생층과 '우매한' 민중층을 대상으로 그들의 주도권을 확보하기 위한 운동이었다. 계몽운동은 기본적으로 민족적 위기(국권상실)를 극복하는 것을 최우선의 과제로 설정하고, 이를 이루기 위해 문명화를 추구한 운동이었다. 교육과 언론 활동을 통하여 그들은 문명화의 필요성, 자주적 국권의 확보를 주장하였다.

둘째, 계몽운동은 부르주아 개혁을 지향하였고, 이런 점에서 그들의 계급적 지향을 분명하게 드러내었다. 계몽운동은 민중층의 의병항쟁, 농민항쟁과는 적대적이었다. 그리고 이는 그들이 관심을 가졌던 서양의 근대정치론이 매우 제한적이었던 점과도 연관이 있었다.

셋째, 계몽운동에는 목적을 같이 하는 여러 계열(가령 문명개화론과 변법개혁론)이 참여하였다. 따라서 이들 내부에 이념적 차이점이 있었다. 계몽운동이 전개되던 당시 정세의 변화 속에서 점차 '자강론'이 퇴조하고 '실력양성론'이 강조된 것과 무관하지 않았다. 또한 계몽운동이 지방으로 확산되는 과정에서 잘 드러났다. 이는 1910년 전후 계몽운동의 분화와도 연관되었다.

넷째, 계몽운동에서 민족(국권) 문제와 문명화를 가장 핵심적인 과제로 보았으나, 이 두 문제를 어떻게 결합하느냐에 따라 민족주의와 식민주의의 분기가 생기게 되었다. 즉 민족 문제를 핵심적인 과제로 파악한 논의와 문명화를 더 중요한 과제로 설정했던 논의 사이의 차이와 분화였다. 계몽운동에서 실력양성운동의 한계점을 극복하고 의병과 같은 무력항쟁 계열과의 결합으로 방향을 선회하면서 강점 전후에 민족운동 노선이 분화되는 계기가 되었다.

II

문명개화에서 국권회복으로

: 계몽운동의 시작과 발전

　　부르주아 개혁운동은 관료, 자산가, 신지식인 등의 개화 세력이 주도
하였다. 문명, 부강, 개화 등의 이름으로 서양 문명을 수용하면서, 정부
의 개혁사업으로 시작하였다. 대개 서양 문명을 거부하는 보수 유생층
이나 '우매'한 민중층을 '계몽'하는 것도 중요한 운동 영역이었다. 개화
세력이 계몽 활동을 시작한 것은 1880년대 초였지만, 체계적 운동으로
전개한 것은 청일전쟁(1894) 이후였다. 그 시작은 《독립신문》과 독립
협회였고, 《미일신문》도 이를 담당하였다. 문명개화론을 새로운 정세
아래에서 정립하고, 조선 '독립'의 기회 속에서 대한제국 수립에 힘을
합하였으며, 자주독립을 지켜나갈 여러 방안을 제기하였다. 이런 흐름
속에서 시세에 따라 주자학적 생각을 바꾼 '개신유학자改新儒學者'들이
등장하였다. 이들은 《황성신문皇城新聞》, 《시사총보時事叢報》를 중심으
로 결집하였다. 이들은 유교의 변통론變通論, 변법론變法論에 의거하여
'신구학 절충' 차원으로 문명화, 개화를 주장하였다.

　　1905년 을사늑약으로 국권이 상실된 이후, 계몽운동은 한 단계 더
진전하였다. 국권회복을 목표로 설정하였고, 자강과 실력양성을 추구
한 여러 단체가 출현하였다. 국권 문제를 전면에 내걸면서, 이를 해결
하는 차원에서 문명화도 추진하였다. 국권회복을 목표로 하였던 점에
서 그 운동에는 여러 세력이 참여하였다. 대한제국 초기의 계몽운동을
주도했던 문명개화론 계열과 변법개혁론 계열이 대별되는 가운데, 계
몽운동의 활동이 지방으로 확산되면서 참여층도 다양해졌다.

제1장

문명개화론의 확산과 계몽운동의 시작
: 독립협회, 《독립신문》, 《황성신문》

1. 독립협회와 《독립신문》의 계몽운동 : 문명개화와 자주독립

1) 독립협회, 《독립신문》의 외연 확장과 민회

서재필徐載弼이 주도하여 만든 《독립신문》과 독립협회는 부르주아 개혁운동을 한 단계 진전시켰다. 보수적 지배층은 물론 민중층까지 계몽하며 문명개화운동의 외연外延을 확장, 강화하였다. 이를 통해 조직적 계몽운동이 시작되었다.[1] 문명개화론의 변혁운동이 정치권 내부와

---

[1] 일반 개설책에서는 '애국계몽운동'이 1904년 보안회로부터 시작되었다고 한다. 하지만 계몽 운동의 시작에 대한 학계의 논의는 매우 다양하다. 조동걸은 '계몽운동'이 정치운동을 포기하 고 '계몽주의'만을 추구했던 점에서 1906년 9월의 국민교육회를 기점으로 보았다. 또한 독립 협회 운동에서 시작되었다는 연구도 많다. 이광린은 위로부터의 계몽운동이 1890년대 후반

서울 지역에서 일어난 것을 극복하고 전국적, 조직적 계몽운동으로 발전시켰다. 특히 독립협회는 서울 시민층과 결합하며 민회民會운동으로 발전하였다.

(가) 갑신정변(1884) 때 미국으로 망명했던 서재필은 10년 만에 귀국하였다. 망명 갔던 갑신정변甲申政變 관련자들이 이즈음 다수 귀국하여 갑오개혁에 동참하였다. 박영효, 서광범은 1894년 12월에 구성된 내각에서 내무대신과 법무대신을 맡았으며, 서재필은 1895년 12월에 귀국하여 중추원 고문이 되었다.

서재필은 무엇보다도 민중층을 계몽하는 일이 시급하다고 판단하였다.[2] 갑신정변이 민중의 지지를 얻지 못해 실패했던 점을 반성하면서, 민중층을 계몽하기 위해서는 순 한글 신문이 필요하다고 보았다. 그는 유길준 등 갑오정권 핵심 세력의 합의와 후원 아래 신문 발간 사업에 착수하였다. 아관파천으로 갑오개혁 정권이 무너진 뒤에는 박정양 등 친미 정동파 세력의 후원으로 신문 간행의 뜻을 이루었다. 그리하여 1896년 4월 7일, 《독립신문》 국문판과 영문판을 발간하였다.[3]

《독립신문》은 "내외국 인민에게 우리의 주의를 미리 말하기" 위해

기(:독립협회)에 이르러 다수 국민이 참여한 횡적 대중화 운동으로 발전하였는데, 이를 '애국계몽운동'이라 하였다(〈開化思想과 愛國啓蒙運動〉, 《韓國學入門》, 학술원, 1984, 145쪽). 김종덕은 계몽운동을 전기, 후기로 나누면서, 독립협회에서 시작된 전기는 민권쟁취적 성격이 강하였고, 을사조약 이후의 후기는 국권회복적 성격이 강하다고 하였다(〈한말계몽운동의 계보와 성격〉, 《조선후기의 체제위기와 사회운동》, 한국정신문화연구원, 1988). 북한에서도 '애국문화운동'을 전·후기로 나누어, 전기는 독립협회에서 共進會, 憲政硏究會까지, 후기는 1905년의 '을사5조약' 이후 대한자강회에서 시작된 것으로 보았다(황공률, 《조선근대애국문화운동사》, 과학백과사전종합출판사, 1990). 이 책에서는 《독립신문》, 독립협회 이후 조직적 계몽운동이 시작되었고, 1905년 국권상실 후 '국권회복을 위한 계몽운동'으로 전화하였는데, 대한자강회가 이를 시작하였다고 정리하였다.

2) 徐載弼은 갑신정변 실패의 원인이 일반 민중의 성원이 없었기 때문으로 판단하고, 1896년에 귀국하자 "公衆講演, 公衆討論, 日刊新聞 등 기타 당시 이용할 수 있던 교육 시설 등으로 조선의 평민교육을 하여 보겠다"고 하였다(金道泰, 《徐載弼博士自敍傳》, 수선사, 1948, 206쪽).

3) 愼鏞廈, 《獨立協會硏究》, 일조각, 1976, I 장.

창간했다고 천명하였다.4) 곧 문명개화에 대한 주장을 밝히고 의견을
같이 하는 사람을 결집하기 위한 것이었다. 자신들의 '주의'를 피력할
대상은 처음부터 민중층으로 설정하였다. 순 한글로 발간하는 것은

> 우리 신문이 한문은 아니 쓰고 다만 국문으로만 쓰는 거슨 샹하귀쳔이
> 다 보게 홈이라. 또 국문을 이러케 귀졀을 쎄여 쓴즉 아모라도 이 신문 보기
> 가 쉽고 신문 속에 잇는 말을 자세이 알어 보게 홈이라.5)

라고 하여, 상하, 귀천 모든 사람이 볼 수 있게 하기 위함이었다. 한글
로 작성한 글이 오히려 어렵다고 하므로 띄어쓰기를 하여 내용을 쉽고
자세하게 알 수 있게 하겠다고 천명하였다. 이 논설에서는 이를 이어,
한글이 한문보다 배우기 쉽고, 또 '조선글'이므로 조선 인민이 쓰는 '국
문'이라고 하면서, "빈부 귀천이 다름없이 이 신문을 보고 외국 물정과
내지 사정을 알게 하려는 뜻이므로, 남녀, 노소, 상하, 귀천 간에 우리
신문을 하루 걸러 몇 달만 보면 새 지각과 새 학문이 생길 것"이라고
확신하였다.6) 신문에서 주장하는대로만 하면 부국강병을 이루고, 그
이익이 모든 사람에게 돌아갈 것이라고 하였다.7)
　《독립신문》은 민중층을 자신들의 깨우고 자신들의 운동을 지지하는
세력으로 설정하여 이끌어 낸 점으로 본격적 계몽운동의 출발점이 되
었다. 순 한글로 제작된 국문판은 민중 계몽에서 중요한 역할을 담당하
였고, 영문판을 통하여 국내의 선교사나 외국에 한국 사정을 알렸다.

　(나) 《독립신문》 창간 4개월 후에 독립협회가 만들어졌다(1896년 7

---

4) 《독립신문》 1896년 4월 7일 논설.
5) 《독립신문》 1896년 4월 30일 논설.
6) 위와 같음.
7) 《독립신문》 1896년 4월 7일 논설.

월 2일). 독립협회는 조선의 '독립'을 기념하는 독립문 건립 및 독립공원 조성을 위해 만든 것이었다. 갑오정권은 청일전쟁이 일어난 뒤 청과의 종속 관계를 청산한다는 차원에서, 1895년 2월, 그 상징이었던 영은문迎恩門을 헐어 버렸다. 청일전쟁의 결과, 청일 사이에 맺은 시모노세키 조약에서 명시한 조선 '독립'을 환영하였다. 아관파천으로 갑오정권이 붕괴된 후에도 '독립'을 기념하는 상징물을 만들자는 여론은 강하였고, 이 사업을 담당하는 기관이 독립협회였다.

독립협회는 영은문 터에 독립문을 세우고, 모화관慕華館을 독립관으로, 그리고 그 주변에 독립공원을 조성하는 사업을 계획하였다. 우리가 독립된 것은 나라의 광영光榮이고 2천만 인민이 행복이지만 이를 기념할 실적實蹟이 없음을 안타깝게 생각하면서

　　茲에 公共흔 議로 獨立協會를 發起ᄒ야 前 迎恩門 遺址에 獨立門을 新建ᄒ고, 前 慕華館을 修改ᄒ야 獨立館이라 ᄒ야, 舊日의 恥辱을 洗ᄒ고 後人의 標準을 作코저 흠이오, 其 附近地를 曠棄치 못흠으로, 仍ᄒ야 獨立公園을 順便刱設ᄒ야써 其 門과 館을 保管코저 ᄒ오니, 盛擧라 아니치 못흔지라.[8]

라고 하고, 이 사업을 명확히 하고자, 독립협회는 규칙 제2조에 "독립문과 독립공원 건설하는 사무를 관장할 것"이라고 명시하였다.

독립문을 세우는 사업에 반대할 사람은 없었다. 독립협회에는 정동구락부 세력의 주도 아래 정부의 대소 관료층이 대거 참여하였다. 갑오개혁에서 제기한 '자주독립'을 지지하며 만들어진 건양협회建陽協會 세력도 합류하였다. 서재필을 고문으로, 안경수安駉壽(회장), 이완용李完用(위원장)을 비롯한 김가진金嘉鎭, 김종한金宗漢, 민상호閔商鎬, 이채연

---

8) 《大朝鮮獨立協會會報》 1, 〈獨立協會輪告〉 建陽 원년(1896) 7월, 9쪽.

李采淵, 권재형權在衡, 현흥택玄興澤, 이상재李商在. 이근호李根浩 등의 관료층이 위원으로 참여하였다.

독립문 건립을 위해서는 많은 비용이 필요하였다. 국가적 사업이므로, 그 경비는 나라에서 마련하는 것이 당연하지만, 독립협회는 필요비용을 전 국민으로부터 모금하였다. 창립 당일, 발기인, 임원(안경수 40원, 이완용 100원 등), 그리고 독립신문사 30원 등, 모두 510원을 모금하였다. 그리고는 "그 공역工役이 호대浩大하여 거관巨款을 쓸 것이니 중력衆力으로 도와서 이루지[幇成] 않으면 성취하기 기대할 수 없을 것"이라 하여, 신민臣民된 사람은 다소 간에 보조금을 내고 회원이 되라고 권하였다. 일반인, 심지어 "막벌이꾼"까지 낼 것으로 기대하였다. 모금의 여론을 확산시키기 위해 돈 낸 사람의 이름을 신문에도 내고, 또 목패에 써서 완공된 독립문에다 붙이거나, 혹은 돈이 2만 원 정도 들어오면 크게 석탑을 만들어 석탑에다 이름을 새기자고 의논하였다.9)

모금의 선전과 확산을 위해서 《독립신문》을 활용하였다. 신문에서도 조선의 자주독립은 정부만의 경사가 아니라 전국 인민의 경사이므로, 인민의 돈으로 이 사업을 하는 것이 나라에 더 영광이 된다고 하며, 성금을 낸 사람의 이름과 금액을 신문에 광고하겠다고 호응하였다.

무론 누구든지 죠션 인민이 되야 님군을 존경 호고 국긔를 놉히 달 싱각이 잇는 사름들은 다쇼 간에 츌렴[出斂]을 내야 대정동 죠션은힝쇼에 잇는 안경슈씨의게로 보내거드면, 안경슈씨가 신문샤로 보죠금낸 사름의 일홈과 돈 슈효를 긔별호야 미일 광고 홀터이오, 역ᄉ[役事]ᄂᆞᆫ 속히 시쟉혼다고 ᄒᆞ더라. 누구든지 이 ᄉᆞ연을 알 것 ᄀᆞᆺ흐면 즈긔 형셰딘로 보죠금을 낼터이요.10)

---

9) 위와 같음 ; 《독립신문》 1896년 7월 4일 논설.
10) 《독립신문》 1896년 7월 4일 논설. 조선이 자주독립하여 세계의 다른 나라와 동등한 나라가 되고, 또 대군주도 다른 나라의 제왕과 같은 권한을 가지게 되었다고 하고, 이런 나라의 명예와 영광을 "세계에 광고도 하며 조선 후손들에게 조선이 명백히 독립된 것을 전하자는 표적"을 만들어야 한다고 하였다.

회원뿐 아니라 일반인을 대상으로 '모금 캠페인'을 벌이고, 신문을 통해 이를 알리고 확산시킨 것은 '독립'에 대한 일반인의 의식을 고취하는 '계몽'의 한 방법이었다.11) 이런 선전, 계몽의 노력으로, 1천 원을 기부한 왕태자를 비롯하여 독립협회 회원, 관료층, 하급 군인, 시전 상인, 예배당, 학교와 교사, 그리고 몇 전錢, 몇 십 전을 내는 하층의 일반 백성, 심지어 기생들의 기부도 이어졌으며, 미국 부공사 알렌을 비롯한 외국인, 선교사도 동참하였다.12) 이런 열성으로 1897년 12월에 독립문을 완공하였다.13)

한편, 독립협회는 창립한 4개월 뒤에 기관지《대조선독립협회회보大朝鮮獨立協會會報》를 발간하였다. 매월 2회, 9개월 정도 지속되었다.14) 회보를 통해 "본국 역대歷代의 연혁沿革의 연유와 세계 만국의 치란흥폐治亂興廢와 고금古今 정치의 민국民國 일치하던 실적實蹟을 증명하고 일에 따라 의견을 개진[隨事論說]"하고자 하였다. 곧 여러 논설을 통하여 '계몽'하겠다는 것이었다.

논설에서는 '독립'의 필요성, 자주와 자강의 중요성 등을 주장하였다. 그 외 대부분의 글들은 서양의 사정을 전하는 것이었다. 각국의 경제 상황, 교육 상황, 군대, 전선과 광산, 기후와 물산, 공장과 증기기관 등이었다. 또한 서양에서 규명한 자연과학(공기, 눈과 얼음, 바람, 증기기관, 화약, 식물학, 농학 등) 지식도 소개하였다.

---

11) 이런 점에 대해서는 권기하, 〈독립협회의 결사·집회 문화와 정치적 공공성〉, 연세대학교 대학원 박사학위논문, 2020, 42~52쪽 참조. 모금 외에 대중집회로 진행한 독립문 정초식, 국가기념 경축회 등도 같은 의미로 파악하였다.

12) 보조금을 낸 명단은《독립신문》에서 계속 광고해 주었고,《大朝鮮獨立協會會報》를 발간(1896년 11월 30일)하면서 이를 정리하여 명단을 실었다.《독립신문》은 회보에 모두 기록하지 못하는 군대, 경무청 인원 등을 따로 〈부록〉 형식으로 알렸다(1897년 4월 24일~5월 1일 등).

13) 독립문 완공 후에도 건축 조성 비용이 모자라 성금을 독립협회 사무소로 가지고 오라는 독촉성 기사도 지속적으로 나갔다(《독립신문》 1898년 1월 20일 이후 약 8개월 동안).

14) 현재 남아 있는 회보는 1896년 11월 30일(1호)~1897년 8월 15일(18호)에 간행된 것이다. 일부 기사는 발행일과 맞지 않는 경우(가령, 8월 26일자 독립협회 보조금 수입, 지출 보고가 7월 15일 자 16호에 게재됨)도 있어, 회보를 간행일에 잘 맞추지 못한 어려움도 엿볼 수 있다.

그런데 회보의 글은 한문, 국한문 혼용이 대부분이었다. 두 어 편 서재필의 글이나 제중원 의사 빈튼 등 서양인의 글만이 순 한글이었다. 심지어 '국문(한글)을 전수專修하자'는 신해영申海永의 글도 국한문 혼용 으로 작성되었다. 《회보》의 구독자는 한문을 해득할 수 있는 관료층, 식자층이었다. 회보는 "본회 회원과 각 부부군部府郡과 재야유지在野有 志 제공諸公에게 배포하여 열람하게[呈覽]" 하는 것이 목표였다.

또한 3호부터 실린 《회보》의 본지本旨에는 지식층 내부의 일종의 문 명화와 자주독립을 위한 공론의 장場으로 활용하려던 의지도 보였다. 자신들의 사명은 "충효의 근본을 배양하여 각자 맡은 사업을 발달"시 켜, "문화文化 인수仁壽의 지경으로 진보"하자는 것이었는데, 이를 위해 서는 각자가 가진 견문과 지식의 유무有無를 서로 교환, 보완하여, "국 가나 개인이 가진 본래의 면목이나 내외 고금의 이해와 손익"을 강구하 자고 하였다. 따라서 독립협회 회원만으로 이런 논의를 모두 감당하기 어렵기 때문에 전국의 식자층에게 자신의 견해를 글로 정리하여 투고 하라고 권하였다. 즉 "본회 회원 및 전국 동포의 유지有志 군자君子는 각각 실업 실력상에 지식 견문을 기서記書에 형形하고, 이익利益 권면勸 勉을 논하는 글"이 있으면 《회보》에 투고하라는 것이었다. 물론 《회보》 의 편집진은 '투고한 내용은 편집진과 관계 없다"는 점을 첨부하였지 만, 식자층 내부에서 경향을 달리하며 개진되던 다양한 문명화와 독립 에 대한 논의들이 같은 잡지 안에 게재되었다.15)

이런 점은 독립문 건립에 찬성하는 고급 관료층이 주도하여 독립협 회를 만들었다는 점에서 당연하였다.16) 후술하게 될 바와 같이, 독립

---

15) 《회보》의 편집진은 누구인지 알 수 없으나, 독립협회의 간사원 정도 역할을 했던 사람으로 보인다. 편집진에서는 무기명으로 세계 정세와 현황, 서양의 과학 문명 등을 정리, 번역하여 소개하였고, 기명으로 된 논설류의 글들은 投稿된 것으로 추측할 수 있다.

16) 신용하는 독립협회의 발전 단계를 나누고, 초기를 '高級官僚主導期'라고 하였는데(《獨立協會 研究》, 1976, 90~93쪽), 대개 《회보》가 발간되던 기간이었다.

협회는 그 활동을 점차 민중층이 참여하는 방향으로 확장해 갔는데, 적어도 초기에는 독립협회 안에 사상적 경향이 다른 두 집단이 '연합'하고 있었음을 알 수 있다. 상층 임원이었던 대한제국의 관료층은 정부 개혁사업의 원칙이었던 신구학 절충[舊本新參] 차원에서 서양 문명, 학문을 수용하자고 하였다면, 서재필을 필두로 한 배재학당 관계자는 청일전쟁 이후에 확산 되던 서양 문명을 적극적으로 수용하자는 문명개화론을 주장하였다.17)

　(다) 문명개화 세력의 '계몽'에서 중요한 방법이 교육이었다. 전 '국민'을 대상으로 교육 체계를 마련한 것은 갑오개혁 때였다.18) 갑오개혁에서 유교 이념을 충실하게 지키는 가운데, 시대의 변화에 따라 "독립과 개명 진보"를 위한 교육을 천명하였다. 고종은 "우주의 형세를 돌아보면, 극히 부강하고 독립하여 웅시雄視하는 나라들은 모두 그 인민의 지식이 개명하고, 지식의 개명함은 교육의 선미善美함으로 인한 것이니, 교육敎育이 실로 국가 보존하는 근본"이라고 하였다.19) 서울에 소학교를 개설하고, "교육은 개화의 근본이며, 나라를 사랑하는 마음과 부강해지는 묘한 이치가 모두 학문으로부터 생기는 만큼, 오직 나라의 문명은 학교가 성하는가, 쇠하는가에 관계되는 것"이라20) 하였다.
　《독립신문》, 독립협회는 조직적인 계몽운동을 추진하면서 교육의 필요성을 강조하였다. 개화의 정도, 국력의 강약이 모두 인민의 지식[民智] 여하에 달려 있다고 하고, 교육을 통해 서양 학문을 배워야 한다고

---

17) 김도형, 《근대한국의 문명전환과 개혁론―유교비판과 변통》, 지식산업사, 2014 참조. 신용하는 독립협회 참여층을 ① 서구시민사상의 영향을 크게 받은 흐름, ② 개신유학적 전통을 배경으로 동도서기파에서 발전한 국내의 사상 성장의 흐름, ③ 개화파 무관, ④ 민중직접대표 등으로 구분하였다(《獨立協會硏究》, 105쪽).
18) 김도형, 위 책, 109~118쪽.
19) 《高宗實錄》 32년(1895) 2월 2일.
20) 《高宗實錄》 32년 9월 28일. 학부고시 제4호.

주장하였다. 가령 "인민은 국가 성립의 기초요, 교육은 국민 양성의 약석藥石이므로, 나라를 문명의 영역에 세우고자 하면 반드시 백성을 교육의 길에 들게 해야" 한다고 하였다.21)《독립신문》에서는 소학교, 여학교, 중학교, 대학교, 각종 실업학교와 전문학교 등을 설립하고, 교과 과정도 쓸모없는 허문虛文을 버리고 서양의 근대학문, 곧 '실상 학문', '실학實學'을 가르쳐야 한다고 하였으며, 국문 사용, 아라비아 숫자 사용, 체육 등을 강조하면서 외국 서적의 번역 출판과 유학생 파견도 주장하였다.22)

교육을 통하지 않고 일반 민중이 직접 참여하는 형태의 '계몽'도 추진하였다. 독립협회가 시민, 학생을 참여시킨 토론회였다.23) 독립문 건립을 마무리할 즈음인 1897년 8월경에 독립협회가 추진한 새로운 활동 방안이었다. 관료층이 주도하던 독립협회의 성격이 변한 것이었다.

토론회는 배재학당 학생들의 의식 변화를 위해 행하던 것이었다. 배재학당의 협성회는 1896년 5월부터 1년 여 동안 서재필을 특별강사로 초빙하여 회의, 연설 훈련, 토론회 등을 개최하였다. 1898년 3월 중순까지 모두 42회의 토론회를 열었는데, 그 결과는《협성회회보》에도 소개하였다. 토론회를 통하여 문명개화론을 확산시켰고, 또 만민공동회에서 활약한 많은 청년, 학생들을 길러내었다. 이 토론회의 방식을 독립협회에 그대로 실시하였다. 독립협회는 약 1년간 34회 토론회를 개최하였다. 러시아 침략 문제를 비롯하여 신교육 진흥, 산업 개발, 미신 타파, 자유 독립, 자유 민권 등의 주제를 다루었다. 토론회에는 하급 관료, 학생, 상인 등이 참여하여 계몽운동의 저변이 확대되었다.24)

21) 安昌善, 〈敎育의 急務〉,《大朝鮮獨立協會會報》 7, 6쪽.
22) 愼鏞廈,《獨立協會硏究》, 1976, 223~227쪽.
23) 협성회, 독립협회에서 행한 토론회의 주제, 형식, 반응 등에 대해서는 권기하, 〈독립협회의 결사·집회 문화와 정치적 공공성〉, 2020, 62~72쪽 참조.
24) 愼鏞廈,《獨立協會硏究》, 1976, 261~273쪽.

문명개화론이 저변으로 확산되는 데에는 배재학당 관계자가 발간하던 잡지, 신문도 큰 역할을 담당하였다. 협성회는 《협성회회보》를 간행하였는데(1898년 1월), 이 잡지는 4월 9일부터 최초의 일간지 《믹일신문》으로 개편되었다.25) 《믹일신문》은 "우리 신문사 목적은 개명 부강할 방책에 긴요한 사실과 학문 상에 유리한 말을 듣는 대로 기재"하는 것이라고 하고,26) "부강, 문명개화를 위해 어두운 백성을 열어주는 것이 신문"이라고 자임하였다.27) 이 신문도 순 한글로 발행하였다. 문맹의 정도가 문명과 야만을 구분하는데, 우리는 다행스럽게 '국문'이 있기에 "요긴한 글을 사용하여 어리석은 백성이라도 다 개명한 학문을 배워 전국이 어서 문명에 나아가기를" 바란다고 하였다.28)

독립협회 운동이 활발해지면서 서울 외의 지역에서도 이 운동에 동참하기 시작하였다. 지역에 따라서 협회의 지회가 만들어졌다.29) 독립협회가 처음 출범할 때는 지방까지 운동을 확산하는 것에는 소극적이었다. 서울 본회는 지방에서 제기된 자발적인 조직도 거부하였다. 하지만 지방의 지회 설치 요구를 외면할 수 없게 되면서, 인구 3천 명 이상의 중소도시에 설치할 수 있으며, '가산을 능히 다스리며 학식이 유여한 자' 등과 같은 까다로운 조건을 내걸었다. 이런 속에서 평양, 대구 등지에 독립협회의 지회가 만들어졌다. 지회는 대체로 상업이 발달한 도시 지역이나 기독교 세력이 기반이 되었다.30) 강원도 이천에서는 독

---

25) 金東冕, 〈協成會 活動에 관한 考察〉, 《韓國學報》 25, 1981 참조.

26) 《믹일신문》 1898년 4월 15일 론셜.

27) 《믹일신문》 1898년 4월 12일 론셜.

28) 《믹일신문》 1898년 6월 17일 〈국문이 나라 문명홀 근본〉. "만약 사서삼경을 번역하여 일반 백성들을 가르쳤으면 남녀 귀천이 모두 공자님의 제자가 되고 유교가 이 같이 쇠하지는 아니하였을 것이라"고도 하였다.

29) 愼鏞廈, 《獨立協會研究》, 1976, 106~112쪽.

30) 公州, 平壤, 大邱, 宣川, 義界, 江界, 北青, 木浦, 沃川 등지에 조직되었던 지회들은 대부분이 그 곳의 기독교 교회였다[尹健次, 《韓國近代教育의 思想과 運動》(1982), 심성보 역, 《韓國近代教育의 사상과 운동》, 청사, 1987, 126쪽]. 또한 인천은 용동교회 교우들이 회원이었고, 黃州도 그러하였으며, 관서지부도 安昌浩, 韓錫晋 등 교회 지도자들이 중심이었다(李萬烈,

립협회의 충군 애국, 문명 진보 활동을 본받아 지회를 설치하려 하여도 군의 형세가 약하므로, 우선은 '향약회'라는 이름으로 활동하겠다고 다짐한 경우도 있었다.[31]

(라) 서울 시민들이 독립협회 운동에 가담하면서 1898년 3월에 새로운 형태의 운동이 등장하였다. 독립협회와 시민층이 함께 꾸려 간 민회民會, 곧 만민공동회萬民共同會였다. 독립협회 핵심 세력은 자신들의 주도 아래 만민공동회를 운영하고자 하였다. 만민공동회는 서울 시민이 가장 많이 왕래하는 종로에서 열렸다.

독립협회 소장 세력이 서울 시민들과 결합하여 민회운동으로 나아가자 독립협회 참여 세력에도 변화가 생겼다. 부르주아 세력이 도시 시민층을 자신들의 운동 속으로 끌어들여 관민공동회나 만민공동회를 전개한 것은 지배층 중심, 위로부터의 개혁운동을 한 단계 진전시킨 것이었다. 하지만 독립협회 지도 세력 가운데는 민중과의 연합 활동에 대해 부정적으로 생각하는 인사들도 많았다. 독립문이 완공되면서 여러 이유로 고급 관료층은 독립협회를 떠나기 시작하였다. 회장 이완용이 1898년 3월, 전북 관찰사로 떠났고, 윤치호尹致昊가 회장 대리가 되었다. 7월에는 외국에 이권을 양여하는데 관여했다는 이유로 이완용을 회원에서 제명하였다. 그 사이 독립협회를 주도하던 서재필도 추방되

〈韓末 기독교인의 민족의식 형성과정〉,《韓國史論》1, 1973, 364~365쪽).
31)《皇城新聞》1898년 12월 20일,〈東來帛書〉. "獨立協會를 設始ᄒ 後 至于今에 一言事가 鮮非忠愛은 全區 二千萬同胞만 知ᄒ 뿐이 아니라 神明이 感ᄒ고 豚魚가 孚ᄒ지라. 是로 以ᄒ야 遐鄕巖穴에도 其德을 薰ᄒ야 善良ᄒ 者 多ᄒ지라. 本郡 前稅務主事 李龍奎氏가 人民을 對ᄒ야 發論ᄒ기을 獨立協會은 忠愛에 目的이오 開明에 肯緊이라. 府郡에도 支會를 設始ᄒ 處가 有ᄒ나, 本郡은 本自至殘ᄒ야 支會 設始은 事係張大ᄒ니, 協會를 依倣ᄒ야 아즉 鄕約會을 設始ᄒ야 京城協會 忠愛目的을 萬一이나 效則ᄒ쟈 ᄒ고, 方今 鄕約會을 設始ᄒ 後에 忠愛目的과 民邑事宜를 另成規則ᄒ와쓰니, 此亦京會目的에 化ᄒ미라. …… 郡之大小을 拘碍치 말옵시고 特나 會名을 肇錫ᄒ시며 規則을 下送ᄒ시되 講談時事ᄒ야 發達知識ᄒ고 蠢蜀ᄒ 峽俗으로 文明에 進步ᄒ게 ᄒ시면 十室之邑에 忠信이 有ᄒ믈 見ᄒ거시오" 라고 하였다.

었다(5월). 독립협회는 조직을 정비하여 윤치호를 회장, 이상재를 부회
장으로 선임하였다(8월).

독립협회 운동이 서울의 일반 시민층으로 퍼지면서 점차 정부를 공
격하는 일이 늘어났다. 특정한 문제를 둘러싸고는 해당 대신의 사임을
요구하였다. 독립협회 핵심 세력은 민중들이 직접 정부를 비판하거나
위협하는 것에는 찬성하지 않았으나, 필요한 사안은 독립협회 회원이
주도하여 정부에 요구해야 한다고 생각하였다. 러시아 군사교관 및 재
정 고문의 파견, 한러은행의 설치 등과 같은 러시아 침략을 비판하는
것이 많았다. 또 정부 관리들의 부정 행위와 정책도 비판하였으며, 불
법·무능한 대신의 퇴진도 요구하였다. 왕실 재정을 책임지고 있는 이
용익李容翊을 탄핵하고 퇴진시켰고, 봉건적 악법인 노륙법孥戮法과 연
좌법連坐法을 부활시키려던 신기선申箕善의 퇴진도 요구하였다.

1898년 10월, 민회는 신임 대신들을 출석시켜 관민공동회官民共同會
를 개최하였다. 공동회에서 '헌의獻議 6조'를 채택하여 고종에게 올렸
다. ① 대외적으로 외국에 의존하지 않으며, ② 외국과의 조약에 각부
대신과 중추원 의장이 공동으로 날인할 것, 그리고 대내적으로는 ③
전제황권專制皇權의 공고화, ④ 재정 사무의 탁지부로 일원화, ⑤ 재판
제도의 확립, ⑥ 관리 임명에서 합의 등을 요구하였다. 유명무실한 중
추원을 개편하고, 의관의 반을 민선民選 의관으로 하면서, 민선 의관은
독립협회에서 선출하겠다고 요구하였다.

1898년 10월 30일, 고종은 관민공동회의 의견을 받아들여 중추원
을 개편하였다. 중추원 의관 가운데 일부를 독립협회가 선출하도록 허
락하였다. 하지만 중추원을 '의회'로 개편하자는 독립협회의 주장은 황
제권을 강화하던 고종에게 매우 예민한 문제였다. 고종은 독립협회의
정치 활동도 당연히 황제권 범위 안에서 허용하였다. 이런 틈새에서
독립협회 반대파는 독립협회가 군주제를 폐지하고 공화제를 실시하려

고 한다는 익명서匿名書를 붙이고, 박정양朴定陽을 대통령, 윤치호尹致昊
를 부통령으로 획책하고 있다고 고발하였다. 그러자 고종은 독립협회
를 해산하고 주모자 17명을 잡아들였다. 고종은 독립협회에게 "지려智
慮를 발달시키고 개명에 진보하여 개도의 뜻으로 나아가도록" 타일렀
으나, 오히려 협회가 "취당聚黨하여 방자하게 조정을 꾸짖고 대신을 핍
박"한다고 질책하였다. 이에 고종은 '협회'라고 이름을 가진 것은 모두
혁파, 해산하도록 하였다.[32]

   그러자 독립협회 청년회원과 일반 시민들이 합세하여 만민공동회를
다시 열어 저항하였다. 민회의 저항이 거세지자 고종은 구속했던 17명
을 태笞 40대에 처하여 석방하였으며, 만민공동회를 인정하고 독립협
회 복설復設도 허락하였다.[33] 고종이 강조한 것은 당연히 황제권이었
다. 민회 백성들의 행위가 '5백 년 전제 정치의 나라'에서는 있을 수
없는 일이라는 점, 독립의 기초를 약하게 하거나 전제 정치에 손상을
주는 것은 '충군 애국'에 어긋난다는 점 등을 적시하고, 만약 이를 어기
면 용서하지 않겠다고 엄명하였다.[34] 하지만 '공화제 문제'가 여전히
남아 있었다. 독립협회 소장 세력을 중심으로 일반 시민이 가담한 만민
공동회(민회)와 황국협회皇國協會, 보부상 사이의 대립은 더 심화되었
고, 무장한 보부상패가 민회를 공격하여 사상자를 내었다. 이런 사건
속에서 독립협회 지도부와 시민들 사이의 인식 차이도 노정되었다.

   새로운 형태의 중추원이 정부 관료 4명, 황국협회 회원 29명, 독립
협회 회원 17명으로 개원하였다. 독립협회의 윤치호가 부의장이었다.
회의가 열리자 정부 대신으로 추천할 사람 11명을 투표로 선출하였다
(12월 16일). 그런데 이 명단에 고종이 항상 경계하던 박영효와, 미국

32) 《高宗實錄》 광무 2년(1898) 11월 4일.
33) 愼鏞廈, 《獨立協會硏究》, Ⅶ 〈萬民共同會의 自主民權自强運動〉에 자세하다.
34) 《高宗實錄》 광무 2년 11월 26일.

으로 추방된 서재필이 포함되었다. 당시 박영효는 역모 죄인이었고, 공화제, 대통령제 소문의 실체였다. 만민공동회는 투표 결과를 시행하도록 정부에 압박하였다. 그러자 마침내 고종은 12월 23일, 군인을 동원하여 만민공동회(민회)를 해산하고, 마음대로 '만민공동'이라는 이름을 내건 잘못을 지적하는 조칙詔勅을 내렸다.35) 민회를 지도하던 협회의 핵심 간부들도 체포하였다. 당시 신문에서도 민회의 잘못을 대대적으로 비판하였다. 민회, 곧 만민공동회가 해산되자 독립협회 활동도 따라서 중단되었다.36)

2) 《독립신문》, 독립협회의 지향 : 자주독립과 문명개화

청일전쟁 뒤 부각된 관심사는 '자주독립'이었다. 신문과 단체의 이름으로 '독립'을 천명한 것에서 알 수 있다. 청일전쟁의 결과, 조선이 청의 속박에서 '독립'했으므로, 이를 확고하게 유지해야 하였다. '독립'의 기념물, 상징물로 독립문을 건립하고, 조선이라는 국호를 대한제국으로 바꾸며 자주적 '제국'이 되고자 하였다. 자주적 독립국이 되기 위해서는 당연히 부강하고 '문명'의 나라가 되어야 하였다. 서양 문명을 수용하여 개화를 이뤄야 하는 지향은 같았지만, 독립협회 안에는 문명개화론과는 조금 다른 논의도 있었다.

(가) '독립'이라는 말은 일본이 정략상 쓰기 시작한 것이었다.37) 조

---

35) 愼鏞廈, 《獨立協會硏究》, 1976. ; 朱鎭五, 〈19세기 후반 개화 개혁론의 구조와 전개〉, 연세대 박사학위논문, 1995. 81~91쪽 참조.
36) 이때 정부가 해산시킨 것은 독립협회가 아니라 民會, 즉 萬民共同會였다. 독립협회는 유지되고 있었지만, 민회 해산 이후 독립협회도 사실상 모이는 것조차 불가능했기 때문에 자연스럽게 활동이 정지되었다.

선이 전근대 동아시아 질서인 '화이華夷, 조공朝貢 체제'에서 벗어나는 것을 '독립'이라고 하였다. 조선을 침략하기 위해서 일본은 청의 조선 간섭을 타파해야 하였다. 일본은 이런 속내를 이미 1876년 조일수호조규 제1조에 '조선은 자주의 나라'라고 드러내었다. 1880년대 초반에는 시찰단의 일원 어윤중魚允中에게 '조선은 독립국'이라고 점을 강조하며 이를 부추겼으나, 당시 청과의 화이질서에서 벗어날 생각이 전혀 없던 조선 정부였기에 어윤중은 '자주는 가하나 독립은 불가하다'고 대응하였다.[38] 마침내 1894년, 일본은 '조선 독립'을 구실로 청일전쟁을 일으켰고, 시모노세키 조약에서 이를 명시하여, 청의 간섭을 배제하고 조선을 독점적으로 지배할 수 있는 조건을 마련하였다. 일본이 사용하던 '독립'의 의미를 조선 식자층은 아무 저항 없이 받아들였다. 많은 논자들은 일본의 덕으로 '독립'이 되었다고 말하였다. 이에 '자주와 독립'이라는 말을 하나의 의미로 붙여 사용하였고, 얻어진 '독립'을 자주적으로 유지하는 방안을 모색하였다.

독립협회, 《독립신문》에서는 자주독립국을 유지하는 여러 방안을 제시하였다. 앞서 본 바와 같이 독립문, 독립관, 독립공원을 조성한 것은 말할 것도 없고, 또한 다양한 방법으로 식자층, 민중층을 계몽한 것도 마찬가지였다. 현실의 국제 관계 속에서 조선이 독립을 유지할 수 있는 여러 방안, 그 핵심은 균세론均勢論, 곧 세력 균형이었다. 약소국 조선은 다른 나라와 신의信義로 교제하고, 체결한 조약을 잘 지켜야 남의 수치를 면하고 국체를 보존할 수 있다고 하면서, 조약 준수와 신의가 외교에서 제일의 상책이라고 하였다. 열강이 조선의 이권을 균점均霑하면서 균세를 유지하는 것도 반대하지는 않았으며, 균세를 위해 보호중

---

37) 김도형, 〈한국근대사에서 자주·독립의 의미〉, 《역사비평》 계간 29, 1995.
38) 주진오, 〈개화파의 성립과정과 정치·사상적 동향〉, 《1894년 농민전쟁연구》(3), 역사비평사, 1993, 170쪽.

립론保護中立論을 거론하기도 하였다.[39]

자주독립의 궁극적인 모습은 고종을 비롯한 관료층, 식자층이 힘을 합해 대한제국을 세운 것이었다. 황제는 '자주독립'을 상징하였다. 우리나라가 '독립'하게 된 것은 하늘의 도움과 군주의 정략으로 시작되었다고 보았다. 안국선安國善(安明善)은 우리나라가 역대로 청국의 "무례한 천대賤待"를 받으면서도 청국의 허문虛文과 쇠풍衰風을 전적으로 숭상하여 오다가 1894년에 하늘의 돌보심으로 중흥의 기운을 얻고, 갑오개혁의 유신維新하여 '독립'의 기본을 공고하게 하였다고 하였다. 그 단적인 조치가 독자의 연호 '건양建陽'을 사용한 것이었다.

> 惟 我大朝鮮國은 …… 開國 五百四年에 至ᄒ야 何幸 皇天이 我國家를 佐佑
> ᄒ샤 中興盛運을 降ᄒ시니 於是乎 維新政略을 改良ᄒ며 獨立 基本을 鞏固케
> ᄒ야 建陽 年號를 刱立ᄒ얏스니 猗歟盛哉라. 東方四千餘年來로 初有初覩의
> 大歷服大功業이라고 稱ᄒ올만 ᄒ도다.[40]

흥미로운 것은 '독립'을 미국과 서로 비교하면서, 미국이 식민지에서 자주독립하여 매우 큰 어려움이 있었지만, 우리 '대조선'은 위로 열성조列聖朝의 누적된 공업功業이 있고, 아래로 인민들의 나라를 향한 정성이 있기 때문에 미국보다 더 쉽다고 한 것이었다. 이미 나라를 유지하고 있던 역사적 경험과 능력을 중시하였던 것이다.

'자주독립'은 국가 차원에서 국권國權, 군주의 통치권統治權을 명확히 해야 하였다. 국권은 무엇보다도 군주의 권한을 확립하고, 군주를 중심으로 단결, 결집해야 하였다. 안국선은 세계의 어느 나라든지 완전하고

---

39) 주진오, 〈獨立協會의 對外認識의 構造와 展開〉, 《學林》 8, 연세사학회, 1986, 77~82쪽.
40) 安明善, 〈北米合衆國의 獨立史를 閱ᄒ다가 我大朝鮮國獨立을 論ᄒ이라〉, 《大朝鮮獨立協會會報》 4, 7~8쪽.

실질적인 독립국이 되기 위해서는 "국민이 마음을 합하고, 체體에 단團
하여, 그 나라를 사랑하며, 그 나라를 보존하는 것에 지나지 않는다"고
하였다.41) 자주독립을 유지하는 핵심이 '충군忠君 애국'에 있다는 것이
었다.

만민공동회에서도 우리의 정치 전통은 '전제 정치'이므로, 그 정형이
인민공화정치나 민주정치를 행하는 구미 각국과는 다르다고 하면서,
"전제정치하시는 대황제 폐하를 만세무강하시도록 갈충竭忠 보호"하여
야 한다고 하였다.42) 관민공동회에서 결의되어 국왕에게 바친 '헌의
6조'의 제1조는 "외국인에게 의부依附하지 않고 관민이 동심합력同心合
力하여 전제專制 황권을 견고케 할 것"이었다. 황권을 손상하지 않는
범위 안에서 독립협회 활동도 허가, 인정되었다. 군주는 국권, 자주독
립을 달성하는 구심이자 상징이었다.

독립협회는 대한제국 정부와 적대적인 세력이 결코 아니었다. 독립
문 건설을 위해 조직되었던 독립협회나 《독립신문》도 정부의 후원 아
래 활동하였다. 독립협회 핵심 인물은 모두 정부의 관료들이었다. 독립
협회는 대한제국을 지지하고 황권을 강화하는데 동참하였다. 그들은
'충군 애국'을 강조하면서 황권을 훼손하지 않는 범위 안에서 활동하고
인정받았다. 고종이 중추원 개편안을 수용한 것은 중추원이 의정부의
권한을 견제하게 되면 황권을 강화할 수 있다는 판단이 작용하기도 하
였다. 요컨대 독립협회의 자주독립이나 문명개화는 황제 권한의 범위
안에서만 가능하였다.

한편, 자주독립을 위해 황제권과 더불어 민권 신장도 염두에 두었다.
'자주독립'은 개인적인 자립, 자주의 능력으로 거론하였다. 《독립신문》
은 "그 백성들이 낱낱이 자주독립하는 마음과 행위가 없으면 어찌 나라

---

41) 安明善, 위 글, 8쪽.
42) 《독립신문》 1898년 10월 29일 별보 〈대동공회〉.

만 독립되기를 바라리요"라고 하여,[43] 나라의 자주독립은 개인의 자주독립에 대한 인식과 행위, 곧 백성의 실력과 능력에서 나온다고 보았다. 그리하여 개인의 자주독립을 위해서는 백성의 권리를 보호하는 것이 중요하다고 하였다. 백성이 자주독립하게 되면 나라의 독립도 이룰 수 있다는 것이었다.

> 나라이 진보 되야 가는지 안 가는지 첫지 보이는 거슨 그 나라 사름들이 즈긔들의 빅셩된 권리를 차지랴고 ᄒᆞ는거시라 …… 빅셩 마다 얼마큼 하느님이 주신 권리가 잇는디 그 권리는 아모라도 쎗지 못 ᄒᆞ는 권리요, 그 권리를 가지고 빅셩이 빅셩 노릇슬 잘 ᄒᆞ여야 그 나라 님군의 권리가 놉하지고 전국 디례가 놉하지는 법이라. …… 죠션 전국에 잇는 인민들이 서로 죠션 빅셩의 권리를 보호여 줄 것 ᄀᆞ흐면 남의 나라 사름들이 죠션 사름을 디ᄒᆞ야 실례만 아니 홀 쑨이 아니라 업수히 녁이는 ᄆᆞ음이 업셔질 거시니 …… 그리ᄒᆞ기에 즈쥬 독립을 ᄒᆞ랴면 몬져 빅셩의 권리브터 보호홀 싱각들을 ᄒᆞ시오.[44]

라고 하여, 백성의 권리가 보호되어야 나라나 임금의 권리와 지위가 높아지므로, 자주독립을 위해서는 백성의 권리를 보호해야 한다고 하였다.

《독립신문》에서는 '자주독립'을 위해, 앞서 본 군권君權의 확립 · 보전을 통한 국권國權의 확립과 동시에 국민 · 개인의 발견과 민권의 신장을 추구하였다. 이것은 매우 모순된 것 같지만, 민권은 언제나 국권, 군권의 범주를 넘어가지 않는 범위에서 인정되는 것이었다. "(만일 權으로 논하면) 6대 주와 동등하여 만국과 평행하는 것은 폐하의 권이고, 폐하의 백성이 되어 폐하의 강토를 지키고 그 정치를 거슬리고 법률을

---

43)《독립신문》1898년 7월 15일 〈독립ᄒᆞ는 샹칙〉.
44)《독립신문》1897년 3월 9일 론셜.

어지러이 하는 신하가 있어서 종사를 해롭게 하면 탄핵하여 성토하는 것은 신臣 등의 권이니, 흔히 '민권이 승勝하면 군권이 손損이라' 하는데, 사람의 무식함이 이보다 심함이 있으랴"라고 하였다.45)

(나) 한편, 청일전쟁 뒤 문명개화론이 확산되었다. 조선의 문명, 부강을 위해서는 서양 문명을 적극적으로 수용하고 배워야 한다는 논의였다. 일본의 승리가 서양 문명 수용과 정책적 시행 때문이었다고 본 것이었다.46)

서구 문명을 수용하여 '문명개화'하자는 논의는 서양문명관에 의거한 것이었다. 곧 서양 문명의 우월성을 인정한 사회진화론社會進化論이었다.47) 윤치호는 "이 세계를 실제적, 현실적으로 지배하는 원리는 정의正義가 아니고 힘"이라고 하였다.48) 이들은 인류 문명을 야만野蠻(미개), 반문명半文明(반개화), 문명文明(개화)으로 구분하고, 야만에서 반문명으로, 반문명에서 문명의 단계로 발전하며, 서양 사회를 가장 높은 단계인 문명, 개화의 사회로 인식하였다.49)

《독립신문》은 "나의 짧은 것[단점]을 버리고 저의 긴 것[장점]을 취하는 것"이고, 또한 "나에게 없는 것을 저들에게 있는 것을 취하는 것"을 '개화'라고 하였다.50) 문명의 단계에 따라 미국·영국 등은 문명국,

---

45) 《承政院日記》 1898년 9월 9일(음) 〈中樞院一等議官尹致昊等疏〉.
46) 김도형, 〈大韓帝國 초기 文明開化論의 발전〉, 《韓國史研究》 121, 2003 ; 《근대한국의 문명전환과 개혁론》, 284~288쪽.
47) 사회진화론의 수용과 관련해서 후술하게 될 바와 같이 대비되는 두 연구 경향이 있었다(김도형, 〈韓末 啓蒙運動의 政治論 研究〉, 《韓國史研究》 54, 1986 ; 이 책 Ⅱ-제1장 주1). 사회진화론의 수용 및 그 영향에 대해서는 朱鎭五, 〈獨立協會의 社會思想과 社會進化論〉, 《孫寶基停年紀念韓國史學論叢》, 지식산업사, 1988 ; 朴贊勝, 〈韓末 自强運動論의 각 계열과 그 성격〉, 《韓國史研究》 68, 1990 ; 李光麟, 〈舊韓末 進化論의 受容과 그 影響〉, 《世林韓國學論叢》 1, 1977 (《韓國開化思想研究》, 1979) ; 李松姬, 〈韓末 愛國啓蒙思想과 社會進化論〉, 《釜山女大史學》 2, 1984 참조.
48) 《尹致昊日記》 1890년 2월 14일 (국사편찬위원회, 二, 19쪽) ; 1892년 11월 20일(二, 418쪽).
49) 俞吉濬, 《西遊見聞》 제14편 〈開化의 等級〉 ; 《尹致昊日記》 1892년 12월 29일(二, 449).

일본·이태리 등은 개화국, 대한제국·청 등은 반개화국으로 보았
다.51) 문명국과 개화국을 나누는 것이 특이하지만, 개화, 곧 문명화는
우월한 힘의 원천인 서양 문명을 수용하고 배우는 과정이었다.

　미국에 대한 긍정적 인식도 확산되었다.52) 직접 미국을 경험했거나,
또는 기독교 선교사의 활동과 관련을 맺으면서 이른바 '친미親美 개화
세력'이 형성되었다.53) 독립협회와 《독립신문》을 주도한 것도 이들이
었다. 《독립신문》에서는

　　미국은 본릭 나라도 젹지가 안커이와 긔후가 온화ᄒ고 토디가 비옥ᄒ야
　　육츅과 빅곡이 다 잘되며 각죵 쳔죠물이 만흔 고로 립국흔 지 百여 년에 다른
　　나라와 ᄀᆞᆺ치 젼졍을 일슴지 안코, 다믄 편민[便民] 이국[利國]홀 신법을 창
　　셜ᄒ야 항샹 새 싸홀 긔간ᄒᆞᄂᆞ딕 …… 틱평양에 잇는 모든 셤 나라들이 ᄌᆞ원
　　ᄒᆞ야 미국 속국 되기를 원ᄒᆞ되, 미국 졍부에셔 허락지 안코 도로혀 ᄌᆞ쥬 ᄒᆞ라
　　고 권ᄒᆞ며 혹 약흔 나라이 강흔 나라의게 무례히 압졔를 밧든지 ᄌᆞ유권을
　　쎗는 나라가 잇스면 ᄌᆞ긔 나라 군ᄉᆞ를 죽이고 직물을 허비ᄒᆞ랴고 그 약흔
　　나라를 긔어히 도아주니, 이는 미국 사름의 큰 도략이요.54)

라고 하였다. 곧 미국은 남을 침략하지도 않고, 약한 나라가 강한 나라
의 침략을 받으면 군사와 재물로 도와주므로, 태평양에 있는 여러 섬나
라들이 미국의 속국이 되기를 자원하고 있다고 하였다. 이런 미국을

50) 《독립신문》 1898년 1월 20일 〈유 지각흔 사름의 말(전호 연속)〉.
51) 《독립신문》 1899년 2월 23일 〈나라등슈〉. 이 글에서는 '문명'의 상태를 설명하기 위해 동양의
　　논의를 차용하였다. 곧 미국, 영국 등 서양의 문명국은 "법률 장정과 모든 다스리는 일들이
　　밝고 공평하여 무식한 백성이 없고 사람마다 자유권이 있으며 나라가 개화 세계가 되어 요순
　　때와 다름"없다고 하였다.
52) 류영익, 〈개화기의 대미인식〉, 《한국인의 대미인식》, 민음사, 1994.
53) 韓哲昊, 《親美開化派研究》, 국학자료원, 1998 ; 장규식, 〈개항 후 美國使行과 서구 수용의
　　추이〉, 《중앙사론》, 24, 2006.
54) 《독립신문》 1899년 2월 27일 〈각국도략〉.

'극락세계'와 같다고 하였다.

높은 수준의 문명개화 사회인 미국을 지향하였지만, 당시 조선의 현실 조건이나 수준에서 이를 이루기 쉽지 않았다. 이를 고려하여 그들은 같은 동양의 나라인 일본을 본받고 뒤따라야 한다고 생각하였다. 청일 전쟁에서 일본이 승리하자 당시 여론은 일본 승리의 원동력이 서양 문명을 적극적으로 수용한 것에 있다고 판단하였다. 그들은 일본의 문명화를 다음과 같이 보았다.

일본은 근년에 구습을 모다 바리고, 태셔[泰西] 각국에 죠흔 법과 학문을 힘딀여 비혼 신둙에, 오날늘 동양 안에 제일 강ᄒᆞ고, 제일 부요ᄒᆞ며, 셰계에 딕졉 밧기를 기화흔 동등국으로 밧으니, 치하ᄒᆞᆯ 만ᄒᆞ고, 층찬[칭찬]ᄒᆞᆯ 만ᄒᆞ더라. 그러ᄒᆞ나 일본도 아즉 구라파 각국과는 결워 보기 어려워 죠심을 ᄒᆞ고 더 비ᄒᆞ며, 더 진보를 ᄒᆞ여야 아죠 독립권을 차질터일너라.[55]

져긔 져 일본을 보시오. 삼십 년 젼에 미기화국으로 삼십 년을 두고 빅셩들이 져의가 져의 일을 홀시 모로고 어려온 일을 홀 수 업스니신 구미 각국을 도라 단이며 죽을 고싱을 ᄒᆞ면셔라도 비ᄒᆞ다가 져의 나라에 부죡한 일이 업게ᄒᆞ야 오늘늘 문명기화흔 동셔양에 멧지 안가는 나라가 되엿으니, 그 정치와 법률과 인명 지산과 병비와 농공상업 각식 일용 스물이 영국과 미국만 못ᄒᆞ지 안ᄒᆞ며……[56]

라고 하였다. 30년 전만 하여도 미개국이었던 일본이 옛 습관을 모두 버리고 서양의 여러 나라에서 좋은 법과 학문을 배워 동양에서 제일의

---

55) 피제손, 〈동양론〉, 《大朝鮮獨立協會會報》 6, 1897년 2월 15일, 11쪽.
56) 《협성회회보》 1898년 2월 12일 론셜(니익진). 《독립신문》에서는 일본이 서양 각국이 부강하게 된 '곡절'을 알고, 이를 학교 교육을 통해 배우게 하여, 화륜선 제조, 철도 부설, 상업 발달 그리고 3, 4층의 벽돌집 건축과 의자 생활, 양복과 가죽신 착용 등을 하게 되면서 청국 같은 큰 나라를 이기게 되었다고 보았다(《독립신문》 1896년 4월 25일 논설).

부강국, 문명개화국이 되어 서양의 여러나라가 동등한 대접을 받고 있다는 것이었다. 다만 인용한 아래 글에서는 영국이나 미국에 견주어 '못하지 않다'고만 하였으나, 위의 글에서는 서양과 겨루기에는 아직 조심스러워 서양을 더 배워 진보하여야 독립국이 될 수 있다고 지적하였다. 위의 글을 쓴 서재필은 일본이 당시에 아직 서양과 불평등한 조약 아래에 있었던 점을 정확하게 짚고 있었다.

개화한 일본에 견주어 전쟁에서 패한 청은 미개화(수구)로 평가하였다.57) 청은 요순 시절에 개명했던 풍속만 숭상하여 시세에 이로운 학문을 배우지 않으면서 오직 사서삼경만 공부하고 있으며, 또 외국 형편과 개화 학식을 가진 사람을 배척하고 있다고 지적하고, 그 결과 나라와 임금까지 보전하지 못하게 되었다고 하였다.58)

위에서 일본의 문명화를 칭찬했던 서재필은

청국은 …… 정부에 완고당이 셩ᄒ야 야만에 복식과 야만의 풍속을 지금ᄭ지 숭샹ᄒᄂ 까닭에 …… 일본ᄒ고 싸홈ᄒ야 셰계에 망신을 ᄒ고, 죠션을 일허 버리며, 디만을 일본에 셋기고, 또 년전에 유구국[流球國]을 일본에 셋기며, 전국 형셰가 대단히 위티ᄒᄀ 되얏스나, 청국 정부 안에셔는 밤낫 협잡이요, 구습을 바리지 못ᄒ야 문구[文具]와 허탄[虛誕]ᄒ 일에 돈을 쓰고, 셰력 잇ᄂ 사람이 약ᄒ 사람을 무리ᄒ게 대접ᄒᄂ 고로, 정부와 인민이 원슈ᄀ치 지나고, 인민 씰이 셔로 의심ᄒ며 셔로 속히며 셔로 히ᄒ랴고 ᄒ야, 국중에 삼억 만명이 잇스나 합심이 아니되고, 이국ᄒᄂ ᄆᆞ음이 업ᄂ 신ᄃᆞᆰ에, 실샹인즉 약ᄒ기가 죠션에셔 못지 아니 ᄒ지라. 엇지 한심치 아니ᄒ리요.59)

────────────────

57) 《독립신문》의 청국 인식에 대해서는 白永瑞, 〈大韓帝國期 韓國言論의 中國認識〉, 《歷史學報》 153, 1997 참조.
58) 《협성회회보》 1898년 2월 12일 7호 론셜 ; 《미일신문》 1898년 4월 29일 론셜.
59) 피졔손, 〈동양론〉, 《大朝鮮獨立協會會報》 6, 10~11쪽.

라고 하였다. 청은 야만의 풍속, 완고와 구습 등으로 정부와 인민이
서로 원수같이 싸워 인구는 많으나 서로 합심하지 못하고 애국하는 마
음도 없기 때문에 조선과 다르지 않게 약한 나라라고 하였다.

이들 문명개화론자는 청의 개화를 조선에도 미치지 못한다고 파악하
기도 하였다. 청으로부터는 배울 것은 하나도 없고,[60] "우리가 오히려
옛 법이나 말하고 청국처럼 앉아 있다가는 그런 지경을 면하지 못할
것"이라고 하였다.[61]

(다) 독립협회, 《독립신문》에서 주장하던 자주독립과 문명개화는 별
도의 과제가 아니었다. 자주독립을 위해서는 반드시 사회의 개혁을 통
한 문명개화를 달성해야 한다고 하였다. 가령

> 凡 我大朝鮮國 有志의 家는 自主獨立의 主義를 頭腦에 濡ᄒ야 …… 我國에
> 萬世獨立을 保存홀 方針을 務홀 지어다. 第一 敎育을 普施ᄒ야 人民이 實學
> 實業에 硏究케 ᄒ며, 法典을 制定ᄒ야 人民이 服從홀 義務에 負케 ᄒ며, 外交
> 를 善히 ᄒ야 列國과 交通을 便케 ᄒ며, 軍備를 擴張ᄒ야 外侮를 防禦케 ᄒ
> 고, 近隣에 淸日을 交友ᄒ며 泰西에 歐米를 駕鞭ᄒ야, 我 大朝鮮國의 文明으
> 로 六大洲에 卓冠케 ᄒ면 엇지 盛치 아니 ᄒ며, 엇지 休치 아니 ᄒ리오.[62]

라고 하여, 자주독립의 정신을 확고하게 하면서 동시에 교육 보급, 법
전 제정, 외교와 교류, 군비 확장 등, 조선의 문명화로 세계를 능가해야
한다고 하였다.

세계적으로 우리 나라가 부강지국富强之國으로, 우리 국민이 대국지

---

60) 《독립신문》 1896년 5월 21일 논설.
61) 《미일신문》 1898년 4월 16일 론설.
62) 安明善, 〈北米合衆國의 獨立史를 閱ᄒ다가 我大朝鮮國獨立을 論홈이라〉, 《大朝鮮獨立協會會報》 4, 8~9쪽.

민大國之民으로 이름을 날리기 위해서 세계 각국의 장점을 배워야 한다
는 주장도 있었다. 안국선은 국가의 흥망이 국가 대본大本의 확립 여부,
국민 원기元氣의 왕성 여하에 따라 결정되기 때문에 순치脣齒의 관계와
같은 대본과 원기를 확립, 양성하는 데 힘을 기울여야 한다고 하며,
생존경쟁이 치열하고, 옛 것을 고쳐 새로운 것을 만들어 가는 때[改舊革
新之時]에 나라를 흥왕興旺케 하려면, "서구 각국의 문명적 교화와 북미
연방의 합중적合衆的 제도를 수용輸用하여 대본大本을 확립하고, 국민을
강성强盛케 하려면 로마 인종의 조직적 힘과 독일 인민의 자유권 권의權
義를 본받아 들여와 원기를 왕발旺發하게" 하여야 한다고 하였다.[63) 미
국의 공화제와 독일 인민의 자유권을 언급하고 있는 점이 흥미롭다.
  《독립신문》에서도 사회 전반적으로 서양 문명을 수용하고자 하였다.
곧 "우리나라 신민들도 분개한 마음을 발하여 문명국의 정치, 종교의
대략과 풍속의 진실됨과 아름다움을 한결 같이 본받아 개명하는 기초
를 새롭게" 하자는 것이었다.[64) 서양의 정치제도 수용, 법률 제정 등까
지 주장하면서 생활 습관, 풍속도 외국 것을 본받아야 '야만'으로 대접
받지 않는다고 하였다. 문명개화 차원에서 정치, 법률, 사회제도 등은
보통 거론하는 분야이었지만, 일상 생활 습관도 바꾸어야 한다는 점에
서 가히 혁신적이었다. 가령 "김치와 밥을 버리고 우육과 브레드를 먹
게" 되고, 머리의 모양이 자유로운 모양으로 되는 것이나,[65) "남의 집
에 갈 때에 파나 마늘이나 냄새나는 음식 먹고 가지 않는 법이고, ……
남의 앞을 지나갈 때에는 용서하여 달라고" 할 정도가 되어야 한다고
하였다.[66) 서양 부강의 원천인 과학기술은 말할 것도 없고, 정치, 사회
적으로 입헌군주제 혹은 공화제, 신분제 개혁과 민권 신장, 자본주의

---

63) 미상, 〈國家와 國民의 興亡〉, 《大朝鮮獨立協會會報》 11, 16~18쪽.
64) 《미일신문》 1898년 4월 15일 론셜.
65) 《독립신문》 1896년 10월 10일 논셜.
66) 《독립신문》 1896년 11월 14일 논셜.

경제체제 구축 등에 이르기까지 사회 전반에 걸쳐 '문명화'를 지향하였다.[67]

(라) 자주독립과 문명화를 위해 서양 문명을 수용하여 사회 전반을 개혁해야 한다는 점에는 독립협회 참여자나 《독립신문》 등에는 하등의 차이가 없었다. 그러나 서양 문명을 어느 수준에서, 어떤 방법과 논리로 수용하고 배우는가를 놓고 다양한 논의들이 있었다. 곧 뒤에 보게 되는 《황성신문》의 변법론이나, 대한제국 개혁사업의 구본신참舊本新參, 신구학 절충론은 《독립신문》의 자세와 달랐다. 이런 점은 순한문, 또는 국한문으로 기존의 지배, 식자층을 대상으로 계몽하려던 《대조선독립협회회보大朝鮮獨立協會會報》에도 보였다.

서양의 신학문을 배워야 한다는 《시사신론時事新論》의 글을 가려서 번역하여 실었는데, 옛 유교적 원리인 대학의 신민新民, 일신日新, 또는 논어의 온고지신溫故知新의 '신新'을 강조하면서 서양의 신학문을 소학, 중학, 대학 과정으로 배워야 한다고 하였고, 주로 민생民生에 관계되는 철도, 상무, 광경鑛耕, 직조 등을 신학의 예로 들었다. 이 글에서는 신학문을 배우는 것 자체를 변통變通, 자강自强의 과정으로 이해하였다.[68] 청에서 논의되던 이런 글들을 번역하여 게재한 것도 이런 생각이 있기에 가능하였다.

법률에서도 서양의 법[西法]이 국민에게 이익이 된다는 주장한 글도 있었다. 그 논리는 법이 오래되면 말류의 폐단이 생기므로, '수시변통隨時變通, 인시제의因時制宜' 하여야 나라와 백성들에게 이익이 된다는 것

---

67) 愼鏞廈, 《獨立協會研究》, 1976 ; 〈大韓帝國과 獨立協會〉, 《한국사연구입문》(2판), 1987 ; 朱鎭五, 〈19세기 후반 개화 개혁론의 구조와 전개〉, 연세대 박사학위논문, 1995 ; 〈獨立協會의 社會思想과 社會進化論〉, 《孫寶基博士停年紀念 韓國史學論叢》, 知識産業社, 1988 ; 최덕수, 〈獨立協會의 政體論 및 外交論研究-獨立新聞을 中心으로〉, 《民族文化研究》 13, 1978 등 참조.

68) 미상, 〈興新學說〉, 《大朝鮮獨立協會會報》 14, 1897년 6월 15일.

이었다. 즉 "우리 동국은 선민先民이 만든 제도와 규모가 진실로 극성했다고 할 수 있지만, 마침내 그 끝에 이르러 모두 폐단이 있으니, 이런 까닭으로 뜻이 있는 사람은 부득불 개현改絃, 경장更張하고 진작振作할 것을 생각한다"라고 하였다.69) 갑오개혁이나 광무개혁에서, 그리고 뒤에 보는 변법론에서 많이 언급하던 논리였다.

독립을 논하는 어느 글은 이런 경향을 보였다.70) 건양 연호 사용, 독립문 건립 등으로 보인 '자주독립'을 지속하기 위해서는 '자강自强'해야 하는데, 그 방안은 종래 유생, 관료층이 사용하던 형식, 용어 등을 그대로 동원하였다. 그 기고문에서 주장하는 것은 ① 임금의 마음을 바르게 할 것[正君心], ② 재용을 아낄 것[節財用], ③ 현명한 인재를 천거할 것[擧賢材], ④ 상과 벌을 원칙대로 할 것[信賞罰], ⑤ 군정을 고칠 것[修軍政], ⑥ 현명한 수령을 택할 것[擇守令], ⑦ 백성의 괴로움을 살필 것[察民隱], ⑧ 백성 생활을 후하게 할 것[厚民生], ⑨ 백성들의 뜻을 안정시킬 것[定民志], 그리고 ⑩ 개화에 힘쓸 것[務開化] 등이었다. 이 가운데 마지막 항에서 그 방향을 알 수 있다. '개화'라는 것은 '어리석은 것을 열어 완고한 것을 변화시키는 것'이므로, 시대의 변화에 따라서 '개화'의 내용도 바뀐다고 하고, 조선이 처음 '개국開國' 했을 때는 문명이 빛났지만 세월이 지나 점차 쇠퇴하였으므로, 시대에 걸맞은 '개화'에 힘써야 한다는 것이었다. 당시의 '개화'는

> 본래의 고유한 이륜彛倫에다 다른 나라의 묘기妙技를 다시 배우는 것이고, 이를 병행하여도 어긋나지 않고, 가위 금상첨화錦上添花라 할 것이다.

---

69) 미상, 〈西法有益於民論〉, 《大朝鮮獨立協會會報》 15, 1897년 6월 30일, 1~2쪽. "先民有作制度規模 固稱極盛 乃及其末也. 皆各有弊 故有志者 不得不改絃 更張亟思振作耳".
70) 미상, 〈獨立論〉(寄書), 《大朝鮮獨立協會會報》 13, 1~9쪽(인용문은 9쪽).

라고 하였다. 곧 유교 위에 서양 기술을 결합하는 것이 유교 원리에
어긋나는 것이 아닐 뿐 아니라 더 좋다는 것이었다. 그리하여 이 10가
지를 시행하여 자강을 이루면 독립도 달성될 것으로 보았다. 유교 원리
와 서양 기술을 병행하는 전형적인 신구학 절충론이었다.

2. 《황성신문》의 계몽운동과 변법개혁론

1) 유자儒者의 사상 전환과 변법개혁론

(가) 갑오개혁 과정에서 소외되었던 고종과 친러 · 친미 세력은 아관
파천으로 갑오개혁 정권을 무너뜨리고 대한제국을 수립하였다. 서양
강국과도 견줄 수 있는 '제국帝國'을 세워 국가의 위상을 강화하면서,
황제를 중심으로 '구본신참舊本新參'의 원칙 아래 근대개혁을 추진하였
다(광무개혁).[71]

한편, 이웃 청의 정국 변동과 개혁운동도 국내에 전해졌다. 청일전쟁
뒤, 청 안에서는 전쟁 패배의 원인을 '힘'의 문제로 보는 인식이 강조되
었고, 그 논리로 사회진화론이 각광을 받았다. 양무洋務운동의 한계를
지적하면서 새로운 정치개혁의 필요성을 주장하였다. 이른바 변법자강
變法自强운동이었다. 이 운동은 짧은 시간 안에 실패로 끝났지만, 의화
단의 난 이후 광서제光緖帝의 '신정新政' 등과 같은 청의 정세는 신문
등의 여러 통로로 국내에도 전해졌다. 국내 신문에서는 이를 '유신維

---

71) 대한제국의 개혁사업과 그 논리에 대해서는 김도형, 《근대한국의 문명전환과 개혁론》, 2014,
    118~134쪽 참조.

新', 신화新化, 변법變法, 자강自强 등의 단어로 평가하였다.[72]

정부의 개혁사업, 독립협회 운동, 그리고 청의 정세 변화 등을 지켜
보면서 유교 이념을 기반으로 '신구학 절충折衷'으로 개혁을 추진하자는
여론이 형성되기 시작하였다. 흔히 '개신改新유학자'라고 불리는 사람
들이 주도하였다.[73] 그들은 유교의 변통론變通論에 입각하여, 시세時勢
의 변화에 따라 변역變易 또는 경장更張해야 한다고 주장하였다. 광무개
혁에서 추진하던 산업 발전과 교육 진흥에 동의하면서, 때로는 정부를
상대로 폐정 개혁과 법률 개정을 요구하였다. 서양의 근대정치론도 유
교적 관점에서 이해하여 수용하고자 하였다. 이들이《황성신문》을 중
심으로 결집하였고, 자강, 자수自修를 통한 자주독립, 부국강병을 주장
하였다. 이러한 유교 차원의 근대개혁론을 변법론, 변법개혁론이라 할
수 있다.[74]

(나) 박은식은 이런 변화 모습을 잘 보였다.[75] 그는 관서 지방의 대표
적인 주자학자였던 '박문일朴文一, 박문오朴文五 문하에서 수학하고, 중

---

72)《皇城新聞》1902년 1월 14일 論說〈論淸國學校維新之兆〉. 청국에서의 생각 변화를 "稍萌悔
悟之想ᄒᆞ야 非新化면 不足以起弱이오 非變法이면 不足以自强이라"고 하였다.
청일전쟁 직후 일본의 침략성을 지적하면서도 동시에 청국의 보수성, 미개성을 지적하던 분위
기가 이때 조금 변화되었다.《황성신문》의 청국 인식은 노관범,〈대한제국기《황성신문》의
중국 인식〉,《韓國思想史學》45, 2013 참조. 이런 점은《독립신문》의 부정적 청국관(白永瑞,
〈大韓帝國期 韓國言論의 中國認識〉, 1997)과는 달랐다.
73) 박은식, 장지연, 이기 등이 그러하였다. 이들의 사상 전환에 대해서는 김도형,《근대한국의
문명전환과 개혁론》, 2014, 348~385쪽 참조.
74) 일반적으로 이들의 논리를 東道西器論이라고 한다. 그런데 동도서기론은 유교적 관점에서
서양 문명을 이해하고 또한 수용하기 위한 일반적인 논리로, 서양 문물을 접촉하면서 줄곧
계속된 것이었다(盧大煥,〈19세기 東道西器論 形成過程 硏究〉, 서울대 국사학과 박사학위논
문, 1999 ; 노대환,《동도서기론 형성과정 연구》, 일지사, 2005). 또 중국의 경우, 洋務運動
이나 變法運動의 논리가 모두 中體西用論이었다는 점(閔斗基,〈中體西用論考〉,《東方學志》
18, 1978)도 유의할 필요가 있다.《皇城新聞》의 新舊折衷論도 이런 점에서 東道西器論이었
지만, 1880년대 초에 제기된 '東道西器論'(정확하게는 '洋務論')보다는 한 단계 진전된 논의 구조
였다. 본 필자는 이를 變法改革論이라 하였다. 이에 대해서는 김도형,《근대한국의 문명전환
과 개혁론》, 2014, 제4장 참조.
75) 金基承,〈白巖 朴殷植의 思想的 變遷過程〉,《歷史學報》114, 1987 ; 梁閏模,〈白巖 朴殷植의
'思想變動'에 관한 一考察〉,《한국독립운동사연구》14, 2000 등.

견 주자학자로 명성을 얻었다.[76] 이때 그는 주자의 영정影幀을 서실書室
에 봉안하고 매일 아침마다 참배할 정도로 주자학에 철저하였으며,[77]
수구守舊를 의리로 삼고 개화開化를 사설邪說이라 배척하는 것을 당연시
했다.[78] 이런 박은식이 변화를 겪게 된 것은 그의 나이 마흔 즈음인
1897~98년경이었다. 그는 그러한 사정을 다음과 같이 기술하였다.

及其來留京師ᄒᄂᄂ 始也에도 猶是宿志를 不變ᄒ고 新學을 厭聞ᄒᄂᄂ 主義
러니 乃東西 各國의 新書籍이 偶然 觸目ᄒᄆᆡ 天下의 大勢와 時局의 情形을
觀測홈이 有ᄒ야 今日 時宜가 不得不 變通更新ᄒ여야 吾國을 可保ᄒ고 吾民
을 可活인거슬 覺知ᄒᆞ지라.[79]

박은식은 동서 각국의 신서적을 읽고 천하의 대세가 변하고 있다는
사실을 알게 되고, 이에 유교에서 금하던 여러 사상까지 살펴보게 되면
서 변하였던 것이다.[80]

시세의 변화에 따라 신학문 수용을 주장하였지만, 그 근본은 유교였
다. 박은식은 "모든 학문에는 종교가 근본이 되어야 한다"고 하면서,
우리의 경우에는 '공부자孔夫子의 도'이고, 천하의 옳은 이치를 다한 것

---

76) 《朴殷植全書》 下, 단국대 동양문화연구소, 1975, 〈白巖朴殷植先生略歷〉, 9쪽.
77) 《朴殷植全書》 下, 〈學의 眞理는 疑로 좃차 求하라〉, 197쪽.
78) 《朴殷植全書》 下, 〈賀吾同門諸友〉, 32쪽
79) 《朴殷植全書》 下, 〈賀吾同門諸友〉, 32~33쪽.
80) 박은식의 사상적 전환의 시기나 내용에 대해서는 다른 의견도 있다. 盧官汎은 그 변화를 주자
   학→시무론→변법론으로 정리하였다. ① 초기에는 科擧 시험을 준비하던 과거학에서 출발하
   였으나, 곧 서울지역 京華士族(홍승운, 洪奭周, 俞莘煥 등 노론 낙론계)의 영향을 받아 학문적
   기초를 세웠으며, 여기에 관서 지방의 주자학(박문일, 박문오)과 관찰사 민병석의 영향으로
   '실천적인 爲己의 실학'을 갖게 되었다고 하였다. ② 그 뒤 민병석을 따라 서울로 와서(1898
   년) 여러 문인들과 교유하고, 《燕巖集》간행 사업(1900~1901년) 등에 참여하면서 '時務論'을
   갖게 되었으며, ③《泰西新史》 등 서양의 서적을 읽으면서 변법론으로 바뀌면서 자주, 자강
   정신의 배양과 국가의 부강을 도모하였다고 했다(노관범, 〈1875~1904년 박은식의 주자학
   이해와 교육자강론〉, 《한국사론》 43, 2000). 변법론으로 변화한 때를 조금 뒤로 잡아 사상
   전환의 시기는 본 필자와 다르게 보지만, 박은식의 사상이 변법론으로 귀결했다는 점은 동일
   하다.

은 공자의 종교보다 더 나은 것이 없다고 확신하였다.[81] 그는 유교가 기자箕子 이래 군자의 나라인 우리나라에서 억만년의 근기根基가 되었다고 하고,[82] "천하의 일이 천변千變 만화萬化하더라도 신심身心이 근본이다. 신심을 다스리고자 하면 우리 공맹孔孟의 경전[四書]을 버리고 무엇으로 할 수 있겠는가"라고 하였다.[83]

그리하여 박은식은 변통론變通論에 의거하여 서양 신학문을 수용해야 한다고 하였다. 그는 "때에 따라 변역變易하고, 옛 것을 익히고 새 것을 아는 것[溫故知新]은 우리 유교의 큰 요체要諦"라고 하면서, 국토를 보전하고 동포의 생명을 구하기 위해서는 "부득불 때에 따라 중요하게 해야 할 일이 필요하고, 새로운 학문[新學]에서 실용實用을 강구"하는 것이 유학자가 지식을 이루는 것이며, 또한 유학자의 책임이라고 하였다.[84]

그리고 신학문의 수용은 구학문과 참작參酌하거나 절충하는 선에서, 각 나라의 형편에 따라 해야 한다고 하였다.

그런즉 문학을 진흥시키려면 東西의 開明한 여러 나라의 成法을 就하여 求하는 것이 가하고, 거론하여 措置하는 것이 가하다. 그러나 각국의 情形이 一致할 수 없으므로 그들[彼]의 문학이 다른 나라[此]에 반드시 합하는 것도 아니고, 또 此의 문학이 반드시 못한 것도 아니다. 역대 相沿의 風俗과 規矩가 사람들의 마음에 만족한 것을 어찌 그 오래된 것을 모두 바꾸겠는가. 다만 좋지 않은 것은 바꾸고, 좋은 것은 존속시켜 彼此를 비교하고 參酌하여 장점만 취하는 것이 어찌 아름다운 것이 아니리오.[85]

---

81) 《朴殷植全書》 中, 《學規新論》〈論維持宗敎〉, 29쪽.
82) 《朴殷植全書》 中, 〈宗敎說〉, 415~418쪽.
83) 《朴殷植全書》 中, 〈上毅齋閔尙書〉, 369~370쪽.
84) 《朴殷植全書》 下, 〈賀吾同門諸友〉, 32~33쪽.
85) 《朴殷植全書》 中, 《謙谷文稿》, 〈興學說〉, 405쪽.

곧 구학인 유교를 본本으로 하고, 신학을 참작, 절충하되, 장단점을
고려하여 병행하자는 것이었다.[86] 신학 수용도 유교를 부정하지 않는
범위에서 비로소 가능하였다.

(다) 장지연은 영남의 학풍 속에서 자랐다. 인동仁同 장씨의 거족이
었던 오태吳太의 장석봉 아래에서 공부하였고, 19세에는 오태 이웃 마
을 임은林隱의 허훈許薰에게 고문古文을 배웠다.[87] 장지연은 장현광張顯
光 이래의 영남 유학에, 허훈을 통해서는 이익, 허전許傳 등 근기近畿의
실학을 배웠다.[88]

젊은 시절 장지연은 보수적인 지방 유생이었다. 21세 때에 향시鄕試
에 응시하였고, 몇 번의 낙방 끝에 31세 되던 1894년에 진사 병과丙科
에 합격하였다. 그 중간에 1884년의 변복령變服令을 반대하는 상소를
대신 작성하기도 하였으며, 1895년 명성왕후의 시해 뒤에는 만장挽章
을 지어 애도하였다. 1896년에는 곽종석郭鐘錫, 이승희李承熙를 찾아가
경전을 배웠고, 곽종석이 일본 침략을 규탄하면서 지은 〈포고천하문布
告天下文〉과, 의병 선유사宣諭使를 사양한 최익현이 지은 상소에 대해서
도 배웠다.[89] 1897년에는 일본 침략을 규탄하여 "나라의 수치를 아직

---

86) 《朴殷植全書》 中, 〈讀恒卦〉, 429쪽. "일찍이 천하의 일을 생각하니, 常에 젖어 옛것을 지키면
　　날마다 쇠퇴하여져 부진하게 된다. 옛것을 바꾸어 常을 어지럽히면 때마다 奇禍에 빠져 그치
　　지 않는다. 이로서 보면 常은 지킬 수도 없고, 역시 변화시킬 수도 없다. 이 두 문제를 장차
　　어떻게 折衷하느냐는 恒卦를 읽어보면 알 수 있다. 지키고 변화시키는 것은 이 道가 아니면
　　이룰 수 없다."
87) 《韋庵文稿》 권11, 〈年譜〉, 국사편찬위원회, 471~474쪽.
88) 김도형, 《근대한국의 문명전환과 개혁론》, 2014 ; 〈張志淵의 變法論과 그 변화〉, 《韓國史硏
　　究》 109, 2000 참조. 노관범은 일반적으로 사용하는 '改新儒學'이라는 틀에 의문을 제기하였
　　다. 그는 장지연의 학풍을 '博學風'으로 규정하였는데, 이는 초기 영남 江岸지방의 비정형적
　　학술 전통 위에서, 2기의 허훈의 박학적, 실용적인 학문을 배우고, 이를 바탕으로 이후의 서
　　울 생활(제3기)에서 동서고금의 사상을 접하면서 박학을 더욱 확대하여 유형원, 정약용 등의
　　경제지학을 성취하고, 실용과 유용의 학문을 형성했다고 하였다(〈청년기 장지연의 학문 배경
　　과 博學風〉, 《朝鮮時代史學報》 47, 2008).
89) 《韋庵文稿》, 권11, 〈年譜〉, 474쪽.

설욕하지 못했고, 국모의 원수를 아직 갚지 못했다"고 하고, 원수와는
한 하늘 아래 있을 수 없다는 내용으로 상소를 하였다.[90]

장지연이 생각을 바꾼 것은 독립협회, 대한제국 등과 같은 서울 정세
의 변화 때문이었다. 아관파천으로 러시아 공사관에 있던 고종의 환궁
을 청하는 〈만인소萬人疏〉를 지었고, 또 고종이 환궁하자 황제에 오를
것을 청하는 상소문의 초안과 독소讀疏의 책임을 맡았다. 대한제국 선
포와 고종의 황제 즉위가 단순히 서양의 예에 따르는 것이 아니라, 위
로는 천명에 응하고, 아래로는 여러 백성들의 뜻에 부응하여 천하의
의리를 주관하기 위한 것이며, 이것으로 독립의 기초를 이루고 중흥이
드러난다고 주장하였다.[91]

그리하여 장지연은 유교를 바탕으로 신학문을 수용하는 방향으로 생
각을 바꾸었다. 1897년의 〈상정부서上政府書〉에

> 天地萬物의 이치는 常이 있고 變이 있다. 執拗者는 常에 익숙하고 變에는
> 막혀 있고, 喜新者는 變에 치중하여 常에는 배치되며, 執拗者는 단단하여 通
> 하는 것이 없고, 喜新者는 가벼워 實이 없어 균등하고 適中하지 못했습니다.
> 오직 常을 잡으면서도 變에 通해야 능히 經權의 道에 이를 수 있고, 時措의
> 마땅함에 合할 수 있습니다. 대저 나라에 君臣·父子·夫婦·兄弟·長幼가 있음을
> 五常이라 하여 천지 고금을 통틀어 바꿀 수 없는 常經이요, 禮樂·刑政·典章·法
> 度는 때에 따라 변하는 것입니다.[92]

---

90) 《韋庵文稿》 권3, 〈請復讐疏〉, 84~85쪽. 장지연은 천하 고금에 나라와 가정을 다스리고 이웃
　　과 친구를 교제하는 것은 전적으로 信義에 있다고 전제하고, 일본의 행위는 이 신의를 저버리
　　고 오직 힘과 이익만을 추구한다고 규탄하였다. 그는 孔子의 예에 비추어 "弑逆한 신하는 누
　　구나 죽일 수 있고, 동맹을 맺은 나라라면 반드시 義로써 성토해야 하는 것이 성인들이 교린하
　　는 大經이라"는 점과, 또한 도망간 죄인은 萬國公法에 의거하여 처리하여야 한다는 점을 거론
　　하였다. 이것은 곽종석·최익현과 비슷한 견해였다.
91) 《韋庵文稿》 권3, 〈請定皇儀疏〉, 86~87쪽.
92) 《韋庵文稿》 권3, 〈上政府書〉 丁酉, 104쪽.

라고 하여, 나라를 위해서는 상常에만 빠져 변통通變에 막혀서도 안 되고, 또한 시변時變만 추구하다가 상常을 버려서도 안 된다고 하였다. "때에 따라 변한다[因時而變]"는 원리에 따라 (서양의) 예악·형정·전장典章·법도는 변통할 수 있다고 보았다. 더불어 당시 개화 사업은 강상綱常까지 파괴하여 '금수禽獸'로 되게 한다고 보았다. 그는 개화한 서양의 만국이라도 각각의 나라에 군신·부자·부부의 구분이 있고, 비록 예수교나 회교回教의 경우라도 충군효친忠君孝親의 절의節義는 있을 것이라고 보았다. 삼강오상三綱五常은 절대로 변할 수 없는 것임을 강조하면서도 시의時宜에 따라 변할 수 있다고 하였다.93)

장지연은 이런 사상적 변화를 겪으면서 언론 활동에 종사하였다. 그는 황국협회에서 창간한 《시사총보時事叢報》의 주필이 되었다. 신문을 통하여 '개화' 사업에 일조하고, 인민의 걸음걸이를 개화의 지경으로 인도한다는 것이 목표였다. 신문 기능의 하나로 '감계鑑戒'라는 것을 들면서 "남의 나라 형세와 정사 다스리는 이해를 이 지면으로 통달히 비춘즉 또한 내 나라의 거울을 지을지라"라는 국가 정치에 유익한 점과, 더불어 "신문지에 외보外報를 보면 수 천만리 세계 만국에 어떠한 형편과 어떠한 사적을 한 베개 위에 밝은 등잔 아래서 눈 가운데 소연히 보는 듯하니"라는 외국(서양)의 사정에 관심을 기울이고자 하였다. 또한 "학사술업學士術業과 농민의 경작하는 방편과 상업 매매의 이해와 백공기예百工技藝와 물가 고저와 도로 험탄과 기타 일용 제구를 이로 말미암아 성실히 다 알게 한즉 사람의 양생養生하는 사업에 자제資濟함도 불소하다"고 하여, 경제문제를 해결하는 방안도 마련할 수 있다고 보았다.94)

---

93)《韋庵文稿》권3,〈上政府書〉丁酉, 104~105쪽.

94) 張志淵,〈本報發刊之趣旨〉,《時事叢報》1899년 1월 22일. 각각의 방안을 위해 필요한 학문이 '서양'이라고 적시하지는 않았지만, 전반적인 분위기와 흐름은 이를 서양 학문을 통해서 달성하려고 하였다.

(라) 변법개혁론자들은 사회개혁의 역사적, 학문적 근거를 조선 후기 실학, 특히 남인 계열의 실학에서 구하였다.[95] 박은식은 1880년 경기도 광주를 방문하여 신기영申耆永, 정관섭丁觀燮을 통해 정약용의 학문에 접했다. 장지연은 허훈에게 배우면서 허전許傳을 통하여 근기近畿 남인의 이익李瀷에 연결되었다. 이들은 이용후생, 격물치지格物致知, 실사구시 등을 강조하면서 실학파의 사회경제론을 당시 사회문제 해결을 위한 길잡이라 평가하였다. 계몽운동의 핵심 활동가가 된 호남의 이기李沂도 실학의 후예였다. 과거시험을 공부하던 그도 유형원의《반계수록磻溪遺錄》, 정약용의《경세유표經世遺表》등을 보면서 과거 공부를 치우고 실학의 개혁론을 새로운 서양 학문과 결합하려고 노력하였다.[96]

그들이 유의했던 실학은 사회 개혁을 위한 정치 · 경제 분야, 그리고 역사와 강토에 관한 것이었다. 그들은 조선조 중기 이래 김육金堉, 유형원柳馨遠, 이익, 정약용丁若鏞, 박지원朴趾遠 등의 학자를 "경제정치학으로 저술한 것이 뛰어나다"고 평가하였다.[97] 장지연은 정약용을 평가하여 "선생은 세상을 경영하고, 시대를 구하는 재목材木이 되기로 생각하

---

95) 대체로 개화파의 사상적 연원을 실학에서 구하고 있다. 그러나 엄밀하게 본다면 개화파는 북학사상의 이념을 계승한 것이고, 남인 계열의 실학과는 달랐다. 실학의 계승과 변법개혁론의 형성에 대해서는 김도형, 《근대한국의 문명전환과 개혁론》; 〈개항 전후 실학의 변용과 근대개혁론〉,《東方學志》124, 2004, 참조.

96) 三代 사회를 이상으로 했던 이기의 개혁론은 김도형, 〈개항 전후 유자의 三代 인식과 근대개혁론〉,《한국중세의 정치사상과 周禮》, 혜안, 2005. 그 외 朴鍾赫,《한말 격변기 해학 이기의 사상과 문학》, 아세아문화사, 1995 ; 金庠基, 〈李海鶴의 生涯와 思想에 대하여〉,《亞細亞硏究》1, 1965 ; 金容燮, 〈光武年間의 量田 · 地契事業〉(1968),《韓國近代農業史硏究》[Ⅱ] 新訂增補版, 지식산업사, 2004 ; 鄭景鉉, 〈韓末儒生의 知的 變身〉,《陸士論文集》23, 1982 등.

97)《皇城新聞》1902년 5월 19일 論說〈廣文社新刊牧民心書〉. 박은식은 1924년에도 "전에 정조 때 星湖, 茶山, 燕巖 제공이 함께 학계에서 革新思想을 가지고 이상적인 空談에 힘쓰지 않고 정치 · 경제의 實用을 연구하면서 西法을 參考하여 그 장점을 채택하고자 하였다. 이들 諸公들이 그 뜻을 폈다면 우리나라의 維新이 東亞에서 일찍 선도의 위치를 점하였을 것이니, 어찌 금일과 같은 羞恥에 이르렀겠는가. 이에 舊派의 압력에 굴복하여 그 뜻을 펴지 못하였고, 혹은 邪說의 誣告 사건에 걸리어 세상에 쓰이지 못하였으니, 정녕 千古의 큰 恨이 아니랴"라고 한탄하였다(《朴殷植全書》下,〈雲人先生 鑑〉, 243쪽).

고, 고금에 모두 널리 통하는 학문을 쌓았으며, 언제나 경장하고 유신할 뜻이 있었지만 불행하게도 때를 만나지 못해 쓰이지 않았다"고 하였다.98) 이런 인식에서 그들은 정약용의《목민심서牧民心書》,《흠흠신서欽欽新書》,《아언각비雅言覺非》, 박지원의《연암집燕巖集》, 안정복의《동사강목東史綱目》 등을 책으로 간행하고, 유형원과 정약용의 전제田制 개혁론, 이익의《곽우록藿憂錄》, 정약용·박제가朴齊家의 농학론 등을《황성신문》에 여러 차례 소개하였다. 장지연은《시사총보》의 후신으로 광문사廣文社를 만들어 이런 작업을 주도하였고, 스스로 정약용의《아방강역고我邦疆域考》를 증보하여《대한강역고大韓疆域考》를 편찬하였다.

2)《황성신문》의 지향 : 변법, 민권과 민족

(가) 변법개혁론자들이 모여 활동하던 공간은《황성신문》이었다.99) 이 신문의 전신은 윤치호(사장), 이승만李承晩, 양홍묵梁弘默 등 독립협회 세력이 만든《경성신문京城新聞》이었고(1898년 2월), 한 달 뒤에《대한황성신문》으로 바꾸었다. "우리나라 자주독립한 후에 세계 각국에서 우리나라 사람도 신문하는 줄을 알게"하기 위함이었다. 당시 중요한 과제였던 자주독립을 지향한다는 의미에서 '제국'으로서, '대한'이라는 말과 '황성'이라는 말을 사용하였다. 이 신문은 4개월 만에 정간되었는데, 9월에 새로운《황성신문》으로 이어졌다. 초창기 신문을 이끌어가던 사람은 남궁억南宮檍, 장지연이었고, 1906년 이후에는 박은식이 주필로 활동하였다.100)

---

98)《韋庵文稿》권5,〈題雅言覺非後〉, 192쪽 (《皇城新聞》1903년 12월 2일 논설).
99) 姜萬生,〈皇城新聞의 현실개혁구상 연구〉,《學林》9, 1987 ; 李光麟,〈皇城新聞 研究〉,《開化派와 開化思想 研究》, 일조각, 1989.
100)《황성신문》의 논조를 이끌었던 장지연과 박은식이 언제 신문의 주필 등으로 활동했는지는

한문 투의 국한문으로 신문을 발간하였던 것은 순 한글인《독립신문》과는 여러 점에서 달랐다. 개혁론의 성격에서도 그러하였지만, 우선은 계몽의 대상이 달랐다.《독립신문》이 민중층을 대상으로 하였다면,《황성신문》은 한자에 익숙한 지식층, 주로 유교 지식인을 그 대상으로 삼았다. 이런 점에 대해 창간호에서 다음과 같이 천명하였다.

　世宗大王끠셔 別노 一種 文字를 創造ᄒ샤 愚夫愚婦로 無不開明케 ᄒ시니 曰國文이라. 其文이 克簡克易ᄒ야 雖童稚兒女라도 時月의 工을 推ᄒ면可히 平生의 用이 足홀지라. 是로 以ᄒ야 一世에 傳習ᄒᄂ 者 十에 五六에至ᄒ더니, 欽惟 大皇帝陛下끠셔 甲午中興之會를 適際ᄒ샤 自主獨立ᄒ시ᄂ基礎를 確定ᄒ시고 一新更張ᄒ시ᄂ 政令을 頒布ᄒ실시 特이 箕聖의 遺傳ᄒ신 文字와 先王의 創造ᄒ신 文字로 並行코져ᄒ샤 公私文牒을 國漢文으로 混用ᄒ라신 勅敎를 下ᄒ시니 百揆가 職을 率ᄒ야 奔走奉行ᄒ니 近日에官報와 各府郡의 訓令 指令과 各郡에 請願書 報告書가 是라. 現今에 本社에셔도 新聞을 擴張ᄒᄂ디 몬져 國漢文을 交用ᄒᄂ 거슨 專혀 大皇帝陛下의聖勅을 式遵ᄒᄂ 本意오, 其次ᄂ 古文과 今文을 幷傳코져 홈이오, 其次ᄂ僉君子의 供覽ᄒ시ᄂ디 便易홈을 取홈이로라.[101]

라고 하였다. 곧 세종이 만든 간이簡易한 국문의 좋은 점을 감안하여 고종이 갑오개혁에서 국한문을 병용하라는 칙령을 내렸으므로, 이를 지켜 한문에 익숙한 식자층이 읽기 편하게 하였다.

논란이 있다. 장지연은《시사총보》에서 1899년 9월에《황성신문》으로 자리를 옮긴 뒤에, 어떤 이유로 잠시 신문사를 떠났다가 1902년 1월 후 봄에 주필로 복귀했으며, 그해 9월에 사장이 되었다(김도형,《근대한국의 문명전환과 개혁론》, 2014, 360~361쪽). 박은식도 흔히 1898년 신문 창간 시기부터 주필로 참여했다고 하고 있으나, 노관범은 1906년 장지연이《황성신문》에서 물러난 뒤에 박은식이《황성신문》에 합류한 것이라고 하였다(〈大韓帝國期 朴殷植 著作目錄의 재검토〉,《韓國文化》30, 2002).
101)《皇城新聞》1898년 9월 5일 社說.

(나) 《독립신문》과 독자층이 다르다는 것은 《황성신문》이 견지하던 개혁의 구상이 다르다는 것이었다. 앞서 본 바와 같이 전자는 서양 문명의 적극적 수용을 통한 문명개화를 지향하였다면, 후자는 변통變通의 필요성과 '유교적 개화', 곧 변법개혁을 주장하였다.

《황성신문》은 창간 때부터 "옛 것을 익히고 새로운 것을 알고, 근본을 밝혀서 쓰임에 도달한다[溫故而知新 明體而達用]"102), 곧 옛 것을 근본으로 새로운 것을 받아들이자는 취지를 천명하였다. 이런 개혁의 자세는 문명개화를 추진하던 개화 세력이 우리의 처지를 고려하지 않고 서양의 문명이나 제도를 무분별하게 받아들이는 태도를 비판한 것이다. 나라를 부유하게 하고 백성을 강하게 하기[富國强民] 위해서는 당연히 서양의 법률을 수용해야 하지만,103) 새로운 것만 구하는 사람, 곧 개화 세력이 옛 제도를 변혁하여 폐단을 없앤다고 하면서 오히려 다른 폐단을 만들어내는 '어지럽히는 사람[亂之者]'이라고 하였다.104)

변법개혁론에서는 "지금의 이른바 개화를 말하는 자도 별것이 아니라 옛 것을 짐작하여 오늘에 이르러 사물을 열고 백성을 변화시키는 것"이라고 하였다.105) "개물성무開物成務 화민성속化民成俗"의 본뜻이 "때에 따라 변화에 응하는 것"에 있다고 하였다.106) 개화를 이런 뜻으로 이해하면서, 개화는 이미 동양의 옛 성현들이 이룩했던 것이고, 또한 조선을 건국하면서 신라와 고려의 잘못된 습속을 고친 것도 모두 '개화'라고 인식하였다.107) 이에 그들은 유교 윤리인 오륜五倫을 돈독하게 하는 "행실의 개화"는 모든 시대, 모든 나라에서 변할 수 없는

---

102) 《皇城新聞》 1898년 9월 6일 論說.
103) 《皇城新聞》 1898년 9월 7일 論說.
104) 《皇城新聞》 1899년 9월 22일 論說〈漁樵問答(續)〉
105) 《皇城新聞》 1901년 12월 14일 論說〈不覺時勢難免夏蟲井蛙〉.
106) 《皇城新聞》 1900년 9월 7일〈解開化怨(續)〉.
107) 위와 같음.

것이라고 하고, 학술, 정치, 법률, 기계, 물품 등의 개화는 서양의 것을
따라 변해야 한다고 하였다.[108]

유교를 근본으로 하고, 시대에 따라 필요한 서양 문명을 수용하자는
논의는 1880년대 이래 조선 정부와 집권 세력이 추진하던 양무개혁론
(이른바 '동도서기론東道西器論')의 논리였다. 하지만 대한제국기에 들
어서 논의가 확대되었다. 민권 성장과 자주적 국권 유지라는 과제를
달성하기 위해 서양의 정치, 법률제도까지 수용하고자 하였다. 즉 "법
이 오래되면 폐단이 생기고, 변화시키지 않으면 폐단이 쌓인다"는[109]
인식에서 "선왕先王의 법률이 아름답지 않다는 것이 아니지만 때에 따
라 변하는 것이 추세"라고 하였다.[110] 이는 곧 구래의 정치, 법률까지
잘못된 것은 고쳐야 한다는 '변법론'이었다.

> 今日 大韓之勢에 處하야 積弊의 誤흠은 人皆可知니, 積弊의써 誤흔 바는
> 반다시 成法을 執하야 化치 못흔데 由흠인즉 變法하기를 진실로 緩緩치 못
> 할지라. …… 大抵 法久則弊生흐고 不變則弊積하느니 今大韓이 內有敵 外有
> 侮하야 因陋就簡에 日趨闇弱하니 진실로 變法이 아니면써 功될 빈 無흐니
> 變哉 變哉여. 엇지흐야 變코자 흐다가 또 變치 안는고. 此 變法은 맛당이 去
> 弊흐는듸 在흐니 ……[111]

라고 하여, 안으로 폐단을 제거하고 밖으로 다른 나라의 수모를 벗을

---

108) 《皇城新聞》 1898년 9월 23일 論說. 이 논설은 《西遊見聞》을 그대로 옮겨 놓은 것이다. 갑오
  개혁 정권의 붕괴 후 兪吉濬은 비록 일본에 망명하였지만, 대한제국 정부는 개혁사업에도
  이 책을 이용하였다(《皇城新聞》 1898년 10월 29일 〈勸獎學徒〉: 11월 5일 〈學部訓슈(續)〉).
  유교 차원의 '행실의 개화'를 거론한 유길준은 서양식의 문명개화를 지향했던 문명개화론자
  였다. 이런 점은 김도형, 《근대한국의 문명전환과 개혁론》, 2014, 260~284쪽 참조.
109) 《皇城新聞》 1899년 1월 17일 論說.
110) 《皇城新聞》 1900년 3월 3일 論說 〈官制太滯章程太煩喞致後弊〉.
111) 《皇城新聞》 1899년 1월 17일 論說.

수 있는 것이 바로 '변법'이라고 하였다.

이 '변법'의 과정이 '경장更張', '유신維新'이었다. 그들은 "유신의 정치를 도모하기 위해서는 먼저 나라를 다스리는 법률을 개혁하여 규모와 제도를 확실히 성립한 후에 이를 표준으로 삼아 시행"해야 한다고 하였다.112) 이런 점에서 그들은 1894년의 '갑오경장'을 변법, 유신의 시작으로 보았고, 이것이 제대로 시행되지 못한 점을 안타깝게 생각하였다. '갑오경장'에서 개혁의 원칙["근본이 공정하고 근원이 맑아야 한다"]도 잘 지켜지지 않았고, 또한 '변법'의 완급緩急이 구분되지 않았던 점이었다.113) 갑오개혁에서 일본 관제나 장정을 준용하였지만, 피차의 손익을 짐작하지 않고 다만 모방만 하였고, 아침에 변하고 저녁에 다시 고치는 모습으로 추진되었다는 것이다.114) 이런 점에서 대한제국에서 행하는 많은 법률 개정에 기대를 걸었다.115)

(다) 변법개혁론은 신구학新舊學 절충 차원에서 제기된 것으로 대한제국의 '구본신참' 논의와 유사하였다. 하지만 둘 사이에는 개혁의 방향과 내용에서 다른 점이 있었다. 곧 민권民權과 민족民族에 대한 점이었다. 법이 오래되면 폐단이 생기므로 조종祖宗의 법이라도 고쳐야 한다는 '변법'에는 서양 근대의 정치론과 정치체제의 개혁, 민권 신장까지 포함하였다.

'민권' 문제는 실학파가 구상했던 정치·경제론에서 제기한 바가 있었지만, 이때의 민권론은 유교적 원리 위에서 서양 정치론을 수용하면서 마련하였다. 곧 서양의 천부인권론 등을 '백성이 나라의 근본[民爲邦本]'이라는 유교적 민본론으로 이해하였다. 인민도 정부나 유력자의 압

---

112) 《皇城新聞》 1904년 3월 22일 論說 〈亟宜先立標準〉.
113) 《皇城新聞》 1899년 1월 9일 論說 ; 1월 17일 論說.
114) 《皇城新聞》 1900년 3월 3일 論說 〈官制太滯章程太煩馴致後弊〉.
115) 《皇城新聞》 1899년 7월 21일 論說.

제와 속박을 받지 않고 생명과 재산을 보전할 수 있는 천생권天生權, 곧 천부인권天賦人權을 지니고 있다고 하였다.116) 그리하여 인민이 정부를 위하여 된 것이 아니라 정부가 인민을 위하여 설립되었고,117) "정부와 인민이 각기 직권職權이 있어 그 권한 외에는 피차에 털끝 하나[一髮]도 침범치 못한다"고 하였다.118) 백성을 대표하는 의원제도가 있는 나라는 '민위방본民爲邦本'을 실천하여 문명 부강하고, 이런 제도가 없는 나라는 쇠약 빈곤하다고 하였다.119) 이런 점에서《황성신문》은 독립협회의 의회개설 운동에 찬동하였다.120)

한편,《황성신문》이 민권보다도 더 중요하게 생각한 것은 제국주의 침략 앞에서 국가와 민족의 자주독립, 국권國權을 유지하는 것이었다.121) 아직 근대적인 '민족' 개념이나 의식은 명확하지 않았지만, 러일전쟁 전후 시기의 국제 정세의 변동 속에서 한국 독립과 국권 문제를 강조하기 시작하였다.122) 여러 논의들이 있었지만, 한국의 독립 여하가 러시아와 일본의 대립, 그리고 국제 정세 속에서 결정된다는 우려를 제기하였다. 그리하여 "안으로 자강의 계책을 닦고[內修自强之策], 밖으로 교섭의 우의를 강구[外講交涉之誼]하여 우리 강토를 보전하고 우리 국력을 발달하면 보수保守하는 득책을 잃지 않을 것"이라고 하였고, 이

---

116)《皇城新聞》1900년 5월 7일 論說〈解權利說〉.
117)《皇城新聞》1898년 10월 21일 論說.
118)《皇城新聞》1898년 10월 1일 論說.
119)《皇城新聞》1899년 2월 22일 論說.
120)《皇城新聞》1898년 11월 2일 論說에서〈헌의 6조〉와〈조칙 5조〉의 실시를 주장하였다.
121)《皇城新聞》의 논설에 보이는 핵심 단어의 빈도수를 계량적으로 분석한 연구에 의하면 인민, 국가, 일본, 정부, 아한(我韓), 국민 등의 용어가 문명, 학문 등의 단어보다 많이 등장하였다. 정유경,〈텍스트의 계량 분석을 활용한 근대전환기 신문의 시계열적 주제 분석법-《황성신문》논설을 대상으로〉,《역사문제연구》43, 2020 참조.
122) 백동현,〈러·일전쟁 전후 '民族' 용어의 등장과 민족인식 -『皇城新聞』과『大韓每日申報』를 중심으로〉,《韓國史學報》10, 2001 ;〈한말 민족 의식과 영토관-《皇城新聞》과《大韓每日申報》의 論說에 나타난 領土觀을 중심으로〉,《韓國史研究》129, 2005 ; 김윤희,〈러일대립기(1898~1904)『皇城新聞』의 이중지향성과 자강론 - 연대와 배제의 접합〉,《韓國史學報》25, 2006 ; 노관범,〈대한제국기《황성신문》의 중국 인식〉, 2013.

'자강'은 우리의 역사 속에서 이미 축적한 능력이라고 하였다.[123]

민족에 대한 관심은 자연스럽게 자국의 역사와 강역(지리)으로 표출되었다.[124] 역사를 통해 고금古今의 치란治亂, 성패, 흥망 등을 살펴보는 것이 현실 정치에 도움이 된다고 보았다.[125]

자국의 역사, 문화에 대한 관심은 이미 실학파의 역사 연구에서 강조하던 바로, 자국사보다 중국사를 더 중시한 중세 역사에 대한 반성이었다. 곧 우리의 박학가博學家들이 우리 것은 버리고 다른 것을 좋아하는 마음으로, 중국은 온 힘을 다해 탐구하여 그 찌꺼기까지 해득하면서 정작 우리의 역사는 등한시하고 방기放棄했던 점이었다.[126] 특히 어린 아이에게 우리의 역대歷代는 가르치지 않고 다른 나라 것을 먼저 가르치게 되면, 글을 알고 약간의 지식이 있는 사람은 모두 우리 국사에 대해서는 어둡고 중국 역사만 대충 알아 결국 중국을 흠모하고 다른 나라에 의부依付하는 마음만 생기게 된다고 비판하였다.[127]

자국사를 올바르게 서술하기 위해 그들은 사료 정리와 실증적 연구를 강조하였다. 그들은 국내에 산재한 여러 문헌을 모아서 간행하는 일에 힘을 기울였다.[128] 실학파의 저술을 간행하고, 《황성신문》에 이를 소개한 것도 이런 필요성에서 그러하였다. 1903년에는 몇 명의 유지가 야사野史, 잡지, 기문奇文, 이서異書, 국조고사國朝故事 등의 문헌을 수집, 발간하자는 광고를 내었는데, 거론한 책은 《삼국유사》, 《고려도

---

123) 《皇城新聞》 1903년 6월 9일 論說 〈再佈告全國民人〉. 이런 논의는 《皇城新聞》 1899년 12월 9일 論說 ; 1902년 2월 26일 論說 〈協商關系在我不在彼〉 ; 1902년 5월 27일 論說 〈培養國家元氣在培養士氣〉 ; 1902년 7월 2일 論說 〈警告柔懦愚昧之人〉 ; 1903년 6월 8일 論說 〈佈告全國民人〉 ; 1904년 2월 15일 論說 〈論日俄交涉顚末〉 등 참조.

124) 1904년 이전의 《皇城新聞》의 역사 관련 기사는 강역, 제도, 실학 등의 전통문화에 집중되었다(崔起榮, 〈황성신문의 역사관련 기사에 대한 검토〉, 《한국근현대사연구》 2, 1995, 149~155쪽).

125) 《皇城新聞》 1903년 5월 5일 論說 〈敍我韓疆域汝後說〉.

126) 《皇城新聞》 1899년 5월 19일 論說.

127) 《皇城新聞》 1899년 4월 22일 論說.

128) 《皇城新聞》 1899년 5월 19일 論說.

경高麗圖經》,《연려실기술燃藜室記述》,《청야만집靑野謾輯》,《여지지輿地誌》,《동경지東京志》,《팔역지八域志》,《성호사설》,《반계수록》,《과농서課農書》 등이었다.[129]

자료 수집과 더불어 역사, 강역에 관한 정리도 행하였다. 장지연은 정약용의 《아방강역고》를 번역, 보완하여 《대한강역고》로 간행하였다. 자국의 강토, 강역 문제를 환기하면서, 동시에 실증적인 작업을 통하여 고대 시대의 지명과 위치, 국경 문제들에 대해서는 자신의 견해를 '연안淵案'으로 첨부하였다. 정약용이 내외의 사서를 널리 모아 정밀하게 서술했던 점을 인정하면서도 이에 더하여 그 이후의 사서들을 다시 동원하여 보완하였던 것이다. 실학파의 역사서술에서 견지되던 강역 문제의 중요성과 실증적, 고증적인 연구 태도가 그대로 이어지고 있었던 것이다.[130]

강역 문제와 관련하여 그들은 만주 지역에 특별한 관심을 가졌다. 청국과 영토 문제가 지속되고 있었던 점에서 그러하였다. 장지연은 위의 책에서 백두산정계비와 관련해서 건립할 때 책임자의 불성실한 태도, 토문土門의 위치 문제, 정부의 방관 등을 지적하고 두만강 지역의 상실에 대한 애통함과 실지 회복 등을 거론하였다. 또한 《황성신문》에서는 〈북변개척시말北邊開拓始末〉 등을 연재하고,[131] 요동의 반半과 오나烏喇 이남은 모두 우리 땅으로, 고구려 멸망 이후 지금까지 수복하지 못한 점을 지적하였다.[132] 아울러 고려의 북변 개척에도 큰 관심을 가

---

129) 《皇城新聞》 1903년 1월 23일 廣告.

130) 金生基, 〈張志淵의 역사인식―大韓疆域或考를 중심으로〉(1992), 《韋庵 張志淵의 思想과 活動》, 민음사, 1993 참조. 그러나 장지연은 일본의 사서에 의거하여 任那를 대가야의 별칭이라고 분석하고, 일본의 南鮮經征伐과 任那日本府를 긍정하였으며 이를 증보하는 잘못을 저질렀다. 당시 玄采, 金澤榮 등의 역사교과서에서도 대부분 일본인의 연구 결과를 수용하여 또한 그러하였다.

131) 《皇城新聞》 1903년 1월 12~15일 〈北邊開拓始末〉; 1903년 1월 22~23일 〈西北邊征討始末〉.

132) 《皇城新聞》 1902년 6월 6일 論說 〈西北沿界疆土居民〉.

졌다.[133)

한편, 외국 역사에 대해서도 관심을 가졌다. 이웃 나라의 역사, 정치, 고적, 법률 등을 밝혀, 그들이 강대해진 이유를 알고 이에 대처한다면 강한 이웃 나라와도 순치脣齒(입술과 이)의 좋은 관계를 유지할 수 있을 것으로 지적하였다.[134) 《황성신문》에서는 세계 각국의 역사, 지지地誌, 정치에 유익한 서적을 번역해야 한다고 줄곧 강조하였고,[135) 현채玄采가 번역한 《중동전기中東戰記》, 《미국독립사美國獨立史》, 《법국혁신전사法國革新戰史》, 《청국무술정변기淸國戊戌政變記》, 《월남망국사越南亡國史》, 그리고 장지연이 번역한 《애급근세사埃及近世史》 등을 발간하였다.

변법개혁론에서는 민족 문제, 국권 문제를 해결하는 차원에서 역사의 필요성을 강조하였다. 조선 후기 이래의 실학을 근대적 차원에서 계승하고자 하였고, 특히 자국의 역사를 정리하는 것이 필요하다고 주장하였다. 이런 점은 신구학 절충이라는 변법개혁론의 구조에서 가능하였고, 나아가 민족을 단위로 역사를 서술하고, 개혁운동을 전개하는 바탕이 될 수 있었다. 이런 점도 문명개화론과 다른 점이기도 하였다.[136)

---

133) 《皇城新聞》 등의 기사를 계량적으로 분석한 연구에서도 신문에서 강역 문제를 중시하였고, 고려의 고토 회복을 강조한 것이 많았음을 증명하고 있다(심희찬, 〈근대전환기 신문·잡지 역사 관련 기사 데이터베이스 검토 - '한국사' 서술의 변화 양상을 중심으로〉, 《역사문제연구》 43, 2020 ; 조형열, 〈《황성신문》이 주목한 조선의 역사문화 - 관심 소재의 정량적·시계열적 분석을 통한 조선연구의 기반 검토〉, 같은 책, 2020).

134) 《皇城新聞》 1899년 7월 22일 論說.

135) 《皇城新聞》 1899년 5월 19일 論說.

136) 《皇城新聞》과 《독립신문》의 구래의 역사, 문화 전통에 대한 생각에도 차이가 있었다. 《독립신문》에서는 조선의 역사, 문화에 대해 별로 주목하지 않았다면, 《皇城新聞》은 발간 초기부터 많은 관심을 보였고, 이런 점은 이후 점차 증가하였다(홍정완, 〈근대전환기 한국학 지형 다시 읽기-신문·잡지의 한국 역사·문화 관련 텍스트 계량 분석을 중심으로〉, 《역사문제연구》 43, 2020).

제2장

국권회복운동으로 발전

1. 국권 문제의 심화와 계몽운동

1) 러일전쟁 시기의 국권 문제와 단체 활동

(가) 한반도와 만주를 둘러싼 일본과 러시아의 대립은 전쟁으로 치달 았다. 일본의 배후에는 영국, 미국이 있었고, 일본은 이들을 대신하여 러시아와 싸웠다. 일본은 전쟁을 위한 첫 작업으로 한국과 밀약을 추진 하였다. 한국이 제3국과 일본에게 불리한 협약을 체결하지 않게 하고, 그 대신 일본이 한국 독립과 황실 안전을 보장하겠다는 것이었다. 그러 나 한국 안에는 러시아와 일본의 대립 가운데서 어떤 한 나라에 가담하 게 되면 독립, 곧 국권을 상실하게 될 것이라는 여론이 일어났다. 이에

대한제국 정부는 전쟁에 관여하지 않겠다는 '국외局外 중립'을 선언하였고(1904년 1월), 서양의 여러 나라에 이 사실을 통보하였다. 영국, 독일, 프랑스 등의 주한 외교사절은 본국 정부를 대신하여 중립 성명을 승낙하는 회답을 보내왔다.

그러나 러일전쟁을 일으킨 일본은 대한제국의 국외 중립 선언을 무시하고 전쟁 시작 2주일 뒤 한국 정부를 압박하여 '한일의정서韓日議定書(의정6조)'를 체결하였다(1904년 2월 23일). 일본은 동양 평화를 명분으로 내세우고 한국을 침략하였다. 한국은 일본의 '시정施政 개선에 관한 충고를 용인容認'하고, 전쟁에서 군략軍略에 필요한 지점의 점거를 허락하였다. 또 일본은 자신들의 침략성을 숨기고자 '대한제국 황실의 안녕'과 '한국의 독립 및 영토 보증'이라는 내용도 넣었다. 이 조약에 따라 3월에는 일본군이 '한국주차군'이라는 이름으로 사령부를 설치하였으며, 전쟁 수행을 구실로 함경도와 동해안 일대를 점령하고, 독도도 침탈하였다. 한일의정서에 대해 당시 지식인 사이에 '국권 침탈'이라는 위기감이 고조되었다.[1]

일본은 러일전쟁을 치르면서 한국 지배를 위한 여러 정책을 추진하였다. 1904년 5월에 일본의 원로회의元老會議에서 〈제국의 대한방침帝國の對韓方針〉, 〈대한시설강령對韓施設綱領〉 등을 결정하였다. 〈대한방침〉에는 "일본 제국이 한국에 대해 정치상, 군사상에서 보호의 실권을 거두고, 경제상에서 더욱더 아我[일본] 이권의 발전을 도모할 것"이라고 하였고, 〈대한시설강령〉에서 국방, 외교, 재정, 교통, 통신, 산업 등을 장악하기 위한 방안을 마련하였다.

8월에는 〈대한방침〉을 추진하고자 일본은 재정 고문과 외교 고문을 채용하도록 강요하였다. 의정서 제1조에 근거한 것이었다. 이에 〈외국

---

1) 朴殷植, 《韓國痛史》, 1915 (단국대 동양학연구소 편, 《朴殷植全書》 上, 단국대학교출판부, 1975), 206쪽.

인고문용빙에 관한 협약〉을 체결하고, 외교 고문에 주미일본공사관의
고문 스티븐스(Durham Stevens)가, 재정 고문에 일본 대장성 국장 메가
타[目賀田種太郎]가 고빙되었다. 한국의 외교, 재정 문제는 고문의 사전
동의 없이는 일체의 안건을 처리할 수 없게 되었고, 외교와 재정의 실
질적인 권한을 잃어버렸다. 이를 이어 각 부에도 초청 형식으로 고문을
두게 하였다. 군부, 경무, 궁내부, 학부(참여관)에 일본인 고문이 고빙
된, 이른바 고문정치顧問政治가 실시되었다.

(나) 일본은 〈대한방침〉, 〈대한시설강령〉에 따라 한국 정부에 황무지
개척권을 요구하였다(1904년 6월). 토지 개간과 침탈을 통하여 한국을
일본의 식량공급지로 편성하면서, 동시에 일본 농민을 한국에 이주시키
려는 것이었다. 일본의 침략이 노골화되자 이를 반대하는 여러 단체들이
나타났다.

먼저, 일본의 황무지 개간권 요구를 반대한 보안회(輔安會, 保安會)였
다.2) 1904년 6월, 전직 관료 윤병尹秉, 홍필주洪弼周, 이범창李範昌, 이
기李沂 등이 '신사소청紳士疏廳'을 차리고 상소 운동을 전개하였다. 7월
에는 이를 더 적극적으로 추진하고자 보안회를 조직하였다. 정부에서
보안회 회장 이건석李建奭을 체포하고 단체 이름을 문제 삼았는데, 보
안회는 이름을 협동회協同會로 바꾸고 운동을 계속하였다. 이 활동으로
일본의 황무지 개간권 요구를 막아 내었다. 이런 점을 들어 많은 연구
에서 보안회 운동을 '애국계몽운동'의 시작으로 보고 있다.

다음, 이준李儁, 윤효정尹孝定 등이 일진회를 반대하기 위해 만든 공
진회共進會였다.3) 회장 이준은 독립협회 운동의 맥을 이어 1902년에
정부 안의 개혁을 추진하고자 개혁당改革黨을 조직한 바 있었는데, 여

---

2) 尹炳奭, 〈日本人의 荒蕪地開拓權 要求에 대하여〉, 《歷史學報》 21, 1964.
3) 崔起榮, 〈舊韓末 共進會에 관한 一考察〉, 《世宗史學》 1, 1992.

기에 나유석羅裕錫(총무) 등의 보부상이 합세했다. 독립협회 운동 시절
에 서로 반대편에 섰던 두 집단이 적대 관계를 청산하고, 친일 단체
일진회를 반대하고자 한 것이었다. 처음에는 상민회商民會로 출발하였
으나(1904년 11월), 문명으로 나아가자는 의미로 진명회進明會로 이름
을 바꾸었으며, 12월에 공진회가 되었다. 그들은 황실 권위 존중, 정부
명령 복종, 인민 권리·의무 보호 등을 정부에 건의하였다. 또 정부
대신을 규탄하기도 하였고, 구금된 이준에 대한 재판 공개와 석방 운동
도 전개하였다. 공진회는 정부에 시정개선施政改善을 요구하면서, 일진
회와 반대 의견을 취하였지만, 사안에 따라서는 일진회와 연합하기도
했다. 공진회의 주도 세력이 궁내부 특진관 이유인李裕寅을 반대하다가
체포되자 일진회와 연합하여 이에 항의하였다. 당시 현실 정치에서는
아직 국권 문제가 전면에 내걸리지 않는 가운데, 일진회의 활동도 외형
적으로 황실 존중, 문명개화, 시정개선 등으로 제기되었던 점과 무관하
지 않았다.4)

다음, 기독교계 인사들이 세운 국민교육회國民敎育會가 있었다.5) 국
민교육회는 1904년 8월, "일반 국민의 교육을 권장하여 지식을 발달케
하되, 완고한 폐습을 혁파하고 유신維新의 규모를 확립할 것"이라는 목
적으로 조직되었다. 주도 인물은 이준, 이원긍李源兢, 홍재기洪在箕, 김
정식金貞植, 전덕기全德基, 유성준俞星濬 등으로, 대개 연동교회蓮洞敎會
와 관련이 있었다(전덕기는 尙洞敎會). 정치에 관한 일은 일체 말하지
않고, 오직 학교 광설廣設, 문명국의 학문에 응용할 서적 편집과 번역·
발간, 본국의 역사서와 전적 간행 등으로 국민의 애국심을 고취하고
원기를 배양하고자 하였다. 그들은 문명의 근원이 교육에 있고, 교육의
근원은 기독교에 있다고 보았으며, 본회의 개회나 폐회 때에는 '하나님

---

4) 일진회의 문명개화운동에 대해서는 제III편의 [보론] 참조.
5) 崔起榮, 〈한말 국민교육회의 설립에 관한 검토〉, 《한국근현대사연구》 1, 1994.

을 공경하는 뜻으로' 기도를 행하였다. 계몽운동이 기본적으로 비정치
적 운동이라는 점에서 국민교육회의 교육 운동을 계몽운동의 '시작'으
로 파악하기도 한다.6)

위의 세 단체는 1905년 5월에 헌정연구회憲政研究會로 결집하였다.7)
회장 장기렴張基濂, 부회장 이준, 평의장 윤효정, 사무장 심의성沈宜性,
평의원 홍필주, 이기, 윤병, 양한묵, 김정식 등이었다. 독립협회—개혁
당—공진회로 이어지는 이준, 윤효정을 중심으로, 보안회에서 활동하
던 홍필주, 이기, 윤병, 그리고 국민교육회의 이원긍 등이 참여하였다.
정치 문제는 헌정연구회에서, 교육 문제는 국민교육회에서 담당했던
것으로 보인다.

헌정연구회는 헌법 제정, 입헌 정치 실시를 목적으로 하였다. 그들은
서구 열강이 부강한 이유가 입헌 체제에 있다고 파악하고, 세계 대세에
따라 전제專制 정치를 변혁해야 할 것으로 보았다. 그러나 대한제국이
라는 전제 정치 속에서 입헌 정체는 입헌군주제로 제한되었고, 그것도
군주의 절대적 통치권이 인정되는 '흠정헌법欽定憲法' 제정을 목표로 하
였다. 그리고 헌법 제정에 10년 정도 시간이 걸릴 것으로 보고, 이를
추진하면서 더불어 조세, 교육, 농상공광, 회계, 법률, 호적, 인구, 병
역, 의회 등에 관한 제반 정치 업무도 연구하자고 하였다. 그리하여
그들은 "제실帝室의 권위를 흠정헌법에 게재하여 존중하고 영광스럽게
할 것"을 주장하면서도, 동시에 내각의 직권도 장정章程에 의거하여 실
시하고, 국민의 권리와 의무도 법률 범위 안에서 자유롭게 할 것 등을
강령으로 내세웠다. 공진회의 강령을 그대로 계승하면서도 정치체제의
문제와 관련된 '흠정헌법'을 추가하였던 것이었다.

---

6) 趙東杰, 〈韓末 啓蒙主義의 構造와 獨立運動上의 位置〉, 《韓國學論叢》 11, 1989.
7) 崔起榮, 〈憲政研究會에 관한 일 고찰〉, 《尹炳奭教授華甲紀念韓國近代史論叢》, 지식산업사,
   1990.

이런 운동 방향에서 헌정연구회는 서양 정치론을 소개하고 계몽하는 활동을 주로 하였다. 그 뒤 일진회가 보호국 청원서를 발표하자 이를 반대하였고, 윤효정은 원로대신들이 '보호조약'을 적극적으로 반대하지 않은 것을 항의하다가 경무청에 구속되기도 하였다. 헌정연구회는 을사늑약 이후 해산된 것으로 보이며, 회원들은 대한자강회大韓自强會로 다시 모였다.

2) 국권회복을 위한 계몽운동의 전개

(1) 계몽운동 단체의 출현

1905년, 러일전쟁이 끝나면서 일본은 러시아와 포츠머스 강화조약을 맺는 한편, 미국과는 가쓰라[桂太郎]-태프트 밀약, 영국과는 제2차 영일동맹 등을 체결하여 한반도에 대한 일본의 지배권을 국제적으로 보장받았다. 마침내 일본은 이토[伊藤博文]를 한국에 파견하여 '을사조약'을 강압적으로 체결하였다(1905년 11월). 체결 과정에서 일본은 군대를 동원하여 무력 시위와 고종 및 대신에 대한 협박과 강압 등을 자행하였다.[8] 대한제국은 이 '늑약'으로 외교권을 빼앗기고 보호국이 되었다. 일본은 "한국 황실의 안녕과 존엄을 유지함을 보증"한다는 조항으로 한국 내의 반대 여론을 무마하였다. 조약에 따라 설치된 통감부의 이토 통감이 내정까지 장악하면서 강압적으로 식민지화를 추진하였다.

---

8) 조약의 불법성과 무효를 증명하기 위해 조약의 요건(명칭, 위임규정 등)이나 국제법적인 점에 주목하고 있다(이태진 외, 《한국병합의 불법성 연구》, 서울대학교출판부, 2003 ; 이태진 외, 《한국병합과 현대-역사적 국제법적 재검토》, 태학사, 2009 등). 국제법적으로 조약의 '무효'를 규명하는 작업은 학계의 다툼이 있는 주제이므로, 그 반대로 '유효(합법성)'의 함정에 빠질 수도 있다. 제국주의 침략 자체가 항상 힘으로 침략과 지배를 자행하였고, '조약의 합법성'은 이를 은폐하는 수단이었다. 역사학적으로 '조약의 불법성'은 제국주의 침략의 산물일 뿐이다.

보호국이 되자 조야朝野 인사들은 이를 '국권상실'로 여겼다. 이에 국권
회복을 목표로 한 '애국계몽운동'이 일어났고, 여러 종류의 단체, 학회,
신문 등이 계몽운동을 추진하였다. 국권회복을 위한 계몽운동의 출발
은 대한자강회大韓自强會였다. 문명개화, 자주독립을 지향하던 초기 계
몽운동을 계승한 위에 국권회복이라는 민족 문제를 결합하면서 부르주
아 개혁운동을 새로운 단계로 진전시켰다.

 (가) 대한자강회는 1906년 3월 31일, 장지연張志淵, 윤효정尹孝定,
심의성沈宜性, 임진수林珍洙, 김상범金相範 등이 발기하였다.9) 4월 4일,
윤효정의 집에서 임시 임원진을 구성하고, 14일에 임원진을 선임하여
'합법 단체'로 출범하였다.10) 회장 윤치호尹致昊, 평의원 장지연, 윤효
정, 심의성, 김상범, 임병항林炳恒, 남궁훈南宮薰, 임진수, 이원긍李源兢,
박승봉朴勝鳳, 이상천李相天 등의 임원과 일본인 오가키[大垣丈夫]를 고
문으로 삼았다. 자강회 주도층은 독립협회와 그 뒤 여러 단체에서 활동
하던 사람들이었다. 윤치호를 대표로 한 독립협회, 그 뒤의 헌정연구회
(尹孝定, 李源兢 등), 《황성신문》(張志淵, 柳瑾 등), 그리고 홍필주, 이
기 등의 보안회 계열, 개혁당·공진회의 이준, 그리고 서북지방 출신의
서우학회 회원(薛泰熙, 太明軾, 朴殷植, 鄭雲復 등) 등이었다.
 대한자강회는 이름 그대로 국권회복을 위해서 '자강自强'을 이루어야
한다고 천명하였다.

---

 9) 李鉉宗,〈大韓自强會에 對하여〉,《震檀學報》29·30, 1966 ; 李志雨,〈大韓自强會의 活動에
  대하여〉,《慶熙史學》9·10, 1982 ; 柳永烈,〈大韓自强會의 愛國啓蒙運動〉,《韓國近代民族主
  義運動史硏究》, 1987 등. 대한자강회의 주도 세력 가운데 장지연이 중심 인물이었다.《皇城
  新聞》1906년 5월 17일 論說〈答大韓日報記者〉에서 장지연은 祖國의 危亡이 조석에 다달아
  망국의 백성이 되지 않기 위해 자강회 조직을 동지와 더불어 '首唱하였다고 하였다.
10) 대한자강회의 규칙에도 명시한 바 있지만, 앞서 9일에 경무청에 '국법 범위 내의 활동'이라는
  증명서까지 제출하였다.

我韓이 從前不講於自强之術ㅎ야 人民이 自錮於愚昧ㅎ고 國力이 自趨於
衰敗ㅎ야 遂至於今日之艱棘ㅎ야 竟被外人之保護ㅎ니, 此 皆不致意於自强之
道 故也라. …… 如究其自强之術이면 無他라. 在振作教育也오 在殖産興業也
니, …… 此自强之目的인틴 不得不先培養其國民之精神ㅎ야 使檀箕以來四千
年自國之精神으로 灌注於二千萬人人之腦髓ㅎ야 …… 內養其祖國之精神ㅎ
며 外吸乎文明之學術이 卽今日時局之急務也일식, 此ㅣ 自强會之所以發起者
也라.11)

나라의 독립은 오직 '자강'에 달려 있는데, 우리가 '자강'에 힘쓰지
않아 국력이 약해지고 인민이 우매愚昧해지면서 "외인外人의 보호", 곧
국권을 상실했다고 판단하였다. 그리하여 자강을 이루기 위해서는, 먼
저 단체를 중심으로 단합하고, 국민 정신을 배양해야 한다고 하였다.
국민 정신은 단군, 기자 이래 우리 역사 속에서 이어져 온 자국 정신,
조국祖國 정신이었다. 2천만 동포는 조국 정신을 머릿속에 간직하고,
한 순간이라도 자강 정신을 잊지 않아야 하며, 이 정신 자세 확립 후에
교육으로 민지를 열고, 산업을 진흥하여 국부를 증대해야 한다고 하였
다. 자강회는 국권회복을 위해서는 "안으로는 조국 정신을 배양하고,
밖으로는 문명의 학술을 흡수하는 것"이 급무라고 하였다.12)

자강과 부강의 달성을 위해 대한자강회는 합법적인 범위 안에서 다
양한 계몽 활동을 전개하였다. 《대한자강회월보大韓自强會月報》를 발간
하여 식자층 대상의 계몽 활동을 펼쳤으며, 회원들을 대상으로 수시로
연설회를 개최하였다. 주로 교육과 산업 발전을 통한 실력양성과 자강
의 추진, 애국 정신 고취, 그리고 전제 정치의 극복과 근대 정치체제

---

11) 《大韓自强會月報》 1, 本會會報, 〈大韓自强會趣旨書〉, 9~10쪽. 대한자강회의 자강운동론은
   다음 제2장에서 상술함.

12) 대한자강회 핵심 인사 가운데 장지연의 경우, '自强'을 언론활동만으로 달성할 수 없으므로,
   단체를 통해 추진할 의도였다(《皇城新聞》 1906년 5월 17일 論說 〈答大韓日報記者〉).

등을 강조하였다. 특히 교육 진흥을 위해 서울 소재 사립학교 실태를 조사하여 교육과 업무를 지도하였고, 지방 지회의 학교 설립과 운영을 후원하였다.13)

대한자강회는 1907년 8월에 해산되었다. 헤이그 밀사 사건을 계기로 일제는 고종을 퇴위시키고, 군대를 해산하며 강압적으로 식민지화를 추진해 갔다. 이를 반대하는 지식인, 시민들의 집회가 계속되고, 또 해산 군인들이 서울 남대문 일원에서 시가전市街戰을 전개하였다. 일제는 해산 군인의 저항을 무력으로 진압하면서, 대한자강회도 해산시켰다.

(나) 대한자강회를 이어서 대한협회가 조직되었다.14) 1907년 11월 10일, 권동진權東鎭, 남궁준南宮濬, 여병현呂炳鉉, 유근柳瑾, 이우영李宇榮, 오세창吳世昌, 윤효정, 장지연, 정운복, 홍필주洪弼周 등 10명의 발기인이 취지와 목적과 7개 항의 강령을 발표하였다.

대한협회는 17일에 임시회를 열어 규칙을 정하고 임원진을 조직하였다. 총재 민영휘閔泳徽, 회장 장박張博, 부회장 오세창, 총무 윤효정, 평의원 장지연, 정운복, 권동진, 태명식太明軾, 여병현, 유근, 정교, 현은玄檃, 오상규吳相奎, 홍필주, 이우영, 남궁억, 남궁준, 이종일李鍾一 등이었다. 총재 민영휘와 회장 장박이 임원직을 고사하자 대신 남궁억을 회장으로 선임하였다.15)

---

13) 柳永烈, 〈大韓自强會의 愛國啓蒙運動〉, 《韓國近代民族主義運動史硏究》, 1987 참조.
14) 李鉉淙, 〈大韓協會에 關한 연구〉, 《亞細亞硏究》 13-3, 1979 ; 김항구, 〈대한협회의 설립과 조직〉, 《車文燮敎授華甲紀念史學論叢》, 신서원, 1989 ; 柳永烈, 〈大韓協會의 愛國啓蒙思想〉, 《李載龒博士還曆紀念韓國史學論叢》, 한울, 1990.
15) 《大韓協會會報》 1, 〈本會歷史及決議案〉. 이후 대한협회가 강점으로 해산되는 1910년 9월까지 대개 1년 단위로 임원이 개편되었다. 회장은 남궁억에서 김가진으로 교체되어, 지속되었으며, 총무는 윤효정이, 교육부장 여병현, 실업부장 권동진, 법률부장 이우영 등은 계속 일을 보았다. 김가진 회장 이후에 대한협회 활동에 변화가 있기는 하였지만, 구체적인 사업은 지속되었다. 임원진 개편 및 성격에 대해서는 柳永烈, 〈大韓協會의 愛國啓蒙思想〉, 1990, 참조.

대한협회는 대한자강회에서 활동하던 사람들을 중심으로16) 새로운 인사들도 핵심으로 참여하였다. 즉 오세창, 권동진 등의 동학—천도교 계열이었다. 동학은 1904년부터 문명개화론으로 활동 노선을 조정하고, 근대 종교 체제를 갖춘 천도교로 개편하였다.17) 그리하여 대한협회 설립 초기에는 헌정연구회—대한자강회 계열(윤효정 총무 등)을 중심으로, 황성신문계의 남궁억, 천도교계의 오세창 등이 연합하였다.

대한협회도 대한자강회에서 천명했던 국권회복 이념이나 활동 방향을 계속 이어갔다. 설립 취지서에는 첫째, 우리나라가 자립의 힘이 없어 "우방友邦의 도움", 곧 보호국이 되었다는 현실을 지적하면서, 둘째, 자립의 뜻을 세우지 않으면 자멸할 것이므로, 자립할 뜻을 세우고 우방[일본]에만 기대지 말고 서로 끌어주면서 '문명과 행복'을 기대하자고 하였다. 이를 위해서는 셋째, 대한협회를 중심으로 '정치, 교육, 산업'을 강구하여 사회 지식을 발달시키고[智], 신진 덕성을 도야하고[德], 부력을 증진함으로써[富] 개인이 국민적 자격을 기르는 것이 급무라고 하였다. 요컨대 대한협회는 인민의 '행복'은 전적으로 실력 여하에 달려 있으니, 정치, 교육, 산업을 강구, 발달시켜 실력을 키우는 것에 전력을 기울이는 것이라고 하였다.18) 이런 목표를 이루기 위한 '7대 강령'을 채택하였다. ① 교육 보급, ② 산업 개발, ③ 생명재산 보호, ④ 행정제도 개선, ⑤관민폐습 교정, ⑥근면저축 실행, ⑦권리 · 의무 · 책임 · 복종 사상의 고취 등이었다. 취지서에서 제기한 지 · 덕 · 부를 실현하는 구체적인 영역이었다. 대한자강회에 견주어 인민의 행복과 문명화, 그

---

16) 참가층에 대한 분석은 유영렬, 위 글 참조. 발기인 10명 가운데 가운데 8명, 임원진의 약 40%, 주도 인사 가운데 반 이상이 대한자강회에서 활동한 인물이었다.

17) 천도교 문명개화론의 핵심은 孫秉熙, 〈三戰論〉(李敦化, 《天道敎創建史》, 1933, 제3편 부록)이었다. 이에 대해서는 康成銀, 〈20世紀初頃における東學敎上層部の活動とその性格〉, 《朝鮮史硏究會論文集》 24, 1987 ; 金炅宅, 〈韓末 東學敎門의 政治改革思想硏究〉, 연세대 석사학위논문, 1990) 등 참조.

18) 《大韓協會會報》 1, 〈大韓協會趣旨書〉.

리고 정치 활동 등을 더 보탰다.

대한협회는 실력양성을 위한 분야로 정치, 교육, 산업을 들었다. 이 가운데 교육과 산업 발달은 다른 계몽운동 단체와 마찬가지였다. 본회에 교육부, 실업부를 두어 교육 보급, 국민 계몽, 산업 발달 방안 마련 등에 중점을 두었다. 교육 보급을 위해 의무교육을 주장하였다. 회보인 《대한협회회보》를 발간하고, 전국을 순회하면서 연설회를 개최하였다. 《회보》는 월간 잡지로 12호까지 간행하고, 그 뒤에는 일간 신문으로 《대한민보大韓民報》를 발간하였다.

대한협회에서 '정치'를 실력의 요소로 넣은 것은 특이하였다. 협회는 스스로 '민당民黨'이라고 자처하였다. 하지만 당시 가장 중요한 정치 문제였던 국권상실을 직접 다루지 못했다. 일본과의 정면 대결, 무력 대립에는 찬성하지 않았다. 주로 '정당'으로 현실 정치에 참여하고자 하였고, 동시에 정치 분야의 활동 및 발전 방향을 고려하였다. 대한협회는 실력양성에 관한 여러 방안을 정부에 건의하고 이를 정책으로 시행하기를 요구하였다. 윤효정은 "현시 국정으로서 만반의 일들을 강구講究하여 정부의 채용을 요구하며 사회의 개량을 실행"하는[19] '정치 활동'에 주력하자고 하였다. 그들은 정부와 내각을 비판, 공격하여 정권의 핵심으로 부상하겠다는 의욕도 가졌다.

이와 아울러 대한협회는 일반인들의 권리 신장과 관련된 분야의 정치 활동도 행하였다. 행정제도 개선으로부터 주로 개인의 권리에 관한 것이었다. 특히 법률부에서는 생명·재산 보호 및 행정제도 개선을 목적으로, 법률 사항 조사·강구와 개량 전진, 국민의 억울한 소송신리訴訟伸理, 법률강습소法律講習所 설치와 현행 법률 보급, 국가 법률 조사 건의 등을 관장하였다. 이 일환으로 화폐정리사업 뒤에 제기된 조세

---

19) 尹孝定, 〈大韓協會의 本領〉, 《大韓協會會報》 1, 45쪽.

불균등 문제, 회원의 재산 피탈 사건 등을 의안으로 다루기도 하였다. 특히 법률 해석을 통하여 국민을 계몽하고자 '신리강구소伸理講究所'를 설치하고, '토호土豪의 탐학과 국민의 억울함을 풀며 행정관의 간섭을 불허하고 재판의 공정을 기'하려고 하였다. 법률적인 문제가 빈번하게 나오자 이 주제로 강연회도 여러 차례 개최하였다.

대한협회는 대한자강회에서 시작된 자강, 실력양성 등을 유지하면서도 몇 가지 점에서 차이가 있었다. 일제의 식민지화가 점차 더 굳어지는 가운데, 한일 연대, 삼국동맹 등을 더 강조하였으며, 마침내 통감 체제를 인정하는 경향도 확산되었다. 이런 변화에는 사회진화론도 큰 영향을 끼쳤다. 점차 국권상실, 독립 등의 표현은 사라지고, '힘', 실력 부족을 강조하여 실력양성이 계몽운동의 목표처럼 되어갔다. 정미 7조약 이후 의병이 전국적으로 '소란'스러운 것도 "조국 사상으로 반대로 조국을 작상斫傷(베고 다치게)"할 것으로 보면서, 오직 '실력양성' 만을 주장하였다. 결국 대한자강회에서 강조했던 역사 정신, 조국 정신은 잘 드러나지 않았다. 게다가 '국권', '독립'이라는 말보다는 '문명, 행복'이라는 용어가 등장하였고, 교육과 산업 발달과 더불어 정치 부분을 내세웠다. 고종 퇴위, 정미 7조약 이후 일제가 식민지로의 강제적 편성을 강화했던 현실을 반영한 것이면서, 동시에 정치 활동을 위한 단체로, 체제 내의 활동을 지향한 것을 보여주는 것이었다.[20]

대한협회는 일본과 직접 대결하는 것보다는 오히려 협력을 강조하면서 점차 개량화되어 갔다.[21] 1908년 7월, 김가진金嘉鎭이 회장이 된 뒤 그런 경향이 두드러졌다. 황성신문계는 약화되고 윤효정, 권동진,

---

20) 자강론과 실력양성론은 서로 대별되는 것은 아니지만, '자강'의 의미를 강조하는가, 혹은 그렇지 않은가는 매우 중요한 문제였다. 이런 변화에 대해서는 제III편 제3장에서 다룰 것이다. 계몽운동 계열이 운동론에 따라 구분될 수 있다는 점은 朴贊勝, 〈韓末 自强運動論의 각 계열과 그 성격〉, 1990. 박찬승은 대한자강회, 대한협회 모두를 '선실력양성론'으로 정리하였다.
21) 李鉉淙, 〈大韓協會에 關한 연구〉, 1970.

오세창 등의 비중이 커졌다. 정치적으로 이완용 내각을 공격하고 정권을 장악하기 위한 활동을 전개하면서도 일본의 통감 지배 체제를 정면에서 공격하지 못하였다. 이완용 내각을 공격하면서 친일 단체인 일진회와 연합을 추진하기도 했다. 통감지배 아래에서 합법운동이 가지는 한계였다. 대한협회가 개량화, 친일화되자 민족적 성향의 사람들이 대한협회에서 이탈하였다.

대한협회는 지방 지회 설치를 통하여 계몽운동을 전국적으로 확산시켰다. 지회 설치에 소극적이었던 대한자강회에 비해 대한협회는 적극적으로 지회를 설치하였다. 지회를 통하여 지방의 계몽운동 협력 세력을 규합하고, 그들의 계몽운동을 지도·지원하였다.[22]

(다) 미국에서 활동하던 안창호安昌浩는 그곳의 공립협회共立協會의 국내 조직으로 신민회新民會를 만들었다(1907년 4월).[23] 안창호를 중심으로 양기탁梁起鐸, 전덕기全德基, 이동휘李東輝, 이동녕李東寧, 이갑李甲, 유동열柳東說 등이 참여하였다.[24]

1902년 미국으로 건너간 안창호는 1903년에 한인친목회韓人親睦會를 만들었고, 1904년에는 이를 확대하여 공립협회를 만들었다. 1906년 말~1907년 초, 그는 공립협회의 국내 조직이 필요하다고 판단하였고, 캘리포니아 리버사이드[加州 河邊省]에서 '대한신민회大韓新民會'를 발기하였다.[25] 그 뒤 한국에 돌아와서 양기탁, 윤치호, 이승훈 등과 의논하

---

22) 지회를 통한 참여층의 확산에 대해서는 이 장에서 후술할 것임.
23) 慎鏞廈, 〈新民會의 創建과 國權回復運動(上·下)〉, 《韓國學報》 8.9, 1977 (《韓國民族獨立運動史研究》, 을유문화사, 1985) ; 姜在彦, 《韓國의 開化思想》, 1981, 제6장 〈新民會의 활동과 105인 사건—조선 말기의 국권회복운동과 개화사상〉 ; 尹慶老, 《105人 事件과 新民會 硏究》 (1990, 일지사), 개정증보판, 한성대학교출판부, 2012.
24) 慎鏞廈, 〈新民會의 創建과 國權回復運動(上·下)〉, 1977.
25) 〈大韓新民會通用章程〉 제1장 2절에서 "본회의 중앙총회소는 미국 加州 河邊省에 置함'이라고 하였다. 〈大韓新民會趣旨書〉에서도 "해외에 漂泊'한지 오래 되었으며, 미국 하변성에 '대한신민회'를 發起하였다고 하였다(《韓國獨立運動史》 1, 국사편찬위, 자료편, 1026~1027쪽,

여 신민회를 만들었다. 총감독 양기탁, 총서기 이동녕, 재무 전덕기를 정하고, 안창호는 집행원으로 회원 입회 등을 맡아 신민회의 조직과 회원을 관리하였다.

신민회에는 여러 계통의 사람들이 참여하였다. 크게 보아 대한매일 신보계(양기탁, 신채호, 장도빈 등), 상동청년회계(전덕기, 이준, 이동 녕, 이회영), 대한제국 무관 출신(이동휘, 이갑, 유동열), 서북지방(최 광옥, 옥관빈) 등이었다.26) 당시 계몽운동을 이끌던 대한자강회의 핵 심 간부는 참여하지 않았다. 대한자강회가 주로 서울 · 기호지방 인사 들을 중심으로 조직되었다면, 신민회는 서북지방 출신을 중심으로 조 직된 것으로 보인다.

신민회가 미주 지역에서 시작되었던 점에서 국내의 계몽운동 단체와 다른 차원의 활동 방안을 구상할 수 있었다. 국권회복의 기반을 새로운 국민, 곧 '신민新民'의 형성에서 구한 것이었다. 신민회는 일본이 외교 권을 빼앗고, 일본인 차관, 고문관이 우리 정부를 장악하게 된 원인이 우리의 역사 속에서 형성된 '압제와 의뢰' 때문으로 보았다. 그리하여 이를 개혁하는 '유신維新'을 위해서 새로운 단체[신민회]가 중심이 되어 신사상, 신교육, 신제창新提唱, 신보양新補養, 신윤리, 신학술, 신모범, 신개혁을 추진하여 '독립 자유'의 '신국가'를 만들고자 하였다.27) 신민 회는 "아한我韓의 부패한 사상과 습관을 혁신하여 국민을 유신케 하며 쇠퇴한 교육과 산업을 개량하여 사업을 유신케 하며, 유신한 국민이 통일 연합하여 유신한 자유문명국自由文明國을 성립"하고자 하였던 것

1909년 憲兵隊長機密報告(憲機第501號)]. 李剛의 회고에서는 이를 '新高麗會'라 하였다.

26) 愼鏞廈, 〈신민회의 창건과 국권회복운동(上 · 下)〉, 1977 ; 朴贊勝, 〈韓末 自强運動論의 각 계열과 그 성격〉 ; 尹慶老, 《105人 事件과 新民會 硏究》, 2012.

27) 〈大韓新民會趣旨書〉, 《韓國獨立運動史》 1, 1024~1028쪽. 이 책에 탈초하여 실은 〈취지서〉 의 저본은 《統監府文書》 6(국편, 1999)에 수록된 위의 '헌병대기밀보고'(일어 초역)이다. 활자 본과 원문을 대조하여 몇 군데 誤植이 있다. 이 글은 신채호가 작성하였다고 하여 《申采浩全 集》에도 수록되어 있다.

이다.28) 요컨대 국권회복, 실력양성을 언급하면서도 이를 신국가 아래
의 신국민, 자유문명을 거론했던 것이다.

신민회는 다른 계몽운동 단체와는 달리 '비밀결사'였다. 국내의 대한
자강회조차 치안을 방해하지 않는 합법 단체였지만, 안창호는 신민회를
비밀결사체로 만들었다. 신민회의 목표나 운동의 영역은 국내의 계몽운
동 단체와 다르지 않았다. 가령 〈신민회통용장정新民會通用章程〉에는 "인
민의 정신을 경성警醒하고, 지식을 계발케 하며, 학교를 건설하고 실업을
장려하여, 해내외의 아국 동포를 단합케 한다"고 하여, 자강 정신, 민지
계발, 학교 교육과 실업 장려 등을 거론한 것은 당시의 계몽운동과 마찬
가지였다.29) 그럼에도 안창호가 '비밀결사'로 신민회를 만든 것은 여러
이유가 있었다. 이는 ① 당시 인민 수준이 아직 유치하여 신민회를 표면
에 드러내는 단체로 만들면 사회의 반감을 사서 방해를 받을 수 있다는
점, ② 입회 희망자를 전부 참가시키면 단체의 진정한 목적을 달성하기
어렵다는 점, ③ 정치적으로 자립, 자존을 지향하기 때문에 자칫 통감부
에 의해 해산 당할 수 있다는 점 등이었다. 취지서를 본 여러 사람들조차
그런 수준이면 합법 단체로 하여도 상관이 없다고 하였지만, 안창호는
엄격한 인선 작업으로 정치적인 자립·자존을 준비하기 위해서 비밀단
체로 추진하였다.30) 실력양성은 시간이 오래 걸릴 수 있으므로, 비밀
단체를 통해 실력을 양성한 후에 신민회를 다른 형태의 운동으로 전환할
생각을 가졌던 것으로 보인다.31)

---

28) 〈大韓新民會通用章程〉, 《韓國獨立運動史》 1, 1028쪽.
29) 《韓國獨立運動史》 1, 1028~1029쪽. 李光洙는 新民會의 목적을 "① 국민에게 민족 의식과
    독립사상을 고취할 것, ② 동지를 발견하고 단합하여서 국민운동의 역량을 축적할 것, ③ 교
    육기관을 각지에 설치하여 청소년의 교육을 진흥할 것, ④ 각종 상공업기관을 만들어 단체의
    재정과 국민의 부력을 증진할 것"으로 정리하였다(이광수, 《도산 안창호》 한글판, 興士團本
    部, 1947, 24쪽).
30) 도산기념사업회 편, 《安島山全書》 中, 〈島山先生 豫審訊問記〉, 汎洋社出版部, 1990, 456쪽.
31) 적어도 신민회의 설립 초기에는 독립군기지건설, 독립전쟁 대비 등에 대한 계획은 없었던
    것으로 보인다. 안창호 자신도 "그 근본이 될 실력을 양성함에는 상당한 세월이 요하므로 그

신민회는 교육과 산업 발전을 기본으로 새로운 국민을 만들기 위한 습관, 사상의 형성에 주력하였다. 즉 ① 신문, 잡지, 서적을 간행하여 백성의 지식을 계발啓發할 것, ② 각 곳에 권유하는 사람을 파견하여 백성의 정신을 각성케 할 것, ③ 좋은 학교를 만들어 인재를 양성할 것, ④ 각 학교의 교육 방침을 지도할 것, ⑤ 실업가에게 권고하여 영업 방침을 지도할 것, ⑥ 신민회원의 합자合資로 실업장을 건설하여 실업계의 모범을 지을 것 등이었다.32)

신민회는 산업 발전을 위해 직접 활동하기도 했다. 신민회 회원 가운데는 서북 지방의 상공인이 많았다. 그들은 평양의 평양자기제조회사, 납청정納淸亭에 무역상사 겸 도매상사로서 협성동사協成同事, 선천과 용천에 상무동사商務同事 등을 설립하였다. 이때 외국 자본의 침투에 저항하는 차원에서 제기된 이승훈의 관서자문론關西資門論도 이 활동의 일환이었다. 외래 상품 · 자본에 대항하기 위해서 관서 지방의 개별적인 자본을 모아 '관서재벌'을 이루고, 또한 전국 각지에서 각각 재벌이 형성되면, 외국 자본을 배제할 수 있다는 것이었다.33)

무엇보다도 신민회에서 가장 강조했던 것은 신사상 고취를 통해 국민의 습관을 고치는 사업이었다. 안창호가 강조하던 인격수양론人格修養論이었다. 안창호는 실력양성을 위한 계몽운동은 개인적인 인격 수양에서 출발해야 한다고 생각하였다. 그 일환으로 그는 청년학우회를 조직하였다(1909년 8월). 청년학우회는 신민회의 공개적인 표면 단체였다. 인격 수양을 위해 무실務實(실질에 힘쓰는 것), 역행力行(힘써 행하

실력이 생긴 때에 무력으로써 일을 도모 하던가 혹은 정치적으로 일을 도모 하던가 정할 심산이었고, 미리 그런 설문(조선민족이 실력이 생기면 무력으로써 일을 도모하려고 조직한 것이 아닌가라는 질문; 인용자)과 같은 목적 하에 조직한 것은 아니었다"라고 하였다(《安島山全書》中, 1990, 73쪽 ; 같은 책, 〈豫審訊問記〉, 456쪽).

32) 〈大韓新民會通用章程〉, 《韓國獨立運動史》 1, 1028~1029쪽.
33) 趙璣濬, 《韓國企業家史》, 박영사, 1973, 305~326쪽.

는 것), 자강自强, 충실忠實, 근면勤勉, 정제整齊(정돈되고 가지런함), 용감勇敢 등의 7대 덕목을 강조하였다.[34] 윤치호를 설립위원장으로 총무 안태국, 서기 옥관빈玉觀彬 외에 장응진, 최남선, 최광옥, 이승훈, 이동녕, 박중화(보성중학교장), 전덕기(攻玉학교장, 상동교회) 등이 참여하였다.

신민회의 회원은 안창호가 관리하면서 그 모집에 매우 신중하였다. 단체의 책임자는 항상 회원의 모집에 주의해야 한다고 하고, 회원의 추천이 있더라도 길게는 1년 이상, 짧게는 수개월 그 사람의 행동을 관찰하고, 견고한 의사를 확인해야 입회시켰다. 입회는 집행원 안창호의 면접으로 결정되었다. 면접에서 국가 사상이 풍부한지 희박한지를 문답하고, 다시 담력을 시험하였다. 그 과정에서 신민회의 존재는 알려주지 않고, 청년학우회 같은 단체의 이름으로 회원을 확보하기도 했다. 회원은 대체로 3백~4백 명 정도 되었다고 하나 설립 초기에는 불분명하다.

여러 계통의 사람들이 신민회에 참여했던 만큼, 일본의 침탈, 강점이 가시화되고, 이와 관련된 여러 사건이 터지면서 신민회 내부에서도 민족운동 노선을 둘러싸고 이견異見이 나타났다. 처음 신민회는 실력양성론을 지향하면서 출발하였지만, 다른 계몽운동 단체와 마찬가지로 운동론에 대한 자체 비판과 반성이 일어나면서 분화되어 갔다. 여전히 실력양성론을 견지하면서 관서 지방 민족운동을 유지해 갔지만, 일부

---

34) 주요한 편저, 《安島山全書》, 삼중당, 1963, 99~100쪽. 청년학우회와 관련하여 "독립운동을 민족부흥운동의 한 부분으로 인식하여 민족 전체가 인간으로서 국민으로서 자격을 향상하면 독립운동은 저절로 추진될 것으로 믿었고, 민족갱생사업이 성공된 뒤에라야 독립운동이 성공되리라는 원칙론에 굳은 신념"이라고 하면서, 청년학우회가 통감부로부터 허가를 받은 단체였던 것은 "허가를 받기 위해 단순히 정치적 색채를 피하고 인격 수양을 위한 단체로 표현한 것으로 해석하나, 도산의 생각으로는 철두철미한 인격 수양단체로 삼아 직접 정치에 간여하지 않기를 기대한 것"(같은 책, 100쪽)이라고 할 만큼 그 운동론은 철저한 '人格修養'이었다. 안창호의 인격 수양론, 청년학우회의 기본 강령은 1913년 미국 샌프란시스코에서 조직된 興士團의 강령으로 이어졌다.

사람들은 만주 지역에 독립운동기지를 건설하고자 하였다. 관서의 신
민회 세력들은 '105인 사건'으로 탄압을 받았고, 신민회도 해체되었
다.35)

(라) 계몽운동은 대한자강회, 대한협회 등과 같은 전국적 규모의 단
체가 주도하면서, 교육 진흥을 목표로 여러 학회가 만들어졌다.36) '학
회學會'는 서울에서 활동하던 지방 연고의 인사들이 만들었다. 처음 조
직된 것은 평안도, 황해도를 근거로 하는 서우학회西友學會였다(1906).
이를 이어 기호흥학회畿湖興學會, 함경도의 한북흥학회漢北興學會, 경상
도의 교남교육회嶠南敎育會, 전라도의 호남학회, 강원도의 관동학회 등
이 경쟁적으로 조직되었다. 그 뒤 서우학회와 한북흥학회가 합쳐져서
서북학회가 되었다.37)

학회는 교육과 신지식 수용, 민지 계발을 목표로 하였다. 민지 계발
을 통하여 민력을 키워 국권을 회복하자는 것이었다. 여러 학회의 설립
취지는 비슷하였지만, 시간이 흐를수록 '국권회복'이라는 목표를 전면
에 세우지는 못하였다. 국권회복을 명확하게 표명한 것은 맨 먼저 만들
어진 서우학회였다.38)

世界에 生存競爭은 天演이오. 優勝劣敗는 公例라 謂ᄒᄂ 故로 …… 大而國

---

35) 尹慶老, 《105人 事件과 新民會 硏究》, 2012.
36) 유영렬, 《애국계몽운동 I -정치사회운동》, 한국독립운동의 역사 12, 독립기념관, 2007 ; 최
기영, 《애국계몽운동 II -문화운동》, 한국독립운동의 역사 13, 독립기념관, 2009 해당 부분
참조.
37) 李鉉淙, 〈畿湖興學會에 대하여〉, 《史學硏究》 21, 1969 ; 〈湖南學會에 대하여〉, 《震檀學報》
33, 1972 ; 韓相俊, 〈西友學會에 대하여〉, 《歷史敎育論集》 1, 1980 ; 李松姬, 〈韓末 西友學
會의 愛國啓蒙運動과 思想〉, 《韓國學報》 26, 1982 ; 〈韓末 西北學會의 愛國啓蒙運動〉, 《韓國
學報》 31·32, 1983 ; 〈大韓帝國末期 愛國啓蒙學會硏究〉, 이화여대 박사학위논문, 1986 ;
金熙泰, 〈韓末 湖南學會에 관한 考察〉, 《中園杜博士華甲紀念 韓國學論叢》, 동국대학교출판
부, 1985 ; 鄭灌, 〈嶠南敎育會에 대하여〉, 《歷史敎育論集》 10, 1987 등.
38) 서우학회와 한북흥학회가 합쳐진 서북학회의 경우에도 국권회복은 내면화하고, 표면적으로
는 '단합'만 강조하였다.

家와 小而身家의 自保自全之策을 講究ᄒ면 我同胞靑年의 敎育을 開導 勉勵
ᄒ야 人才를 養成ᄒ며 衆智를 啓發홈이 卽是國權을 恢復ᄒ고 人權을 伸張ᄒ
ᄂ 基礎라. 然이나 此 重大事業을 振起擴張코ᄌ ᄒ면 公衆의 團體力을 必資
홀지니 此ᄂ 今日 西友學會의 發起ᄒ 所以라.[39]

라고 하여, 생존경쟁의 현실 속에서 국가와 개인, 가정의 보전을 강구
하기 위해서는 교육을 권장하여 인재를 양성하고 민중의 지식을 계발
하는 것이 국권회복은 물론이거니와 인권 신장의 기초가 된다고 하고,
이런 사업은 여러 사람의 단합력, 단체를 통해야 한다고 하였다.

서우학회 이후의 여러 학회는 국권회복을 전면에 내걸지는 않았다.
대개는 '학회'라는 이름 아래 신지식 보급, 교육 진흥, 문명화와 실력양
성 등을 계몽하였다. 대한협회에서 그러하였던 것처럼, 일제가 강압적
으로 식민지화를 진행하고, 치안 유지, 학회령 등으로 사사건건 간섭하
고 억압했기 때문이었을 것이다.

단체 외 신문도 계몽 활동에서 중요한 역할을 담당하였다.[40] 당시
교육을 흔히 가정 교육, 사회 교육, 학교 교육으로 나누어 거론하였는
데, 신문·잡지의 언론 매체는 사회 교육을 담당하였다. 신문·잡지의
독자들에게 국제 정세와 국권 문제, 서양 학문 수용과 문명화, 정치
개선, 민중과 보수 유생층의 각성 등을 촉구하고 계몽하였다. 계몽운동
시작과 더불어 발간되어 오던 《황성신문皇城新聞》과 러일전쟁 즈음에
발간을 시작한 《대한매일신보大韓每日申報》가 대표적인 신문이었다. 순
국문으로 하층민과 부녀자들을 상대로 문명개화를 강조하던 《제국신문

---

39) 《西友》 1, 〈本會趣旨書〉, 1쪽.
40) 최기영, 《애국계몽운동 Ⅱ-문화운동》, 2009, 74~91쪽에 전반적으로 간략하게 정리되어 있
    다. 金玟奐, 《開化期 民族紙의 社會思想》, 나남, 1988 ; 최기영, 《대한제국기의 신문연구》,
    일조각, 1991 ; 李光麟, 〈大韓每日申報 刊行에 대한 一考察〉, 《韓國開化史의 諸問題》, 일조
    각, 1986.

帝國新聞》, 천도교의 국민 계몽 활동의 일환으로 만들어진《만세보萬歲報》, 천주교에서 국민 계몽과 교인의 권익 보호를 위해 만들어진《경향신문京鄕新聞》, 당시의 유일한 지방지였던 진주의《경남일보慶南日報》등이었다. 그 외 서양 기독교 선교사가 발행하던《그리스도신문》등도 기독교 전교傳敎 외에 서양 문명의 소개에 일익을 담당하였다.

잡지들도 중요한 계몽운동의 매체였다. 여러 사회단체나 학회의 기관지가 많았으며, 10여 종 정도의 일반 잡지도 있었다. 이들의 목적 또한 국민들을 계몽하여 국권회복을 이루고자 하였다.《조양보朝陽報》는 교육과 식산, 정법에 관한 학리學理로 자국 정신을 배양하고자 하였으며, '사회 교육의 교과서'로 자부하였다.《소년한반도》는 대한제국의 독립 기초와 자유 정신, 평등주의로 국민을 계몽하겠다고 자임하였다. 심지어 자연과학을 소개한《수리학잡지》, 공업 발전을 기하려는《공업계》, 가정의 부녀자를 대상으로 한《가뎡잡지家庭雜誌》, 유학생들 출신자들이 조직한 대한구락부의《대한구락大韓俱樂》등도 각각의 역할을 담당하였다.41)

한편 국외의 유학생, 특히 일본으로 유학한 신지식층, 학생들도 계몽운동 및 친목을 위해 여러 단체를 만들었다.42) 처음 갑오개혁 이후 일본 유학생이 늘어나면서 정부의 지도 아래 유학생 친목회가 조직되었다. 1905년 이후 일본 유학생이 급증하면서 몇 개의 단체가 만들어졌

41) 최기영, 위 책, 2009, 91~95쪽.
42) 金泳謨,《韓末 支配層 硏究》, 서울대 한국문화연구소, 1972 ; 崔德壽,〈韓末 留學生團體 硏究〉,《公州師大論文集》21, 1983 ;〈韓末 日本留學生의 對外認識 硏究(1905~1910)〉,《公州師大論文集-사회과학》22, 1984 ; 金祥起,〈韓末 太極學會의 思想과 活動〉,《嶠南史學》1, 영남대 국사학과, 1985 ; 金淇周,〈大韓學會에 대하여〉,《邊太燮華甲紀念史學論叢》, 삼영사, 1985 ;〈大韓興學會에 관한 고찰〉,《全南史學》1, 1987 ; 권태억,〈자강운동기 문명개화론의 일본인식〉,《한국문화》28, 서울대한국문화연구소, 2001 ; 노상균,〈한말 '자유주의'의 수용과 분화—일본유학생을 중심으로〉,《역사와 현실》97, 2015 ; 金素怜,〈한말 도일유학생들의 현실 인식과 근대국가론 -《共修學報》와《洛東親睦會學報》분석을 중심으로〉,《한국근현대사연구》84, 2018.

다. 대한흥학회, 대한학회, 낙동친목회 등으로, 유학생들은 새로운 사
회 변화를 직접 경험하면서 신학문(서양과 일본 학문)을 배우고, 이를
잡지 《대한학회월보》, 《대한흥학보》, 《낙동친목회학보》 등을 통해 일
본 유학생이나 국내 지식인에게 보급하였다.

　여러 원인으로 국외로 나간 교민들도 계몽운동 단체나 신문 등을 만
들어 계몽운동에 참여하였다. 국내와 가까운 노령 해삼위(블라디보스
토크)는 그런 활동의 중심지였다. 국내의 계몽운동, 의병항쟁 참여자들
이 국내의 정세 변화 속에서 이곳으로 모였다. 권업회勸業會의 《권업신
문勸業新聞》, 그리고 《해조신문》[43] 등이 중요한 역할을 하였다. 또한
미주 지역의 계몽 활동도 활발하였다. 일찍이 하와이 이민이 이루어지
면서 그 일부가 미주 본토로 이주하여 계몽 활동의 기반을 만들었다.
그 가운데서도 공립협회(1905)가 대표적이었는데,[44] 뒷날 하와이의
한인합성협회와 함께 국민회(1909)로 통합되었으며, 다시 대동보국회
와 통합하여 대한인국민회(1910)가 되었다. 이들은 《공립신보共立新
報》와 《신한민보》 등을 발간하였는데, 국내보다는 비교적 자유로운 논
의들을 개진하였다. 특히 입헌론이나 무장항쟁 등에 대해서도 과감한
주장을 내어 놓았다.

　계몽운동은 다양한 조직과 매체로 국권회복과 문명화를 위해 교육,
식산흥업을 추구하였다. 그 속에서 이루어진 신학문 수용과 신지식 교
육은 사회의 전반적인 의식, 생활 등의 변화도 수반하였다. 근대사회와
문화를 구축하기 시작했던 것이다. 특히 이 시기에는 서양 학문의 수용
속에서 구래의 학문 체계를 벗어나 근대 학문 체계가 형성되기 시작하
였다. 1920년대 이후의 본격적인 근대학문 성립 이전에 일종의 과도기
를 이루게 되었다. 신소설新小說, 신체시新體詩, 신사학新史學, 신종교

---

43) 박환, 〈海潮新聞에 관한 일고찰〉, 《언론문화연구》 6, 1988.
44) 金度勳, 〈共立協會(1905~1909)의 民族運動 研究〉, 《한국민족운동사연구》 4, 1989.

등의 이름 아래 새로운 형태, 새로운 이념을 담고 있었다. 또한 '한글'을 현대적, 과학적으로 연구하면서 이런 학문을 표현하는 수단으로 정립해 갔다.

(2) 계몽운동의 전국적 확산

서울에서 전개되던 계몽운동은 각 단체의 지방 지회를 통하여 전국으로 확산되었다. 각 지방에서 이념적 지향과 사회경제적 이해관계 속에서, 서울에서 시작한 국권회복운동에 찬동하는 여러 계통의 인사들이 지회를 만들었다. 지회의 계몽운동은 여전히 관료 출신, 식자층, 자산가들이 주도하였지만, 각지의 유학자나 중간 계층도 참여하였다. 이들의 활동은 전반적으로 서울 본회의 운동론, 운동 영역을 그대로 준수하면서도, 일부 지역에서는 주도층의 성격 여하에 따라 서울과 다른 양상을 띠기도 했다.

(가) 부르주아 운동 진영은 자신들의 이념을 전국으로 확산할 필요가 있었다. 계몽운동 초창기인 독립협회 운동부터 제기되던 문제였다. 독립협회가 '계몽'으로 운동의 방향을 전환할 때, 또 서울 도시민과 연합한 만민공동회에서도 그러하였듯이, 초기에는 민중을 그렇게 신뢰하지 않았다. 국권회복운동을 시작한 대한자강회(1906년 3월 창립)도 마찬가지로 처음에는 지회 설립에 소극적이었다. 본회本會 회원을 지방에서 모집하면서도 지방민들이 주도적으로 지회 조직을 만드는 것에 대한 우려 때문이었다. 이념을 확산하는 것은 긴요한 문제이었지만, 독자적인 활동에 대해서는 어떻게 '제어'해야 할 것인지를 고민하였던 것이다.

대한자강회는 규칙 제11조에 "회무會務 전진을 위하여 요점 지방에 지회를 설치할 것"을 명시하고 있었다.45) 하지만 대한자강회에서 지회를 인허해준 것은 창립한지 약 6개월이 지난 다음이었다. 대한자강회 창립 2개월 뒤에 평안도 강서江西에서 지회를 인허해 달라는 요청이 왔다. 이곳에서는 군수 이우영李宇榮(뒷날 대한자강회 평의원, 대한협회 발기인)의 적극적인 지도 아래 '유림소儒林所'에서 위생 및 신문 열람 제공 등의 '계몽' 활동을 하고 있었다.46) 이들은 대한자강회를 "중망 있는 사람들이 도의와 사기士氣로 합"한 단체로 보았고, 대한자강회에서 추구하는 '자강' 이념에 따르겠다고 천명하며 지회 설치를 청원하였다.47)

강서군의 지회 청원이 있자, 서울 본회는 비로소 지회 설치 문제를 협의하였다. 우선 제도적인 미비를 보완하는 〈지회 설립에 관한 규정〉을 마련하였다.48) 이 규정을 정하는 과정에서 찬반 논의가 분명하였다. 즉 "본회가 아직 완전하지 않은데 지회를 의논하는 것은 어렵다. 혹 지회를 한번 허가하게 되면 후폐後弊를 막기 힘들다"는 반대론과, "지방 유지자가 본회에 찬동하는 호의에 배반하기 어렵고, 또 지회 설립은 이미 원래의 규칙에 정한 바이니 불가불 실시해야 한다"는 찬성론이 서로 제기되어 안건이 일시 보류되기도 하였다.49) 반대론자들은 지방 지회 참가층이나 독자 활동에 대한 '후폐'에 자신감이 없었던 것이다. 장지연조차 "적당한 사람을 회원으로 얻지 못할 염려와, 후일에 회의 체면을 손상하게 되면 웃음거리가 될 것"이라고 하면서, 이런 혼

45) 《大韓自强會月報》 1, 11쪽.
46) 《大韓每日申報》 1906년 10월 4일 〈江西自治〉. 유림소 아래에 위생국과 新聞縱覽所를 설치하여, 병자 치료 및 신문 열람을 제공하였으며, 또한 흥업회사를 조직하여 실업 발달을 도모하는 활동도 행하였다. 유림소라는 이름으로 보면, 보수 유생에서 태도를 바꾼 '개신유학자'이었을 것이다.
47) 《大韓自强會月報》 1, 55~56쪽.
48) 《大韓自强會月報》 1, 56쪽. 臨時評議會, 5월 29일, 6월 3일 회의.
49) 《大韓自强會月報》 2, 37~38쪽.

잡으로 일어날 폐단은 적은 규모로 단합하는 것보다 못하다고 보았으며, "신중, 또 신중"해야 한다고 하였다.50) 본회의 결정이 이루어지지 않자 강서 유림소에서 다시 지회 인허를 촉구하였다. 이에 본회는 "조직이 일천日淺하여 아직 지회에 관한 규정을 논의하는 중이므로 통상회通常會의 의결을 기다리라"고 답장하였다.51)

이런 논란을 거쳐 마침내 〈대한자강회지회설립방법大韓自强會支會設立方法〉을 확정지었다(1906년 7월).52) 원칙이 확정되자 강서를 비롯하여 의주, 동래, 고령, 평양 등지에서 지회 설립을 청원하였다. 본회는 각 지방에 시찰원을 파견하여 상황을 살핀 뒤에 이를 인허하였다. 〈대한자강회 지회규칙〉도 이때 마련하였다.

지방에 지회를 설치하면서 대한자강회의 활동은 새로운 차원에 들어갔다. 고문 오가키[大垣丈夫]의 표현대로, 제2기 '지방 확장 시기'였던 것이다.53) 본회를 이끌던 핵심 인사는 지회를 시찰하면서 지방 유지와 접촉하고, 계몽운동에 관련 연설을 행하였고, 그들의 지지 기반을 확보할 수 있었다. 국권회복은 민족 차원의 문제였고, 또 그들이 추진하던 교육과 식산흥업은 지방 유지, 자산가의 협조 없이는 어려웠다. 그리하여 대한자강회는 전국 28개 군에 지회를 설치하였다.54)

대한협회(1907년 11월 창립)는 설립 초기부터 지방 지회 설치에 적극적이었다. 대한자강회의 후신이라는 점에서 기존의 지방 조직을 그대로 이어갈 수 있었고,55) 서울에 거주하는 지방 출신이 만든 각종 학

---

50) 張志淵, 〈自强會問答〉, 《大韓自强會月報》 2, 8~9쪽.
51) 《大韓自强會月報》 2, 51~53쪽.
52) 《大韓自强會月報》 3, 39~40쪽.
53) 大垣丈夫, 〈所感一則〉, 《大韓自强會月報》 5, 47~48쪽.
54) 신청한 곳은 해외 하와이를 포함하여 33개소였고, 28개 군에 설치하였다고 한다(유영렬, 《애국계몽운동 I −정치사회운동〉, 한국독립운동의 역사 12, 독립기념관, 2007, 54~55쪽, 66쪽). 본 필자는 〈표 1〉에서 보듯이 27개 군만 조사하였다.
55) 대한협회의 창립과 동시에 지회를 청원하여 설립된 11곳 가운데 雲山, 鐵山, 定州, 平壤, 永柔, 永興, 端川, 稷山, 金海 등지는 대한자강회의 지회가 설치되었던 곳이었다(위의 유영렬

회學會 활동과 그 근거지와의 연관 활동이 활발했던 것과 무관하지 않았다. 대한협회에서는 〈지회 및 분지회에 관한 사항〉을 규정하고, 지방부를 별도 부서로 두어 지방 행정, 치안 경찰, 지방 풍속에 관한 사항을 관장하였다.[56]

서우학회西友學會(1906년 10월)는 당초 지회 설치를 고려하지 않았다. 다만 때를 보아 중앙에서 직접 통제가 가능한 지방사무소만 두려고하였다. 그러다가 평양에 지회를 설치하자는 의견이 나오자 규칙을 개정하여 "단 지회를 청원하는 지방이 있을 때는 각 지방의 정형精形과 회원의 수가 지회를 세울 만하다고 인정되면 지회를 설립함도 득得함"이라고 변경하였다.[57] 그 뒤 서우학회를 계승한 서북학회를 비롯하여 기호흥학회, 호남학회, 교남교육회에서는 지방 지회 설립에 나섰다. 학회가 서울에서 활동하던 각지 연고자들이 세운 것이었기에 좀 더 용이한 점도 있었다. 각 학회의 규칙에 지회 설치에 관한 조항을 규정하였다. 심지어 일본 유학생들이 만든 태극학회太極學會, 그 후신인 대한흥학회大韓興學會도 국내에 지회를 둘 정도였다.[58] 그리하여 계몽운동 단체의 지회는 전국적으로 대략 119개 군(전체 317개 군)에 설치되었다.

은 모두 15개 지회가 그러하다고 함. 65쪽 참조). 자강회의 지회가 있었지만 대한협회의 지회로 계승되지 않았던 지역은 江華, 城津, 寧邊, 仁川, 礪山, 高靈, 淸道, 甑山 등지였으며, 그 가운데 江華에는 기호흥학회, 城津과 寧邊에는 서북학회의 지회가 각각 설치되었다. 계승된 곳의 회원은 대부분이 동일하며(義州 제외), 鐵山에서는 자강회의 회보 대금 수습위원을 선정하였고(《大韓協會會報》 5, 62쪽), 元山에서는 자강회에서 설립하였던 普文學校를 다시 관리한다는 결정하기도 하여(《大韓協會會報》 8, 63쪽) 사업의 계속성을 유지하였다.

56) 유영렬은 모두 87개소의 대한협회 지회를 조사하였다(《애국계몽운동 I −정치사회운동》, 66쪽).

57) 《西友》 9, 52~53쪽. 계몽운동 단체로 처음 만들어진 대한자강회나 학회에서 먼저 만들어진 서우학회의 경우에서 본다면, 1906년 계몽운동이 처음 시작되었을 때는 지방 지회 설치에 부정적이었다가 1906년 말에서 1907년에 접어들어서 지방으로 그 운동이 확산되기 시작한 것으로 보인다.

58) 영남지역 출신의 일본 유학생 단체인 洛東親睦會도 그 회칙(29조)에 "內國 有志 人士가 支會 設立흠을 申請ᄒᄂ 時에ᄂ 總會 決議로 許認흠"이라고 규정하였으나(《洛東親睦會學報》 4, 43쪽), 실제 지회는 설치된 흔적은 없다.

〈표 1〉 계몽단체 지방 지회 설치 현황

도	지회 설치 지역
경기(13)	광주(기), 개성(협), 강화(자 · 기), 인천(자), 수원(기), 양주(기), 장단(협 · 서 · 기), 남양(자), 풍덕(기), 포천(협), 양근(기), 가평(협), 교하(기)
충남(12)	공주(기), 홍주(기 · 협), 서산(기), 은진(협), 정산(협), 청양(기), 연산(기), 부여(협), 해미(기), 당진(기), 직산(자 · 협), 목천(기)
충북(3)	충주(기), 청주(기), 제천(기)
전남(7)	광주(협), 순천(태), 제주(자 · 협), 목포(협), 남평(협), 지도(협), 정의(협)
전북(19)	전주(협 · 호 · 흥), 남원(협), 고부(협), 김제(협), 태인(협), 여산(자), 금구(협), 함열(협), 부안(협), 순창(협), 임실(협), 만경(협), 고산(협), 군산(협), 정읍(협), 장수(협), 흥덕(협), 고창(협), 무장(협)
경남(11)	동래(자 · 협 · 태), 진주(협), 김해(자 · 협), 밀양(협), 창원(협), 하동(협), 합천(협), 함안(협), 칠원(협), 남해(협), 거제(교)
경북(12)	경주(협), 대구(협), 성주(협), 영천(협), 안동(협 · 교), 김천(협), 선산(협), 청도(자), 인동(협), 칠곡(협), 자인(협), 고령(자)
황해(6)	해주(자 · 협), 평산(서), 곡산(협), 재령(협 · 서), 배천(서), 금천(서)
평남(9)	평양(자 · 협 · 서), 성천(태 · 흥), 삼화(자 · 협), 영유(자 · 협 · 태 · 흥), 강서(자), 숙천(서), 개천(서), 은산(서), 증산(자)
평북(12)	의주(자 · 협 · 태 · 서 · 흥;용의), 정주(자 · 협 · 서), 영변(자 · 서), 선천(협), 창성(자 · 협), 귀성(협 · 서), 용천(협), 철산(자 · 협 · 서), 가산(서), 운산(자 · 협 · 서), 박천(서), 태천(협 · 서)
강원(1)	홍천(관)
함남(10)	덕원(원산;자 · 협 · 서), 함흥(협 · 서), 단천(자 · 협 · 서), 영흥(자 · 협 · 서 · 태 · 흥), 북청(협 · 서), 정평(서), 이원(협 · 서), 문천(서), 고원(서), 홍원(협)
함북(4)	길주(협 · 서), 성진(자 · 서), 경성(협), 명천(서)

* 비고 : 자(대한자강회, 27개군), 협(대한협회, 77), 서(서북학회, 30), 기(기호흥학회, 19),
　　　　호(호남학회, 1), 교(교남교육회, 2), 관(관동학회, 1), 태(태극학회, 6),
　　　　흥(대한흥학회, 5)

(나) 본회는 모든 지회를 자신들의 이념과 방법 아래 조직하고 관리할 필요가 있었다. 지회원의 의무는 기관지의 구독, 회비 납부와 본회의 규칙 준수 등 단순하고 피상적인 형태로만 규정되어 있었으므로, 본회가 지회의 구성원의 독자적인 활동 등을 관리, 통제하는 것은 어려

운 문제였다.

대한자강회는 지회의 회원 규모, 주도 세력 등을 고려하여 지회를 허가하였다. 먼저, 지회 참여층을 '유식층'으로 제한하였다. 지회 설립 방침을 정하면서 고문 오가키[大垣丈夫]는 농업·공업·상업·노동자와 같은 '무학무지배無學無智輩'를 제외하고 약 10만 명으로 추산되는 '유식층'의 반半만 확보하자는 방침을 제안하였다.59) 개별 지회는 회원의 숫자가 적어도 부府는 100명, 군郡은 50명 이상은 되어야 하고, 지회를 유지할 만한 사람이 적어도 3명 이상이 되어야 한다고 판단하였다. 이를 확인하고자 해당 지방에 시찰원을 파견하여 살펴보게 하고, 시찰원의 보고 후에 본회의 의결을 거치는 과정을 정하였다.60)

지회가 설립된 뒤에는 그 활동도 관리, 규제하였다. 지회의 모든 사항은 보명서報明書, 청원서의 형태로 본회에 보고하도록 하였다. 본회와 지회는 일차적으로 회비 문제로 갈등을 일으켰다. 대체로 회원의 입회비는 본회로 보내고 월회비는 지회에서 쓰도록 하였다. 대한자강회는 월회비의 4분의 1씩을 본회에서 수금하도록 하였다.61)

관헌과 관계되는 일일수록 엄격하게 정하였다. 〈지회규칙〉 제16조에는 "지회원은 관헌의 행위 선부善否가 본회 목적에 무관한 자는 일체 간섭함을 부득不得할 것"이라고 하였고, 제17조에도 지회 회원이 관헌의 압제와 탐학을 당하여 생명, 재산, 교육에 해가 있을 때에도 지회원이 서로 충분하게 토론하고, 또 이를 본회에 보고한 뒤에 신중하게 처리하도록 정하였다.62) 아울러 지회가 소재한 지방의 지방관에게 지회

---

59) 大垣丈夫, 〈所感一則〉, 《大韓自強會月報》 5, 47~48쪽.
60) 《大韓自強會月報》 3, 〈大韓自強會支會設立方法〉, 39~40쪽. 호남학회의 경우는 10인 이상의 청원과 특별히 적립금 1,000환 이상, 地方贊成員의 동의 후에 설치토록 규정하고 있다(《湖南學報》 2, 54~55쪽).
61) 서북학회의 利原지회에서는 입회금을 마음대로 사용하여 문제가 되었다(《西北學會月報》 15, 48쪽).
62) 《大韓自強會月報》 4, 〈大韓自強會支會規則〉, 52~53쪽.

규칙, 회원벌칙을 송부하여, 대한자강회가 정부에서 인준한 단체라는
점, 본회의 지회 보호는 회헌會憲에 규정한 범위 안에서만 가능하다는
점 등을 알리도록 하였다.63) 지방관을 통해 지회 활동을 간접적으로
제약하려고 했던 것이다.

지방 지회 설치에 적극적이었던 대한협회도 지회 활동은 "법률 범위
내"라는 원칙을 여러 차례 강조하여 독자 활동을 통제하려 하였다. 정
부를 탄핵하거나 정책을 건의하는 것이 어쩔 수 없는 것이긴 하지만,
대외 행동은 '법률의 범위', '기회의 완급', '변법辨法의 적부適否' 등을
잘 의논하도록 하였다. 사안이 비록 긴급하고 해가 닥친 일이라고 하더
라도 그 처리는 규칙에 의거하여 서울 본회에 보고하고 협조를 요청하
거나, 아니면 본회에서 직접 정부와 교섭하도록 하고, 지방 지회에서
지방 관헌과 직접적인 쟁힐爭詰은 하지 말도록 지시하였다.64)

서울 본회에서 지회 활동을 통제, 관리하려던 문제는 대개 지방관과의
문제에 집중되고 있었다. 지방관은 그들과 이해관계를 같이 하던 세력이
었기에, 지회와 지방관 사이에서 대립이 일어나는 것은 바람직한 현상이
아니었다. 지방에서 계몽운동이 확대되려면 지방관의 협조 없이는 불가
능한 것이기도 하였다. 서울 본회에 속한 회원이 지방관으로 부임한
지역에서 지회가 활발하게 결성되었고,65) 지회의 회원 가운데서 군수로
채용되는 경우도 빈번하였다.66) 지회 활동에 전직 군수를 비롯한 관료
층의 참여가 활발하였던 것도 이와 무관한 것이 아니었다. 지방 관리가
반대하면 지회를 설치하는 것도 어려웠기 때문이기도 하였다.67)

---

63) 《大韓自强會月報》 8, 〈本會續報〉, 71쪽.
64) 《大韓協會會報》 11, 會中歷史 〈各支會에 對흔 指明書〉, 49~50쪽.
65) 가령 白川(군수 全鳳薰), 定平(朱塢), 博川(金尙丽 : 회장겸임), 南海(李鍾劦) 등.
66) 1910년도만 하더라도 尙州군수 朴海齡(大邱지회장), 雲峰군수 朴基順(全州지회장), 順川군수
  朴柤駿(成川지회장) 등.
67) 《大韓協會會報》 8, 54쪽. 광주지회의 청중들은 "百難之中이라도 설립을 죽기로 맹세하자"고
  결의하고 이를 실현시켰다.

기호흥학회는 본회 활동에 전·현직 관료층이 적극적으로 참여하였고, 고급관료(대신 등)들이 이를 후원하고 있었던 점에서, 다른 단체에 비해 지방관의 협조가 더 긴밀하였다. 본회는 수시로 지방 군수에게 공함公函을 보내 지회 활동에 협조해 줄 것을 원하였다. 군수가 지회를 찬성하고 회무會務를 장려해 줄 것을 원하기도 하였고,68) 본회에서 발간하는 월보月報의 보급과 월보 대금 징수에 협조해 줄 것을 요청하기도 하였다.69) 이 학회는 처음부터 각 지방 유지에게 교육을 통한 국권회복과 인권 신장을 내세우면서 지회 설치를 권장하였다.70) 실제 강화, 충주, 제천, 양주, 홍주, 목천 등의 지회는 군수나 면장의 적극적인 협조로 운영되고 있었다.

한편, 지회 활동이 본회와 다른 방향으로 전개되고, 역으로 본회 활동을 비판하는 것도 경계하였다. 지방에서 큰 세력을 형성하고 있던 일진회를 반대하는 것은 물론이지만,71) 사회경제적 처지에서 이해관계가 다른 민중층이나, 그런 의식을 지닌 식자층도 배제해야 하였다. 지회 활동에 대해 실정법 준수, 치안 방해 금지 등을 강조한 것도 이런 점에 있었다.

대한협회 회장 김가진金嘉鎭은 지방 지회를 일본의 '보호국' 지배와 시정을 선전하는 통로로 보았다. 그는 지회의 설치 목적이 지방민들에게 일본 통치를 지도, 계몽하기 위한 것이라고 강조하면서, "우리 국민이 오래도록 세계 문명에 접촉하지 못하여 일본 제국의 성의를 깨닫지 못한 까닭으로, 본회는 각 지방에 지회를 설립하여 지도 계발에 노력"한다고 하였고, "무지한 지방 인민은 본회를 배일파排日派라 하며, 의병과 같은 무리[同類]라 배척·방해하니, 이는 본회의 유감"이라고 하였다.72)

---

68) 《畿湖興學會月報》 9, 〈公函各支會所在郡守〉, 46쪽.
69) 《畿湖興學會月報》 2, 〈公函各郡守〉, 59쪽 ; 《畿湖興學會月報》 10, 39쪽.
70) 《畿湖興學會月報》 1, 本會記事〈地方에 發送흔 公函〉, 48~49쪽.
71) 각 지방에서의 일진회 활동은 김종준, 《일진회의 문명화론과 친일활동》, 신구문화사, 2010.

대한협회 본회의 성격이 개량화되면서 민족 문제에 대한 태도를 둘러싸고 본회와 지회의 엇박자는 언제든지 나타날 수 있었다. 후술할 것처럼, 지회에 따라서는 농민운동이나 의병항쟁에 대해 본회 주장과 다른 태도를 취할 가능성이 있었기 때문이었다.

2. 계몽운동 참여층의 확산

1) 계몽운동 주도층의 계열

(가) 계몽운동에는 크게 보아 이념적 연원이 다른 두 계열이 있었다. 이는 계몽운동 초기, 독립협회 운동부터 형성된 것이었다. 곧 문명개화론 계열(독립협회, 《독립신문》)과 변법개혁론 계열(《황성신문》)이었다. 이들은 각 조직에 따라 독자적으로 활동하면서도 운동의 목표나 방법이 크게 다르지 않았던 점에서 연합적으로 운동을 추진하기도 하였다. 국권회복 계몽운동 단계에서도 크게 다르지 않았다.[73] 독립협회 운동 이후 약 7~8년 사이 많은 단체들이 만들어지고, 또한 국권회복운동을 위해서도 많은 단체, 언론 매체 등이 나왔기에 단체, 학회, 매체에 따라

---

72) 《大韓每日申報》 1909년 9월 22일 〈大韓協會의 致函〉;《大韓民報》 1909년 9월 22일 〈大韓會長致函〉.

73) 愼鏞廈는 운동의 주도세력을 '애국계몽운동가'라는 하나의 집단을 설정하였고, 이들은 독립협회 운동 이래의 '개화자강파'라고 하였다. 그러면서도 계몽운동 내부에는 크게 ① 개화파·독립협회·만민공동회파의 인사들, ② 東道西器派·衛正斥邪派 중에서 국권피탈이라는 대충격을 받고 대오각성하여 開化自强의 노선으로 전환한 인사 등의 두 계열이 있다고 하였다(〈韓末愛國啓蒙思想과 運動〉, 《韓國史學》 1, 1980). 두 계열의 인사들을 구분하면서도 계열에 따른 운동론의 차이에는 주목하지 않았다.

서 참여층이나 주도 세력이 다르기도 하였다.[74]

계몽운동을 주도하던 계열은 문명개화론을 추구했던 개화파 또는 '개화자강파' 세력이었다. 《독립신문》의 이념과 독립협회를 계승하고, 개혁당, 헌정연구회를 거쳐 대한자강회로 이어진 세력이었다. 이들은 일찍부터 서양 문명 수용을 통하여 한국의 근대화, 문명개화를 지향했던 사람들이었다. 교육, 외국 유학 등을 통해 형성된 새로운 지식인도 합류하였다. 서양 학문을 배우고 이를 계몽하는 일은 이들 식자층의 몫이었다. 이 시기에는 일본 유학생이 늘어나면서 자신들이 스스로 단체를 만들고 잡지를 발간하기도 하였으며, 귀국 후에도 여러 단체, 신문에서 활동하였다.

《황성신문》을 중심으로 활동하던 변법개혁론자, 곧 사상적 변환을 꾀한 유생층도 계몽운동의 또 다른 주력이었다. 이들은 유교적 가치를 버리지 않으면서도 유교의 변통론, 변법론에 의거하여 시세에 따라 변혁, 변법하는 것이 유자(儒者)의 본분이라고 생각하였다. 이들은 특히 지방의 보수적 유생층을 대상으로 사상 변화와 신학 수용을 촉구하였다. 이런 과정에서 지방에 계몽운동이 확산되었다.

이념적 연원이 다른 두 계열의 인사들이 계몽운동을 주도하여, 전반적으로 이런 계열에 속하지만, 국권회복 계몽운동에는 그 이전에 견주어 독특한 몇몇 집단도 있었다.

우선, 대한제국의 관료층이었다. 대한제국의 개혁사업에서도 줄곧 추구해온 교육, 식산흥업의 실력양성 방안이 계몽운동 이념과 다르지

---

74) 가령 박찬승은 ① 정당정치를 추구하던 대한협회계열(헌정연구회계, 천도교계, 서북학회계), ② 유교개혁론에 입각한 황성신문계열(장지연, 박은식 등), ③ 國粹保全論을 주장하던 대한매일신보계열(양기탁, 신채호 등, 신민회 좌파), ④ 인격 수양론을 강조하던 청년학우회계열(윤치호, 안창호 등, 신민회 우파) 등의 네 계열로 구분하고, 각 계열은 모두 '先實力養成 後獨立論'의 입장에 있었으나 대한매일신보계열만이 1909년 이후 국수 보전론에 의거하여 '선독립론'을 주장하게 된다고 하였다(《한말 자강운동론의 각 계열과 그 성격》, 1990 ; 《한국근대정치사상사 연구》, 역사비평사, 1992).

않다는 점에서 고급 관료층을 비롯하여 중하급 관료층, 군인(장교) 등
이 다수 참여하였다. 특히 기호흥학회는 대부분의 고급관료층이 이 학
회를 지지하였다.

다음, 개항 이후 전개된 통상무역으로 부를 축적할 상인층, 지주층,
요호층 등이었다. 이들 또한 식산흥업이 국권을 회복할 수 있는 방안이
라는 점에 동의하였다. 이들은 직접 경제활동을 통하여 그들의 경제적
이득을 축적하면서 동시에 계몽운동에도 여러 형태로 참여하였다.

(나) 아울러 단체에 따라 주도하는 계층에 약간의 특색이 있었다.
대한자강회와 대한협회에는 독립협회 운동에 참여하였던 사람들을 중
심으로 중급관료(고급관료 일부), 유교 지식층이 중요 임원으로 활동하
였다.75) 신민회는 관서 지방과 서울의 기독교 세력, 대한매일신보 계
열, 무관 출신 등이 참여하였다.76)

각 지방에 근거를 둔 학회의 경우, 대개 서울에 있던 중·하급관료와
유교 지식인, 신지식층이 중심이 되면서, 각 단체에 따라 약간의 특징적
인 현상들이 보인다. 서북학회는 박은식과 같은 유교 지식인도 있었지
만, 특히 이곳이 신학교육이 활발하였던 점과 일본 유학생이 많았던 점,
그리고 기독교 포교의 중심지였다는 점으로 신지식층이 많고, 특히 전·
현직 장교(대개 일본육사 출신)들이 적극적으로 참여하였다. 한북흥학회

---

75) 유영렬은 대한자강회의 경우에는 독립협회 이후, 그 맥락을 이은 헌정연구회를 모체로 하고
   기독교청년회 등의 구국사회단체와 《황성신문》 등의 구국언론기관을 배경으로 하였다고 하
   고, 그 외 국민교육회, 《제국신문》, 《대한매일신보》 관계자로 창립하였다고 하였으며(〈대한자
   강회의 애국계몽운동〉, 《韓國近代民族主義運動史硏究》, 일조각, 1987), 대한협회는 임원 구
   성에서 대한자강회, 서북학회, 신민회와 관련이 있다고 하였다(〈대한협회의 애국계몽사상〉,
   1990).
76) 신용하는 비공식적이지만, 내부에는 ① 《대한매일신보》를 중심으로 한 집단(양기탁, 신채호),
   ② 상동교회를 중심으로 한 집단(전덕기, 이준, 옥관빈 등), ③ 무관출신 집단(이동휘, 유동렬,
   노백린, 이갑 등), ④ 미주의 공립협회 집단(안창호, 이강 등) 등이 합류하였다고 분석하였다
   (《신민회의 창건과 국권회복운동(上·下)》, 1977).

漢北興學會는 이종호李鐘浩(李容翊의 손자)의 재정 후원 아래 이준(평리원 검사)·이동휘(장교) 등의 관료층이 중심이었다. 교남교육회는 중급 관료, 일본에서 공부한 신지식층, 지주층이 중심이 되었다. 호남학회는 관료층, 유교 지식인 외에 지주층 내지는 자산가, 지방 관료층의 적극적인 지지를 받았다. 기호흥학회의 경우는 매우 특징적으로 왕실의 지원 아래 고급관료층(전·현직의 대신들)이 학회의 특별찬성원, 찬무원 등으로 참가하고, 회장 등의 직책을 맡았으며, 일본에 유학하였던 중급 관료들이 핵심적인 사람들이었다.[77] 그밖에 대한구락부大韓俱樂部는 외국(대부분 일본) 유학생 출신들이 조직한 단체였다.

국권회복을 목표로 다양한 집단, 사상적 연원, 사회경제적 이해관계를 달리하는 계층들이 '연합'적으로 참여했던 점에서 계몽운동 내부에는 민족 문제 인식, 운동 방법, 민중 인식 등에서 대비되는 견해가 혼재해 있었다. 이런 점에서 기존의 문명개화 세력 외에 변법개혁론의 개신 유학자와 지방 유생층, 서울과 지방의 자산가층, 그리고 신지식층과 기독교인 등에 대해 유의할 필요가 있다. 이들의 활동과 동향은 계몽운동을 더 다양하고 역동적으로 만들었다. 참가층의 사상적 편차(유교적 또는 기독교적), 사회경제적 차이(봉건적 특권층 또는 饒戶層·富商層) 등을 분석하고, 이 차이가 결국 참가층 내부에서 제국주의 침략에 대한 인식, 의병에 대한 인식, 서양 학문 수용의 방법과 유교 처리 문제, 그리고 계몽운동의 운동론 등에서 대별되는 견해가 나오게 되었다.

---

77) 李松姬는 ① 서우학회 : 독립협회·만민공동회운동을 이은 개혁당, 헌정연구회 등의 개화자강파 노선의 지식층과 전·현직 무관층, ② 한북흥학회 : 국민교육회의 이준·이동휘를 중심으로, 이용익의 손자 이종호의 재정적 후원, ③ 서북학회 : 신민회, 대한협회, 기독교청년회, 동지친목회, 호남학회, 관동학회, 대한학회, 제국신문 등의 단체 인사가 주도, ④ 기호흥학회: 대한협회를 기반으로 한 개명적 전·현직 관리 등으로 분석하였다(《大韓帝國末期 愛國啓蒙學會硏究》, 1986).

2) 지방 지회 참여층의 다변화

계몽운동은 서울 중심의 문명개화론자, 신지식층, 관료층, 대상인층
중심으로 전개되었는데, 차츰 지방 지회를 통하여 전국으로 확산되면
서 지역 단위의 지배층도 참여하였다. 이념적 지도는 주로 사상적 변화
를 꾀한 유생층이었고, 지역 단위의 상인, 지주층도 가담하였다.

(가) 계몽운동 지방 지회는 각 지역에 있던 여러 형태의 자치 조직을
근간으로 설립된 경우가 많았다. 향촌 지배 세력은 자신의 기득권, 지
배권을 유지할 수 있는 다양한 이름의 조직체, 가령 민회, 향회, 방회坊
會, 군민회郡民會, 인민협의회人民協議會, 민의소民議所 등을 두었다.[78]
이런 조직은 본래 사족층의 향촌 지배 기구였지만, 조선 후기 이래 농
민층의 분화와 신분제 해체, 그리고 민중층 성장을 배경으로 향촌 사회
지배권이 변하면서 지역에 따라 다양한 성격의 조직이 등장하였다.

지방의 향촌 조직은 대체로 두 계열이 있었다. 하나는 조선 후기의
사회 변화와 더불어 성장하고 있던 농민층, 특히 요호층이 중심으로
조직된 향회로, 농민층은 이를 이용하여 19세기 농민항쟁처럼 봉건 정
부에 항쟁하였다.[79] 다른 하나는 유길준兪吉濬이 구상하고, 갑오개혁
때 반포된 〈향회조규鄕會條規〉나 〈향약변무규정鄕約辨務規程〉에 따라 조
직한 것으로, 구래의 향약과 같은 자치제 위에 서양의 근대 이념을 도
입하여 마련한 것이었다.[80] 이 두 계통의 향촌 조직의 구상은 다른 점

---

78) 李相燦, 〈1906~1910년 地方行政制度 변화와 地方自治論議〉, 《한국학보》 42, 1986 참조.
79) 安秉旭, 〈朝鮮後期 自治와 抵抗組織으로서의 鄕會〉, 《聖心女大論文集》, 1986.
80) 李相燦, 〈1894~5년 地方制度 개혁의 방향〉, 《震檀學報》 67, 1989. 개화파는 지방제도를
    조세제도와 연관시켜 개정을 구상하고, 민선대표를 조세행정에 참여시켜 민의 폐단을 줄이
    고 중간수탈을 없애는 방향으로 농민층의 요구를 일부 수용하여 지방사회에서 정권 기반을
    창출하려 하였다. 이에 반해 일제는 농민층의 정치참여를 일체 허락하지 않는 쪽으로 개정하
    고자 하였다. 개화파가 일제와 결탁한 면이 있으나, 향회 설치에서는 견해를 달리하였다고

이 있었지만, 당시 지방의 민회는 이런 두 계통의 논의가 명확하게 구분되지 않은 채, 대개 후자의 경우가 많았다.[81]

계몽운동은 이런 향촌 조직을 기반으로 확산되었는데, 다양한 향촌 조직, 특히 당시 성행하던 민회民會는 그 설립 취지가 계몽운동의 주장과 크게 다르지 않았다. 나주 민회에서는 "단결을 도모하여 안으로는 민족에 공덕이 있고 민성民聲에 좋은 일이 되며, 밖으로는 국제 교의交誼를 돈독히 하여 문명으로 전진하자"는 취지 아래, ① 교육 보급을 기할 것, ② 실업 발달을 기할 것, ③ 우민愚民을 권유 취선就善케 할 것, ④ 외교 상의 돈후敦厚를 계計할 것 등을 목표로 제시하였다.[82] 고양 민회에서는 학교 설립, 재정 강구, 측량조합 설립 등을 추구하였다.[83] 계몽운동과 마찬가지로 교육과 식산흥업을 중요 활동 영역으로 확정하고 있었던 것이다.

이런 까닭으로 지방 지회의 설립과 활동이 민회와 밀접한 관련 속에서 전개되었다. 대한자강회 고령高靈지회는 그곳의 민의소와 관련이 있었다. 군수와 유지들이 영신靈新학교를 설립하여 교육 운동을 전개하였는데, 이 학교의 찬성원과 간사가 중심이 되어 조직한 것이 대한자강회 지회였다(1906년 7월).[84] 그런데 그들은 서울에서 대한자강회가 해산된 뒤에도 대한협회 지회는 설치하지 않으면서 민의소로 결집하였다. 지회의 열성 회원 김성제金性濟가 민의소의 사정장司正長이 되었다.[85] 민의소의 강령은 지방 공익의 도달導達, 행정 방법의 개선, 인민 폐막의 교구矯救, 교육의 보급, 권리의 보호, 환난患難의 상구相救 등이었고, 인

지적하였다.

81) 李相燦, 〈1894~5년 地方制度 개혁의 방향〉, 1989.
82) 《韓國獨立運動史》 1, 〈羅州郡民會趣旨文〉, 900쪽.
83) 《大韓每日申報》 1909년 3월 5일 〈高陽郡民會趣旨文〉.
84) 《大韓自强會月報》 3, 41쪽 ; 《大韓自强會月報》 4, 42쪽.
85) 司正長은 인사, 기강, 위생, 교육, 경제, 구휼에 관한 사무를 총괄하고 조사, 강구의 사항을 지시하는 일을 하였다. 실제 활동의 중심적인 위치에 있었던 임원이었다.

민 자치를 실행하고자 하였다. 또한 그 활동도 철저하게 "국법 범위와 문명 궤도 이내의 행동으로 질서를 유지하며 인민 권리를 수립할 것"으로, 또한 "인민의 편리와 지방의 폐해가 있으면 관청에 건의하고 질문할 것" 등으로 제한하였다. 계몽운동 단체들이 내세웠던 운동 방법이나 영역이 동일하였다. 또 민의소는 지방 행정 담당자인 각 면의 면장과 이장(이들은 지방세금영수원도 겸함)도 추천하였고, 이를 위해서 군회(총소), 면회(면의소), 동회를 조직하였다.86)

앞서 본 대한자강회 강서지회를 청원했던 유림소는 군수와 협조 아래 향회를 설치하였다. 개인적으로 자수自修하고, 집집마다 자위自衛하는 것이 나라의 자강을 이루는 길이라고 하고, 자강을 위해서는 향鄕, 군郡, 성省(도道)에서 자치를 실시해야 한다고 하였다. 서양의 부강은 서양 사람들의 자치 정신에 있으며, 이에 비해 인도나 이집트는 사람들의 의뢰 사상으로 비굴하게 되었다고 지적하였다. 자치의 근거는 갑오개혁에서 마련했던 〈향회조규〉였고, 자치를 통해서 '관민협치官民協治'하자고 하였다.87)

대구 민의소는 "국권의 확립과 국정의 징청澄淸을 위한 민지民智 계유啓牖와 단결"을 목적으로 하였다. 동서양 문명국의 국민은 자치와 자강의 방법으로 의소議所나 역장役長을 설치하고 회두會頭도 선출한다고 하여,88) 자치와 문명을 지향하였다. 민의소는 대구의 계몽운동 단체였던 대구광문사大邱廣文社나 대구광학회大邱廣學會와 밀접한 관련이 있었다. 대구의 국채보상운동 과정에서 운동을 추진하는 기구로 만들어진

---

86) 《高靈郡自治民議所程式》에는 〈綱領〉, 〈規則〉, 〈細則〉, 〈議員選擧規程〉, 〈公式文書〉, 〈通常會會規〉, 〈總務會計處務規程〉, 〈罰則〉, 〈面會所規則〉 등 자세하게 규정되어 있다.

87) 《大韓每日申報》 1906년 10월 4일 〈江西自治〉.

88) 《大韓每日申報》 1906년 8월 19일 〈尹致昊請邀公函〉 ; 8월 21일 〈大邱廣學會趣旨〉 ; 8월 26일 〈民議所長 金光濟의 警告文〉 ; 10월 21일 〈廣學會와 民議所〉. 민의소의 전신은 이 곳 상업의 중심지였던 서문시장의 巨商들이 설립한 市議所(시장 徐相燉)였던 것 같다.

'민의소'도 같은 조직으로 보인다. 1909년에는 인사 · 교육 · 위생 · 재정 등의 문제를 다루는 대구민단大邱民團을 설립하였다.[89) 이 단체들의 주도 인물이 대한협회 대구지회를 이끌었다.[90)

대한자강회 의주지회는 보민회保民會라는 조직을 기반으로 설치되었다. 보민회는 교육 발달과 환난상구患難相救를 목적으로 "시국 치안과 부강 기초를 연구 확립"하기 위한 단체였다. 자치 조직의 성격을 띠면서도 회원은 의주뿐 아니라 전국의 남녀 · 직업 · 연령을 불문하고 모집하였으며, 회원은 "회규를 준수하여 국민의 본분과 동포에 애정을 다하기로, 의기를 상결相結하고, 과실을 상규相規하며, 지식을 상교相交하며, 덕업을 상권相勸하여 단체에 협력하여 종족과 국가를 보존하기에 뜻을 세워야 한다"고 하였다.[91) 이 또한 향약 원리 위에 지식 보급, 교육 등의 계몽운동을 결합하였다.

그밖에 단편적으로 확인할 수 있는 지방도 많다. 군산지회는 기존의 민단조직을 기초로 설립되었고,[92) 금구지회는 임시발기대회를 민의소에서 개최하였다.[93) 또한 광주지회에서는 화재 구휼을 위해 민의소와 연합회의를 하였으며,[94) 평양지회에서도 회원의 재산피탈 사건에 대처하기 위해 민단과 연합연설회를 열기도 하였다.[95) 그밖에 원산에서는 민회 설립에 지회의 평의원 박창륜朴昌倫이 경비를 부담하였으며,[96) 인천과 경성鏡城에서는 지회의 회원이 민회소 대표(의장)가 되었다.[97)

---

89) 《경향신문》 1909년 5월 14일 〈대구민단취지서〉.
90) 김도형, 《민족과 지역 – 근대 개혁기의 대구 · 경북》, 지식산업사, 2017, 제1부 제1장 참조.
91) 《各道府郡報告書》 광무 10년(1906) 4월 22일 義州監理 보고. 〈保民會章程〉은 모두 8장 18조로 이루어져 있다.
92) 《大韓協會會報》 2, 58쪽.
93) 《大韓協會會報》 9, 57쪽.
94) 《大韓協會會報》 10, 65쪽.
95) 《大韓協會會報》 2, 61쪽.
96) 《大韓每日申報》 1909년 9월 16일 〈朴氏擔費〉.
97) 《大韓每日申報》 1907년 2월 20일 〈好事多魔〉 ; 1910년 3월 30일 〈李氏棲屑〉. 경성의 민의소(대표 李種燮)는 향리의 탐학에 저항하기 위해 만들어졌다.

위와 같이 계몽운동 지방 지회는 해당 지역의 민의소, 민회 등을 기반으로 설립한 곳이 많았으며, 계몽운동을 전개하면서 민회를 만들기도 하였다. 여기에 참여하였던 사람들은 대개 지방의 유력자들, 곧 전직 관료층, 지주, 상인, 부요호층, 그리고 유학자였다. 이들이 각 지역에서 '연합'의 형태로 계몽운동을 이끌었지만, 지역에 따라 계몽운동 지회 세력과 민회 세력이 서로 조금씩 다른 경우도 있었다. 종래의 지배 집단(지주층)이 경제적, 사상적 변화 속에서 기득권을 유지하면서 참여하는 일도 있었고, 반대로 새롭게 향촌의 지배 세력으로 등장한 요호층, 또는 '신향新鄕'이 민회나 지회 활동을 주도하는 수도 있었다.

서북학회 성진城津지회장 신태악申泰岳은 이곳에서 일어났던 향전鄕戰과 관련된 사람이었다.98) 그는 "근본이 상한常漢으로 무리를 지어 향정에 참여하고자 하는 마음[徒切參鄕之心]"을 가진 사람으로, 향권을 쟁취하고자 성진과 길주吉州의 합군合郡, 분군의 지방제도 문제를 이용하여 '민란'을 일으켰으며, 이를 통해 향권을 장악하였다. 뒷날 성진에서 일어난 계몽운동까지 주도하였다.

(나) 지방 지회가 전국으로 확산된 것은 유생층의 사상 변화 속에서 가능하였다. 서울에서 변법개혁론 차원의 계몽이 활발하게 전개되면서 지방의 보수 유림을 그 대상으로 하였던 점과 무관하지 않았다.

관서 지방은 기독교세가 강했지만, 유생층의 활동도 활발하였다. 대한자강회 지회를 처음 청원한 곳이 평안도 강서江西의 '유림소儒林所'였던 점도 그러하다. 특히 서북학회 태천지회는 관서 지방의 대표적 유생이었던 박문일朴文一과 박문오朴文五 형제의 학문적 영향 아래 있던 유생들이 참여하였다. 박문일은 일찍이 이항로李恒老의 학문을 배웠으며,

---

98) 이에 대해서는 金度亨, 〈大韓帝國의 改革事業과 農民層 動向〉, 《韓國史研究》 41, 1983, 125~128쪽 ; 이영호, 〈갑오개혁 이후 지방사회의 개편과 城津民擾〉, 《國史館論叢》 41, 1993 참조.

경의재經義齋라는 서실을 설치하여 척사론적 강학 활동을 하였다. 그런데 경의재는 지회가 설치되기 이전부터 서우학회, 서북학회의 관할 아래 있었다.99) 이때 두 사람의 제자들 가운데 많은 수가 서양의 근대 문물을 수용하는 변화를 보였다.100) 박은식도 그러하였다. 박문오의 아들 박동흠朴東欽은 신학문 서적을 검토하고 "윤리와 도덕은 가히 도道라고 하기에 부족하나, 이용후생의 도는 전인前人이 아직 발發하지 못한 것을 발한 것"이라고 보고, "우리나라로 하여금 윤리와 도덕은 의연히 준수하고 물질 상 연구는 저들의 신학新學을 강명講明하여 이용후생의 자료가 되게 한다면 국가를 부지할 도리도 이 가운데 있고, 유교를 보존할 도리도 또한 이 속에 있다"고 하였다.101)

제천 지역은 유인석柳麟錫의 학문적 영향 아래 있었다. 그런데 그 제자들 가운데 일부는 기호흥학회 제천지회에 참여하였다. 지회에는 안홍원安鴻遠, 원규상元奎常, 이병선李炳善, 김상기金相琦, 오연긍吳然兢 같은 유생이 있었는데, 이들 가운데 앞 세 사람은 일찍이 이곳에서 일어난 유인석 의병에 참여했던 사람이었다. 제천에서는 지회 설립에 앞서 1904년경에 일진회의 폐단을 막기 위해 향약鄕約을 실시한 적이 있었다.102) 이 향약은 유인석이 지시하여 실시했는데, 단발斷髮을 하고 서양의 습속에 물든 사람은 조직에 들어오지 못하게 한 보수적인 것이었다. 지회에 참여했던 사람들의 사상적 변화 과정은 알 수 없지만, 사상적 변화 속에서 계몽운동 지회에 동참하였을 것이다.

---

99) 《西北學會月報》 1, 37쪽.
100) 李光麟, 〈舊韓末 關西地方 儒學者의 思想的 轉回〉, 《李丙燾九旬紀念韓國史學論叢》, 1987 (《開化派와 開化思想研究》, 일조각, 1989).
101) 松南, 〈因每山朴先生仍舊就新論告我儒林同志〉, 《西北學會月報》 18, 2〜4쪽.
102) 《堤川鄕約契立議》(연세대 도서관) ; 《鄕約節目》(서울대 도서관). 제천 지역 향약, 書院契의 척사론적 성격에 대해서는 崔在慶, 〈韓末 堤川地方 鄕約의 衛正斥邪的 性格〉, 《忠北史學》 2, 1989, 48〜56쪽 ; 구완회, 〈제천의병과 거믄돌 마을의 博約齋〉, 《한국독립운동사연구》 67, 2019 참조.

경상도의 안동 지역 유생층 변화도 획기적이었다. 대한협회 안동지회 설립과 교육 운동의 핵심 인물은 이상룡李相龍과 유인식柳寅植이었다.103) 두 사람은 모두 안동 유림의 학문 속에서 자랐고, 1895년 단발령 이후에는 권세연權世淵, 김도화金道和의 의병에 참여하였다. 의병운동에 실패한 뒤 이들은 신학을 수용하면서 계몽운동에 참여하게 되었다.

특히 유인식은 1903년 서울에서 유근, 장지연, 신채호 등과 교유하고(신채호와는 성균관에서 같이 기숙寄宿) 시사를 논하면서 우승열패, 약육강식하는 현실을 인식하게 되었다. 그는 약육강식하는 경쟁 속에서 나라와 민족을 보전하기 위해서는 "민권民權을 넓히고 민지民智를 개발해야 한다"고 생각하였다. 그리하여 그는 1907년에 김동삼金東三 등과 함께 유림의 공물公物(향교의 재산)을 기반으로 협동학교協東學校를 설립하고,104) 이상룡과 더불어 대한협회 안동지회를 설립하였다.

의병 실패 뒤, 이상룡도 시세의 변화를 깨달았다. 그는 동서의 서적들을 열람하고 세계 대세의 변화를 인식하면서 서양 학문을 배우는 교육을 근본으로 삼게 되었다. 그 일환으로 계몽운동에 참여하고, 대한협회 안동지회 설립을 주도하였다. 지회를 설립하면서 그는 보수 유생들을 비판하고, 더불어 외국에 심취한 정부 인사도 비판하였다. 국권을 회복하기 위해서는 나라의 주인인 국민이 나라를 위하는 의무를 아는 것에서 시작해야 한다며, 이것을 추진한 주체가 바로 '대한 국민의 정당'인 대한협회라고 보았다. 즉 대한협회는 정치·교육·산업을 통해서 보국保國, 보가保家, 보종保種을 목표로 삼았으며, 구학을 근본으로 하고 신법을 참작하여, 정신을 단합하고 지덕을 병진하여 대한의 자립지권自立之權을 부흥하고자 노력하는 단체라고 보았던 것이다.105) 그는

---

103) 趙東杰, 〈安東儒林의 渡滿經緯와 獨立運動上의 性向〉, 《大丘史學》 15·16, 1978 (《韓國民族主義의 成立과 獨立運動史硏究》, 지식산업사, 1989) ; 김도형, 《민족과 지역 – 근대 개혁기의 대구·경북》, 2017,
104) 《東山文稿》, 〈年譜〉, 40~43쪽.

대한협회 지회에서 추구해야 할 여덟 가지 의무를 제시하였다. 즉 ①
연설·서적 등의 방법으로 우민愚民을 개도하여 회세會勢를 확장할 것,
② 국민을 교육할 것, ③ 공상工商을 진흥할 것, ④ 지리地利·호구戶
口·민속·민업 등의 국정을 조사할 것, ⑤ 정당으로서의 정무政務를
연습할 것, ⑥ 학교 등에서 군사교육을 실시하여 의용義勇을 양성할 것,
⑦ 각국과 외교를 널리 준비할 것, ⑧ 법률과 관계되는 법전을 뽑아
편찬할 것 등이었다.106) 대한협회라는 정당 활동을 통하여 교육과 식
산·외교·법률 등의 분야에서 자강을 달성하고, 무엇보다도 이 조직
을 군사적인 활동과 연계하고 있었다.107)

　　성주와 고령의 유생층도 사상 변화를 통해 계몽운동에 참여하였다.
성주지회 핵심 인물은 김창숙金昌淑이었다. 그는 아버지 김호림金護林의
영향으로 "지금 세상이 크게 변해가는 즈음인데 너희들은 주역周易을
읽고도 변혁의 이치를 몰라서야 되겠느냐"고 하여, 시세가 변화되고
있음을 강조하고, 더불어 계급과 문벌을 타파해야 한다고 하였다.108)
이런 가르침 속에서 김창숙은 성주에 대한협회 지회를 만들었고, 계급
타파와 구습 혁파를 통해 조국을 구하고자 하였다.109)

---

105) 《石洲遺稿》 권5, 〈大韓協會安東支會趣旨書〉, 207쪽. 그는 강점 뒤에도 "民群 단체가 保國의
　　要法임을 깨달았다. 국내를 둘러보니 대한협회만한 대단체도 없었고, 그 전신이 독립협회·
　　대한자강회여서, 吾韓의 정신이 여기에 있다고 믿어 의심하지 않아 지회를 조직하였다"고
　　하였다(《石洲遺稿》 권6, 〈西徒錄〉 辛亥, 270쪽).
106) 《石洲遺稿》 권5, 〈書揭大韓協會會館〉, 204~207쪽.
107) 이런 점에서 안동의 지회 활동은 대한협회 본회에서 추구하고 있었던 운동노선과는 달랐다.
　　이 시기의 대한협회는 사실상 정치적인 문제를 포기하고, 의병항쟁에 대해서 철저하게 부정적
　　이었다. 안동지회는 사법권·경찰권의 이양 등의 일제 침략에 대해 대한협회 본회가 하등의
　　반응을 보이지 않자 이에 대해서도 항의하였고, 대한협회가 일진회와 연합한다는 소식을
　　듣고는 이를 반대하는 서한을 본회에 보냈다(《石洲遺稿》 권2, 〈興大韓協會本會〉, 73~74쪽).
108) 《心山遺稿》 권4, 〈先君子下岡府君遺事〉 ; 권5, 〈躄翁七十三年回想記〉.
109) 《心山遺稿》 권5, 〈躄翁七十三年回想記〉, 302쪽. "나라가 곧 망하겠다. 지금 문을 닫고 글만
　　읽을 때가 아니다. 우리가 이 會를 설치하는 것은 장차 祖國을 구하려는 것이다. 祖國을
　　구하고자 할진대 마땅히 舊習의 혁파부터 시작해야 하며, 구습을 혁파하고자 할진대 마땅히
　　階級打破로부터 시작해야 하며 계급을 타파하고자 할진대 마땅히 우리의 이 모임으로부터
　　시작해야 할 것이다."

고령의 계몽운동은 매우 특이하였다. 앞서 고령 민의소와 지회와의
관련을 언급하였지만, 이를 주도하던 민의소 민회장民會長 이인재李寅梓
는 나라와 민족과 더불어 유교를 보존하기 위해서 자강해야 하고, 자강
을 위해서는 '통변通變', 곧 변통론의 입장에서 신학을 받아들여 민지民
智를 개발하고 자강을 추진하자고 하였다.110) 그리하여 그는 서양 문
명과 학문을 연구하였는데, 특히 유럽의 정치(입헌정치, 대의정치 등)
가 모두 그리스 철학에서 나왔다고 파악하였다.111) 아울러 그는 서양
정치의 요령이 모두 우리나라 옛 제도에 부합하는 것으로 보면서 특히
남전향약藍田鄕約을 들었다. 그는 약육강식의 경쟁 속에서 변통해야 하
고, 변통을 위해서는 오직 "옛 도를 도탑게 하고 신법을 채용[優舊道
採新法]"해야 한다고 하였다.112)

보수 유생층의 계몽운동 참여는 무엇보다도 서양 학문에 대한 어느
정도의 인식 변화를 필요로 하였다. 종래의 봉건체제 유지기반이 되었
던 신분제, 화이관을 부정하는 수준으로도 나아가게 되었다. 1910년대
에 들어 계몽운동의 분화와 관련하여 아주 주목받는 집단이 되었다.

(다) 개항 뒤에 전개된 급속한 상품화폐경제의 발전 속에서 계급들이
재편되었다. 크게는 제국주의 세력과 이를 둘러싼 지주층, 요호층(중소
지주, 상인), 그리고 농민층 등이었다. 계몽운동 지방 지회는 이러한
역관계 속에서 확산되었다. 계몽운동에는 주로 지주층, 상인층, 요호ㆍ
부농층이 참여하였다.

대한협회 성주지회의 열성 회원 가운데 향리 출신의 요호층이 존재
하였다. 도갑모都甲模(총무)와 배상락裵相洛(평의원) 등은 향리 출신으

---

110) 李寅梓, 《省齋集》 권5, 〈漫錄〉, 아세아문화사, 1980, 415~419쪽.
111) 《省齋集》 권2, 〈上俛宇先生〉, 162쪽. 이런 필요성에서 그는 〈古代希臘哲學考辨〉을 저술하
   였다.
112) 《省齋集》 권5, 〈自治民議會趣旨書〉 ; 《高靈郡自治民議所程式》(국립도서관).

로, 조선 후기, 개항 이후의 사회변동 속에서 부를 축적하였다. 이들은 농민항쟁에서 하층의 소·빈농층의 항쟁에 편승하여 봉건적인 억압을 반대하면서 그들의 이익을 추구하기도 하였고, 때로는 봉건 지배층 편에서 농민층의 항쟁을 억압하기도 하였다.113) 성주지회 활동에는 또한 개신유학자들도 동참하여 이들과 힘을 합했다. 이들은 서양 문명 수용을 인정하여 사상적 전환을 겪은 사람들이었고, 경제적으로는 주로 지주, 상공인, 그리고 부요호층이었다.

지회에 참여하였던 지주, 상인, 부요호층 등은 그들의 경제적 이해관계를 반영하는 각종 단체와도 관련을 맺었다. 또한 일본의 경제 침탈과 식민지 재편성 과정에서, 때로는 일본의 자본에 기생하기도 하였고, 때로는 대립적인 태도를 취하기도 하였다.

일본의 상권 침탈이 내륙 지방으로 확산되면서 개항장이나 상업 도시 지역에서는 한국과 일본 상인 사이에 상권 쟁탈전이 일어났다. 한국 상인들은 자본의 규모가 상대적으로 취약한 가운데, 일제의 철도 건설과 화폐정리사업, 일본 상인의 유통 지배 등으로 자본 축적의 기회를 폭력적으로 수탈당하였다.114) 이에 토착 상인층은 일본 상인과의 경쟁에 대응하기 위해 객주客主조합을 결성하고, 이를 모체로 근대적인 형태의 상업회의소商業會議所, 사상회사士商會社 같은 조직을 만들었다.115) 객주조합이나 상업회의소의 중심인물은 대개 상인층이나 지주층으로, 계몽운동 지회 활동에 적극적으로 참여하였다.

대한협회 대구지회의 평의원 박기돈朴基敦, 이일우李一雨를 비롯하여

---

113) 李閏甲, 〈19세기 후반 慶尙道 星州地方의 농민운동〉,《孫寶基停年紀念韓國史學論叢》, 지식산업사, 1988 ;《한국 근대 지역사회 변동과 민족운동─경상도 성주의 근대전환기 100년사》, 지식산업사, 2019 참조.
114) 李炳天, 〈개항기 외국상인의 침입과 한국 상인의 대응〉, 서울대 박사학위 논문, 1985, 2장 및 4장.
115) 이병천, 위 글, 1985 ; 趙璣濬,《韓國資本主義成立史論》全訂版, 大旺社, 1977, 265~307쪽 ; 大韓商工會議所,《商工會議所百年史》, 1984.

정재학鄭在學, 이병학李柄學, 이장우李章雨 등은 당시 대구 재계를 이끌던 사람들로 모두 대구상무소大邱商務所 위원들이었다.[116) 김천지회 회장 최진태崔鎭台, 부회장 박지화朴芝華는 상업회의소 상의원 및 회두會頭였으며, 지회의 평의원 3명도 상업회의소 부회두 및 상의원이었다.[117) 목포지회 회장 김봉규金奉珪, 총무 김중선金仲善, 평의원 조경두趙敬斗, 간사 배화일裵和一도 모두 사상회사士商會社에서 활동하였다.[118) 그밖에 동래상업회의소의 총무 김영규金永圭와 동래 상무회의소의 송재석宋在錫,[119) 평양상업회의소의 회두 정인숙鄭仁淑과 안태국安泰國, 인천신상협회의 서상빈徐相彬 등이 그러하였다.[120) 인천지회의 회장 정재홍鄭在洪, 부회장 장석근張錫根은 지회의 사무실을 신상회사紳商會社에 임시로 두기도 하였다.[121)

한편 계몽운동에 참여했던 지주, 상인층은 일본의 경제 침탈 속에서 이를 활용하여 자신들의 경제적, 사회적 기반 유지에 활용하였다. 일제의 농촌지배 방략의 하나로 시행된 농공은행農工銀行이나 지방금융조합地方金融組合에 관여하였다. 또 동양척식회사의 창립위원이 되기도 하였으며, 일본 농업의 한국 이식 과정에서 만든 조선농회朝鮮農會의 지방지회에 참여하기도 했다.

또 일제는 지방을 장악하기 위해 종래의 민회 조직 같은 것을 해체하고, 지배 세력을 관리로 만들거나(특히 郡主事의 설치), 지방위원회를 설치하였다.[122) 통감부는 지방위원회를 "자치제의 창시, 모체, 전신前

116) 이들의 계몽 활동에 대해서는 김도형, 《민족과 지역》, 2017, 24~29쪽, 178~185쪽 참조.
117) 《商業會議所》(서울대)에 〈1907년 金泉商業會議所 설립에 관한 회칙〉과 의원 명단이 있다.
118) 《務安港士商會社章程》; 木浦誌編纂會, 《木浦誌》, 1914, 601쪽.
119) 釜山商工會議所, 《釜山商議史》, 1982, 74~103쪽.
120) 大韓商工會議所, 《商工會議所九十年史》上, 1976, 105~117쪽, 126~127쪽. 安泰國은 《大韓每日申報》 1906년 1월 18일 〈平壤散市〉에 商業衆議所 議長으로 기술되어 있다.
121) 《皇城新聞》 1907년 2월 2일 〈張氏義心〉.
122) 李相燦, 〈1906~1910년 地方行政制度 변화와 地方自治論議〉, 1986, 62~66쪽.

身" 또는 "문명국의 대의기구" 등으로 표현하며, 이를 지방자치제 수준에서 선전하였다.[123] 지방위원회에서는 관민官民의 의사를 소통케 할 것, 법령을 주지하여 인민의 오해가 없도록 할 것, 지방 산업을 발달시키고 재원을 함양케 할 것 등의 업무도 행하였지만, 기본적으로는 일본인 재무서장을 보조하여 면장·이장·동장의 징세 성적을 양호케 하고, 면장이나 공전영수원의 공금 소비를 방지하며, 은결隱結을 적발하는 따위의 징세 사무를 행하였다.[124] 즉 일제 재정 침탈의 청부기구, 선전기구로 설치한 것이었다. 지방위원은 각 지방에서 상당한 자산·신용·지식이 있는 '재산가'나 '명망가'가 선임되었다.[125] 일본이 식민지적 지주제를 존속하여 지주나 부요호층을 예속화했던 것과 마찬가지로, 향회를 주도하던 이들을 이 제도 속에서 지방 지배를 위한 중간다리로 이용하고 있었던 것이다.

지방위원으로 선임된 사람은 대부분 지회의 계몽운동에 참여하던 사람이었다. 교하交河의 지방위원 박준수朴準秀는 기호흥학회 교하지회 찬무장贊務長으로 명륜明倫학교 설립에 주동적으로 활동하였고,[126] 남평南平의 지방위원 윤세창尹世昌(대한협회 지회 설립위원)도 학교설립에 협조하였다.[127] 지방위원은 대개 각 지방 계몽운동 지회의 중심 임원으로 활동하였다.[128]

---

123) 李相燦, 위 글, 64쪽.
124) 《大韓民報》 1909년 6월 26일 〈地方委員會成績〉.
125) 통감부 편, 《財務週報》 10, 1907(6월 17일), 240쪽 ; 《財務週報》 11, 1907(6월 24일), 257쪽(아세아문화사 영인본, 1986).
126) 《大韓民報》 1909년 9월 23일 〈交河明倫〉.
127) 《大韓民報》 1909년 6월 19일 〈兩氏贊校〉.
128) 《財務週報》에서 확인되는 곳만 하여도, 경기 5군(광주, 인천, 수원, 강화, 장단), 전북 6군(전주, 여산, 금구, 함열, 부안, 옥구), 전남 2군(광주, 남평), 경북 2군(대구, 자인), 경남 3군(동래, 김해, 칠원), 충북 1군(제천), 충남 7군(홍주, 서산, 청양, 연산, 해미, 당진, 목천), 황해 1군(해주), 평남 2군(평양, 영유) 등이었다.

(라) 국채보상운동도 계몽운동의 일환이었다.[129] 국채보상운동을 거치면서 계몽운동은 하층 민중에도 그 영향력을 미치게 되었다.

이 운동을 주도했던 것은 영남의 상인층이자 유생층이었다. 논란의 여지는 있지만, 이 운동은 처음 동래의 상인들이 제안하였고, 대구의 서상돈 같은 상인층이 조직을 만들고 이를 언론을 통하여 전국에 알렸다. 이에 서울에서 언론기관을 중심으로 기성회期成會를 만들어 전국으로 확산시켜 대대적인 모금 운동이 전개되었던 것이다.[130]

처음 대구에서 집회를 할 때부터 '나라의 빚을 갚아야 독립할 수 있다'는 취지에 맞추어 단연斷煙, 단주斷酒 사업을 추진하였다. 그리고 운동의 내용은 감찬減餐(반찬 줄이기), 탈환奪環(가락지 등 패물 기부) 등으로 나타나면서, 상인, 유생층 등의 지배층뿐 아니라 남녀노소가 운동에 동참하였다. 심지어 하천민, 기생, 걸인 등도 참여하였다. 지방에 따라서는 보수 유생층도 가담하였다.

이런 점에서 본다면 계몽운동은 처음 서울의 지배층, 지식층, 관료층이 시작하였지만, 지방으로 확산되면서 국권회복에 동참하는 식자층, 상인층이 가담하였다. 계몽운동의 일환으로 전개된 국채보상운동으로 하층민까지 계몽운동 이념이 확산되었다.

(마) 계몽운동이 각 지역의 지주, 상인, 유생층을 중심으로 확산되자, 지역에 따라서는 계몽운동 세력과 이해관계를 달리하는 집단과의 경쟁도 있었다. 곧 계몽운동과 비슷한 목표를 내걸고 활동하던 일진회와의 문제였다. 후술할 바와 같이, 일진회도 문명개화를 이루기 위해 만들어진 '민회'였다.[131] 계몽운동 지방 조직과 일진회 지방 조직은 각

---

129) 崔埈, 〈國債報償운동과 프레스 캠페인〉, 《白山學報》 3, 1967 ; 李松姬, 〈韓末國債報償運動에 관한 研究〉, 《梨大史苑》 15, 1978.

130) 金度亨, 〈한말 대구지역 상인층의 동향과 국채보상운동〉, 《啓明史學》 8, 계명사학회, 1997.

131) 일진회의 친일 집단화와 친일 행각 및 지방에서의 활동에 대해서는 김종준, 《일진회의 문명

지방에서 서로 대립적이었다. 동학 조직을 근간으로 조직된 일진회에
는 농민층을 비롯한 지방의 중하층 계급이 참여하였다면, 계몽운동에
는 지주층, 부요호층, 유생층 등이 주도하였다.132) 두 운동 진영은 교
육, 식산흥업, 문명화 등, 운동의 방안에는 별 차이가 없었지만 국권회
복, 민족 문제에서는 서로가 달랐다.133) 이런 점에서 자연스럽게 두
조직 사이에는 향촌 사회의 주도권, 지방관과의 관계 등으로 대립적인
측면도 나타났다.

태인泰仁과 대구의 대한협회 지회는 일진회원의 입회를 불허하였
고,134) 삼화三和에서는 대한자강회가 성황城隍 기지의 신목神木을 학교
운영 자금으로 쓰려고 하자,135) 일진회와 백성들이 항의한 일도 일어
났다.136) 각 지방에서 사회경제적 이해관계나 주도권을 둘러싸고 대립
하고 있었던 것이다.

1909년 말에 대한협회, 서북학회, 일진회 등 세 단체가 연합하려던
논의가 진행되었다. 분위기가 심상치 않자 서북학회는 정치에 관여하
지 않는 '학회'라는 이유로 그 논의에서 빠졌으며, 대한협회와 일진회만
남아 연합을 발표하였다. 대한협회나 일진회는 계몽운동의 영역, 내용

화론과 친일활동》, 2010 ; 이 책 Ⅲ-[보론] 참조. 일진회의 성격을 이해하기 위해서는 서울
에서의 활동뿐 아니라 지방에서의 활동도 검토되어야 할 것이다.
132) 일제 측의 당시 기록에 의하면 대한협회 지회에는 지방의 '中流'층이, 일진회에는 주로 '하층
자'들이 참여하였다(《韓國獨立運動史》 1, 국사편찬위원회, 964쪽). 심지어 일진회는 농민층
의 이익을 대변한 민란을 주도하는 경우도 있었다(《皇城新聞》 1906년 4월 4일 〈善山民
擾〉). 1906년 곡산에서는 일진회원 수백 명이 驛屯土의 減租를 요구하며 收租派員을 구타
하기도 하였다(《皇城新聞》 1906년 12월 1일 〈因稅起鬧〉). 하지만 "그들은 이해관계에 따라
친일을 표방하면서 민재를 약탈하여 양민들의 원한을 사기도 하였다"는 것처럼(《韓國獨立
運動史》 1, 965쪽), 일진회가 모두 농민층의 이익을 전적으로 대변한 것은 아니었다. 일진
회는 관료층을 상대로 싸우면서 농민층과 결합하기도 하였고, 혹은 농민층을 수탈하기도
했다. 각 지방의 사례를 중심으로 신중하게 검토해야 할 것이다.
133) 일진회도 학교 설립을 통한 교육 운동에 적극적으로 참여하여 1905년만 하더라도 전국에
24개 교를 세웠고 총 학생수는 2천여 명이나 되었다(《皇城新聞》1905년 10월 5일 〈一進設
校數〉).
134) 《경향신문》 1908년 3월 20일 〈쇠가 쇠를 먹음〉 ; 《大韓民報》 1909년 6월 15일 〈使酉被足〉.
135) 《大韓自强會月報》 9, 45쪽 ; 《大韓自强會月報》 11, 67쪽.
136) 《萬歲報》 1907년 6월 25일 〈三和港弊莫革除〉.

등에서 별 차이가 있는 것이 아니었다.137) 두 단체의 연합 성명에서는 "한국과 일본의 협약 정신을 표준으로, 일본의 선량한 지도로 실력을 양성하고, 후일의 자치를 기도企圖"하기 위한 대동단결을 천명하였다.138) 각 지회에 보낸 지명서에는 "안으로는 회會의 실력을 양성하고, 밖으로는 시국의 기회를 관찰하여 국민적 활동을 준비"하고, "국리민복을 개발함에 한하여 일치 병력倂力하기로 협정한 것은 국민통일주의 國民統一主義를 실행하여 국가의 급무를 먼저하고 당파의 사건을 뒤에 함"이라 강변하였다.139)

그러자 몇 군데 대한협회 지방 지회에서 반대하고 나섰다. 특히 경상도와 전북에서 심하게 반대하였다.140) 일진회의 지방 조직에서도 이를 반대하며 저항하기도 하였다.141) 서울에서 전개된 계몽운동의 분위기와 지방의 그것이 차이가 있었음을 보여주는 것이다. 앞서 본 바와 같이, 대한협회 회장 김가진金嘉鎭이 지방 지회의 목적을 문명국 일본의 한국 통치와 성의를 계몽하기 위한 것이라고 하고, 자신들을 배일파로 보는 지방 인민에 대해 유감을 표한 것도 이즈음이었다.142)

---

137) 일진회의 문명화, 황권, 교육 등의 강령과 활동에 대해서는 이 책 [보론] 참조.

138) 《大韓每日申報》 1909년 11월 30일 〈兩會聲明書草案〉.

139) 《大韓民報》 1909년 10월 10일 〈韓會指明〉.

140) 이에 대해서는 李鉉宗, 〈大韓協會에 關한 研究〉, 1970, 39~50쪽 참조. 본회에서는 이 일을 지방회에 설명하기 위해 權東鎭을 경북에, 呂炳鉉을 전남에 각각 파견하였던 것 같다(《大韓民報》 1909년 9월 23일 〈風說何多〉).

141) 《大韓每日申報》 1909년 10월 1일 〈聯合反對〉 ; 《경향신문》 1909년 10월 8일 〈지회의셔 반대〉. 그 후 일진회에서 합방 청원 성명서를 발표하자 지방에서는 탈퇴하는 사람들이 증가하였다. 이 또한 지회와 본회와의 차이가 있었음을 보여주는 것이다.

142) 본 장 주 72).

Ⅲ

국권회복론과 문명개화론의 얽힘

　　국권회복을 위한 계몽운동은 국권상실의 원인을 어떻게 파악하느냐에 따라 운동론이나 운동 방안도 정해졌다. 대한자강회는 '자강'하지 못한 점을 지적하였으며, 대한협회는 '실력' 부족을 언급하였다. 따라서 계몽운동은 자강, 부강, 실력을 달성하기 위해 여러 방안들을 제기하였다. 그 핵심은 자강 정신, 조국 정신을 기반으로, 교육 진흥과 식산흥업이었다. 곧 민족 정신과 부강, 문명화가 계몽운동의 본령이 되었다.

　　그러나 계몽운동은 단일한 대오 아래 통일적인 운동으로 전개되지 않았다. 국권회복이라는 큰 목표 아래 여러 계층, 계열의 인사들이 연합하였다. 독립협회 이래 계몽운동을 주도했던 문명개화 계열과 변법개혁 계열의 논자들은 이념적, 사회적 처지가 서로 달랐다. 국권상실의 원인도 다르게 파악하였고, 민중 항쟁, 의병운동에 대해서도 다르게 보았다. 문명화 과정에서 제기된 구래의 전통과 유교를 처리하는 방식에서도 차이가 있었다. 국권회복을 위한 자강주의, 자강 정신이 견지되기도 하였지만, 자강 정신이 약해지고 실력양성이 운동의 주류를 이루기도 하였다. 다양한 논의 속에서 민족 문제를 명확하게 인식하게 되면서 민족주의가 형성될 수 있는 단초도 형성되었으며, 또 민족 문제를 해결하기 위한 국민, 민권 의식도 확립되어 갔다. 그 반면에 문명화가 진전되면서 민족 문제 해결에 보탬이 되었지만, 민족 문제를 외면하고 문명화를 추진한 경우도 있었다. 친일 세력이 그러하였다. 계몽운동은 국권, 민족 문제를 문명화를 통해 해결하려던 운동이었지만, 동시에 서로 모순적으로 결합, 착종되어 있었다.

제1장

국권 침탈과 민중 · 의병운동에 대한 인식

계몽운동에서 현실 문제를 인식하던 논리는 사회진화론社會進化論이었다.[1] 우승열패優勝劣敗, 물경천택物競天擇이나 적자생존, 생존경쟁 등이 자연계나 인간 사회를 변화, 발전시키는 기본 원리라고 보았다. 종족, 민족, 국가 등이 경쟁 속에서 패하지 않고, 진보, 진화하기 위해서는 강자가 되어야 하였다. 그러나 강자화의 길이 좌절되고 경쟁에서 살아남을 가능성이 없어지면, 진보, 문명화만 추구하는 길만 남게 되었다. '경쟁과

---

1) 사회진화론의 수용과 영향에 대해서는 다양한 견해들이 제기되었다. 申一澈,《申采浩의 歷史思想研究》3장, 고려대학교출판부, 1980 ; 전복희,《사회진화론과 국가 사상 : 구한말을 중심으로》, 한울, 1996 ; 박성진,《사회진화론과 식민지 사회사상》, 선인, 2003 ; 李光麟,〈舊韓末 進化論의 受容과 그 影響〉,《世林韓國學論叢》1, 1977 (《韓國開化思想研究》, 일조각, 1979) ; 李松姫,〈韓末 愛國啓蒙思想과 社會進化論〉,《釜山女大史學》2, 1984 ; 김도형,〈한말 계몽운동의 정치론 연구〉,《韓國史研究》54, 1986 ; 朱鎭五,〈獨立協會의 社會思想과 社會進化論〉,《孫寶基停年紀念韓國史學論叢》, 지식산업사, 1988 ; 八杉龍一,《進化論의 歷史》, 岩波書店, 1969, 5장 ; 小野川秀美,《清末政治思想研究》みすず書房, 1969, 제7장 ; 彭澤周,《中國の近代化と明治維新》同朋舎, 1976, 제3장 등.

진보' 가운데 어느 쪽을 더 중시하느냐에 따라 현실을 보는 관점도, 이를 극복하는 논리도 서로 달라졌다. 이는 계몽운동에 포괄된 두 계열의 개혁론, 곧 문명개화론과 변법개혁론의 차이에서 연유하는 것이었다.

1. 제국주의 침략과 국권 침탈에 대한 인식

사회진화론에 의거하여 현실 문제를 인식할 때, 국권 침탈과 보호국이라는 현실을 보는 시각도 크게 두 경향이 있었다. 민족, 국가 사이의 경쟁을 강조하면서 제국주의의 침략성을 지적할 수도 있었고, 다른 편으로 약소국이 강국의 지배를 받는 것이 어쩔 수 없는 '법칙'이라는 차원에서 보호국이라는 현실을 인정하기도 하였다.

1) 민족경쟁을 강조한 제국주의 인식

힘에 따른 경쟁으로 사회를 보는 논리에서는 당시 아시아, 아프리카 지역을 식민지로 만들던 제국주의 침략을 종족, 민족, 또는 국가 사이에 일어난 '경쟁'의 결과로 보았다. 이런 사회 변화 속에서 민족주의, 식민주의, 제국주의 등이 나왔다고 하였다.

박은식朴殷植은 당시를 "생존경쟁을 천연天演이라 논하며, 약육강식을 공례公例"라고 부르는 시대라고 하였다. 우리가 동서양 열강과 수호조약을 맺은 지 30여 년이 지났지만 오히려 강국의 압력으로 "하루 아침에 외교가 단절하고 주권이 멸시당하는 참상을 입게 되어" 독립이 위태롭게 되었다고 보았다. 그는 '문명국'으로 불리는 나라도 침략을 행하고 있으므로, 이들을 믿을 수 없다고 하였다.

> 彼最重文明이라ᄒᆞᄂᆞᆫ 英國도 印度와 埃及에 對ᄒᆞᄋᆞ 何如ᄒᆞᆫ 政策을 施ᄒᆞ
> ᄋᆞᆺᄉᆞ며, 號尙德義라ᄒᆞᄂᆞᆫ 美國도 非律賓에 向ᄒᆞᄋᆞ 何如ᄒᆞᆫ 手段을 取ᄒᆞᄋᆞᆺᄂᆞᆫ
> 가. 現今 列國의 鷹揚虎躍者ᄂᆞᆫ 其口氣ᄂᆞᆫ 菩薩이오. 其行動은 夜叉라. 誰를
> 可言이며 誰를 可依리오.[2]

채기두蔡基斗는 제국주의 침략을 '평화적 전쟁'이라고 불렀다. 그는 세계 정세를 국민주의, 식민주의, 제국주의의 3단계로 분류하였다. 먼저 각 나라의 문화가 발달하는 국민주의 시대, 인구 증가와 좁은 영토를 해결하기 위한 식민주의 시대, 그리고 마지막으로 제국주의 시대가 형성되었다는 것이었다. 그런데 식민주의와 제국주의는 이름의 차이는 있으나 모두 '평화적 전쟁'에 불과하다고 하였다. 영국·러시아·독일·프랑스·네덜란드·미국의 침략 정책을 거론하면서, "완화정책은 평화적 전쟁의 초보"이고, "평화적 전쟁의 최후 수단은 무장적 준비"라고 하여, 평화를 거론하지만 결국은 무력으로 침략하는 전쟁으로 나아간다고 언급하였다.[3]

서양 문명이 세계적 차원의 문명으로 발전한 것도 '식민 경쟁'에서 비롯되었다고 파악한 논자도 있었다. 제국주의 국가들이 국권 보호라는 이름 아래 군사력을 확장하면서 '도덕적 수단'을 동원한다고 하고, 그 예로 영

---

[2] 朴殷植, 〈自强與否의 問答〉, 《大韓自强會月報》 4, 2쪽 (《朴殷植全書》 下, 68쪽). 박은식은 우리가 국력을 키우지 않아 자강, 자립하지 못해 남의 노예를 면하지 못했다고 하였다. 자강론에 대해서는 뒤에 언급할 것이다.

[3] 蔡基斗, 〈平和的 戰爭〉, 《大韓學會月報》 6, 16~20쪽. 제국주의가 이권 침탈과 영토 확장을 꾀하면서 흔히 내세우던 도덕적인 이유가 현 세계의 대부분은 無智 無能한 민족의 수중에 있어 天然 富力을 발달시키기 어렵다는 점, 인류의 행복을 증진하기 위해서는 천연 富源을 개발해야 하는데 이를 열등 민족이 점령하고 있는 것은 天意에 어긋난다는 점, 따라서 유력한 민족은 야만족을 쫓아낼 天賦의 권리가 있다는 점 등을 명확하게 지적하였다[蔡基斗, 〈平和的 戰爭(續)〉, 《大韓學會月報》 7, 8쪽].

국은 자국의 문명을, 프랑스는 자국어를, 독일은 자국의 학술을 세계에 전파하면서 아프리카의 광대한 토지를 각각 분할 점령하였다고 하였다.[4]

제국주의 열강이 만국공법이나 평화, 또는 보호라는 이름 아래 침략을 자행하고 있는 점도 지적하였다. "보호를 칭하면서 영토를 탈취하며, 평화를 부르짖으면서 무기를 휴대"한다고 하였으며,[5] 혹은 "5대 강국은 평화의 껍질을 쓰고, 속으로는 손톱, 이빨을 감추고 있다"고 하였다.[6] 또는 열강의 속셈과 행동은 만국공법을 내세워 미개한 나라를 탈취한다고 하였다.[7] 만국공법이나 외교 문제를 통하여 약소국이 독립을 유지할 수 있다는 주장은 아무 소용이 없는 것을 분명하게 알고 있었다.

그리하여 많은 논자들은 제국주의 침략을 강권주의强權主義라고 비판하였다. 제국주의에서 흔히 주장하는 "세계는 강한 인족人族이 세습한 재산이므로, 약한 인족을 배척하고 그 토지를 점유하는 것은 실로 하늘이 준 권리"라는 것을 비판하고, 이를 '맹성猛省'해야 한다고 하였다.[8] 변영만卞榮晚은 "20세기는 강권이 횡행하고 인의가 없어진 공공연한 도적굴盜賊窟"이라 표현하였다.[9] 조소앙趙素昻은 열강이 그들에게 순종하지 않는 나라나 백성을 분할하고 짓밟는 '녹림시대綠林時代', 곧 '도적들이 판치는 시대'라고 하였다.[10] 또한 강권强權이 있는 자는 성현·군자·영웅이 되고, 강권이 없는 자는 열노劣奴[열등한 노비], 천부賤夫, 우마牛馬, 개돼지

---

4) 金振聲, 〈天下大勢와 韓國現狀으로 警告同胞〉, 《大韓學會月報》 9, 9쪽.

5) 朴海遠, 〈宜有正眼〉, 《大韓興學報》 11, 7쪽.

6) 金淇驩, 〈能行公議者 其英雄乎〉, 《大韓學會月報》 3, 1~2쪽.

7) 朴太緖, 〈蔑法招禍論〉, 《夜雷》 3, 3~4쪽.

8) 金幾鉉, 〈厭貧模富로 告學界僉言〉, 《畿湖興學會月報》 10, 8쪽.

9) 卞榮晚, 〈大呼教育〉, 《畿湖興學會月報》 1, 15쪽.

10) 趙鏞殷, 〈綠林時代를 嘆홈〉, 《萬歲報》 1907년 6월 2~5일. 그러면서도 그는 아직 이를 일본의 침략성으로 인식하고 있지는 않았던 것 같다. 러일전쟁을 러시아의 맹렬한 침략주의와 일본의 마지못한 자위책이 서로 용납하지 못했기 때문에 발생되었다고 보면서, 러시아 침략이 만주와 우리나라에 미쳤는데도 당사자인 한국이 정부의 부패와 백성의 무지로 대비하지 못하자 일본이 이 기회에 등장하였다고 하여(嘲卯生, 〈甲辰以後 列國大勢의 變動을 論홈〉, 《大韓興學報》 10, 4~5쪽), 러일전쟁을 인종전쟁으로, 일본의 강성과 우리나라의 실력 부족 등을 지적하였다. 당시 일본의 논리에 강한 영향을 받고 있던 일본 유학생들의 생각과 크게 다르지 않았다.

[狗彘]가 되는 현실을 비판하면서, 이 강권에는 도덕이라는 것은 없다고
하였다.[11]

아울러 제국주의 국가는 통상 무역을 통해 약소국을 '수탈'한다는 점도
지적하였다. '진보'의 측면에서는 통상 무역 자체가 '근대적 진보'일 수
있겠지만 이는 침략, 수탈일 뿐이라고 반대하였다. 김대희金大熙는 열강
과 통상무역으로 오히려 내실이 퇴화하게 되었고, 마침내 일본의 보호국
이 되었음을 지적하였다. 통상무역으로 각 개항장이나 경인선, 경부선
정거장에 많은 여객과 물화가 왕래하여 겉으로 발전된 것처럼 보이지만,
이런 '진보'는 거류한 외국인의 진보이지 조선의 진보는 아니라고 하였다.
심지어 우리나라에 들어온 물화도 농상공업에 유용하고 생활에 편리, 유
익한 것이 아니고 사치품이 대부분이라는 점도 언급하였다. 그는 경쟁이
있어야 사회의 진보가 가능하다는 사실을 부정하지는 않았지만, "외국인
의 진보로 조선 국토를 장식"하는 수준의 '진보'는 찬성하지 않았다.[12]

한상우韓相愚도 일본이 일으킨 청일·러일전쟁, 한반도와 만주 '경영'
등은 모두 '식민 경영'이라고 지적하였다. 즉 사법권 위임, 군대 폐지,
금융기관 설비, 교통기관 수축修築 따위 정책은 모두 식민사업의 수단으
로, 일본 영토를 확장하고 상공국商工國의 지위를 확고하게 하여 경제 이
익을 완수하려던 것에 불과하다고 하였다.[13]

이런 판단에서 당시 일본의 '보호국'이 된 현실을 정확하게 인식하려고

---

11) "故로 俾斯麥이 言ᄒ되 國家를 安全ᄒᄂᆫ 者ᄂᆫ 黑鐵赤血뿐이다 하며, 福羈諭吉이 言하되 萬國
公法이 大砲 臺放만 不如ᄒ다 ᄒ얏스니, 是ᄂᆫ 强權의 盜狀을 善論ᄒ 者라. 强權 到處에 仁義
가 何며 道德이 何리오. / ……西人이 恒云ᄒ되, 同種族 同國民이 相遇ᄒ면 道德만 有ᄒ고
權力이 無ᄒ며, 異種族 異國民이 相遇ᄒ면 權力이 有ᄒ고 道德이 無ᄒ다 ᄒ니, 此言이 又
强權을 夢想ᄒᄂᆫ 者의 三復ᄒ 빈니라"《大韓每日申報》 1909년 7월 21일 論說〈世界에 惟一
强權〉)라고 하였다. 또는 "國際之公法條約이 더욱 文明ᄒᆯ수록 侵略의 手段을 尤不可測이오,
個人之握手交接이 더욱 殷繁ᄒᆯ수록 詐騙的 行爲를 愈不可信이니, 故로 今之論世者ㅣ 曰彼所
謂 開明强大之國人이 皆菩薩口氣오 夜叉心術이라 ᄒᆡ 豈其過言哉아"라고 하였다(《大韓每日
申報》 1907년 5월 30일 論說〈鋼知識ᄒ신 大韓同胞여〉).

12) 金大熙,〈韓日交際及其將來〉,《夜雷》 6, 7~9쪽 ;〈大韓의 進步〉, 같은 책, 9~11쪽.

13) 韓相愚,〈經濟學의 必要라〉,《西北學會月報》 17, 15쪽.

노력하였다. 학술적으로 보호국의 성격과 종류, 국제 사회 위상 등을 소
개하였다. 일본 학자의 글을 번역하여, 보호국을 호위적護衛的 보호국,
후견적(정치상, 眞正, 국제) 보호국, 행정상 보호국, 식민적 보호국 등으
로 정리하기도 하였다.14) 또는 국법상의 국가와 국제공법상의 국가가 다
르다는 점을 들어 보호국은 국제공법상 권리가 없어 다른 나라로부터 대
우를 받을 수 없다고 지적하였다.15)

　궁극적으로 그들은 일본의 침략성과 '보호' 정치를 직접 비판하였다.
《대한매일신보》가 이런 주장을 빈번하게 제기하였다.16) 이런 주장을 많
이 한 대표적인 사람이 신채호申采浩였다. 그는 먼저 일본이 러일전쟁 때
내세운 '인종 전쟁'이나 '인종주의'를 비판하였다. 인종전쟁론은 일본을
중심으로 황인종이 단결해야 한다는 일본맹주론日本盟主論과 결합되어 있
었고, 일진회一進會 같은 친일 세력은 이를 추종하였다. 일진회는 "동양의
황인종은 동양에서 제일 강한 일본을 맹주로 하고 우리나라와 중국은 이
를 추종해야 한다"고 주장하였다. 이런 주장에 대해 신채호는

　　彼輩 又曰 今日은 人種戰爭之時代라. 黃人이 盛則 白人이 衰ㅎ고, 白人
　이 興則 黃人이 亡ㅎ나니, 吾輩는 黃人이라, 不可不 頓忘微嫌ㅎ고 聯結東
　洋ㅎ야 彼 最强最悍之日本을 推爲盟主ㅎ고 韓淸國 兩國이 隨後以進ㅎ여
　야 可以相保라 ㅎ나니, 嗚乎 彼輩여, 醉中談乎아, 夢中語乎아. 假令 有人於
　此ㅎ대 自身之上衣下裳을 被人裂破ㅎ며, 自家之南田北畓을 被人占奪ㅎ야
　旣餓且凍에 溝壑이 在前커늘 及執著命龜ㅎ고 曉曉然卜之曰 五十年 後에

---

14) 有賀長雄 저, 金志侃 역술, 〈保護國論〉, 《太極學報》 21, 44~46쪽.

15) 南廷薰, 〈國法上 國家와 國際公法上 國家의 차이〉, 《大韓俱樂》 2, 11~13쪽. 金成喜는 세계
　　역사에서 나타난 보호국을 4종류로 나누고, 보호국은 인류가 국제 생활을 하는 방법으로 말미
　　암아 발생한 것으로 단순히 외관상 보인 세력의 강약에 따른 구분이지 민족적 국민주의로
　　논할 것이 아니며, 보호 아래서도 자유·독립이 있을 수 있다고 하였다(金喜成, 〈論外交上經
　　驗的歷史〉, 《大韓協會會報》 8, 6~7쪽. 회보의 원래 필자는 金喜成으로 되어 있으나 金成喜의
　　오식인 듯하다). 보호국을 보는 논리가 서로 상당한 차이가 있음을 알 수 있다.

16) 《大韓每日申報》가 제기한 내용에 대해서는 朴贊勝, 〈韓末 自强運動論의 각 계열과 그 성격〉,
　　《韓國史研究》 68, 1990, 117~120쪽 참조.

吾家가 必有大災ᄒ리라 ᄒ야 頓忘目前之僵仆乎고 遠思後日之殃災ᄒ면 斯
非愚人乎아. 今日韓人의 坐憂黃白戰爭者 何以異是리오.[17]

라고 하였다. 곧 인종전쟁을 내세우고 일본을 맹주로 동양을 연결해야
한다는 주장에 따라 가게 되면 결국 우리도 일본의 침략을 받게 될 것이라
고 지적하고, 이런 주장을 술 취한 소리, 잠꼬대 같은 소리라고 하였
다.[18]

신채호는 일본이 침략을 숨기고 내세운 '동양주의'(아시아주의)에 대해
서도 비판하였다. 당시 동양주의를 '황백종의 화복설禍福說을 미신迷信한
인종주의'라는 비판이 일어났다.[19] 일부 식자층의 지지를 받고 있던 오가
키[大垣丈夫]의 논의(大東平和同盟說, 삼국동맹설 등)를 "독약은 병에 이
롭다는 말[毒藥利於病之說]"이라는 말이라고 하였다.[20] 신채호는 오가키의
대동평화동맹설 같은 동양주의는 "동양 제국이 일치 단결하여 서방의 동
점東漸함을 방어한다"는 것이지만, 실상은 '나라를 그르치는 사람[誤國者]
이나 외인에 아부하는 자[媚外者]가 그들의 매국 행위를 숨기기 위해 주장
한 것'이라 하였다. 이런 동양주의가 퍼지면서 "동양에 있는 나라면 적국
敵國도 아국我國으로 여기고, 동양에 있는 종족[族]이면 원수의 민족도 아
족我族으로 생각하는 사람"만 점차 늘어난다는 점을 경계하고 비판하였
다. 요컨대 동양주의를 이용하여 나라를 구한다고 하지만 결국에는 "한인
韓人이 동양주의를 이용하여 국가를 구하는 자는 없고, 외인外人이 동양주

---

17) 錦狹山人, 〈與友人絕交書(續)〉, 《大韓每日申報》 1908년 4월 14일 (《丹齋申采浩全集》 下, 형
   설출판사, 1975).
18) 그 외도 인종전쟁을 비판한 것으로 "황인종 중에도 백인종의 심성을 가진 자가 없는지 의문"
   이라고 하기도 하였으며(抱宇生, 〈競爭의 根本〉, 《太極學報》 22, 28쪽), 혹은 "황백인종의
   경쟁은 고사하고 同種 중에서도 보호, 압제"(韓興敎 역, 〈政治上으로 觀ᄒ 黃白人種의 地位〉,
   《大韓興學報》 1, 73쪽) 등의 지적도 있었다.
19) 《大韓每日申報》 1908년 12월 17일 〈奇哉[좌줘ᄒ 會名).
20) 雲月過客, 〈答大垣丈夫書〉, 《大韓每日申報》 1906년 4월 6~7일.

의를 이용하여 국혼國魂을 찬탈하는 자가 있다"고 하였다.[21]

《대한매일신보》는 일본이 침략하면서 내세운 '한국의 독립 보장'이라
는 명분도 헛된 것이라고 지적하였다.

　當日俄開戰之始ᄒ야 日皇陛下의 宣戰詔勅과 外務大臣의 公布列國ᄒ 文
字가 豈不曰擁護韓國之獨立에셔 保全韓國之疆土乎아. 終乃 韓國之獨立이
變改ᄒ야 保護를 受ᄒ얏고, 疆土保全이 無效ᄒ야 侵佔을 多被ᄒ얏스되.[22]

라고 하여, 일본이 거짓으로 한국의 독립 옹호, 영토 보전 등을 내세워
침략하여, 보호국이 되고 강토도 보전하지 못하게 되었다고 지적하였다.
아울러 일본 침략을 묵인한 세계 열강의 형태를 보더라도 제국주의 국가
와 맺은 조약이나 공법은 믿을 수 없다면서, 〈한일의정서〉에서 독립과
영토를 약속하였지만 실제로는 '독립을 파괴하고 보호를 늑행勒行'하였다
고 비난하였다.[23]

이런 인식에서 통감 정치의 본질을 지적하였다. 곧 "호걸豪傑(의병)을
살육하고는 폭도暴徒라 하고, 양민을 포살하고는 치안을 내세운다"고 하
였으며, 통감의 정치로 "하늘의 태양이 어두워지고 산하가 참담하여졌다"
고 비난하였다.[24]

이상과 같이, 사회진화론에 따라 민족, 국가 사이의 경쟁을 더 강조하
면서 제국주의 침략과 일본의 보호국 지배의 침략적 본질을 꽤 정확하게
파악하였다. 또한 제국주의의 침략이 단순한 영토 점령일 뿐 아니라 경제

---

21) 《大韓每日申報》 1909년 8월 8~10일 論說 〈東洋主義에 對ᄒ 批評〉(《丹齋申采浩全集》 下,
　　88~91쪽). 앞의 〈奇奇怪怪ᄒ 會名〉에서도 "日人의 東洋 云云은 國家를 擴張ᄒ야 東洋을 合
　　倂홈이오, 韓人의 東洋 云云은 東洋을 主張ᄒ야 國家를 消融코ᄌ 홈이니라"고 하였다.
22) 《大韓每日申報》 1907년 5월 30일 〈鑄知識ᄒ신 大韓同胞여〉.
23) 위와 같음.
24) 滄海生, 〈韓國硏究〉, 《大韓興學報》 9, 12쪽.

적인 식민 침탈이라는 점, 그리고 무력적 전쟁을 비롯하여 문화, 종교를 통한 정신적인 침탈로도 전개되고 있었던 점도 간과하지 않았다. 뒤에 볼 계몽운동의 이념으로 애국주의, 국가주의, 그리고 이를 극복하는 민족주의가 형성되는 출발이었던 것이다.

2) 문명화 논리에 따른 제국주의 인식

(가) 사회진화론은 경쟁의 결과인 강자와 약자, 적자適者와 부적자不適者의 차이를 인정한 강자의 논리였다. 약자로서는 강자와의 경쟁에서 살아남기 위해 강자가 되어야 하였고, 이를 위해서는 서양과 같은 수준의 근대문명으로 나아가는 문명화를 이루어야 하였다.

문명화는 야만에서 개명開明, 문명의 단계로 '진보'하는 것을 의미하였다. 일본 유학생 이승근李承瑾은 진보의 형태를 야만에서 문명으로 나아가는 승상적昇上的 진보와, 한 지점에서 다른 지점으로 전파 확장하는 지평적地平的 진보로 나누고, '문명'은 기구 편리, 생계 용이, 교통 발달, 복지 증대, 미신 타파 등이며, 이런 문명을 세계적으로 확산한 서양 문명이 '세계 문명'이라고 하였다.[25] '진보'의 차원에서 우리의 문명화는 구미 열강보다 수백 년, 일본보다는 수십 년이 뒤떨어졌다고 보았다.[26]

문명으로 나아가는 진보는 경쟁을 통해서만 이룰 수 있었고, 문명한 개인·사회와 미개한 개인·사회의 경쟁은 필연적이었다. 즉 한 사회 안에서 개인 사이에는 "옛날에는 교화가 미개하여 우둔한 사람이 많고 문명한 사람이 적었지만, 그 뒤 문화가 점차 진보하여 지력으로 완고, 우둔한 사람을 능히 정복하고 그 권리를 탈취"하였으며, 사회적으로도 문명, 개

---

25) 李承瑾, 〈世界文明의 來歷을 論홈〉, 《大韓學會月報》 2, 7~9쪽.
26) 海雲子, 〈進步ᄒ라 同胞여(續)〉, 《大韓每日申報》 1908년 9월 29일 寄書.

화로의 진보는 문명 사회가 미개 사회를 경쟁하여 정복하면서 이루어진
다고 보았다.27) 제국주의가 약소국을 침탈한 것은 문명의 힘이었고, 그
침략의 과정이 문명의 전파였다.

　사회진화론에 따라 약소국은 내부의 미개화, 야만으로 강자와의 경쟁
에서 패하게 되었다고 생각하였다. 민족이 경쟁하는 세계 속에서 "진進하
여 강한 자가 퇴退하여 약한 자를 멸함"을 탓할 것이 아니라, 오히려 "다
른 사람이 진보하는데 내가 진보하지 못한 것, 다른 사람은 강한데 내가
강하지 못한 것"을 탓해야 한다는 것이었다.28) 따라서 자연스럽게 약자,
약소국은 강자, 강대국이 되는 길을 모색하면서 강대국의 문명을 적극적
으로 받아들이는 것을 중요하게 생각하였고, 점차 제국주의의 침략도 문
명화의 과정으로 생각하게 되었다.

　(나) 이런 인식에서 먼저 미개, 반개화 단계의 약소국은 문명국 제국주
의와의 통교를 강화해야 한다고 하였다. 이런 점은 이미 1880년대 초기,
문명관文明觀이 바뀌고 문명개화론이 형성될 때부터 제기되어 왔던 방안
이었다. 독립협회도 서양 문명의 전래를 문명화의 기회로 여겼고, 제국주
의의 이권 침탈도 '자원 개발=문명화'로 인식하였으며, "하늘이 준 것을
능력이 없어서 쓰지 못하고 남에게 빼앗기는 것은 정당한 일이다"고 하였
다.29)

　러일전쟁 이후 계몽운동 시기에도 열강과의 통교는 더 강조되었다. 이
승만은 당시를 "천하만국에 통通치 않는 나라가 없으며, 만국 만민에 열
리지 못한 자가 없나니"라고 하고, "사람마다 지금 세상에 있어서 타국들

---

27) 旿初子, 〈世人의 來歷〉, 《大韓協會會報》 4, 52쪽.
28) 海雲子, 〈進步흐라 同胞여〉, 《大韓每日申報》 1908년 9월 27일 寄書.
29) 《독립신문》 1898년 8월 31일 논설.
　　鄭昌烈, 〈韓末의 歷史認識〉, 《韓國史學史의 硏究》, 乙酉文化社, 1985, 201~203쪽 ; 朱鎭五,
　　〈獨立協會의 對外認識의 構造와 展開〉, 《學林》 8, 1986, 84~87쪽.

과 통치 않을 수 없는 줄을 깨달"아야 하고, 이 통교로 야만이 새 빛을 받아 부강 문명으로 변화되어가고 있다고 하였다. 이 변화는 곧 새벽에 동이 터올 때와 같아서 "혹 햇발을 먼저 비치는 곳도 있고 혹 나중에 비치는 곳도 있으나 돌아오는 해를 막을 자는 없는 것"처럼 피할 수 없는 것이므로, "새 빛을 받지 않으려고만 힘쓰다가 나라가 영원히 없어지고 인종이 장차 소멸"하게 될 것이라고 하였다.[30] 서양과 통교로 그 빛을 받아 부강, 문명으로 가야 한다는 것이었다.

이런 판단에서 이승만은 통상도 피차에 이익이 되는 것이라고 지적하였다. 즉 '여러 나라 사람들과 서로 이웃이 되어 문호도 열고 풍속을 고치며 물화를 바꾸는 것은 각처의 사람들이 서로 필요한 것을 바꾸어, 있고 없는 것을 서로 보용하는 것이므로, 세계 각 나라가 한 이웃이 되어 평균한 이익을 일체로 누리게 되므로 통상하는 이익을 알아야 한다'는 것이었다. 곧 통상하는 것이 나라를 부유하게 하는 근본이므로 우리도 이를 적극적으로 취해야 한다는 것이었다.[31]

따라서 이승만은 외국인이 들어오는 것을 '본래 나를 해하려는 주의가 없고, 피차에 다 이롭기를 경영'하기 위한 것으로 생각하였다. 당시 사람들이 이롭게 하려는 외국인을 오히려 원수처럼 여기는 것이 더 큰 문제이고, 우리가 제국주의 침략을 배척하고 미워하다가 큰 화를 입었다고 하였다.[32]

---

30) 이승만, 《독립정신》, 대동신서국, 1910(연세대학교 이승만연구원, 2019).

31) 이승만, 위 책, 254~256쪽. 덧붙여 그는 "만일 늠의 오는 것만 허락ᄒᆞ야 다만 안ᄌᆞ서 졉ᄃᆡᄒᆞ기만 위쥬ᄒᆞᆯ진ᄃᆡ 그 통상ᄒᆞᄂᆞᆫ 리익과 셰력이 다 외국인의 손에만 들어갈" 것이라 하고, '마땅히 우리도 남에게 가서 형편과 풍속과 물정을 살피고 들어올 물건과 나갈 물건을 차차 우리 손으로 대신'해야 하며, 이렇게 하여야 우리의 상권을 확장할 것이라 하였다(같은 책, 257쪽).

32) 이승만, 위 책, 257~258쪽. "외국인을 원슈ᄀᆞᆺ치 녁임이 뎨일 위틴ᄒᆞᆫ 것이니 이는 어두운 빅셩들이 ᄒᆞᆼ상 ᄉᆞ닭업시 늠을 미워ᄒᆞᄂᆞᆫ 폐단이라. 우에 말ᄒᆞᆫ 것만 보아도 죡히 늠을 미워ᄒᆞᆯ 리유가 업슴을 가히 파혹ᄒᆞᄀᆡ거ᄂᆞᆯ 셰상 형편도 모르고 늠의 ᄯᅳᆺ도 모르ᄂᆞᆫ 즁에서 어리셕게 늠을 은근히 싀혜ᄒᆞ야 죵죵 긔회를 당ᄒᆞ면 히ᄒᆞ기를 ᄭᅬᄒᆞᄂᆞ니 실로 ᄉᆞ리에도 대단히 합당치 안커니와 나라에도 이만치 위험ᄒᆞᆫ 일이 업ᄂᆞᆫ지라. 당초에 텬쥬교인을 업시ᄒᆞ려다가 병인양요를 만들엇고, 갑신임오에도 '일본'인을 몰아ᄂᆡ려다가 란리를 닐히려 큰 화를 당ᄒᆞ엿ᄉᆞ며, 갑

외국인이 병원, 학교, 고아원, 맹아원 등을 설립한 것을 보더라도 우리
를 좋은 뜻으로 대접하고 있는데, 그 뜻을 모르고 도리어 해치려고 한다
면 문명국으로서 대접받기를 포기한 것이라 하였다. 그리하여 그는 "백성
이 어리석은 것이 곧 나라를 멸망시키는 제일 첩경"이라고 하였다.33)

(다) 러일전쟁을 거치면서 일본의 침략론이었던 인종전쟁론, 동양평화
론이 퍼지고, 동양삼국동맹론이 성행하였다. 이는 1880년대 이래 제기되
어 왔던 대동합방론大東合邦論, 아시아주의, 동양주의의 연장이었다. 백인
종인 서구 열강의 아시아 침략을 막아내기 위해서는 황인종이 단결해야
하며, 일본이 미개한 아시아를 지도·지배하는 일본맹주론日本盟主論이었
다.34) 계몽운동에서도 한일동맹론, 삼국동맹론은 계속되었다.

A - 삼국동맹론을 전파한 사람은 일본인 오가키[大垣丈夫]였다.35) 그
는 대한자강회, 대한협회 고문으로 활동하였는데, 계몽 단체에서 오가키
를 고문으로 앉힌 것은 단체의 설립이나 활동에서 발생할 수 있는 문제를
통감부와 교섭하기 위해 이용한 점도 있었지만,36) 그가 동양삼국동맹이
나 제휴를 주장했던 점과도 무관하지 않았다.

오년에 동학이 널허나 외국인을 몰아낸다 흐다가 동양이 대란흐게 만들엇느니……"
33) 이승만, 위 책, 258~259쪽.
34) 大東合邦論, 아시아주의, 脫亞論 등에 대해서는 旗田巍, 《日本人의 朝鮮觀》, 勁草書房, 1969 ;
韓相一, 《日本帝國主義의 한 硏究》, 까치, 1980 ; 朴英宰, 〈近代日本의 韓國認識〉, 《日本의
侵略政策史硏究》, 일조각, 1984 ; 〈近代日本의 아시아 認識〉, 《露日戰爭 前後 日本의 韓國侵
略》, 일조각, 1986 등 참조.
35) 일본 군부가 한국을 침략하면서 합방적극론이 오히려 반일운동을 격앙시킬 수 있으므로 합방
소극론자인 오가키를 내세웠다는 지적도 있다(姜東鎭, 《日帝의 韓國侵略政策史》, 한길사,
1980, 137~139쪽). 大垣이 우리나라에 오기 전의 활동과 東洋三國提携論에 대해서는 池川
英勝, 〈大垣丈夫について〉, 《朝鮮學報》 117, 1985 참조.
36) 李鉉淙, 〈大韓自强會에 대하여〉, 《震檀學報》 29·30, 1966, 164~166쪽. 물론 오가키는 "고
문은 이른바 고문이오, 지휘 명령하는 자가 아니오, 고문의 의견이 만약 불가하면 채용치 않
음이 본회[대한자강회]의 권리"라고 하였지만(大垣丈夫, 〈本會의 將來〉, 《大韓自强會月報》
11, 13쪽), 실제 활동의 지침을 제시하였다. 이에 비해 大垣의 영향은 크지 않았다는 지적도
있다(池川英勝, 〈大垣丈夫의 硏究〉, 《朝鮮學報》 119·120, 1986).

오가키는 한국에 올 때부터 '삼국동맹'을 주장하였으며, 적극적인 침략
론이었던 병합론併合論에는 반대하였다. 그는 동양의 영원한 평화를 위해
조선에 왔다고 하였으며,37) 또 "동양의 영원한 평화를 위해 귀국貴國(한
국)의 문명 부강을 기도하는 자"라고 자처하였다.38) 그의 동맹설은 "일본
이 우두머리가 되어 삼국이 제휴하면 동아가 발흥할 것이라는 것은 진실
로 말을 기다릴 필요가 없다[日本執之牛耳 三國提携 則東亞之發興 固不俟言矣]"
고 하여, 일본을 맹주로 하는 구조였다.39)

오가키의 삼국동맹설은 당시 지식인들에게 크게 환영받았다. "심사心
事의 정대와 식견의 심원深遠이 가히 동양의 행복을 펼 만하다"고 하면
서,40) "오가키 씨의 동맹 주장함은 그 지론이 바르며 그 생각하는 바가
밝아 가히 전국 내의 척안隻眼(특별한 識見)이라"고 칭송하였다.41) 심지
어 오가키가 우리나라 사람의 계발을 위해 진심으로 주력하고 있는 것을
감사하는 글을 쓰기도 하였다.42) 장지연은 오가키의 주장이 "한국과 일
본이 같이 서고 서로 의지하면 일본 또한 영원함을 얻어 유지할 수 있다"
고 하여, 눈앞의 이익보다는 원대한 이익을 도모한 것으로 평었다.43)

오가키는 대한자강회의 취지를 설명하면서, '보호국'이라는 현실을 인
정하고 "어려운 외교는 일본에 맡기고 (자강회는) 국내의 자강만 추진하
여 부강의 실實을 쌓고 독립의 기초를 이루는 것"이 급선무라고 하였다.

---

37) 大垣丈夫, 〈所感一則〉, 《大韓自强會月報》 5, 44쪽.

38) 大垣丈夫, 〈韓國三大病源〉, 《大韓自强會月報》 2, 38쪽.

39) 大垣丈夫, 〈告韓國諸君子書〉, 《皇城新聞》 1906년 2월 26일.

40) 《大韓每日申報》 1906년 2월 20일 論說 〈賀大垣氏來韓〉.

41) 《大韓每日申報》 1906년 2월 25일 論說 〈論大垣氏同盟說〉.

42) 《皇城新聞》 1906년 2월 27일 論說 〈感謝大垣君高義〉. 서울에서 간행되던 일본인 잡지 《漢陽
報》의 발행인이 "保護政治는 신뢰를 얻어야 하며, 신뢰 없이는 한국을 영원히 同化할 수 없다.
非倂合的主義로 해야 한국을 일본의 分身이 되게 할 수 있다. 통감이 완화 수단을 쓰려면 배일
파의 中堅을 同化해야 한다"는 글을 소개하고, "그 의론이 正大하고 事理가 通暢하여 利益이
적지 않다"라고 번역 소개하고 있음에서도 또한 엿볼 수 있다(日戶勝郎, 〈對韓私見〉, 《西友》
10, 26~40쪽).

43) 張志淵(南崇山人), 〈送金陵大垣丈夫之西京序〉, 《大韓每日申報》 1906년 7월 7일 ; 南嵩山人,
〈送金陵大垣丈夫之西京序〉, 《皇城新聞》 1906년 7월 7일.

또한 자강회의 활동도 국가의 질서를 문란시키지 않고 치안을 방해하지 않는 '국법 범위 내'에서 해야 한다고 강조하였다.44) 또한 그는 일본의 한국 통치에서 병탄주의와 무단주의를 배격하고 "자국민을 객위客位에 놓고 타국민을 위하여 힘을 다하는 방침을 세워 (영국의) 이집트 경영의 목적이 이집트 국민의 인지人智를 개발하며 행복을 증진하기에 있다"는 점을 본받아야 한다고 주장하였다.45) 그가 이미 일제의 한국 침탈 논리였던 일선동조론日鮮同祖論이나 민족성, 당파성黨派性을 거론하고 있었던 것도 우연한 일은 아니었다.46)

B - 동학東學 상층부도 한국과 일본의 동맹을 표방하였다. 이즈음 동학은 문명개화운동으로 노선을 전환하면서 민회民會 운동을 전개하였으며, 《만세보萬歲報》를 만들고, 대한협회에 참여하여 계몽운동의 중심 세력이 되었다. 동학의 운동 노선 전환은 손병희의 삼전론三戰論에 바탕을 두고 있었다.47)

러일전쟁이 일어나자 손병희는 일본동맹론日本同盟論을 주장하였다. 그는 '일본이 이기면 한국이 일본에 속[歸]할 것이고, 러시아가 이기면 러시아에 속할 것이 명약관화明若觀火하다'면서, 지리적 여건이나 전쟁에 임하는 나라의 태도, 군략과 병기 등을 고려한다면 일본이 반드시 이길 것이니, 한국의 장래를 위해서는 일본과 동맹해야 한다고 판단하였다. 한국이

---

44) 大垣丈夫, 〈本會趣旨〉, 《大韓自强會月報》 1, 23~25쪽.

45) 金陵居士, 〈隨感短評〉, 《大韓自强會月報》 2, 67~68쪽.

46) 大垣丈夫, 〈外國人의 誤解〉, 《大韓自强會月報》 2, 60쪽 ; 〈本會의 將來〉, 《大韓自强會月報》 11, 7~12쪽. 그밖에 "夫日韓兩國 同人種 同文字 且以地勢言之 則如唇齒輔車 以國交言之則 所其由來久矣 與彼我國不可同年而語也 余嘗謂 日韓由來兄弟國 民與民親 國與國依 本固末茂" 라 하여(《皇城新聞》 1906년 2월 26일 〈告韓國諸君子書〉), 일제가 식민 지배의 이념으로 제기하던 논리와 동일하다는 것을 알 수가 있다.

47) 이 문제에 대해서는 康成銀, 〈20世紀初頭における天道敎上層部の活動とその性格〉, 《朝鮮史研究會論文集》 24, 1987 ; 金炅宅, 〈韓末 東學敎門의 政治改革思想硏究〉, 연세대학교 석사학위 논문, 1990 참조.

일본과 동맹을 맺고 공동으로 출병한다면 전쟁 뒤에 전승국의 위치에서 국가 만전의 조약을 얻을 수 있다고 보았으며, 또한 일본 당국과 한국 정치 개혁에 관한 밀약을 맺고 친러 정권을 타도하여 개혁을 실행해야 한국도 재생할 수 있다고 생각하였다. 그는 이런 방안이 "동양 평화의 術術"이라고 하였다. 그는 이 일환으로 1904년 2월, 일본 육군성에 군자금 1만 원을 기부하고, 국내의 동학 조직에게 일본군을 원조하라고 지시하였다.48)

동학의 국내 조직인 진보회進步會는 손병희의 일본동맹론, 동양평화론에 따라 활동하였다. 진보회는 동양 평화를 위해 황인종인 일본을 도와야 한다는 방침을 세우고, '4대 강령' 속에 '동맹국[일본] 군사 상에 보조할 것'이라는 내용을 제시하였다.49) 진보회는 철도 건설, 군수품 운반 등으로 일본군을 적극적으로 도왔다.50)

천도교 세력이 계몽운동에 참여한 이후에도 이런 논의를 계속하였다. 당시를 경쟁 사회로 보면서 "시가열요市街熱鬧는 상업 경쟁이요, 정계 분굉紛紘은 세력 경쟁이요, 소송재판은 개인 경쟁이요, 포대 군함은 국제 경쟁"이라고 하고, 특히 경제의 경쟁을 가장 큰 문제로 지적하였다.51) 그러면서도 "전 지구 위의 15억 인구 중에 현금의 제일 큰 문제는 황백 양색 인종의 경쟁"이라고 하였다. 러일전쟁 당시 러시아가 '황색화론黃色禍論'을 제기하여 백인들의 동정심을 고취하고 있음을 지적하면서, 오히려 황색인종의 처지에서 본다면 '백화론[白色禍]'이 더 위급한 문제라고 하였다. 그들은 러일전쟁과 같은 제국주의 세력의 상호 침략도 인종 경쟁의 형태로 이해하였다.52)

---

48) 李敦化, 《天道教創建史》, 1933 (《東學思想資料集》 2, 209~211쪽, 221쪽).
49) 《一進會會報》 5, 4쪽.
50) 가령 《皇城新聞》 1904년 11월 28일 〈平察報告〉. 이런 점은 [보론]에서 후술함.
51) 《萬歲報》 1906년 9월 21, 22일 〈經濟競爭〉; 1907년 6월 8일 〈競爭의 聲〉.
52) 《萬歲報》 1906년 9월 15일 〈人種競爭〉.

그들은 우리나라와 일본의 관계를 '보거輔車'나 '일위수 葦水'라는 용어로 표현하였다. 일본이 일으킨 청일전쟁이나 러일전쟁을 모두 우리나라 때문에 일어난 전쟁으로 보고, 우리나라가 이른바 '동양의 화근禍根'이 된다고 보았다. '동양 화근론'은 바로 일본의 침략 명분이었지만, 이들은 이를 따랐다. 뿐만 아니라 "일청日淸의 역役에 일본이 아국我國에 독립을 부扶하였고, 일노日露의 역役에 일본이 아국으로 보호保護에 치置하였다"고 하여, 일본의 침략 전쟁을 한국의 '독립과 보호'를 위한 것으로 보았다. 그리하여 '보호정치' 아래 한국은 동양 평화를 위해 더욱 노력해야 한다고 하였다. 일본을 배척하는 운동이 있게 되면 예측할 수 없는 화를 자초할 것이라고 하고, "우리나라도 편소偏小한 나라요, 일본도 작은 섬나라[小島國]이라. 상합相合하면 그 이익을 호유互有하고, 상리相離하면 그 해가 불측不測이라. 순치脣齒의 세가 있으므로 마땅히 선린해야 한다"고 하였다.[53)

동학의 동양평화론은 일본의 침략론이었던 '아시아주의', '동양주의'에서 벗어나지 못했다. 이런 차원에서 그들은 '동양 연방聯邦'을 주장하였다. "일진一進하여 일본을 합하고, 재진再進하여 간도間島를 색환索還하고, 삼진三進하여 만주를 연락한 연후에 동양에 일대 연방을 작作하여 경제상 대진보를 연구치 아니하면 불가"하다고 하였던 것이다.[54) 일본동맹론에서 동양평화론으로 발전한 것은 일본의 침략 논리였던 대동합방론大東合邦論에 빠질 위험성을 항상 가지고 있었던 것이다.

C - 일본 유학생 가운데 많은 사람들도 인종전쟁론과 일본맹주론에 빠져 있었다. 러일전쟁에 대해서 국내 논자들이 대개 '동양 평화' 차원에서 거론하였다면, 일본 유학생들은 황인종과 백인종의 '인종 전쟁'이라는

53) 《萬歲報》 1906년 12월 18일 〈疑山疑雲(續)〉.
54) 《萬歲報》 1906년 7월 20일 〈三進聯邦〉.

점을 더 강조하였다. 어느 유학생은 "러일전쟁도 19세기 이래 점차 빈번하고 격렬해진 경쟁의 결과로 발생하였고, 앞으로의 역사는 황·백인종의 본능성本能性 전쟁으로 기록될 것이며, 지금 가장 급한 세계적 대문제도 인종 경쟁"이라고 규정하였다.[55] 이에 따라 일본이 황인종을 대표하여 전쟁을 치르고 있으므로 우리나라는 일본과 협력하여 백인종인 러시아와 싸워야 한다고 주장하였다.[56]

(라) 한일간의 관계를 '연대', '동맹'이라는 차원으로 보면 일본의 '침탈'도 문명화의 기회가 될 수 있었다. 곧 문명국 일본의 지도에 따른 문명화였다. 이는 약소국이 경쟁에서 패배하고 자력, 주체적인 강자화의 길이 좌절된 상태에서 나올 수 있었다. 문명화의 목표를 우선시하면서 점차 민족이나 국가의 자주, 독립을 외면하게 되는 모습이었다. 문명개화론에서 빠지기 쉬운 함정이었다.

러일전쟁의 개전과 더불어 체결된 〈한일의정서〉에 "동양의 평화를 확립하기 위하여 한국 정부는 일본 정부를 확신하여 시정개선施政改善에 대한 충고를 용인한다"는 내용이 포함되었다. 을사늑약에서도 부강, 자강해지면 국권회복, 독립도 이룰 수 있다는 내용이 묵인되면서 부강의 길을 일본의 지도, 보호 속에서 구하게 되었다. '동양평화론'과 더불어 '시정개선론'은 계몽운동의 주요 운동론이 되었다.

대한협회 회장 김가진金嘉鎭과 총무 윤효정尹孝定 등도 그러하였다. 김가진은 당시 '일본당日本黨'으로 불리던 인물이었다.[57] 《경성일보京城日

---

55) 抱宇生, 〈競爭의 根本〉, 《太極學報》 22, 24~28쪽.

56) 崔德壽, 〈韓末 日本留學生의 對外認識 研究(1905~1910)〉, 《公州師大論文集－사회과학》 22, 1984. 국내에서도 일진회가 이런 논리에서 러일전쟁에 참여하였지만, 인종적인 문제를 거론한 경우는 거의 '합병'이 가까운 시점이었다고 보인다. 가령, 《皇城新聞》 1910년 1월 15일 〈人種의 關係〉에서 당시를 인종 경쟁시대로 규정하고 '同種同敎의 相愛'를 주장하였다.

57) 일본 헌병대에서 작성한 자료를 분석한 崔永禧, 〈韓末 官人의 經歷一般〉, 《史學研究》 21, 1969, 382쪽.

報》 창립 2주년 기념으로 보낸 그의 축사에 이를 단적으로 보여주었다. 그는 일본 침략은 '경쟁'의 결과이고, 우리나라 산업이 발전할 수 있는 계기라고 보면서 일제의 통감 정치를 독립 유지의 방법이라고 하였으며, 일각에서 동양 정세를 알지 못하고 제기되고 있는 '배일排日' 사조를 고쳐야 한다고 하였다.

> 且 數回 條約은 東洋 形勢上 日本이 我國을 他手에 委치 아니훔은 實노 其 自衛의 必然에 出훔이오, 我國도 亦 日本을 排斥ᄒ야 能히 獨立을 維持치 못훔은 自明훈 道理인즉 …… 況 倂呑은 日本이 世界에 頒布훈 數次宣言에 反훔이오

라고 하였다. 일본이 행한 여러 차례의 조약은 일본의 자위自衛에 필요한 것이라고 하였고, 실력과 능력으로 일본을 배척하고 독립을 유지할 수 없으며, 또한 일본이 세계에 약속한 것과 같이 '병탄'하는 일은 없을 것이라 하였다. 일본의 침략 명분을 그대로 인정하면서 일본과 친화를 공고히 하는 것이 중요한 일이라 강조하였다. 그리하여 그는 일본의 관헌과 유식자가 보통 국민의 오해를 풀어 한일 관계를 원활히 해야 동양 평화와 한일 두 나라의 행복이 유지된다고 주장하였다.[58]

김가진의 견해는 윤효정이 대한자강회 시절에 이미 거론하던 것이었다. 윤효정은 이토[伊藤博文] 통감이 재정감사관財政監査官과 은행가를 대상으로 한 연설을 소개하면서, "우리나라에 건너온 일본인이 대부분 부랑자, 노동자, 궁핍한 사람, 욕망가, 교활한 사람 등이기 때문에 이들의 행위로 말미

---

58) 金嘉鎭,〈我國有識者의 日本國에 대훈 感念〉,《大韓協會會報》 6, 1~4쪽(이 글은 필자 소개 없이《皇城新聞》1907년 10월 9일 논설로도 게재). 나아가 그는 우리나라에 있던 일본 관헌에게 통치의 유의 사항도 제시하였다. 즉 일시의 급격한 변혁보다는 대다수의 淺識한 국민들에게 동양의 형세와 자국의 지위를 알게 할 것, 우리나라 당대의 인물은 대부분 배일파이고 권세에 따르는 자는 아첨하는 무리라는 것, 또 伊藤 통감의 통치 방침이 두 나라의 이해관계를 공평하게 처리한다는 것 등이었다.

암아 일본의 대한對韓 정책을 병탄주의倂呑主義, 자멸주의自滅主義, 압제주의
壓制主義라고 잘못 생각하여 의병과 같은 집단도 나오게 되었다"고 하였으
며, 한일 간의 이런 오해를 풀고, "우리 백성[我民]의 행복을 증장增長하여
선진국의 광휘를 선양"할 수 있는 사람이 바로 이토 통감이라고 추켜세우
면서, 이토의 연설을 '금구옥언金口玉言'이라고 극찬하였다.[59]

　윤효정은 대한협회의 활동을 "선진 문명국의 지도에 의하여 국사國事를
정리하고 인문人文을 장려하여, 지금부터 백성이 협동 일치하여 문명을 흡
수하고 시정을 개선하여 나라의 부강을 증진하려는 것"이라고 하였다.[60]
문명화는 문명국(일본)의 지도로 가능하므로, 일본의 지배를 문명화의 길
이라는 여겼던 것이다. 가령, 일본의 사법권 침탈과정에서 설치된 대심급大
審級 이하 각급 재판소도 인민을 위해 설치한 것이고 우리나라 법률계의
새로운 빛이라고 칭찬했다. 우리나라가 빈약 위급해진 것은 정치 운용 기관
이 전적으로 귀족의 수중에 있어 귀족 · 목민관 등의 탐관貪官, 강호强豪가
생령을 수탈했기 때문이며, 따라서 이를 해결한 일본의 사법권 장악은 인민
의 행복을 위한 것으로 생각하였다. 외국의 공평한 법관을 임용하고 사법의
독립을 완전케 하여 인민의 생명과 재산을 보호하는 조치라는 하였다.[61]

　김가진 · 윤효정 체제 시기에 대한협회가 일진회와 연합을 시도하였다.
이른바 '3파 연합'이었다.[62] 이는 일진회가 '합방'을 주도하기 위한 획책

---

59) 朝暘樓主人,〈讀尹癸寅說有感〉,《大韓自强會月報》11, 80~82쪽. 윤효정은 ① 한국에 책임이
　있는 통감의 약속이므로 그 밑의 일본 관민들의 행동이 前日과 같지 않을 것이라는 점, ②
　관민의 행동이 한국을 억제하고 일본을 위하는 것이 있으면 匹夫라도 일본 관헌에게 청원
　질문할 권한이 생긴다는 점, ③ 일본이 한국에 보호의 이름 아래에 貪暴의 행위를 한다는 의문
　이 없어져서 한국의 관민이 정치와 실업의 개선 진보하는 것을 머뭇거릴 필요가 없어졌다는
　점 등에 유의하였다.

60) 尹孝定,〈大韓協會의 本領〉,《大韓協會會報》1, 47쪽.

61) 尹孝定,〈意見書〉,《大韓協會會報》7, 54~55쪽. 또 그는 중국에서 일어난 외국상품 불매운
　동, 利權回收運動, 특히 철도 이권의 회수와 鐵道自弁運動도 일본의 영향이라고 생각하였다.
　즉 러일전쟁에서 일본의 승리는 중국인들에게 아시아인의 전도를 밝혀 '白人을 不足畏怕할
　수 있는 기상을 환기시켰으며, 일본의 條約 勵行하는 역사를 살펴보고 종래 외국인에 대한
　輕侮屈辱을 반성하게 되었다는 것이었다(〈淸國의 覺醒〉,《大韓自强會月報》10, 4~7쪽).

62) 李鉉淙,〈大韓協會에 關한 硏究〉,《亞細亞硏究》13-3, 1970, 39~50쪽.

이었지만, 대한협회도 이에 동조하였다. 대한협회는 "양국 협약의 정신을 표준하여 일본의 선량한 지도 부액扶腋을 신인信認하며 실력을 양성하여 타일에 자치를 기도하기로 위주로 하여 일본 인사의 극단론을 일체 배척코자 함"이라고 천명하였다.63)

오세창吳世昌은 '동양의 문명 선도자'인 일본을 중심으로 한 '동양평화론'을 주장하였다. 대한협회에 참여하여 부회장이 되었던 그는 '서양의 침략을 막고, 꿈속을 헤매는 이웃들을 깨운' 일본의 공을 지적하면서

> (대한협회가 정당으로 여론을 대표한다면: 인용자) 我韓이 大東 要樞地에 位ᄒᆞ야 平和主論者의 眼中에 障碍를 不作ᄒᆞᆯᄲᅮᆫ 不啻라. 我韓의 自爲計는 埃及 安南의 前轍을 不蹈ᄒᆞ리니, 是로 推ᄒᆞ면 協會는 我韓 全部의 精神團이라 稱ᄒᆞ며 大東平和의 補助品으로 認ᄒᆞᆷ도 足ᄒᆞ도다.64)

라고 하여, 동양 평화를 해치는 조선이 동양 평화에 기여하기 위해서는 대한협회와 같은 정당이 그 보조품이 되어야 한다고 하였다.

《황성신문皇城新聞》에서는 '부일附日이 즉 배일排日'이라는 황당한 주장을 내 놓았다. 당시의 부일파附日派는 모두 전날의 부아파附俄派였다는 점으로 본다면, 부일파도 정세 변화에 따라 자연스럽게 변한 것이라고 하였다. 즉 "부일은 세리勢利와 금전을 쫓은 것이지, 일본을 쫓는 것은 아니다. 외국의 노예가 되는 것은 외국의 세력과 금전의 노예이지 진정한 외국인

---

63)《皇城新聞》1909년 11월 30일 〈韓會의 公函과 聲明書〉. 대한협회는 1909년 임원진의 개편 뒤에 상당하게 친일화하였다(이현종, 위 글, 50~51쪽). '3파 연합'은 일진회가 주도하면서, 대한협회의 김가진·윤효정, 서북학회의 鄭雲復 등이 추진하였는데, 주선한 사람은 뒷날 유명한 친일파가 되는 崔麟夏였다. 대한협회에 참여하였던 鄭喬 조차 "일찍 尹孝定은 大韓協會를 설립하여 文明趣旨로 人民開導를 칭하면서 일본인으로부터 僞來金을 비밀히 받아 나라의 大小事를 정찰하여 일본인에게 밀고하였다. 일진회원이 내외관직에 많이 나아가자 욕심이 일어나 일진회와 연합하여 合邦聲明書를 제출하기에 이르렀다"(《大韓季年史》융희 3년 12월, 338쪽)고 지적하였다. '3파 연합'에 대해서는 이 책 [보론] 주 36)~39) 참조.
64) 吳世昌, 〈對照的의 觀念〉, 《大韓協會會報》 5, 2~3쪽.

의 노예는 아니다"는 것이다. 만약 일본이 쇠퇴하고 강한 다른 나라와
싸우게 되면 오늘의 부일파는 내일의 배일파가 될 것이라는 논리였다.[65]

그리하여 일본 문명을 찬양하고, 그 부강 원인을 알아야 한다는 주장도
나왔다. 러일전쟁으로 일본이 세계 열강의 하나로 떠오르자 최석하崔錫夏
는 "천하대세와 세계 치란治亂을 논하려면 일본을 제외할 수 없는 지경"에
이르렀으므로 "일본 문명을 연구하는 것은 세계 각 나라 사람들의 시대적
요구"라고 하였다. 그는 여타 황인종과 다른 일본인의 특징을 무사적武士
的 애국 사상, 국가 우선의 몰개성적沒個性的 애국 사상, 국제 정세에 능동
적으로 대처하는 기민성 등을 거론하고, 그 가운데서도 일본의 애국 사상
은 우리가 꼭 본받아야 할 것이며, 단순히 서양의 진보적 개인주의에 기
울어지면 영원히 파멸을 면치 못할 것으로 생각하였다. 더 나아가 그는
동양평화를 유지하고 중국 대륙의 이익을 균분均分하여 세계 열강의 의혹
을 일소할 책임과 자신을 가진 것이 '일본'이라고 찬양하였다.[66] 우리가
흔히 지적하는 친일파 논리의 핵심을 그대로 보였다.[67]

이런 논리에 따르면 통감 치하의 이른바 '보호정치'를 정확하게 인식할
수 없었다. 통감정치 초기부터 내정개혁에 대한 기대로 보호국도 감수해
야 한다는 주장도 나타났고,[68] 또 보호국을 통해 '보호자'와 '피보호자'가

---

65) 《皇城新聞》 1907년 6월 26일 論說〈附日이 卽 排日〉.
66) 友洋生,〈日本文明觀〉,《大韓學會月報》 8, 41~46쪽 ;《大韓學會月報》 9, 56~60쪽. 이 글에
   서는 일본이 다른 황인종과 다른 점으로 愛國性, 機敏性, 感性 등을 열거하였다(이 글은 대한
   학회가 대한흥학회로 통합된 뒤 같은 제목으로《大韓興學報》 1호와 2호에 계속 연재되었음).
   崔錫夏가 러일전쟁 때에 통역으로, 또 일본육사 출신의 계몽운동론자들이 국내에서 활약하기
   전에 실전 경험의 구실 아래 러일전쟁에 참가하였음은 결코 우연한 일은 아니었다.(李基東,
   《悲劇의 軍人들》, 일조각, 1982, 16~17쪽, 146~148쪽, 177쪽 ; 李正熙,《아버님 秋汀 李
   甲》, 인물연구소, 1981, 53~56쪽)
67) 崔錫夏는 다른 글에서 국제공법과 평화주의의 허구성을 지적하고, 서양 강대국의 행위를 비판
   하였다. 곧 열강의 침략방법도 세계문명이 발달할수록 경제나 보호를 거론하면서 날로 진보한
   다고 하면서 헤이그에서 열리던 제2차 평화회의도 "그 명의는 優美하여 세계를 탄복시키지만
   그 실은 '滅國新法'을 발명하기 위한 집회"라고 힐난하였다(〈平和會義에 대한 余의 感念〉,《太
   極學報》 9, 24~25쪽). 당시 아직 국제 열강의 대열에 본격적으로 합류하지 못한 일본의 입장
   이 반영된 것으로 보인다.
68) 《大韓每日申報》 1904년 9월 2일~7일 論說〈한국에 일본 위력이라〉.

피차 균리均利해야 한다고 하였으며,69) 영국이 이집트에 행한 '보호'가 그 나라의 개명 진보를 이루고 백성들에게도 많은 이익이 있다고 거론하기도 하였다.70)

2. 민중층 및 의병항쟁에 대한 인식

1905년 뒤 민중층의 항쟁, 의병항쟁도 국권회복을 목표로 일어났다. 계몽운동과 의병항쟁은 계급적, 이념적으로 서로 적대적이었지만, 계몽운동은 민중층을 '계몽'하여 자신의 주도 아래 포섭하고자 시도하였다. 민족, 국권 문제의 해결을 위해 민중층의 동력과 결합하는 방향도 나타나고 있었다.

1) 부정적 민중 인식, 우민관愚民觀

개화파의 문명개화운동은 농민층의 항쟁을 무력으로 억압하면서 전개되었다. 위로부터의 지주적 태도에서 나온 운동의 본질이었다. 1894년 갑오개혁이 이런 모습을 단적으로 보여 주었다. 이런 인식의 근저에는 어리석은 민중, '우민관'이 있었다.

문명개화론의 우민관은 《독립신문》에도 잘 드러났다. 가령 군대 양성도 국가 방위를 목적으로 한 것이 아니라 정권 안정을 위해 동학東學(농민

---

69) 《大韓每日申報》 1905년 8월 23일 論說 〈時局情形〉.
70) 《大韓每日申報》 1904년 9월 14일 論說 〈영국과 일본에 비교홈이라〉.

전쟁)이나 의병 같은 '토비土匪'를 평정시킬 만하면 넉넉하다고 생각하였다. 민중 항쟁을 진압할 만한 힘이 없었던 당시에 그들은 외국 군대도 환영하였다. 일본군의 주둔도 문명개화하지 못한 우리나라 사람들의 침해로부터 일본 자국민을 보호하기 위한 것이라고 생각하였으며, "만일 외국 군사가 없었다면 동학과 의병이 그동안에 벌써 경성을 범하였을 것이요. …… 만일 외국 군사가 지금 없을 지경이면 우리 생각에는 나라 안에 더 위태한 일이 있을까 두려워하노라"고 할 정도였다.[71]

　계몽운동에서도 민중에 대한 불신은 명확하였다. 당시 법에 따른 신분제의 귀천 구별이 없어졌으므로, '우민'은 지식의 정도에 따라 정해졌다. 사회진화론과 식자층의 우월 의식이 결합하여, 지식을 많이 습득한 '총명예지자聰明叡智者'는 강자였다.[72] 윤상현尹商鉉은 인류가 모여 살게 되면 '귀천'이 없을 수 없고, 공경대부公卿大夫와 서인庶人의 구별이 지식의 우열에 따라 정해졌던 것처럼, 20세기 경쟁사회에서는 귀함이 '뇌腦(지식, 정신)'에 있다고 하였다.[73]

　약자인 민중은 새로운 지식 습득도, 또 시세時勢를 파악하고 대처할 능력도 가지지 못한 존재였다. 김성희金成喜는 나라의 문명을 언급하면서 민중은 "글자도 모르고 우둔한 백성으로 토우土隅와 다름 없다"고 지적하였다.[74] 변승기邊昇基는 "국가의 강약은 교육의 여부에, 사람의 귀천은 학문의 유무에 달려 있다"고 규정하면서, 지식과 재능(자유 인권과 경쟁사상)이 없는 상민常民은 양반들이 노예나 우마牛馬로 대우해도 할 말이 없을 것이라고 하였다.[75]

---

71) 《독립신문》 1897년 5월 25일 논설 ; 1898년 4월 11일 논설.
　　鄭昌烈, 〈韓末의 歷史認識〉, 1985, 210~213쪽 ; 朱鎭五, 〈독립협회의 경제체제 개혁구상과
　　그 성격〉, 《韓國民族主義論》 Ⅲ, 창작과비평사, 1985, 114~122쪽.
72) 朴辛銘, 〈教育이 不明이면 生存을 不得〉, 《太極學報》 10, 32쪽.
73) 尹商鉉, 〈惱門一針〉, 《畿湖興學會月報》 4, 11~12쪽.
74) 金成喜, 〈文明論〉, 《大韓自强會月報》 6, 9~10쪽.
75) 邊昇基, 〈革法舊習(續)〉, 《湖南學報》 4, 6·11쪽.

이런 점으로 계몽운동에서는 국권상실 원인의 하나로 국민의 우매愚昧함이나 민중의 나태, 무사안일無事安逸, 사대주의 습성 등과 같은 '민족성'을 들기도 하였다. 흔히 일반 인민들이 국권상실의 허물을 정부 당국자에게 돌리는데, 비록 정부가 그 책임을 면할 수는 없지만 일반 인민들도 그 책임을 면할 수 없다고 한 박은식은 우리나라 국민의 생활 빈곤을 지적하였고, 그 빈곤은 "우리 동포 형제가 안일태타安逸怠惰의 습관으로 근면 노력하지 않은 연고"라고 하였다.76)

이런 판단에서 계몽운동은 우매한 민중을 '계몽=교육'하는 사업에 치중하였다. 계몽운동을 담당하는 주체는 당연히 '사士', 곧 식자층이었다. 남궁식南宮湜은 사류士類의 식견은 민심을 지도하여 바른 것에 귀의하게 할 수 있으며, 사류의 기운에서 국가의 진보도 가능하다고 하였다.77) 서우학회 취지서에는 그 학회를 '사우학회士友學會'라고 일컬었다.78) 그들은 당시 약 10만 명 정도로 파악되던 '독서지리讀書知理'의 식자층 가운데 5만, 6만 명이면 한국의 민의를 대표할 수 있다고 생각하였다.79)

2) 의병항쟁에 대한 양면적 인식

(1) 의병에 대한 반대

(가) 부르주아, 신지식층이 주도하던 위로부터의 계몽운동은 보수적 척사 유생층이나 민중층이 주도했던 의병에 대해 당연하게 부정적으로 보았다.80) 이런 부정적 시각은 기본적으로 사상, 그리고 계급 측면에

---

76) 朴殷植,〈人民의 生活上 自立으로 國家가 自立을 成홈〉,《西友》8, 1~4쪽.
77) 南宮湜,〈自强理由〉,《大韓自强會月報》8, 14쪽.
78)《西友》1,〈本會趣旨書〉, 1쪽.
79) 大垣丈夫,〈所感一則〉,《大韓自强會月報》5, 47~48쪽.
80) 계몽운동과 의병항쟁의 관계에 대해서는 安秉直,〈19世紀末~20世紀初 社會經齊와 民族運

서 그러하였지만, 앞서 본 바와 같이, 제국주의 침략을 명확하게 인식하지 못한 것과도 통하는 것이었다. 특히 일본을 중심으로 동양 삼국이 동맹하고, 더 나아가 일본의 지도 아래 근대화를 추진하는 데는 의병이나 농민층의 항쟁은 방해물이었을 뿐이었다.

대한자강회, 대한협회 총무를 지낸 윤효정尹孝定은 여러 차례 의병을 반대하는 의견을 표출하였다. 그는 의병의 정신이 우국憂國, 애국에 있다는 점은 인정하였다. 즉 "현금 각지에 봉기하는 의병에 대하여 그 정신인즉 혹 애국하는 충정衷情에 출出한다 하는 것은 불무不無"하다고 하고, "(의병의) 정신에는 양찰諒察할 것이 있다"고 하였다.[81] 하지만 그는 의병의 '폭력적 행동'에는 찬성하지 않았다. 그는 "시국과 국세를 살피지 않고 무력을 감행"한 것으로, "스스로 망하기 족하고 결코 자강할 수 없다"고 하였다.[82] 또한 "자국의 지위나 경우를 알지 못하고 상대 나라의 지위와 실력을 헤아리지 못한 맹동盲動"이라 하면서, 의병의 활동으로는 양민을 도탄에 빠뜨리고 나라의 전도를 구제할 수 없고, 오히려 나라가 나아가는 큰 길을 끊어 버리는 것이라고 하였다.[83] 그리하여 의병은 "조국祖國의 사상으로써 반대로 조국에 해를 입히는 것"이라고 하였다.

本 協會난 其 行動에 對ᄒ야 非議를 執ᄒ노니, 何者오. 現今의 政治運動은

動〉,《創作과 批評》30, 1973 ; 愼鏞廈,〈新民會의 創建과 그 國權恢復運動〉(1977),《韓國民族獨立運動史研究》, 을유문화사, 1985 ; 이만형,〈舊韓末 愛國啓蒙運動의 對義兵觀〉,《海士論文集》18, 1983 ; 홍순권,〈을사늑약 전후 개화지식인들의 정국인식과 대응〉,《한국독립운동사연구》24, 2005 ; 심철기,〈1907년 이후《제국신문》의 성격과 의병인식〉,《근대지식과 '조선-세계' 인식의 전환》, 소명, 2019 등 참조.

81) 尹孝定,〈大韓協會의 本領〉,《大韓協會會報》1, 47쪽. 혹은 "雖 精神은 憂國至情에 出ᄒ다 謂ᄒ나"(〈時局의 急務〉,《大韓協會會報》2, 62~63쪽).

82) 尹孝定,〈本會에 趣旨와 特性〉,《大韓自强會月報》1, 20쪽.

83) 尹孝定,〈時局의 急務〉,《大韓協會會報》2, 62~63쪽. "國家의 事가 此에 至ᄒ면 原因을 講究치 아니ᄒ며 又此를 救濟ᄒ을 方法을 硏究치 아니ᄒ고 다만 悲歌慷慨로 時勢를 謗讟[원망하여 비방함]ᄒ야, 不啻 哀鳴흔들 國에 何益이 有ᄒ며 君에 何補가 有ᄒ리오. 此 不平이 一轉ᄒ야 或 義兵의 旗幟를 揭ᄒ며 或 暴徒의 敎唆를 行ᄒ야 良民으로 ᄒ야곰 塗炭에 惹入케 ᄒ면 …… 余輩는 斷斷코 此를 不取ᄒ노니 何者오. 如此흔 行動으로난 決코 國家의 前途를 救濟기 不能ᄒ고, 及反 國步의 前進ᄒ는 大道를 斬斷흠이로다."

世界列國의 同情如何홈을 先察ᄒ고 我國 利害의 乘除가 如何홈을 考究치 안이홈이 不可ᄒ니, 萬一 我의 行動이 國家 前途에 如何한 影響이 波及홈을 計慮치 안이ᄒ고 義名暴行 敢爲ᄒ면 國家를 深淵에 擠陷ᄒ야 拯救할 方法이 無ᄒ기에 至할가 是懼ᄒ난 故로 本 協會난 義兵에 精神에난 諒察이 有ᄒ나 義兵의 行動에난 絕對的 非議를 執ᄒ야 ······84)

라고 하여, 세계 열강의 동정이나 우리의 이해를 헤아리지 않는 의병의 '폭행'에 반대하였다. 따라서 그는 "국가의 전도는 대한협회에 맡기고 속히 폭행을 중지하고 본업本業으로 되돌아가 국민의 권리·의무를 지키라"고 '권고'하였다.85)

의병을 반대하기는 대한협회 외의 다른 계몽운동 매체에서도 마찬가지였다.86) 대체로 위의 윤효정의 논리와 같았다.

우선, 의병이 '시세', 곧 실력을 헤아리지 않는 점이었다. 이는 당시 식자층에 광범하게 유행하던 사회진화론의 구조였다. "지금 맨손[空拳]으로 날카로운 무기[白刃]와 충돌하며, 맨몸으로 탄환을 막으면서 우리는 장차 배외排外한다고 주장하면 구하는 바가 있겠는가",87) 또는 "수백 명의 오합烏合의 무리로 공연하게 배일과 토일討日한다"라고 큰소리친다는 것이었다.88) 이런 논의는 일본과 우리나라의 국력·군사력의 차이, 곧 '실력 부족'으로 무력적인 싸움에서는 반드시 패배할 것이므로 실력을 양성해야 한다는 것이었다.

---

84) 尹孝定, 〈大韓協會의 本領〉, 《大韓協會會報》 1, 47쪽.
85) 尹孝定, 위 글, 47쪽.
86) 제국신문에 보인 부정적 의병관에 대해서는 심철기, 〈1907년 이후 《제국신문》의 성격과 의병 인식〉, 2019 참조. 특히 이 신문에 여러 차례(164건) 실린 탄해생[鄭雲復]의 글이 논조를 대변하였다. 사회진화론을 바탕으로 일본의 지도에 의한 실력양성론, 의병의 무력 항쟁과 치안 방해 등을 비판하였다.
87) 《皇城新聞》 1907년 8월 13일 論說 〈警告各地方假義嘯聚之徒(續)〉.
88) 《大韓每日申報》 1906년 3월 30일 〈非義尹狂〉.

따라서 실력이 부족한 의병이 폭동, 폭력을 일으키는 것은 나라를 망하게 할 뿐이라고 단정하였다. 의병은 고상한 목적도 없고 일시적 억압에 대한 배외열排外熱에 불과하고, 재산 탈취나 일삼는 의병의 무력 항쟁은 '야만적 폭동'이라고 규정하였다.[89] 중국의 의화단이 외국인의 압제를 이기지 못해 무력 항쟁을 일으켰으나 오히려 청국의 멸망을 초래할 뻔한 사실을 보더라도 "이른바 배외운동은 국가의 생명을 위망危亡케 하는 최명부催命符"라고 하였다.[90]

또한 의병의 '폭동'이 국법의 범위를 벗어난 점도 지적하였다. 계몽운동에서는 자신들의 활동을 철저하게 국가의 실정법 범위 안에서 전개할 것을 천명하였다. 대한자강회는 "국가의 질서를 유지할 때, 인민의 동요를 제지하기 위해 치안에 방해되는 언동을 허락하지 않음은 문명국의 통의通意요, 국법에 명백히 규정하는 바"라 하였으며, "다수가 횡행하여 시위운동을 하는 것 같은 만행은 이른바 치안 방해인즉 효과는 없고 오히려 죄를 얻을 뿐"이라고 하면서, 자신들의 활동은 치안을 방해하지 않는 범위에서 정부에 건의하는 방법을 주로 택하였다.[91] 의병의 무력 항쟁은 국법에서 정한 치안 유지를 위반하는 행위라는 것이었다.

계몽운동에서는 의병을 주도하던 민중층을 '비도匪徒'로 규정하였다. 대한협회의 정운복鄭雲復은 "향중鄕中의 무뢰배는 정부를 협잡하는 습관으로 왕왕 의병에 들어가 불쌍한 인민의 재산을 탈취하여 그 배를 채운다"라고 하여, 의병을 무뢰배로 지적하였다.[92] 의병에 상당히 긍정적이었던 《대한매일신보》에서도 이런 점은 마찬가지였다. "의병이라고 칭하는 자가 충청북도에서 창궐하여 산의 엽호獵戶를 초모招募하고,

---

89) 《大韓每日申報》 1908년 4월 11일 論說 〈淸國立憲問題에 대한 所感〉. 이런 '야만적 폭동'과 달리 '민족의 권리와 애국의 혈성을 추구'하는 입헌운동은 '문명적 폭동'은 가능하다고 하였다.
90) 《大韓每日申報》 1905년 9월 10일 論說 〈義兵消息〉.
91) 大垣丈夫, 〈本會趣旨〉, 《大韓自强會月報》 1, 23쪽, 27~28쪽.
92) 《皇城新聞》 1908년 2월 13일 〈韓會演說(續)〉.

경유관사輕儒冠士를 회동하며 부랑, 실업 등의 파락호破落戶를 집합"한
것이고, 그 이름은 의義라 하지만 전곡 토색을 목적으로 하는 '불안당不
安黨'이라고 하였으며,93) 또 "그 주모 수창자는 간혹 결사의 마음을 가
진 자가 있으나, 그 응모, 향도자는 모두 무업, 무뢰의 무리이며, 민재
를 약탈하여 목숨을 연명하고, 이름은 비록 의병이나 비도의 행위를
면할 수 없다"고 하였다.94) 또한 의병은 "스스로 의義를 빙자한 것이
니, 일개 토비土匪 · 화적의 무리에 불과하고",95) "동쪽에 갑자기 나타
나 의도義徒라 칭하고, 서쪽에 나타나서는 화적 · 강도가 되어 관아를
습격하고 장리長吏를 납치"하는 '가의지도假義之徒'로 보았다.96) 이러한
점에서 의병의 소식을 자세하게 전하면서도 반면에 "이 의거는 요민擾
民의 단서요, 국사에는 털만큼의 이익도 없다",97) 또는 "근일의 이른바
의병의 무리는 모두 국가에 화를 입힐 요얼妖孽이요 백성을 해롭게 하
는 독소"라고 규정하였던 것이다.98) 민중층이 의병을 주도하던 시기에
들면서 이런 부정적 의병관은 더 강해졌다.

그리하여 계몽운동에서는 의병이 무력 항쟁을 포기하고 해산할 것을
종용하였다. 의병의 행동은 충분忠憤에서 나왔지만, 그 행동은 때를 헤
아리지 못한 '망동'이라 지적하고, 공덕심으로 덕과 의를 보전하라고
권유하였다.99) 또한 의義라는 것은 바로 사의事宜와 시의時宜에 적합한
것이므로, 국민이 각자 죄과를 참회하고 자신의 우매함을 각성하는 것
이 필요하다고 하였다.100) 그리고 무기를 들고 일어난 점에 대해서는

---

93) 《大韓每日申報》 1905년 9월 10일 論說 〈義兵消息〉.
94) 《大韓每日申報》 1906년 5월 30일 論說 〈義兵〉.
95) 《皇城新聞》 1906년 5월 29일 論說 〈警告義兵之愚昧〉.
96) 《皇城新聞》 1906년 12월 15일 論說 〈警告假義之徒(續)〉.
97) 《大韓每日申報》 1906년 3월 30일 〈非義尹狂〉.
98) 《皇城新聞》 1906년 5월 29일 論說 〈警告義兵之愚昧〉.
99) 《皇城新聞》 1908년 1월 12일 寄書 〈警告義兵同胞〉.
100) 《皇城新聞》 1906년 5월 29일 論說 〈警告義兵之愚昧〉.

"병兵이라는 것은 흉기이므로 성인도 부득이 사용하는 것이고 도덕에
서 허용되지 않는 것"이라 하고, 폭동을 일으켜 의義를 주장하는 것도
프랑스나 미국·이탈리아의 혁명당·독립당처럼 피차의 형세와 덕과
힘을 헤아린 뒤에나 가능하다고 하였다. 그리하여 형세가 미치지 못하
는 상황에서 의병의 무력 항쟁은 불가능하므로 의병을 해산하고 각자
의 고향으로 돌아가 식산흥업과 교육 장려를 통하여 민지와 민력을 발
달시키라고 권유하였다.101)

　이런 판단 아래 계몽운동 진영에서는 의병의 해산, 진압도 주장하였다.
윤효정은 의병을 진압하는 것이 정부와 대한협회와 같은 민간 유지들의
책임이라고 하였다.102) 권동진權東鎭도 정부의 책임은 위로는 황실을 존
중하고, 아래로는 인민을 보호하는 것이라 전제하고, "의병이 점점 봉기
하여 양민이 도탄에 빠진 참상"을 방관하는 정부의 태도를 비판하였
다.103) 아울러 의병 진압을 책임진 선유사宣諭使에게도 "백성을 도탄에서
구하며, 하루 아침에 큰 화를 평정하여 각지의 유민이 봉인鋒刃의 무리[의
병]에 참여하지 못하도록 하라"고 건의하였으며,104) 치안의 책임이 있는
경무사에게 "경찰警察하는 일을 세밀하게 어질게[精良] 하고, 인민을 사랑
하고 보호[愛護]하여 소란하고 혼란하게 일어나고 사납게 행동하는[亂煽暴
動] 일이 없도록" 해야 한다고 경고하였다.105)

　계몽운동에서는 여기에 그치지 않고 당시의 치안 담당자였던 통감부
에 의병 진압을 위한 '건설적 방안'도 건의하였다. 일본군이 의병을 진압
하면서 자행한 만행을 지적한 것이었다. 일본군이나 그들의 향도 역할을
하던 보조원·통역·정탐꾼의 만행은 당시의 신문에서도 흔히 지적되던

---

101)《皇城新聞》1907년 9월 10일 論說〈請質義兵者〉.
102) 尹孝定,〈時局의 急務〉,《大韓協會會報》2, 64쪽.
103) 權東鎭,〈政府의 責任〉,《大韓協會會報》11, 56~57쪽.
104)《皇城新聞》1907년 8월 28일 論說〈送宣諭使書〉.
105)《皇城新聞》1907년 7월 24일 論說〈警告新任警務使〉.

바였다.106) 이 행위는 "폭도를 진정코자 하는 수단이 아니요 오히려 소
란을 격생激生케 한다"는 것이고, 이렇게 소란이 계속된다면 한국민의
참화는 말할 것도 없고 일본의 명예나 정치·경제·실업계에 많은 손해
가 있을 것으로 걱정하기도 하였다.107) 그들은 이 행위를 '통감부의 소
홀과 우매'에서 일어난 것이라 하고, 의병의 진압은 "점진적인 방법으로
운용하는 것, 편협되지 않게 하는 것, 인민의 전래 풍습을 경중敬重하는
것" 등의 평화적 방법으로 수행할 것을 건의하기도 하였다.108)

(나) 계급적, 이념적으로 서로 대립하던 계몽운동과 의병운동은 각
지역에서도 여러 형태로 충돌하였다. 의병은 일제를 상대로 직접 싸우
면서도 외세와 결탁한 지주나 부민, 친일적인 관료층에 대해서도 항쟁
하였다. 계몽운동 지회나 단체를 습격하는 일이 빈번하게 일어났다.
의병은 계몽운동에 참여한 사람들이 계급적으로도 지주, 자산가였고,
또한 활동이 '친일'의 범위에 있었기 때문이었다. 홍주에서는 의병이
학교를 방화하였고,109) 부안에서는 지방 지회 총무를 살해하였다.110)
남평南平에서는 의병의 '곤박困迫'이 심해지자 자신들의 생명과 재산을
보호하고자 지회를 설립하여 대응하였다.111)

그리하여 지방 지회는 의병을 무력화하는 여러 활동을 전개하였다.
우선, 직접 의병 해산을 설득[曉諭]하였다. 가장 활발했던 곳은 함경도
단천이었다. 단천지회 평의회에서는 그 부근의 의병부대에 해산을 권

---

106) 《大韓每日申報》1907년 9월 1일 論說 〈韓國內戰役〉；1907년 9월 5일 論說 〈地方에 爭鬪〉；
　　 1907년 9월 18일 論說 〈地方困難〉；1907년 10월 10일 論說 〈騷亂을 止息홀 方策〉；
　　 《皇城新聞》1907년 10월 23일 論說 〈再警告日本當事諸公〉；1907년 10월 15일 論說 〈義
　　 兵剿討에 대ᄒ야 日本當事諸公에게 忠告홈〉.
107) 《皇城新聞》1907년 10월 15일 論說 〈義兵剿討에 대ᄒ야 日本當事諸公에게 忠告홈〉.
108) 《大韓每日申報》1907년 9월 1일 論說 〈韓國內戰役〉.
109) 《畿湖興學會月報》9, 47쪽.
110) 《大韓協會會報》7, 59쪽.
111) 《大韓協會會報》8, 55쪽.

고하는 설유위원說諭委員 3명(薛泰熙 등)을 파송하였다. 설득하는 글[說諭文]에는 해산해야 할 이유를 다음과 같이 제시하였다.

論以法律 則不無妨害於治安이오 揆諸倫理 則豈非同種之相殘이리오. 第觀時局에 宜有衆情之沸鬱이되 其所以挽回國權은 非慷慨可致오 保存人種이 豈騷亂爲然哉아. 機械之利鈍은 已判勝負之勢ᄒ고 妻好之分散은 那無飢寒之憂이며 且無辜良民이 橫罹荼毒에 渙散莫保일쇠 欽惟 我皇上陛下께옵서 以是之憂하사 悔誤歸順者는 成給免罪文憑ᄒ야 俾各歸安業케 ᄒ라신 詔勅이 荐降則 爲臣民者가 孰不感泣且悚也리오.112)

라고 하였다. 즉 국권회복은 비분강개한다고 이룰 수 있는 것도 아니며, 또 의병의 무력으로는 일제에 당할 수 없다는 점, 실정법 차원에서 치안 유지의 방해라는 점 등을 거론하며 각자 생업으로 돌아가라고 하였다.

효유 작업과 더불어 의병의 귀순 작업도 행하였다. 단천에서는 의병 토벌을 위해 그곳에 온 순사대와 교섭하여 토벌에 앞서 먼저 귀순을 설득하는 위원을 파견하였다. 이 파원들은 의병 일부를 귀순시켜 면죄를 증명하는 서류[免罪文憑]을 나누어주었으며,113) 또 이들은 순사대 지휘관, 군수, 단천 헌병대장(일본인), 순사부장(일본인), 일진회원, 자위 단장 등 200여 명과 민회를 개최하고 선후책을 마련하였다. "국민 된 의무는 국체國體를 공고히 하는 데 있으며, 치안을 방해하는 소요는 법률로 보아 중벌을 받아야 하지만 귀순으로 용서를 받을 수 있다"는 내용을 고시하였으며, 피해를 받은 일진회원과 그 유족, 귀순자들은 의연 義捐하여 구휼하도록 하였다.114) 서울의 대한협회 본회에서는 단천지

---

112) 《大韓協會會報》 6, 69~70쪽.
113) 《大韓協會會報》 6, 70~73쪽.
114) 《大韓協會會報》 6, 69~73쪽 ; 《韓國獨立運動史》 자료 10(의병편 3), 436~437쪽.

회의 활동을 "그 처리한 방안이 극히 선량하다"고 지적하고 표창을 결의하기도 하였다.115)

대한협회 목포지회 회장 김봉규金奉珪도 의병 귀순을 종용하였다. 그는 농민층이 몰락하여 "궁민窮民이 부득이 폭도의 무리에 몸을 던져 그 삶을 이어가려는 실정"이라는 현실을 지적하면서, 이들을 현실 생활에 복귀시키기 위해서는 "귀순 제도를 복구하여 각종 토목 사업을 일으키고 이들 귀순자를 수용하여 일정한 생업을 얻도록 할 것"을 건의하기도 하였다.116) 그 밖에 대한협회 진주지회는 의병 귀순을 종용하는 포고문을 작성하였고,117) 영흥에서도 의병을 효유, 귀순시키고자 지회에서 총대를 선임하여 각 면에 파견하였다.118)

이런 활동 속에서 계몽운동 지회가 설치된 곳과 의병 활동 지역이 서로 달랐던 현상도 있었다. 계몽운동 지회가 설치된 곳에는 의병의 활동이 약했고, 역으로 의병이 활발한 지역에는 계몽운동 지회가 만들어지지 않았다. 대체로 지역적으로 계몽운동은 지방의 도시를 거점으로 발전하였고, 의병은 농촌이나 산간지대를 근거로 전개되었던 것이다. 가령 경북지방의 계몽운동 지회는 주로 경부선 연변의 평야 지대, 즉 일본인이 일찍 침투하여 상품화폐경제가 발달하고, 또 일본 군대가 주둔한 지역에 집중되었으며, 의병이 활동하던 지역에는 거의 지회가 설치되지 않았다.119) 지회 활동이 가장 활발하였던 평안도 지역에서도 이러한 추세는 비슷하였다.

---

115) 《大韓協會會報》 3, 59쪽. 단천지회의 보고 내용은 6호(1908년 9월 간행)에 실려 있으나 그해 3월의 일이었고, 표창 결정은 5월 9일 통상총회에서였다(3호는 6월 간행).
116) 朴成壽, 《獨立運動史研究》, 創作과 批評社, 1980, 228~229쪽. 실제 일본은 귀순한 의병을 동원하여 도로[新作路]공사에 활용했다.
117) 《大韓協會會報》 8, 64쪽.
118) 《大韓協會會報》 5, 62쪽.
119) 김도형, 〈한말 일제초기 경북지방의 민족운동〉, 《지역사회와 민족운동》 1, 지방사회연구회, 1987 참조.

(2) 계몽운동과 의병의 결합

(가) 의병항쟁에 대한 부정적 대응과 달리 계몽운동 일각에서는 이를 긍정적으로 보기도 하였다. 국권상실 이후 '망국'으로 치닫는 과정에서 민족 문제를 해결하기 위해 계급적 이해관계를 넘어서고 있었던 것이다.

그들은 일본 침탈이나 봉건 수탈로 몰락한 민중들이 의병으로 내몰리고 있던 점을 알고 있었다. 의병항쟁이 일본군의 만행과 토색으로 격화되고 있었던 사실,[120] 갖가지 수탈로 몰락 농민층이 의병에 가담하고 있었던 점이었다. 토지에서 이탈된 농민의 화전민화, 화전민에 대한 내장원內藏院의 화전세 징수와 국유지로의 편입, 사유 산림의 측량과 관리 부정, 그리고 "장래에는 쓸 만한 땅에는 외국인이 경작을 허락받을 것이므로 산들인들 우리 민족이 살 데 있겠나"라는 토지 침탈로 의병이 중단되지 않으리라는 것이었다.[121] 당시 신문에서는 "사람이 장차 죽으려 하는데 어찌 염치가 있으랴, 화적이나 따라갈지 의병이나 따라갈지"라고 그 실상을 표현하였다.[122]

채기두蔡基斗는 의병을 "우리나라 개혁파의 신성군神聖軍"이라고 적극적으로 평가하였다. 그는 의병항쟁을 '혈전血戰'이라 지적하고, 우리나라 독립과 자유를 회복하기 위한 운동으로, 그 주의와 목적은 종래 완고파의 배외주의와 다르다고 보았고, 의병은 이런 이념과 목표 아래 '동패서상東敗西喪(동쪽에서 패하고 서쪽에서 죽음)'을 고려하지 않고 용감하게 전진하는 '신성군'이었다.[123]

---

120)《大韓每日申報》1907년 9월 18일〈地方困難〉;1908년 12월 22일〈義兵熾盛의 內容〉.
121) 憂時子,〈田舍의 歎〉,《西北學會月報》17, 46~47쪽.
122)《大韓每日申報》1905년 9월 7일〈秋效農談〉.
123) 蔡基斗,〈大韓將來〉,《大韓學會月報》3, 56쪽. 제국주의 침략을 정확하게 파악했던 그는 1920년대에는 대표적인 친일파였다.

(나) 일부 지역에서는 계몽운동과 의병이 연합하는 경우도 있었다. 서울 본회에 대해 상대적으로 활동의 자율성을 가졌던 지회에서 나타났다.

보수 유생층이 계몽운동에 참여한 것은 대체로 유생층의 사상 전변을 수반하였다. 그러면서도 유생층의 강한 반제反帝 의식을 그대로 가지고 있었다. 안동지회가 그러하였다. 안동의 주도 세력은 서울 본회의 활동 방향이나 친일 경향과 달리하면서 무력 항쟁을 포기하지 않았다. 지회 활동으로 학교에서 군사 교육을 실시하여 '의용義勇'을 양성하고자 하였다. 이상룡은 1895년 이후 의병에 직간접적으로 참여하면서 "힘의 열세로 의병은 불가능하다"고 판단하였지만, 계몽운동에 참여한 뒤에도 의병항쟁을 포기하지 않았으며, 지회 활동을 일종의 '병농일치제兵農一致制' 방향에서 조정하였다. 그는 '의용義勇'의 양성을

금일 帝國主義가 성행하는 세상에 처하여 軍國主義를 취하지 않으면 자립하기에 부족하다. 우리 지회의 모든 사람은 마땅히 이 뜻을 본받아 각자 國防을 제1의 義務로 해야 한다. 우리 지회에서 설립한 校塾에서는 모두 兵式의 體操를 사용해야 한다. 우리 지회원이 설립한 工藝所와 墾殖開礦 등의 일에서도 노동자[工備]를 모집하여 수가 많으면 역시 作隊之法[군대 편성]을 반드시 常用해야 한다. 우리 지회의 회원이 향리에 있으므로 자치 제도를 실시해야 하고, 모두 마땅히 團鍊之制를 사용해야 한다. 후일 거국적인 징병령 아래에서 모두 小戎[전쟁에 쓰던 작은 兵車], 駟鐵[네 필의 말이 끄는 수레], 곧 크고 작은 부대에 뽑혀야 한다.124)

라고 하여, 학교에서 군사 교육을 시키고, 공장에서 군대 훈련을 하며, 지방 자치에 근거한 단련제團鍊制를 실시하여 징병제를 준비하자고 하였다. 군인 양성과 무력 항쟁을 통해 제국주의에 대항하는 뜻으로 '군

---

124) 李相龍, 〈書揭大韓協會會館〉, 《石洲遺稿》 권5, 206쪽.

국주의'를 취해야 한다고 주장하였던 것이다.

함경도의 대한협회 경성鏡城지회는 특이하였다. 지회 회원은 양반, 유생, 부호 등 275명에 달하였다. 지회는 의병장 최덕준崔德俊(포수 출신)과 이범윤李範允(북간도 관리사)의 의병 활동을 지원하고자 의병 모집, 무기 구입, 기타 소요되는 경비를 충당해 주었다. 이때 각 면으로 파견된 지회원은 "일본군과 일본 관리를 격퇴함에는 우리 병력을 증대하지 않으면 안 된다. 병력을 증대하려고 하면 돈과 곡식이 필요하다"고 하였다. 또한 대한협회가 세운 함일咸一학교나 보성普成학교의 기부금을 마련하면서 이를 의병 활동에 보조하였다. 지회원은 일심계一心契라는 조직을 만들어 비밀리에 일본군의 동향을 파악하고, 이를 연락해 주었으며, 스스로 이웃한 명천明川군을 습격하기도 했다. 일본군이 파악한 주모자는, 장석회張錫會(원 진위대 대위, 부하 48명), 장성실張成實(상인, 부하 40명), 정운여鄭雲汝(농업, 부하 26명), 이승언李昇彦(유생, 부하 23명, 일명 李元彦), 장성숙張成寂(상인, 장석회의 참모, 일명 경숙) 등 6명이었으며, 그 밖에 19명도 혐의자로 보았다.[125] 혐의자 가운데 최중극崔仲極(전 주사), 이면구李冕求(전 주사), 이수림李秀林(유생), 이민구李敏求(현 군 주사), 최수종崔秀鍾(유생), 이의덕李義德(유생), 이준구李俊求(정3품) 등은 대한협회 지회 회원이었다.[126]

정산定山의 이세영李世永도 의병과 계몽운동을 넘나들며 활동하였다. 일찍 육영공원育英公院에서 영어를 배웠던 그는 농민전쟁 때는 유회儒會를 조직하여 약장約長이 되어 농민군에 대항하였으며, 1895년에는 홍주에서 김복한金福漢 의병에 합류하였다. 다시 1897~1902년에는 대한제국의 군인(헌병대 부관, 정위)을 지냈다. 1906년에는 의병장 민종

---

125) 《暴徒에 關한 編冊》 융희 2년(1908) 11월 20일~융희 3년 1월 18일 보고 (《韓國獨立運動史》 자료 12, 257~258쪽, 493~495쪽, 502~504쪽 ; 자료 13, 184~190쪽, 196~198쪽).
126) 《大韓協會會報》 3, 67쪽 ; 6, 67쪽. 함일학교에 대한 칭송은 《皇城新聞》 1907년 3월 12일 論說 〈鏡成郡咸一學校〉 참조.

식閔宗植의 참모장으로 의병항쟁에 참여하였다. 이 활동으로 그는 유배되었는데, 유배에서 풀리자 1907년에 성명誠明학교를 세워 교장이 되었고, 이듬해에 대한협회 정산지회를 설치하였다.[127] 유생으로 출발하여 의병, 대한제국 관료(군인), 그리고 계몽운동을 거쳤다.

강화의 계몽운동도 의병과 관련이 있었다. 강화에는 대한자강회 지회가 조직되었다. 이 지회는 보창학교와 합일合一학교 관계자들이 중심이 되어 만들었는데, 대한자강회 회원이었던 군수 이조현李祖鉉의 적극적인 후원 아래 강화 지역 일진회 활동에 대항하였다. 또한 지회 활동에서 중심 역할을 한 사람이 이동휘李東輝였다.[128] 그는 대한제국의 참령參領이었고, 수원진위대 강화분견대 대장을 지냈다. 계몽운동에 참여하여 한북흥학회漢北興學會의 부회장, 서북학회와 신민회의 창립회원이었다. 1904년, 강화에 있을 때 보창普昌학교를 만들어 교장이 되었는데, 이 학교의 지교는 강화 내에서만 32개교나 되었다.[129] 그 뒤 대한자강회 강화지회 부장副長(부회장인 듯)으로 계몽운동을 지도하였다. 동시에 그는 의병과 관련을 맺었다. 이동휘는 강화의 감리교회 세력, 강화의 포목상인(金東秀, 金南秀 등) 등과 더불어 군민들의 분위기를 이끌었다.[130] 이동휘의 영향 아래 있던 연기우延基羽, 유명규劉明奎,

---

127) 宋相燾,《騎驢隨筆》李世永 條, 국사편찬위원회, 1971.

128) 이동휘에 대해서는 姜德相, 啓蒙運動のリーダー、李東輝〉(1977),《朝鮮獨立運動の群像》, 靑木書店, 1984 ; 崔翠秀, 〈1910年 前後 江華地域 義兵運動의 성격〉,《한국민족운동사연구》2, 1988 ; 金邦, 〈李東輝의 國權恢復運動(1905~1910)에 관한 一考察〉,《한민족독립운동사논총》, 박영석교수화갑기념논총, 1992 ; 潘炳律, 〈李東輝와 韓末 民族運動〉,《韓國史研究》87, 1994 ; 金邦, 〈李東輝의 국권회복운동(1906~1913)〉,《한국근현대사연구》6, 1997 ; 김형목, 〈강화도 사립 합일학교의 근대교육사에서 위상〉,《인천학연구》29, 인천대 인천학연구원, 2018 등 참조.

129)《皇城新聞》1907년 5월 27일 〈江華大運動景況〉. 처음 이름은 育英學校였다(《江都誌》上, 326쪽).

130) 金東秀는 강화부 내에서 木物廛을 경영하였으며, 그의 의병 참여는 제국주의의 土布 侵奪에 대한 항쟁의 의미를 띠고 있었다[金容燮, 〈韓末 日帝下의 地主制—사례 1〉,《東亞文化》11, 1972, 32~33쪽 (〈江華 金氏家의 地主經營과 그 盛衰〉,《韓國近現代農業史研究》증보판, 지식산업사, 2000)].

지홍윤池弘允 등은 군대 해산 이후 강화도 일원에서 치열한 의병항쟁을 전개하였는데, 이동휘는 1909년 3월에 임진강 유역에서 활동하던 연기우와, 아직 군내에 있던 김동수 등을 전등사에 모아 의병을 모의하던 중에 발각되어 대무의도大舞衣島에 유배되었다.[131]

이와 같이 지방 지회는 중심 세력의 정치적, 사회경제적 입장에 따라 민중층, 농민층과의 결합 가능성이 열려 있었다. 농촌의 경우에는 농민층, 나아가 민중층이 주도하던 의병과 이념적으로 결합할 수 있었고, 이는 민족 문제에 대한 근원적인 고민 속에서 가능하였다. 이런 경향은 유교적인 배경 아래 계몽운동에 참여하였던 진보적인 유생층이나 부요호층에 더 가능성이 있었다. 1910년대 들면서 계몽운동이 분화하고, 민족운동이 재편되는 변화를 가늠할 수 있는 것이었다.

3) 민중 항쟁과 지방 지회

개항 이후 상품화폐경제의 발전과 농민층 분화에 따라 각 지역에서 농민층을 비롯한 소상인층, 유민층 등의 민중 항쟁이 일어났다. 1894년 농민전쟁 뒤에도 계속되었으며,[132] 항쟁의 구조에 따라 의병과 연결된 경우도 있었다. 계몽운동과 의병의 관계에서 보았듯이, 계급적 이해관계 속에서 계몽운동 진영은 주로 민중층을 수탈하고 적대적이었다. 하지만 사안에 따라서 민중 항쟁은 계몽운동 지방 지회와 밀접한 연관 속에서 일어나기도 하였다.

---

131) 강화도에는 다른 지방과는 달리 대한자강회의 해산 뒤에 대한협회의 지회는 설립되지 않았는데, 의병전쟁과의 관련으로 그러하였다고 생각된다. 1908년 10월에는 興天學校의 田炳奎를 중심으로 畿湖興學會의 지회가 설립되었다.

132) 金度亨, 〈大韓帝國의 改革事業과 農民層 動向〉, 《韓國史研究》 41, 1983 ; 〈大韓帝國時期의 外來商品,資本의 浸透와 農民層 動向〉, 《學林》 6, 연세사학연구회, 1984 등 참조.

(1) 농민·상인층의 항쟁과 지회원

(가) 각종 조세 문란은 농민층 몰락과 항쟁의 주요한 원인이었다.
조선 후기 이래 줄곧 지배층은 부세賦稅 문란을 해결하여 농민층의 경
제 안정과 농민항쟁을 해결하고자 하였다. 개화파도 이런 바탕에서 지
조 개정地租改正과 환곡 폐지를 주장하였다. 계몽운동 시기에도 구래의
조세 폐단은 해결되지 않았고 농민층의 항쟁은 계속되었다. 몇몇 지방
지회는 이를 시정하기 위한 방안을 구상하였다.133)

결세結稅는 농민들에게 가장 큰 부담이었다. 결세 문란은 가결加結,
남징濫徵 등의 형태로, 농민항쟁에서 가장 빈번하게 제기했던 문제였
다. 삼남 지방에서 일어난 농민항쟁은 대부분 이를 이유로 하였다. 그
런데 당시의 결세 문제는 조세 금납화와 화폐정리사업과 관련되어 있
었다.134) 엽전을 많이 쓰는 전라도와 경상도에서는 "다른 지역에서는
신화新貨로 8원을 징수하면서 이 지역에서는 12원 징수하는 것은 징세
의 불균不均"이라는 불만이 일어났다. 호남학회의 변승기邊昇基는 이를
정부에 건의한 중심 인물이었다.135) 부세의 불균등을 해소하고자 한
이 항쟁에서 향회鄕會를 이용하였다.136)

1906년 부안지회는 군에서 각 면·동에서 결세를 탕감한다는 내용
을 숨기고 알리지 않자 이를 조사하여 다시 환파還派하기로 하였다.137)
경주지회에서는 결세 징수와 관련하여 재무서장에게 7개 조의 의견서
를 제출하기도 하였다.138)

---

133) 지역에 따라서는 일진회에서도 같은 활동을 행하였다. 이에 대해서는 본서 [보론] 참조.
134) 金惠貞, 〈舊韓末 日帝의 粟鐵整理와 韓國民의 均稅運動〉, 《東亞研究》 17, 1989.
135) 이 관계는 당시의 신문에 빈번하게 보도되었다(《大韓每日申報》 1907년 10월 6일 〈全南의
    結稅最重亨 情況〉 ; 1907년 11월 27일 〈결견청원허시〉 ; 1908년 5월 12일 〈변씨헌의〉
    ; 1908년 6월 11일 〈너부죠회〉 ; 1908년 6월 11일 〈民訴越交〉 ; 1908년 6월 30일 〈결세
    귀정〉 등). 이들은 度支部 뿐 아니라 中樞院에도 건의하였다(《中樞院來文》 광무 11년 11월
    全羅南北道結民代表 宋榮淳 등의 건의).
136) 李相燦, 〈1906~1910년 地方行政制度 변화와 地方自治論議〉, 56쪽.
137) 《大韓協會會報》 12, 55쪽.

한편, 지주제는 유지 · 강화되고 있었다. 정부의 지주경영도 마찬가지였다. 정부는 역둔토驛屯土 조사사업을 시행하면서 작인 · 마름에 대한 감독 강화, 도조賭租나 도전賭錢의 인상, 대전납代錢納의 철회와 현물수납의 강제, 타조打租의 실시, 결세의 작인전가作人轉嫁 등과 같은 일들을 자행하였으며, 또 국유지 조사를 통해 이를 확대하면서 소유권 분쟁도 일어났다.139) 구래의 지주제를 유지한다는 역둔토 조사사업의 원칙은 통감부의 국유지 조사정리사업이나 역둔토 실지조사에도 이어졌다. 각면 · 동의 공유지는 으레 국유지로 편입되고, 역둔토나 기타 국유지 가까이 있으면 또한 국유로 편입되는 것이 당시 일반적인 현상이었다.

용천의 군역토軍役土 문제도 그러하였다. 군역토는 대개 농민들이 군역軍役을 부담하고자 마을 공동으로 마련하여 운영한 전토였고, 소유권 차원에서는 민유지民有地였다. 그런데 이런 종류의 토지는 국유지 조사 과정에서 대개 국유지로 편입되었다. 용천의 농민 수천 명은 토지 측량을 거부하고 대표를 선출해 탁지부와 평양의 재무 감독국에 호소하며 집단으로 항의하였다.140) 재무 감독국과 교섭할 대표로 백용석白用錫, 차서곤車瑞坤, 탁지부에 대한 대표로 차서곤, 백인선白寅善을 선출하였는데, 이 가운데 백용석은 대한자강회와 대한협회의 의주지회원이었고, 백인선은 대한흥학회 의주지회 간사원이었다.141)

---

138) 《大韓民報》 1909년 9월 9일 〈徵稅上意見書〉.
139) 金容燮, 〈韓末에 있어서 中畓主와 驛屯土地主制〉(1978), 《韓國近代農業史研究》[Ⅱ] 新訂增補版, 지식산업사, 2004 ; 裵英淳, 〈韓末 驛屯土調査에 있어서의 所有權 紛爭〉, 《韓國史研究》 25, 1979 ; 朴贊勝, 〈韓末 驛土 · 屯土에서의 地主經營의 강화와 抗租〉, 《韓國史論》 9, 1983.
140) 《皇城新聞》 1909년 8월 13일 〈軍役土請願〉 ; 8월 21일 〈民有代表歡放〉 ; 《大韓每日申報》 1909년 8월 31일 〈民有地辨明〉 ; 12월 12일 〈再訴度部〉.
141) 의주에는 대한자강회를 비롯하여 대한협회, 서북학회, 태극학회(후신인 대한흥학회)의 지회가 설치되었다. 그런데 회원의 구성이 대부분 다르다. 다른 지방과는 판이하게 다른 점이었다. 각 지회가 각기 다른 조직 기반을 가지고 있다고 생각된다. 유일하게 白用錫만이 대한자강회에 참여하였다가 계속 대한협회에 참여하고 있다. 그는 후에 '105인 사건'에 연루되었다.

직산지회에서 제언堤堰, 총둔總屯, 보세洑稅의 폐단을 지적한 것도 그러하였다.[142] 김해에서는 협잡배들이 농민 토지를 일본인에게 전당 잡히는 사건이 일어났는데, 일본인이 전당 잡은 토지를 빼앗고, 군郡 주사가 이를 허가해주자, 대한협회 지회에서 공분을 참지 못하고 소송비용을 부담하고 재판소에 호소하였다.[143]

지방관의 불법 수탈에 대한 항의도 일어났다. 경주지회는 면장이 고복채考卜債(결부 조사를 위해 거두는 결세 외 비용)라고 칭하고 매 결結 10~15전씩 가봉加捧한 일을 교섭하여 시정하였고,[144] 또 각 면주인료面主人料(면주인 비용)의 징수에 대해서도 항의하여 시정하였다.[145] 남원지회는 높게 책정된 공전영수원 수수료를 면장·영수원과 협의하여 매결 40전씩 지급하기로 결정하였다.[146] 또 함경도 경성鏡城에서는 향리의 수탈이 자행되자 인민들이 민의소를 설치하고 대한협회 회원 이종섭李種燮을 인민 대표로 선출하여 내부에 교섭하였다.[147] 진주지회는 진주·삼천포 사이의 도로 사업과 관련하여 관찰사에게 질문하였다가 인민을 선동한다는 이유로 지회장이 잡혀가기도 하였다.[148]

(나) 상인들은 시장세市場稅 징수에 반대하는 항쟁을 일으켰다. 대표적으로 평안도 용천의 양시楊市 상인들의 철시 투쟁이었다(1910년 2월). 이 운동에는 그곳의 신민회 회원도 참가하였다. 회원들은 무역상 겸 도소매상 회사로 상무동사商務同事를 설립하였는데, 총무 송자현宋子

---

142) 《大韓協會會報》 5, 60쪽.
143) 《大韓民報》 1909년 6월 15일 〈金海民慘狀〉.
144) 《大韓民報》 1909년 6월 20일 〈韓會支會報明〉.
145) 《大韓民報》 1909년 7월 29일 〈輪告境內〉.
146) 《大韓民報》 1910년 2월 6일 〈手數料何多〉.
147) 《大韓每日申報》 1910년 3월 30일 〈李氏棲屑〉
148) 《皇城新聞》 1909년 3월 30일 〈質問顚末〉. 당시 경남관찰사 黃鐵은 도로수축의 명목으로 도로개선비를 징수하고 민유지를 犯人케 하여 말썽을 일으키고 있었다(《大韓民報》 1910년 2월 4일 〈晋民嗷嗷〉 ; 《경향신문》 1910년 3월 18일 〈대답 아니 하는 것이 이상하여〉 등).

賢은 부윤과 교섭하는 총대總代의 한 사람으로 선출되었다.[149]

대한협회 진주지회에서도 시장세 징수에 항의하였다. 도·군·경찰서·재무서의 관리가 시장에서 현품이나 대금을 임의 징수하여 거래가 두절되자, 지회의 평의회에서 시장의 정황을 조사하고 재무서와 관찰사에 질의할 총대를 선출하였다. 총대들은 관리의 시장세 징수가 자의적이며, 이에 대한 상인들의 불만이 팽배해 있던 점을 조사하여 보고하였다. 또 총대들은 징수된 세금의 사용처, 징수 방법의 임의성, 징수대상 지역 등의 문제에 대해 관찰사와 경찰서, 일본인 재무관에게 질의하였다. 그러자 재무서는 도로 수리와 시장 청결을 위해 시장마다 15환씩 세금 징수가 불가피하고, 이는 진주뿐 아니라 경상도 전역에서 징수하는 것이라고 답하면서, 만약 15환 이상 남징하는 관리의 농간이 있으면 재무서로 연락해 달라고 하였다. 이에 지회의 특별총회에서는 "관리가 옛날의 구습으로 인민을 우롱"하는 것이라고 판단하고, 서울 본회에 이를 보고하고, 대구지회에 교섭(진주 재무서는 대구 재무감독의 관할)하여 이를 자세하게 조사하여 달라고 결의하였다. 얼마 지나지 않아 진주의 시장세 징수는 폐지되었다.[150]

상인들은 지방관이나 세무관의 불법 수탈에 항의하여 철시撤市를 단행하기도 했다. 원산에서는 지방 잡세를 거두자 상민이 철시하고 민란을 일으켰으며,[151] 삼화三和에서도 감리와 총순總巡의 탐학으로 철시를 단행하였다.[152] 삼화의 상민들은 철시를 결정하면서 그들은 '만민공동회'라고 불렀다.[153] 특히 평양에서는 감리監理가 평양상업중의소 의장

149) 《大韓每日申報》 1910년 4월 1일 〈楊市事件의 實情〉;《皇城新聞》 1910년 4월 12일 〈市稅反對의 逮捕者〉, 〈楊市論告와 辯覆〉.
150) 《大韓協會會報》 9, 59~60쪽.
151) 《大韓每日申報》 1907년 4월 2일 〈元港撤市〉;《皇城新聞》 1907년 4월 8일 〈元港民擾〉; 1907년 5월 8일 〈元民抵稅〉.
152) 《大韓每日申報》 1906년 7월 19일 〈三港撤市〉.
153) 《大韓每日申報》 1906년 7월 24일 〈港民質問〉.

인 안태국安泰國을 잡아가자 "안모安某는 평양 상민의 대표자라. 본 상민이 무슨 죄가 있어 대표자를 잡아 가두는가"라고 항의하였으며, 안태국이 석방되지 않자 일제히 철시하였다.154) 안태국은 계몽운동에 참여하였던 사람이었으며, 상인들도 대개 지회와 관련이 있었을 것이다.

일부의 지방 지회, 또는 회원은 농민층, 상인층의 항쟁과 공동보조를 취하였다. 이 연대 투쟁은 지회를 매개로 전개되었거나 개인 차원에서 이루어졌다. 지회가 중심이 된 곳은 주로 정부나 지방 관청에 문제 해결을 청원하는 형식으로 추진되었다면 개인 차원의 활동은 폭력 항쟁에 동참하는 형태도 있었다. 민중 항쟁에 동참했던 계몽운동 지회원의 사회경제적 처지는 정확하게 규명할 수 없지만, 지회를 이끌어가던 중심 세력인 부호, 요호층일 가능성이 높으며, 항쟁은 주로 중소 지주나 상인층의 이해관계 속에서 일어난 것이었다. 또 조세 징수를 통한 제국주의의 침탈과 관련된 문제라는 점에서 민족적 요구도 담고 있었다. 계몽운동 지방 지회 활동이 대지주, 대상인층이 중심이 되면서도 중소 상인이나 중소지주 또는 농민적인 이해관계를 대변하는 일부 상층 농민층도 포함하고 있음을 알 수 있는 것이다.155) 진주지회처럼 '정당'이라는 이름 아래 민중층의 요구를 수렴하려는 의지도 있었다.156)

(2) 지방 지회의 민중 수탈

계몽운동 지방 지회 활동이 농민, 민중층을 수탈하는 경우도 있었다. 계몽운동에서 가장 적극적으로 추진하던 교육 운동, 학교 설립의 소요 비용을 일반인에게 징수하면서 생긴 일도 있었다.157)

---

154)《大韓每日申報》1906년 1월 18일〈平壤撤市〉
155) 金度亨,〈大韓帝國의 改革事業과 農民層 動向〉, 1983 참조.
156) 이들은 스스로 民黨이라고 하였고(《大韓協會會報》9, 59~60쪽), 혹은 그들의 이러한 행동을 "20세기 민권의 당연한 의무", "인민의 불평한 이유를 確知하여 未解한 점을 妥和케 함이 의무", "정당의 책임"이라 표현하였다(《皇城新聞》1909년 3월 30일〈質問顚末〉).

지방 학교 설립에는 항상 재정 문제가 있었다. 유생층이 학교 설립을 주도한 경우에는 그 지방의 향교나 향약 재산을 기초로 설립하였다. 혹은 지방의 잡세 수입을 동원하거나 군수나 면장·유지의 협조로 모은 기금으로 세우기도 하였다. 그런데 지방에 따라서는 기금을 민간으로부터 수렴한 사례도 많았다. 군수가 주도적으로 학교를 세우면 이런 일들이 많이 일어났다. 서북학회의 회원이었던 배천白川군수 전봉훈全鳳薰은 군내 각 면장과 학교 대표자들과 군내에 14개의 학교를 설립하기로 의논하면서 그 경비를 호당 3두에서 1석까지 부담시켰다.158)

교육 비용의 징수가 단순한 미담에 그치는 것이 아니라 지방에 따라서는 과도한 수탈로 이어지는 일도 있었다. 충북 관찰사 윤철규尹哲圭는 도내 모든 군에 학교를 세우고, 38개 면의 유생을 초청하여 학교 운동회를 개최하면서, "교육이 있은 후에 사람이 노예 되는 것을 면할 수 있다"라고 연설하고 학교 설립비 16만 냥, 운동회 경비 20만 냥을 백성들로부터 징수하였다. 그러자 군민들이 이를 항의하여 호소하였다.159)

곡산의 학교비學校費는 군수 이승칠의 탐학과 관련이 있었다. 군수가 학교비 명목으로 남자는 1명당 1냥 2돈 5푼, 부민富民은 2~3환씩 거두어들였으며, 또 순종純宗의 서행西行(관서 지역 방문) 시에 노비전路費錢이라는 명목으로 매호 4전씩 거두었다. 이런 내용이 신문에 보도되자 대한협회 곡산지회 회장 김재정 이하 총무, 평의원 등은 이는 사실 무근이며 불량 잡류의 책동이라고 '광고'하였다. 학교비는 재정 곤란으로 폐지할 지경에 이른 학교를 돕기 위해 면장과 이장, 그리고 대소 인민이 군회를 통하여 결정한 일이며, 또 노비路費는 인민이 자담한 것이고 군수와 상관이 없는 일이라 하였다. 그러자 곡산의 어느 인민은 군수가 각 면의 면장

---

157) 김종준, 〈대한제국기 '학교비 분쟁'의 양상〉, 《韓國文化》 46, 2009 (《한국 근대 민권운동과 지역민》, 유니스토리, 2015, 제6장 참조.

158) 《西北學會月報》 18, 56쪽.

159) 《皇城新聞》 1906년 7월 30일 〈藉學行虐〉 ; 《萬歲報》 1906년 7월 21일 〈忠民呼冤〉.

과 이장·두민·동장에게 보낸 고시문(낙영樂英학교 보조금을 어김없이 거두어들이라)을 첨부하여 이를 다시 반박하였다.[160) 군수의 교육 진흥에 지회가 협조하였는데, 일반 군민들을 수탈한 것이 되었다.

대한협회 대구지회장 박해령朴海齡은 1909년 칠곡군수로 있으면서 학교 명목으로 군민을 수탈하였다. 그는 학교를 설립하고 학교 기부금을 매호 1환씩 배정하고, 이를 기본금으로 삼아 각 호에 1년에 이자만 세 번씩 독봉督捧하여 원성이 일어났다. 특히 빈민들에게는 큰 부담이 되었다.[161) 대구지회의 회원 가운데는 군수와 결탁하고 학교를 빙자하여 민유물을 탈취하는 경우도 있었다.[162)

대한자강회 의주지회의 기반이 되었던 보민회保民會도 농민층을 수탈하였다. 보민회는 여러 토지를 탈취하여 회원에게 나누어 주었는데, 당시 신문에서도 "명칭은 보민保民이나 조직을 이용하여 정치에 관여하고 평민에게 해를 주는 폐단"이라고 하였다.[163) 하지만 보민회가 의주지회 설립을 청원했을 때, 사정을 시찰하기 위해 파견된 윤치호尹致昊의 보고서에는 "품행이 바라는 바에 흡족"하다고 하였다.[164)

철산에서는 1903년에 역둔토의 고율 지대와 결세의 작인作人 전가轉嫁 문제로 농민항쟁이 일어났다. 이 과정에서 양반층과 소작 농민 사이에 견해 차이가 있었다. 즉, 양반층은 농민 항쟁을 한당悍黨의 파괴 행위로 규정하고 고율의 지대 문제는 별 중요한 것이 아니라고 주장했다. 이들은 군수, 지평持平, 사과司果 등을 지낸 사람들로, 대한협회 철산지회의 회장을 비롯한 평의원, 회원들이었다.[165)

---

160) 《경향신문》 1909년 4월 2일 ; 4월 23일 ; 5월 28일 ; 7월 16일.
161) 《경향신문》 1909년 4월 23일 〈학교 때문에 못살겠다〉.
162) 《大韓每日申報》 1907년 6월 26일 東上面面長 裵永洙, 西上面面長 최處은 광고.
163) 《大韓每日申報》 1906년 9월 18일 〈藉會則非〉.
164) 《大韓自强會月報》 4, 41쪽. 의주의 대한자강회 조직이 대한협회로 계승되지 않았던 것은 아마도 이 문제 때문인 것 같다. 대한협회의 지회 청원에 대해 본회에서 잠시 보류하였다가 두 달 후에 인허하였다(《大韓協會會報》 3, 58쪽).

지방의 계몽운동이 군민들 수탈과 관련된 사건들은 전국 어디서나 빈번히 일어나던 일이었다. 광주廣州에서는 군수가 부민들에게 쌀을 거두어 그 이자로써 학교를 운영하려 하자 이를 방해하는 항쟁이 일어났고,166) 양주에서도 향교답을 학교에 부속시키는 문제로 군민들이 학교를 부수고 교장을 살해하는 민란을 일으켰다.167) 심지어 국채보상운동을 이용하여 수탈을 자행하기도 했다.168)

일제의 지방 지배 체제 속에서 수탈하는 경우도 있었다. 지회원 가운데는 통감부의 조세 징수에 적극 협조하는 사람들이 많았다. 조세 징수는 일본인 재무서에서 일괄 관장하고, 그 하부조직으로 지방위원회라는 것을 두었는데, 지방에 따라서는 주어진 징세사무 외에 지위를 이용하여 농민층을 수탈하는 일도 있었다. 평북 귀성龜城의 지방위원 김광준金光浚은 대한협회 지회의 부회장이었는데, 이토[伊藤博文] 암살 사건 뒤에 이른바 사죄단謝罪團으로 일본에 파견되었다. 그때 그는 도일비渡日費라는 명목으로 금화 3천 냥을 민간으로부터 징수하여 불만의 대상이 되었다.169)

이와 같이 지회의 교육 활동이 농민층 수탈 위에서 추진된 일이 많았

---

165) 金度亨,〈大韓帝國의 改革事業과 農民層 動向〉, 1983, 114쪽 참조.
166)《皇城新聞》1906년 11월 27일〈廣州妨校起擾〉;《大韓每日申報》1907년 1월 22일〈藉校歛米〉.
167)《皇城新聞》1907년 4월 6일〈楊校起歛〉. 이런 점은 의병의 격문에서도 나타나고 있다. "聖人의 학문을 버리고, 異國의 別學을 배운다고 학교를 세우고는 그 비용을 민간에게 배렴한다"는 것이었다.[《暴徒檄文》4집(14),《獨立運動史》1, 국사편찬위원회, 708쪽] 대부분의 의병은 학교를 파괴하였지만, 그 가운데 양평의 汝成學校에 들어온 의병은 열심히 수업하라고 금화 3원을 주고 간 경우도 있었다(《大韓每日申報》1910년 1월 23일〈義兵義擧〉). 또 학교를 부수다가 농업에 관한 책을 발견하고는 "이 학교는 농업학교이니 학교를 부수는 것은 온당치 않다"고 하였던 일도 있었다(《皇城新聞》1907년 10월 2일〈義重農校〉).
168)《萬歲報》1907년 4월 12일〈豊黃一惡〉;《大韓每日申報》1907년 4월 7일〈茂守貪政〉;《경향신문》1907년 5월 31일〈국채보상이라고 토색〉. 울진에서는 군민 몇 명이 국채보상의연금 300여원을 거두어 군수(윤영태)의 아들(윤흥식)에게 총합소에 보내 달라고 전해 주었는데 윤씨가 전하지 않아 이를 상격하여 한성재판소에 호소하였다(《大韓每日申報》1908년 4월 8일〈울진인민호소〉).
169)《大韓每日申報》1910년 1월 12일〈龜民嗷嗷〉.

다. 사회경제적 이해관계가 서로 다른 면을 잘 보여주는 것이었다. 또한 제국주의의 침탈 속에서 농민층이 몰락한 것과도 연관이 있었다. 민족 문제와 계급 문제가 중첩되고 있었다.

제2장

문명개화와 유교

　문명화는 근대개혁에서 가장 핵심적인 과제였다. 1880년대 개혁사업을 시작하면서 제기된 것이었고, 독립협회, 《독립신문》에서도, 1905년 이후 계몽운동에서도 그러하였다. 문명화는 부국강병을 위해서도, 독립을 위해서도, 국권회복을 위해서도 필수적이었다. 그런 과정에서 문명화, 개명, 개화의 방안은 서양 문명을 종래의 사회 체제와 이념 속에서 어떻게 수용하느냐에 따라 다양한 형태로 제기되었고, 종래의 유교 문명관도 바뀌었다.[1]

　국권회복운동의 막을 연 대한자강회가 "안으로는 조국 정신을 배양

---

1) 필자의 《근대한국의 문명전환과 개혁론―유교 비판과 변통》(지식산업사, 2014)은 이런 논의에서 출발하여 근대개혁사상의 여러 흐름(정부 정책, 양무개혁론, 문명개화론, 변법개혁론 등)을 시간적 변화에 따라 발전했던 과정을 살핀 것이다. 단행본으로 정리한 부분과 이 장의 내용이 다소 중복되지만, 계몽운동 참가층의 사상적 배경을 살피는데 핵심 문제이고, 이를 제외할 수 없기에 기존 책의 해당 부분을 약간 줄이고 수정하여 정리하였다.

하고, 밖으로는 문명의 학술을 흡수하는 것"이 급선무라고 하였던 바와
같이, 국권회복을 위해서는 서양 문명을 수용, 학습해야 하였다. 서양
문명의 수용과 학습에는 항상 종래의 유교 처리 문제가 있었고, 다양한
문명개화의 방안도 여기에서 결정되었다. 당시 신문에는 이를 〈舊學問
과 新知識의 關係〉라는 이름으로 정리하였다.2) 학문에서 신구新舊의
관계는 "옛 것에서 새로운 것이 나고[因舊而生新], 옛 것을 없애야 새로
운 것을 펼 수 있다[除舊而布新]"라고 한 바와 같이, 매우 모순되는 논의
들이었지만, 크게 네 가지 형태로 정리하였다. 즉 ① 나라는 망해도
도道는 망해서는 안 된다는 척사론의 신학 부정, ② 구학을 체體로 하고
신학을 용用으로 하는 체용론적인 신학수용, ③ 구학의 철저한 부정을
통한 신학수용, ④ 신구학의 장점을 '짐작손익斟酌損益'으로 절충 수준
의 신학수용 등이었다.3) 이 문제는 좁게는 유교와 구학을 어떻게 할
것인가의 문제였고, 더 나아가서는 근대개혁과 문명화, 그리고 국권회
복운동의 주체성 문제, 앞서 다룬 국권 침탈을 둘러싼 현실 인식론과도
구조적으로 연관되어 있었다.

---

2) 李光麟, 〈舊韓末 新學과 舊學과의 論爭〉, 《東方學志》 23 · 24, 1980 (《韓國開化史의 諸問題》,
   一潮閣, 1986) ; 柳永烈, 〈大韓自强會의 新舊學折衷論〉, 《崔永禧華甲紀念韓國史學論叢》, 探
   求堂, 1987 ; 김도형, 〈한말 근대화 과정에서의 구학, 신학 논쟁〉, 《역사비평》 34, 1996.
3) 《皇城新聞》 1907년 5월 15일 論說 〈舊學問과 新知識의 關係〉, "① 或曰 我自有我法하고
   彼自有彼法ᄒ니 我何必效彼리오. 大學 一篇이 已足治國平天下오 周禮 一部가 已足以正百
   官安萬民이어늘 夷狄之法을 豈可混用於我國哉아 ᄒᄂ니, 此蓋一派오. ② 或曰 五帝가 不
   同禮ᄒ고 三王이 不同樂ᄒ니 古今이 殊宜에 豈可膠柱鼓瑟이리오. 以舊學으로 爲體ᄒ고 新
   學으로 爲用ᄒ야 以彼之長으로 補我之短이라 ᄒᄂ니, 此又一派오. ③ 或曰 優勝劣敗ᄂ 天
   演公例라, 舊代學術이 固不適宜於今日이오. 舊時人物이 固不適用於今時니 雖堯舜이 復作
   이라도 不可以治今日之天下라. 頑固思想과 腐敗學問은 一切 摧陷而廓清之ᄒ야 無得遺跡
   之可尋이라야 此國此民을 庶可拯救라 ᄒ니, 此又一派오. ④ 或曰 舊學은 有舊學之特長ᄒ
   고 新學은 有新學之特長ᄒ니 於舊於新에 斟酌損益ᄒ야 以定一代之新規ᄒ면 可以雄長六州
   ᄒ고 卓冠古今이라 ᄒᄂ니, 此又一派오."라고 하였다. 그런 후에 이를 종합하여 "或者ᄂ
   謂今日之可取가 只有器械而已라 ᄒ며, 或者ᄂ 謂今日之可取가 只有法律而已라 ᄒ며, 或者
   ᄂ 謂國可亡이언정 道不可亡이라 ᄒ며, 或者ᄂ 謂頭可斷이언정 髮不可斷이라" 한다고 하
   고, 여러 갈래의 논의들 때문에 慧眼을 가진 사람이라도 여러 생각을 하게 된다고 보았다
   (번호는 인용자가 붙임).

1. 문명개화론의 발전과 유교 비판

1) 유교 절대성의 부정과 기독교 수용

(가) 서양 문명을 수용하여 문명개화하자는 논의는 1880년대 전반 형성된 개화파의 핵심논리였다.[4] 대개 서양 기술 문명은 물론, 근대정치론, 종교까지 수용하자는 '문명개화론'은 독립협회, 《독립신문》을 거쳐 계몽운동에서 더 확고하게 발전하였다. 이 논의의 핵심은 요컨대 중세 이념이었던 유교를 어떻게 처리하느냐에 있었다.[5]

계몽운동에 참여했던 문명개화론자들은 서양의 신학문을 적극 수용하기 위해 구학=유교의 절대성을 부정하였다. 유교의 '도道'를 긍정적으로 보면서도, 부패한 유교·구학에는 반대하였다. '구신자究新子'는 구학에도 수제치평修齊治平(修身, 齊家, 治國, 平天下)의 도가 있지만 부패한 유학자와 선비의 헛된 학문 때문에 인지人智가 발달하지 못했다는 점을 비판하였다. 이에 비해 신학문, 신지식은 서양의 철인哲人과 지사志士가 정열적으로 연구한 것으로, 그 효력으로 서구 열강의 문명이 가능하였다고 보았다.[6] 다른 논자[신채호]는 본래 유교에 수신·제가·치국·평천

---

4) 1880년대 개화파는 온건개화파와 급진개화파로 나누는 것이 일반적이었고, 혹자는 洋務開化論과 變法開化論으로 나누기도 한다(靑木功一, 〈朴泳孝의 民本主義·新民論·民族革命論 1·2〉, 《朝鮮學報》 80·82, 1976·1977).

5) 문명개화론의 입장에서 유교 문제 처리는 다양하였고, 따라서 이에 대한 기존 연구도 여러 논의들이 있었다. 가령 위의 靑木功一 글에서 밝힌 바와 같이 박영효는 유교 고전인 《大學》, 《孟子》에 기초하여 개화론을 개진하였는데, 이런 점에서 그는 박영효를 '변법개화론'으로 규정하였다. 다른 논자는 박영효의 근대사상을 '전통과 근대의 복합화'라고 하였다(金顯哲, 〈박영효의 '근대국가 구상'에 관한 연구 - 개화기 문명개화론자에 나타난 傳統과 근대를 중심으로〉, 서울대 박사학위 논문, 1999 ; 김주성, 〈박영효의 자유주의 정신〉, 《정치사상연구》 2, 2000 등). 주진오는 유길준《西遊見聞》의 개화론이 유교 도덕을 근간으로 하였던 점에서 유길준의 논리를 '東敎西法'으로 구분하기도 한다(〈開化論의 論理와 系譜〉, 《한국 근현대의 민족문제와 신국가건설》, 김용섭정년기념논총(3) , 지식산업사, 1997). 하지만 이들은 서양 학문과 사상을 자신들이 알고 있는 유교와 동양의 단어, 개념으로 설명하였지만, 서양을 문명국으로 인식하고 '서양화'를 통해 문명개화를 추구하였으며, 일본의 문명개화를 그 모델로 하였다. 이런 점에서 이들을 '문명개화론'이라고 해야 할 것이다.

하를 근본으로 인도人道에 합당한 것이 있으나, 당시의 유교는 기송사장 記誦詞章(암기하여 입으로만 외우고 시가와 문장만 닦는 것)에만 빠져들 어 다시 행할 수 없는 것이라고 단정하였다.[7]

신학문에서 유교는 전제 정치, 계급 사회, 상고주의의 유물일 뿐이었 다. 비록 유교를 고치고 종교화[이 부분은 후술함]해도 사회에서 요구 하는 국권회복, 국수보전國粹保全을 이룰 수 없다고 하였다.

> 유교는 …… 德化의 波及宫 恩澤이 不少专엿스나 其 方法이 多種의 制度를 包有专야 鎮國時代의 專制政治와 階級社會와 尚古主義로 더부러 兩兩相符 혼 자이오, 또한 其時代의 遺物이라. 決코 現今時代 現今社會에 適合치 아닐 뿐 아니라 反히 害가 될 慮가 有宫거늘, 近히 此敎에 系혼 者가 多出专니 曰孔子敎 曰大成敎 曰大同敎 曰太極敎 等이라. 그 趣旨가 聖人을 尊奉喜은 甚히 嘉尚专나 其 目的이 果然 國粹保全喜에 在혼가, 國權回復에 在혼가. 抑 或 新知識輸入喜에 在혼가. 其 結果가 畢竟 階級社會를 維持, 尚古主義를 계 속喜에 불과홀지니 此는 吾儕의 不取홀 바오.[8]

(나) 적극적인 신학문 수용 속에서 기독교를 받아들여 믿어야 한다는 주장도 나왔다. 우수한 서양 근대문명의 근본이 기독교에 있다는 판단 에서 그러하였다.[9]

《독립신문》은 기독교의 영향이 강하였다. 기독교 문명관에 의거하여 문명과 야만을 구분하고, 자연을 숭배하는 아프리카는 야만이고, 회교

---

6) 究新子, 〈新學과 舊學의 區別〉, 《西北學會月報》 8, 41쪽.

7) 《大韓每日申報》 1908년 3월 10일 〈西湖問答(續)〉 《丹齋申采浩全集》 別).

8) 《大韓每日申報》 1910년 5월 17일 〈韓國宗敎界의 將來(속)〉.

9) 기독교 전래와 관련된 문제는 李萬烈, 〈韓末 기독교인의 민족 의식 형성과정〉, 《韓國史論》 1, 서울대 국사학과, 1973 ; 李光麟, 〈開化派의 改新敎觀〉, 《歷史學報》 66, 《韓國開化思想硏究》, 일조각, 1979) 1975 ; 한국기독교사연구회, 《한국기독교의 역사》 (I), 기독교문사, 1989 등.

나 불교·공자교를 믿는 나라들은 반야만, 반개화의 단계이지만 오직 "그리스도교를 착실히 하는 나라들은 세계에 제일 강하고, 제일 부유하고, 제일 문명하고, 제일 개화되어 하느님의 큰 복음을 입고 살더라"고 하였다.10)

1905년 국권상실 뒤에 기독교 수용론은 더 강하게 나타났다. 국권회복을 위해서는 종교를 근본으로 해야 하며,11) 국권회복을 위한 '자강自强'은 재력이나 무력 같은 '유형有形의 자강'보다는 '신교력信敎力'인 '무형無形의 자강'이 더 중요하다고 보았다.12) 말할 필요도 없이 그 종교는 기독교였다. 당시 요구된 정치 개혁은 '종교 개량'에서 연유하므로, "종교는 정치의 어머니"라면서, 기독교의 종교개혁은 세계 문명의 기점이 되어 자유주의를 발휘하게 하고, 인지와 교화의 발달을 조성하며, 정치사회에서 자유의 기초를 세웠으므로 기독교는 '자유와 평등의 종교'라고 하였다.13) 요컨대 기독교는 다른 종교보다 감화력이 뛰어나며, 박애주의와 평등에 따라 신지식·신문명을 수입할 수 있다는 것이었다.14) 영국의 개혁, 미국의 독립, 프랑스의 혁신 등이 모두 기독교로 말미암은 것으로 보았다.15)

기독교에 입각한 문명개화를 주장하던 가장 대표적인 사람이 대한자강회 회장 윤치호尹致昊였다. 그는 상해 유학 시절에 기독교 교인이 되었으며, 기독교를 바탕으로 자신의 문명개화론을 구상하였다. 그는 유

---

10) 《독립신문》 1897년 1월 26일 논설. 이런 주장은 특히 기독교계에서 발행하던 신문이나 잡지에서는 더욱 확고하고 빈번하게 보였다(李萬烈, 〈韓末 기독교인의 민족 의식 형성과정〉, 347~353쪽).

11) 종교와 정치는 "互相表裏의 관계를 有ᄒ진라. 內으로는 德化風氣를 神益扶植ᄒ며 外으로 國運隆贊 致生케 ᄒ나니, 眞所謂人에 在ᄒ여는 腦髓오 國에 在ᄒ여는 國粹라 하야도 過言이 아니라. …… 政治社會와 萬般制度의 更張되는 同時에 宗敎도 改革될 것이오"라고 하였다(《大韓每日申報》 1910년 5월 15일 〈韓國宗敎界의 將來〉).

12) 《大韓每日申報》 1905년 12월 1일 〈信敎自强〉.

13) 《皇城新聞》 1909년 11월 20일 論說 〈宗敎와 政治의 關系〉.

14) 《大韓每日申報》 1910년 5월 17일 〈韓國宗敎界의 將來(續)〉.

15) 《大韓每日申報》 1908년 10월 11일 잡보 〈宗敎改革이 爲政治改革之原因〉.

교에는 허례적 형식 윤리, 이기적 가정 윤리, 압제적 계서階序 윤리, 배타적 절대 윤리, 사대적 종속 윤리 등이 있다고 지적하고, 이런 문제를 극복하기 위해서는 기독교가 필요하다고 생각하였다.16)

1894년 청일전쟁 이후, 문명개화론과 기독교가 확산되면서 이원긍李源兢, 이상재李商在, 유성준俞星濬, 이승만李承晩, 홍재기洪在箕, 안국선安國善, 신흥우申興雨 등이 여러 통로를 통해 기독교인이 되었다. 이들은 서울의 상동교회, 연동교회를 중심으로 모였으며, 국민교육회, 《대한매일신보》에도 관여하였다. 특히 안창호 등이 중심이 된 서북지방이 기독교 운동의 중심지였다.17)

이승만은 기독교적 문명개화론을 체계적으로 제기하였다.18) 배재학당에서 서재필徐載弼과 서양 선교사로부터 서양 학문을 배웠고, 그 뒤 옥중에서 기독교로 개종하였다. 1903년 8월 옥중에서 그는 〈예수교가 대한 장래의 기초〉라는 글을 썼다. 유교는 새 시대에 맞지 않다고 하면서, "예수교는 본래 교회 속에 경장更張하는 주의를 포함한 고로, 예수교가 가는 곳마다 변혁하는 힘이 생기지 않는 데 없고, 예수교로 변혁하는 힘인즉 피를 많이 흘리지 아니하고 순평히 되며, 한 번 된 후에는 장진長進이 무궁하여 상등 문명에 나아간다"고 하였다.19)

이승만이 '독립'을 위해 쓴 것이 《독립정신》이었다. 그는 '독립주의의 긴요한 조목'(6개항)을 열거하였는데,20) 그 근본은 "(서양의) 지정지미

---

16) 柳永烈, 《開化期의 尹致昊 硏究》, 한길사, 1985, 173~181쪽 ; 関庚培, 〈初期 尹致昊의 基督教信仰과 開化思想〉, 《東方學志》 19, 1978.

17) 李光麟, 〈開化派의 改新教觀〉, 1975 ; 〈開化期 關西地方의 改新教〉(1974), 《韓國開化思想硏究》, 1979 ; 〈舊韓末 獄中에서의 基督教 信仰〉, 《韓國開化史의 諸問題》, 1986 ; 한국기독교사연구회, 《한국기독교의 역사》 (Ⅰ), 263~266쪽, 289~307쪽.

18) 한말 이승만의 사상에 대해서는 高珽烋, 〈開化期 李承晩의 思想形成과 활동〉, 《歷史學報》 109, 1986 참조.

19) 《신학월보》 1903년 8월호(고정휴, 위 글, 49~50쪽 재인용).

20) 이승만, 《독립정신》, 대동신서국, 1910(연세대 이승만연구원, 2019). 그가 제기했던 긴요한 조목 6개 항은 ① 세계와 마땅히 통해야 할 줄을 알 것(5개 소항), ② 새 법으로 각각 몸과 집안과 나라를 보전하는 근본을 삼을 것(4개 소항), ③ 외교를 잘할 줄을 알아야 할 것(5개 소항),

至精至美한 정치 법도와 인애자비仁愛慈悲한 도덕 교화"라고 하였다. 교화 가운데 그는 유교가 '인도人道'라면 기독교는 '천도天道'라고 하였다. 그리고는

> 다만 텬도[기독교]가 잇서셔 지극히 광대ᄒ고 지극히 쟝원ᄒ지라. …… / 지금 우리나라이 쓰러진듸셔 닐허나려 ᄒ며, 썩은 듸셔 싹이 나고져 홀진듸 이 교로써 근본을 숨지 안코는 세계와 샹통ᄒ여도 참 리익을 엇지 못홀 것이오, 신학문을 힘써도 효력을 엇지 못홀 것이오, 외교를 힘써도 깁흔 졍의를 밋지 못홀 것이오, 국권을 즁히 녁여도 참 동등 디위에 니르지 못홀 것이오, 의리를 숭상ᄒ여도 혼결 ᄀᆺ홀 수 업슬 것이오, ᄌᆞ유 권리를 즁히ᄒ려도 평균ᄒᆫ 방하을 알지 못홀지라. 우리는 맛당히 이 교로써 만ᄉᆞ의 근원을 숨아 각각 나의 몸을 니져 바리고 눔을 위ᄒ여 일하는 쟈ㅣ 되야 나라를 일심으로 밧들어 영, 미 각국과 동등이 되게 ᄒ며 이후 텬국에 가셔 다 갓치 맛납셰다.[21]

라고 하여, 독립을 이루고 영국·미국과 동등한 문명국이 되기 위해서는 기독교를 근본으로 해야 한다고 하였다.

따라서 문명개화론자들은 신구新舊 학문을 절충하는 것에 찬성하지 않았다. 개혁을 하려면 근본이 되는 종교, 곧 기독교에 힘써야 하기 때문이었다. 이에 서양 기술만 수용하자는 논의는 서양이 부강하게 된 근본 이치를 궁구하지 않은 것으로, "근본은 버리고 끝만 취한 것"이라고 비판하였으며, "나무 뿌리 배양할 생각을 아니하고 나무의 가지와 잎사귀만 무성하기를 바라니 실로 우스운지라"고 비꼬았다.[22] 감리교

---

④ 국권을 중히 여길 것(6개 소항), ⑤ 정의를 소중히 여길 것(3개 소항), ⑥ 자유 권리를 소중히 여길 것(2개 소항) 등이었다. 그 소항목 가운데서도 서양과의 통교와 신학 수용 등에 대해서는 ㉠ 통상하는 것이 피차에 이익이 됨을 깨달을 것, ㉡ 통상하는 것이 나라를 부요하게 하는 근본, ㉢ 외국인을 원수같이 여김이 제일 위태한 것, ㉣ 고서를 전력하여 힘쓰지 말고 모두 새 학문 책을 주장을 삼을 것, ㉤ 신학문을 힘써서 나의 이익을 남에게 빼앗기지 않기를 위주할 것 등이었다.

21) 이승만, 위 책, 291, 293~294쪽.

의 최병헌崔炳憲도 마찬가지로

　　惟 我大韓이 儒道가 寢靡홈을 奮興치도 아니ᄒ고 耶蘇 敎理는 目以西學
而不取ᄒ고 但取西人之兵긔與機械ᄒ야 設電話與語學ᄒ니 此는 不務其本 而
取其末이라. 豈可成就文明哉아.[23]

라고 하였다.

　이런 사회적 분위기 속에서 기독교가 확산되었다. 더욱이 당시 유교
와 불교의 힘은 약화되고, 관리의 탐학과 외인外人의 압제가 있는 가운
데 여러 기독교 선교사의 활발한 자선 활동도 이를 도왔다.[24]

　기독교를 믿게 되면서 국권상실이라는 현실도 기독교 교리로 해석하
였다. "오늘날의 한국민은 천의天意를 불순不順하고 의무를 부진不盡하
여 나라를 망하게 하고 권리를 잃어버린 죄가 있다"라고 하여, 하늘(하
느님)의 뜻에 순종하지 않아 나라가 망하게 되었다는 것이었다. 또한
"기독야소基督耶蘇[그리스도예수]가 천하 후세 만민의 죄를 대신하여
십자가에 못 박힌 것처럼 한국민 2천만 인의 죄도 대신 속죄하여 죽었
다"고 하였다.[25]

　그리하여 국권회복은 물론, 문명, 부강은 기독교를 믿어야 만들 수
있다고 확신하였다. 〈서호문답西湖問答〉에서는 유교는 시행할 수 없고
나라의 강성을 위해서는 기독교를 숭신崇信해야 한다고 주장하였다.

---

22) 《독립신문》 1899년 9월 12일 〈나라의 근본〉.
23) 《大韓每日申報》 1906년 10월 9일 잡보, 목사 崔炳憲 연설, 〈宗敎與政治之關係(續)〉. 이런
　　崔炳憲의 주장에 대해, 기독교의 신앙적인 측면에서는 '儒敎에 대해 挑戰的이라기보다 오히려
　　補充的 혹은 共存的인 態度'라고 지적하고 있다(李光麟, 〈開化派의 改新敎觀〉, 231쪽).
24) 《皇城新聞》 1909년 1월 19일 論說 〈我國基督敎의 將來〉.
25) 《大韓每日申報》 1908년 3월 12일 〈西湖問答(續)〉(《丹齋申采浩全集》 別, 138쪽). 이런 종교
　　적인 신앙의 확신으로 '신앙을 잘하면 하느님이 이스라엘 백성을 구하듯이 우리나라도 구원할
　　것'으로 생각하기도 하였다(《大韓每日申報》 1905년 11월 19일 〈爲國祈願文〉; 12월 9일 〈警
　　告韓民〉).

客曰 德育을 務홀진대 基督敎를 崇信ᄒᄂᆞᆫ거시 可乎잇가.

曰 然ᄒᆞ다. 基督耶蘇ᄂᆞᆫ 卽 上帝의 子오 …… 只願 同胞ᄂᆞᆫ 擧皆 救主를 篤信ᄒᆞ여야 一身의 罪와 一國의 罪를 贖ᄒᆞ고 主恩을 感服ᄒᆞ야 能히 殺身成仁도 하며 能히 救濟蒼生도 ᄒᆞ리니 同胞를 愛ᄒᆞᄂᆞᆫ 範圍가 此에 不外ᄒᆞ니라.

客曰 此敎를 篤信ᄒᆞ면 國이 可히 强ᄒᆞ깃소

曰 上帝로 大主宰를 숨고, 基督으로 大元師를 숨고, 聖神으로 劍을 숨고, 信으로 盾을 숨아 勇往直前이면 誰가 服罪치 아니며 順命치 아니ᄒᆞ리오. 現今 英·美·法·德이 耶蘇敎로 宗敎를 삼ᄂᆞᆫ 者가 其 國步와 國光이 果如何哉아. 我同胞도 此를 羨커든 其 諸國의 崇奉ᄒᆞᄂᆞᆫ 바 宗敎를 從홀지니라.[26]

라고 하여, 기독교 정신으로 무장하여 나아가면 도덕의 확립은 물론이고 다른 나라도 복종시킬 수 있는 강국이 될 것으로 보았다.

나라가 거의 망할 시점에 들어서도 이런 확신은 더 강해졌다. 한국이 진흥하는 날은 "한인의 인인人人 구중口中에 예수그리스도의 이름을 부르짖고, 인인 수중에 신약정전[新約全書] 한 권을 받드는 날"이라고 확신하였다. 예수가 자유와 평등을 기치로 복음을 선포한 이후 서유럽을 개혁하여 문명의 행복을 균등하게 하였고, 다시 미국을 구원하여 강국의 기초를 닦게 하였으며, 이제 태평양을 넘어 고통에 신음하는 아시아를 구제하고자 한다고 생각하였다. 오직 한국 동포는 이 새로운 종교치하에 나아가 신성의 세례를 받아 크게 회개하고 분발해야 한다고 하였다.[27]

---

26) 《大韓每日申報》 1908년 3월 12일 〈西湖問答(續)〉(《丹齋申采浩全集》 別, 138~139쪽).
27) 《大韓每日申報》 1910년 3월 14일 論說 〈韓國振興策(續)〉.

2) 천도교의 문명개화론과 유교 비판

동학의 사상체계는 유교와 불교를 합치고, 또한 서학과는 대립적인 구조를 가졌다. 최제우崔濟愚는 "서도西道는 사람의 본성을 표준한 도가 아니므로 형식만 있고 실지實地가 없나니라. 그러나 운수인즉 하나이고 도道인즉 같으나 이치인즉 다르니라" 하고, "내가 동방에서 나서 동방에서 받았으니 도는 비록 천도天道이나 학學인즉 동학東學이라 하는 것이 옳으니라" 하였다.28) 동학은 특히 유교를 사대주의, 불평등, 비인본적이라는 점을 들어 비판하였다.

　　儒敎니 …… 그 敎의 主旨는 天의 命令 下에 在하여 信仰은 天靈, 地靈, 人靈이오, 그 綱領은 三綱五倫이요, 그 目的은 修身齊家治國平天下之大道라 하며, 그 道는 無形的으로나 有形的으로나 鬼神本位며 事大主義로 되었다. …… 그 敎를 믿어온 사람의 口頭에는 彼를 大國이라고 仰慕하는 同時 我는 小中華라 稱하였다. …… 그것이 非人本主義며 不平等主張임에야 어느 때든지 그 人族이 꿈을 깨는 날에는 한번 다시 뒤집어지고 마는 것이 原則일 것이다.29)

동학은 1904년 무렵 종래의 운동 노선을 바꾸어 문명개화 노선으로 전환하였다. 그러고는 곧 근대 종교 체제를 갖춘 천도교로 개편하였다. 이와 더불어 이들은 계몽운동을 전개하였고, 핵심 세력 일부는 대한협회에 동참하였다.

손병희孫秉熙는 최시형의 체포(1898) 뒤에 북접의 법대도주法大道主가 되어 동학 조직을 총괄하였다. 정부의 탄압이 계속되자, 1901년 이상헌李祥憲이라는 가명으로 일본에 망명하였다. 일본에서 개화파 인사

---

28) 李敦化, 《天道敎創建史》, 제1편 22~23쪽 (《東學思想資料集》 貳, 54~55쪽).
29) 吳知泳, 《東學史》, 영창서관, 1938, 10쪽 (《東學思想資料集》 貳, 366쪽).

들과 빈번하게 교류하면서 양한묵梁漢默, 장효근張孝根 등을 동학 조직 속에 포섭하였다. 일본의 문명개화를 경험하면서 동학 운동을 문명개화 노선으로 전환하였다.30)

손병희는 "고금古今이 부동不同"한 것은 "운運이 변한 것"이며, 지금의 세계 문명은 "천지가 크게 변하는 창시創始의 운"이라고 하여,31) 서양 문명으로 인한 세계적인 대변화를 지적하였다. 이런 변화는 사람의 지예智叡가 총명해졌기 때문에 가능하였지만, 이에 비해 종교적 교화教化는 해이해지고 옛글만 읽다가 시운時運, 시기時機의 변역變易이 이를 따르지 못하고 있다고 보았다.32)

그리하여 손병희는 문명개화운동과 이념의 변역變易을 위해 '삼전론三戰論'을 제기하였다. 천도天道=동학東學의 근본은 변할 수 없지만, 시대의 변화에 따라 대처하는 방법은 달리해야 한다고 하여, 나라의 문명발전과 보국안민輔國安民의 방책을 제기한 것이 세 분야의 싸움, 곧 삼전론─도전道戰, 재전財戰, 언전言戰─이었다. 동학을 정치 이념으로 삼자는 '도전', 자연의 부원을 이용하여 산업을 발전시키자는 '재전', 외교관을 양성하여 각국과의 외교를 잘하자는 것이 '언전'이었다.33) 요컨대 정치 도덕인 동학을 바탕으로 한, 산업 발전, 국제 외교 분야의 개혁론이었다.34)

삼전론의 출발은 동학을 국교로 하자는 '도전'이었다.

---

30) 康成銀, 〈20世紀初頭における東學教上層部の活動とその性格〉, 《朝鮮史研究會論文集》 24, 1987 ; 金炅宅, 〈韓末 東學教門의 政治改革思想研究〉, 연세대 석사학위논문, 1990). 양한묵에 대해서는 崔起榮, 〈韓末 天道教와 梁漢默 ; 그 활동과 사상을 중심으로〉, 《歷史學報》 147, 1995 참조.

31) 孫秉熙, 〈三戰論〉, 《天道教創建史》, 제3편 부록, 83쪽, 86쪽 (《東學思想資料集》 貳, 261쪽, 264쪽).

32) 孫秉熙, 〈明理傳〉, 《天道教創建史》, 제3편 88쪽 (《東學思想資料集》 貳, 266쪽).

33) 孫秉熙, 〈三戰論〉, 《天道教創建史》, 제3편 부록 (《東學思想資料集》 貳).

34) 이에 비해 康成銀은 三戰論을 "침략자에 대해 적극적으로 싸우기 보다는 외교적 방법으로 절충할 것을 주장하여, 본질에 있어서는 일제를 비롯한 제국주의 침략자와의 싸움을 피하고, 그들과의 타협 하에 동학을 국교의 지위에 올려 스스로 집권을 시도한 것으로, 이른바 〈輔國安民〉의 개악판"이라고 평가하였다(〈20世紀初頭における天道教上層部の活動とその性格〉, 1987).

道政者는 主教之謂也니 化民成俗之政策也라. 國無主教면 民無率性하야
各自爲心 故로 政法이 不行하나니, 是故로 於古及今에 國無道而興昌者가 未
之有也니이다. …… 吾國之富强이 亦不下於外國而不幾之年에 必爲政於天下
하리니 是故로 開明之遲速이 亦係乎國教之優劣也니이다. …… 政府가 獨何
以勢力으로 對抗外國乎잇가. 協民心而揚民權이라야 以對天下하리이다. 然
則爲邦之本은 民心也요 化民之本은 道也라.[35]

요컨대, 나라의 개명은 국교의 우열에 달려 있으며, 또한 독립·부강·
문명은 모두 백성들의 민심과 협력하고 민권을 높이는 것에 있으므로,
민심을 확고하게 하고 '화민성속化民成俗'하는 정치를 위해서는 반드시
'도道'를 세워야 한다는 것이었다.

손병희는 삼전론, 문명개화론을 실천하는 차원에서 민회民會운동을
전개하였다. 민회운동은 1904년에 들어 이용구李容九가 중심이 되어
전국적으로 추진하였다. 9월에 각 지방으로 보낸 나인협羅仁協의 '광고
문'에 문명개화의 필요성이 잘 드러나 있다. 우리가 다른 나라로부터
야만국으로 취급되고 있는 현실을 타개하기 위해서, 또한 인민을 부지
하고 나라를 공고하게 하여 러일전쟁 같은 전쟁도 막기 위해서는 반드
시 문명개화를 이루어야 한다고 하였다.

우리 대한이 흔 모퉁이에 궁벽키 쳐흐야 인심이 열니지 못흔고로 세계
각국의 문명기화흔 충속을 아지 못흐고 각부대신은 음폐[陰蔽] 총명[聰明]흐
야 미관미작[賣官賣爵] 홀 줄만 알고 열읍 슈령은 빅셩의 기름만 글거셔 인민
의게 탐학만 흐는고로 세계 각국이 야만국이라 칭호흐니 엇지 상통[傷痛]치
아니흐리오 …… 팔도에 유지흔 쟈가 공론흐되 회샤를 황셩에 셜립흐고 팔도
인민이 단회흐야 타국 문명기화를 본바다 한일쳥 삼국이 동양을 평화흐야

---

35) 李敦化,《天道教創建史》, 제3편 39쪽, 41쪽 (《東學思想資料集》 貳, 217쪽, 219쪽).

국가를 공고케흐고, 대신과 슈령의 포학흔 졍수를 업게흐고 인심을 부지홀
쯧으로 통긔가 잇는고로 이 곳지 회집흐니, 대한이 긔명흐면 아국[俄國] 강포
[强暴]룰 방어홀지라. 인민이 긔명귀화홈이 비단 대한의 다힝이라. 또한 일
본에 구원이 되리니 죠량[照諒]하라.36)

동학은 민회 조직으로 대동회大同會, 중립회中立會를 조직하였고, 9
월에 이를 진보회進步會로 개편하였으며, 12월에는 송병준의 일진회와
통합하였다.37) 한편, 동학 교단은 1905년 12월에 근대 종교체계를 갖
춘 천도교로 개편하였다. 이어서 1906년 2월에 손병희가 일본에서 귀
국하였다. 그런데 천도교 상층부에서는 주도권 다툼이 일어났고, 손병
희는 이용구와 송병준을 천도교에서 축출하였다.38) 그 뒤 천도교는 교
육 · 출판 · 정치 분야에서 문명개화운동을 적극적으로 추진하였다. 중
심 인물이었던 오세창과 권동진이 대한협회大韓協會에 참여하였다.

천도교는 기관지《만세보》를 통하여 서양의 신학문을 수용하자고 주
장하였다. 유교 인륜을 보조적으로 고려하면서도, 구학문을 반대하였
다. "우리들이 지식이 없으면 목석과 다르지 않고, 지식이 비열하면
우마와 같다. 지식이 우優한 자에게 이용되고 희생될 뿐"이라고 하면
서, 우리의 급선무는 세계의 신지식을 구하는 것뿐이라고 하였다.39)
전래되어 온 구학문은 모두 중국에서 빌려온 것이므로 당시에 실용할
수 없는 것으로 단정하였다.40) 그들은 신학문과 신지식의 발달을 반대

36) 《大韓每日申報》 1904년 9월 14일 〈동학광고문〉.
37) 진보회와 일진회의 관계에 대해서는 金炅宅, 〈韓末 東學敎門의 政治改革思想研究〉, 52~72쪽
참조. 이 두 단체는 사실상 처음부터 기맥을 통하여 동일한 강령을 내걸 수 있었다. 각 지방에서
는 진보회와 일진회의 이름이 혼용하여 사용하였고, 초기 일진회 간부들이 모두 동학 북접의
지도자였다는 점 등으로 일진회도 사실상 손병희의 직 · 간접 지도 아래 조직된 것이었다.
38) 당시 천도교 상층부는 "內地[日本]로부터 선생[孫秉熙]과 같이 나온 吳世昌 · 權東鎭 · 梁漢默
일파(文明派), 일진회 골자인 李容九 · 宋秉畯 일파, 비개화파인 金演局 일파(頑固黨)" 등이
있었다고 한다(吳知泳, 《東學史》, 199쪽).
39) 《萬歲報》 1906년 9월 18일 〈本報一面〉.

하는 사람들을 무식배, 잡류라고 비난하면서,

> 夫 新學問은 世界文明國의 學問이라. 地球上 人類된 者가 歐美의 文明을
> 吸受치 못ᄒ면 卽 野蠻도 能히 歐美 文明이 美흔 쥴은 知ᄒ거늘, 彼 閔京鎬
> 갓튼 無知覺한 飯袋는 此도 不知ᄒ니, 必也흔 人의 形體만 僅具ᄒ고 猿의
> 腦髓로 賦成흔 者 아인가.41)

라고 하여, 서양 문명국의 신학문을 흡수해야 야만에서 벗어날 수 있고,
이를 반대하는 사람들을 '원숭이 머리'라고 비난하였다. 그들은 의병을
일으킨 최익현崔益鉉 조차 '오래된 유교의 낡은 논의[古儒腐論]'라고 비판하
였으며,42) 국민을 부패와 멸망의 길로 이끈 완고파頑固派라고 하였다.43)

2. 유교의 신구절충적 문명화론

유교 원리에 따라 구학문과 신학문을 절충하는 차원에서 서양 문명
을 수용하여 근대화, 문명화해야 한다는 논의도 확산되었다. 유교를
근본적으로 부정하지 않는 가운데, 사상적 변신을 꾀한 유생층은 시세
를 알지 못하는 유교를 비판, 개선할 것을 제기하였으며, 유교의 종교
화도 주장하였다.44)

---

40) 《萬歲報》 1906년 8월 19일 〈準備時代(續)〉.
41) 《萬歲報》 1906년 7월 15일 〈雜類果世〉.
42) 《萬歲報》 1906년 6월 28일 〈義兵〉.
43) 《萬歲報》 1906년 7월 3일 〈解紛議〉 ; 1907년 3월 17일 〈善民始可知〉.
44) 김도형, 《근대 한국의 문명전환과 개혁론—유교비판과 변통》, 지식산업사, 2014, 제2장 참조.

1) 체용론體用論, 절충론 차원의 서양 학문 수용

(가) 유교 사회가 서양 문명과 만날 때, 대부분은 정학正學인 유교를 지키기 위해 서양 학문, 문명을 사학邪學으로 배척하였다[斥邪衛正論]. 그러나 시세의 변화 속에서 서양 문명 가운데 '이용후생利用厚生' 차원에서 배울 만한 것이 있다는 논의들이 나왔다. 이때에도 서양 문명을 동양, 유교적 관점에서 인식하고, 전통적 사회와 사유를 보완하는 차원이 주류였다. 조선은 말할 것도 없이, 중국, 일본에서도 마찬가지였다.[45) 중국의 중체서용론中體西用論이나 일본의 화혼양재론和魂洋才論, 동양도덕서양예술론東洋道德西洋藝術論 같은 것이었고, 조선에서는 '동도서기론東道西器論'이었다.[46) 이 논의는 1880년대 조선 정부의 근대개혁 정책의 원리[洋務改革論]가 되었다.

계몽운동에서도 이런 논의가 계속되었다. 더욱이 대한제국의 개혁 이념이 '구본신참舊本新參'으로 정립되면서, 계몽운동에 참여하였던 대한제국 관료층을 중심으로 이런 논의는 확산되었다.

대동학회大東學會는 처음부터 체용론에 따른 신구학 절충을 주장한 단체였다. 주도층은 대개 고급 관료층으로, 회장 신기선申箕善, 부회장 홍승목洪承穆·서상훈徐相勛, 평의원장 민병석閔丙奭, 평의원 김가진金嘉鎭·조중응趙重應·이중하李重夏·여규형呂圭亨·유혁로柳赫魯·정교

---

45) 閔斗基,〈中體西用論考〉,《東方學志》18, 1978.
46) 동도서기론의 구조는 19세기 초엽부터 나타나기 시작하여(權五榮,《崔漢綺의 학문과 사상연구》, 집문당, 1999 ; 유봉학,〈19세기 京華士族의 生涯와 思想-惠岡 崔漢綺를 중심으로〉,《서울학연구》2, 1994 등), 1840년대 박규수를 거쳐(김명호,《환재 박규수 연구》, 창비, 2008), 1880년대 초반에 형성되었다고 할 것이다(노대환,《동도서기론 형성과정 연구》, 일지사, 2005). 2005). 그런데 대개 1880년대 초반 정부의 개혁사업의 논리를 '동도서기론'이라고 하고[韓㳓劤,〈開港 當時의 危機意識과 開化思想〉(1968),《韓國開港期의 商業研究》, 일조각, 1970], 그 이후에도 대한제국 개혁사업,《황성신문》개혁론까지 포괄하고 있다. 그러나 '동도서기'라는 말은 서양을 만난 유자층의 일반적 대응 논리였고, 특별히 1880년대에 한정해서 사용할 수 없는 용어이다. 동도서기론에 대한 연구 경향은 장영숙,〈동도서기론의 연구동향과 과제〉,《역사와 현실》50, 2003 ; 노대환, 위 책, 2005, 9~21쪽 참조.

鄭喬 등이 그러하였으며, 일본에서 귀국한 유길준兪吉濬 · 장박張博 등도 참여하였다. 이 학회는 흔히 일제가 배후에서 조정하였다고 하며, 관련을 가졌던 공자교회孔子敎會도 그러하였다.[47]

대동학회의 목표는 유교를 바탕으로 서양의 기술 문명을 배워 세계적인 문명국이 되자는 것이었다. 곧 '입체달용立體達用', '짐작신구斟酌新舊'에 입각하여, 공맹孔孟의 종지를 지키고 사물의 시의時宜를 밝혀 '정덕正德'과 '이용후생'을 병행하자는 것이었다.[48] '정덕'은 유교로, '이용후생'은 서양의 기술 문명으로 가능하였다. 특히 그들은 무력이 강한 서양의 침략에서 벗어나기 위해서는 "부득이 시의를 짐작하고, 신법을 절충하여 그들의 장점을 본받아 우리의 힘을 길러 '자신을 지키고 외적을 방어하는 계책[自守外禦之策]'을 준비해야 한다"고 하였다.[49]

논자에 따라 서양의 정법政法[정치와 법률]을 부정하지 않았다. 일본 유학생 감독 출신의 신서적 강사 한치유韓致愈는 '체體는 측달자애惻怛慈愛하는 인仁이고, 용用은 구미 부강의 요인인 의식 · 의약 · 주거舟車 · 상고商買 · 교역 · 갑병甲兵 · 정법 등의 이용후생'이라고 하였다.[50] 정법이 어디까지 포함하는 것인지는 명확하지 않으나, 이용후생의 하나로 분류하였다. 계몽운동에서 서양의 정치론을 광범위하게 논의하고 있었던 점으로 본다면, 근대 법률과 정치 운영 문제도 고려하고 있었을 것이다.

신서적 강사였던 유길준도 도덕을 근본으로 하고 정치와 법령을 실시하여, 체體와 용用을 모두 달성하자고 하였다.[51] 그는 일찍이 '군민공치

---

47) 당시 언론에서는 대동학회가 "(일본의) 保護를 歌舞하고 結日을 力倡"하였다고 지적하고, 회장이었던 申箕善을 당시의 3대 매국노[忠奴] 가운데 한 사람으로 규정하기도 하였다(《大韓每日申報》 1908년 1월 20일 별보 〈巨魁物의 大得計〉 ; 1908년 4월 2일 〈日本의 三大忠奴〉 ; 1909년 10월 6일 〈魔學會의 名稱變更〉 등).

48) 申箕善, 〈大東學會趣旨書〉, 《大東學會月報》 1, 3~4. 신기선은 대표적인 '동도서기론자'로 지목되고 있다. 이에 대해서는 權五榮, 〈申箕善의 東道西器論 硏究〉,《淸溪史學》 1, 1984 참조.

49) 白山居士, 〈時局觀瀾〉, 《大東學會月報》 1, 24~25쪽.

50) 韓致愈, 〈學問體用〉, 《大東學會月報》 1, 37~38쪽.

51) 兪吉濬, 〈時代思想〉, 《大東學會月報》 1, 12~14 (《兪吉濬全集》 Ⅳ 수록).

君民共治'하는 정치체제의 변혁을 주장하였고,[52] 또 문명개화론 틀 안에서 유교를 떠나지 않으면서 기독교를 포함한 종교 자유도 인정해야 한다고 하였다.[53] 《서유견문西遊見聞》에서는 '개화'를 위해서는 서법西法, 서기西器의 장단점을 선별하여 자주적으로 섭취해야 한다고 하였다. 분별도 없이 외국의 것은 모두 좋다 하고, 자국의 것은 모두 멸시하는 것은 '개화의 죄인'이고, 또 외국인을 이적夷狄으로 보아 외국 물건은 쓸모없다고 하면서 외국 문자를 천주학으로 배척하는 것도 '개화의 수적讐敵'이라고 하였다. 반드시 자기의 선미善美한 것을 지켜야 한다고 하면서, "오륜의 행실行實을 순독純篤히 하여 사람이 도리를 지知한즉 이는 행실의 개화"라 하였듯이, 우리에게 선미한 것은 유교라고 보았다.[54]

갑오개혁의 중심 인물이었던 김윤식金允植도 대동학회에 참여하였다. 그는 1880년대 초, 정부의 양무론적 근대화 정책을 주도하였다. 1907년, 제주도 귀양에서 해배되었는데, 그 뒤에 바로 기호흥학회 회장으로 계몽운동에 참여하였다.[55] 그가 가장 관심을 기울인 것은 유교였다. 그는, 후술하게 될 것처럼, 박은식, 장지연 등이 중심이 된 종교운동 단체였던 대동교大同教의 총장이 되었다. 그도 철저하게 체용론體用論을 주장하였다. 《대동학회월보》의 서문에서 "학자는 인의도덕仁義道德을 체로 삼고, 이용후생利用厚生을 용"으로 하자고 하였다. 인의도덕은 만국이 모두 종앙崇仰하는 것이고, 우리 선성고훈先聖古訓이 이미 말한 것이며, 이용후생도 우리 선성이 이미 실시했던 것이지만, 후인들

---

52) 尹炳喜, 〈俞吉濬의 立憲君主制論〉, 《東亞研究》 13, 서강대, 1988.
53) 김도형, 《근대 한국의 문명전환과 개혁론 -유교비판과 변통》, 2014 참조.
54) 俞吉濬, 《西遊見聞》, 100~101쪽, 375~376쪽, 381~382쪽 (《俞吉濬全集》 I). 그는 개화에서 유교 도덕을 견지하고 있었지만, 서양과 문명 사회를 지향하는 점에서 문명개화론이었다(정용화, 《문명의 정치사상 : 유길준과 근대한국》, 문학과지성사, 2004 ; 〈유교와 자유주의: 유길준의 자유주의 개념 수용〉, 《정치사상연구》 2, 2000).
55) 김도형, 《근대 한국의 문명전환과 개혁론》, 2014, 64~77쪽, 96~100쪽. 그 외 김성배, 《유교적 사유와 근대 국제정치의 상상력 -구한말 김윤식의 유교적 근대 수용》, 창비, 2009 ; 김의진, 〈雲養 金允植의 西學受容論과 政治活動〉, 연세대 석사학위논문, 1985 참조.

이 이를 연구하지 못했기 때문에 신학문이 오히려 개물성무開物成務의 공이 있다고 하였다. 인의도덕과 이용후생 가운데 어느 하나도 폐할 수 없으므로 오직 "옛 것을 참작하고 오늘 날을 통해야[酌古通今]" 하고, "근본을 밝히고 씀에 도달해야[明體適用]" 한다고 하였다.56)

대동교에 관여할 때 김윤식은 서양 정치론도 허용할 수 있다고 하였다. 하지만 헌법에 따라 '전제'의 권한을 축소하고 의원議院을 설치하는 서양 정치론도 유교의 '대동大同'에 '암합暗合' 한다고 생각하였다. 대동의 도를 확충하는 것만이 "인민이 발달하고 국세가 자강하며, 임금은 상존常尊의 영광을 지니고, 백성은 자유의 즐거움을 얻어 당우唐虞(요순)의 번성을 복구할 수 있을 것"이라고 하였다.57) 서양 정치론도 유교적인 이상사회를 건설하는 범위에서 가치 있는 것이었다.58)

(나) 체용론의 구조를 공유하면서도 시세의 변화에 따라서 '용用'의 범위를 확대하여 신구 학문을 '절충折衷'하자는 주장도 나왔다. 당시 계몽운동의 주된 흐름이었다.

신구학 절충론은 대한자강회나 대한협회에서 많이 제기하였다.59) 효제충신孝弟忠信의 공맹의 도를 떠나서는 한 때도 살 수 없으므로, 먼저 종교를 숭배하여 귀의한 뒤에 구학을 '체'로 하고 신학을 '용'으로 하여 장단을 고려한 절충, 참작이 좋다고 하였다.60) 자유自由를 논하는

---

56) 金允植, 〈大東學會月報序〉, 《大東學會月報》 1, 1쪽.

57) 金允植, 〈大同敎緖言序〉 庚戌, 《雲養集》 권10 (《金允植全集》 2, 180쪽).

58) 김윤식은 서양 정치론에 대해서도 관심을 가졌는데, 논의 구조는 거의 변법개혁론 수준이었다 [가령 智山吟叟 著, 洪弼周 述, 〈新學六藝說〉, 《大韓自强月報》 10, 1907(《雲養集》 권8)]. 이글은 유배지(智島)에서 작성한 것으로 보인다. 그가 解配되어 서울로 돌아온 것은 1907년 10월이었고, 《大韓自强月報》 10호는 그해 4월에 간행되었다.

59) 柳永烈, 〈大韓自强會의 新舊學折衷論〉, 《崔永禧先生華甲紀念韓國史學論叢》, 탐구당, 1987.

60) 李鍾濬, 〈宗教는 不可不崇奉이요 新舊는 不可不參酌이나 奈自知之不明에 反被舊觀之觝破오〉, 《大韓自强月報》 9, 15~16쪽. 대한자강회의 이런 경향에 대해서는 柳永烈, 위 글, 1987 참조.

글에서도 "구학을 체로 삼고 신지식을 용"으로 하며, 자유도 유교 인륜의 범위에서 가능하다고 하였다.[61]

기호흥학회의 태도도 분명하였다. 전·현직 관료들이 중심적으로 활동했던 점에서, 기호흥학회의 논리는 대한제국의 '구본신참'과 보조를 같이 하였으며, 또한 이들도 대한자강회나 대한협회의 논리와 다르지 않았다. 반드시 구학으로서 뜻을 세우고 신학으로서 윤색하자고 하였으며,[62] 또는 "학문에 신구新舊가 없다"는 말로 표현하였다.[63]

교남교육회嶠南教育會의 취지서에는 세계 학술 지식의 교육이 필요하다고 하면서, 교남의 뛰어난 문학적 재질에 신지식을 교육하면 체용이 구비하고 문질文質이 겸전할 것이라고 하였다.[64] 권중철權重哲은 우리나라의 부진이 유교 숭상 때문이 아니며, "유교를 숭상하면서 그 도를 얻지 못했기 때문"이라 지적하고, 구학 위에 신학을 병용하는 것 외는 다른 방도가 없다고 하였다.[65] 채장묵蔡章默도 오늘날의 신학은 모두 구학을 원류로 하여 발달하였으므로, "구학을 모두 폐할 수 없으며, 오늘의 구학이 전일에는 신학이고, 오늘의 신학이 내일에는 구학이 될 것이므로 신구는 상호 참작"해야 한다고 하였다.[66]

호남학회湖南學會에서는 신학과 구학의 차이를 시간상의 문제라고 지적하였다. 삼대三代에서 보면 당우唐虞의 학문이 구학이 되고, 진한秦漢에서 보면 삼대의 학문이 구학이 된다는 것이었다.[67] 특히 윤주신尹柱臣은 종래의 유교나 도덕은 윤리학의 일부에 불과한 것으로 이해하고, 구학문은 수신·제가의 방법으로 사용하고, 나라의 정치와 백성의

---

61) 南宮濈, 〈自由論〉, 《大韓自强會月報》 9, 10~11쪽.
62) 李起鑽, 〈學問은 不可不參互新舊〉, 《畿湖興學會月報》 6, 3~5쪽.
63) 李輔相, 〈學問新舊로 勸告不學諸公〉, 《畿湖興學會月報》 7, 5~9쪽.
64) 《嶠南教育會雜志》 1, 〈本會趣旨書〉, 1쪽.
65) 權重哲, 〈儒不可廢〉, 《嶠南教育會雜志》 8, 27~28쪽.
66) 蔡章默, 〈舊學을 不可全廢〉, 《嶠南教育會雜志》 8, 16~17쪽.
67) 《湖南學報》 1, 〈本會趣旨〉, 52~53쪽.

생활은 신학문의 농공상병農工商兵과 정치이회政治理化를 이용해야 한다
고 하였다.68) 서우학회西友學會에서는 "구법舊法은 신법의 지도자"라는
표어를 내세워 이런 경향을 보였다.69)

이들은 유교의 근본 이념에 대해서 하등의 의문을 가지지 않았고,
또한 서양 학문 자체도 유교 관점에서 이해하였다. 이종하李琮夏는 "법
률을 만들고 종교를 설파하는[立法說教]" 목적이 옛날이나 지금이나 "세
상을 보존하고 백성을 다스리는 것[保世治民]"에 있으므로 이를 가르치
고 배우는 학문에는 고금이나 신구의 명칭이 있을 수 없다고 하였으며,
신학문의 법률이나 이학·화학은 모두 구학문에 연원이 있다고 하였
다.70) 기호흥학회의 윤흥섭尹興燮은 서양의 정치제도를 중국의 옛 제도
와 대비하면서 "나라를 경영하고 백성을 다스리는 경법經法은 고금이
하나"라고 하였으며, 관리가 국민의 공복公僕이라는 관념도 구학에 이
미 잘 나타나 있고, 서양 민회民會의 비조鼻祖는 맹자이며, 서양의 선거
법은 향공법鄕貢法과 같다고 하였다.71) 교남교육회의 채장묵蔡章默도
서양의 공화제는 요순시대, 입헌제는 삼대의 제도와 같다고 이해하였
고, 기차·윤선·천문지리·자전거·자명종·산학, 그리고 농공상의
개량도 모두 옛 중국에서 그 요소를 찾을 수 있다고 하였다.72)

많은 논자들은 중국이나 조선에서 발달된 서양 학문도 모두 중국,
동양의 경전에서 나왔다는 논리를 견지하였다. 서양의 기술문명도 유
교의 이용후생 혹은 격물치지 속에 이미 담겨 있는 내용이고, 심지어
서양의 근대 정치사상도 유교나 제자백가의 경전 속에 있다는 것이었

---

68) 尹柱臣, 〈採藥人問答〉, 《湖南學報》 3, 46~47쪽.
69) 《西友》 2, 6쪽.
70) 李琮夏, 〈新舊學問이 同乎아 異乎아〉, 《大東學會月報》 1, 28~29쪽.
71) 尹興燮, 〈雖舊維新〉, 《畿湖興學會月報》 2, 20쪽. 그는 유교의 종교운동으로 나타난 太極教宗
   의 회장이기도 하였다.
72) 蔡章默, 〈舊學을 不可全廢〉, 《嶠南教育會雜誌》 8, 16~17쪽.

다. 철저한 자기합리적인 부회적附會的 해석이었다. 따라서 신학 수용
도 기술 문명에 한정하는 입장도 있을 수 있었지만, 그보다는 유교의
근본적인 윤리·도덕을 기본=체로 하고 정법의 이론도 이용후생의 논
리로 수용하자는 주장이 대부분이었다.

2) 유교 개혁과 종교화

(가) 신구학의 장단점을 절충하는 수준에서 서양 학문을 수용하면서
동시에 구학문, 특히 유교와 유림이 시세의 변화와 시의時宜를 외면하
는 폐단을 지적하였다. 그 가운데 유교를 종교개혁 차원에서 고쳐 근대
종교를 만들자는 운동도 일어났다.73)

A - 구학문이나 유교가 시세의 변화를 외면하고 옛 것만 묵수하는
잘못이 있다는 지적이 많았다. 이종린李鐘麟은 "시의時宜를 모르고 옛것
만 좋아하는 것을 고固라 하고, 장단長短을 비교하지 않고 새로운 것만
좇는 것을 혹惑"이라 한다고 하면서, 구래의 학문, 유교는 시의를 참작
하고 장단점을 고려해야 한다고 하였다.74) 기호흥학회의 어윤적魚允迪
도 당시 유교계에 세속적인 선비[俗士]와 굽은 유자[拘儒]의 미혹迷惑을
지적하였다. 곧 속사는 작문作文, 부시賦詩, 경서만 읽는 미혹迷惑이 있
고, 구유拘儒는 서양 문물은 거부하면서 심성, 이기理氣만 논하고 인의
仁義만 주장하는 미혹이 있다고 비판하고, 수시변역隨時變易의 도에 따
라 고금을 참작하고, 장단점을 취사해야 한다고 하였다.75)

---

73) 유준기, 《韓國近代儒教改革運動史》, 삼문, 1994 ; 申淳鐵, 〈愛國啓蒙運動期의 儒教改革思
   想·運動〉, 1983 등.
74) 李鐘麟, 〈新舊學의 關系〉, 《大韓自强會會報》 4, 16~17쪽.
75) 魚允迪, 〈教育界迷惑解〉, 《畿湖興學會月報》 2, 2~4쪽.

호남학회의 유희열劉禧烈도 구학의 폐단을 열거하고 신학을 배워야 한다고 하였다. 그는 특히 신학문의 교육제도를 중국의 전통 교육제도에 견주어 이해하였다. 학교 교육은 반드시 6경六經을 경經(날줄, 근본)으로 하고, 서양의 공리, 공법으로 보완하여 천하를 다스리는 '도'를 구해야 하며, 우리 역사를 위緯(씨줄)로 하고 만국의 사적으로 보완하여 천하를 다스리는 '법'을 구해야 한다고 하였다.[76] 또 변승기邊昇基는 도학자(理氣, 性命만 업으로 삼는 자), 과학자(科學者, 科擧만을 위해 詩賦表策만 공부하는 자), 문학자(5언, 7언 등만 일삼는 자)의 폐단을 거론하고, 구습을 없애고 신학을 흡수하면 "구학과 신학이 동귀일철同歸一轍"할 것으로 보았다.[77]

김중환金重煥은 자연의 '한서寒暑(더위와 추위)와 주야晝夜'와 인간의 '구갈식작裘葛息作(겨울에는 가죽 옷, 여름에는 갈옷, 일하고 쉼)과 같이 변하는 것이 이치인데, 구학문은 신학문에도 몽매할 뿐 아니라 구학문에도 도달하지 못하는 것이라 지적하였다. 빠른 현실 변화 속에서 3년만 지나면 옛 책으로 간주하므로, 현재나 미래의 새로운 발명에 유의해야 한다고 하였다. 특히 법률, 정치, 경제, 위생, 격치제조格致製造 등의 학술을 강구하여 문명의 극단에 도달해야 지구 상의 인류로부터 대우를 받을 수 있다고 하였다.[78]

B - 시세 변화를 외면하는 유교를 개혁하여 본래의 원리를 되찾고, 궁극적으로는 이를 종교화하자는 논의로 이어졌다. 박상준朴相駿은 종교개혁이 급무라고 하였다. 그는 신성한 유교가 추락하고 잘못 숭봉되고 있는 것은 모두 산림학자山林學者의 잘못이라고 하며, 정치의 근본인

---

76) 劉禧烈, 〈學界謾說(續)〉, 《湖南學報》 7, 4, 5~8쪽.
77) 邊昇基, 〈新舊同義〉, 《湖南學報》 2, 12~15쪽.
78) 金重煥, 〈教育論〉, 《大韓俱樂》 1, 9~11쪽.

종교를 유지하고 부흥할 방책을 연구하여 루터의 종교개혁처럼 유교를
개혁하자고 하였다.79)

《황성신문》에서는 종교가 전제專制하게 되면 사람의 인지와 재력을
속박하여 노예 성질을 양성한다고 하고, 마음속에 있는 노예 성질을
제거하고 자유를 얻기 위해서는 '종교개혁'이 필요하다고 주장하였다.
특히 우리나라 유교는 폐단을 고치지 않고 이어 오다가 생긴 몇 가지
폐단이 있다고 하였다. 곧

> 一曰 虛文을 粧飾ᄒᆞ야 實事를 遺棄홈이오, 一曰 有力家의 言論으로 自由
> 硏究를 不許홈이오, 一曰 獨善을 藉托ᄒᆞ야 國民을 澹忘[조용하게 잊음]홈이
> 오, 一曰 舊轍을 默守ᄒᆞ야 因時制宜를 不講홈이오, 一曰 自己의 局見을 主張
> ᄒᆞ야 世界의 學術을 不求홈이오, 一曰 自重이 太過ᄒᆞ야 出門을 不肯ᄒᆞ고 世
> 事를 不知홈이라.80)

라고 하여, 6가지의 폐단을 거론하였다. 따라서 이를 개량하지 않으면
문명 진보에 장애가 될 것이므로, 마르틴 루터[馬丁路得]와 같이 종교개
혁을 단행해야 한다고 주장하였다. 《대한매일신보》에서도 "유교의 진
리를 확장하여 허위를 기기棄하고 실학을 무무務하여, 소강小康을 기기棄하고
대동大同을 무무務하여, 유교의 광光을 우주에 조조照하자"는 종교개혁을 주
장하였다.81)

유교 폐단을 고치고 종교화한다고 유교를 근본적으로 부정한 것은 아
니었다. 수시변역隨時變易 또는 수시변통隨時變通하는 유교의 이치를 실천
하지 않고 신학문을 반대, 배척하여 시대에 뒤떨어진 점을 비판한 것이

---

79) 朴相駿, 〈告我山林學者同胞〉, 《太極學報》 15, 44~46쪽.
80) 《皇城新聞》 1909년 11월 20일 論說 〈宗敎와 政治의 關係〉.
81) 《大韓每日申報》 1909년 6월 16일, 〈儒敎擴張에 對ᄒᆞ 論〉.

었다. 이런 논의는 강유위康有爲의 대동사상의 영향 아래에서 개진된 것
이 많았다. 조용은(趙鏞殷, 趙素昂)은 역사와 관습에 따라 국교의 필요성을
인정하고, 국교가 있어야 망부망군忘父忘君의 망극함도 면할 수 있고, 재
정·정치·군사권이 강탈된 것도 소생할 수 있다고 하였다. 그는 "공교
는 진보주의요 보수주의가 아니며, 공자는 범애주의요 독선주의가 아니
며, 공교는 세계주의요 국별주의가 아니라"는 강유위康有爲의 말을 지극
히 당연하다고 하고, 공자교를 국교國教로 하자고 주장하였다.[82]

(나) 유교를 개혁하고 근대적인 종교로 다시 만들자는 논의를 대표하
던 사람은 박은식이었다. 유교 종교화 운동의 귀결이 대동교였고, 이를
항상 지지하던 사람은 장지연, 김원극金源極 등이었다. 이들은 유교의
변통론에 의거한 변법개혁론자였다.

A – 박은식은 서북학회와 《황성신문》에서 활동했던 대표적인 계몽
운동가였다. 앞서 본 바와 같이, 그는 주자학에서 출발하였으나 유림의
보수성을 비판하고, 서양의 신학을 절충 차원에서 수용하자는 방향으
로 변화하였다.

박은식은 사회진화론에 의거하여 문명, 부강, 곧 '강자'가 되기 위해
서양 문명을 수용해야 한다고 하였다. 곧 "천하의 대세와 시국의 정형"
속에서 모든 생물들은 경쟁을 통하여 "이긴 자는 주인이 되고 진 자는
노예가 되고 …… 이긴 자는 존속하고 진 자는 멸망"하게 되는 이치가
있듯이, 민족의 성쇠나 국가의 존망도 지식과 세력의 경쟁에 의해 결정
된다고 보았다.[83] 민족과 국가의 문명 부강과 존립을 위해서는 서양

---

82) 趙鏞殷,〈信教論〉,《大韓留學生學報》1, 31~34쪽. 康有爲의 大同學說은 皇城子,〈大同學說
   의 問答〉,《畿湖興學會月報》10, 4~6쪽 ;《皇城新聞》1909년 4월 16일 論說〈大同學說의
   問答〉에도 소개되어 있다.
83) 《朴殷植全書》下,〈教育이 不興이면 生存을 不得〉, 86~87쪽.

학문이 필요하다는 것이었다.

그동안 배척했던 서양 문명, 학문을 받아들이는 근거는 유교의 '수시
변역隨時變易'이었다. "수시변역하고 온고지신溫故知新이 오도吾道(유교)
의 대요大要"라는 것이었다.84) 공자가 오늘날에 다시 태어나더라도 서
양의 이용후생하는 제조품과 신법률, 신학문을 거절할 수 없을 것이고,
당연히 "때에 따라 마땅함을 만들어[因時制宜] 그 장점을 취하였을[取其
所長] 것"이라고 단정하였다.85)

박은식은 신학문 수용을 반대하는 보수 유림과 유학계를 비판하였다.
유교, 유림의 폐단은 '시의時宜'에 따르지 않는 문제였다. 박은식은 유림
가가 "옛 것에 빠져 폐습을 돈독하게 지키면서, 구신求新의 시의를 불구
不究하며, 예의를 공담空談하고, 경제經濟를 불강不講"하였다고 하고, 이
런 폐단 때문에 국가, 민족을 보전하지 못할 것으로 보았으며, 오직 "심
성心性만 말하고 향음鄕飮, 향사鄕射만 행할 것"이라고 비판하였다. 이런
유학자의 행위는 성현聖賢이 혈성血誠으로 세상을 구하던 인의仁義와 배
치될 뿐 아니라, 자신을 보전할 수 있는 책략도 아니라고 하였다.86)

그리하여 박은식은 종래의 유교를 종교개혁 차원에서 '개량구신改良
求新'할 것을 주장하였다.87) 〈유교구신론儒敎求新論〉에서 박은식이 지적
한 유교 폐단은 세 가지였다. 첫째는 유교계의 정신이 전적으로 제왕帝
王 측에 있고 인민 사회에 보급할 정신이 부족하다는 것이었고, 둘째는
천하를 바꾸려고 열국列國을 돌던 공자의 적극성이 없어지고, 인민 사
회에 교화를 보급하지 못했을 뿐 아니라 자신의 견문도 고루하게 되어
물정과 세상 형편을 전혀 알지 못하게 되었다는 것이었다. 셋째는 유학
(주자학)이 간이직절簡易直切하지 않고 지리한만支離汗漫한 공부에만 전

---

84) 《朴殷植全書》 下, 〈賀吾同門諸友〉, 32쪽.
85) 《朴殷植全書》 下, 〈舊習改良論〉, 9쪽.
86) 《朴殷植全書》 下, 〈舊習改良論〉, 9~10쪽.
87) 《朴殷植全書》 下, 〈儒敎求新論〉.

념한다는 것이었다.

이러한 폐단을 없애고자 박은식은 다음의 방안을 제안하였다. 첫째, 맹자의 학문이 전하지 않고 순자의 학문만이 전하여 사문斯文과 생민에게 심한 불행을 준 것이므로 맹자의 학문을 널리 연구하여 인민사회에 보급하여 민지를 개발하고 민권을 신장해야 한다고 하였으며, 둘째 문제의 해결은 기독교처럼 적극적인 선교 활동을 해야 해결될 수 있으며, 셋째 문제에 대해서는 양명학陽明學을 강조하였다.

박은식의 유교 비판은 유교 자체를 부정한 것은 아니었다. 그는 단지 신학문의 수용을 거부하는 유림을 반대하였을 따름이었다. "세 문제에 대하여 다소의 우견을 감진敢進한 것이 실로 창신적創新的 의견이 아니오, 경전 가운데 모두 있는 광명보光明寶"라고 하면서 "그 말류의 실失을 구하여 본면목本面目을 회복"하기 위한 것이라고 하였던 것이다. 유교를 본래의 모습대로 '구신求新'하자는 것으로, 루터가 행한 종교개혁의 의미를 유교에서도 구한 것이었다.[88]

박은식이 제기한 유교 개혁의 근거는 역시 체용론이었다. 그는 유교에서 시의를 강구하는 그 자체를 유교의 대용大用을 발휘하는 것이라 생각하였다.[89] 즉 유림가의 구습을 고쳐 시무時務 학문으로 지식을 열어 넓히면 체용이 완전하고 문질文質이 갖추어져 충분히 국가와 인민의 행복을 성취할 것으로 믿었던 것이다.[90]

박은식의 유교개혁론에 많은 사람들이 동의하였다. 한광호韓光鎬는 이를 '종교혁명'이라고 규정하면서, 공자의 진면목이 없어진 것이 우리나라의 액운이라고 하며 유림계를 비난하였다. 그는 박은식의 주장이 공자의 본뜻을 버린 것이 아니고, 말류末流의 폐단을 고쳐 추락된 공자

---

88) 《朴殷植全書》 下, 〈儒敎求新論〉, 48쪽.
89) 《朴殷植全書》 下, 〈賀吾同門諸友〉, 33쪽.
90) 《朴殷植全書》 下, 〈舊習改良論〉, 11쪽.

를 영원히 없어지지 않게 하는 것이라 강조하였다.91)《대한매일신보》에서도 "유교계에서 유교의 진의眞義를 발휘하여 보수保守를 변하게 하고, 실천을 무務하여 수구守舊를 변하게 하며, 민지를 진흥하며 국권을 옹호하여 유가의 대광채大光彩를 발휘할 날이 있으리라"고 하면서, "해씨該氏(: 박은식)는 원래 유문儒門 연원의 온축積蘊이 유有하고, 겸하여 또 신진 세계의 고견을 포抱한 자라. 과연 해씨의 논論이 세인의 신앙을 득得하면 유교계에 신광선이 기起할까. 하노라"고 찬동하였다.92)

주자학을 대신하여 양명학을 주장한 것도 근대개혁론에서 중요한 논의를 제공하였다.《황성신문》에서는 당시의 학문을 과학, 곧 격물궁리格物窮理라고 하고, 이를 위해서는 "왕학王學의 간단직절簡單直切한 법을 취하여 본심本心의 양지良知를 극치克致하여 두뇌를 입立하고 사물의 용用을 응應할지라"고 하였으며, 이 지행합일이 있기 때문에 "그 배우는 바가 간단하고 그 사용하는 바가 용강勇剛하니 이것이 왕학王學이 세상에 공功이 있는 바"라고 하였다.93) 곧 보게 될 김원극도 양명학에 관심을 가지고 박은식을 지지하였다.94) 양명학에 대한 논의가 1930년대 정인보鄭寅普로 이어지고 있었음은 주지의 사실이다.95)

B – 장지연의 학문은 영남 유학에서 시작하였다.96) 그 뒤 서울 생활을 통해 사상적 변화를 겪게 되었는데, 그는 시세에 따라 변해야 하는

---

91) 韓光鎬,〈儒敎求新論에 대ᄒ야 儒林界에 贊否를 望홈〉,《西北學會月報》12, 28~29쪽.
92)《大韓每日申報》1909년 2월 28일 論說〈儒敎界에 對흔 一論〉.
93)《皇城新聞》1909년 1월 30일 論說〈舊學改良의 意見〉.
94) 金源極은 주자학과 양명학이 理氣併存論과 理氣合一論으로 서로 상반되나 만년의 주자는 양명의 주장과 거의 같다고 하였다(〈王陽明學論〉,《西北學會月報》19, 14~20쪽). 이에 대해서는 최재목,〈金源極을 통해서 본 1910년 陽明學 이해의 특징〉,《陽明學》23, 2009 참조.
95) 정인보는 1933년 9월,《東亞日報》에〈陽明學演論〉을 연재하였는데, 그 후기에 "九原에 永隔한 朴謙谷(殷植) 先生께 이 글을 質正하지 못함을 恨함"이라고 하였다(《薝園鄭寅普全集》2,〈陽明學演論〉, 연세대학교출판부, 1983, 242쪽).
96) 노관범,〈청년기 장지연의 학문 배경과 博學風〉,《朝鮮時代史學報》47, 2008.

것(예악, 刑政, 典章, 법도)과 변할 수 없는 강상綱常을 구분하면서, 변할 수 있는 것은 바꾸어야 한다고 했다. 이런 변화 속에서 그는 《황성신문》, 《시사총보》를 통하여 변법운동에 참여하였다. 1905년 국권상실에 항의하는 〈시일야방성대곡是日也放聲大哭〉 사건을 계기로 신문사를 떠났는데, 그때 대한자강회 설립을 주도하였고, 계몽운동 자강론의 핵심 이론가로 활동하였다. 그도 유교, 유학자의 폐단을 고치고, 서양문명을 배워야 자강할 수 있다고 보았다.

장지연은 나라가 빈약하게 된 원인의 하나로 유학자의 완고성을 지적하였다. 곧 "놀고 먹으면서 재물을 소모하는 자[遊食耗財]"였다. 그런 부류로 탐관오리, 공경귀척의 가족, 거실세가의 자제, 그리고 구학을 공부하는 독서인[儒士]과 산림학자山林學者를 들었다.[97]

먼저, 유사儒士는 사숙私塾이나 서원에 자제를 모아 놓고 옛 책(《사략史略》, 《통감절요通鑑節要》, 《고문진보古文眞寶》 등)이나 가르치고, 옛 과거科擧 시험에나 필요한 고풍행시古風行詩 같은 쓸모없는 저술을 가르치면서, 새로운 시험 과목인 역사·산술 등과 같은 신학문은 왜학倭學·사학邪學으로 배척한다고 하였다. 또 그들은 향교나 서원에 출입하면서 재산[校財]이나 도적질하고, 공물을 빙자하고 이를 자신의 주식酒食으로 삼으며, 학교 설립을 배척하여 교육을 방해한다고 보았다. 따라서 이들은 "실로 나라를 소모하는 큰 쥐[鼠]요, 백성을 해롭게 하는 큰 좀"이라고 비난하였다.

다음, 산림학자는 문생門生을 모집하고 이기理氣를 담론하는 사람으로, 교향임校鄉任의 무리에 비하면 비록 분별이 있지만, 무용無用하고 재산을 소모하는 것은 마찬가지라고 보았다. 그들은 일체 신학문의 실용을 배척하고, '고담준론高談峻論'과 '구습고수舊習固守'를 스스로 사문

---

97) 張志淵, 〈國家貧弱之故(續)〉, 《大韓自強會月報》 7, 5~11쪽.

斯文의 표지標識로 삼으며, 어리석게도 후진들의 총준聰俊을 막는다는 점에서 그들 또한 가정과 국가에 해를 입히는 '좀'이라고 비판하였다.

이런 구학의 폐단은 유학자들이 유교의 본뜻, 무엇보다도 '수시변통隨時變通'의 뜻을 이해하지 못했기 때문에 생긴 것으로 장지연은 보았다. 시세에 어둡고[闇] 통변通變에 어두운[昧] 것은 모두 구유拘儒와 곡사曲士의 비뚤어진 견해이지 선성先聖과 선사先師의 대도大道는 아니며,[98] "때에 따라 변화를 살피며[隨時察變] 때에 따라 손익[因時損益]하는 것이 대역大易의 지극한 이치"라고 하였다.[99] 따라서 '수시변통'의 원리에 따라 서양 신학문을 반드시 수용해야 한다고 주장하였다.[100]

C – 박은식, 장지연 등이 종교개혁 차원에서 새롭게 만든 종교가 대동교大同敎였다. 이는 청말 변법운동을 주도하던 강유위康有爲, 양계초梁啓超의 변법자강론에서 내건 대동주의의 영향을 받은 것이었다.[101] 그들은 《춘추春秋》의 '거난세據亂世', '소강세小康世', '대동세大同世'로의 변화를 사회진화론에서 말하는 '진화의 공례公例'로 규정하였으며, 이 학설이 비록 당시에 실행될 수 없지만, "대동학은 구세주의의 대승법大乘法"이라고 하였다.[102] 사회진화론적인 경쟁 시대가 끝나고 평화 시대가 온다면 평화의 기초는 '대동론'에 따라야 한다고 하였다.[103]

대동교는 1909년 9월, 이용직·김윤식 등 전·현직 고급 관료와,

---

98) 《韋庵文稿》 권6, 〈皇城中央學會趣旨文〉, 246쪽.

99) 張志淵, 〈國家貧弱之故(續)〉, 《大韓自强會月報》 7, 11쪽.

100) 이런 논의는 1910년 국망 이후에도 변하지 않았다. 장지연은 유교를 정신 도덕의 차원에서 진흥하고 서양의 기술을 받아들여야 한다고 하였다. 식민 지배 아래에서 정치적 차원의 '변법'이 가능하지 않다는 판단에서 그러했던 것으로 보인다. 이에 대해서는 김도형, 〈張志淵의 變法論과 그 변화〉, 《韓國史研究》 109, 2000 참조.

101) 金基承, 〈白巖 朴殷植의 思想的 變遷過程〉, 《歷史學報》 114, 1987.

102) 皇城子, 〈大同學說의 問答〉, 《畿湖興學會月報》 10 ; 《皇城新聞》 1909년 4월 16일 論說 〈大同學說의 問答〉.

103) 《皇城新聞》 1909년 11월 16일 論說 〈儒敎發達이 爲平和之最大基礎〉.

박은식(종교부장), 원영의元泳義(교육부장), 장지연(편집부장), 이병소李秉韶(掌務부장), 조완구趙琬九(典禮부장), 신하균申夏均(議事부장) 등의 활동가들이 주축으로 만들었다.104) 박은식은 대동교의 이론가로, 개교식에서 대동교의 연원과 종지, 활동 방향을 제시하였다.

박은식은 먼저 대동교의 연원이 대동사상임을 명확히 하였다. '대동'이라는 말은《예경禮經》에, 그 뜻은《춘추》에 있고, 성인이 세상을 경영하는 뜻이 항상 대동지치大同之治에 있었다고 하였다. 그러나 시간이 지나 맹자 이후에 그 전통이 끊어지고, 그 뜻이 행해지지 않았는데 새로운 사회로의 변화 속에서 중국의 호걸(가령 康有爲와 梁啓超) 몇 사람이 공교孔敎의 대동학을 표방하게 되었다고 하였다.105)

박은식은 대동교의 종지도 설명하였다. 곧 "인仁을 회복하여 천하 사람이 태평의 복락을 공동으로 향유하는 것"이라고 하였다. 모든 인간은 각각 어진[仁] 마음을 가지고 있으나, 형체와 물욕에 가려 이해와 분노로 서로를 공격하여, 마침내 동족을 원수로 삼고 골육骨肉이 서로 싸우는 현상이 나타나게 되었다고 하였다. 이런 문제를 해결하기 위해 성인들이 '천지만물天地萬物 일체지인一體之仁'으로 종교를 세웠으니, 바로 인仁을 회복하기 위한 대동교였던 것이다.106)

장지연도 대동교에 적극적으로 참여하였다. 그는 "대업大業을 이루고 일세一世에 큰 이름을 날리는 것은 모두 종교 신앙의 힘에서 나온다"고 하여, 종교의 중요성을 지적하면서, 당시를 종교개혁의 시기라고 한 그는 우리나라 천 년래에 숭배 신앙한 것은 '공부자孔夫子의 교', 곧 유교밖에 없었으므로, 유교를 숭배하고 이를 혁신하는 것이 시의時宜에 적합한 것이라 하였다. 이에 그는 대동교의 종지를 '6대 주의'로 설명하였다.

---

104) 愼鏞廈,〈朴殷植의 儒敎求新論 · 陽明學論 · 大同思想〉,《歷史學報》73, 1982 (《朴殷植의 社會思想研究》, 서울대학교출판부, 1982, 202쪽).
105)《朴殷植全書》下,〈孔夫子誕辰紀念會講演〉, 59~60쪽.
106) 위와 같음.

원 宗旨는 春秋 三世之義에 있으며, 萬世를 위해 큰 종교를 세워서 太平의 기본을 열었다. 고로 그 교를 펴는 데는 保守가 아니 進化로, 專制가 아닌 平等으로, 獨善이 아닌 兼善으로, 文弱이 아닌 强立으로, 單狹이 아닌 博包로, 虛僞가 아닌 至誠으로 하였다. 6대 주의를 포괄하고 두루 넓히면, 가히 천지의 化育을 도우고, 세계의 민중을 구제할 만하다.[107]

장지연은 당시에 나타난 유교의 문약, 부허腐虛, 편협, 보수 등의 폐단은 맹자 이후 대동의 종지가 단절되었기 때문에 초래하였다고 하고, 이를 해결하기 위해서는 대동교의 6대 주의, 곧 진화·평등·겸선·강립·박포·지성의 원칙을 실현해야 한다고 주장하였다. 시대 변화에 따라 유교를 종교로 천명하여, 실심實心으로 신앙하고, 지성으로 존중하고 받들면 대동의 지경에 이르고 태평의 복을 모두 누릴 것이라고 예견하였다.[108]

서북학회에서 활동하던 김원극金源極은 언제나 박은식의 지지자였다.[109] 김원극은 대동교 연설회에서 "유교를 실행하여 국가 중흥을 도모하고자 붕우강습朋友講習의 의를 취하여 이름을 대동교"라 했다고 하고, "유림계의 사상을 크게 변하게 하고 일반 국민의 도덕성을 고취키 위해 발기"하였다고 하였다.[110] 그는 유림계가 당시의 대경쟁시대를

---

107) 《韋庵文稿》권6, 〈大同敎育會趣旨書〉, 244~245쪽. 장지연이 거론한 대동교 6대 주의는 양계초가 1899년에 중국의 종교개혁을 거론한 것을 다시 조정한 것이었다. 양계초는 "평등주의로서 전제(專制)주의가 아니다. 겸선(兼善)주의로서 독선주의가 아니다. 강립(强立)주의로서 문약(文弱)주의가 아니다. 박포(博包)주의로서 단협(單狹)주의가 아니다. 중혼(重魂)주의로서 애신(愛身)주의가 아니다"라고 하여, 평등, 겸선, 강립, 박포, 중혼 등 5가지였다(정지호, 〈량치차오[梁啓超]의 '국성(國性)'론과 중화민족의 신질서 모색〉, 《東北亞歷史論叢》, 동북아역사재단, 2020, 108~109쪽 재인용).

108) 《韋庵文稿》권6, 〈大同敎育會趣旨書〉, 244~245쪽.

109) 김원극은 서북학회에서 참여한 이후 1908년에는 일본유학생이 만들었던 《태극학보》의 주필, 《대한학회보》의 편찬부에서 활동하였다. 귀국 뒤 서북학회에서 활동하면서 대동교에 가담하였다. 박은식이 〈유교구신론〉에서 거론한 陽明學을 찬동한 점은 앞서 언급한 바 있다.

110) 金源極, 〈孔子는 聖之時者〉, 《西北學會月報》 18, 53~54쪽.

깨닫지 못하고 서양의 새로운 학문을 이류異類와 구적仇敵으로 배척하
는 잘못이 있다고 비판하고, 111) 이는 공자의 '박시제중博施濟衆'과 맹자
의 '구시급무救時急務'의 뜻에 배치된다고 하였다. 112) 만일 공자가 오늘
날에 태어났다고 하더라도 서양의 과학기술문명을 섭렵하고 그 장점은
취했을 것이고, 113) 시의와 세상 변화를 살펴 대종교가, 대교육가, 대정
치가가 되었을 것이라 하였다. 114) 시대에 따른 유교의 변화와 종교적
지위를 회복해야 한다는 것이었다.

그리하여 그들은 대동교를 서양의 종교 체계와 같은 모양으로 확장
하는 방법도 구상하였다. 박은식은 먼저, 국민을 개도해야 한다고 했
다. 종래 유교의 학습이 중등 이상에 한정되고 중등 이하에 대해서는
방법이 완비되지 못하여 교육이 미치지 못한 것이 최대 결점이므로,
경전 가운데에서 가언嘉言, 선행善行과, 대동교에서 새로 지은 책자를
국문으로 번역하여 일반 남녀, 동포들이 모두 깨우쳐 알게 하여 믿도록
하자는 것이었다. 그 다음으로 대동교를 세계에 '선교'하자고 하였다.
이를 위해서는 퇴계退溪나 율곡栗谷의 저술, 대동교에서 새로 저술한
것들을 모두 한문으로 번역하여 중국과 일본에 전파하고, 또 영문으로
번역하여 서양 학계에 파급하자고 하였다. 대동교의 광명을 세계에 보
급하는 방안으로 기대하고 있었다. 115)

---

111) 松南, 〈開化守舊 兩派의 胥失〉, 《西北學會月報》 19, 6쪽.
112) 松南, 〈因海山朴先生仍舊就新論告我儒林同胞〉, 《西北學會月報》 19, 5쪽.
113) 金源極, 〈告我海西同胞〉, 《西北學會月報》 6, 5쪽.
114) 松南, 〈今日은 吾人의 活動時代〉, 《西北學會月報》 17, 3쪽.
115) 《朴殷植全書》 下, 〈孔夫子誕辰紀念會講演〉, 61쪽 김원극은 대동교의 확장 방침을 경전 가운
데 중요한 구절을 국한문으로 번역하여 전 국민을 대상으로 강연을 행할 것, 청년 교육계의
국성을 양성하기 위한 도덕을 고취할 것, 尊華主義를 버리고 尊我主義를 취할 것, 양로원과
유치원을 설치하여 대동주의를 실현할 것 등을 제안하였다(金源極, 〈孔子는 聖之時者〉, 《西
北學會月報》 18, 54쪽).

3) 주체적 문명개화와 국수國粹

(1) 신구학 절충과 자주적 개화

변법개혁론 계열의 유자층은 시세의 변화 속에서 유교 폐단을 고쳐 새로운 종교로 개혁하고자 하였다. 그리고 서양 학문의 수용도 항상 시세의 변화를 살피고, 또한 피차의 장단점을 따져야 한다고 하였다. 이에 문명개화 계열에서 나타난 무분별한 서구화, 근대주의를 비판하였다.

앞의 김원극은 개화파의 개혁 방향과 유교 비판이 잘못되었다고 지적하였다. 신학문이 아니면 국권의 부강, 민지 발달을 이룰 수 없고, 또 부강과 민지를 이루지 못하면 국가, 민족이 멸망하게 된다는 주장에는 동의하였다. 하지만 지금의 개화파는 우리 동포에게 이를 성심으로 가르치지 않을 뿐 아니라 우리 고유의 국성國性과 전통, 유교까지 배척하고 있다고 비판하였다.

> 今日 我國의 開化派ᄂ 此ᄅ 反ᄒᆞ야 古來 國性의 如何ᄂ 參酌치 아니ᄒᆞ고, 但히 客觀的 精神으로 祖先 以來의 傳來ᄒᆞᄂ 風俗은 善惡을 不擇ᄒᆞ고, 皆曰 不可라ᄒᆞ며, 海外諸國의 新來ᄒᆞᄂ 潮流ᄂ 姸媸[곱고 추함]ᄅ 不審ᄒᆞ고 皆 曰 可取라 ᄒᆞ니, 此ᄂ 新을 매ᄒᆞ며 奇ᄅ 樂홈이 太甚ᄒᆞᆫ 者ㅣ아니며, 尤甚ᄒᆞᆫ 者ᄂ 肄然妄談ᄒᆞ야 曰 我國은 孔子의 敎가 國을 亡케 ᄒᆞ얏다 ᄒᆞ야 儒者ᄅ 排斥ᄒᆞ며 先民을 侮辱ᄒᆞ니……116)

곧 개화파는 우리의 국성을 참작하지도 않고, 전래하는 풍속의 선악도 살피지 않으면서 오직 외국에서 새로 전래되는 것은 헤아리지도 않

---

116) 松南, 〈開化守舊 兩派의 肯失〉, 《西北學會月報》 19, 5쪽.

고 모두 취하여, 공자의 교 때문에 나라가 망한다고 하면서 유자를 배
척하고 우리 선민先民을 욕보인다고 하였다.

이에 김원극은 신학과 구학, 개화파와 수구파의 대립을 지양하고 중
력衆力을 합쳐야 무슨 일이든지 성취할 수 있다고 하고, '신구 절충'을
주장하였다.

本 執筆人은 開化派를 崇拜ᄒ고 守舊派를 攻擊홈도 아니며, 舊學問을 盡
善타 ᄒ고 新學問을 盡非타 홈도 아니라. 但히 其中을 折衷ᄒ야 適合 應用홈
에 在ᄒ다 ᄒ노니, 諸氏는 試思ᄒ라. 正德二字는 我가 비록 彼에게 讓步치
아니홀지나 利用厚生의 學은 不得不 彼를 學홀 者ㅣ 아닌가 …… 切望ᄒ노니,
諸氏는 開化에 偏僻치 勿ᄒ며, 守舊에 偏倚치 勿ᄒ야 一般 國民의 性質을
調劑彌綸ᄒ야 時日을 遲滯치 勿ᄒ고, 趨速히 文明前途에 進步ᄒ야 大勝利를
奏ᄒ고 大禍機를 脫홀지어다.117)

라고 하였다. 김원극 자신은 개화파처럼 수구파를 공격하지도 않으며,
또 구학문의 처지에서 신학문을 배척하는 것도 아니었다. 오직 개화나
수구 어느 한쪽에 편벽되지 말고, 이를 적합하게 절충하여 오직 문명으
로만 나아가야 한다고 하였다.

문명개화론의 무분별한 신학 수용에 대한 비판은 일본 유학생도 제
기하였다. 대체로 일본을 통한 서양 문명 수용에 동의하면서도 당시
일본에서 제기된 '구화歐化주의' 비판에 영향을 받았을 것으로 보인
다.118) 어느 유학생은 일본이 대화혼大和魂을 발휘하면서 신구학을 절
충하여 문명개화한 점을 지적하였다. 수구파는 요순문무堯舜文武의 정

---

117) 松南, 〈開化守舊 兩派의 胥失〉, 《西北學會月報》 19, 6～7쪽.
118) 당시 일본에서의 일어난 국수, 구화주의 등의 풍조에 대해서는 편집인, 〈日本 敎育界 思想의
特點〉, 《大韓興學報》 13에 소개되어 있다.

치와 조종祖宗의 법을 바꾸면 안 된다는 '고인古人의 노예'이고, 이것을
변혁한다는 '개진파開進派'는 서풍西風에 너무 심취하고 외국의 조류에
빠져 내국의 형편과 정도를 살피지 않는 '외인外人의 노예'라고 비판하
면서, 일본처럼 장점은 취하고 단점은 버려야 한다고 주장하였다.[119)]
대한흥학회의 논설에서도 신구학의 잘못을 각각 지적하였다. 구학은
수제치평修齊治平의 도道를 행하지 않고, 격물치지格物致知의 학學을 강
구하지 않으며, 또 도덕을 논하면서도 사물을 떠나 성리性理만 말한다
고 비판하였으며, 아울러 신학은 문명개화를 외치면서도 그 그림자만
붙잡고 껍데기를 깨달았다고 비판하였다.[120)]

어떤 논자는 더 나아가, 국권상실 자체가 잘못된 개화 사업에 있다고
지적하기도 했다. 개화 사업이 실질을 추구하지 않고 피상적인 '껍데기
개화'만 추구했던 점에 대한 비판이었다. 자신을 공문孔門의 신도라고
말한 유승흠柳承欽은 통상 외교 40년에 일어난 일은 모두 '껍데기 개화'
만 추구한 개화당의 죄라면서, 정법 경장更張, 종교개혁, 실업 개량은
모두 신구참작新舊參酌으로 해야 한다고 하였다.[121)] 어느 논자는 "애국
은 목적이고 개화는 수단"인데, 목적을 알지 못하는 '개와'[껍데기 개화
의 속어, 기와]와, 수단을 이해하지 못하는 수구가 있다고 하였다. 이
'개와'는 외국 사람에게 아부하여 개인 영달의 기회로 삼고, 외국인은
침략의 책략으로 이를 쓰고 있으니, 오히려 이들의 머리를 베어 수구
인사들에게 감사해야 한다고 혹평하기도 하였다.[122)] 또 "수구守舊는
구래의 습관만 묵수墨守하여 일취월장日就月將으로 진보함은 없으나, 외
국인의 소개紹介(앞잡이)가 되어 자국에 피해를 주는 것은 결코 행하지

119) 中叟, 〈性質의 改良〉, 《太極學報》 23, 10～12쪽.
120) 未詳, 〈告我韓士〉, 《大韓興學報》 10, 1～4쪽.
121) 柳承欽, 〈宗敎維持方針이 在經學家速先開化〉, 《太極學報》 1, 19쪽 ; 〈公共主義론〉, 《大韓留
      學生學報》 1, 20～21쪽.
122) 朴勝彬, 〈拘虛問答〉, 《大韓留學生學報》 2, 25～26쪽.

않"는다고 하여, '껍데기 개화[皮開化]'보다는 수구가 좋다고 지적하는 사람도 있었다.123)

그리하여 문명개화에서 외국에 기대지 않은 주체적 자세를 강조하였다. 여병현呂炳鉉은 서양의 부강이 격치학格致學(자연과학)에 힘쓰고, '고금古今 참작'하였기 때문이라고 생각하고, 국권회복과 자주독립은 전날의 구습과 구학으로는 절대로 불가능하고 신학을 수용해야 하지만, 그 수용은 외국인의 지도를 받지 않고 자립해야 한다고 강조하였다.124)

(2) '국민' 종교와 국수國粹

종교의 사회적 역할, 특히 국권회복을 위해서 종교가 중요하다는 점에는 대부분이 동의하였다. 따라서 종교의 자유를 보장하면서, 동시에 종교가 국권, 애국을 지향해야 한다고 하였다. 강전姜荃은 세계의 3대 조류를 공자교 · 기독교 · 석가교로 들고 어떤 종교든지 애국은 마찬가지이니 신앙은 인민의 자유로 하자고 하였고,125) 박헌용朴憲用도 종교는 도덕심을 함양하고 평화의 힘을 고양하여 국력을 증진시킨다고 하고, 기독교나 유교의 구별 없이 종교의 필요성을 강조하고 있었다.126) 박해원朴海遠은 체용體用의 논리에서 신구의 병용을 주장하면서도, 그 본체인 도덕=종교는 유교로 한정시키지 말고 서양 종교도 장점이 있다고 지적하였다.127)

종교 자체보다는 종교가의 이념이 더 중요하다는 지적도 있었다. 서

---

123) 楊致中, 〈守舊가 反愈於就新〉, 《太極學報》 22, 13~14쪽.
124) 呂炳鉉, 〈新學問의 不可不修〉, 《大韓協會會報》 8, 11~12쪽 ; 〈格致學의 效用〉, 《大韓協會會報》 5, 12쪽.
125) 姜荃, 〈世界의 三大潮를 論홈〉, 《大韓學會月報》 3, 9~11쪽 ; 〈我韓에 對ᄒ야 富强의 基礎를 論홈〉, 《大韓興學報》 2, 21~24쪽.
126) 朴憲用, 〈社會進步在於宗敎之確立〉, 《大韓興學報》 1, 7~11쪽.
127) 朴海遠, 〈新舊學辨〉, 《大韓學會月報》 2, 9~20쪽 ; 〈道德은 爲才能之要領〉, 《大韓學會月報》 6, 20~22쪽.

양 문명국에서 믿는 예수교를 따르고도 망한 나라가 있고[폴란드波芬·
이집트埃及], 인도에서 나온 불교를 따르고도 흥한 나라[일본]도 있으므
로, 종교에 따라 나라의 흥망이 결정되는 것이 아니라면서, 그 우열은
종교가, 곧 국가를 중요시하는 국가주의를 지닌 종교가에 달려 있다고
하였다.128)

  이런 인식에서 당시 기독교 수용이 가지는 위험성도 지적하였다. 곧
제국주의 침략이 종교를 수단으로 진행되고 있던 점이었다. 강전은 당
시를 '종교적 전쟁 시대'라고 하면서, 전쟁의 근본은 마음의 공격에 있
고, 마음을 공격하는 방법은 종교를 통해서 가능하다고 하였다. 프랑스
의 월남 지배, 미국의 필리핀 점령은 모두 선교사를 통해 그 기초가
닦였다고 하였다.129) 또한 국내의 기독교 신앙이 간혹 국가나 민족을
망각하고 있던 점도 비판하였다. 기독교 신앙에만 안주하여 국가와 민
족의 존망에는 무관심하고 오직 영혼 구제와 천국주의만 추구한다는
것이었다.130) 그 결과 외국인을 숭배하여 자국정신自國精神은 없어지
고, 외세의존적으로 될 수밖에 없었다.

  그리하여 종교는 국가주의, 국민교육에 투철해야 한다고 하였다. 더
욱이 기독교는 민족적 관념이 약한 경우가 있으므로, 기독교가 국민을
양성하지 않고 기독교인만 양성하고, 천주교에서는 천주교인만 양성하
는데, 그렇게 되면 기독교와 천주교는 진흥하겠지만 국가는 진흥할 수
없을 것이므로, 국민교육이 필요하다고 하였다.131)

---

128) 《大韓每日申報》 1909년 11월 28일 論說 〈今日宗教家에 要ᄒᆞᄂᆞᆫ 바〉. 國家主義의 有無의
    예를 李恒老와 일본의 山崎闇齊를 비교하여, 두 사람의 학술 문장은 山崎가 이항로의 侍童
    에 불과하지만, 국가주의의 정신에서 韓日의 강약이 결정되었다고 하였다.
129) 姜荃, 〈宗教的 戰爭〉, 《大韓學會月報》 8, 4~7쪽.
130) 《大韓每日申報》 1910년 4월 15일 論說 〈兩宗教家에 向ᄒᆞ야 要求ᄒᆞ노라〉.
131) 《大韓每日申報》 1909년 11월 24일 論說 〈國民教育을 施ᄒᆞ라〉. 기독교에 대한 이러한 비판
    이 제기되자 《大韓每日申報》에서는 耶蘇教에서 많은 돈을 들여 한국의 국가와 민족을 위해
    신지식·신문명을 수입하고 있다는 점을 강조하였다. 또한 종교로 인해 사람의 정신이 '無
    形間에 感化變幻'하는 지적에 대해서도 이는 종래 유교로 인해 慕華心이 생겼던 점을 염려

《대한매일신보》의 〈20세기 신국민〉에서는 유교나 기독교, 모두 '국
민의 종교'가 되어야 한다고 하였다. 종교는 국민의 정신·기개나 정
의·도덕의 원천이지만, 혹시 종교에 국가 관념이나 국민 정신이 없게
되면 '종교의 노예'나 '종교의 신도'는 되겠지만, '신국민의 종교'는 되지
않는다고 하였다. 당시 한국의 종교계를 보아도 국가적 종교가 되지
못하고 다만 '종교의 노예', '종교의 모적蟊賊(양민을 해치는 惡人)'이
되는 사람이 많다고 하였다. 당시 종교의 폐단을 다음과 같이 지적하
고, 새로운 종교가 될 것을 주장하였다.

儒敎는 數百年 韓國 宗敎界에 大勢力을 有훈 者나, 然이나 只今은 大槪
拘泥가 甚ᄒ며 腐敗가 極ᄒ엿고, 佛敎는 勢力이 甚微ᄒ야 足論홀 것도 無ᄒ
고, 天道敎는 信徒가 頗盛하나 吾儕는 但 其將來를 眺望홀 쑨이며, 基督敎는
勃勃의 勢가 有ᄒᄂ 然이나 此亦 近日에는 一種의 沮害力이 侵入훈다ᄒ니
엇지 可驚홀 바 아닌가. / 然이나 只今 韓國 宗敎界에 在ᄒ야 最히 盡力홀
것은 (一) 儒敎를 改良ᄒᄂ 同時에 其 發達을 勵圖ᄒ며, (二) 耶蘇敎를 擴張
ᄒᄂ 同時에 其 精神을 保全홈이니 吾儕의 斯言이 何故오 ᄒ면 儒敎는 韓人
에게 敷與훈바 感化力이 甚大훈지라. 故로 此를 良法으로 發揮ᄒ야 現世界
國民的 宗敎의 地位를 得케ᄒ며, 耶蘇는 各方面으로 韓國 宗敎界의 第一位
를 占領ᄒ야 果然 二十世紀新國民的 宗敎의 價値가 有ᄒ나니 此를 擴張ᄒᄂ
同時에 其 敎徒 中 無精神者를 警起ᄒ며 又 外來의 侵力을 驅除ᄒ면 可히
國民 前途의 大福音을 作홀줄로 思ᄒᄂ 故니라.[132]

___

한 것이며, 기독교의 博愛를 잘 알지 못하는 것이라고 하였다. 서양 사람이 자신들의 이익을
위해 열심히 포교한다 할지라도 한국인도 그 이익을 한국 방면으로 취하면 된다는 것이었다
[1910년 5월 17일 〈韓國宗敎界의 將來(續)〉].
132) 《大韓每日申報》 1910년 3월 3일 論說 〈二十世紀 新國民(續)〉 (《丹齋申采浩全集》 別,
227~228쪽).

라고 하였다. 당시의 종교 가운데 가능성이 있는 것으로 유교와 기독교를 지목하면서, 유교는 우리 한인에게 부여한 감화력이 깊으므로 이것을 양법良法으로 발휘하여 현 세계에서 '국민적 종교'의 지위를 얻을 수 있도록 해야 할 것이며, 기독교는 각 방면에서 한국 종교계의 제1위를 점령하여 20세기 신국민적 종교로서 가치가 있으므로, 이를 확장하는 동시에 교도 가운데 정신이 없는 사람을 불러일으켜야 한다는 것이었다. 유교의 개혁과 동시에 기독교의 '무정신자'를 각성시켜야 '신국민의 종교'가 된다는 것이었다.

한편, 국가와 국민을 위한 '국민적 종교'는 민족 의식의 성장에도 도움이 될 수 있었다. 후술하겠지만, 민족 의식은 당시 국수國粹, 국혼, 국성 등을 바탕으로 하였다. 국수는 나라와 민족이 역사적으로 축적해 온 문화, 제도, 정신 등을 총칭하는 말이었다.[133] 역사, 문화적으로 형성된 종교에도 그런 국수, 국혼이 담겨 있었다. 민족 종교, 국민 종교는 그런 것이었다.

그리하여 그들은 "(나라가) 망해도 혼魂만 있으면 나라를 보전할 수 있다"고 하고, "호걸이 출현하지 않아도 교육이 성盛하지 않아도, 실업이 흥興하지 않더라도 걱정할 것이 없고, 오직 혼을 건전하게 유지해야 한다"고 주장하였다.[134] 이런 논의를 1910년대 박은식, 신채호 등이 지속적으로 주장하였고, 민족주의 역사학을 형성할 수 있었다.

국수國粹를 보전해야 한다는 논의는 무분별한 서양화론이 가질 수 있던 동화주의同化主義를 비판하는 논리가 되었다. 외국 사회의 자유·학술·무력 등을 모방하여 각 분야에서 문명화할 때에도 '동등적同等的'으로 하고 '동화적 모방模倣'은 안 된다고 강조하였다. 곧 나라와 종족까

---

133) 《大韓每日申報》 1910년 8월 12일 〈國粹保全說〉 (《丹齋申采浩全集》 別, 116쪽). 국수는 "옛 성현의 심혈의 凝聚한 바며, 유생과 철인들의 誠力이 結聚한 바며, 기타 일체 선조들의 起居動作, 視聽言語, 施政行事 등 모든 業力의 薰染한 바"라고 하였다.

134) 《大韓每日申報》 1909년 11월 2일 論說 〈國民의 魂〉 (《丹齋申采浩全集》 別).

지 '동화'되는 비주체적 문명화를 반대하였던 것이다. 이는 문명화를
추진하되 '장단점을 고려한 절충' 노선이었다. 무분별한 문명화론을 '노
예적 습관'이라고 질타하면서, 이에 따라 '남의 정신만이 뇌에 충만한
정신적 동화, 언어·문자의 동화, 두발·의복의 동화 등이 일어나고
있음'을 지적하고, 반드시 "장점은 취하여 단점을 보완하며, 해로운 것
은 살펴 이익을 도모"해야 한다고 하였다.[135)]

　문명개화론이 사회진화론에 근거하게 되면서 제국주의 본질을 파악
하지 못하는 한계가 있었다면, 국수론은 무분별한 문명화, 근대화에
대한 대안이 될 수 있었다. 이 논리는 국권회복을 위한 무력 항쟁, 그리
고 민족주의로 이어졌다. '민족 종교'를 강조하고 대종교大倧敎를 취한
것도 우연이 아니었다.

---

135) 《大韓每日申報》1909년 3월 23일 論說 〈同化의 悲觀〉(《丹齋申采浩全集》別, 150~152쪽).
　　"我의 精神은 都無ㅎ고 彼를 服從키만 樂ㅎ며, 我의 利害는 不計ㅎ고 彼를 模範키만 務ㅎ야,
　　我가 彼되기를 僕僕自願ㅎ다가 畢竟 我의 身이 彼의 身으로 化ㅎ며, 我의 國이 彼의 國으로
　　化ㅎ며, 我의 族이 彼의 族으로 化ㅎ여 其 國家와 其 種族이 消融乃已ㅎ는 모방이니라."

제3장

자강과 실력양성

　대한자강회에서 비롯된 국권회복 계몽운동은 그 방법과 영역을 처음부터 분명하게 규정하였다. 일본에게 외교권을 빼앗기고 보호국이 된 것은 '부강富强'하지 못했기 때문이라고 보았고, 을사늑약 전문前文에도 "부강富强의 실實을 얻을 때까지" 조약을 유지한다고 하였다. 보호국에서 국권회복, 독립하는 길은 오직 부강을 달성하는 것이 되었고, 이는 교육진흥敎育振興과 식산흥업殖産興業으로 가능하다고 보았다.

　국권회복 계몽운동을 시작한 대한자강회는 그 단체 이름에 제기한 바와 같이, 부강보다는 더 근본적인 '자강'을 내세웠다. 자강은 단순한 물질적 힘이 아니라 역사 속에서 축적한 자국 정신, 대한 정신을 갖추어야 하는 것이었다. 하지만 정세의 변화와 운동의 진전 속에서 사회진화론과 실력양성론이 더 강조되었다. 자강, 자강 정신을 거론하기는 하였지만 점차 약화되고 실력양성이 전면에 내걸렸다. 대한협회 때부

터 그런 현상이 두드러졌다. 계몽운동에 사상적 연원이 다른 여러 집단
이 참여했던 점도 작용하였지만, 무엇보다도 일제의 식민지화가 강압
적으로 전개된 연유였다. 결국 실력양성조차도 일본의 지도 아래 실력
양성을 용인하는 형태로 변질되는 경우도 나타났다.

1. 자강론과 실력양성론의 결합 및 길항拮抗

1) 대한자강회의 자강론 : 자강 정신, 자강주의

(가) 국권회복을 표방하고 계몽운동을 시작한 대한자강회는 '자강'을
큰 이념으로 표방하였다. 국권회복의 길은 바로 '자강'에 있다는 것이었
다. 자수, 자강을 통한 국력 향상, 문명화의 논리는 변법 개혁, '변법
자강'에서 이미 강조하던 것이었다.

변법개혁론자들이 모여 활동하던 공간이 《황성신문》, 《시사총보》였다.
이들은 전면적인 서구화를 통한 문명화를 반대하고, 주체적으로 유교의
'수시변통'에 따른 근대개혁을 구상하였다. 때에 따라 변역變易하기 위해
서 반드시 자강이 필요하다고 하였으며, 그 논리적 출발은 '자강불식自强
不息'이었다. 러일전쟁(1904) 전부터 한국의 독립 여하가 양국의 대립 속
에서 결정될 것이라는 우려 속에서 "안으로 자강의 계책을 닦고[內修自强
之策], 밖으로 교섭의 우의를 강구[外講交涉之誼]하여 우리 강토를 보전"하
자는 주장이 계속 나왔다.[1] 《황성신문》은 국권 문제를 해결하기 위한 개

---

1) 《皇城新聞》 1903년 6월 9일 論說 〈再布告全國民人〉.

혁의 필요성과 개혁 자세를 청의 '변법자강운동'에서 배우고자 하였다.[2)]

언론을 통해 자강론을 강하게 주창했음에도 러일전쟁을 거친 후 결국 국권을 상실하고 독립을 잃었다. 장지연은 〈시일야방성대곡是日也放聲大哭〉으로 울분을 토했지만, 대세를 돌이킬 수 없었다. 이 논설 때문에 장지연은 일본헌병대에 약 2개월 구금되었는데, 풀려나자 장지연은 새로운 운동 방법을 찾았다. 언론을 통한 계몽보다는 단체를 만들어 직접 운동을 추진하는 것이었다. 자강과 '조국정신'을 더 강조하면서 대한자강회를 주도적으로 만들었다.

이런 저간의 사정은 장지연이 쓴 것으로 여기는 《황성신문》 논설에 잘 보인다. 장지연은 《황성신문》이 "국민의 혈성으로 국권을 보전하고 정국을 다투면서 여론을 선도하고 민지를 개발"하여 온 힘을 다했지만 [嘔盡熱血, 말을 토하고 피가 끓듯이] 별다른 성과도 없이 국권상실에 이르렀다면서, 다시 새롭게 대한자강회를 조직하게 되었다고 하였다.

> 或大呼擲筆ᄒ며 或放聲痛哭ᄒ다가 畢竟은 時移世變ᄒ고 事乖志違ᄒ야
> 有口莫言이오, 言亦無補라. …… 雖然이ᄂ 旣而又自思ᄒ니 男兒ㅣ生此世居
> 此土ᄒ야 肩擔國民之義務ᄒ고 衷抱國民之血誠이어늘 目擊祖國之危亡이 迫
> 在朝夕ᄒ고 潔身而邁往ᄒ야 滔滔不顧則其得罪於同胞가 固大矣라. 焉往而免
> 亡國民人誚之歟아. 由是로 遂慨然而起ᄒ야 與同志者幾人으로 發起首唱ᄒ고
> 酒組織大韓之自强會ᄒ니 爲大韓臣民ᄒ야 有志憂國之士야 孰不同聲而響應
> 哉아. …… 然則 此組會一事가 卽我大韓今日之第一大關鍵也오, 第一大義理
> 也라. 國家之安危存亡이 專在此自强會之發達與否ᄒ니 不佞執筆人이 所以로
> 寤寐孜孜ᄒ야 不遑寢食ᄒ고 明目張膽於此會之成立也니 然則其關係之重大
> 가 豈足與一個新聞으로 同日語哉아.[3)]

---

2) 《皇城新聞》 1899년 7월 17일 〈外報照謄〉 ; 《皇城新聞》 1900년 10월 17일 蜜亞生〈寄書〉 ; 《皇城新聞》 1902년 3월 14일 論說〈讀袁直督世凱密奏有感〉 ; 《皇城新聞》 1902년 3월 13일 外報〈袁世凱의 密奏〉 등. 이런 동향에 대해서는 盧官汎〈대한제국기 《황성신문》의 중국인식〉, 《韓國思想史學》 45, 2013 참조.

라고 하여, 국가의 안위, 존망이 모두 자강회의 발달 여부에 달려 있을
만큼, 자강회는 당시 대한大韓 제일의 '대관건', '대의리'라고 하고, 나라
의 안위, 존망이 자강회의 발달 여하에 달려 있다고 자임하였다. 그는
대한자강회와 같은 단체 활동은 《황성신문》 같은 '일개 신문'과는 비교
할 수 없다고 판단하였다.

대한자강회는 이러한 점을 그 취지서에 그대로 담았다.

① 夫邦國之獨立은 惟在自强之如何耳라. 我韓이 從前不講於自强之術ㅎ
야 人民이 自錮於愚昧ㅎ고 國力이 自趨於衰敗ㅎ야 遂至於今日之艱棘ㅎ야
竟被外人之保護ㅎ니, 此 皆不致意於自强之道 故로라. …… ② 今 我韓은 三千
里 疆土가 無缺ㅎ고 二千萬 民族이 自在ㅎ니 苟能奮勵自强ㅎ야 團體共合이
면 猶可望富强之前途而國權之回復也라. 迨此今日ㅎ야 豈非汲汲奮發之時乎
아. ③ 然이나 如究其自强之術이면 無他라. 在振作教育也오 在殖産興業也니,
夫教育이 不興則民智未開ㅎ고 産業이 不殖則國富莫增ㅎ느니, 然則開民智養
國力之道는 豈不在教育産業之發達乎아. 是知教育産業之發達이 卽惟一自强
之術已라. ④ 雖然이나 抑欲貫徹 此自强之目的인된 不得不先培養其國民之
精神ㅎ야 使檀箕以來四千年自國之精神으로 灌注於二千萬人人之腦髓ㅎ야
一呼吸一瞬息之頃이라도 不忘於自强之精神 然後에야 方可鍊自强之心膽 而
作復權之活機也리니. ⑤ 內養其祖國之精神ㅎ며 外吸乎文明之學術이 卽今日
時局之急務也일식, 此ㅣ 自强會之所以發起者也라. …… [번호는 인용자]4)

나눈 것에 따라 분석하면, ① 나라의 독립은 자강 여하에 달려 있는
데, 우리가 자강에 힘쓰지 않아서 인민의 우매해지고 국력이 쇠퇴하여

---

3) 《皇城新聞》 1906년 5월 17일 論說 〈答大韓日報記者〉. 이 논설은 《大韓日報》의 일본인 기자가
   장지연의 활동에 대한 글을 쓰자 이에 대한 답변 형식으로 쓴 것이다.
4) 《大韓自强會月報》 1, 本會會報, 〈大韓自强會趣旨書〉, 9~10쪽.

일본의 보호국이 되었다. ② 우리는 강토와 민족을 독자적으로 유지하고 있으므로 '자강'을 분발하여 힘을 합치면 부강을 바랄 수 있고 국권을 회복할 수 있다. ③ 자강의 방법은 교육을 진작하여 민지를 열고, 산업을 발전시켜 국력을 배양하는데 있다. ④ 자강의 목적을 이루기 위해서는 무엇보다도 먼저 단군, 기자箕子 이래 우리 역사 속의 '자국 정신'을 국민에게 고취하켜 '국민 정신'을 배양해야 한다. ⑤ 결론적으로 시국의 급무는 안으로 조국 정신祖國精神을 배양하고, 밖으로 서양의 학술을 받아 배우는 것이다. 이 취지서에서 밝힌 바는 대한자강회의 국권회복, 독립 방략은 '조국 정신'을 배양하여 정신적으로 자강 정신을 확립하고, 서양의 학술을 배워 교육, 산업을 발전시켜 부강을 달성하자는 것이었다.5)

교육과 식산흥업, 그리고 조국 정신이라는 자강운동의 논리는 이후 계몽운동을 이끌어가는 기본 이념이 되었다. 자강 정신을 확립하고, 이를 기반으로 자강지술自強之術, 곧 교육, 식산흥업을 추진한다는 것은 여타의 계몽운동에서도 줄곧 강조한 것이었다. 그런 가운데서도 대한자강회는 조국 정신, 대한 정신, 그리고 자강 정신을 부강, 실력양성의 전제로 삼았다.

대한자강회 총무 윤효정은 설립 당시에 이런 점을 명확하게 표명하였다. 교육은 지력智力을 강하게 하고, 식산은 금력金力을 강하게 하여, 두 분야의 힘(자강)이 달성되면 '대한 주권이 독립'하는 특효가 있을 것이라고 하면서, 이를 위해서는 반드시 '나라의 특성特性'을 양성해야 한다고 하였다. 그는 각국의 특성을 열거하였다. 일본의 충애忠愛, 미국의 독립, 영국의 자유 등을 거론하면서, 우리는 흔히 지목하는 '의뢰依賴'를 청산하

---

5) 〈대한자강회 규칙〉 제2조 '목적'에는 "교육의 확장과 산업의 발달을 연구 실시함으로 자국의 부강을 計圖하여 他日 독립의 기초를 作할 事"라고 하였다(《大韓自強會月報》 1, 本會會報, 〈大韓自強會規則〉, 10쪽).

고 자강의 '자自'를 특성으로 해야 한다고 하였다. '자' 글자는 우리 역사
상 전해오는 대한의 '자국', 곧 '대한 정신'이었으며, 따라서 교육과 식산
의 발달도 대한 정신에 의착依着하지 않으면 안된다고 하였다.[6]

박은식도 《대한자강회월보》 창간호에 〈대한정신大韓精神〉이라는 논
설을 실었다. 그는 대한자강회의 설립 의미를 다음과 같이 간결하게
표현하였다. 즉

於是乎 大韓自强會가 有志者의 發起로 由ᄒᆞ야 組成ᄒᆞ얏스니 其主旨 目的
은 一般 國民의 敎育을 振起ᄒᆞ며 殖産ᄒᆞ야 發達ᄒᆞ야 個個 自强的 思想으로
自强的 實力을 養成코져 흠인틱, 最其要點은 大韓精神을 二千萬 兄弟 腦髓
中에 灌注흠이 是也라.[7]

라고 하여, '자강적 사상'에 입각하여 '자강적 실력'을 양성하기 위해서
는 '대한 정신'을 가슴 속에 간직하게 하는 것이라고 하였다.

대한자강회를 만들고 추진했던 사람들은 독립, 국권회복을 위해서는
교육, 식산 진흥, 부강보다도 먼저 대한 정신, 조국 정신이 더 중요하다
고 보았다. 위에서 박은식이 실력도 '자강적 사상'에 근거한 '자강적 실
력'이라고 한 것은 자강 정신과 실력양성의 관계를 보여주는 대목이다.
논자에 따라서는 교육, 식산을 '자강의 재료材料'라고 하고, 이를 자강
'주의主義', 곧 자국 정신 위에서 추진해야 한다고 하였다.[8] 역사적으로
축적된 조국 정신 등은 이후 국수론, 국수 보전론으로 제기되었고, 민
족주의가 형성되는 기반이자 출발점이 되었다.

---

6) 尹孝定, 〈本會에 趣旨와 特性〉, 《大韓自强會月報》 1, 21~22쪽. 그는 러시아에 대해서는 부정
   적으로 '탐욕과 사나움[貪鷲]'으로 정의하였다.
7) 朴殷植, 〈大韓精神〉, 《大韓自强會月報》 1, 57~58쪽.
8) 李鍾濬, 〈會의 名義目的과 及月報의 讀法〉, 《大韓自强會月報》 6.

(나) 박은식, 장지연을 비롯한 변법개혁론에서 주장한 자강론, 자강
주의는 주역周易의 '자강불식'에 근거한 논리였다. 이는 당시 식자층이
공유하던 바였다. 곧 주역 건乾괘의 "하늘의 운행이 굳세니, 군자는 (이
를 응용하여) 스스로 힘쓰고 쉬지 않는다"[天行健, 君子以自强不息]라는
것이었다. 따라서 사람들이 자강의 뜻을 알고, 쉬지 않고 자강의 방법
[自强之術]을 강구한다면 국력이 발달하고 국권을 만회할 수 있다고 판
단하였던 것이다. 장지연도 '자강불식'을 자강주의의 '단 하나의 법문
[不二法門]'이라고 하였다.9) 그리하여 대한자강회는 그 취지서 안에서
교육, 식산흥업을 통한 '부강', '실력'의 문제로 끝나지 않고 '정신', 곧
자강 정신을 우선 과제로 정하였다.

'자강불식'에서 강조하는 바는 '쉼 없이 스스로 강해지는 것'이었다.
곧 자강, 자수, 자립, 자조自助 등과 마찬가지로 행위자의 '주체'를 천명하
였다. 이종준은 '자'의 의미를 "하늘이 부여하여 우리가 태어나면서 고유
하게 얻은 것이 자아의 권능"이라고 규정하고, 사람의 학문, 화복, 존망
등이 모두 '자自'와 '부자不自' 사이에서 정해진다고 하였다. 그리하여

> 自由는 由於自强ㅎ고 自强은 由於自信ㅎ고 自信은 由於自修ㅎㄴ니, 自修之
> 實이 自由之基也니라. 自修則生自信力ㅎ고, 自信則生自强力ㅎ고, 自强則得自
> 由之權能이라. …… 不能自修일식 故不能自由ㅎ며 不能自由일식 故彼人箝勒
> ㅎ니 …… 假令 今日而還我自由ㅎ야 任我自主라도 其能以自修之實로 行自由
> 之權ㅎ야 爲堂堂自主獨立之國而幷駕於列邦矣乎아 吾有以知不能也로라.10)

라고 하였다. 당시의 국권상실은 결국 '자'의 의미를 실현하지 못해 우리

---

9) 張志淵, 〈自强主義〉, 《大韓自强會月報》 3. 기호흥학회의 崔炳憲도 사람들이 학식으로 자강해
   질 수 있다고 하면서 "乾道는 自强不息"이라고 하였다(〈勤者得之〉, 《畿湖興學會月報》 2, 17쪽).
10) 李鍾濬, 〈論自字〉, 《大韓自强會月報》 13.

스스로 자초한 것이며, 비록 자유의 권능을 당장 갖는다 해도 당당한
자주독립국이 될 수 없다고 하였다. 따라서 오직 자수自修의 결실을 기해
야 할 것이었다. 의뢰하지 않는다는 '자自'의 정신을 우리 2천만의 머릿속
에 흘러 보내 '대한大韓 정신'이 움직여 일어나게 해야 한다고 하였다.[11]

'자'의 의미를 강조하면서 자연스럽게 '자'의 정체성을 '타他'와의 관
계 속에서 규정하였다. 이런 점에서 '자강론'은 당시 풍미하던 사회진화
론과 결합하였다. '자아'는 '타자'와 '경쟁' 관계 속에서 파악되었다.

> 知其有自以後에 乃知有他오 知有自他之別則必有比較競爭心ᄒ야 天下之
> 詐多絶大事業이 皆從競爭心做出來ᄒᄂ니 顧今全球가 豈非大比較大競爭的
> 世界乎아. 如自貧而他富 則思所以自亦富之ᄒ며 如自弱而他强 則思所以自亦
> 强之ᄒ며 比較於巧拙而亦如之ᄒ며 比較於文野而亦如之ᄒ야 進進而不已者
> 莫不由於深知 自一字之義故也라.[12]

라고 하여, 자타自他의 구별 속에서 경쟁심이 생겨 '경쟁 세계'가 되었
고, 그 경쟁은 빈부, 강약, 문명과 야만 등의 구분 속에서 일어나므로
자강이 무엇보다도 중요하다고 보았던 것이다.

박은식도 이런 점을 명확하게 제기하였다. 그는 "현금現今 시대는 생
존경쟁을 천연天演이라 논하며, 약육강식을 공례公例라 일컫는지라"고
하면서, 자강 성질이나 자립 능력이 없으면 다른 사람의 노예를 면할
수 없다고 하였다. 따라서 우리가 타인[일본]의 기반羈絆에서 벗어나
독립의 지위에 오르려면 전국 인민 모두 분발심, 인내심으로 국력을
양성하는 사업에 나아가야 "자조自助로써 천조天助를 득득하기로 자조

---

11) 李鍾濬, 〈會의 名義目的과 及月報의 讀法〉, 《大韓自强會月報》 6, 논설, "自者ᄂ 無待於倚賴之
謂也니 果能以自字로 灌注於二千萬人之腦髓ᄒ면 則大韓精神이 日以振發ᄒ야 沛然莫之能禦
也리니"(8쪽).
12) 尹孝定, 〈本會에 趣旨와 特性〉, 《大韓自强會月報》 1.

를 삼은 연후에야 자강을 이루고, 독립을 회복"할 수 있다고 하였다. 따라서 다른 열강이 원조한다고 하는 그런 말을 믿지 말고 "우리나라의 독립은 우리나라의 자력自力으로 할 것이오, 타국他國의 힘은 빌리지 않아야[不借]" 한다고 하고, 자강의 성질을 배양하며 자립의 기초를 부식扶植해야 한다고 하였다.13)

《대한매일신보》에서도 자강 문제를 줄곧 거론하였다. 먼저, 개인 차원의 자립, 자수를 강조하였다. "국가의 자립권은 인민의 자립권에서 비롯되고, 자립권은 사람 사람이 자립하려는 뜻과 자립하는 행동에서 비롯"된다고 하면서, 우리나라 사람은 태타怠惰의 습관과 의뢰심이 많으며, 불굴의 의지가 약하고, 강대국의 노예로 떨어진 것도 부끄러워하지 않으므로, 이를 자수自修해야 한다고 하였다.14) 그리고 더 나아가 '자수 · 자강'을 도모하지 않고 한가하게 놀기만 하고[優遊玩揭] 세월만 허송하는 것을 비판하고, "대한의 독립은 대한인의 자력으로 획득하고, 자력으로 보수하여야 완전 독립"이 될 수 있다고 강조하였다.15) 그리하여 "우리의 독립을 위해서 타국이 원조하는 것은 심히 위태"로운 것이고, "자력을 크게 하기 위해서는 타국의 원조가 유익치 않을 뿐 아니라 반대로 매우 해害가 된다"고 하였다.16)

자강은 국가나 사회의 문제만이 아니라 개인의 의지와 기개[志氣]에

---

13) 박은식, 〈自强能否의 問答〉, 《大韓自强會月報》 4, 1~3쪽.
14) 《大韓每日申報》 1906년 11월 28일 論說 〈自立之權〉.
15) 《大韓每日申報》 1907년 10월 1일 論說 〈貴重흔 줄을 認ᄒ여야 保守흔 줄을 認ᄒ지〉. 독립을 위해 자수, 자강을 강조하면서, 갑오개혁 이후 10년 간의 허송세월을 탄식하였다. "政界와 社會가 一心協力으로 維新事業과 文明制度를 亟亟然着手做去ᄒ야 日進一日ᄒ얏스면 十年之間에 獨立基礎를 可以鞏固ᄒ야 無量흔 福樂을 享有ᄒ얏슬터이나 此에 反ᄒ야 獨立에 貴重흔 거를 全然不知라 自修自强을 不圖ᄒ고 優遊玩揭ᄒ야 虛送歲月하얏스니 此ᄂ 天賜之福을 自行拒斥흔 者라 烏得今日之慘境乎아."
16) 《大韓每日申報》 1907년 8월 21일 〈吾人의 力이 他國 援助에 不在ᄒ고 吾人의게 自在홈을 信흘 것이라〉(《京鄉新聞》 論說 譯載). 물론 이 논설에서는 《경향신문》이 취했던 종교적 시각에서, 당시 우리나라가 비참한 지경에 이른 것은 개화가 늦었기 때문이며, 이렇게 늦은 것은 천주교 선교사를 살육하고 서양 국가들과의 조약도 맺지 않은 '門戶의 不開'에 있다고 하였다.

서 나온다고 하였다. 역사적으로 보면, 자강력이 있는 강장强壯한 인종
만 생존하였는데, 그 자강력은 육군, 해군과 같은 무력적인 힘도 아니
고, 또 정치, 교육, 실업과 같은 것[부강]도 아니며, 오직 "자강의 지기
志氣"라고 정신을 강조하였다. 이런 점으로 본다면, 한국이 약해진 것
은 유전이 아니라 중고시대 이후 압제정치로 그 기개가 박약해졌기 때
문이고, 박약한 지기로는 경쟁 사회에서 살아갈 수 없다고 하였다. 자
강의 지기가 있으면, 용감심, 인내심, 모험심도 생기고, 강장强壯한 물
질이나 정치도 나올 수 있으므로, "금일 한국에 천만 사업이 급할지라
도 자강의 지기를 도주陶鑄함이 가장 급하다"라고 주장하였다.[17]

(다) 대한자강회가 '자강'을 전면에 내걸었지만 설립 초부터 '자강'의
실현 가능성에 의구심을 가지는 사람이 많았다.[18] 자강회는 자강의 원
리와 구조를 몇 차례 설명하여, 운동론을 정립해 갔다. 장지연, 박은식
등이 이를 주도하였다.

자강을 위해서는 먼저 구습舊習을 고치자고 하였다. 우리가 자강을
이루지 못하여 우리의 습관 속에 의뢰성과 우매성이 만들어지고,[19] 급
기야 이로 말미암아 국권상실로 이어졌다고 파악하였다. 따라서 구습을
고쳐야 국가와 조국을 위한 자강 정신을 확립할 수 있다는 것이었다.

박은식은 구습을 고치지 않고는 대한국大韓國, 대한민이라는 이름을
부지할 도리가 없을 것이라고 하였다.[20] 국가는 인민이 모여서 된 것

---

17) 《大韓每日申報》 1908년 12월 31일 論說 〈自强의 志氣를 振作ᄒ라〉.
18) 당시의 대표 신문이었던 《대한매일신보》와 《황성신문》은 대한자강회 설립에 찬동하면서도
    당시의 많은 단체들이 설립 목적, 취지와 다른 모습을 보이는 것을 지적하고, 한국인의 자강,
    자립, 국력을 키워 독립의 기초를 세워 줄 것을 '경고'하였다(《大韓每日申報》 1906년 4월 4일
    論說 〈告自强會發起諸君子〉 ; 《皇城新聞》, 1906년 4월 3일 論說 〈大韓自强會設立〉).
19) 韓興敎는 "자강의 반대에는 依賴的 사상과 畏怯的(두려워하고 겁냄) 근성이 은은히 포함"되었
    다고 한 바와 같았다(〈自强〉, 《大韓興學報》 6).
20) 朴殷植, 〈舊習改良論〉, 《西友》 2, 10쪽.

으로, 개인이 문명, 부강하면 나라가 또한 문명, 부강해진다고 지적하
면서, 우리가 야매野昧, 빈약하게 된 이유가 바로 전날의 우리 생활방식
에 있으므로, '국가의 자립'을 위해서는 먼저 '생활상 자립'이 이루어져
야 한다고 하였다.

夫 國家者는 人民之積也니 其民의 文明은 其國의 文明이오 其民의 富强은
其國의 富强이라. …… 西洋人이 我韓人의 性質을 貶論ᄒ야 曰 韓人은 恒常
安逸을 崇尙ᄒ고 暗昏柔弱ᄒ야 勇進ᄒᄂ 風氣가 無ᄒ 故로 束手就縛ᄒ야 他
人의 奴隷가 되얏스니, 此ᄂ 世界第一 極末等醜穢之賤族이라 ᄒ니 噫嘻 痛
矣라. 我實自取어니 向誰怨尤리오. / 然則 我韓人類의 萬般 罪惡이 皆 安逸怠
惰로 從生ᄒ지라. …… / …… 然則 吾人이 急先히 痛治革袪ᄒ 者ᄂ 安逸怠惰
의 病根이니 勤勞生活이 卽 人民의 自由ᄒᄂ 原因이오 國家의 自立ᄒᄂ 基
礎로다.21)

라고 하여, 우리가 안일, 게으름, 암혼暗昏, 유약 등으로 용진하는 기운
이 없어 남의 노예가 되었으니, 이런 것을 없애고 생활 속에서 근로
하는 것이 근본이라고 하였다.

박은식은 일반 국민의 생활 뿐 아니라 구습에 젖어있는 여러 부류들
의 잘못도 지적하였다. 곧 ① 폐습弊習을 돈독하게 지키면서 새로운 것
을 구하는 시의時宜를 강구하지 않고, 예의나 공담空談하고 경제經濟를
강구하지 않는 유림가, ② 권세가에 뇌물을 주고 벼슬을 얻고, 향촌에
서 관직자와 결탁하여 놀고 먹으면서 싸움질이나 하여 나라와 인민의
도적이나 해충이 된 행세가行世家, ③ 잡술을 행하여 황탄한 말로 혹세
무민惑世誣民하는 잡술가雜術家, ④ 과거제도 폐지 후에 향촌에서 어린

---

21) 朴殷植 〈人民의 生活上 自立으로 國家가 自立을 成홈〉, 《西友》 8 論說, 1~2쪽.

자제들에게 고풍古風이나 시부詩賦만 가르치고 신학문에 무지한 학구가 學究家 등의 폐습을 지적하였다. 이들이 모두 고루한 식견을 고쳐 '시무時務 학문'을 알게 하고, 국가를 유지하고 인민 생활에 필요한 역할을 감당해야 한다고 하였다.22)

장지연도 국권을 상실한 원인의 하나로 진취, 모험, 용감 정신이 모자란 점을 들었다. 곧 자강불식自强不息의 '건건주의乾健主義'를 버리고 '곤순주의坤順主義(순하고 정적)'를 취하면서 하루아침에 속박의 재갈이 물리어 노예와 짐승 같은 처지가 되었다는 것이었다.23) 따라서 자강을 위해서는 유나柔懦, 태타怠惰를 없애고 진취적이고 용감한 정신을 가져야 한다고 하였다. 진취 정신을 가진 인물로는 나폴레옹, 콜럼버스, 루터, 워싱턴, 크롬웰, 마치니 등을 들었다. 또 진취 정신은 '희망의 열성'에서 나온다고 하면서, 월越나라 구천句踐의 와신상담臥薪嘗膽, 프로이센의 프리드리히 대왕 등을 언급하였다. 그는 "자강의 뜻은 오직 진취를 희망하는 지점에 있다"라고 하였다.24)

그 밖에도 많은 논자들이 민족의 기질, 습관 등의 폐단을 지적하였다. 가령 지석영池錫永은 "능히 근검한 자는 성하고 근검하지 못한 자는 패하나니, 이것은 천고의 귀감龜鑑"이라고 하고, 우리가 피폐진 것은 바로 "근검하지 못한 것에서 연유"한다고 하였다.25) 윤효정尹孝定은 국가의 불행이 국민 의뢰심=사대주의에서 기인하였다고 지적하였고,26)

---

22) 朴殷植, 〈舊習改良論〉, 《西友》 2, 10쪽.
23) 張志淵, 〈自强主義(續)〉, 《大韓自强會月報》 4, 6~7쪽. "危乎微哉라. 吾二千萬 民族이 無進取冒險之性質은 自昔已然이온 而況今且愈下ᄒᆞ야 日知足不辱이라 日知止不殆라 ᄒᆞ며 日不爲物先이오 不爲物後라 日未嘗先人而常隨人이라ᄒᆞ야 其所稱誦去孔子者도 往往遺其大體ᄒᆞ며 摭其偏言ᄒᆞ야 取其狷主義而棄其狂主義ᄒᆞ며 取其勿主義而棄其爲主義ᄒᆞ며 取其坤順主義而棄其乾健主義ᄒᆞ며 取其命主義而棄其力主義ᄒᆞ야 於是進取之精神이 漸減治盡札ᄒᆞ니 寧不恫哉며 寧不恫哉아. 嗚乎라, 一自數年以來로 風潮震盪에 時勢大變이라. 以屢千年神聖之民族으로 一朝에 束縛之 羈絆之驅東之奴隷之畜生之ᄒᆞ야 其自尊自大之門閥階級도 於焉夷矣오."
24) 張志淵, 〈自强主義〉, 《大韓自强會月報》 3, 8~9쪽.
25) 池錫永, 〈兩斷一窄論〉, 《大韓自强會月報》 9, 6쪽.
26) 尹孝定, 〈今日國民之感念如何〉, 《大韓自强會月報》 5, 49~50쪽.

홍필주洪弼周는 일반 인민의 공공심 부족을 꼭 집어 가리켰다.[27] 이광수李光洙는 시기猜忌, 고식姑息, 의뢰依賴, 수구守舊의 습관을,[28] 윤주찬尹柱讚은 우미성愚迷性, 의뢰성, 미신성 등과 같은 12가지 성질을 고치자고 한 것도[29] 이런 인식의 표현들이었다.

더불어 장지연은 우리가 자강하지 못해 불행하게 된 것은 단합하지 못하고, 단체 활동이 없는 것에 있다고 하였다. 그는 단체 활동이 부족한 '병근病根'을 5가지로 지적하였는데, 즉 ① 당파의 고질, ② 기질忌嫉의 악벽惡癖, ③ 의뢰의 결은結癮, ④ 나태의 고증痼症, 그리고 ⑤ 국가 사상의 부재 등이었다. 특히 외인에게 의뢰하여 스스로 일어나 서지[自起, 自立] 않고, 또 자강, 자분自奮의 길을 생각하지 않는 것을 비판하였다. 이런 5가지의 병근으로 말미암아 오만傲慢, 집요執拗, 우우迂愚(물정에 어둡고 어리석음), 나약懦弱, 기리嗜利(이익만 즐김), 호사好私(개인만 추구), 비루鄙陋, 완고頑固 등과 같은 습성이 생겼으며, 이것이 모두 족히 단체의 모적蟊賊(해충)이고 사회의 대두大蠹(큰 좀)라고 하였다. 이런 것을 제거하지 않으면 경쟁 세계에서 자약自弱, 절멸絶滅하여 강자에게 승리를 주게 될 것이고, 국권은 회복할 수 없다고 보았다.[30]
이 가운데서도 장지연은 '국가 사상의 결핍' 문제를 매우 엄중하게 생각하였다.

　　無國家之思想이니, 蓋 我韓人이 古來로 乏愛國的 思想ㅎ고 缺公共的 觀念ㅎ야 不知國民當行之義務 故로 外國人이 論韓國民之性質曰 韓國은 古來로 家族的 結合이오 家族的 發達일식, 是以韓人은 摠皆家族的 觀念에 支配ㅎ고 共國家的 觀念은 絶少ㅎ야 未見有愛國心者ㅎ고 又未見有何等 公共的 設備

27) 洪弼周, 〈革四合一〉, 《大韓協會會報》 6, 4~5쪽.
28) 李寶鏡, 〈隨尙友藥〉, 《太極學報》 25, 32~34쪽.
29) 尹柱讚, 〈諸性改良〉, 《湖南學報》 3, 39~45쪽.
30) 張志淵, 〈團體然後民族可保〉, 《大韓自强會月報》 5, 2~7쪽.

와 公共的 機關이라 ᄒᆞ니 卽 公共的 觀念이 由乎國家思想而發出者어날 素乏
國家之思想 故로 所以無公共的 觀念者니 擧國이 盡在私益上 慾望ᄒᆞ야 不知
公益之爲何物ᄒᆞ니 此ㅣ 不能團合之第五病根也라.[31]

라고 하였다. 국가 사상보다는 가족적 관념을 중시하여 결국 애국 사상
이 없어지고, 공공 설비, 공공 기관이 나타나지 않아 단합하지 못했다
고 파악하였다.

그리하여 장지연이 주창한 것이 단체 결성이었다. 자강을 위해서는
진취 정신과 희망에 대한 열망이 있어야 하지만, 이것만으로는 부족하
고 단체 결성과 단합으로 이룰 수 있다고 하였다. 그는 "자강지술自强之
術은 반드시 단합하여 단체를 이룬 후에 진전할 수 있는 희망을 얻을
수 있다[必積漸合羣而後에 得展進之望者也]"라고 하여, 힘을 합쳐 단체를
만들어야 진전을 바랄 수 있다는 것이었다.[32]

장지연이 단체 결성, 단합 활동을 통해 이루고자 했던 자강 정신의
핵심은 '국가 사상'이었고, '독립 정신'을 가지는 것이었다.

人類는 貴在乎團体之合羣ᄒᆞ니 在太平之時則通功易事ᄒᆞ며 分業相助홈은
必難以一身으로 備百工故也오. 在患難之際則羣策羣力으로 捍衛禦侮홈은 尤
難以一身으로 保七尺故也라. 由是로 國家ㅣ 起焉ᄒᆞ니 …… 人人이 知吾一身
之上에 更有大而重者ㅣ 存ᄒᆞ야 每發一慮 出一言 治一事에 必常注意 於其所
謂一身以上者가 所謂國家的思想也니, 苟不爾면 團體를 終不可得成 而人道
ㅣ 機乎息矣리라. …… 吾自强團体之所以組合者 而孜孜焉以喚起進取之精神
ᄒᆞ며 皷舞愛國之熱誠ᄒᆞ며 提惺國家之思想ᄒᆞ야 以注獨立底腦血者也니.[33]

---

31) 張志淵, 〈團體然後民族可保〉, 《大韓自强會月報》 5, 6쪽.
32) 張志淵, 〈自强主義(續)〉, 《大韓自强會月報》 4, 3~4쪽.
33) 張志淵, 위 글, 7~8쪽.

라고 하였다. 무리가 모여 단체를 만드는 것은 태평 시절이나 환난 시절에도 모두 필요하며, 단체를 만드는 이념은 국가 사상이라고 하고, 이 사상이 없으면 단체도 만들 수 없고, 또 인도人道도 끊어진다고 하였다. 요컨대 장지연은 진취 정신을 환기하고, 애국 열성을 고무하며, 국가 사상을 깨우쳐, 머리와 피 속에 독립을 주입하기 위해 대한자강회를 만들었던 것이다.

(라) 물론 국권상실의 원인이 자강 사상, 국가 사상의 결핍에만 있는 것은 아니었다. 물질적 '부강富强'을 이루지 못한 점에도 있었다. 대한자강회의 취지서에 부강을 위해 교육, 식산흥업의 '자강지술'을 강조하여, 이 점 또한 소홀하게 다루지 않았다. 장지연은 부강을 이루지 못하고 나라가 빈약하게 된 여러 원인을 분석하고, 이를 정치·사회적 구조 속에서 지적하였다.

장지연은 빈약의 원인을 "소모하는 것이 많고 생산하는 것이 적"기 때문이라고 파악하였다. 곧 이익은 만들지[生利] 않고, 이익을 나누어[分利] 재물을 낭비해 버리는[耗財] 점이었다. 그는 이런 무리를 여러 종류 거론하였다. 그 첫째는 정부 관리, 지방 서리였다. 우리나라의 관리는 문명국의 관리와 달리 백성들이 재난을 당해도 구휼하지 않고, 굶주려도 구하지 않으며, 도적이 나라에 가득 차도 금지하지도 못한다고 하였다. 이런 관리로 말미암아 백성들의 해악이 더욱 깊어지고 민산民産이 날로 메말라 가게 되었으니, 관리는 "놀고먹으며 재물을 축내는 가장 큰 자[游食耗財之最鉅者]"라고 하였다. 또 관리에 빌붙은 무리인 군부郡府의 서리도 그러하다고 하였다. 향촌의 토호, 경신卿紳의 무리도 역시 "백성을 해롭게 하고 재물을 없애는 큰 굼벵이[害民耗財之一大蠹虫]"라고 보았다.[34]

---

34) 張志淵, 〈國家貧弱之故〉, 《大韓自强會月報》 6, 14~15쪽.

그 밖에도 장지연은 공경귀척公卿貴戚의 호화로운 가족, 거실세가巨室世家의 기환자제綺紈子弟(비단 옷 입은 높은 집안의 귀한 자제) 등을 그런 무리로 꼽았다. 공경, 거실의 부형은 자신의 자제를 교육하지 않아 그들이 결국 유식遊食, 유의遊衣, 사치, 교만, 방자, 나태, 음일淫佚 따위만 행하게 된다고 보았다.

또 장지연은 독서하는 사람들도 재물을 축내는 사람으로 보았다. "독서인은 실로 일종의 기생충이라. 백성에게는 좀[蠹]이고 나라에는 해충[蟊]"이라고 하였다. 특히 이런 사람들[儒土, 鄕土]은 신학新學을 거부하고 사회에 쓸모도 없으며, 후생들도 잘못 이끌고 있다고 하였다. 그들 가운데는 향교, 서원에 출입하면서 향교 재산이나 도적질하고, 공물이라고 빙자하여 주식酒食, 의반衣飯의 주머니로 만들고, 학교 설립을 배척하여 교육 사업을 방해하고 있음도 지적하였다. 향촌에 있는 산림학자는 일반 선비[鄕土]와는 구분될 수 있지만, 재물을 축내는 것은 마찬가지로 보았다.[35)]

(마) 대한자강회가 자강 정신을 강조하고 국권회복을 목표로 하였지만, 통감부 체제 아래에서 합법단체였다는 점은 근원적인 한계를 안고 있었다. 국권회복, 독립을 목표로 자강회가 설립되자 통감부 경무청은 그 활동 범위를 문제 삼았다. 설립 취지서, 규칙이 만들어지자(1906년 3월 31일 자) 경무청에서 발기인 대표를 소환하였다. 4월 9일, 윤효정尹孝定, 심의성沈宜性, 임진수林珍洙, 김상범金相範 등 4명이 경무청에 출두하였다. 경무청은 대한자강회 목적이 교육, 식산에 있으므로 일반 정치 활동은 하지 않겠다는 증명서를 요구하였다. 윤효정 등은 자강회 취지와 목적 이외의 '정담政談'에는 간섭하지 않겠지만, 다만 목적과 관계되는

---

35) 張志淵, 〈國家貧弱之故(續)〉, 《大韓自强會月報》 7, 5~12쪽.

일을 정부에 건의할 때 자연스럽게 '정담'에 간여하지 않을 수 없다고
하였다. 일반 정치에 관한 활동은 자강회의 규칙 제4조 "(방법) 국법 범
위와 문명 궤도의 이내 행동으로 혹 민民을 지도하며, 혹 정부에 건의할
사事"라는 조항을 스스로 위반하는 것이라고 응대하였다. 이튿날에 발기
인 5명(위의 4명 외 장지연)의 이름으로 "본회는 취지 목적 이외에 정담
政談을 불간不干할 뿐 아니라, 비록 목적 이내의 행동이라도 국법 범위와
문명 궤도를 필유必由 하겠노라"는 내용의 증명서를 제출하였다.36)

　대한자강회의 활동 범위와 방법에 대해서는 고문 오가키[大垣丈夫]의
연설[〈本會趣旨〉, 4월 28일 제1회 통상회]에서 명확하게 언급하였
다.37) 그는 법률상 용어로서 치안 방해 문제를 지적하였다. "국가의
질서를 유지할 때, 인민의 동요를 제지하기 위하여 치안에 방해가 있는
언동을 허락하지 않음은 문명국文明國의 통의通意요, 국법에 명백히 규
정"되어 있다고 하면서 규칙 제4조의 정신에 따라야 한다고 하였다.
그는 을사늑약 이후 오적五賊 처단을 주장하는 민심을 비판하였으며,
개인 간의 담화, 공중 대상의 연설, 언론 활동 등도 이런 점에 유의해야
한다고 하였다.

　한편 오가키는 '보호조약'과 통감부가 한국이 '부강'하지 못해서 초래
되었다는 점을 지적하였다. 한국은 국내의 정치를 구습대로 방임하고,
부강의 실實을 성취하지 못하여 결국 외교권을 일본에 '위임'하게 되었
다는 것이다. 따라서 이를 분하게 여겨 앙천태식仰天太息(하늘을 우러러
탄식함) 하거나 복지통곡伏地痛哭(땅에 엎드려 통곡함), 앙약자치仰藥自
致(독약을 마시고 자결함) 하면서 이를 '망국亡國 조약'으로 시비해서는
안 된다는 것이었다. 동양 대세와 일본 자위自衛 등으로, 외교 문제는
일본이 담당하게 하고, 한국은 내정의 개량과 진보에 전력하여 '부강의

---

36) 《大韓自强會月報》 1, 12쪽 ; 《皇城新聞》 1906년 4월 10일.
37) 大垣丈夫, 〈本會趣旨〉, 《大韓自强會月報》 1, 23~28쪽.

실'을 성취하는 것만 힘쓰라고 하였다. 국권을 회복하려다가 잘못하면 멸망할 수 있다는 점도 지적하면서, 한국이 문명을 흡수하여 부강만 성취하면 '보호조약'도 자연스럽게 '해제'될 것이라고 하였다.

오가키는 한국이 '부강'을 이루기 위해 '정부에 건의'하는 방법도 언급하였다. 정부에 건의하는 방법이 혹 '온화溫和'하여 공담, 공상의 행위로 볼 수도 있고, 정부에 건의하는 것은 마이동풍馬耳東風이 될 수 있다고 하지만, 그는 정부를 상대로 시끄럽게 하고 대신들의 사직을 권고하는 시위, 운동과 같은 행위는 '치안 방해'가 된다고 하였다. 그런 운동이나 만행蠻行은 효과도 없고, 반대로 죄만 짓게 되므로 공평한 수단으로 공의와 여론을 형성하여 호의로 교섭하는 것이 그 효과가 몇 배나 낫다고 하였다.

대한자강회 국권회복운동의 활동 방법과 범위가 국법 범위, 문명 궤도, 치안 유지 등을 고려한 비정치적인 방면으로 가게 된 것은 국권이 없는 통감부 체제 아래의 합법 단체가 가진 제약이었다. 곧 부르주아 세력이 위로부터 개혁운동에서 가지는 제한적 측면이기도 하였다. 위에서 자강론, 자강주의를 가장 강하게 주장했던 장지연의 논의 속에서도 이런 모습을 볼 수 있다.

첫째, 자강의 '강強'은 무력적인 '강', 곧 무강武強이 아니라고 하였다. 폴란드, 이집트, 월남 등에서도 애국 단체가 일어나 힘으로 항쟁하였지만 국권 만회에 도움이 되지 못한 점을 들어 일반인들이 자강회의 자강도 가능하지 않을 것이라고 비판하였다. 그러자 장지연은 폴란드 등이 힘으로 저항한 것은 본래의 자강을 의미하는 것이 아니라 일시적인 혈기의 용강勇強일 뿐이라고 하였다. 그가 생각한 자강은, 앞서도 본 바와 같이, 수 천 년 동안 중화주의 때문에 약해진 우리의 풍속, 습관, 곧 의뢰심, 허문 숭상, 압제 속박, 나태와 유약 등을 고치는 것이었고, 이를 바탕으로 '자강지술', 곧 교육, 식산으로 부강을 이룬다는 것이었

다.[38] 이런 차원에서 대한자강회는 의병운동을 찬성하지 않았다. 의병
은 시국과 국세를 헤아리지 않고 '무강', '폭행'을 함부로 행하고 있고,
따라서 의병이나 청국의 의화단 같은 행동으로는 자강할 수 없고 '자망
自亡'하게 될 것이라 하였다.[39]

둘째, 장지연은 자강을 달성하는 데 시간이 오래 걸릴 것으로 보았다.
그는 당시의 형세를 중한 병[곧 궤양, 악성 종기, 폐질]에 걸린 사람과
같다며, 이를 침, 뜸으로 치료한다면 여러 달 걸릴 것이라 하였다. 나라의
자강도 마찬가지로, 급속한 효과가 없더라도 사람 사람이 자강 정신을
머릿속에 간직하여, 2천만 국민이 모두 자강 사상을 가지게 되면 대한
독립과 자강의 날이 올 것이라고 믿었다. 따라서 비록 자강의 능력이 없
더라도 사람 사람이 각자 자강의 길에 분려奮勵하는 것이 중요하다고 보
았다. 자신이 죽을 때까지 열심히 자강을 위해 노력하여 그 목적을 달성
하지 못하더라도, 우리 자손이 그 목적을 달성하면 된다고 하였다.[40]

셋째, 대한자강회는 자강, 부강을 추진하기 위해서는 지식인 차원에
서 여러 형태의 자강의 방안을 마련하는 것이 직접 '운동'하는 것보다
더 중요하다고 하였다. 자강론의 핵심이 자강 정신의 확립이었고, 또
자강의 방안을 정부에 건의하는 방법을 택하였던 점과도 무관하지 않
았다. 당시 자강회 운동에 의문을 가진 사람 가운데는 '자강을 위해서
는 거대한 자금이 필요'할 것이므로 자강이 어렵지 않겠느냐고 지적하
였다. 이에 장지연은 자본을 두 종류, 곧 '유형적 자본[자금]'과 '무형적
자본[지식]'으로 나누고, "우리는 가난한 선비로 유형적 자본이 없으니,

---

38) 張志淵, 〈自强主義〉, 《大韓自强會月報》 3.
39) 尹孝定, 〈本會에 趣旨와 特性〉 演說, 《大韓自强會月報》 1.
40) 張志淵, 〈自强會問答〉, 《大韓自强會月報》 2. 자강운동이 오랜 시간이 걸릴 수 있다는 점은
   李鍾濬, 〈會의 名義目的과 及月報의 讀去〉, 《大韓自强會月報》 6에서도 동일하게 지적하였다.
   "自今以計ᄒᆞ야 或四三年과 或十年 乃至 百年을 固未可逆覩者어니와 吾猶不及見이면 則吾之
   子吾之孫이 亦當有見之之日矣니라."

무형적 자본으로 목적을 달성"해야 한다고 하였다. 이는 부강을 위한 교육, 식산흥업의 방안[무형적 자본]을 마련하여 이를 정부에 건의하는 것이었다.[41] 전국 사립학교를 연결하여 교육의 활성화를 지도하기도 하고, 또 회원의 능력에 따라 자본을 모아 산업 증식을 위해 직접 활동 하면서 아울러 정책적으로 실현 가능한 좋은 방안은 정부에 건의하여 실행해야 한다고 하였다.

넷째, 대한자강회는 여러 방안을 정부에 건의하면서 동시에 자신들 의 자강론을 '계몽'하는데 힘을 기울였다. 계몽 대상은 우선 보수 유학 자였다. 그는 2천만 남녀 동포가 모두 자강 사상을 가지고 있다면 자강 회를 만들 필요도 없었겠지만, 당시 대한 국민 모두가 자강심이 없는 '적노賊奴', '만자蠻子'라고 하였다. 그 가운데서도 특히 산림, 암혈에 있 는 유생[讀書講道之士, 山林之士]이나, 뜻 있는 우국지사[有志憂國之人]는 모두 조국의 위약萎弱에 통곡하고 한숨을 쉬면서도 결국 유교의 소멸이 나 걱정하면서 가만히 앉아서 성명性命만 논하고 털끝만큼 힘을 내지 않는다고 비판하였다. 바로 이런 부류의 사람들이 자강 사상을 가지는 것이 중요하므로, 이들을 계몽 대상으로 삼았다.[42] 대한자강회가 각 지방에 지회를 설치한 것은 이런 점도 작용하였다.

2) 실력양성론의 강화와 대한협회

(가) 대한자강회는 1년 반 만에 해산되었다. 1907년 7~8월, 일제는 '헤이그 밀사 사건'을 빌미로 고종을 황위에서 몰아내고 군대를 해산하 여 형체만 남아있던 대한제국의 자위권도 없애 버렸다. 또한 해산 군인

---

41) 張志淵, 〈自强會問答〉《大韓自强會月報》 2, 7~8쪽.
42) 張志淵, 위 글, 10쪽.

이나 민중의 저항을 탄압하면서, 대한자강회도 해산시켰다. 이후 식민
지 강제 편성이 본격화되었다.

대한자강회 해산 뒤, 그 해 11월에 대한협회가 만들어졌다. '독립'을
위한 합법 단체라는 점에서 근본적인 한계가 여전한 데다 일제의 강압
도 점차 더 심해졌다. 계몽운동 참여자 가운데 일부는 보호 정치에 대
한 생각이 조금씩 바뀌기 시작하였다. 앞서 본 바와 같이, 사회진화론
의 틀 속에서 문명개화를 위한 일본의 '지도'와 지배를 긍정적으로 보는
여론이 조금씩 높아 갔다.

대한협회 설립 취지서의 내용은 아래와 같다.

> ① 我韓이 國於東亞一隅ㅎ야 不能與世運伴進者ㅣ 迄數百年에 政治焉紊
> 廢ㅎ며 敎育焉弛退ㅎ며 産業焉衰乏ㅎ야 竟至於失自立之力而引友邦之援ㅎ
> 니 興言及此에 俯仰愧怍이라. ② 然今欲坐俟自滅則已矣로되 苟或有自立之
> 志 則豈可一任於友邦之賢勞 而不思所以互相推引之道ㅎ고 曚然退伏ㅎ야 以
> 待文明幸福之自至耶아. …… ③ 乃玆組織一團ㅎ고 名之以大韓協會ㅎ니 其趣
> 旨則 要在講究乎 政治, 敎育, 産業ㅎ야 發達社會智識ㅎ며 陶冶新進德性ㅎ며
> 增進全國富力ㅎ야 以之養成我眞個國民의資格而已니, 此誠今日의急務라.
> …… ④ 頃年 五條之約에 輿情이 激仰ㅎ고 最近 七條之成에 擧國이 騷亂ㅎ야
> 蔓延日甚ㅎ고 底靖無期ㅎ야 乃以 祖國思想으로 反焉斫傷祖國ㅎ니 寧堪慨歎
> 이리오. 夫 國家悲運은 非激昂의 所能救며, 人民幸福은 非騷亂의 所能致오.
> 專在乎實力之如何ㅎ니 實力維何오. 曩所謂政治敎育産業之講究發達이 是耳
> 라. 所以本會는 直欲向此根本ㅎ야 灌注全力ㅎ노니 ……43)[번호는 인용자]

그 내용은 ① 우리나라가 세계의 운세에 따라 더불어 나아가지 못해
정치 · 교육 · 산업이 문란하고 쇠퇴하여 자립할 힘이 없어지면서 다른

---

43) 《大韓協會會報》 1, 〈大韓協會趣旨書〉.

나라[일본] 원조[보호]를 끌어들인 부끄러운 지경에 처하게 되었고, ②
하지만 가만히 앉아서 자멸하기를 기다릴 수 없으므로 자립할 뜻을 세
우고 일본에만 기대지 말고 서로 끌어주면서 '문명과 행복'을 기대하며,
③ 정치, 교육, 산업을 강구하여 사회 지식을 발달시키고[智], 신진 덕
성을 도야陶冶하고[德], 전국의 부력富力을 증진함으로써[富] 개인이 국
민적 자격을 양성하는 것이 급무이며, ④ 일본 침략[5조약, 7조약] 때
문에 여론이 격앙되었지만, 국가나 인민의 행복은 억울한 심정이 아니
라 오직 '실력' 여하에 달려 있고, 그 실력은 바로 정치, 교육, 산업을
강구 발달하는 것에 있다는 것이었다.

이에 따라 대한협회는 활동의 '7대 강령'을 정하였다. 즉 ㉮ 교육 보
급, ㉯ 산업 개발, ㉰ 생명 재산 보호, ㉱ 행정제도 개선, ㉲ 관민 폐습
교정, ㉳ 근면 저축 실행, ㉴ 권리·의무·책임·복종 사상의 고취 등
이었다.44) 자강회에서 내걸었던 '조국 정신과 부강(교육, 식산)'의 영
역이 정치, 교육, 산업으로 조정되었다. 요컨대 대한협회는 국권회복을
위해서, '우방友邦'(일본)과 서로 이끌어 주는 가운데, 정치, 교육, 산업
을 통하여 실력을 양성하자고 하였다. 새롭게 강조한 정치 부문은 대한
협회의 정치적 역할, 곧 현실 정치에 참여하여 국민의 생명 재산 보호
및 권리와 책임을 실천하는 '민당民黨'으로서 활동이었다. '국권회복'이
라는 말을 전면에 내세우지 못하였다.

대한협회의 실력양성론은 강자와 힘을 지향하는 사회진화론의 논리
가 바탕이었다. 대한자강회의 자강론도 사회진화론의 틀 속에 있었지
만, 동시에 '자강불식'이라는 전통적인 논리도 남아있었다. 그런데 대
한협회 단계에서는 자강 정신을 전면에 내세우지 못하였다. 대한협회
는 '실력양성'을 전면에 걸고 계몽운동을 주도하였다. 한국이 약소국이

---

44) 《大韓協會會報》 1, 〈本會綱領〉.

되고 '우방' 일본의 "원조"를 받게 된 원인이 '실력 부족'에 있다고 판단
하고, 이를 벗어나 국권을 회복하고 다른 나라와 경쟁할 정도의 강자가
되기 위해서는 반드시 실력을 양성하는 길밖에 없다고 생각하였다. 즉
날[日]로, 달[月]로 실력을 키우고 준비한다면 국권회복의 기회를 얻기
도 어렵지 않다는 것이었다.45)

(나) 계몽운동에서 추구했던 실력양성은 개인에서 국가에 이르는 모
든 부문의 실력을 키우는 것이었다. 곧 전반적으로 사회의 '문명'을 준
비하는 것이었다. 국가가 안전하여야 개인이 안전하므로, 사회의 선각
자는 지방 교육을 시찰하고, 실업을 장려하고, 또한 외교할 인재를 양
성하자는 것이었다.46)

첫 단계는 개인 차원의 실력양성의 출발은 인격 수양이었다. 김하구
金河球는 제국주의 침략 아래에서 국가가 독립하지 못한 것보다는 개인
이 독립하지 못한 것을 더 걱정해야 한다면서, 개인 독립은 청년 시절
의 인격 양성에서 시작된다고 하였다.47) 최호선崔浩善은 당시를 준비準
備 시대, 수양 시대라고 하고, 개인은 군사력이나 교통·무역을 준비하
는 것보다 국가의 건설적 인물이 되기 위한 인격과 정신 수양을 준비해
야 한다고 하였다.48) 김영기金永基는 경쟁 시대에 알맞은 능력을 갖추
는 것은 "용감한 결심과 공정한 인격을 수양함이 가장 옳고 적합"하다
고 주장하였다. 결심만 하고 인격이 없으면 조포粗暴하기 쉽고, 인격만
있고 결심이 없으면 낡은 인습을 버리지 못하게 될 것이므로, 둘 다
갖추어야 한다고 하였다. 또한 그는 "국가는 합성인격자合成人格者라.
국가를 조성한 개개 분자가 인격을 선양先養하여 자유를 회복하며 생존

---

45) 《大韓每日申報》 1910년 1월 13일 論說 〈機會와 實力〉.
46) 金志侃, 〈文明의 準備〉, 《太極學報》 18, 6~7쪽.
47) 金河球, 〈青年煩悶熱의 清涼劑〉, 《大韓興學報》 6, 40~41쪽.
48) 崔浩善, 〈理想的 人格〉, 《大韓興學報》 10, 20~22쪽.

을 유지한 연후에야 합성인격자의 자주권도 차此를 종從하여 완전 성립"하게 될 것이라고 하였다.[49]

다음, 개인에서 한 단계 더 나아가 사회의 실력양성, 문명, 부강을 추구하였다. 그 방안은 계몽운동 전시기에 줄곧 강조되던 교육과 식산흥업이었다. 이를 위해 그들은 학교를 설립하였고, 또한 자산가, 식자층에게 학교 설립을 권유하였다. 각 지방에 지회를 만들어 이를 적극적으로 추진하였다. 또한 식산흥업을 통한 부강을 이루고자 서울이나 지방의 자산가를 운동에 참여시켰다.

한편, 실력양성론은 대개 외교론과 연결되었다. 열강 사이에서 외국과 대등한 관계를 유지할 외교 인재를 길러내기 위함이었다. 당시 국제정세를 "도덕도 논할 수 없고, 약속도 믿을 수 없고, 친애도 기댈 수 없는" 상태로 설명하고, 외국과 협화協和하기 위해서는 오직 우리의 학문과 지식을 동등한 상태까지 진보시켜야 한다는 것이었다.[50] 또는 '만국공법이 대포 한 방보다 못하다'는 현실을 극복하기 위해서는 적소성대積小成大의 마음으로 "안으로 실력을 길러서 밖으로 화호和好를 추구하는 것"이 필요하였다.[51]

국가 흥망이 외교 관계에서 비롯되므로 외교를 잘하는 것이 국권을 회복하는 가장 좋은 길이라는 주장도 나왔다. 최석하는 "일국의 성쇠흥망이 외교 수단의 우열에 있다"면서, 안으로는 정치를 혁신하여 국력을 공고히 하고, 밖으로는 다수의 우방으로부터 지지를 획득하여 독립을 달성하자고 주장하였다. 국가 생산, 인민 재력, 무역 실력이 뛰어나더라도 국가의 외교 기관이 완비되지 않으면 자국의 상업권을 해외에 확장하기 어렵고, 적국과의 전쟁에서 승리하더라도 강화담판講和談判에

---

49) 金永基, 〈適者生存〉, 《大韓興學報》 1, 16~17쪽.
50) 李奎濚, 〈東洋協和도 亦知識平等에 在홈〉, 《西友》 15, 36~37쪽.
51) 楊致中, 〈積小成大〉, 《大韓興學報》 2, 16~17쪽.

서 불리한 조약을 체결한다면 승리의 효과도 없어지게 된다는 것이었
다. 그런 예로 최석하는 나폴레옹 패전 뒤 프랑스 외교, 비스마르크
이후의 독일 외교, 러일전쟁 뒤 일본과 영국 외교 등을 들었다. 특히
당시를 제국주의 상호 간의 이익분할법이 발달하고 이를 현상 유지하
는 정책이 효과를 나타내는 때라고 규정하였는데, 이것은 결국 강대국
간의 외교 관계에서 나온 것이라고 파악하였다. 따라서 외교를 수행하
기 위해서는 외교 사상의 양성이 필요하고, 구미 제국의 언어 습득,
만국 외교사의 숙독, 국제법의 면밀한 고찰이 필요하다고 하였다.[52]

외교의 필요성을 열심히 주장한 사람은 이승만이었다. 당시는 모든
나라들이 통교하고, 이 통교로 문명화하는 시대이며, 제국주의 침략조
차 우리를 해치려는 것이 아니라고 하였다. 이런 바탕에서 "외교를 친
밀히 하는 것이 지금 세상에서 나라를 부지하는 법"이며, "국권을 강하
게 하는 근본"이라고 주장하였다. 외교가 아니면 형세가 외로워서 남의
침탈을 면할 수 없으므로,

　내가 몬져 공법의 쯧슬 억의지 말고 공평정대ᄒ게 힝셰ᄒ며, 각국들과 친
밀히 ᄒ야 정의가 도타올진딕, 타국이 나를 의리상 친구로 알어 언제든지
내가 ᄂᆞᆷ의게 원굴[冤屈]홈을 당할 ᄯᅥ에ᄂᆞᆫ 경위로 힘껏 도아줄지니 이ᄂᆞᆫ 우
리가 구ᄒᆞ지 안어도 스스로 도아쥬ᄂᆞᆫ 쟈ㅣ 만히 싱김이라.[53]

라고 하였다. 따라서 약소국이 공법을 어기지 않고 공명정대하게만 한

---

52) 崔錫夏,〈國際交際論〉,《太極學報》2, 7~9쪽 ;〈天下大勢를 論홈〉,《太極學報》12, 10~16
쪽. 당시에는 국제관계법이 주목되었다. 石鎭衡,〈平和時 國際公法論〉,《大韓自强會月報》12
(연재) ;〈國際公法에 대한 世人의 誤解及研究의 必要〉,《少年韓半島》6 ; 鄭喬,〈國際法〉,
《少年韓半島》1(연재) ;〈國際公法〉, 같은 책 ; 李承瑾,〈國際公法論〉,《大韓留學生學報》2(연
재) 등이 그런 글이었다. 국제적 관계·조례 등을 명확하게 파악해야 한다고 주장한 金淇驩,
〈國民必究의 國際急先務〉,《大韓興學報》5 등 참조.
53) 이승만,《독립정신》, 대동신서관, 1910(연세대학교 이승만연구원, 2019), 268쪽.

다면 강대국의 침략을 당하게 될 때도 의리로 친구가 된 다른 나라들이
도와줄 것이라고 보았던 것이다.

　이승만은 외교를 돈독히 하는 방법으로 "의리상 친구가 되는 것"이
무엇보다도 중요하다고 주장하였다. 이를 위해서 "내외와 피차를 구별
없이 경우와 법대로 대접하며 꿋꿋이 평화한 주의를 지켜 좋은 뜻을
드러내려"는 공평함과 '의리'를 중시해야 하며, 또한 우리의 구습 · 의
향 · 풍속 등을 변화시켜 모든 것이 외국과 같아져 같은 부류로 섞여야
하며, 진실함을 교제하는 근본으로 삼아야 한다고 하였다. 또 외국인이
불법 행위나 경우에 벗어난 행위를 했을 때는 죽음을 각오하고라도 공
법과 경위를 밝혀야 국권이 강해질 것이라 지적하였다.54)

　(다) 한편, '실력양성'이라는 이름에도 내포하고 있듯이, 운동은 보호
국 체제 아래에서 비정치적 분야를 '점진적'으로 행한다는 것이었다.
사회 변화, 발전에서 혁명과 같은 과격한 변화보다는 '보수주의'를 지향
하였다. 당시에는 구래의 부패하고 타락한 사회를 철저하게 파괴해야
한다는 '건설을 위한 파괴주의'도 번번이 거론되고 있었지만,55) 프랑스
혁명이나 터키의 청년당과 같은 과격한 방법보다는 '온건한 파괴'가 더
좋은 결과를 가져온다고 하였다.56)

---

54) 이승만, 위 책, 268~273쪽. 한편으로는 국권을 중히 하기 위해서는 ① 다른 나라 사람들을
　　치외법권에 따라 우리의 법률로 다스리지 못하는 점은, 높은 德化가 세상에 드러나게 하여
　　법률을 정하여 외국인을 평등으로 다스릴 권리를 찾아야 하며, ② 나라에 이로운 일을 하고
　　국권을 보호하며 인민에게 공변되이 유조한 일이 있을 때에는 각 형세와 힘대로 행하는 것이
　　제 직책이며, ③ 내 나라 사람이나 물건이나 남에게 수치당하는 것을 보거든 기어이 받지 않도
　　록 하여야 하며, ④ 국기를 중히 여겨야 하며, ⑤ 맹세코 외국에 입적하지 말아야 하며, ⑥
　　國債를 삼가야 한다는 점 등을 지적하였다.
55) 梁在謇, 〈論破壞主義論〉, 《少年韓半島》 4, 7~9쪽 ; 姜荃, 〈急進的 社會改良策을 內國志士諸
　　公에 望홈〉, 《大韓興學會》 13, 13~18쪽. 양재건은 秕政과 腐法(培克者 · 蔑法者 · 世道者 ·
　　賣官者 · 抉雜者 · 誤外者 · 蠹國者 · 暴棄者 · 罔上者 · 民賊者를 원인으로 함)의 파괴를, 강전
　　은 도덕 · 종교 · 실업 · 여자 · 혼인 · 노비 · 복색 · 首飾 부분의 잘못을 파괴 개량하자고 하였
　　다. 구래의 사회 체제를 급진적 무력으로 파괴하자는 것은 아님이 분명하다. 당시의 이러한
　　破壞主義는 아마도 梁啓超의 〈破壞主義〉라는 글의 영향이 큰 듯하다.

그들이 추구하였던 '보수주의'는 척사론적인 수구, 완고 같은 '보수'
는 아니었다. 그들은 보수주의를 영국이나 일본에서 찾았다. 영국은
많은 혁명의 과정에서도 엄연히 보수당이 존재하여 "촌수척진寸守尺進
(한 마디라도 지키고 한 자만큼만 나아감)하는 주의"로 판도를 확장하
여 마침내 세계의 강국이 되었고, 일본도 사회주의와 자연주의가 유입
되었지만, 탁견을 가진 인사들이 대화혼大和魂을 계속 지키면서 강국이
되었다는 것이었다.57) 영국이나 미국은 그들의 보수적 정신으로 융성
할 수 있었고, 천박한 진보주의와 위험한 급진주의는 진정한 발달에는
해가 된다고 지적하였다.58)

의병항쟁을 반대하던 논리도 실력양성론이었다. 윤효정은 "우리나
라 금일의 비경悲境은 병력으로써 회복하기 불가능하며 폭동으로도 배
제하기 불가"하다며 의병을 반대했고,59) 본업으로 되돌아가 국민의 권
리와 의무를 지키라고 권고했다.60) 《황성신문》의 논설에서도 의병이
일본을 상대로 전쟁을 치르기에는 기계, 재정, 학술(전술)이 부족하여
반드시 패할 것이라 예상하고, 충군 애국의 성의로 무기를 버리고 각자
의 향리로 돌아가 "농민은 농업에, 공인은 공업에 힘써 각 산업에 종사
하여, 자산을 저축하고, 자제를 교육하여 지식을 개발하여 실력을 양성
하면 독립을 회복할 기회가 있을 것"이라고 하였다.61) 《대한매일신보》
에서도 의병을 '때와 힘을 헤아리지 않은[不度時 不量力]' 무모한 행위라
고 파악하고, 월越왕 구천句踐의 "10년 생취生聚 10년 교훈敎訓"이나,
연燕나라 소왕昭王의 40년 국정, 또는 프로이센의 60년 국민교육을 본

56) 李承瑾, 〈破壞的 時代의 精神을 論함〉, 《大韓興學報》 5, 2~3쪽.
57) 金永基, 〈敎育의 新潮〉, 《大韓興學報》 3, 2~3쪽.
58) 大垣丈夫, 〈偉大한 國民에난 三個 特性이 有함을 見함〉, 《大韓自强會月報》 2, 3~4쪽.
59) 尹孝定, 〈時局의 急務〉, 《大韓協會會報》 2, 63쪽.
60) 尹孝定, 〈大韓協會의 本領〉, 《大韓協會會報》 1, 47쪽.
61) 《皇城新聞》 1907년 9월 25일 論說 〈警告義兵諸君〉.

받아 실력을 양성하고 때를 기다려야 한다고 주장하였다.[62]

이와 같은 실력양성론, 그리고 이에 기초한 외교론은 제국주의에 대한 불철저한 인식, 국가주의, 민중 불신 등의 이념과 연결되고 있었다. 그리고 무엇보다도 실력양성론은 현실의 물적 지표를 비교하여 우리의 실력이 모자란다고 인정한 패배주의적 발상으로 흐를 가능성도 있었다. 우리 무력이 일본을 이길 수 없다고 인정한 점이나, 산업의 미발달로 절대적인 생산력 열세를 거론하고 식산흥업을 강조한 점 등은 이러한 논리의 귀결이기도 하였다. 계몽운동의 영역은 자연스럽게 한정되고 있었다.[63]

(라) 실력양성론은 시세의 변화에 따라 점차 국권회복, 독립이라는 면이 약해졌다. 대한자강회 고문이었던 오가키[大垣丈夫]는 대한협회에서도 고문직을 맡으면서, 협회의 활동 범위와 방향을 더 한정하였다. 그의 삼국동맹론은 각광을 받았다. 대한협회 참여자들의 일본에 대한 생각도 크게 바뀌어 갔다. 대한협회에 참여했던 천도교의 오세창은 "일본은 동양의 문명선도자"라고 하고, 한 손을 들어 서양의 큰 압박을 막아내고, 또 한 손을 들어 동양 이웃의 미몽迷夢을 흔들어 깨웠다고 그 능력을 인정하였다.[64]

대한협회 활동을 주도하던 총무 윤효정은 더 적극적이었다. 대한자강회에서 '자강론'을 주장하다가 이 시기에 조금 변한 것으로 보인다. 그는 "(대한협회가) 선진문명국[일본]의 지도에 의하여 국사國事를 정리하고 인문人文을 장려하여 지금 이후로 국민이 협동 일치하여 문명을

62)《大韓每日申報》1906년 5월 30일 論說〈義兵〉. 越王과 燕昭王의 準備는 보수 유생층도 거론하였다. 유생층이 거론하던 준비는 물론 유교의 정비였다.
63) 자강론, 실력양성론과 결합한 외교론이 반드시 무장항쟁론과 대비되지는 않는다. 논자에 따라서는 무장항쟁조차도 국제사회에서 국가의 독립 획득의 방안으로도 구상할 수 있기 때문이다(신효승,〈20세기 초 국제 정세 변동과 한인무장독립운동〉, 연세대 대학원 박사학위논문, 2018). 그러나 이런 논의는 이 당시에는 생각하지 못했고, 일제의 강점 뒤에 고려되기 시작하였다.
64) 吳世昌,〈對照的의 觀念〉《大韓協會會報》5, 1쪽.

흡수하고 시정을 개선하여 능히 국부 국강을 증진하며 열국과 어깨를 나란히 할 날을 기다려야" 한다고 하였다.65) 아울러 일본이 우리의 문명 부강을 위해 노력하는 것을 '요해了解'하지 못하는 국민들이 많으니, 대한협회가 나서서 "신정新政의 오해를 풀어[消釋]" 국가의 강운隆運과 인민의 행복幸福을 신속하게 해야 한다고 하였다.66)

대한협회는 결국 일본의 보호국 체제 아래에서 일본의 지도를 받아 문명부강을 달성하고자 했다. 대한자강회에서 힘주어 주장하던, '국권회복을 위한 자강'이라는 지향점이 전면에 제시되지 않고, '문명'과 '행복'으로 나아가는 '실력'이 강조되었다. 대한협회는 점차 근대화 지상주의, 근대화론에 입각하여 '예속적 발전'을 추구하게 되었다. 이런 점은 시간이 지나면서 더 심해졌다. 대한협회가 일진회, 서북학회와 연합하려던 이른바 '3파 연합'이 나올 수 있는 배경이기도 하였다.67) 문명국 지도에 따른 실력양성, 문명화와 자력적 실력양성이라는 견해 차이는 1910년을 전후한 시기에 정면으로 제기되면서 이후 운동론의 분화와 연관되었다. 이런 점은 후술할 것이다.

2. 교육진흥과 식산흥업

계몽운동은 국권회복을 위해 자강이나 실력양성을 주장하였고, 이를 이루기 위한 구체적인 방안으로 교육 진흥과 식산흥업을 들었다. 대한자

---

65) 尹孝定, 〈大韓協會의 本領〉《大韓協會會報》 1, 연설, 47쪽.
66) 尹孝定, 〈我會의 本領〉《大韓協會會報》 9, 연설, 62쪽.
67) 실력양성론으로 흐른 대한협회의 '개량화'에 대해서는 李鉉宗, 〈大韓協會에 對하여〉, 《亞細亞研究》 13-3, 1979 참조.

강회는 "국가의 독립이 자강에 있다"고 하고, "자강의 방법을 헤아린다
면 다른 것이 아니라 교육을 진작하는 것에 있고, 식산을 일으키는 것에
있다"고 하고, "교육의 확장과 산업의 발달을 연구 실시함으로 자국의
부강富强을 계도計圖하고자 하였다.68) 대한협회의 실력양성론도 그 운
동 영역은 교육과 산업이었다.69) 부강 실현, 실력양성은 정부의 개혁사
업은 물론이고 독립협회의 자강개혁 운동에서도 제기하던 바였다.70)

1) 교육진흥 운동

(1) 근대교육 운동과 학교 설립

(가) 서양의 문명을 학습하고자 교육 진흥을 선도한 것은 조선 정부
였다. 일찍이 육영공원을 설립(1886)하여 양반층에게 근대 학문을 수
학시켜 국제 정세의 변화에 대처하도록 하였으며, 갑오개혁에서도 '교
육입국敎育立國'을 천명하면서 "우내宇內의 형세를 보건대 부富하고 강强
하며 독립하여 웅시雄視하는 모든 나라는 다 인민의 지식이 개명하였
다"고 하고, 지식의 개명을 위한 "교육은 실로 국가를 보존하는 데 근
본"이라고 하였다.71) 대한제국도 교육 진흥을 계속 추진하였는데, 특
히 유교적 가치를 지키는 가운데 서양의 신학문을 배우고자 하였다.72)
이런 추세는 1905년 국권상실 이후에도 계속되었다.

　　정부와 국왕이 앞장서서 교육 진흥을 천명하자 왕실 세력이나 고급

---

68) 《大韓自强會月報》 1, 〈大韓自强會趣旨書〉 ; 〈大韓自强會規則〉(제2조).
69) 《大韓協會會報》 1, 〈大韓協會趣旨書〉. 위에서 본 바와 같이, 대한협회는 교육, 식산 외에 정
　　치 영역을 하나 더 설정하였다.
70) 김도형, 《근대한국의 문명전환과 개혁론─유교비판과 변통》, 지식산업사, 2014.
71) 《高宗實錄》 32년(1895) 2월 2일.
72) 김도형, 앞 책, 2014, 126~134쪽.

관료도 적극적으로 동참하여 많은 수의 사립학교를 건립하였다. 민영
환의 흥화興化학교(1895),[73] 민영기의 중교中橋의숙(1896), 엄주익의
양정養正의숙(1905), 엄비(慶善宮 ; 英親王宮)의 진명·숙명여학교(1906),
민영휘의 휘문의숙(1906), 이재극의 동덕여자의숙(1908), 유길준(흥
사단興士團)의 융희학교(1908) 등이 그러하였다.[74] 이 가운데 대한제
국 개혁사업의 핵심인물이었던 이용익은 일본의 교육제도를 시찰한 뒤
보성전문학교를 설립하여 '대학'을 지향하였으며, 또한 서적을 간행하
고자 보성관普成館을 설립하였다.[75] 이용익은 사망할 즈음 작성한 '유
소遺疏'에서도 "국가 독립이 인재 교육에 있은 즉, 학교를 다수 설립하
여 인민의 지식을 발달"시켜야 한다고 하였다.[76] 이들은 대체로 계몽
운동의 여러 단체에 관여하였는데, 특히 기호흥학회의 찬무원贊務員 등
으로 계몽운동을 지원하였다.

전국적으로 학교 설립이 확산된 것은 계몽운동 단체들의 계몽, 선전
활동 덕분이었다. 국권회복의 방안으로 교육을 중시하면서 "교육의 성
쇠는 국가 성패의 원인"이라고 하였다.[77] 가령 박은식은

本 記者 所見에는 但 敎育 一事만 興旺하게 되면 綴旒흔 國脈을 可以回泰
홀 것이오, 墮地흔 國權을 可以克復홀지니 / 使韓國人士로 甘作他人之隷ㅎ
고 不有國家之思想이면 已矣勿言이어니와, 欲使其國으로 復其獨立之光榮ㅎ
고 欲使其民으로 不失其自由之權利면 오직 敎育을 擴ㅎ야 民智를 發達케 홈
이 第一 要務니 / 大哉라 敎育之力이여 垂絶흔 國運을 挽回하고 濱死흔 人民
을 蘇活케 ㅎ는 者로다.[78]

---

73) 閔泳煥은 학교 진흥을 지적하고, 이를 위해 서양 학제를 본받고, 귀천에 관계 없이 모두 교육
    을 받게 한다는 '흥학교(興學校)'를 주장하였다(《閔忠正公遺稿》권2, 〈千一策〉, 64~65쪽).
74) 김영모, 《朝鮮支配層研究》, 1979, 402쪽 ; 李萬珪, 《朝鮮敎育史》下, 1949, 151~158쪽.
75) 배항섭, 〈高宗과 普成專門學校의 창립 및 초기 운영〉, 《史叢》 59, 2004.
76) 趙幾濬, 〈韓末의 理財家 李容翊〉, 《韓國企業家史》, 博英社, 1973, 83~84쪽.
77) 張道斌, 〈敎育의 盛衰는 國家成敗의 原因〉, 《西友》 16, 9쪽.
78) 《大韓每日申報》 1906년 1월 6일 論說 〈務望興學(一)〉(《朴殷植全書》下, 83쪽).

라고 하여, 국맥國脈과 국권을 회복하고, 독립의 영광을 되살리고 국민
의 자유 권리를 잃지 않으려면 교육으로 민지를 발달시켜야 한다고 하
였다.

계몽운동을 이끌던 대한자강회, 대한협회는 모두 '교육부'를 두어 교
육 운동을 전개하였다. 특히 각 지방을 연고로 만들어진 학회에서는
연고지에 교육 계몽과 학교 설립 등을 활발하게 추진하였다.[79] 정부의
교육 진흥 운동과 보조를 같이 한 것이었다.

계몽운동 진영에서는 다양한 방법과 논의를 통해 교육 운동을 전개하
였다. 그들은 잡지, 신문, 연설 등에서 교육의 필요성을 역설하고, 학교
설립을 권유하였다. 계몽의 대상은 주로 지방의 보수적인 유교 지식인이
었다.[80] 정부를 상대로는 교육 진흥을 위해 의무 교육을 건의하면서,[81]
완고한 부형들에게는 자제들의 교육도 권유하였다. 또한 학교 교육에
필요한 교사 양성을 위해 사범학교 설립을 건의하였으며, 계몽 단체
산하에 교사를 양성하는 과정을 두고, 전국에 교사를 파견하였다.

그리하여 많은 근대 학교가 세워졌고, 계몽운동의 효과로 사립학교
가 주류를 이루었다.[82] 통감부의 〈사립학교령〉(1908)에 따라 인가를
받은 학교 숫자만 2,250개교라는 사실은 이를 잘 보여주었다. 신분이
나 지위가 높은 전통 지식인과, 새로운 서양 학문 도입을 주장하던 신
지식층이 학교 설립을 주도하였다.[83] 이른바 '교육 구국 운동'이 외형

---

79) 李松姬, 〈大韓帝國末期 愛國啓蒙學會硏究〉, 이화여대 박사학위논문, 1986 참조.
80) 계몽운동에서 행한 계몽 대상을 고려해야 할 것이다. '계몽운동'이라는 측면에서 민중층에
    대한 계몽만 생각하기 쉬운데, ① 개화파의 자기 교육, ② 보수적인 유생층, ③ 민중층 등의
    세 부류가 있었다. 대체로 신문 · 잡지를 통해서 앞 두 부류를 대상으로 하였고, 대중적인 교
    육조직으로는 민중을 계몽하려고 하였다.
81) 가령 張膺震, 〈我國國民教育의 振興策〉, 《太極學報》 3 ; 呂炳鉉, 〈義務教育의 必要〉, 《大韓協
    會會報》 2 등. 大韓自强會의 의무교육 실시 건의가 대표적이었다.
82) 金祥起, 〈韓末 私立學校의 教育理念과 新教育救國運動〉, 《淸溪史學》 1, 1984.
83) 金泳謨, 《朝鮮支配層研究》, 1979, 402~403쪽. 한말 교육가의 사회적 특성은 ① 귀족과 관
    료(대신급) 출신이 많고, 그 지방의 자산가로 추측되며, ② 신분 배경은 일반적으로 낮은 편이
    고 귀족 · 관료 출신은 높은 편이고, ③ 50대 이하의 연령층, 전통적 교육을 받았으며, ④ 전통

상 결실을 맺고 있었다.[84]

　(나) 전국적으로 조직된 지방 지회도 서울에서 발간된 신문, 잡지를 지방으로 보급하고 교육 계몽운동에 동참하였다. 신문이나 잡지는 가장 유용한 계몽운동 수단이었다. 각 지회는 본회에서 발행하는 잡지를 의무적으로 구독하도록 하였다.[85] 대한협회 직산稷山지회는 교육을 확산하기 위해서는 자제子弟의 부형을 개도해야 하고, 이를 위해 신문·잡지를 순국문으로 번역하여 무상으로 각 면, 리에 보급하였다.[86] 철산鐵山지회도 인민의 보통 지식을 지도, 발달시키고자 신문 구독을 권장하였는데, 이를 군 주사나 각 면장의 협조로 시행하였다.[87] 강서江西지회의 중심이었던 유림소는 신문열람소를 만들어 열람하는 사람들에게 편의를 주었으며,[88] 서북학회의 각 지회에서는 신문 보급 등의 현황을 자세하게 본회에 보고하였다.[89]

　각 지회는 연설회를 통한 계몽 활동도 활발하게 전개하였다. 연설회에서는 여러 분야의 다양한 주제들을 다루었다. 대개 각 단체의 취지 설명과 지회의 역할, 단체 결성의 필요성, 신학 수용과 교육, 식산흥업을 통한 산업발달, 법률의 필요 등이었다.

　지방의 계몽 활동은 보수 유생층을 향해서 행해졌다. 주로 유생층의 보수성을 비판하고 유교 개혁과 신학 수용의 필요성을 역설하면서 계

적인 명문 출신이 많으나, 지방은 그렇지 않으며, ⑤ 하급 학교가 많고 중학교의 설립자는 권력지배층이라는 것 등의 특징을 지적하고 있다.

84) 李萬珪, 《朝鮮教育史》 下, 1949 ; 尹健次, 《한국근대 교육의 사상과 운동》, 1987.

85) 전반적으로 활발하였던 것에 비해 대한자강회 礪山지회에서는 회보 구독이 부진하여 회보 구입의 부수를 반으로 감하였다가 다시 그 반을 감하여 달라고 요청하기도 하였다(《大韓自强會月報》 9, 46쪽). 여산에서 자강회의 해산 후 다른 지회가 설치되지 않았던 사정도 엿볼 수 있다.

86) 《大韓協會會報》 5, 60쪽.

87) 《大韓協會會報》 5, 62쪽.

88) 《大韓每日申報》 1906년 10월 4일 〈江西自治〉.

89) 《西北學會月報》 14, 54~57쪽.

몽운동에 동참할 것을 독려하였다. 가령 진주의 김갑순金甲淳은, 당시 유생을 편벽파偏僻派, 미혹파迷惑派, 유예파猶豫派, 절망파絕望派로 나누고 이들을 '부유腐儒', 곧 썩은 선비라고 비난하면서, 조국과 동포를 위해서는 세계의 학술을 이용하여 국민 정신을 각성시키고 공중 이익을 도모해야 한다고 주장하였다.[90] 또 성천成川의 박상준朴相駿도 정법政法 쇄신과 실업 발달을 위해 유교 개혁이 필요하므로, 시세에 따른 유교의 변신, 구래 사숙私塾의 폐지, 자제의 학교 취학과 신학문 습득, 외국 유학 등을 장려하였다.[91]

지회의 계몽 활동 가운데서도 가장 중시한 부문은 학교 설립이었다. 서울의 계몽 단체, 학회에서 지회와 더불어 직접 지교支校를 설립하기도 하였지만, 계몽 차원에서는 순회 연설회 등을 개최하여 학교 설립의 필요성을 강조하였다.[92] 대한협회는 각 지회 산하에 교육부를 설치하도록 하여 교육 운동을 장려하였다.

각 지방에는 생각을 바꾼 유생층을 중심으로 대한제국의 중하급 관료 출신이 참여하여 많은 학교를 설립하였다. 이렇게 세워진 학교 교육은 유교를 변용한 '신구학 절충'의 형태가 많았다.[93] 가령, 성주지회의 총무 김창숙이 청천晴川서원에 세운 성명星明학교나,[94] 안동의 이상룡, 유인식, 김동삼 등이 대한협회 지회와 함께 세운 협동協東학교도 그러

---

90) 金甲淳, 〈腐儒〉, 《大韓協會會報》 4, 9~13쪽.
91) 朴相駿, 〈告我山林學者同胞〉, 《太極學報》 15, 44~46쪽.
92) 가장 대표적으로 이동휘와 안창호의 활동을 들 수 있다. 이동휘는 군대해산 후 함경도 일대를 순회하면서 100여 군데에 학교를 설립하였으며, 또한 강화도에서는 普昌學校를 설립하여 군 내에 여러 개의 支校를 두었고, 개성·장단·풍덕·함흥 등지에도 보창학교가 설립되었다(김 형목, 〈강화도 사립 합일학교의 근대교육사에서 위상〉, 《인천학연구》 29, 인천대인천학연구원, 2018). 안창호의 연설을 듣고 이승훈이 학교(講明義塾·五山學校)를 세우고 교육운동에 투신하게 되었고, 안창호 자신은 평양에 大成學校를 설립하였다[慎鏞廈, 〈新民會의 創建과 그 國權恢復運動〉(1977), 《韓國民族獨立運動史研究》, 을유문화사, 1985 참조].
93) 경북의 학교 설립 및 신구학 절충의 교육이념에 대해서는 김도형, 〈한말 경북지역의 근대교육과 유교〉, 《계명사학》 10, 1999 ; 《근대한국의 문명전환과 개혁론—유교 비판과 변통》, 2014, 407~416쪽 ; 《민족과 지역—근대개혁기의 대구·경북》, 2017, 192~202쪽 참조.
94) 《心山遺稿》 권5, 〈躄翁七十三年回想記〉, 302~306쪽.

하였다.[95] 또 평안도 가산의 육영育英학교도 이 지방 유생의 대표라고 할 수 있던 태천의 박동흠朴東欽이 설립한 것으로, 경의經義를 주지主旨로 하면서, 물리·화학·생리학·수학·역사·지리 등도 유교적 연원 속에서 거론하였다.[96] 대한협회 포천抱川지회는 자신들을 학교당學校黨이라고 일컬으면서, 당시의 타락은 수제치평修齊治平의 도를 멸시했기 때문이라고 파악하고, 이를 해결하기 위해서는 "공자의 종교로서 국민을 교육하되 오륜五倫으로 주체를 삼고 시세에 적당한 학문을 참용參用하여 나라의 부강을 증진케 함이 실로 우리의 부담"이라고 주장했다.[97] 공주에서도 참판, 군수, 참봉 출신의 유생들이 신구학新舊學을 서로 참작하여 학교를 설립하였다.[98] 또한 대구의 수창壽昌학교도 전직 하급 관료(司果, 監察, 主事 등)들이 세웠는데, 이들은 대한협회 대구지회장 서봉기徐鳳綺를 중심으로 지회 활동을 주도하였다. 이 학교 취지서에는 "구학舊學이 없이는 신학을 교육할 수 없다"는 점을 분명하게 언급하였다.[99]

지방의 유생층이 학교 설립을 주도하면서 향교가 학교 운영에 이용되었다. 기호흥학회에서는 군수나 향교에 학교를 설치하도록 권유하는 공함公函을 보내 협조를 요청하였으며,[100] 공주나 덕원德源에서는 향교 안에 학교를 설립하였다.[101] 또 남해나 남양南陽에서는 향교의 토지를

---

95) 趙東杰,〈安東儒林의 渡瀟經緯와 獨立運動上의 性向〉, 1978, 406~418쪽.
96) 松南,〈因海山朴先生仍舊就新論告我儒林同志〉,《西北學會月報》18, 3쪽.
　　李光麟,〈舊韓末 關西地方 儒學者의 思想的 轉回〉참조.
97) 朴喜寅,〈明倫堂의 本領과 本支會의 趣旨〉,《大韓協會會報》7, 64~66쪽. 당시 향촌의 세력분포를 學校黨, 鄕校黨, 民擾黨으로 구분하고 있는데, 교육운동의 전개와 향촌의 사정을 짐작케 하는 대목이다.
98)《畿湖興學會月報》2, 58쪽.
99)《皇城新聞》1907년 9월 22일〈大邱私立壽昌學校趣旨書〉. "今之設學校論教育者 輒曰舊學은 無用이오 新學是務라 ᄒ니, 度今之時ᄒ고 觀今之勢ᄒ면 其言이 未始不可나 然이나 抑又潛揣 其學校之大抵ᄒ고 細究其教育之本旨ᄒ면 舊學을 不可以狋歸於無用 而徒使新學으로 斷爲舊學之背馳 而乃謂之新學之得 則吾不信矣오. 又或好舊惡新者有不悟之患 則亦執迷之甚也라."
100)《畿湖興學會月報》2, 59~60쪽 ;《畿湖興學會月報》3, 51~52쪽.
101)《畿湖興學會月報》2, 58쪽 ;《大韓協會會報》9, 57쪽.

학교에 부속시키고자 하였으며, 102) 만경萬頃에서는 향교 강당을 학교
가 사용하는 문제로 유림儒林과 분쟁이 일어나기도 하였다. 103) 향약
조직이 지회 설립의 기초가 되었던 사례도 있었으므로, 향약의 자금을
교육 발전을 위해 기부한 경우도 있었다. 104)

한편 서울 본회는 각 지방의 지주나 상공업자 등의 자산가들에게도
학교 설립을 권장하였다. 당시 대부분 학교가 재정에서 어려움을 겪고
있었으므로 학교 설립이나 운영은 이들의 도움 없이는 불가능하였다.
가령 〈권고 자본가의 의연義捐〉,〈교육가와 자본가의 관계 여하론〉 등
의 글에서 볼 수 있는 바와 같이, 신문이나 잡지 군데군데 교육에 도움
을 준 의연가義捐家를 찬양했다. 105) 그리하여 자산가가 중심이 되어 학
교를 설립하거나 지원하였다. 부안扶安의 상인들은 여각旅閣을 건업사
建業社라는 회사로 개편하면서, 김기중金祺中(金性洙의 養父)이 세운 영
신永信학교를 보조하였다. 106) 군산에서는 운반조합運搬組合에 투자하
여 학교 운영 기금을 마련하기도 하였다. 107)

물론 사립학교는 계몽단체 지회가 설치되지 않은 곳에도 많았다. 하
지만 계몽운동의 활발한 선전 활동에 힘입었을 것이다. 가령 안악군면
학회安岳郡勉學會, 해서교육총회海西教育總會, 의주부면학친목회義州府勉
學親睦會, 개성교육회開城教育會처럼 교육 운동을 주도하는 조직이 만들

---

102)《大韓協會會報》6, 68~69쪽 ;《大韓自強會月報》6, 76쪽.
103)《大韓協會會報》6, 61쪽.
104)《西北學會月報》12, 50~51쪽. 기부자는 前贊政 洪淳馨으로, 1893년 海州牧使로 있을 때부
　　터 鄕飮契를 실시하였다. 그는 향약실시의 목적이 '興學講座'에 있다고 지적하고, 그것이
　　서북학회의 교육운동과 다르지 않다고 생각하였다.
105) 李起鑽,〈勸告資本家의 義捐〉,《畿湖興學會月報》7 ; 吳台煥〈教育家와 資本家의 關係如何
　　論〉,《大韓俱樂》2. 가령 각 학회에 토지를 기부한 李熙直에 대한 감사의 글이 모든 신문과
　　잡지에 실려 있다.
106)《大韓協會會報》12, 56쪽.
　　金容燮,〈韓末·日帝下의 地主制─사례 4〉,《韓國史研究》19, 1976, 78~79쪽 (《古阜 金
　　氏家의 地主經營과 資本轉換》,《韓國近現代農業史研究》증보판, 지식산업사, 2000).
107)《大韓民報》1909년 9월 12일〈群山協會盛況〉; 12월 1일〈運搬社合同〉.

어졌는데, 이 단체에 많은 지회원이 참여하였으며, 또는 그 단체에서 계몽운동 지회를 청원하는 일도 있었다.[108] 학교가 가장 활발하게 세워졌던 서북지방은 그 지역에서 서북학회 학교의 지교가 되기를 희망하는 경우도 많았다.[109] 각 지역의 계몽 활동은 이런 학교가 중심이 되었던 것이다.

(2) 교육 운동의 성격

(가) 교육 운동은 민중을 계몽하고, 민지를 계발하여 문명개화와 국권회복에서 의식과 역량을 제고하는데 큰 역할을 하였다. 다음 장에서 언급하겠지만, 민지 계발로 개인이 자립, 성장하였고, 민족 정신을 강조하여 근대 민족이 형성될 수 있는 인적 토대를 형성하였다.

또한 교육을 통해서 서양의 근대 학문을 수용하고, 이런 과정에서 한국의 근대 학문이 형성되는데 기여하였다. 계몽운동 진영에서는 신문이나 잡지를 통해 서양의 학문을 소개하고, 이를 각급 학교의 교과서 속에 편찬하였다. 서양 기술문명과 관련된 자연과학은 물론, 인문, 사회과학에 이르기까지 많은 학문이 소개, 수용되었다. '신新'이 붙은 신소설新小說, 신체시新體詩, 신사학新史學 등이 그런 것이었다. 이로써 한국의 근대 학문이 형성되기 시작하였다.

이런 근대적, 민족적 교육의 성과 위에서 일제 통감 체제 아래에서 교육 정책이 가지는 침략성도 지적하였다. 그 정책은 "인민의 교육을 제한하고 애국정신을 억제하고 개명 진보를 저해하는 야심에서 나온 것"이라고 비판하였고,[110] 교과서 검정을 "국가를 멸망케 하는 행위"

---

108) 대한흥학회의 龍義지회는 義州의 義州存勉學褉堜堂會의 요구로 의주와 용천으로 분리하였다가 다시 합하기도 하였다(《大韓興學會》 2, 70쪽).
109) 李松姬, 〈대한제국말기 애국계몽학회연구〉, 1986, 81~82쪽에 69개의 지교를 정리하고 있다.
110) 嵩陽山人, 〈敎科書 檢定에 關한 忠告〉, 《大韓協會會報》 10, 6쪽.

로 규정하였다.111)

하지만 이런 교육 운동의 의의에도 계몽운동의 참여층과 운동의 이념, 방법 등의 구조 속에서 다음과 같은 특징이 있었다.

첫째, 계몽, 교육 운동이 우민관에서 출발했던 점에서 아직은 민중을 자신들 운동의 연대 세력으로 포섭하는 것까지는 생각하지 않았다. 교육 운동은 지배층으로서 자신의 계급적 지위와 이해를 지키면서, 한편으로는 유약한 부르주아 세력을 확대하고, 다른 한편으로는 민중을 국권회복의 길로 끌어들여 부르주아의 주도권을 장악, 유지하려는 수단, 방법이었다.112) 그들은 국권상실이 근본적으로 백성들이 무지하여 새로운 서양 사상이나 세계 정세를 몰랐기 때문이라고만 생각하였다. 그들은 이를 '국민교육'이라는 차원에서 접근하였다. "교육의 종국적인 목표는 국민들로 하여금 그 인격을 발달케 함에 있으나, 직접적인 목표는 국민으로 하여금 현재의 생존경쟁에 적응할 성질을 구비케 함에 있다"고 하였다.113) 이런 점에서 교육을 통해서 '사회 체제와 국가의 법률에 복종하는 양민'을 양성하는 것에 염두를 두었다.114)

둘째, 후술할 계몽운동의 이념이 그러하듯이, 교육 운동에서는 여전히 개인의 성장, 민권 신장보다는 국가가 우선시된 '애국주의'가 주류를 이루었다. 국권상실이라는 현실 속에 우선적으로 취한 이념이었지만, 민족, 민권은 '충군 애국' 속에 함몰되었다. 국가주의적 애국주의는 민권과 민족의 형성, 발전을 위해 극복해야 할 것이었다.

셋째, 교육 운동이 전국으로 확대되면서 문명개화론 못지않게 유교의 변용을 통한 신구학 절충론이 학교 교육을 주도하였다. 대한제국의 교육 진흥도 유교적 교화론이 유지되었고, 각 지방 지회나 사립학교를

---

111) 《大韓每日申報》 1909년 3월 16일 論說 〈國家를 滅亡케 ᄒᄂᆞᆫ 學部〉.
112) 尹健次, 《한국 근대교육의 사상과 운동》, 1987, 345쪽.
113) 朴聖欽, 〈普通敎育은 國民의 要務〉, 《西友》 9, 6쪽.
114) 鄭雲復, 〈家庭敎育(續)〉, 《大韓自强會月報》 2, 11쪽.

대부분 유교 지식인이 주도했던 점에서 교육은 '구학문을 근본으로 하고 새로운 서양 학문을 배운다'는 원칙 아래 전개되었다.115)

(나) 민중 계몽을 위한 교육 운동이 일정한 성과를 냈음에도 일제의 강압적 식민지화와 더불어 심각한 문제점도 내포하고 있었다. 이는 계몽운동이 실력양성으로 흐르면서 점차 개량화되는 것과도 무관하지 않았다.

무엇보다도, 계몽운동의 활동 원칙과 마찬가지로, 교육 운동 또한 '실정법 준수'라는 방침을 벗어나지 않으려는 노력이었다. 당시 통감부가 사립학교를 통제하기 시작하였고, 교과서 내용에 대해서도 검정檢定을 행하고 있었다. 그 가운데는 일본과의 관계를 저해하는 것, 배일排日 사상을 고취하는 것, 잘못된 애국심을 고취하는 것, 사회주의와 기타 사회 평화를 해치는 것 등은 학부學部의 심사대상이 되었다.116) 이런 점에서 교육은 제국주의 침략을 왜곡하거나 합리화하는 통로가 될 수 있었다.

현실적인 정치 문제, 국권상실 문제를 외면하면서 교육을 주관하던 단체, 잡지에서 직접적으로 정치 문제를 다룬 기사는 싣지 않았고, 이런 점을 편집의 원칙을 세워놓은 단체도 있었다.117) 서북학회는 세인들이 "표면은 교육기관이나 내용은 정치사상을 포함"하고 있다는 지적을 부정하고, "단순한 교육만 추구한다"는 점을 강조하기도 하였다.118) 그들이 정치체제의 변혁을 구상하지 않았던 것은 아니지만 그러한 변혁을 추진할 힘을 가지지 못하였다. 대한협회는 스스로를 정당으로 자처하면

---

115) 경북지방의 경우가 특히 그러하였다. 김도형, 〈한말 경북지역의 근대교육과 유교〉, 《啓明史學》 10, 1999 ; 《민족과 지역—근대 개혁기의 대구·경북》, 2017.

116) 《畿湖興學會月報》 12, 〈敎科書의 內容에 關한 調査〉, 37~43쪽.

117) 《太極學報》 5, 〈投書注意〉, 55쪽.

118) 一記者, 〈本會의 性質〉, 《西北學會月報》 18, 1~2쪽.

서도 정권 쟁탈을 목적으로 하지 않는다고 표방할 정도였다.119)

또한 신교육은 개인의 입신양명立身揚名을 달성하는 수단이었다. 교육계의 여러 모습 가운데 벼슬을 얻기 위한 기회로 볼 수 있으니, 그 가운데서도 외국 세력과 관련이 있던 외국어학교가 가장 유망하다는 현상도 나타났다.120) 배재학당 같은 기독교계 학교에서는 기독교 신앙을 강요하여, 입신출세를 바라던 한국인 학생 사이에서 문제가 되기도 하였다.121) 이것은 일본이 경성학당京城學堂을 설립하여 침략 하수인을 양성하거나, 점차 늘어나는 일본유학생을 친일 관료로 대거 등용한 것도 이런 현상이었다.122)

이러한 교육의 위험성에 대해서는 당시에도 많은 비판들이 쏟아졌다. 고원훈高元勳은 교육 방침에 "과격한 수단으로 독립을 회복해야 한다는 철혈주의鐵血主義"도 있지만, ① 타국의 보호를 받아야 한다는 고식주의姑息主義, ② 실력을 양성해야 한다는 평화주의平和主義가 만연해 있는 점을 지적하였다.123) 혹자는 학교에서 교사가 부족하여 일본인 교사를 초빙하게 되면 결국 '일본주의日本主義'를 고취하게 될 것이라는 점을 지적하기도 하였다.124) 이러한 교육으로 제국주의의 본질을 깨닫지 못하고 그에 '동화'할 수 있는 소지들도 있었다.

김원극은 교육으로 나라가 망하고 있다고 힐난하였다. 외국어를 조금 아는 사람은 타인의 밀정에 불과하고, 법정法政 계통을 졸업한 사람은 명예작채名譽釣采를 벗어날 수 없고, 공업이 발달하여 기선 · 기차 · 대포를 만들었을지라도 외국인의 감언 유인에 자국을 사격 · 함락하여

---

119) 尹孝定, 〈我會의 本領〉, 《大韓協會會報》 9, 64쪽.
120) 李萬珪, 《朝鮮敎育史》 下, 72쪽.
121) 李萬珪, 위 책, 34쪽 ; 尹健次, 《한국 근대교육의 사상과 운동》, 185~186쪽. 呂運亨은 이런 문제로 학교를 그만둘 정도였다(呂運弘, 《夢陽呂運亨》, 청하각, 1967, 10쪽).
122) 尹健次, 위 책, 198~215쪽, 228~231쪽.
123) 高元勳, 〈我國 敎育界에 對ᄒ 余의 愚見〉, 《大韓學會月報》 7.
124) 李東初, 〈精神的 敎育의 必要〉, 《太極學報》 11, 8쪽.

적국에게 바치게 될 것이므로 "교육이 여차하면 족히 망국할 자료"라고 비판하였던 것이다.125)

한편, 학교 설립으로 일어난 여러 문제들도 있었다. 특히 외세 의존적인 교육 활동을 신랄하게 비판하였다. 학교가 애국적 지사의 구국 열의에 따라 설립된 것도 있었지만, 개인적 이익을 추구한다든지 인근 마을과의 경쟁에서 설립된 경우도 있다고 지적하였다.126) 영흥永興의 계봉우桂奉瑀는 이런 자들을 '가짜 지사[假志士]'라 하면서, 이들은 학교에서 지식을 양성하고, 사회에서 명예를 얻었지만 진실적인 도덕과 전적으로 배치되고 공령功令과 물욕만 좇는 장기가 있는 자들이라고 하였다.127) 이런 학교에서 교육받은 학생들이 법률·경제와 일어·산술을 익혀 "크게는 각 부의 주사나 판사나 도모하고, 작게는 통역이나 순검이 되고자 할 뿐"이라고 비난하였다.128) 가령 부안의 영신(永新, 永信) 학교에서는 교사가 다른 학문의 소양은 없고 오직 일본어만 가르쳐 문제가 생기기도 하였다.129)

당시의 신문이나 잡지에서도 교육이 완비되지 않은 잘못과 개선점을 빈번하게 거론하였다. 교사의 현명하지 못함[非賢], 재정 부실, 교과서의 불완不完, 가짜 유지자有志者의 주장,130) 각 학교 사이의 반목, 교내 직원 사이의 불화, 교사와 생도의 불신 같은 폐단을 지적하였다.131) 이런 문제를 해결하고자 교육기관의 전국적인 조직과 교육총회教育總會의 설치, 교원양성소의 설립, 주체적인 교과서 저술, 학비 징수와 재정

---

125) 金源極, 〈教育方法 必隨其國程度〉, 《西北學會月報》 1, 4~5쪽. 특히 외국어 교육을 '外人雇傭的主義'에 불과하다고 비판하던 사람도 있었다.(咸益謨, 〈過去現在로 推將來〉, 《西北學會月報》 16, 10쪽)
126) 中叟, 〈內地各學校 設廢의 情報〉, 《太極學報》 25, 17쪽.
127) 桂奉瑀, 〈社會의 假志士〉, 《太極學報》 25, 6~8쪽.
128) 桂奉瑀, 〈學校의 弊害〉, 《太極學報》 26, 17쪽.
129) 《大韓民報》 1909년 9월 1일 〈師非其人〉.
130) 浩然子, 〈教育界의 思潮〉, 《太極學報》 19, 6쪽.
131) 具滋鶴, 〈教育會弊〉, 《大韓興學報》 12, 40~44쪽.

자립, 학교의 정비와 통합 등의 방안도 함께 제시하였다.[132]

학교 설립 운동을 통하여 국권회복의 이념을 강조하고, 이를 위해 민중층의 동력을 수합할 수 있는 가능성을 열어가고 있었지만, 교육이 제국주의 체제로 동화되는 수단이 되었고, 또한 개인적 출세를 위한 도구라는 측면도 동시에 있었던 것이다.

2) 식산흥업 운동

(1) 식산흥업 운동의 성과

(가) 계몽운동의 실력양성론, 부강론의 또 다른 영역은 식산흥업殖産興業, 곧 산업발전론이었다. 식산흥업을 통하여 사회경제적 근대화, 상품화폐경제를 추진하자는 논의는 초기 개화파의 문명개화론이나 개화파 정부의 식산흥업 정책에서 줄곧 강조하던 것이었다. 구래의 지주제는 유지하되 이들의 자본을 이용하여 근대 산업자본을 형성하며, 서양의 근대 회사會社 제도나 기술 문명을 수용하여 산업을 발전시키고자 하였다.[133]

식산흥업 정책은 대한제국의 광무개혁에서 가장 유의하던 분야였다. 학교에서는 기술 교육도 강조하였다. 일본에 유학생을 파견하여 방직·제지·인쇄·양잠 등을 습득하도록 하였으며, 상공학교(1899), 광무礦務학교(1900) 등의 학교와, 모범양잠소模範養蠶所, 공업전습소工業傳習所(1902) 등을 세웠다. 정부 조직 아래에도 광산국, 철도국(뒷날

---

132) 浩然子, 〈教育界의 思潮〉; 柳承欽, 〈教育方針에 對한 意見〉, 《大韓學會月報》 7 ; 呂炳鉉, 〈我國學界의 風潮〉, 《大韓協會會報》 4 ; 沛東少年, 〈永興의 三學校聯合에 對하여〉, 《西北學會月報》 14.

133) 金容燮, 〈甲申·甲午改革期 開化派의 農業論〉(1974), 《韓國近代農業史研究》[Ⅱ] 신정증보판, 지식산업사, 2004).

궁내부에 鐵道院, 西北鐵道局) 등의 기구를 설치하였으며, 정미소
(1899), 마포연와제조장麻浦煉瓦製造場과 영등포토관제조장永登浦土管製
造場도 만들었다(1904).[134]

광무 정부의 이런 활동은 민간 산업이 발전할 수 있는 기반이 되었
다. 당시에는 개항 뒤 상품화폐경제의 확산 속에서 자본주의적 생산
관계가 꾸준히 발전하고 있었다. 광업, 어업 등의 채취공업이나, 철
기·유기의 금속가공업, 제지업, 요업, 운수업 같은 부문이 제국주의의
침략과 봉건적인 억압에 대처하면서 발전하였다. 그 가운데서도 면업
생산이 비약적으로 발전하였으며,[135] 직물업에서는 수입 방적사와 개
량 직기를 이용한 근대 회사가 출현하였다.[136] 이와 더불어 상업·운
수업 부문도 발전하였는데, 특히 큰 규모의 은행이 출현하였고,[137] 대
한협동우선회사大韓協同郵船會社, 인천우선회사, 인한수선회사仁漢輪船
會社(1900) 등의 기선업, 이운사利運社, 창성사昌盛社, 철도용역회사 등
의 육상운수업, 그리고 각종 상사, 회사도 활동하였다.[138] 또한 국내
자본에 의한 철도 부설 노력으로 부산과 하단을 연결하기 위한 부하釜
下철도회사를 시작으로(1898), 서울-원산-경흥을 연결하는 경원·
함경선의 부설과 프랑스에 뺏긴 경의선의 부설권을 인수하기 위한 대
한철도회사大韓鐵道會社, 마산과 삼랑진을 연결하기 위한 영호지선철도
회사嶺湖支線鐵道會社(뒤에 嶺南支線鐵道會社) 등을 설립하였다.[139]

---

134) 趙璣濬, 《韓國資本主義成立史論》 全訂版, 大旺社, 1977, 336~346쪽 ; 金泳鎬, 〈韓末 西洋
技術의 受容〉, 《亞細亞研究》 31, 1968 ; 姜萬吉, 〈大韓帝國時期의 商工業問題〉, 《亞細亞研
究》 50, 1973.

135) 김광진 외, 《조선에서 자본주의적 관계의 발전》, 사회과학원출판사, 1973(서울: 열사람,
1988), 제2장.

136) 權泰檍, 《韓國近代綿業史研究》, 일조각, 1989. 大朝鮮苧麻製絲會社(1897), 직조권업장
(1898), 종로직조사(1900), 한성제직회사(1901), 중곡염직공소(1902), 박승직염직회사
(1909) 등 크고 작은 직물 회사나 공장이 세워졌다.

137) 趙璣濬, 《韓國資本主義成立史論》, 1977, 제2편 9장 〈韓末의 民族銀行〉 ; 이승렬, 《제국과
상인》, 역사비평사, 2007, 제1부.

138) 趙璣濬, 위 책, 1977, 294~295쪽 ; 《韓國企業家史》, 박영사, 1973, 45~47쪽.

이런 흐름 위에서 계몽운동에서 국권회복을 위한 식산흥업론이 제기되어 나왔다. 국권회복을 위해서는 산업을 발전시켜 부강해져야 한다는 이른바 '실업구국론實業救國論'이었다.[140] 나라의 부富를 증진시켜 국민 의식衣食이 풍족해지면 국권회복을 이룰 수 있다는 것이었다. 자국 물산, 제품을 다른 나라에 수출하여 국부 증진의 근원으로 삼는다는 원칙 아래, 농업법을 개량하여 수확을 증가하고, 공업법을 장려하여 제조품을 증가하며, 어업을 발달시켜 청나라에 수출할 방법을 강구하며, 황무지를 개간하여 남아 있는 이익[遺利]을 수취하며, 광산을 채굴하여 땅속에 매장된 큰 이익을 일으키는 것 등과 같은 방안이었다.[141]

당시 잡지나 신문에는 식산흥업과 관련된 매우 다양한 글들이 실렸다. 특히 일본 유학생을 중심으로 한 신지식층은 서양의 근대경제학을 도입하였다. 영국 계통의 자유주의 경제학과 독일 계통의 신역사학파, 강단사회주의 경제학을 소개하는 흐름이 있었으며, 두 계통을 절충하려는 경향도 있었다.

경제 이론 뿐 아니라 식산흥업론도 다양한 논의를 제기하였다. 농업·상업(국내 상업)·공업을 균등하게 진흥하여 국부를 달성하자는 농공상병진론農工商併進論, 국내의 급속한 공업발전과 외국무역을 촉진하자는 공상주의工商主義, 농업발달을 제일로 한 농본주의農本主義 등이 각각 나왔다.[142] 그 어느 경향이든지 모두 실력양성을 통한 국부 증진, 나아가 국권회복을 지향한다는 점은 동일하였다.

이런 학문적 배경 아래 계몽운동 단체들은 이를 추진할 수 있는 산하

---

139) 趙璣濬, 위 책, 1973, 87~107쪽 ; 高秉雲, 《近代朝鮮經濟史の硏究》, 雄山閣出版, 1978, 제4장.
140) 박은식의 논의는 愼鏞廈, 〈朴殷植의 實業救國思想〉, 《學術院論文集》 18, 1979 (《朴殷植의 社會思想硏究》, 서울대학교출판부, 1982) 참조.
141) 張志淵, 〈殖産興業의 必要〉, 《大韓自強會月報》 1, 32~33쪽.
142) 李基俊, 《韓末 西歐經濟學導入史硏究》, 일조각, 1985, 1~2편.

기관을 만들었다. 대한협회에서는 국내의 실업 정황과 전진 방법을 조사 연구하기 위한 실업부를 설치하고, 농업, 광업, 어업, 공업 단체, 교통운수기관, 실업 단체, 은행 설립 등에 관한 일을 관장하도록 하였으며, 지방 지회의 실업 활동도 사정查定하고, 각 지방에 적당한 실업을 실행하도록 권장하였다.143)

서북학회에서는 농공상의 개량 발달을 위해 실업부를 두고, 기금을 모집하였으며,144) 농림강습소를 설치하여 농업 경영에 필요한 교육을 실시하였다. 각 지회와 지교支校에 보낸 공함公函에는 "우리나라의 문명 증진이 교육에 있지만, 교육 못지않게 급한 것이 생활상 곤란을 면하는 것이며, 이 방법은 실업에 있고, 우리나라의 농업이 천연적 곡물에만 치우친 봉쇄封鎖 구관舊慣을 고쳐 과수 재배, 가축 사육, 삼림 번식 등의 부업으로 확대해야 한다"고 하였다.145)

각종 경제 단체도 출현하였다. 경제연구회經濟研究會는 "학문을 강구하여 지식을 증장하며, 기구를 제조하여 사용을 편리케 하며, 물화를 교통하여 유무有無를 상환"하여 사농공상士農工商의 방안을 개량하고 확장하고자 하였다.146) 제국실업회帝國實業會는 일진회一進會의 외곽 단체 상무조합商務組合을 반대하였다.147) 또 해산 군인들이 주축이 된 대한공업회大韓工業會는 기술 실시와 제조품 발명으로 국내 수요와 외국 무역을 하고자 하였다.148)

---

143) 《大韓協會會報》 5, 63~64쪽. 이 규칙 3조에는 ① 농업·황무지개천·제언·수리·식목·목축·種蔘, ② 금·은·동·철·연의 광업, ③ 어채와 煮塩, ④ 공업 단체, ⑤ 수륙 교통운수를 위한 자료 준비, 도로·교량의 건축, 일체의 노동업, ⑥ 실업가와 인민의 근면·저축 등에 관한 사항을 조사 연구한다고 하였다.

144) 《西北學會月報》 1, 45~47쪽.

145) 《西北學會月報》 16, 61쪽. 서북학회의 농업론과 농업활동에 대해서는 林雄介, 〈愛國啓蒙運動の農業重視論─西友學會·西北學會の實業論を中心に〉, 《朝鮮史研究會論文集》 29, 1991 참조.

146) 《皇城新聞》 1908년 5월 19일 〈經濟研究會趣旨書〉.

147) 《大韓民報》 1909년 12월 22일 〈實業會指明〉; 〈帝國實業會商務課細則〉(서울대도서관).

148) 《大韓民報》 1909년 8월 22일 〈工業會起會〉; 1909년 9월 7일 〈大韓工業會組織〉; 1909년 9월 8일 〈大韓工業會趣旨書〉.

(나) 청일전쟁 뒤, 일본 상인은 개항장을 벗어나 내륙 깊숙이 상행위를 확대하였다. 한편 대한제국의 개혁사업에서 식산흥업을 강조하면서 각 지방에서도 상품화폐경제가 점차 발전하였다. 이를 주도하던 지주, 상인층이 계몽운동 지방 지회에 참여하게 되면서 식산흥업 운동을 전개하게 되었다.

실력양성과 식산흥업을 주장하던 서울의 계몽 단체 본회는 실제적인 경제 활동을 하지는 않았다. 오히려 이들은 서울, 지방의 상인, 지주 등의 자산가를 대상으로 식산흥업의 필요성을 '계몽'하는 활동에 주력하였다. 계몽운동을 주도하던 식자층은 그 운동의 물질적 기반을 가진 것은 아니었다. 장지연이 말한, '무형적 자본'을 가진 것이었다.[149] 따라서 식산흥업 운동을 통한 부강과 실력양성, 나아가 궁극적인 국권회복은 자산가의 동참 없이는 불가능하였다. 대한협회, 서북학회 등의 본회에서는 지방의 식산흥업 활동을 독려하였고, 지방에서는 이에 호응하여 실제의 산업 활동을 전개하였다.

각 지방 지회는 산하에 실업부實業部를 두고, 교육이나 연설을 통한 계몽을 실시하였다. 부안 · 원산 · 대구 등지에서는 지회에 실업부를 설치하였고,[150] 군산에서는 농공상 산업의 발달을 위한 의견서를 만들기도 하였다.[151] 부안 · 창성 · 철산 등지의 측량학교 설치,[152] 군산의 농업모범장과 선천의 농림강습소 설치 등의 활동이 있었으며,[153] 그밖에 실업의 발달을 위한 연설도 곳곳에서 행해졌다.

서북학회는 농림강습소를 설립하여, 과수재배학, 삼림학, 토양학, 비료학, 가축학, 수의학 등을 가르쳤다.[154] 그 책임자 김진초金鎭初는

149) 張志淵, 〈自强會問答〉《大韓自强會月報》 2, 7~8쪽
150) 《大韓協會會報》 7, 59쪽 ; 8, 62쪽 ; 12, 55쪽.
151) 《大韓協會會報》 11, 52쪽.
152) 《大韓協會會報》 5, 60쪽, 62쪽 ; 7, 59쪽.
153) 《大韓協會會報》 5, 59쪽 ; 《大韓民報》 1910년 2월 18일 〈支會長京着〉.

당시 가장 대표적 농업경제학자였다.155) 일본에 유학한 뒤, 개인적으로 숙천肅川에 소학교를 설립하고, 농회를 조직하였다. 농회는 "농법을 개량하여 실업을 발달"시키는 것을 목적으로, 신문 · 잡지의 열람소와 국문야학교도 설치하였고, 또한 화장실의 개량, 회원 소유지에 식목 사업 등도 행하였다.156) 김진초는 ① 농업교육의 장려 · 보급, ② 농담회農談會 또는 농사강습회 개설, ③ 작물 병충해의 구제, ④ 농산물의 공진회 · 품평회 · 교환회 개설, ⑤ 경지정리 사업 실시 유도, ⑥ 여업부산餘業副産(부업)의 개량 발달, ⑦ 산림사업의 개량 발달, ⑧ 정선精選한 종묘種苗 배포, ⑨ 산업조합 · 저축조합 설치 장려, ⑩ 농산물의 통계 완비, ⑪ 농사 개량에 대한 건의 또는 자문에 응할 것 등을 실행해야 한다고 하였다.157)

상공업의 발전과 더불어 지방에도 근대 회사나 공장들이 만들어졌다. 대개 객주 · 상인층과 지주층, 그리고 상공인 단체가 중심이었다. 지회의 식산흥업 활동을 주도하던 세력이었다. 1910년 이전의 회사 · 공장의 설립은 주로 도시, 개항장의 상인들이 주도하였다. 제조업과 상업, 무역업 등의 부문이었지만, 투자의 규모는 미약하였다.158)

그런 가운데서도 관서 지방에서 상공업이 활발하였다. 관서 지방은

154)《西北學會月報》16, 61~65쪽 ; 李錫龍,〈祝賀西北學會內農林講習所〉,《西北學會月報》16, 28~31쪽 ;《大韓每日申報》1909년 9월 2일〈賀西北學會內農林講習所發起〉. 이 강습소의 강사는 일본에서 농학을 공부한 金鎭初(東京帝國大 農大, 청강생), 金志侃(鉤場農科大學 實科), 元勛常(農科大 農學科) 등 3명이었다.
155) 金鎭初의 농업론에 대해서는 李基俊,《韓末西歐經濟學導入史硏究》, 1985, 제17장 참조.
156)《西北學會月報》5,〈肅川郡葛山洞農會立에 對ᄒᆞ야 百拜祝賀홈〉, 1~2쪽.
157) 耕世生,〈民業振興의 私見〉,《西北學會月報》5, 12쪽.
158) 지회원이 설립한 회사는 대략 다음과 같다. ① 開城藝圃種蔘(1906, 개성) : 孫鳳祥 · 金宗煥(대한협회), ② 染織工所 (1910, 강화) : 高成根(기호흥학회), ③ 建業社(1908, 부안) : 辛聲錫(대한협회), ④ 湖上商會(1909, 군산) : 朴基順(대한협회), ⑤ 木浦工商會社(목포) : 金仲善 · 裵學允(대한협회), ⑥ 鐵工會社(1909, 목포) : 金仲善 · 裵學允(대한협회), ⑦ 瓦工場(1910, 대구) : 李章洛(대한협회), ⑧ 木工組合(1910, 대구) : 朴基敦(대한협회), ⑨ 太極書店(1909, 평양) : 安泰國 · 李德煥(대한협회 · 신민회), ⑩ 平壤磁器(1909, 평양) : 鄭仁淑 · 李昇薰(대한협회 · 신민회), ⑪ 織染會社(1909, 의주) : 金載謙(대한흥학회), ⑫ 製紙會社(1909, 함흥) : 盧㷱洙(대한협회), ⑬ 商務司事(1908, 용천) : 宋子賢(신민회) 등.

교육 운동도 활발하던 곳이었는데, 이 운동도 이승훈李昇薰, 안태국安泰國, 정인숙鄭仁淑 같은 상공업자가 주도하였다. 이곳에 기독교가 활발하게 전파된 것도 상공업 때문이었다.159) 이 지역 민족운동가들이 중심이 되었던 '105인 사건'으로 기소된 사람 가운데 교육 관계자(51명), 상공업자(47명)가 많았던 것도 이런 점을 반영하는 것이었다. 이들은 잡화상, 유기업, 매약업, 금대업, 무역상, 객주업 등 다양하였다.160)

평양자기제조회사平壤磁器製造會社는 식산흥업론의 본보기로 지적되는 회사였다. 이 회사는 평양 조선인상업회의소 회두 정인숙을 중심으로 이승훈 등이 발기위원으로 참여하였다.161) 이들은 신민회 회원이면서 동시에 대한협회의 지회원이었다.162) 이승훈은 유기 제조로 부를 쌓은 이 지역의 대표적인 자본가로, 외국 상품의 침투에 대한 대비책으로 '관서자문론關西資門論'을 주장하였다. 관서 지방의 자본을 모아 관서 재벌關西財閥을 만들고, 또한 다른 지역에서도 각각 재벌을 만들어 전국적으로 형성하면, 이들의 기업활동으로 외국 자본을 방어할 수 있다는 것이었다.163)

개성에서는 인삼 재배를 통해 자본을 축적한 개성 상인들의 종삼회사種蔘會社가 있었다. 물론 이 회사는 내장원內藏院이 인삼 재배를 안정시키고 세금을 징수하고자 세운 것이지만, 회사를 실질적으로 운영하던 사람은 개성의 대표적 자본가들이었다. 이들은 대개 인삼 재배로 성장하였는데, 손봉상孫鳳祥(1910년 開城蔘業組合 초대 조합장), 김종환金宗

---

159) 李光麟, 〈開化期 關西地方과 改新敎〉, 1974.

160) 윤경로, 〈105인 사건과 기독교 수난〉, 《한국기독교와 민족운동》, 종로서적, 1986, 303~305쪽 ; 《105人事件과 新民會硏究》, 일지사, 1990, 97~129쪽.

161) 이 회사에 대해서는 인천의 상업회의소에서는 자본금의 모금에 협력하자는 내용의 찬성문이 나오기도 하였고(《大韓協會會報》 9, 51~52쪽), 《大韓每日申報》에서는 "大韓新時代 物質文明의 효시"(1908년 10월 18일 論說 〈平壤의 磁器發明〉)라고 극찬하기도 하였다.

162) 愼鏞廈, 〈新民會의 創建과 國權恢復運動〉(1977), 《韓國民族獨立運動史硏究》, 을유문화사, 1985, 87~88쪽.

163) 趙璣濬, 《韓國企業家史》, 1973, 305~326쪽.

煥 등은 종삼회사에 참여하면서, 대한협회 지회도 주도하였다.164)

호남평야 지역은 미곡 수출로 상품화폐경제가 발달한 곳이었다. 군산의 호상상회湖上商會는 군산과 전주의 유지들이 설립하여, 국내와 외국 물화를 직수直輸하여 판매하였고, 미곡 무역도 담당하였다. 그 회사는 상인의 기숙소를 설치하여 많은 사람들에게 편의를 제공하였다. 각처의 상인이나 곡물업자들과 거래하는데, 수수료도 적고 두칭斗秤이 극히 간편하여 많은 환영을 받았으며, 부근의 중요 지점에 지부도 설치하였다. 전주지부장은 대한협회 지회장 박기순朴基順, 부안 줄포茁浦지부장은 김기중金祺中(영신학교 설립, 김성수 양부), 강경江景지부장은 방규석方圭錫(민회의장) 등이었다. 한편 전주와 군산의 대한협회 지회에서는 교육과 사회에 보용補用하는 목적으로 전주와 군산 사이의 물화 운반회사를 설립하고 학교 운영의 자금을 확보하였는데, 호상상회 설립 뒤에 그 취지가 같다는 이유로 두 회사를 합병하였다.165) 이들 상인, 지주층이 지역 계몽운동의 중심 세력이었다.

이와 같이 당시 지방에서는 통상무역 관련 부문을 중심으로 소규모 자본의 회사나 공장이 설립되었다. 그리고 이들은 한편으로 제국주의와 상권 대결에서 몰락하거나 예속화되기도 하였지만, 다른 한편으로는 그들의 단체를 중심으로 대립적인 모습을 취하기도 했다. 이런 경향은 적어도 일제 강점 초기까지 가능하였다.

(2) 식산흥업 운동의 성격

(가) 식산흥업론은 교육운동과 더불어 계몽운동의 자강론, 실력양성론의 핵심 영역이었다. 식산흥업은 위로부터 근대화·자본주의화를 추

---

164) 《開城蔘圃種蔘章程》(서울대 도서관) ; 趙璣濬, 위 책, 1973, 283~289쪽.
165) 《大韓民報》1909년 10월 31일〈兩湖商業〉; 11월 25일〈群巷商會〉; 12월 1일〈運搬社合同〉; 12월 12일〈商會擴張〉; 《皇城新聞》1908년 6월 7일〈江景民會〉.

구해 가는 길이었다. 아직 부르주아 계급이 성숙하지 못했던 사정에서 식산흥업은 자연스럽게 지주층, 관료층, 봉건적 특권 상인층 등이 중심이 되었다. 근대 상공업은 발달시키되, 구래의 봉건적, 특권 상인층, 지주층은 유지하고, 그들의 자본을 이용한다는 방안은 개화론에서 주장한 자본주의화의 핵심이었다. 이를 통한 자본 축적은 민족주의가 발전할 수 있는 물적 토대, 곧 민족자본으로도 나아갈 수 있었다.

이런 논의 속에서 계몽운동에서는 국권상실이 우리의 빈약 때문이므로 부강을 달성하여야 한다고 하였다. 자강하지 못해 국권을 상실한 것은 물론 기본적으로 자강 사상, 국가 사상의 결핍에도 있었지만, 물질적으로 '부강富强'하지 못한 것도 문제였다. 자강회의 취지서에는 부강을 위해 교육, 식산흥업의 '자강지술自强之術'을 강조하였고, 그 가운데 부강을 이루는 핵심이 식산흥업이었다.

계몽운동에서 거론하는 식산흥업론은 전반적으로 생산을 증식하는 논리였다. 농업, 상공업 등의 모든 산업 분야에서 생산을 늘려 경제적으로 성장하는 것이 부강으로 가는 길이었다. 생산 증식에 반대하는 사람은 없었지만, 앞서 본 바와 같이 장지연은 생산 증식[生利] 못지않게 놀면서 재물이나 축내는[遊食耗財] 행위를 막아야 나라의 빈약을 구할 수 있다고 주장하였다. 그는 나라의 빈약이 토지의 불모不毛, 오곡의 불식不殖, 기후의 불온不溫, 삼림의 불무不茂, 광산 어염의 불풍不豐 때문이 아니고, "오직 소모하는 것이 많고 생산하는 것이 적기" 때문으로 파악하였다. 그는 이런 무리로 정부 관리, 공경귀척과 그 가족, 거실세가, 그리고 지방의 서리, 향촌의 토호, 경신卿紳 등을 들었다. 그는 이런 부류를 '좀과 해충', 또는 기생충 등과 같다고 비판하였다.[166]

또한 장지연은 탐학을 숭상하는 정치 때문에 부원富源이 두절된다고

---

166) 張志淵, 〈國家貧弱之故〉, 《大韓自强會月報》 6, 10~15쪽.

보았다. 탐학의 정치로 가련한 생령들이 수백 년 동안 압제 구박 아래 신음하게 되었고, 이로 말미암아 발월發越(뛰어남)한 생기가 막히고, 영혼의 뇌력腦力도 막히어, 침탈과 수탈만 당하게 되어 식산흥업할 방안을 마련할 수 없게 되었으며, 또 산이나 바다의 자원 개발 금지와 가혹한 세금 때문에 부원富源이 개발되지 못하고 보고寶庫를 버려두었다는 것이었다. 당시 우리나라는 폐쇄시대閉鎖時代로 광산을 개발하지도 않고, 외국과의 상업도 금지하였으며, 게다가 농공상 실업도 모두 방기하여 장려하지도 않았으며, 여기에 더하여 억압하고 침학하여 증식을 저해하게 되면서 공상업이 쇠퇴하여 재원財源이 두절되었다고 보았다. 겨우 명맥을 유지한 것은 농산이지만, 이것도 자급하기에 조금 족할 정도라고 지적하였다.167)

장지연은 식산흥업을 위해서는 기본적으로 생산을 증식하고 부원을 개발해야 하지만, 부강을 저해하는 정치, 사회적인 조건과 문제도 해결해야 한다고 생각하였다. 이에 그는 교육, 식산흥업이 절실하고 급한 일이지만, 이보다 앞서 단체를 중심으로 단결하여 구습을 혁파하고 의뢰의 고질을 고쳐 자강 사상을 가지는 것이 중요하다고 지적하였다.

> 現我切急之務ᄂ 惟教育殖産 兩件事而已라. 本會所以成立者ᄂ 在此目的而己니, …… 從玆로 宜痛祛舊習ᄒ고 飜然改悟ᄒ야 斷除依賴之痼性ᄒ며 奮發自强之思想ᄒ야 爲父兄者ᄂ 責勵其子弟之教育ᄒ며 有資産者ᄂ 計圖其公益之事業ᄒ고, 自營自活에 務免貧弱之恥 則實力이 由此而生矣오, 實權이 從此而復矣어니와 ……168)

교육도 그러하지만, 특히 자산가들은 모두에게 이익이 되는 사업을

---

167) 張志淵, 위 글, 11~12쪽.
168) 張志淵,〈國家貧弱之故(續)〉,《大韓自强會月報》7, 11~12쪽.

도모하고 스스로 생활하면서, 빈약에서 생긴 치욕을 벗어나려고 힘써
야 비로소 실력도 생기고 실제적인 권리도 회복할 수 있다고 하였다.
식산흥업론 또한 전반적인 계몽운동 속에서 다룰 문제였다.169)

(나) 계몽운동의 식산흥업론과 그 운동은 기본적으로 국권회복을 위
한 부강, 실력에 있었고, 이는 부르주아 개혁의 물적 토대를 이루는
것이었다. 이러면서도 구체적인 차원에서는 다음과 같은 특징을 지니
고 있었다.

첫째, 계몽운동 단체의 식산흥업 활동은 자발적인 자체 산업 활동보
다는 대개 '교육=계몽' 활동을 중심으로 진행되었다. 그들 스스로 자본
을 투자하여 산업을 진흥시키려는 의지도 가지고 있었으나, 우선적으
로는 신문, 잡지를 통하여 그런 당위성을 강조하는 '계몽' 활동을 더
중요하게 여겼다. 장지연은 이를 "무형無形의 자본인 지식으로 자강自
强을 달성하는 것"이라 하였다. 자강을 위한 교육 발달과 식산흥업은
'유형적 자본'(금전)보다는, 교육을 진흥하고 실시할 수 있는 방법이나,
황무지 개간, 삼림 식양植養, 농사 개량, 관개 설비, 인민의 재산 보호
등 산업을 진흥시킬 수 있는 방법을 강구하는 '지식'이 근본이라고 하였
다.170) 따라서 식산흥업 활동도 대개 지주, 자산가들을 대상으로 한
계몽 활동이거나 학술적 논리를 제시하는 것이 주된 것이었다. 이런
계몽 활동으로 식산흥업 운동을 논리적으로 대변하고, 중소자본가, 상
인층, 지주층 등을 그들의 근대화 논리 아래 조직하여 지지 기반을 확
충할 수 있었다.

둘째, 식산흥업론이 계몽 활동으로 진행되고, 계몽의 대상이 구래의

---

169) 이런 점은 전형적인 유교, 유자의 자세이기도 하였으며, 또한 관리와 지주, 양반의 농민
    수탈을 방지하기 위해 경작하지 않으면서 유식하는 자를 비판했던 조선 후기 실학자의 모습
    도 떠오른다.
170) 張志淵, 〈自强會問答〉, 《大韓自强會月報》 2, 7~8쪽.

자산가, 지주층이었던 점에서 그들은 구래의 지주제를 개혁하는 논의
까지 진행할 수 없었다. 구래의 토지소유권을 보장받기 위해 부동산
매매 시에 이를 증명할 수 있는 방안을 정부에 건의하였고,[171] 대한협
회의 7대 강령 안에는 '생명 · 재산의 보호'를 내세우기도 하였다.[172]

셋째, 위와 같은 계급적 성격으로 구래의 지주 자본을 근대 산업자본
으로 유도, 전환하고자 하였다. 이런 근대화 방안은 위로부터 추진된
문명개화론의 오랜 전통이기도 하였다. 식산흥업을 통한 산업진흥론도
주로 해외무역, 상공업을 발전시키자는 논의가 많았고, 지주층에게 상
공업에 투자하기를 권유하였다. 식산흥업 운동을 추진하던 주체들의
계급적인 기반을 그대로 나타내는 것이었다. 식산흥업 활동을 이끌어
가던 중심 인물 가운데는 구래의 봉건적인 관료 출신이나 봉건적인 지
주와 특권 상인이 많았다. 거대한 자본이 요구되던 은행가銀行家는 더
그러하여, 민병석 · 민영기 등 귀족 출신, 이근호 · 이용익 등 관료 출
신, 그밖에 거상巨商들이 있었다.[173] 가장 활발하였던 직물업도 소수의
상인 자본, 전문적인 직유업자織紐業者도 있었지만, 대개는 관료 출신이
었고,[174] 철도건설을 주도하였던 박기종朴琪淙도 경무관이었다.[175] 근
대적인 회사의 설립이 구래의 향약鄕約 이념을 기반으로 하고 있었던
점도 이런 것에서 연유하는 것이었다.[176] 아직 부르주아 운동을 이끌
수 있는 밑으로부터의 계급이 형성되지 않았던 사정에서 이들 지배층

---

171) 《大韓自強會月報》 1, 39~40쪽. 통감부의 '土地家屋證明規則'의 관련성에 대해서는 裵英淳,
〈韓末 · 日帝初期의 土地調査와 地稅改定에 관한 研究〉, 서울대 박사학위논문, 1988,
50~54쪽 ; 배영순, 《한말일제초기의 토지조사와 지세개정》, 영남대학교출판부, 2002 참조.
172) 《大韓協會會報》 1, 2쪽. 일진회에도 동일한 강령이 있었던 점이 주목된다.
173) 趙璣濬, 《韓國資本主義成立史論》, 1977, 제2편 9장 〈韓末의 民族銀行〉 ; 이승렬, 《제국과
상인》, 2007, 108~137쪽.
174) 權泰檍, 〈한말 · 일제 초기 서울지방의 직물업〉, 《한국문화》 1, 1980 ; 《韓國近代綿業史研
究》, 1989.
175) 趙璣濬, 《韓國企業家史》, 5장 〈韓國 鐵道業의 先驅者 朴琪淙〉.
176) 韓㳓劤, 《韓國開港期의 商業研究》, 일조각, 1970, 226~232쪽 ; 金容燮, 〈甲申 · 甲午改革
期 開化派의 農業論〉, 《韓國近代農業史研究》[Ⅱ], 2004, 79쪽.

이 식산흥업운동을 담당한 연유였다.

넷째, 식산흥업 운동은 기본적으로 철저한 현실 인정 위에서 전개되었고, 따라서 민족적, 정치적 운동과 결합할 수 없었다. 곧 자본의 축적이 민족 문제 해결을 위한 운동의 기반이 되기에 한계가 있었던 것이다. 제국주의와 통상 무역, 이권 침탈 등으로 나타난 상품화폐경제의 외형적 발전을 근대화라고 생각하였다. 제국주의 지배를 하등의 모순으로 여기지 않았던 것이다. 대한자강회의 고문 오가키가 "한국은 내정의 개량 진보에만 전력을 기울이고, 보호조약을 인정하고 어려운 외교는 일본에 맡긴다면 나라의 자강이 이루어지고 신협약新協約도 자연히 파기될 것"이라는[177] 황당한 주장을 그대로 따르고 있었던 것이다. 이런 주장의 본질적인 의미를 파악하지 못한 가운데 진행된 식산흥업 활동은 민족운동의 경제적 토대로서 기능하기에는 이미 논리적으로 한계가 있었다. 물론 이승훈의 '관서자문론' 등과 같이 '민족자본'의 단초들이 형성되기도 하였지만, 전체적으로 근대화, 근대주의 노선 위에서 추진된 식산흥업은 점차 일제에 예속되어갈 수밖에 없었다.[178] 이러한 점은 논자의 현실 인식, 사회경제적 처지 속에서 나온 것으로, 계몽운동을 주도한 상반된 두 흐름이 그대로 표출된 것이었다.

---

177) 大垣丈夫, 〈本會趣旨〉, 《大韓自强會月報》 1, 24~25쪽.
178) 한말, 일제 하의 자본가를 대표했던 은행가, 상인들의 이런 양면성에 대해서는 이승렬, 《제국과 상인》, 2007, 참조.

제4장

민족과 민권

　국권회복을 목표로 했던 계몽운동은 근대 민족국가를 지향한 부르주
아 개혁운동의 하나였다. 이 방안으로 조국 정신과 자강 정신을 확립하
고, 교육과 식산흥업을 통해 부강을 달성하고자 하였다. 근대 학문과
교육으로 서양의 세계관, 정치론을 배우고, 산업 활동으로 부르주아
계층이 주도하는 자본주의 체제를 만들어갔다. 그리하여 민족운동을
이끈 이념으로서 민족주의가 형성되기 시작하였고, 민족운동의 동력을
이루는 '국민'이 만들어졌다. 계몽운동에는 사회경제적, 사상적 이해관
계를 달리하는 계열이 참여하였고, 그 계열에 따라 민족, 민권에 대한
편차도 있었다.

1. 민족의 결집과 민족주의 형성

계몽운동은 국권회복을 위해 자강 정신을 확립하고 실력을 양성해야 한다고 하였다. 자강 정신과 실력양성은 둘 다 필요한 것이었지만, 시세의 변화에 따라 강조점이 달라졌다. 정신과 실력을 비교하면서 "정신만 있고 실력이 없으면 혹 성공할 길이 있을 수 있지만, 실력은 있으나 정신이 없으면 멸망을 면할 수 없다"고 한 것처럼[1] 자강 정신의 확립이 필수적인 조건으로 보았다. 계몽운동은 '정신'을 키우는 방안으로 애국심을 고취하고, 애국심이 투철한 영웅을 칭송하였다. 또한 국권도 군주를 매개로 추진하였다가 정세의 변화 속에서 새로운 형태의 '민족'이나 '국민'을 주체로 인식하였고, 이념적으로는 민족주의라는 새로운 원리를 형성하였다. 민족의 결집과 민족 의식의 형성에 중요한 역할을 했던 것은 민족 단위 공동체의 역사적 경험이었다.

1) 영웅주의와 애국주의, 그 극복과 '신국민'

(1) 영웅과 애국심

(가) 계몽운동은 국권회복을 위해 애국심을 강조하여 민중층을 계몽, 결집하고자 하였다. 일반 민중을 결집하는 매개는 역사에 이름을 빛낸 영웅이었다. "세계의 역사는 영웅의 전기傳記"라는 것이었다.[2] 따라서 영웅은 "세계를 창조한 성신聖神이며, 세계자世界者는 영웅이 활동하는 무대"였다.[3] 이런 영웅은 "지고지건至高至健한 양심의 지휘에 따

---

1) 《大韓每日申報》 1909년 4월 1일 論說 〈精神과 實力〉.
2) 《大韓每日申報》 1910년 6월 26일 論說 〈英雄과 時勢〉.

라 자기의 이상을 이루기 위하여 능히 사회 풍조를 벗어나 용왕직전勇
往直前"하는 파격아破格兒였고, 영웅이 사회를 깨뜨리고 변화[破格]하는
것이 곧 "우주 존재의 공리公理이며 인생 진화의 원칙"이라고 하였다.4)
곧 사회 변화와 발전을 이끌던 주체가 영웅이었던 것이다.

계몽운동은 국권회복을 위해 나라를 위기에서 구한 영웅을 희구하였
다. 이에 영웅상도 바뀌었다. '고대古代' 시기에는 좁은 관점에서 주로
'무공武功'으로 활약한 사람들이 영웅이었다. 가령 한인韓人으로는 을지
문덕, 연개소문, 중국 사람으로는 진시황, 항우項羽 같은 사람들이었
다.5) 그러나 당시에는 강대국의 침략 앞에서 독립을 유지해야 하므로,
영웅은 세계와 교섭하고 세계와 분투할 수 있는 사람이 영웅이었다.

> 況且 今日 國家는 閉關絶約ᄒ고 帳中에서 自雄키는 得지 못홀지오. 必也,
> 世界와 交涉ᄒ며 世界와 奮鬪ᄒ여야 世界 中에 獨立홈이 得홀지니, 然則 其國
> 에 世界와 交涉홀 英雄이 有ᄒ여야 世界와 交涉홀지며 世界와 奮鬪홀 英雄이
> 有ᄒ여야 世界와 奮鬪ᄒ리니 英雄이 無ᄒ고야 其國이 國됨을 豈得ᄒ리오6)

라고 하여, 열강과 경쟁하기 위해 외교나 무력에 능력을 갖춘 영웅이
있어야 나라를 나라답게 할 수 있다고 하였다. 곧 당시에는 '우리 대한
을 회복하고, 우리 대한을 독립시킬 불둔불민不鈍不敏의 노련한 영웅'이
필요하다고 하였던 것이다.7)

하지만 당시는 세계적으로 모든 나라들이 '경쟁'하고 있고, 강대국의
힘은 단순한 무력에 그치는 것이 아니었다. 이런 점에서 위의 무공이

---

3)《大韓每日申報》1908년 1월 4일 論說〈英雄과 世界〉(《丹齋申采浩全集》別).
4) 崔錫夏,〈大呼破格兒〉,《大韓學會月報》1, 2쪽.
5)《大韓每日申報》1908년 1월 4일 論說〈英雄과 世界〉.
6)《大韓每日申報》1908년 1월 5일 論說〈英雄과 世界(續)〉.
7) 林彪,〈時代난 英雄之冶爐〉,《大韓學會月報》1, 28쪽.

뛰어난 영웅 외에도 종교가, 정치가, 실업가, 문학가, 철리가哲理家, 미술가 가운데서도 '기위奇偉 굉걸宏傑한 인물'이 출현했다. 이들을 흔히 성현, 책사策士, 문호文豪 등으로 불렀지만 이제는 이들도 넓은 의미에서 '영웅'으로 불러야 한다고 하였다.

> 其人의 手中에 劒을 執ᄒ얏던지 砲를 執ᄒ얏더지 筆을 執ᄒ얏던지 筭을 執ᄒ얏던지 文簿을 執ᄒ얏던지 是는 皆不問하고 唯其所執흔 長物로 風雲을 叱咤ᄒ며 山河를 轉移ᄒ야 耳目手足을 具有흔 靈物로 一切 其膝下에 屈伏케 하는 能力만 優有ᄒ면 是를 英雄이라 稱ᄒ는비라.[8]

라고 하여, 자신의 장기長技를 가지고 일체의 사람을 그 앞에 굴복케 하는 능력만 있으면 된다는 것이었다.

신채호申采浩도 영웅 의식에 투철하였다. 그는 〈을지문덕乙支文德〉을 쓰면서, 먼저 "우리 민족의 열약劣弱이 천성天性이 아니다"라고 하고, 나라의 강약은 "영웅의 유무에 있고 장졸의 많고 적음[衆寡]에 있지 않다"고 하였다. "한 나라의 강토는 그 나라의 영웅이 헌신하여 장엄케 한 것이므로, 그 나라의 영웅을 그 나라 민족이 모른다면 그 나라는 유지될 수 없다"며, "과거의 영웅을 묘사[寫]하여 미래의 영웅을 불러내[招]"고자 하였다.[9] 그가 거론한 영웅으로는 알렉산더 대왕, 워싱턴, 피터 대제, 비스마르크, 이탈리아 건국 3걸, 나폴레옹, 제갈공명 또는 광개토대왕, 김유신, 이순신, 을지문덕, 최영 등과 같이 외침 앞에서 국가 독립, 국력 팽창, 외침 극복 등을 감당했던 사람들이었다.[10]

---

8) 《大韓每日申報》 1908년 1월 4일 論說 〈英雄과 世界〉.
9) 申采浩, 《乙支文德》, 1908 (《丹齋申采浩全集》 中, 45쪽).
10) 신채호는 《乙支文德》 외, 《聖雄李舜臣實記》, 〈東國巨傑 崔都統傳〉 등을 신문에 연재하였으며, 《伊太利建國三傑傳》을 번역하였다. 申一澈, 《申采浩의 歷史思想研究》, 고려대학교출판부, 1980, 77~81쪽 ; 李萬烈, 《丹齋 申采浩의 歷史學 研究》, 문학과지성사, 1990,

(나) 영웅의 활동과 이념은 충군, 애국이었다. "영웅도 별인別人이 아니라 국가의 사상이 뇌수에 팽창"한 사람이었고,[11] 또는 "황은皇恩에 보답하고 창생을 널리 구할" 사람이었다.[12]

신채호는 《伊太利建國三傑傳》을 번역하면서 애국자가 중요하다는 점을 다음과 같이 지적하였다.

> 偉哉라 愛國者며, 壯哉라 愛國者여. 愛國者가 無한 國은 雖强이나 必弱하며, 雖盛이나 必衰하며, 雖興이나 必亡하며, 雖生이나 必死하고, 愛國者가 有한 國은 雖弱이나 必强하며, 雖衰나 必盛하며, 雖亡이나 必興하며, 雖死나 必生하나니, 至哉라 愛國者며, 聖哉라 愛國者여.[13]

라고 하였다. 아무리 강성한 나라도 애국자가 없으면 결국은 패망하게 되고, 애국자가 있으면 약한 나라도 강성하고 흥하게 된다는 것이었다.

애국심은 영웅만 가지고 있는 것이 아니라 나라 안의 모든 사람이 당연히 행해야 할 의무였다.[14] 따라서 영웅과 애국을 강조하게 되면 당연히 개인보다 국가를 우선시하는 국가주의國家主義로 흐를 수밖에 없었다. 영웅을 강조하던 최석하崔錫夏는 생존경쟁의 원칙 아래에서 개인 사상을 극단적으로 발휘하면 그 나라는 반드시 망하고 말 것이라고 생각하였다.[15] 따라서 강대국, 약소국이 서로 병탐하는 당시, 국가와 민족을 보전할 수 있는 방법은 애국, 애국심밖에 없다고 판단하였다.[16]

164~176쪽 참조.
11) 《大韓每日申報》 1910년 6월 26일 論說 〈英雄의 時勢〉.
12) 崔錫夏, 〈韓國이 渴望하는 人物〉, 《太極學報》 7, 16~17쪽.
13) 《伊太利建國三傑傳》, 《丹齋申采浩全集》 中, 183~184쪽.
14) 《大韓每日申報》 1908년 3월 5~18일 〈西湖問答〉(《丹齋申采浩全集》 別.
15) 友洋生, 〈我韓人의 思想界를 論홈〉, 《西北學會月報》 13, 33~34쪽 ; 〈日本文明觀〉, 《大韓學會月報》 8, 41~46쪽 및 《大韓學會月報》 9, 56~60쪽.
16) 朴聖欽, 〈愛國論〉, 《西友》 1, 27~29쪽.

국가주의는 사회진화론과 결합되어 있었다. 세계적인 경쟁은 국가 단위로 진행되고 있고, 국가는 자강이나 부국강병을 목표로 하고 있던 현실 속에서 나온 논리였기 때문이었다. 이런 현실에서 우리 '대한'이 목적지로 나아가는데, "그 문은 독립이며, 그 길[路]은 자유니, 국가의 정신을 발휘하고 만유萬有의 사업을 국가에 제공하여 신성한 국가를 보유"해야 한다는 것이었다.[17)]

애국주의, 국가주의는 여전히 사회 이념이 되고 있던 유교 사상, 특히 '충효론'에서 쉽게 구축되었다. 국가라는 것은 생명·가족·재산을 보호하고 사회와 자유를 유지하기 위하여 성립된 것이므로, 모든 사람은 국가를 위해 헌신하는 의무와 충군 애족할 의무가 있다고 강조하였으며, 부자·부부·형제·친척·붕우의 친애경신親愛敬信은 모두 애국심에 포함된다고 하였다. 또한 신身·가家·국國의 논리 구조도 수신-제가-치국의 유교 원리로 이해하고, "애국의 성심이 있은 후에 불효를 볼 수 없고, 부모에게 효도를 다한 사람이 충군하지 않음이 없다"는 유교의 충효론을 강조하였다.[18)] 모든 국민은 가정에서 부모에 대한 효, 처자를 양육하는 화和의 인륜을 밝히고, 자기 가정을 사랑하듯이 나라를 사랑하는 것이 의무라고 하였던 것이다.[19)] 가부장권의 지배를 그대로 확대하여 국가의 지배 원리로 삼는 유교적 통치 논리를 그대로 가지고 있었다.

국가주의와 애국주의 아래에서 국민은 국가를 위하거나 임금에게 충성하는 신민臣民으로서 '국민'이었다. 최석하는 '국민'의 중요성을 강조하면서, 당시 나폴레옹 같은 군략가軍略家나 제갈공명 같은 정치가로서 영웅이 필요하지만, 한 사람의 군략가나 정치가로서는 강국과 대적할 수 없으므로 2천만 동포가 모두 '독립자유獨立自由'를 의무로 삼는 무수

17) 《大韓每日申報》 1908년 5월 25일 論說 〈今日 大韓國民의 目的地〉.
18) 李潤柱, 〈愛國의 義務〉, 《太極學報》 5, 18쪽.
19) 尹台鎭, 〈愛國當如家〉, 《大韓留學生學報》 2, 20~21쪽.

한 영웅이 되어야 하고, 국가에 심신을 바쳐 우리 선조가 물려준 자유권을 회복하자고 주장하였다.[20] 최석하는 이것을 '국민주의'라고 하였다. 그러나 그 본질은 모든 국민이 수행해야 할 점을 지적한 것으로, 곧 '영웅을 숭배하는 공덕심'을 지니고 '국가에 심신을 바치는' 사람이 되기를 요구하는[21] 국가주의 경향이 강하였다. 후술하는 정치체제 변혁과 인권 신장에서도 그러하였다.

(2) 신영웅과 신국민

(가) 일제의 강압으로 망국이 다가오면서 영웅에 대한 생각이 바뀌기 시작하였다. 국가의 힘은 한 명의 영웅보다는 다수의 개인, '국민' 또는 민중이 중요하다는 인식이 나타났다. 이런 점에서 '신국민', 또 '신영웅'이 제기되었고, 영웅주의와 국가주의를 조금씩 극복하고 국민과 민중이 주체로 성장하였다.[22]

영웅과 시세時勢의 관계는 영웅을 언급할 때 언제나 나오는 논의였다. 처음에는 영웅이 시세를 만들어가는 것으로 보았으나 점차 영웅의 주체적 역할보다는 '시세'라는 객관적 현실을 중요하게 지적하였다. 곧 "영웅이 시세를 만들지만 시세도 영웅을 만든다"는 논점을[23] 비롯하여, "시대는 영웅의 야로治爐",[24] 또는 "영웅은 시대의 산물"[25] 등과 같은 표현이 많아졌다.

그리하여 영웅을 만들어낸 '시세' 혹은 '국민'을 전제로 하면서, 영웅

---

20) 崔錫夏, 〈韓國이 渴望ㅎ는 人物〉, 《太極學報》 7 ; 〈大呼破格兒〉, 《大韓學會月報》 1.
21) 崔錫夏, 〈韓國興復은 英雄崇拜에 在홈〉, 《太極學報》 10.
22) 李萬烈, 〈丹齋史學에 있어서의 歷史主體 認識의 問題〉, 《丹齋 申采浩와 民族史觀》, 형설출판사, 1980 ; 《丹齋 申采浩의 歷史學硏究》, 문학과지성사, 1990 ; 姜萬吉, 〈申采浩의 英雄·國民·民衆主義〉, 《申采浩의 思想과 民族獨立運動》, 형설출판사, 1986 ; 鄭昌烈, 〈韓末 申采浩의 歷史認識〉, 《孫寶基博士停年紀念 韓國史學論叢》, 知識産業社, 1988.
23) 金志侃, 〈靑年의 歷史硏究〉, 《太極學報》 16, 4쪽.
24) 林彪, 〈時代난 英雄之冶爐〉, 《大韓學會月報》 1, 27쪽.
25) 崔錫夏, 〈韓國이 渴望하는 人物〉, 《太極學報》 7, 16쪽.

은 '국민적 영웅'이거나 '무명無名의 영웅'으로 표현하였다. 정제원鄭濟
原은 워싱턴, 비스마르크, 루터 같은 영웅도 농부, 직공職工, 상고商賈,
역인役人, 병졸, 소학교 교사, 늙은이, 과부, 고아 같은 '무명의 영웅'을
대표한 것에 불과하며, 이 '무명의 영웅'이야말로 진짜 영웅이라고 하였
다.26)

　이영훈李榮勳은 '애국'하는 영웅이 절대적으로 필요하다고 하면서도,
그 영웅은 몇 명의 '대大영웅'보다는 많은 수의 '무명의 소小영웅'이 필
요하다고 하였다.

　　大抵 英雄이 時勢를 造하고 時勢가 英雄을 造ᄒ나니 …… 我한 現今時代
　가 卽英雄을 渴望ᄒᄂᆫ 時代라 謂ᄒᆯ지라 …… 然ᄒᆷ으로 現今 我韓에도 多數ᄒᆫ
　無名小英雄이 아니면 雖幾箇大英雄이 輩出ᄒᆯ지라도 救國治民의 大功業과
　獨立自由의 大事業을 成치 못ᄒᆯ지니, 然則 我韓 今日에 最히 渴望ᄒᆯ 者ᄂᆫ
　多數ᄒᆫ 無名小英雄이 아니리오.27)

라고 하여, 무수한 이름 없는 작은 영웅이 나와야 독립, 자유의 대사업을
달성할 수 있다고 하였다. 당시 한국에서 가장 갈망하는 이들 '소영웅'은
애국의 열성이 뇌 속에 충만하여 오직 애국만 생각하는 남자였다.

　영웅에 대한 관점을 극단적으로 바꾼 사람은 신채호였다.28) 앞서
본 바, 그는 나라의 강토에 헌신한 여러 영웅을 찬양하고 그 전기를
집필하였다. 그러다가 점차 영웅을 "무명의 졸도卒徒"라고 표현하였다.
이탈리아 건국 삼걸三傑도 이탈리아 전 국민의 대표자 세 사람에 불과

---

26) 鄭濟原, 〈無名의 英雄〉,《太極學報》18, 1~2쪽.
27) 李榮勳, 〈無名의 多數 小英雄을 求함〉,《大韓每日申報》1909년 5월 15일 寄書.
28)《丹齋申采浩全集》에 실려 있는 글들을 중심으로 분석하면 신채호가 이런 변화를 단적으로
　보였다. 하지만 전집 속에 실려 있는 것이 모두 신채호의 글인지에 대해서는 세심한 검토가
　요구된다.

하고, 또 삼걸 아래에 있는 무명의 삼걸인 졸도가 있은 뒤에 비로소 삼걸이 있다고 하였다.[29] 그는 이런 영웅을 '20세기 신동국新東國의 영웅'이라고 하였다.

> 但只 其理想이 宇宙에 超ᄒ며, 其精誠이 天日를 貫ᄒ야 三千里疆土를 其家舍라 하며, 二千萬民族을 其眷屬이라 ᄒ며 過去 사千載 歷史를 其譜牒이라 ᄒ며, 未來 億萬世 國民을 其子孫이라 하며, 艱難險阻의 經歷을 其학校라 ᄒ며, 社會公益의 事業을 其生涯라 ᄒ며, 愛國憂民 사字를 其天職이라 ᄒ며, 獨立自由 壹句는 其性命이라 ᄒ고, 其磅礴鬱積ᄒᆫ 血誠公憤으로 天地間에 立ᄒ야 國家의 威靈을 仗ᄒ고, 千魔百怪와 戰ᄒ며, 同胞의 生命을 爲ᄒ야 前途의 荊棘을 剪ᄒᄂᆫ 者니, 是가 新東國영雄이며, 新東國大영雄이니라.[30]

라고 하며, 어떠한 어려움에서도 '애국 우민憂民'과 '독립 자유'로 국가의 권위를 드러내고, 동포의 생명을 위하는 새로운 동국의 영웅이 나타나기를 '산이 다하고 물이 마르도록' 갈망하였다.

(나) 새로운 시대의 '신영웅'은 '국민'을 염두에 둔 '국민적 영웅'이었다. '국민'은 단순한 종족공동체로서의 '민족'과는 구별되는 것이었다. 민족이 동일한 혈통·토지·역사·종교·언어로 이루어진다면, 국민은 "그 혈통·역사·거주·종교·언어의 동일한 외에 또한 반드시 동일한 정신을 지니고 동일한 이해利害를 느끼며 동일한 행동"을 해야 한다는 것이었다.[31] 곧 국민은 제국주의 침략 아래에서 같은 이념으로 만든 한 나라의 구성원이었고, 그 이념, 정신에 따라 동일한 '행동'을 하는 공동체였다.

---

29) 《伊太利建國三傑傳》, 《丹齋申采浩全集》 中, 250쪽.
30) 熱血生, 〈二十世紀 新東國之英雄〉《大韓每日申報》1909년 8월 17일 論說(《丹齋申采浩全集》 下, 112~113쪽).
31) 《大韓每日申報》, 1908년 7월 30일 論說 〈民族과 國民의 區別〉.

'국민적 영웅'은 이런 '국민'을 위해 활동하는 영웅이었다. 따라서 사당私黨이나 가족家族에 대한 관념觀念만 있다면 이런 국민적 영웅이 될 수 없었다. '국민적 영웅'이 있어야 종교·학술·실업·미술 등 모든 것이 국민의 것이 될 수 있었다. 여기에서 비로소 '동국東國이 동국인의 동국'이 될 것이라고 강조하였다.[32]

'국민적 영웅'을 거론한 것은 당시 세계적 경쟁이 '국민의 경쟁', 즉 한 나라 흥망의 원동력이 바로 국민 전체의 실력에 있다는 판단에서 그러하였다. 신채호는 이 점을

諸公은 或國家興亡이 尋常平民에는 無關으로 知ᄒᆞᆫ가. 噫라 只今二拾世紀에 坐ᄒᆞ야 此等頑陋의 迷見을 尙守ᄒᆞ다가는 畢境은 父母妻子老少男女가 地獄劫火에 盡入ᄒᆞ리라 …… 諸公은 或何處艸根石窟에서 壹個英雄이 産出하야 此國山河를 整頓ᄒᆞᆯ 줄로 信ᄒᆞᆫ가. 古代에는 壹國의 原動力이 恒常 壹貳豪傑에 在ᄒᆞ고 國民은 其指揮를 隨ᄒᆞ야 左右ᄒᆞᆯ 쑨이러니 今日에 至ᄒᆞ야는 一國의 興亡은 國民全體 實力에 在ᄒᆞ고 壹二豪傑에 不在ᄒᆞᆯ쑨더러 …… [33]

라고 하여, 당시의 20세기에는 국가의 흥망이 일반 평민과도 관계가 있으며, 따라서 역사발전의 동력은 한 두 명의 영웅 호걸에 있지 않고, 일반 국민에 있다고 하였다.

이런 변화 속에서 '신국민新國民'을 요구하였다. 국제적 경쟁이 '전 국민의 경쟁'이므로 특히 그러하였다. 따라서 한국의 정치가·실업가 등이 외국인과 경쟁에서 패하는 것, 또 국가 정신과 국민의 능력이 없는 것, 나아가 나라를 팔아먹는 것도 모두 '신국민'이 되지 못한 것이

---

32) 熱血生, 〈二十世紀 新東國之英雄〉(《丹齋申采浩全集》下, 115~116쪽).
33) 錬丹生, 〈所懷一幅으로 普告同胞〉, 《大韓每日申報》 1908년 8월 21일 寄書 (《丹齋申采浩全集》下, 93쪽).

그 원인이라 하면서, "국민 동포가 20세기 신국민이 되지 아니함이 불가"하다고 강조하였다. 그리하여 신국민이 되기 위한 조건을 평등·자유·정의 등의 도덕, 그리고 상무 교육, 국민 경제, 국민적 종교 등을 거론하였다.[34]

'국민적 영웅', '신국민' 등의 논의 속에는 여전히 국가 사이의 경쟁에서 살아남을 수 있는 국가를 원하였고, 따라서 국가주의적 경향도 있었다. '신국민'은 "국민적 국가의 기초를 공고鞏固하게 하고 실력을 늘리며, 세계 대세의 풍조를 옳게 대응하여 문명을 확장하면 가히 동아東亞 일방一方에 우뚝 서서 강국의 기반을 이루며, 가히 세계무대에 뛰어올라 문명의 기旗를 게양할지니"라고 하여,[35] 문명화와 실력양성을 달성하여 강자로 성장할 것을 기대하였다.

국가주의적 경향이 남아 있었지만, 국가를 전제로 했던 '국민'의 발견은 근대 민족주의의 발전과정에서 중요한 진전이었다. 점차 '국가'가 식민지로 망하게 되면 국민 의식을 기반으로 새롭게 민족을 단위로 한 민족주의로 나아갈 수 있었다.

2) 제국주의 비판과 민족주의 제기

(가) 영웅주의가 풍미하는 가운데 계몽운동 내부에서 점차 국권회복이나 근대개혁의 주체로 '국민', 그리고 다시 '민족'을 인식하기 시작하였다. 대한제국이 점차 폐멸廢滅되면서 이를 국가, 국권 문제를 넘어

---

34) 《大韓每日申報》 1910년 2월 22일 論說 〈二十世紀 新國民〉《丹齋申采浩全集》 別. 〈二十世紀 新國民〉은 《丹齋申采浩全集》에 수록되어 있다. 그가 '신국민'을 강조한 것은 당시 '신민회'와 연관이 있다고 지적되기도 한다(李萬烈, 〈丹齋史學에 있어서의 歷史主體 認識의 問題〉, 73~74).

35) 《大韓每日申報》 1910년 3월 3일 論說 〈二十世紀 新國民〉《丹齋申采浩全集》 別, 229쪽).

민족 문제로 보게 된 것이다. 사회진화론에 의거하여 당시의 국제 질서, 세계 질서를 민족 간의 경쟁으로 보면서, 침략을 일삼는 강대국을 제국주의, 군국주의, 강권주의라고 보고 이에 대항, 저항하는 민족주의를 주장하게 되었다.

민족주의를 주창하고 나온 사람들은 변법개혁론 계열의 인사들(박은식, 신채호 등)이었다. 신채호의 글로 보이는《대한매일신보》의 논설에서는 당시의 정세를 세계 강국(이른바 6대 강국, 또는 8대 강국)이 모두 제국주의를 숭배하는[36] '제국주의 세계'라고 정의하였다.

　　此 世界는 帝國主義의 世界라. / 强이 弱을 食하며, 大가 小를 倂呑은 原始 時代에 已有흔 바라. 然이나 近世 以來로 此가 一層 激烈ᄒ야 畢竟 帝國主義 의 大演이 宇宙를 動ᄒ니 於是乎 歐洲列强이 長鞭으로 世界에 橫行ᄒ야 東 으로 亞細亞를 略ᄒ며, 南으로는 阿非利加를 割하며, 東南으로는 大洋洲를 占하여, 歐人의 足이 到ᄒᄂ 處에 山河가 震하고 歐人의 旗가 飜ᄒᄂ 處에 天地가 變ᄒᄂ도다.[37]

유럽의 강대국이 전 세계의 약소국을 침략하는 것을 '제국주의'로 보았으며, 그 예로, 영국의 남아프리카 · 남아시아 · 호주 점령, 프랑스의 아프리카 · 청나라 침략, 러시아의 아프가니스탄 · 페르시아 · 몽골 · 만주 침략 등은 물론이거니와, 먼로주의를 표방하던 미국도 미서전쟁美西戰爭을 일으켜 필리핀을 침략하였으며, 여기에 일본도 러일전쟁 이후 한국과 만주에 세력을 떨치고 있다는 것이었다.

---

36)《大韓每日申報》1909년 5월 28일 論說〈帝國主義와 民族主義〉(《丹齋申采浩全集》下, 108쪽).
37)《大韓每日申報》1910년 2월 23일 論說〈二十世紀 新國民(續)〉(《丹齋申采浩全集》別, 212쪽). 이 글에서는 당시의 세계 정세를 ① 제국주의 세계, ② 민족주의 세계, ③ 자유주의 세계 등으로 구분하였다. 이 가운데 민족주의는 종족주의로 보았고(후술함), 자유주의 유럽의 산물로, 영국혁명, 프랑스 혁명, 미국 독립, 이태리 통일 등이 모두 자유주의의 산물로 보았다.

신채호는 강대국이 군사적 침략뿐 아니라 경제적 침략도 자행하고 있음을 지적하였다. 당시는 "강병强兵이 향하는 곳에 정의가 불령不靈하며, 대포가 이르는 곳에 공법公法이 무용無用하여 오직 강권强權이 있을 뿐"이라는 군국세계軍國世界이면서,38) 또한 "국외의 광대하고, 많은 이익이 있는 개척되지 않은[開拓未發達] 땅을 구하여 자신의 욕망을 채우며, 열약한 나라와는 물론, 혹 동등한 나라에 대하여서도, 경제 싸움을 서로 시도하여 승부를 끝내는" '경제 분투奮鬪의 세계'라고 하였다. 즉 군사적 · 경제적 침략을 정확하게 파악하면서, 전자보다 후자의 경제 무역을 통한 세력 확장이 결코 약하다고 할 수 없다고 지적하였다.39)

그리하여 제국주의 침략이 자행되는 세계 정세 속에서 이에 대항하는 논리로 민족주의를 주창하였다. 당시 거론되던 민족주의는 수준이 약간 다른 두 논리가 있었다.

하나는, 좁은 의미로 민족주의를 종족주의種族主義와 같은 것으로 본 것이다. 곧 민족주의라는 것은 씨족이나 민족(=종족) 사이의 경쟁에서 우리의 씨족, 민족을 보존한다는 것이었다.40) 이런 종족주의는 태고太古 시대부터 있어 온 "동족同族이면 합하고 이족異族이면 쟁爭"하는 현상으로, 그 경쟁은 중고中古 이후에 심해지면서 약육강식, 우승열패가 자행되었다고 보았다. 가령 백인이 아메리카 인디언이나 아프리카 흑인을, 또 러시아인이 유태인이나 폴란드인 등을 정복하여 도태, 멸망시킨 것이 그런 종류였다.41)

다른 하나는 종족을 넘어 국가, 민족을 중시하는 논의였다. 종족 보

---

38) 《大韓每日申報》 1910년 2월 26일 論說 〈二十世紀 新國民(續)〉 《丹齋申采浩全集》 別, 219쪽).

39) 《大韓每日申報》 1910년 2월 27일 論說 〈二十世紀 新國民(續)〉 《丹齋申采浩全集》 別, 220~221쪽).

40) 羅錫基, 〈民族主義論〉, 《西北學會月報》 8, 39쪽. 프랑스와 프러시아의 7년 전쟁과 러일전쟁을 민족 보존을 위한 것으로, 비스마르크와 마치니의 국내 통일은 씨족 보존에 불과하다고 하였다.

41) 《大韓每日申報》 1910년 2월 23일 論說 〈二十世紀 新國民(續)〉 《丹齋申采浩全集》 別, 212~213쪽).

존[保種]과 국가 보존[保國] 가운데 국가 보존을 더 우선시해야 한다는
주장이었다.

　　夫 保種者는 此民族의 殄滅을 受치 아니ᄒᆞ즈면 出道가 何에 在ᄒᆞᆨ뇨. 必也
其知識도 彼보다 劣치 안이ᄒᆞ며, 其能力도 彼보다 弱치 아니ᄒᆞ며, 其進步도
彼보다 後치 아니ᄒᆞ며, 其事業도 彼보다 落치 아니ᄒᆞ야 末乃 其地位도 彼와
同ᄒᆞ야 權利도 彼와 同ᄒᆞ여야 於是乎 其種을 保ᄒᆞᆯ지니 其權利가 彼와 同ᄒᆞ
랴면 其國이 弱ᄒᆞ고야 能之乎며, 其地位가 彼와 同ᄒᆞ랴면 其國이 亡ᄒᆞ고야
能之乎아. 故로 保種·保國은 一路라 二路가 아니며, 一義라 二義가 아니며,
一件이라 二件이 아니어늘 …… 雖然이나 保種을 不思ᄒᆞ고 保國만 是求ᄒᆞ면
其國이 旣保에 其種이 自保ᄒᆞ려니와 萬一 保國은 不思ᄒᆞ고 保種만 是求ᄒᆞ랴
다가는 其國이 不保에 其種이 隨亡ᄒᆞ리니, 二說 中에 其近是者를 求ᄒᆞᆯ진대
吾必 保種論을 捨ᄒᆞ고 保國論을 從할진져.[42]

요컨대, 종족 보존과 국가 보존이 하나의 일이지만, 전자는 후자의 틀
속에서 실현할 수 있으므로 '보국'을 우선시해야 한다는 것이었다.
　그리하여 서양 제국주의 열강, 일본의 침략을 강권주의라고 비판하
면서 이에 대항하는 논리로 '민족주의'를 주장하였다. 민족주의는 "타
민족의 간섭을 받지 않는" 것이었고, "아족我族의 나라[國]는 아족이 주
장한다"는 원칙이었다.

　　然則 此帝國主義를 抵抗ᄒᆞᆫ 方法은 何인가. 曰 民族主義(他民族의 干涉을
不受ᄒᆞᆫ 主義)를 奮揮홈이 是니라. / 此 民族主義는 實로 民族保全의 不二的
法門이라. 此 民族主義가 强健ᄒᆞ면 拿破崙ᄀᆞᆺᄒᆞᆫ 大英雄으로도 露都殘焰에 窮

42)《大韓每日申報》1907년 12월 3일 論說〈保種保國의 元非二件〉(《丹齋申采浩全集》下,
　　53~54쪽).

鬼를 作ᄒ고 民族主義가 薄弱ᄒ면 亞刺飛[아라비파샤, 이집트]又흔 大傑男으로
도 錫蘭孤島에 離黍을 哭ᄒ얏나니, 嗚呼라 民族을 保全코ᄌ ᄒᄂ 者ㅣ 此
民族主義를 捨ᄒ고 何를 當取ᄒ리오. / 是故로 民族主義가 膨脹的 雄壯的
堅忍的의 光輝를 揚ᄒ면 如何흔 劇烈的 怪惡的의 帝國主義라도 敢히 참入치
못ᄒ나니, 要컨대 帝國主義ᄂ 民族主義 薄弱흔 國에만 참入하나니라.43)

라고 하였다. 제국주의는 민족주의가 약한 나라에만 침략해 들어옴으
로 민족을 보전하는 유일한 길이 바로 민족주의이고, 이를 크게 발휘해
야 한다고 하였다.

이와 같이 당시 세계를 제국주의, 군국주의가 횡행하는 정세로 보면서,
이에 저항하는 논리로 민족주의를 주창하였다. 하지만 아직은 민족주의
가 명확한 논리를 갖추지 못하였다. 여전히 종족주의 관점도 있고, 또
경쟁에서 살아남기 위해 강대국이 되겠다는 논리로도 제기되었고, 다른
한편에서는 제국주의를 막아 내는 약소국의 저항 논리가 되기도 하였다.

(나) 초창기 민족주의가 아직 명확한 논리로 정립되지 않았던 점에
서, 많은 경우 민족주의는 국가주의, 애국주의와 결합되어 있었다. 사
회진화론적인 사고 속에서 민족주의는 국가 차원에서 강대국과의 경쟁
에서 살아남고, 부국강병을 추구하여 제국주의 강대국으로 성장하는
것을 목표로 삼고 있었다. 따라서 민족주의에서는 일반적으로 민족과
국가를 동일시하였다.44) 일본 침략을 비판하고, 그 이데올로기였던 동
양주의를 비판하면서도 '국가주의'를 주장하였다.45) 국권상실 속에서

---

43) 《大韓每日申報》 1909년 5월 28일 論說 〈帝國主義와 民族主義〉 《丹齋申采浩全集》 下, 108쪽).
44) 《皇城新聞》 1907년 6월 20, 21일 論說 〈民族主義〉에서는 이를 선명하게 보였다. 민족주의는
   통상 · 교통의 과정에서 각 민족 간 힘의 대결에서 他族보다 優勝하기 위한 것이며, 종래의
   '崇拜支那主義'나 '夷狄之道'로는 불가하며, 그들의 장점을 취하여 우리의 단점을 보완해야 한
   다고 하였다. 또 국가는 민족주의로 성립된 것이므로 국가는 한두 사람의 사유물이 아니고
   민족 공공의 것이고, 따라서 '愛國은 如身, 視國은 如家'해야 한다고 하였다.

국권회복을 목표로 하였고, 또한 계급적 편성이 아직 진행 중이었던 구조 속에서 위로부터 이루어진 개혁운동의 속성이기도 하였다.

이런 점에서 민족의 명분 아래 내부적인 차별, 계급 문제 등은 잘 노출되지 않았다. 윤효정은 빈부 문제를 거론하면서, 부유한 사람이나 가난한 사람도, 또 재주財主나 노역자勞役者도 모두 사회에서는 필요하므로 오직 자기의 직분만 성실하게 수행하고 이용후생의 도만 추구한다면 몇 전錢의 임금 분쟁은 생기지 않으리라고 하였다.46) 남궁억南宮檍도 조화로운 사회가 되기 위해서는 "각자의 직職을 다하고, 각자의 업業에 근면"하는 것밖에 없음을 강조하였다.47) 같은 종족끼리 사랑하여 근본을 잃지 않는다는 '국민주의'를 주장한 것도 동일한 논의에서 나왔다.48)

따라서 국권을 회복하기 위해서는 민족 내부의 계급 모순, 대립보다는 민족의 단합, 단결을 강조하였다. 특히 계몽운동의 계몽 대상이었던 식자층 유림이 그 대상이었다. 당시를 '생존 경쟁의 시대'라고 본 박은식은 개인, 국가, 또는 국내의 서북, 기호 지방 사이의 경쟁을 각각 열거하면서,49) 외국의 수모를 받고 있던 당시에는 민족 경쟁에서 전 민족이 단합하여 공동으로 방어해야 한다고 하였다.50) 또한 러시아가 일본에 패한 것은 국민 단합력의 부족 때문이며, 우리도 종래의 당색·경향·반상·승유僧儒의 분열을 없애고 단결 정신과 공공 정신을 발휘하자고 하였다.51) 선공후사先公後私의 단합만이 국가 부흥의 기초라고 주장한 것도,52) 또는 수구나 개화로 구별하지 말고 애국을 위한 일심一

---

45) 《大韓每日申報》 1908년 12월 17일 論說 〈奇奇怪怪흔 會名〉.
46) 尹孝定, 〈眞正흔 事務家〉, 《大韓自强會月報》 12, 8~9쪽.
47) 南宮檍, 〈社會調和〉, 《大韓協會會報》 3, 2쪽.
48) 盧義瑞, 〈國民的 主義〉, 《西北學會月報》 15, 37~38쪽.
49) 謙谷, 〈人의 事業은 競爭으로 由흐야 發達흠〉, 《西友》 3, 7쪽.
50) 朴殷植, 〈團體成否의 問答〉, 《西友》 3, 7쪽.
51) 李亨雨, 〈國之强弱은 在乎國民之團結與否〉, 《大韓留學生學報》 3, 2~3쪽.

心을 강조하고, 2천만 민족의 각각 흩어진 마음을 모두 '애국'으로 합일하여야 독립도 유지할 수 있을 것이라 주장한 것도[53] 그 논리는 기본적으로 동일하였다.

계몽운동 단체의 결성은 이러한 필요성에서도 제기된 것이었다. 자강을 위해 대한자강회 같은 단체 결성을 역설한 장지연의 주장도 그러하였다.[54] 이종호李鍾浩는 학회의 목적을 "신선한 학문으로 지식을 개발하여 국가와 개인의 관계를 알게 함"이라고 하였는데, 여기에서 개인과 국가의 관계는 인민이 국가적 정신으로 단합해야 가능하고, 분파심이 있는 인민은 포기하고 단합심 있는 인민만으로 국가를 조직·구성할 수 없으므로, 분파의 습속이 있는 인민을 대상으로는 지식을 개발하고 국가적 정신을 알게 해야 한다는 것이었다.[55] 나아가 박일찬朴日燦은 '만민의 종가'인 국가의 독립은 단결(단체)에 있으며, 단결하여 국가와 종족의 보존은 말할 나위 없이, 헌신적 사상과 절대적 사상으로 전세계에 태극기를 휘날리는 것이라고 주장하였다.[56]

민족, 민족주의를 전면에 내걸고 당시 국권상실의 해결책으로 제기하였지만, 여러 사회적 조건 속에서 아직은 민족주의를 이끌 주체가 명확하게 인식되지 못했다. 전체 민족을 위해 그 구성원의 단합과 단결을 거론한 것은 기본이지만, 그 바탕이 되는 개인의 성장과 의식 발전까지 결합한 형태로는 아직 나아가지 못했던, 이른바 개인의 성장과 '국민'의 형성을 수반하지 않는 초창기 민족주의의 모습이었다.[57]

---

52) 李漢卿, 〈團合은 國의 要素〉, 《大韓學會月報》 1, 20~21쪽.
53) 文錫瓛, 〈壹與各의 成敗論〉, 《西友》 6, 25~27쪽.
54) 張志淵, 〈團體然後民族可保〉, 《大韓自强會月報》 5.
55) 李鍾浩, 〈各學會의 必要及 本會의 特別責任〉, 《畿湖興學會月報》 1, 21쪽.
56) 朴日燦, 〈獨立이 必在於團結〉, 《太極學報》 26, 44~46쪽.
57) 鄭昌烈은 이를 "국민의 개념이 결여된 민족주의"라고 표현하였다(〈韓末의 歷史認識〉, 《韓國史學史의 硏究》, 을유문화사, 1985, 209쪽).

3) 민족주의와 역사학

(1) 국수 보전과 애국심

(가) 계몽운동 진영에서 민족에 대한 인식이 높아지고, 민족주의 단초가 만들어지면서 이와 관련된 많은 논의들도 제기되었다. 민족이 단순한 종족이 아니라 역사적, 문화적으로 형성된 역사 공동체라는 점에서 민족의 정체성을 확립하는 일이 긴요했다. 이런 점에서 자국의 역사와 문화를 계승해야 민족, 민족주의가 제고될 수 있다고 판단하였다.

앞서 본 바와 같이, 대한자강회는 부강, 독립의 선결 과제로 자강 정신을 강조하였다. 대한자강회는 교육 진흥과 산업 발전을 통해 부강을 추구하면서 더 앞서 '조국 정신'을 거론하였고, 그 정신은 단군 이래 역사적 축적된 것이었으며, 또한 진취 정신, 애국 열성을 가지고 국가 사상을 깨닫고 독립으로 무장해야 한다고 하였다.[58] 진취 정신, 애국 정신 등의 민족 정신은 물질적으로 힘이 약해 약소국이 된 것을 극복하는 길이었고, 민족주의의 핵심이었다.

자국의 역사와 그 속에 담긴 정신은 국가주의, 애국주의, 그리고 민족주의를 키우는 동력이었다. 민족이 역사적으로 형성한 민족 정신을 당시에는 '국수國粹'라고 규정하였다. 《대한매일신보》에서는 국수를 "그 나라에 역사적으로 전래하는 풍속, 습관, 법률, 제도 등의 정신"이라고 하였다. 그리고 이를 더 설명하기를

夫此風俗 習慣 法律 制度는 先聖昔賢의 心血의 凝聚혼 빈며 巨儒哲士의 誠力의 結習혼 빈며 其他 壹切 祖宗先民의 起居 動作 視聽 言語 施政 行事 等 諸般業力의 薰染혼 빈니 / …… 歷史的 習慣의 善惡을 不分호고 一倂掃却

---

58) 《大韓自强會月報》 1, 本會會報, 〈大韓自强會趣旨書〉; 박은식, 〈大韓精神〉, 《大韓自强會月報》 1; 張志淵, 〈自强主義〉, 《大韓自强會月報》 3, 6~8쪽; 〈自强主義(續)〉, 《大韓自强會月報》 4, 6~8쪽.

ᄒ면 將來 何에 基礎ᄒ야 國民의 精神을 維持ᄒ며 何에 根據ᄒ야 國民의 愛
國心을 喚起ᄒ리오.59)

라고 하여, 곧 국수는 우리의 성현聖賢, 학자와 선비[巨儒, 哲士], 그리고
역대의 선민先民이 이룬 일체의 역사문화적 업적으로, 국수로 국민의
정신을 유지하고, 국민의 애국심을 불러일으킬 수 있다고 하였다.

　역사 속에서 축적된 국가, 민족 정신은 국혼國魂으로도 표현하였다.
국혼의 유무가 나라의 강약을 결정하므로, "세계 역사에 어느 나라를
물론하고 그 국민 뇌수腦髓 속에 국혼이 완전하고 견실하면 그 나라가
강하고, 민족이 성성盛하는 것이오, 국혼이 닳아 없어지면[消鑠磨滅] 그
나라는 망하고 그 민족은 멸멸滅"할 것이라고 단정하였다.60)《대한매일
신보》에서도 '국민의 혼'을 강조하였다. 곧 호걸의 출현, 교육의 융성,
실업의 흥왕을 바라지 말고 '국민의 혼'이 멸하지 않아야 한다고 바랐으
며, 또 학술과 기술의 발달, 법률과 정치의 정비를 좋아하기 보다는
국민의 혼이 건전한 것을 더 좋아하며, 토지의 광대함, 많은 인민, 풍부
한 재정, 강력한 군사를 자랑하지 말고 국민의 혼이 강한 것을 자랑하
자고 했다.61) 문명화, 부강화도 중요하지만 국혼을 유지하는 것이 더
중요하다고 보았던 것이다.

　민족 정신, 국성國性, 국혼을 불러일으키기 위한 방안 가운데 중요하
게 거론한 것이 역사, '국사國史'였다.62) 즉 "인지人智를 증장增長하며,

---

59)《大韓每日申報》1908년 8월 12일 論說〈國粹保全說〉(《丹齋申采浩全集》別, 116~117쪽).
　　당시 유행하던 파괴, 곧 전래하는 것을 파괴하여 새로운 것을 만들 수 있다는 주장에 반대하
　　고, '국수'는 절대 파괴해서는 안 된다고 주장하였다.
60)《皇城新聞》1908년 3월 20일 論說〈朝鮮魂이 稍稍還來乎〉
61)《大韓每日申報》1909년 11월 2일 論說〈國民의 魂〉(《丹齋申采浩全集》別, 167~168쪽).
62) 이 시기《황성신문》에는 앞선 시기의 역사 기술에 비해 외국사, 특히 외국의 망국사를 중심으
　　로, 새로운 독립국 건국사를 자주 소개하였다. 이 또한 국권회복을 위한 한 방안이기도 하였
　　다(崔起榮,〈황성신문의 역사관련 기사에 대한 검토〉,《한국근현대사연구》2, 1995,
　　155~159쪽).

국성을 배양함은 사학史學에 있다"는 것이었다.63) 장지연은 "역사는 정
치의 귀감龜鑑"이라면서, "교육을 시작함에서는 반드시 본국의 역사를
가르쳐 조국 정신을 환기하고, 동족同族 감정을 고발鼓發하여 애국의
혈성을 배양하고 발전의 뇌력腦力을 공고히 해야 한다"고 하였다.64)
곧 조국 정신, 동족 감정, 애국 혈성은 모두 역사 속에서 배울 수 있는
것이었다. 청년들이 역사에 나타나는 인물을 배워 선민先民을 숭배하고
'국성'을 발휘하게 해야 한다는 주장도 제기하였다.65) 조국 정신을 강
조했던 대한자강회는 그 월보에 '국조고사國朝故事'를 연재하여 역사의
중요성을 주장하고, 이를 정리하였다. 계몽운동에서 강조하던 애국심,
애국주의는 바로 역사를 통해서 달성될 수 있다는 것이었다.66)

(나) 애국심을 키우기 위해 역사를 강조한 사람들은 변법개혁론자들이
었다. 신학문과 구학문을 절충한다는 관점에서 본다면, 우리의 구학문
속에 축적된 장점을 취하여 서양의 신학문과 결합해야 할 때, 서양의 문
명에서 볼 수 없는 우리의 장점은 역사 속에서 이어진 민족 정신이었다.

신채호申采浩는 역사의 중요성을 누구보다도 강조한 사람이었다. 그는
먼저 당시 풍미하던 애국심을 위해 역사가 필요하다고 하였다. 당시와
같은 국가 경쟁 속에서 "애국자가 있는 나라는 비록 약하더라도 반드시
강"해지므로,67) 애국심을 배양하는 것이 무엇보다도 긴요하다고 하였다.
신채호는 계몽운동에서 흔히 행하던 연설회나 언론 활동을 통해서는 결

---

63) 《皇城新聞》 1908년 6월 3일 論說 〈歷史著述이 爲今日必要〉.
64) 張志淵, 〈新訂東國歷史序〉, 《韋庵文稿》 권4, 국사편찬위원회, 1956, 146쪽.
65) 《大韓每日申報》 1908년 8월 12일 論說 〈國粹保全說〉(《丹齋申采浩全集》 別, 117~118쪽).
66) 역사와 더불어 지리학도 그러하였다. 장지연은 "지리학이 발달하지 않으면 애국심이 생기지
   않는다"는 외국학자의 말을 인용하면서 지리 속에도 "4천년 祖國精神"이 담겨있다고 하였다
   (《韋庵文稿》 권4, 〈大韓新地志序〉, 151~152쪽). 역사학의 중요한 영역이 역사지리였다는 점
   도 이런 연유였다.
67) 《伊太利建國三傑傳》, 《丹齋申采浩全集》 中, 183쪽. 이 책의 서문은 장지연이 썼는데, 그도
   "애국자와 애국심을 위해 이를 번역한 것"이라 지적하였다(179쪽).

코 애국심을 고취할 수 없다고 하고, "역사를 읽어야 한다"고 주장하였다.

今日 我國民의 愛國心을 喚起코자 ᄒ면 其 術이 何에 出ᄒ가. 獨立館에 進ᄒ야 空前絶後의 大演說을 開ᄒ고 比牧丁具禮敦갓흔 雄辯家를 邀ᄒ야 愛 國ᄒ라 愛國ᄒ라 ᄒᄂ 聲에 喉를 裂盡ᄒ면 其 舌下에 幾十萬 愛國者를 可産 홀가. 余曰 必 不能이니라. 皇城 中央에 向ᄒ야 惟一無二의 大新聞을 創ᄒ고 夏密敦 索士皮亞갓흔 巨文豪를 聘ᄒ야 愛國ᄒ라 愛國ᄒ라 ᄒᄂ 語에 血을 嘔盡ᄒ면 其 筆下에 幾百萬 愛國者를 可造홀가 余 又曰 必 不能이니라. …… 嗚呼라 我가 國을 愛ᄒ랴거던 歷史를 讀홀지며 人으로 ᄒ야금 國을 愛케 ᄒ 랴거던 歷史를 讀케 홀지어다.68)

라고 하여, 오직 역사를 읽어야 애국심을 배양할 수 있다고 하였다. "역사는 애국심의 원천源泉"이었던 것이다.69)

신채호가 거론한 역사는 자국사, 곧 국사였다. 그는 나라의 종교, 산 업, 문화, 무력이 진보 혹은 퇴보하는 현상을 국사라고 하고, 국사가 없 으면 국민이 무사상無思想, 무정신無情神의 국민이 되므로, 국사가 있어야 국민의 애국심, 애조심愛祖心, 독립심, 진취심도 생긴다고 하였다.70)

국사 가운데서도 신채호는 정치사를 중시하였다. 외국사는 지피지기 知彼知己의 차원에서 경쟁에는 도움이 되고, 또 애국심을 방조傍助할 수 는 있으나, 애국심을 주동하지는 못한다고 하였다. 자국의 역사 가운데 종교사나 문학사는 지식을 발달시켜 나라에 헌신할 수는 있고 애국심 을 '찬성贊成'할 수는 있지만, 애국심을 '낳아 만들어[孕造]' 낼 수는 없다

---

68) 申采浩,〈歷史와 愛國心의 關系(속)〉,《大韓協會會報》3, 2쪽 (《丹齋申采浩全集》下, 76~77쪽).
69) 《大韓每日申報》 1908년 8월 8일 論說 〈許多古人之罪惡審判〉 (《丹齋申采浩全集》別, 119~120쪽). 신채호는 "史筆이 강하여야 민족이 강하며, 史筆이 武하여야 민족이 武"하는 것이라고 하였다.
70) 申采浩,《大東歷史》(《東方學志》162, 324~326쪽).

고 단언하였다.71)

신채호가 애국심을 위해 자국의 정치사를 지목한 것은 역사 속의 영웅이 대개 정치사에 등장하기 때문이었다. "국가의 강약은 영웅의 유무에 있고, 장졸중과將卒衆寡에 부재不在한다"면서,72) "역사는 국가의 정신이요, 영웅은 국가의 원기"이므로 "국민이 문명할수록 역사를 더욱 존중히 하고 영웅을 숭배하나니 모두 그 역사를 존중함과 영웅을 숭배함이 즉 그 국가를 사랑하는 사상"이라고 하였다.73) 그들이 거론했던 영웅은 주로 대외적인 위협 속에서 외경력外競力을 발휘하여 민족을 구한 광개토왕, 을지문덕, 연개소문, 최영, 이순신 같은 사람이었다.74) 요컨대 역사 속의 영웅을 강조하여 애국심을 환기하자는 영웅주의, 애국주의 역사론이었다. 계몽운동 초기 신채호의 역사론을 비롯한 많은 논자들의 역사 서술은 영웅주의와 결합되어 있었다.

앞서 언급한 바와 같이, 정세의 변화에 따라 점차 영웅주의에서 국민, 그리고 민족의 새롭게 발견하는 의식의 변화도 있었다. 이에 따라 영웅주의를 강조하면서도 점차 신채호는 역사를 통해 민족 진화의 상태와 국가 치란의 인과를 서술할 것을 주장하게 되었다. 그는 연대 기술, 인명·지명만을 나열하는 것이 역사가 아니라고 하고, 역사는 "그 나라 국민의 변천소장變遷消長한 실적"이며, "일국민의 보첩譜牒"이라고 하였다. 따라서 역사 서술은 우리 조종祖宗의 공열功烈, 덕업, 장적壯蹟 등 위대한 업적도 서술하면서 동시에 조상들의 치욕과 상심까지 기록해야 하며,75) 동시에 국민, 민족의 변천 과정을 밝혀야 한다고 하였다.

이처럼 역사 서술은 애국심을 고취하고 민족을 다시 깨어나게 할 수

---

71) 〈歷史와 愛國心의 關系〉(《丹齋申采浩全集》 下, 72쪽).
72) 《乙支文德》, 《丹齋申采浩全集》 中, 45쪽.
73) 《朴殷植全書》 下, 〈讀高句麗永樂大王墓碑謄本〉, 42쪽.
74) 《丹齋申采浩全集》 別, 〈韓國의 第一豪傑大王〉; 〈許多古人之罪惡審判〉 등.
75) 〈歷史와 愛國心의 關系〉.

있는 방안이었다. 이를 위해서 영웅주의, 애국주의가 강한 가운데 우리 민족의 소장성쇠를 서술하는 원칙을 세웠다. 하지만 점차 영웅주의가 변하고 있었고, 그 대안으로 '국민', '신국민' 또는 국민에 기반을 둔 '신영웅'이 제기되면서 민족(주된 종족)의 흥망성쇠 과정으로 서술하고 역사의 주체에 대한 생각도 달라지기 시작하였다.76) 곧 영웅 중심의 역사론에서 민족에 초점을 맞추고 국민을 주체로 하는 역사론으로 변화하기 시작하였던 것이다.

(다) 한편, 우리 민족을 중심으로 역사를 서술하려면 반드시 구래의 중세적 중국 의존 사관, 즉 존화尊華사관을 극복해야 하였다. 신채호는 역사에서 소중화小中華, 숭정崇禎 기원紀元이나 거론하게 되면 매국노賣國奴, 망국적亡國賊만 만들어 내고 부외벽附外癖, 배외열拜外熱만 치성하게 할 뿐이라고 하였다.77) 이런 점에서 신채호는 김부식金富軾을 비판하였다. 신라 문무왕이 당나라 병사를 격파한 것을 "이소적대以小敵大" 한 것으로 기술하거나, 수·당의 군사가 고구려를 침범한 것을 "중국 조정[中朝]의 동병動兵"이라 존중한 김부식은 "이민족을 숭배한[拜外] 벽견자僻見者"이며, "독립정신을 말살한 자, 역사가의 죄인"이라고 하였다.78) 《황성신문》에서도 존화사관으로 "자국의 역사를 발휘치 않고 타국의 역사를 전송傳誦"하면서 "눈먼 학자의 무리가 존화尊華 두 글자를 칭탁하고 노예 학문을 계속 수수授受하여 국인國人을 불러내니 국성國性이 녹아 없어지고 국수가 마멸磨滅"하게 되었다고 개탄하였다.79)

---

76) 李萬烈, 〈丹齋史學에 있어서의 歷史主體 認識의 問題〉, 《丹齋申采浩와 民族史觀》, 형설출판사, 1980 (《丹齋 申采浩의 歷史學 硏究》, 1990) ; 姜萬吉, 〈申采浩의 英雄·國民·民衆主義〉, 《申采浩의 思想과 民族獨立運動》, 1986.
77) 〈歷史와 愛國心의 關係〉, 79쪽.
78) 〈許多古人之罪惡審判〉(《丹齋申采浩全集》別, 120쪽). 그 외 崇拜支那主義를 滿抱한 최치원 등은 문학가의 죄인이고, 여진이나 몽고의 일갈에 請和乞命한 고려의 明宗, 元宗 등은 帝王家의 죄인이라고 규정하였다.

한편, 우리 역사 서술을 위해서는 우리의 옛 자료도 모아야 한다고
강조하였다. 신채호는 본국의 문헌에 있는 조사朝史, 야승野乘도 모으고,
편린잔갑片鱗殘甲도 수집해야 하며, 또한 고금의 정치 풍속도 여러 방면
으로 세세하게 관찰해야 한다고 하였다.[80] 그는 "자국의 서적은 기 천년
이래의 국민 선조, 선배의 사상과 심혈이 결집한 것"이라고 하면서, 이
간행 사업은 "조국 정신을 환기하는 한 법문法門"이 되고, 또 조국의 역사
를 바로 쓰는 일이며, 독립, 자존심을 기르는 것이라 하였다. 이런 책으
로 《연암문집》, 《여유당전서》, 《동사강목》, 《연려실기술》, 《조선집요朝野
輯要》, 《택리지》, 《이십사걸전二十四傑傳》, 《산수명화》, 《동국통감》, 《반
계수록》 등을 거론하였다. 만약 아직 간행되지 않은 이런 서적들이 일본
등지로 빠져나가 없어져 버리면 우리 영웅 열협烈俠의 성광聲光과 철유학
사哲儒學士의 학설이 모두 없어질 것이라고 우려하였다.[81]

(2) 단군 중심의 역사 체계

(가) 국수, 국혼, 국성의 배양을 위해 우리 민족의 소장消長 성쇠盛衰
를 역사로 서술하게 되면서 자연스럽게 민족의 출발점인 단군檀君을 중
심으로 역사를 체계화하였다. 당시 역사 서술에는 단군과 기자箕子를
둘 다 숭상하는 논의가 많았다. 기자를 중심으로 한 마한정통론馬韓正統

---

79) 《皇城新聞》 1909년 1월 6일 論說 〈讀高句麗永樂大王(廣開土王)墓碑謄本〉; 皇城子 編者識,
〈讀高句麗永樂大王墓碑謄本〉, 《西北學會月報》 9. (《朴殷植全書》 下, 42쪽). 그런데 잡지에 실
린 '황성자'라는 필명은 황성신문에서 전재한 것이라는 점에서 박은식의 글이 아닐 가능성도
있다고 한다(노관범, 〈大韓帝國期 朴殷植 著作 目錄의 再檢討〉, 《韓國文化》 30, 2002,
269~271쪽).

80) 壹片丹生, 〈讀史新論〉, 《大韓每日申報》 1908년 8월 27일(《丹齋申采浩全集》 上, 472쪽).

81) 《大韓每日申報》 1908년 6월 14일 論說 〈舊書蒐集의 必要〉(《丹齋申采浩全集》 別, 171쪽);
《大韓每日申報》 1908년 12월 18~20일 論說 〈舊書刊行論―書籍出版家 諸氏에게 告함〉(《丹
齋申采浩全集》 下). 물론 서양의 신서적을 간행하는 일도 중요하다고 하였는데, 이 사업도
반드시 한국의 풍속, 학술상의 고유한 특질을 발휘하여 서구 외래의 신이상, 신학설을 수입하
여 국민의 심리를 活現할 수 있는 '한국의 신서적'이 되어야 된다고 강조하였다(〈舊書刊行論〉,
下, 99~100쪽).

論을 따르고 조선이나 대한제국 황실의 권위를 높이기도 하였다.[82] 그러나 민족적 위기 속에서 점차 단군을 강조하는 논의가 활발해졌다.
단군을 중심으로 역사를 체계화하는 작업은 개신유학자改新儒學者, 곧 변법개혁론 계열의 학자들이 주도하였다. 기자를 부정한 것은 아니었지만, 단군을 국조로 명확하게 규정한 것이었다. 그들이 이런 역사체계 속에서 드러내고자 했던 것은 '자주와 독립'이었다. 정교鄭喬의 《대동역사大東歷史》(1906)는 단군부터 우리 역사를 기술하였다. 단군을 언급하지 않은《삼국사기》를 비판하면서, 단군조선 - 기자조선 - 마한을 정통으로 처리하였고, "우리 동방은 단군, 기자, 마한 이후로 자주독립국"이라는 사실을 강조하였으며, 임나일본부는 아예 기술하지도 않았다. 유근柳瑾도 《신정동국역사新訂東國歷史》(1906)에서 단군부터 우리 역사를 시작하고, 임나일본부를 기술하지 않았는데, 이 책의 서문을 쓴 장지연도 "독립주의를 천명한 것"으로 평가하였다.[83]

단군에 대한 관심이 높아지면서, 이른바 '단군국수사관檀君國粹史觀'이 넓게 보급되었고,[84] 1909년 대종교가 창립되었다. 정교와 유근은 모두 대종교와 관련을 맺고 있었다. 또한 위작 논란이 있는 〈환단고기桓檀古記〉, 역시 변법론 계열 이기李沂의 감수 아래 간행되었다.[85]

단군을 중심으로 고구려, 발해 계통의 역사를 체계화하면서 자연스럽게 만주 지역에 관심을 크게 가졌다. 신채호는 역사적으로 만주 지역

---

82) 朴光用, 〈箕子朝鮮에 대한 認識의 변천〉, 《韓國史論》 10, 1980 ; 〈檀君 認識의 變遷〉, 《韓國史學史研究》, 趙東杰先生停年紀念論叢, 1997.

83) 김도형, 〈정교·장지연·유근〉, 《한국의 역사가와 역사학》 하, 창작과비평사, 1994 참조. 물론 이들은 일제의 간섭이 강화되면서 이런 점들이 애매하게 처리되었다.

84) 佐佐充昭, 〈檀君ナショナリズムの形成〉, 《朝鮮學報》 174, 2000 참조.

85) 《桓檀古記》 가운데 한 책인 〈太白逸史〉는 李沂 소장본이었다. 대종교의 창건과 개신유학자의 관계는 朴桓, 《滿洲韓人民族運動史研究》 제3편 제1장 〈羅喆의 人物과 活動〉, 1991, 269~270쪽 참조. 그리고 대종교 관련 서적의 진위에 대해서는 趙仁成, 〈韓末 檀君關係史書의 再檢討〉, 《國史館論叢》 3, 1989 ; 朴光用, 〈대종교 관련 문헌에 위작 많다〉, 《역사비평》 10, 1990 등 참조

을 검토하였다. 만주는 단군이 고조선을 창건한 뒤에는 중시되었지만, 고구려의 평양 천도 뒤에 경시되면서 결과적으로 국세國勢가 점차 하락하여 멸망하게 되었다고 보았다. 당시에도 만주의 지정학적 중요성을 지적하여 "한민족이 만주를 얻으면 한민족이 강성하며, 타민족이 만주를 얻으면 한민족이 열퇴劣退"하였다고 하였다.86) 또한 일제의 강점이 가까워지면서 만주 지역으로 이주하는 사람이 많아지자, 신채호는 만주의 한인들이 애국 사상을 높이고 국수를 보전하면서 정치 능력을 배양해야 한다고 하였다.87) 1910년대 만주 지역에서 이루어진 박은식, 신채호 등의 역사 연구가 국수 보전론과 대종교의 강한 영향 속에서 이루어졌던 점은 당연한 것이었다. 1910년대 민족운동의 중심지가 된 것도 이런 연유에서 가능하였다.

(나) 새로운 역사학은 신채호의 《독사신론讀史新論》으로 체계화되었다. 그는 국가를 "민족 정신으로 구성된 유기체"라고 하고, 나라의 역사는 "민족 소장消長 성쇠盛衰의 상태를 열서閱敍할 것"이라고 하면서, 민족을 버리면 역사가 없어지고, 역사를 버리면 민족의 그 국가에 대한 관념이 작아진다고 하였다.88)

신채호는 '민족주의'에 입각하여, 국맥國脈 유지를 위한 역사를 강조하였다.

> 今日에 民族主義로 全國의 頑夢을 喚醒ᄒ며, 國家 觀念으로 靑年의 新腦를 陶鑄ᄒ야, 優存劣亡의 十字街頭에 幷驅ᄒ야 壹綫尚存의 國脈을 保有코자 홀진대 歷史를 捨ᄒ고는 他術이 無ᄒ다 홀지나 …… 89)

---

86) 《大韓每日申報》 1908년 7월 25일 論說 〈韓國과 滿洲〉(《丹齋申采浩全集》 別, 232~234쪽).
87) 《大韓每日申報》 1910년 1월 12일 論說 〈滿洲問題에 就ᄒ야 再論홈(續)〉(《丹齋申采浩全集》 別, 242~243쪽).
88) 〈讀史新論〉, 《大韓每日申報》 1908년 8월 27일(《丹齋申采浩全集》 上, 471쪽).
89) 〈讀史新論〉, 《大韓每日申報》 1908년 8월 27일(위 책, 472쪽).

라고 하였다. 만약 민족주의와 국가에 대한 생각이 없으면 '무정신無精
神의 역사'가 되고, '무정신의 민족'이 될 것이라고 하였다.

이에 신채호는 이전의 역사 기술이 비주체적, 비자립적으로 이루어
진 잘못을 지적하였다. 김부식이 발해사를 우리 역사에 편입시키지 않
고 압록강 이북을 포기했던 점을 비판하였으며,[90] 또한 당시 역사 교
과서가 자민족 중심이 아니라 중국족, 지나족, 일본족 같은 다른 민족
을 중심으로 서술하고 있던 점도 힐난하였다.

余가 現今 各 學校 敎科用의 歷史를 觀ᄒ건딘, 價値 有ᄒ 歷史가 殆無ᄒ도
다. 第壹章을 閱ᄒ면 我民族이 支那族의 一部分인 듯ᄒ며, 第二章을 閱ᄒ면
我民族이 鮮卑族의 壹部分인 듯ᄒ며, 末乃 全篇을 閱盡ᄒ면, 有時乎 말갈族
의 壹部分인 듯 ᄒ다가, 有時乎 蒙古族의 壹一分인 듯 ᄒ며, 有時乎 女眞族의
壹部分인 듯 ᄒ다가, 有時乎 日本族의 壹部分인 듯ᄒ니, 嗚呼라 果然 如此ᄒ
진딘 我 幾萬方里의 土地가 是 南蠻北狄의 修羅場이며, 我 四千餘載의 産業
이 是 朝梁暮楚의 競賣物이라 ᄒ지니……[91]

특히 임나일본부를 수록하여 일본을 숭배하는 노예의 성질이 커지면
서 우리나라 4천 년 역사가 일본사의 부속품이 되고 말 것이라고 경고
하였다.[92]

그리하여 신채호는 우리 민족, 곧 부여족을 중심으로 우리 역사를
체계화하였다. 그는 우리 '동국東國 민족'을 구성하는 인종을 6종, 즉
선비족, 부여족, 지나족, 말갈족, 여진족, 토족土族으로 구분하고, 이
가운데 부여족이 다른 다섯 종족을 정복, 흡수하여 역대로 동국 민족의

---

90) 〈讀史新論〉, 《大韓每日申報》 1908년 12월 12일, 12월 13일(위 책, 510~512쪽).
91) 〈讀史新論〉, 《大韓每日申報》 1908년 8월 27일(위 책, 471~472쪽).
92) 〈讀史新論〉, 《大韓每日申報》 1908년 11월 8일(위 책, 496쪽).

주인이 되었다고 보았다. 따라서 4천 년 동국의 역사는 부여족이 흥망
성쇠한 역사라고 하였다. 국사 서술은 부여족을 중심으로 그 정치, 실
업, 무공, 습속, 외래 각 족의 흡입吸入, 타국과의 교섭을 포함하여야
하며, 반드시 민족의 대화복大禍福, 대이해大利害와 관련된 사건, 인물
도 서술하자고 하였다.93) 요컨대 그는 기자조선-삼한으로 이어지는
한족韓族 중심의 국사 체계를 비판하고, 단군을 계승한 부여족을 조선
민족의 주족主族으로 파악하여 단군-부여-고구려-발해로 이어지는
정통론을 주장하였다.94)

   그러나 《독사신론》에서는 아직 민족과 국가 관념이 분리되지 않았다.
앞서 본 바와 같이, 그가 주장했던 '민족주의'는 종족주의, 국가주의 등과
착종錯綜되어 있었던 것이다. 민족주의의 주체에 대한 명확한 인식은 형
성되지 않았지만, 민족주의에 대한 맹아적인 인식은 가지고 있었다고 할
것이다. 이런 점에서 《독사신론》은 근대 역사학 성립 초기 "근대적 역사
의식의 초석礎石"을 놓은 것으로95) 보아도 좋을 것이다.96)

   역사 연구를 통해 민족주의는 차츰 국가, 영웅에서 벗어나 민중, 민
족을 중심으로 발전하여 갔다. 나라가 망하면 '국가'를 중심으로 결집하
는 논리는 약화될 수밖에 없었다. 민족주의는 국가주의적 성격을 벗어
나게 되었고, 이는 영웅을 벗어나 '신국민'을 찾는 형태로 발전하였다.

---

93) 〈讀史新論〉, 《大韓每日申報》 1908년 8월 27일, 8월 29일(위 책, 472~474쪽).
94) 단군과 부여족 중심의 국사 체계화를 시도한 것은 《讀史新論》과 비슷한 시기에 집필된 《大東
    歷史》에도 보인다. 이 책을 새로 발굴하며 소개한 김종복·박준형, 『『大東歷史(古代史)』를 통
    해 본 신채호의 초기 역사학〉, 《東方學志》 162, 2013 참조.
95) 韓永愚, 〈韓末에 있어서의 申采浩의 역사인식〉, 《丹齋 申采浩와 民族史觀》, 형설출판사,
    1980.
96) 신채호는 후에 《朝鮮上古史》를 저술하면서 그 총론에서 '史料의 蒐集과 選擇의 중요성을 지적
    하면서 "距今 十六年 前에 國恥에 發憤하여 비로소 東國通鑑을 閱讀하면서 史評體에 가까운
    讀史新論을 지어 大韓每日申報 지상에 發布하며, …… 그 論評의 獨斷임과 行動의 大膽임을
    至今까지 自愧하거니와"라고 하면서, 스스로 《讀史新論》이 온전한 형태의 역사 서술은 아니
    고, 또 사료 수집 등에 문제가 있는 것으로 보았다(《丹齋申采浩全集》 上, 47쪽).

2. 민권 신장과 입헌론

국권회복과 근대개혁을 위해서는 국민, 인민의 권리를 확립해야 한
다는 주장도 강화되었다. 나라의 빈약과 국권상실의 원인이 백성들의
빈약[民弱], 자강 정신의 쇠퇴, 그리고 정치 권력자의 수탈 등에서 일어
난 것이므로 민권民權을 확립하는 길이 자강과 국권회복을 이룰 수 있
다는 판단이었다. 민권은 유교 사회 체제 속에서 언급하던 '민본民本'과
는 다른 차원이었다. 통치의 대상이었던 '민民'이 권리의 원천으로 통치
에 참여하는 것이었다. 민권이라는 의미가 전근대 정치이념 속에 존재
하지 않았으므로 서양의 근대 정치체제와 법률이 필요하였다. 당시 서
양 정치론은 중국 변법운동의 양계초梁啓超의 사상, 일본의 문명개화론
등의 영향 아래 수용되었으며, 차츰 서양을 직접 경험하면서 이를 통해
들어오기도 하였다. 계몽운동에는 도입 경로, 논자의 문제 의식 등에
따라 여러 계통의 정치 학설이 수용, 소개되었다.[97] 논의의 구조에 따
라 약간 다르기는 하였지만, 전반적으로 개인의 성장, 민권 신장을 지
향하였다. 근대 민족주의, 국민주의의 기초가 될 수 있었다.

1) 입헌체제와 민권 : 입헌군주론, 국가유기체론

(1) 입헌제 수립의 필요성
(가) 근대국가는 전제 정치를 청산하고 새로운 정치 체제, 국가 체제

---

97) 당시 서구 정치학 및 사회과학 수용의 일반적인 흐름은 김학준, 《한말의 서양정치학 수용
연구 : 유길준, 안국선, 이승만을 중심으로》, 서울대학교출판부, 2000 ; 진덕규 편, 《한국사
회의 근대적 전환과 서구 '사회과학'의 수용》, 선인, 2013 참조.

를 구축해야 가능하였다. 하지만 대한제국大韓帝國이 황제의 전제권을 강화하는 가운데, 근대적 개혁을 주도하던 시기에는 입헌 문제나 정체 개혁 문제를 거론할 수 없었다. 독립협회, 만민공동회 운동에 대한 고종의 대응을 보면 잘 알 수 있다. 따라서 이들 운동도 민권을 주장하였지만, 대한제국의 황제 체제를 지지하거나 적어도 이를 저해하지 않는 범위의 논의였다. 그러다가 1905년 국권상실 이후, 대한제국 체제가 해체되어 정체, 국체에 대한 논의를 본격적으로 제기되기 시작하였다.

장지연張志淵의 정치론도 이런 변화를 보였다. 대한제국이 설립될 때, 그는 고종의 황제 즉위를 지지하였다. 1897년, 아관파천을 반대하고 환궁을 청하는 만인소萬人疏를 지었고, 고종이 환궁하자 황제 취임을 요구하는 상소를, 1899년에는 황제의 예를 갖추라고 상소하였다.98) 이런 일련의 상소는 그의 '소중화' 의식에서 비롯된 것이었다. 명明이 망한 뒤 우리의 조종祖宗이나 선유先儒들이 300년 동안 한恨을 품고 있었으므로 고종이 황제 자리에 오르는 일은 명나라를 계승하는 것으로 보았다. 곧 "위로는 유명有明의 끊어진 전통을 접하는 것이고, 아래로는 대한의 무궁한 과업을 내리는 것"이라고 하였다. 고종의 칭제[稱皇]와 제국帝國의 설립은 옛 중국(동양) 제도를 복원하는 것이지 유럽의 예에 따른 것이 아니라고 하였다.99)

그러나 1904년, 장지연은 국권상실의 위기 속에서 '입헌立憲'의 필요성을 포함한 정치 개혁을 주장하였다. 장지연은 장도張燾, 김상연金祥演 등과 함께 중추원에 55조의 시정개선을 건의하였다.100) 건의안은 황제가

---

98) 張志淵, 《韋庵文稿》 권11, 〈年譜〉, 474쪽.
99) 《韋庵文稿》 권3, 〈請定皇儀疏〉, 86~87쪽. 당시의 보수 유학자들은 고종의 稱皇을 서구의 예에 따른 것이고 明의 전통을 계승하지 않는다고 하여 반대하였다. 장지연은 이런 崔益鉉의 주장을 '有明의 전통이 隱然하여 陛下의 聖躬에 돌아왔다'는 입장을 강조하면서 비판하였다(《韋庵文稿》 권3, 〈辨斥政崔益鉉論皇禮疏〉, 90~91쪽).
100) 《皇城新聞》 1904년 3월 19일 잡보 〈樞院獻議〉. 이에 대해서는 최기영, 〈露日戰爭 발발 직후 지식인의 政治改革論: 1904년의 '政治更張에 關한 主要事項'을 중심으로〉, 《吉玄益敎授

통치권, 입법권 등의 전권을 가지되 일부에는 권한 분립과, 제한적이지만
의회 설립 등을 거론하고, 국민[臣民]의 권한을 일부 인정하자고 하였다.

건의안에는 먼저, "대한제국은 일계一系의 황통皇統으로 만세에 무체
無替할 것"(1조), "황실의 규범을 특정하여 황위 계승의 순서 및 격례格
例를 명확히 할 것"(2조), "대황제폐하께서는 고유하신 주권으로 만기
萬機를 친재親裁하여 제국帝國을 통치할 것"(3조) 등, 대한제국과 그 황
제권을 확립해야 한다고 하였다. 그러면서도 이를 이어 "제국의 입법立
法은 유래由來의 조의朝意에 의하여 대황제폐하께옵서 전재專裁로 제정
하시며, 행정 및 사법에 관하여는 각기 상당한 권한을 그 관부에 위임
하여 행하게 할 것"(4조)이라 하여, 입법권은 황제가 가지되 행정과 사
법에 관한 사항은 해당 부서에 권한을 위임하는 형태로 '분립' 제도를
제안하였다. 삼권三權을 모두 황제가 가졌던 1898년의 〈대한국 국제國
制〉보다 진전된 형태였다.

또한 중추원의 의회 역할 활성화, 민권 확립, 교육 및 산업 발전 등,
새로운 사회 변화도 추구하였다. 중추원은 관제를 고쳐서 정부의 시정
사항을 심사 토론케 하고 국민들이 건의하는 것도 의논하게 하면서 원
내에서는 의원들의 언론 자유를 인정하게 하여(44조), 의결권은 없으
나 자문 기구로써 '의회'의 기능을 담당케 하였다. 또한 신민臣民들은
법률에 따라 언론·저작·집회·결사·신교信敎의 자유와 소유 재산의
권리도 보장받고, 납세와 병역의 의무도 지도록 하였다(40~43조). 그
밖에 재정(탁지부 일관, 은본위제, 중앙은행 등), 교육(의무 교육, 외국
유학 등), 산업(실업 장려, 이권 반환 등), 헌병과 경찰의 지방 설치
등을 건의하였다. 요컨대 황제의 절대권을 인정하는 가운데 민권도 일
정하게 보장받는 형태, 가령 외견적外見的 입헌군주제 또는 개명군주제

停年紀念史學論叢〉, 1996 참조.

를 구상한 것으로 보인다.[101]

헌법을 비롯한 '헌정憲政'을 연구한다는 단체도 출현하였다. 1905년
5월에 만들어진 헌정연구회憲政硏究會는 헌법 제정, 입헌 정치를 주장하
였다.[102] 회장 장기렴張基濂, 부회장 이준, 평의장 윤효정 등 얼마 뒤에
계몽운동에 참여했던 사람들이었다. 그들은 서구 열강이 부강하게 된 원
인이 입헌 체제에 있다고 보고, 전제 정치를 개혁해야 할 것을 주장하였
다. 그들이 언급한 입헌 정체는 입헌군주제였다. 물론 이런 제도도 "제실
帝室의 권위를 흠정헌법에 게재하여 존중하고 영광스럽게"하는 '흠정헌
법欽定憲法'을 제정하는 것을 목표로 하였다. 헌법 제정까지 10년 정도
걸릴 수 있으므로, 이와 더불어 조세, 교육, 농상공광, 회계, 법률, 호적,
인구, 병역, 의회 등에 관한 제반 정치 업무도 연구하자고 하였다.

(나) 1905년 국권이 상실되자, 그 원인의 하나로 전제 정치를 들고,
이를 고치지 않으면 국권을 회복할 수 없다는 흐름이 강하게 대두되었
다. 전제 정치 아래에서는 국권회복에 필수적인 애국심을 키울 수 없다
는 점이었다. 애국심은 입헌 체제 아래에서 가능하다는 판단이었다.
윤효정은 러일전쟁을 예로 들어 애국심과 정체의 관계를 설명하였다.
애국심의 강약이 국가의 강약인데, 임금의 권한이 무한하고 민권이 부
진한 전제 정치 아래서는 국민의 애국 사상이 생길 수 없다고 하고,
입헌 정치를 시행한 일본이 승리할 수밖에 없다고 분석하였다.[103]

그 밖에 많은 논자들이 동일한 논의를 내어놓았다. 원영의元泳義는 전

---

101) 북한에서는 '반일 투쟁의 요구를 전면에 제기하지 못한 당시 '애국적 지식인들 자체의 소극성과
    나약성'을 반영하면서도, 본질에서는 외국의 간섭을 물리치고 봉건제도를 개혁하여 부르주아적
    입헌군주제를 수립하려는 것이었다고 적극적으로 평가하고 있다(《조선전사》 14, 142~145쪽).
102) 崔起榮, 〈憲政硏究會에 관한 일 고찰〉, 《尹炳奭教授華甲紀念韓國近代史論叢》, 지식산업사,
    1990. 헌정연구회에 대해서는 대한자강회 이전 계몽운동 단체를 살펴볼 때 이미 언급한
    바 있다(Ⅱ-제1장).
103) 朝陽樓主人 尹孝定, 〈專制國民은 無愛國思想論〉, 《大韓自强會月報》 5, 19~21쪽.

제 정치 아래서 인민은 국왕의 노예적 지위에 불과한 하나의 물건이라고 하였다.[104] 민력이 부패해지면서 나라를 위한 충애의 사상이 없어지게 된다고도 하였다.[105] 그 결과 백성은 정부를 도적처럼 대하고 정부는 백성을 구적仇敵처럼 여겨, 서로 용납지 않는 현상이 바로 망국의 큰 원인이라고 하였던 것이다.[106] 최린崔麟도 입헌 정체와 애국심의 관계를 설명하면서 애국심은 입헌제도의 참정권에서 획득된다고 하였다.[107]

'자강'을 강조하던 《대한매일신보》에서는 전제 정치로 말미암아 자강 정신이 없어졌다고 지적하였다. 자강하기 위해서 꼭 필요한 자강의 지기志氣가 소융銷融(녹아 없어짐)한 이유는 '전제 정치의 기염'과 압제 관리의 마완魔腕(마귀 같은 수완) 때문이라고 하였다.[108]

민권 신장을 애국심 차원에서 거론하게 되면서 '국권'을 더 중시하는 흐름도 강하였다. 국가주의 경향을 보이던 당시 식자층의 당연한 결론이었다. 경쟁 시대에서 민족을 유지하기 위해서는 '국권은 민권의 원천'이라는 원리를 명심해야 한다고 하였으며,[109] 국권에 복종하는 것이 개인, 인민의 의무라고 하면서, 국민된 자는 애국적 정신을 분발하여 이국적利國的 사업을 해야 하며, 나라의 번영이 개인의 번영이라는 사실을 깨닫고, 국가 일을 개인 일보다 우선하고, 국가가 위급할 때 몸을 희생하는 것이 의무라고 하였다.[110]

개인의 권리도 국가가 보장하고 부여하는 것으로 규정하였다. 신민臣民과 국권의 관계를 절대적 복종의 관계로 보고, 절대 복종으로 말미

---

104) 元泳義, 〈政治의 進化〉, 《大韓協會會報》 5, 25쪽.
105) 南宮濆, 〈自由論〉, 《大韓自强會月報》 9, 9쪽.
106) 金成喜, 〈國民的 內治 國民的 外交〉, 《大韓協會會報》 4, 25쪽.
107) 崔麟, 〈愛國心與參政權 常委正比例〉, 《大韓留學生學報》 1, 7~8쪽.
108) 《大韓毎日申報》 1908년 12월 31일 論說 〈自强의 志氣를 振作ㅎ리〉.
109) 《大韓毎日申報》 1909년 10월 26일 論說 〈國權이 無ㅎ고 民權을 夢ㅎ는 痴物輩〉. 물론 여기에서는 민족과 국가를 혼동하고 있다.
110) 山雲生, 〈國民의 義務〉, 《西友》 17, 23쪽.

암아 인민은 국권의 보호를 받고 자유 같은 권리도 행사할 수 있다고 하였다.111) 특히 우리나라는 국권회복, 인민 진흥, 교육 확장, 실업 발달에 힘써 다른 문명 세계와 대립할 수 있어야 하므로, 국가에 대한 권리와 자유[가령 행정 청구권, 자유권, 참정권 등]는 유보하더라도 대외적인 권리와 자유[국권회복]는 급히 행하자고 하였다.112) "임금과 국민이 협화協和하여 상하 일치"하는 명분 아래 '복종'을 거론한 것도 마찬가지 논리였다.113)

(다) 국권과 민권 가운데 어느 쪽에 더 중점을 두느냐와 상관없이, 문명과 독립, 그리고 자강, 애국, 강국 등을 위해서는 전제 정치를 개혁하고 입헌 체제를 만들어야 한다는 논의는 동일하였다. 곧 "입헌은 문명 부강의 주물主物이고, 문명 부강은 입헌의 종물從物"이므로 입헌 사상이 결핍된 국가는 독립을 유지할 수 없고 추락된 국권도 회복하기 어렵다고 단정하였다.114) 또 당시 사회적 과제를 '입국立國과 강국强國'으로 규정한 어느 논자는 '입국'은 민족 정신, 민족 사상을 함유하면 가능하고, '강국'은 서양 정치제도와 정체 수립으로 가능하다고 강조하였다.115) 입헌을 위해 서양 정치학을 배워 국리민복國利民福을 추구하는 것이 후진 국의 이익이자 의무라고 주장하는 논자도 있었다.116)

당시 서양 정치론 수용에 가장 적극적이었던 사람이 김성희金成喜였다. 독립 국가를 이루기 위해서는 민족 정신과 애국심이 필요하며, 애국심을 위해서는 헌법과 헌정 기관의 정비, 정치 사상의 배양이 필요하

---

111) 韓光鎬, 〈統台의 目的物〉, 《西友》 5, 24쪽 ; 玉東奎, 〈人民自由의 限界〉, 《西友》 2, 28~29쪽.
112) 金翼瑢, 〈今日 吾人의 國家에 對흔 義務及權利〉, 《西北學會月報》 1, 27~32쪽.
113) 羅弘錫, 〈服從과 命令〉, 《大韓留學生學報》 1, 7쪽.
114) 金振聲, 〈立憲世界〉, 《大韓興學報》 4, 22~23쪽.
115) 蘆浪居士, 〈敎育問題〉, 《大韓協會會報》 7, 13~15쪽.
116) SK生, 〈政治論〉, 《大韓興學報》 8, 34~35쪽.

다고 하였다. 즉 애국심은 민족의 강권強權에서 만들어지고, 강권은 그
나라의 정체政體에서 비롯되므로,117) 나라를 위하는 길은 토지의 크기,
인민의 많음, 군대의 강약, 재곡財穀의 다소로 말할 수 없고, 오직 안으
로 헌정 기관을 완비해야 밖으로 국가 주권이 다른 나라와 견주어 뒤떨
어지지 않을 것이라고 강조하였다.118) 헌법을 제정하여 완전 독립을
확정하고, 선거와 대의제를 실시하여 정부 기관을 감독하여 정치사상
을 양성해야 한다고 하였다.119)

《대한매일신보》는 헌정연구회憲政研究會를 만들자고 주장하였다. 당
시를 '헌정 세계'라 규정하고, 헌정을 행하는 국가는 반드시 흥하고,
헌정을 행하지 못한 나라는 반드시 망한다고 하였다. 따라서 외국으로
부터 정치, 법률의 지식을 받아들여 안으로 그 학술을 진흥하면서, 다
른 한편으로는 국내의 유지 · 유식자들이 헌정연구회 같은 조직을 만들
어 연설회 · 토론회를 열고, 신문 · 잡지를 간행하며, 서적을 간행 · 배
포하고, 인민의 헌정사상을 높여야 한다고 하였다.120)

(라) 정치체제의 변혁과 민권 신장을 주장하면서 동시에 이에 걸맞은
새로운 국민, '신국민'이 되어야 한다는 논의도 많았다. 신국민의 형성
은 사회의 주체에 대한 인식 변화 속에서도 거론하였지만, 근대 정치론
과 관련해서는 평등, 자유, 정의를 신국민의 '도덕'으로 삼아야 한다는
것이었다.

---

117) 金成喜, 〈民族國家說〉, 《夜雷》 2, 4~6쪽.
118) 金成喜, 〈國家意義(續)〉, 《大韓自强會月報》 13, 41쪽. 그는 헌법의 이득을 ① 專制의 범위를
　　벗어나 民權을 보유, ② 政治가 자립하고 종교로서 규제 못함, ③ 國家의 의지를 정하여
　　체제를 정비, ④ 백성에게 參政權을 허가하여 사회유지, ⑤ 民選議員을 두어 정부를 감독,
　　⑥ 自治制의 실시로 단체조직, ⑦ 君主의 神聖한 지위를 尊重하여 책임지는 바가 없도록
　　한다는 것 등으로 지적하였다.
119) 金成喜, 〈論外交上經驗의 歷史〉, 《大韓協會會報》 8, 8~9쪽.
120) 《大韓每日申報》 1910년 3월 19일 論說 〈憲政研究會의 必要〉.

먼저, 평등에 대해서는 다음과 같이 언급하였다.

人類는 人格이 平等이오, 人權이 平等이니, 嗚呼라, 彼 不平等主義는 人類界의 惡魔오 生物界의 罪人이로다. / …… 故로 平等主義가 行ㅎ는 國은 반다시 興ㅎ엿나니, 歐美 文明 各國이 是오, 不平等의 主義가 行훈 國은 반다시 亡ㅎ엿나니, 波蘭, 印度 등 國이 是라. …… '不平等' 三字는 韓國의 最大仇讐니라.[121]

라고 하여, 곧, 모든 인류는 인격적으로, 인권적으로 평등하다는 점, 그리고 나라의 흥망은 '평등 여하'에 달려 있고, 불평등은 한국의 제일 큰 원수라고 하였다. 따라서 평등을 이루기 위해서는 '망국멸민亡國滅民'하는 각종 계급, 즉 씨족, 관민, 적서, 사농공상, 남녀 등의 계급을 없애야 한다고 하였다.

다음, 자유에 대해서는

自由는 吾人의 第二生命이라. …… 故로 曰 人이어날 自由를 失훈 者는 人格이 無ㅎ야 一禽獸며 一木石이니 此所謂無形의 死며 …… 嗚乎라 是以로 彼眼光이 如炬훈 國民은 身을 犧牲ㅎ야 自由를 渴求하엿도다. / 悲夫라 韓國은 從來로 自由二字를 不知훈 國이라. 故로 勢力界의 奴隸되며 思想界의 奴隸되며 現狀界의 奴隸가 되야 ……[122]

라고 하여, 힘 있는 세력의 노예, 옛 사상의 노예, 그리고 현상現狀의 노예를 벗어나야 진정한 자유를 얻을 수 있다고 하면서, 제2의 생명인 자유를 얻기 위해서는 몸을 희생하는 것도 감수해야 한다고 하였다.

---

121) 《大韓每日申報》 1910년 2월 25일 論說 〈二十世紀 新國民(續)〉《丹齋申采浩全集》 別, 215쪽).
122) 《大韓每日申報》 1910년 2월 25일 論說 〈二十世紀 新國民(續)〉《丹齋申采浩全集》 別, 216~217쪽).

이미 세계적으로 자유주의가 실현되고 있고, 영국과 프랑스의 혁명
이나 미국 독립, 이태리 통일 등이 모두 자유주의에 의거한 것으로,
"자유주의를 지향하는 자는 존재하고, 자유주의에 순응한 자는 강하게
되었다"고 판단하였다.[123]

그리하여 평등, 자유가 바탕이 된 새로운 정치 사상이나 정치 능력
을 배양해야 국민, 국가, 민족이 유지, 확장될 수 있다고 보았다. 그동
안 "전제 정치의 독毒"으로 국민의 정치 사상과 능력이 발휘되지 못하
였는데,

> 嗚呼라 同胞여, 同胞는 政治思想을 奮興호며 政治能力을 長養호야 獨立的
> 國民의 天能을 張하며, 立憲的 國民의 資格을 具호야 國家의 命을 維持호며
> 民族의 福을 擴張호라.[124]

라고 하였다. 정치사상을 키워 독립된 국민의 능력, 입헌적 국민 자격,
국가의 생명 유지, 나아가 민족을 얻고 복을 얻을 수 있다고 하였다.

이에서 더 나아가 평등, 자유 정신에 의한 입헌 체제는 '인류의 복음'
이자 역사적으로 축적된 '문명'이 진보되는 것으로 생각하였다.

> 彼西洋은 暗黑時代가 暫過호고 黃金時代가 復回호야 文明의 氣運이 精神
> 界와 物質界에 膨脹하야 道德, 政治, 經濟, 宗敎, 武力, 法律, 學術, 工藝 等이
> 長足의 進步를 作하니 於是乎 國家의 利가 日로 多호며 人民의 福이 日로
> 大호야 專制封建의 舊陋가 去호고 立憲共和의 福音이 遍호야 國家는 人民의
> 樂園이 되며 人民은 國家의 主人이 되야 孔孟의 輔世長民主義가 此에 實行
> 되며 루소의 平等自由精神이 此에 成功되엿도다.[125]

---

123) 《大韓每日申報》 1910년 2월 23일 論說 〈二十世紀 新國民(續)〉(《丹齋申采浩全集》 別, 213쪽).
124) 《大韓每日申報》 1910년 3월 3일 論說 〈二十世紀 新國民(續)〉(《丹齋申采浩全集》 別, 226쪽).
125) 《大韓每日申報》 1910년 2월 23일 論說 〈二十世紀 新國民(續)〉(《丹齋申采浩全集》 別, 213쪽).

곧 서양이 정신적, 물질적으로 문명을 이룬 것은 전제 봉건을 제거하고 입헌 공화의 복음을 편만하여 인민의 낙원이 되고 인민이 국가의 주인이 되었으며, 루소의 평등·자유 정신이 달성되었다고 하였다.

(마) 전제 정치 개혁과 입헌 논의가 학문적 차원에서 제기되고 있었지만, 형해화形骸化된 대한제국의 황제가 존재하던 국내에서는 입헌제 논의가 여전히 자유롭지 않았다. 더구나 공화제에 대한 논의는 거의 불가능하였다. 이와 달리 국외, 특히 미주 지역의 한인들은 비교적 자유롭게 전제 정치를 비난하고 민권과 입헌제, 공화제를 주장하였다.126)

미국의 공립협회共立協會는 전제 시대의 국가와 백성의 관계를 도적과 노예의 관계로 설명하였다. 곧 "전제 시대의 제왕과 귀족이 평민에 대하여 의무는 조금도 없고 권리만 탐절하는 민적民賊이며, 평민은 제왕과 귀족에 대하여 권리는 없고 의무만 있는 노예"라고 보았다.127) 결국 이런 전제 정치의 폐습 때문에 나라가 망한다고 하였다.128) 따라서 나라를 되찾는 일은 전체 정치를 변혁하지 않으면 불가능한 일이 되었다.

전제 체제의 변혁을 위해 먼저 '주권재민主權在民'을 명확히 해야 하였다. 즉, "나라라 하는 것은 강토와 그 안에 있는 백성을 합하여 부르는 명사니, 나라는 백성의 나라이오, 임금과 정부의 나라가 아니라"고도129) 하였고, 또는 "무릇 임금은 나라를 위하여 둔 것이요, 나라는 임금을 위하여 세운 것이 아니니, 이러함으로 임금이란 것은 인민이 자기의 사무를 위탁한 공편된 종일뿐이요, 인민이란 것은 임금으로 하여금 저의 직역을 진력케 하는 최초의 상전이라"고130) 하였다. 이에

126) 姜萬吉, 〈獨立運動 過程의 民族國家建設論〉, 《韓國民族主義論》 Ⅰ, 창작과비평사, 1982 ; 金度勳, 〈共立協會(1905~1909)의 民族運動研究〉, 《한국민족운동사연구》 4, 1989.
127) 《共立新報》 1908년 12월 9일 論說 〈國民論〉.
128) 《共立新報》 1907년 11월 29일 論說 〈勸告我國內儒林〉.
129) 《共立新報》 1908년 2월 19일 論說 〈國民의 義務〉.

나라의 흥망 성쇠는 '국민의 유무'에 달렸다고 생각하였다. 당시 한국은 "국민이 있다 할진대 반드시 국권이 있을 터이나, 일본 통감의 권리가 팽창하였으니 국권이 있노라 말할 수 없고, 또 국민이 있다 할진대 민권이 또한 있을 터이나, 민적民賊(백성의 도적) 정부의 법률이 가혹하였으니 국민이 있노라 말할 수 없나니다"는 것이었다.[131] 따라서 나라의 권리를 회복하는 일은 "국민이 존재하여야 한다"는 것에서 출발하였다.

그리하여 국민의 권리를 찾기 위한 것이라면, 임금을 살해하고 새로운 국민 정부를 세우는 '국민혁명國民革命'도 가능하다고 주장하였다. 이것이 바로 '국민의 의무'라고 하였다.

님군이노 정부구 잘못홀 떠에 극력 항거ᄒ여 바로 ᄒ노 것이 국민의 의무라. 미국 사름의 8년 전쟁과 법국 사름의 경텬동디ᄒ 혁명과 영국 사름의 디헌쟝 셩립ᄒ 것과 일본 사름의 막부를 던복ᄒ 것이 모두 국민의 의무라 ᄒ지라.[132]

저 영국 국민이 국왕을 시살ᄒ 것은 무도 불법ᄒ 사적을 후셰에 유뎐코져 ᄒ이 아니라 국민의 권리를 셰우고져 ᄒ여 부득불 힝ᄒ 일이오, 령토를 셰계에 편만케 ᄒ 것은 신츌커몰ᄒ 별법이 잇ᄉ이 아니라 국민의 의무를 직히노 가온듸셔 자연히 된 것이요. 미국의 팔년 혈젼과 일본의 금일 강병이 다 국민의 권리와 의무를 좃차 나왓ᄉ니, 금일 우리 한인이 뎌 만겁 디옥을 버셔나셔 남과 굿치 한 번 사라 보고져 ᄒ노 관렴이 잇거든 국민을 연구ᄒ야 권리와 의무를 실행홀지로다. 국민의 권리를 실힝할 떠에 영국 국민의 모방ᄒ도 가ᄒ고, 미국 국민의 공화 정부를 모방ᄒ도 가ᄒ고, 일본 국민의 막부뎐복을 모방ᄒ도 가홀 것이라.[133]

---

130) 《新韓民報》1909년 3월 31일 論說 〈皇室非滅國之利器〉. 이 글을 쓴 것으로 추정되는 이상설은 인민주권론의 근거로 맹자가 "백성이 중하며 사직이 버금이요 임금이 경하다"고 한 점과, 루소가 "나라는 백성의 계약으로 좇아 된다"는 점을 지적하였다. 이상설에 대해서는 尹炳奭, 〈李相卨의 遺文과 張仁煥·田明雲의 義烈〉, 《한국독립운동사연구》2, 1988 참조.
131) 《新韓民報》1909년 8월 4일 寄書 大視生 〈大呼國民〉.
132) 《共立新報》1908년 2월 19일 論說 〈國民의 義務〉.
133) 《新韓民報》1909년 8월 4일 寄書 大視生 〈大呼國民〉.

이런 혁명을 통해 추구하고자 했던 것이 '국민주의'였다. "국가 일에 몸을 바쳐 국가의 독립과 자유를 회복하고, 백성이 국가의 주인이 되어 헌법을 정하고 대의 정체를 실행한 연후에야 가히 참 국민이 될 터이니, 오늘 우리의 목적할 바는 국민주의"라는 것이었다.[134]

이에 비해, 국내의 논자들은 여전히 입헌군주제, 그것도 군주의 권한이 강대한 외견적外見的 입헌군주제를 선호하였다.[135] 더구나 공화주의를 명확하게 제기한 논의는 없었다. 공립협회와 연관이 있던 신민회가 공화주의를 주장하였다고 하는 것이 거의 유일하였지만, 이 또한 명확하지는 않았다.[136] 다만 신민회는 그 이름처럼, '신민新民', 곧 신국민을 만들고자 하였고, 이에 근거하여 '신국가'를 전망하였을 것이다.

(2) 정당정치와 자치론

근대국가로 변혁하기 위해서는 정체, 국체와 더불어 구체적인 정치제도도 구비해야 하였다. 계몽운동은 통감 지배 아래에서 정체 개혁이

---

134) 《共立新報》 1908년 4월 22일 論說 〈嘔血通告國內同胞〉.
135) 이 책 Ⅱ-제4장 제2절.
136) 신민회의 공화주의 주장은 구체적인 내용이나 그 신빙성을 가름할 수는 없다. 유일한 근거로 삼고 있는 것이 일본 측에서 파악한 정보이다(《韓國獨立運動史》 1, 국사편찬위원회, 1024쪽). 그런데 이 기록은 미국에서 활동하던 國民會와 관련성에서 그렇게 파악한 것으로 보인다. 안창호의 회고에 따르더라도, 신민회를 비밀결사로 조직할 것은 구상되었지만, 공화제를 주장한 바는 없었다. 안창호가 미국에서 오면서 新高麗會를 조직하고, 국내에 들어와서 같은 목적으로 新民會를 조직하였는데, 이유는 "미국에 있는 기관을 본국에 와서 그대로 만들면 자기 세력을 심으려는다는 오해"를 받을 수 있다는 점, "신고려회라 하면 당시의 왕조를 전복하고 공화국을 세우려다는 오해를 받아, 만일 탄로가 나는 경우에는 화가 클까 보아 미리 방지"하려고 했던 점 등(《安島山全書》, 주요한 편저, 삼중당, 1963, 77쪽)으로 알 수 있다. 곧 신민회는 자기 수양을 통해 새 백성[新國民]이 되자는 것을 목적하였을 뿐이었다. 1930년대에 작성된 안창호의 〈豫審訊問記〉에도 공화제 관련이 전혀 언급되지 않았던 점으로 본다면 신민회를 조직할 당시에 공화제를 구상한 것은 아니었다고 할 것이다. 또 '105人 事件'의 여러 기록을 통하여 공화제 구상의 사실이 지적되고 있는데(尹慶老, 《105人事件과 新民會硏究》, 일지사, 1990, 249쪽, 266~267쪽), 이 사건은 일제의 조작 사건으로 파악되었고, 또한 '신문 조서'도 그 자료의 성격상 상당 부분 사실과 다를 가능성도 있을 것이다. 또한 신민회의 독립운동기지 건설도 안창호의 구상은 아니었던 것으로 보인다. 독립운동기지 건설이 신민회 안의 일부세력(흔히 신민회 좌파)이 추진한 것이라면, 共和制 구상도 이 계열의 활동과 관련이 있을 것으로 유추할 수 있다.

차단되어 있었으므로 실현 가능한 정치론만을 부분적으로 제기하였다. 법치론, 정당정치론, 지방자치론 등이 그런 것들이었다. '국가 정신' 곧 애국심도 "법제를 확립하며, 민권을 공고히 하여 그 생명과 재산을 안정케 하며, 자치제를 실시하고 선거법을 채용하여 점차로 국정에 참여할 권리를 부여"해야 비로소 발휘할 수 있다고 보았다.[137)]

(가) 법치론은 절대 군주의 자의적인 지배를 막고 헌법이나 법률의 '법에 의한 지배'를 실현하자는 것이었다.[138)] 의회의 입법권이나 법률에 따른 재판과 행정 등을 거론하였다.

석진형石鎭衡은 '법률'이 있어야 당시의 세계 경쟁에서 이길 수 있다고 주장하였다. 세계의 문명국은 모두 법치국, 법치 정치, 법치 국민이므로, 국리 민복에 적합한 법률을 확립하고 국가·정치·국민이 일체가 되어 규정에서 어긋나지 않아야 경쟁에서 이길 수 있다는 것이었다.[139)] 한문언韓文彦은 개인의 권리가 법에 따라서만 보장되므로, "권리와 의무의 관념은 법률에 의거한 후에야 획득되는 것"으로, 법률의 관념이 없으면 문명도 바랄 수 없다고 하였다.[140)]

입헌 정치를 실현하는 방안으로 여론 정치와 정당 정치를 주장하였다. 정당은 입헌 정체를 이루기 위한 필수 조건으로 보았고, 정당을 통한 정치 활동으로 궁극적으로 입헌 정치 아래의 의회도 장악하는 점을 언급하기도 하였다.

최석하는 "입헌 정치는 곧 여론정치"라고 하였다. 문명국은 국가의

---

137) 尹孝定,〈國家的 精神을 不可不發揮〉,《大韓自强會月報》8, 7~8쪽.
138) 근대서양법의 수용과정과 경향에 대한 개괄적인 연구로는 田鳳德,《韓國近代法思想史》, 박영사, 1981 ; 崔鍾庫,《韓國의 西洋法受容史》, 박영사, 1982 ; 金孝全,《근대한국의 국가사상 : 국권회복과 민권수호》, 철학과현실사, 2000 등.
139) 石鎭衡,〈法律의 必要〉,《大韓協會會報》2, 28~29쪽.
140) 韓文彦,〈我韓의 最急이 法律에 在홈〉,《西北學會月報》1, 25쪽.

중대사를 국민의 공평한 여론에 따라서 실행하기 때문이었다.141) 김성희는 국회나 헌법은 정당이 있어야 가능하므로 정당은 "정치상 평화적 혁명新革命神" 또는 "입헌의 선구"라고 하였으며,142) '국민적 정당'은 정부를 감독하는 책임이 있다고 하였다.143)

계몽운동 단체들은 스스로를 정당으로 자임하였다. 독립협회도 그러하였지만,144) 특히 대한협회는 자신을 '민권당民權黨', '민정당民政黨'으로 불렀다. 대한협회는 "정부가 확실하게 인가해 준 정당이고, 정부를 감독하고 국민을 격려하는 것을 담당"한다고 하였다.145) 정당이 국가 흥망과 관련되어 있으므로 정당의 국가에 대한 책임이 막중하다고 하였다.146)

김성희는 대한협회를 헌정연구회와 대한자강회의 경험 위에 결성된 '정당'이라고 하고, 앞으로 국회가 설립되면 그 대표가 될 것으로 생각하였다.147) 윤효정尹孝定은 정부 당국자가 세력을 믿고 행하는 부당한 행위, 부정한 행동과 압제의 명령 등을 밝혀 국리 민복을 옹호하는 것

---

141) 友洋生, 〈我韓은 公平흔 輿論을 要홈〉, 《西北學會月報》 14, 20쪽.

142) 金成喜, 〈政黨의 事業은 國民의 責任(續)〉, 《大韓協會會報》 2, 20쪽, 23쪽.

143) 김성희, 〈政黨의 事業은 國民의 責任〉, 《大韓協會會報》 1, 27쪽. 金成喜의 정당론은 《大韓協會會報》에 〈政黨의 事業은 國民의 責任〉(1,2호), 〈政黨의 責任〉(3호), 〈監督機關說〉(번역, 6호), 〈政黨與政黨互監督論〉(9호), 〈眞政黨與非政黨論〉(12호)으로 개진되었다. 그는 이 글들에서 정당정치의 표본으로 일본의 自由黨·改進黨, 영국의 自由黨·保守黨의 활동을 열거하고 兩黨制를 좋은 것으로 보았다(9호, 12호). 특히 일본 立憲改進黨의 총리였던 大隈重信(자유민권운동가, 후에 총리대신)의 '貴統一, 重公義, 尊自由'의 정당론을 참고로 소개하고 있다(2호). 또한 그는 입헌정치 운영을 위한 감독기관으로서 정당을 중시한 결과 혁명을 부정하였다. 혁명은 무정부의 야만으로, 감독기관이 없을 때나 일어나는 것이므로, "余以爲因民之責은 不求革命 而求監督이 可也니 監督者何오, 匡救而糾正之하여 俾不出於 法律範圍之外 是也라" 하였던 것이다(6호, 29쪽).

144) 鄭僑, 〈政黨得失(續)〉, 《大韓協會會報》 4, 61쪽에 독립협회를 정당이나 民黨으로 부를 만한 것이라 하였다.

145) 大韓子, 〈本會之行動如何〉, 《大韓協會會報》 5, 3~4쪽.

146) 가령 尹商鉉은 "我協會는 此를 慨嘆하여 成立됨이니 萬國公認한 思想, 言論, 出版 三大自由의 標幟를 揭持하고 全國輿論의 特制한 敎育普及, 産業開發 등 七大綱領 目的을 이행할려는 당당 일대 民政黨이라"고 하였다(〈政界에 對흔 管見〉, 《大韓協會會報》 9, 9쪽).

147) 金成喜, 〈政黨의 事業은 國民의 責任〉, 《大韓協會會報》 2, 22쪽. 그는 이 글에서 갑오경장은 政治上 제1기 혁명이지만 그 힘이 "在外而不在內"하고, 그 뒤 더욱 강화된 정부의 전제를 백성이 묵인함으로써 실패했고, 독립협회는 제2기 혁명으로 民人의 정부에 대한 언론권과 자유의 소리가 일어났지만 정부의 후원을 얻고자 하다가 뜻을 이루지 못했다고 하였다.

이 정당, 곧 대한협회의 본분이라 하였다.[148] 따라서 대한협회는 "나라 안의 충애 유지有志한 선비를 결합하고, 전국의 사상을 통일하여 국가 전진의 방법을 강구하고, 가급적 빨리 국가 자치의 행복을 얻을 수 있도록 노력"해야 한다고 하였다.[149] 오세창吳世昌은 대한협회가 완전한 정당으로 여론을 대표할 책임이 있다면서, 그 책임으로 ① 시의에 적당한 사상과 방법의 형성, ② 지방이나 민간의 형편 조사, ③ 정부의 관리가 되기 위한 예비재료豫備材料에 대한 기대 등을 거론하였다.[150]

정당 정치의 주체는 계몽운동을 주도하던 자신들이었다. 계몽운동 참여자를 고려하면, 정당 정치도 철저하게 신지식층 · 자산가 등이 주도한다는 것이었다. 정당으로 자임하던 대한협회의 구성원은 스스로 "정견이 있으며, 학문이 있으며, 자산이 있으며, 경험이 풍부한 신사"라고 하였고, 그들은 신저작가, 신번역가, 신문 · 잡지가, 소설가, 유학생(정치 · 법률을 공부한), 일본 망명가, 사립학교 설립자 및 교수, 동경 유학생, 상사 · 은행 등의 주무 인원, 척식회사의 위원 · 주주 등을 열거, 한정하였다.[151]

(나) 지방자치론도 근대 정치 체제로 이행하기 위해 필요하다고 주장하였다. "지방자치제도는 현 세계문명국이 정치를 이루는 도구"라는 것이었다.[152]

지방자치론은 갑오개혁 당시 유길준이 〈향회조규鄕會條規〉, 〈향약변무규정鄕約辨務規程〉 등을 마련한 바 있었다. 전자에서 규정한 향회는 이회里會, 면회面會, 군회郡會의 세 형태로 설치하고, "교육, 호적, 지적

---

148) 尹孝定, 〈大韓協會의 本領〉, 《大韓協會會報》 2, 46쪽.
149) 尹孝定, 〈時局의 急務〉, 《大韓協會會報》 2, 63~64쪽.
150) 吳世昌, 〈對抓約의 觀念〉, 《大韓協會會報》 5, 2쪽.
151) 尹孝定, 〈我會의 本領〉, 《大韓協會會報》 9, 63~64쪽.
152) 金成喜, 〈地方自治制度續論〉, 《夜雷》 5, 4쪽.

地籍, 위생, 사창社倉, 도로 교량, 식산흥업, 산림 제언堤堰, 제반 세목 및 납세, 구휼, 공공 복역, 계회契會, 신식 영칙令飭"같은 업무에 대해 각 지방 단위 별로 의논하도록 하였다. 후자의 향약 규정에서는 자치의 근간을 이루는 면 이하의 행정조직을 정비하여 이里에는 존위尊位, 두민頭民, 서기, 하유사下有司를, 면에는 집강執綱, 서기, 하유사, 면주인面主人 등을 두도록 하였다.153)

유길준을 비롯한 개화파들이 지방자치를 거론한 것은 그들의 지주적 개혁 방안을 이룰 수 있는 수단이 되기 때문이었다. 지주제를 유지한 채 조세제도의 개혁만을 추구했던 개화 세력의 처지에서는 개혁의 성사 여부는 조세제도의 시행에서 지배층의 수탈을 어떻게 방지하느냐에 달려 있었다. 향회와 향약을 통한 지방민의 자치와 지방 행정에 대한 참여는 이런 점에서 필요하였다. 이 구상은 정치적으로는 군민공치君民共治의 정치론과 관련하면서 동시에 향약과 같은 구래의 자치 조직을 원용하여 만들어졌다.154)

계몽운동에 들어서도 이런 구상은 변하지 않았다. 입헌제는 인민의 참정參政 사상으로 가능한데, 이 사상은 인민이 자치의 책임을 다하고 각 지방의 공익을 도모하는 것에서부터 나온다고 하였다.155) 궁극적으로는 국가의 독립이나 부강도 지방 자치에 달려 있다고 생각하였다.156) 가령, 유길준은 한성부민회漢城府民會를 조직하면서, "백성이 능히 자치하는 도道를 안 후에야 국가의 통치를 받으면 그 분수에 요要할 수 있고, 국가의 통치를 담당한다면 그 직을 잘 할 수 있으니, 그런

---

153) 李相燦, 〈1906~1910년 地方行政制度 變化와 地方自治論議〉, 《韓國學報》 42, 1986, 51~52쪽.
154) 金容燮, 〈甲申·甲午改革期 開化派의 農業論〉(1974), 《韓國近代農業史硏究》[Ⅱ] 新訂增補版, 지식산업사, 2004.
155) 尹孝定, 〈地方自治制度論〉, 《大韓自强會月報》 4, 18~19쪽.
156) 《萬歲報》 1906년 8월 25일~9월 18일 〈準備時代〉 附 鄕自治 ; 李承瑾, 〈個人獨立 四字로 大告我韓司胞〉, 《大韓興學報》 1, 12쪽.

까닭으로 자치제自治制는 국가의 뿌리[根]"라고 하였으며, 이를 실행하
는 한성부민회는 각 구역 안의 공공 사무를 행하고, 비용도 공공 부담
하여 국가 행정의 기초를 이루자고 하였다.[157]

많은 사람들이 일본의 지방자치제를 비롯한 서구의 자치제를 소개하
였다.[158] 종래의 향약이나 계契의 우수성을 거론하고, 이에 기초한 방
법을 제시하기도 하였다.[159] 적극적으로 참정권과 선거권을 확립하여
당시의 부방회部坊會 같은 지방회를 실천하여 전국적으로 대의제를 준
비하자는 주장도 개진하였다.[160] 심지어 지방의 '폭도'(의병)도 전제
정치의 폐단으로 야기된 것이므로, "지방 소동의 풍조와 불평의 감정은
국회의 의석에서 해소하지 않으면 변화시킬 수 없고, 자치의 범위로
옮기지 않으면 억제될 수 없다"고 주장하였다.[161]

각 지방에서 조직된 계몽운동 지방 지회가 지방 자치단체인 '민회民
會'를 기반으로 활동하는 경우도 많았다. 서양의 부강이 지방 자치에서
나온다고 하면서 종래의 지배 세력이 향촌의 지배권을 유지하였고, 이
를 위해 새로운 형태의 민회를 조직하였다. 민회를 만들고 활동을 주도
했던 세력이 또한 계몽운동 지방 지회를 만들었다. 민회 활동의 목표나
방법이 계몽운동 단체에서 제기한 바와 동일한 적도 있었다. 지역에
따라서는 향약의 원리에 따라 유지하는 경우도 있었고, 또는 서양의
자치제를 염두에 두기도 했다. 또 대부분의 지회가 의병과 대립적으로
활동했던 점도 있었다.[162]

---

157) 《俞吉濬全書》 IV, 〈漢城府民會創立理由書〉, 314~315쪽. 이에 대해서는 尹炳喜, 〈漢城府民
　　會에 관한 一考察〉, 《東亞研究》 17, 1989 참조.
158) 大垣丈夫, 〈日本의 自治制度〉, 《大韓自强會月報》 4(연재) ; 金陵生, 〈地方自治制度問答〉,
　　《大韓協會會報》 9, 22~23쪽 ; 関丙斗, 〈地方自治行政〉, 《畿湖興學會月報》 4(연재) ; 金成
　　喜, 〈地方自治制度概論〉, 《夜雷》 4, 10~22쪽.
159) 鄭達永, 〈自治의 意義를 槪論홈〉, 《大韓協會會報》 8, 26~27쪽 ; 呂炳鉉, 〈國民自存性의
　　培養〉, 《大韓協會會報》 9, 13쪽.
160) 金成喜, 〈一月一日 敬告同胞〉, 《大韓協會會報》 10, 3쪽.
161) 金成喜, 〈國民的內治 國民的外交〉, 《大韓協會會報》 4, 25쪽.

그들이 실시하고자 하였던 지방자치제는 영국처럼 민권을 성장시키기 위한 것이 아니었다. 당시 선호하던 정치론의 흐름에서는 민권에 기초한 자치제를 지향하기 어려웠다. 이 시기의 자치제는 오히려 중앙집권력을 보조하는 성격이 컸다. 군주의 절대권이 보장되는 입헌군주제를 지향하고 있다는 점에서, 지방자치제는 독일의 형태와 비슷한 것을 추구하였을 가능성이 높다.163)

2) 서양정치론 수용과 입헌제 구상의 성격

(가) 입헌 체제를 주장하면서 그들은 다양한 서양 정치론을 소개하였다. 국가 형태[國體]나 정부 형태[政體]에 대해서는 주로 주권의 소재나 주권 행사의 형식에 따라 이해하였다. 일본과 러시아는 동일한 군주국이면서도 입헌과 전제의 차이가 있고, 일본과 프랑스는 같은 입헌 정체이면서도 국체에서 군주제와 공화제의 차이가 있다고 보았다. 일반적으로 정치 형태는 전제 정치, 입헌 정치, 공화 정치로 구분하였으며, 아리스토텔레스의 군주제 · 귀족제 · 민주제의 분류나, 보댕, 루소, 몽테스키외 등의 논의도 소개하였다.164)

당시의 입헌 논의는 일반적으로 공화제보다는 입헌군주제를 선호하

---

162) 이 책 Ⅱ-제1장 제2절 참조.
163) 당시 소개되던 지방자치 이론이 대부분 일본의 町村制라는 사실에 유의해야 할 것이다.
164) 國體와 政體를 비롯한 서양 정치론은 당시에 이미 책으로 출판되었다. 그 밖에 잡지나 신문에 소개된 것 가운데는 다음의 글들이 대표적이라 할 수 있다. 鮮于鍑, 〈國家論의 槪要〉, 《西北學會月報》 8(연재) ; 未詳, 〈國家의 槪念〉, 《西友》 16(연재) ; 李沂, 〈國家學說〉, 《湖南學報》 1(연재) ; 李沂, 〈政治學說〉, 《湖南學報》 2(연재) ; 李覺鐘, 〈國家論〉, 《少年韓半島》 2(연재) ; 安國善, 〈政府의 性質〉, 《大韓協會會報》 7(연재) ; 안국선, 〈政治學〉, 《畿湖興學會月報》 2(연재) ; 元泳義, 〈政治의 進化〉, 《大韓協會會報》 5(연재) ; 薛泰熙, 〈憲法〉, 《大韓協會會報》 3(연재) ; 郭漢卓 역, 〈憲法〉, 《太極學報》 6(연재) ; 《萬歲報》 1906년 9월 19일~11월 22일 〈國家學〉 등.

였다. 논의 가운데는 "인민이 공치共治로 입헌 민주하는 것이나, 군민君
民의 공치로 입헌 군주하는 것에 관계 없이 진정한 국가의 의사로 동작
하고, 진정한 국가의 목적을 도달하는 것이 중요하다"고 하여,165) 전
제 정치만 청산되면 정체의 여하는 상관없다는 주장도 있었다. 하지만
아직 형식적이지만 대한제국의 군주가 존재하고 있었기 때문에 군주제
자체를 부정하는 논의를 개진하기는 쉽지 않았다. 그들은 초기 개화파
의 급진적인 정변도 이런 차원에서 비판하였다. 갑신정변甲申政變이 개
진혁신開進革新의 뜻을 지녔지만 급격함이 지나친 하책下策에 불과하다
고 평가하였다.166) 또는 갑신정변이 "시세와 민족의 정도를 깨닫지 못
하고 급격"하였기 때문에 실패했다고 지적하기도 하였다.167) 위해危害
한 행동으로 정부를 전복하고자 하는 것은 책략을 가지지 못한 정치가
의 최하등 수단이요, 상등 정치가는 취하지 않는 것이라고 하였다.168)

입헌군주제는 대개 군주의 권한을 점진적으로 제한하는 방안으로 모
색하였다. 이런 차원에서 그들은 일본이나 프로이센의 입헌군주제에
주목하였다. 일본이 서구의 입헌제도를 모방하여 헌법을 반포한 지 20
년 만에 국세國勢와 민정民情이 크게 변했고, 강대한 청나라와 러시아를
격퇴한 힘도 입헌 통치로 인민의 권리를 존중하고 개인의 자유를 보호
함으로써 형성된 애국심에서 나왔다고 보았던 것이다.169) 혹자는 일본
이 서양 풍조를 먼저 본받아 입헌 정치로 동양의 패권을 독점하였다고
파악하였다.170) 그리하여 입헌군주제에서는 국가와 황실의 구분을 거
론하였으며, 대표적인 형태로 프로이센 프리드리히 대왕의 이른바 개

---

165) 《大韓每日申報》1910년 3월 19일 論說〈憲政研究會의 必要〉.
166) 張志淵,〈過法의 狀況〉,《大韓自强會月報》11, 2쪽 ;〈朴永孝氏〉,《大韓自强會月報》13,
    1쪽.
167) 荍丹山人,〈政海의 投入ᄒᄂᆫ 青年〉,《太極學報》23, 13쪽.
168) 尹孝定,〈政治家의 持心〉,《大韓自强會月報》12, 11쪽.
169) 金振聲,〈立憲世界〉,《大韓興學報》4, 23쪽.
170) 元永義,〈政治의 進化(續)〉,《大韓協會會報》12, 20쪽.

명군주제를 언급하였다.[171]

일본이나 프로이센의 입헌제는 군주의 절대권이 부정되지 않는, 이른바 '외견적 입헌제'였다. 외견적 입헌제는 이미 독립협회 운동에서도 제기된 바 있는 개화파 정치론의 핵심이었다.[172]

(나) 군주, 국가 중심의 입헌군주론은 국가 본질에 대한 이해와도 밀접하게 연결되어 있었다. 국가본질론은 크게 두 계통의 이론이 소개되었다. 하나는 '자연법적 국가론'이고, 다른 하나는 '유기체적 국가론'이었다. 전자는 보댕, 홉스, 로크, 몽테스키외, 루소 등의 국가론이었고, 후자는 옐리네크, 블룬칠리 등의 국가론이었다. 이런 논의들이 엄밀한 구분 없이 소개되었지만,[173] 두 이론은 발생 측면에서 서로 상반된 논리를 가지고 있었다. 전자는 시민혁명의 논리적 배경이 되었던 자연법 사상, 천부인권설, 계약설에 의거하여, 국가는 인간의 자유의사로 형성한 것으로 보았다. 이와 달리 후자는 전자의 원자론적原子論的 국가론을 부정하는 면에서 유기적 전체로서 국가를 중시한 것이었다.

개인의 권리나 자유[民權]를 국권보다 강조하는 논의는 자연법적 국가론과 밀접한 것이었다. 김지간金志侃은 "자유·도덕의 동물인 사람이 인류 도덕의 범위 내에서 자유로 행동하고, 독립으로 생활함은 우리 인류의 생존원칙"이라고 하면서, "나의 천부天賦한 자유 인권으로 세상에 서서 국가에 대해서 부담한 의무로 정정당당하게 실행하면 비록 천

---

171) 海外遊客, 〈國家及皇室의 分別〉, 《大韓自強會月報》 3, 55~56쪽.
172) 崔德壽, 〈獨立協會의 政體論 및 外交論 硏究〉, 《民族文化硏究》 13, 1978. 이를 더 정밀하게 분석한 柳永烈은 獨立協會를 지도하던 尹致昊의 경우, 현실적으로 外見的 立憲主義的 국가 형태(일본·프로이센형)를, 이상적으로는 議會制的 君主制(영국형)를 구상한 '단계적'인 것으로 이해하고, 그의 기본사상이 天賦人權論과 人民主權論에 바탕하고 있는 점 등으로 영국형의 立憲君主制를 불철저하나마 구현하려 하였다고 분석하였다(《開化期의 尹致昊 硏究》, 한길사, 1985, 100~210쪽).
173) 薛泰熙, 〈憲法〉, 《大韓協會會報》 3·5에는 이 문제를 정확하게 구분하여 서술하고 있다.

제天帝의 앞이라도 꺼릴 것이 없다"고 한 바였다.174) 또는 "인권이라는 것은 천부의 동등한 자유와 평등의 권리이며, 인민이 이 권리를 획득했을 때 나라의 상하가 일치되고 부강과 국리민복을 향유할 수 있다"고 생각하였다.175) 모든 나라가 추구하는 국가주의(또는 광의의 제국주의)를 달성하기 위해서는 국민의 사권私權—천부인권의 자연적 사권과 법률상 규정되는 사권—을 발전시켜야 한다고 강조하였다.176)

그런데 당시에는 국가유기체설을 더 선호하였다. 유기체설에서 국가는 "사람이 사지四肢, 오관五官, 혈구血球 등의 생리상 조직에 따라 몸을 이루는 것과 같다"고 하여, "국가는 유기체의 조직"이거나 "국가는 민인民人의 근육과 관절을 집합하여 착종錯綜시켜 구조한 것"이라고 이해하였다.177) 따라서 개인의 권리보다는 국가를 우선하는 논리가 자연스럽게 나왔다. 유기체의 각 부분은 끊임없이 전체를 유지하고, 또 그렇게 함으로써 스스로를 유지한다는 논리였다. "국가는 유기체이므로 구성하는 백성의 혈육근골血肉筋骨이 흩어지지 않으면 국체를 보존할 수 있고, 2천만의 정신이 소멸되지 않으면 동양의 신무대에 나라를 빛낼 수 있다"고 생각하였다.178)

한편, 자연법적 국가론을 주장하더라도 주권론의 경우에는 보댕의 군주주권론이나, 홉스처럼 계약에 따라 자연권을 군주에게 양도하고 그 절대권을 인정한다는 논리를 더 중시하였다.179) 국권회복을 위해

---

174) 金志侃, 〈青年立志〉, 《太極學報》 15, 8~9쪽.
175) 警世生, 〈人權은 國權의 基礎〉, 《大韓學會月報》 4, 17~18쪽.
176) 岳裔, 〈民是論〉, 《大韓興學報》 8, 15쪽.
177) 金成喜, 〈獨立說〉, 《大韓自强會月報》 7, 15쪽.
178) 金成喜, 〈國民的 內治 國民的 外交〉, 《大韓協會會報》 4, 25쪽.
179) 홉스의 논리는 李春世가 梁啓超의 글(〈霍布士學說〉, 《飮氷室文集》 下)를 번역하여 연재하였다(〈霍布士學說〉, 《畿湖興學會月報》 6 이후 4회 연재). 마찬가지로 블룬칠리의 國家主權論이 梁在謇의 《主權論》, 《少年韓半島》 2에 소개되고 있는데, 이것도 또한 梁啓超의 〈政治學大家伯倫理之學說〉을 번역한 것이다. 물론 두 사람 모두 그 글들이 번역이라는 사실은 밝히지 않고 있다. 특히 블룬칠리의 主權論은 루소의 人民主權論을 반대한 것이었다.

입헌을 주장하면서도 헌법에서는 국가나 군주의 절대권을 인정하는 것
이 일반적인 분위기였던 것이다. 독일을 중심으로 계약설이나 인민주
권론을 부정하면서 국가유기체설이 발달했던 점은 이와 무관하지 않았
으며, 정치학을 '국가의 주권자가 그 영토 및 신민을 통어統御하는 것을
연구하는 학문'으로 이해하였다.180) 당시 여러 논자들은 정치를 국가
의 지배 현상으로 이해하는 국가학國家學을 정치학의 주류로 이해하였
던 것이었다.

국가유기체론에서는 '인민주권론'을 반대하였다. 주권을 통치권으로
이해하고, 군주가 주권=통치권을 가진다는 군주주권론이 일반적이었다.
최석하崔錫夏는 국가의 세 요소로 토지, 권력, 인민 단체를 열거하면서,
그 가운데 권력, 즉 토지와 인민을 통치하는 주권자를 가장 중요한 요소
로 보았으며, 문명국에서는 치자와 피치자의 구분이 명료하여 인민이 주
권자에게 절대적으로 복종한다는 점을 강조하였다.181) 한광호韓光鎬도
"통치권은 국권, 그 나라를 통치하는 주권"이라 하고, "국토는 주권의
영토이며, 국민은 주권의 신민臣民"이라고 정의하였다.182) 당시의 대표
적인 법학자였던 유치형俞致衡의 《헌법憲法》에서도 국가를 "일정한 토지
와 일정한 인민을 기초로, 그 위에 일정한 주권으로 통치하는 단체"라고
규정하고, 통치의 주체자인 군주가 그 주권을 지니며, 국토와 인민은 통
치의 객체로, 통치권이 미치는 목적물이라고 지적하였다.183)

---

180) SK生, 〈政治論〉, 《大韓興學報》 8, 34쪽.
181) 崔錫夏, 〈國家論〉, 《太極學報》 1, 9~11쪽.
182) 韓光鎬, 〈統治의 目的物〉, 《西友》 5, 22~25쪽.
183) 俞致衡, 《憲法》, 1905, 1~4편. 그는 국가는 '개인과 서로 떨어져 독립한 목적과 생명이 있다고
하여, 국가를 '現在 人民의 集合體' 혹은 '現在의 人民이 現在의 個人的 利益을 완전케 하기
위해 設立한 團體'라고 주장하는 법이론을 부정하였다. 즉, '현재의 人民은 국가 장래의 행복을
위해 현재의 이익을 희생함도 있으며, 국가는 국가 단체 자체의 독립 생명을 보전하기 위해
현재의 국민 일부분의 생명을 희생함도 있다'는 것이었다. 또한 그는 '헌법은 군주의 명령이
아닌 것처럼 설명하는 것'도 사실과 법리에 전혀 맞지 않다고 하고, '主權은 本이오 憲法은
末'이라 하였으며, 군주가 바로 주권의 본체이자 통치의 주체라고 하였다. 당시 또 다른 대표적
인 법학자인 俞星濬, 《法學通論》(1907)의 제1장 〈憲法〉에서도 동일한 입장을 취하였다.

따라서 이들은 '천부인권'도 대체로 법실증주의적인 논리에서 이해하였다. 설태희薛泰熙는 "천부의 권리는 사람이 태어남과 더불어 고유한 것"이지만 "법률이 있은 후에야 천부권도 보유"할 수 있고, 이 권리를 향유하기 위해서는 법률 범위와 문명 궤도에서 벗어나지 않아야 한다고 하였으며, 법률의 보장 없이 "천부의 자유라고 부르짖는 말은 공론空論에 불과"하다고 하였다.184) 또 헌법에서 자유라는 것은 "자연법학자가 칭하는 바와 같이 결코 국가 이전에 존재하는 바가 아니오, 그 실질 범위는 전적으로 법규에 의하여 성립되는 것"이라 하였다.185)

이러한 논리에 따르면 인민은 오직 유기체인 국가의 일부로, 국가를 위해서 존재하는 것이 되었다. 국가는 주권을 지닌 군주와, 주권의 관할을 받는 인민으로 이루어지며, 국가의 정무政務는 국권의 독립과 유지, 인민의 보호에 있고, 국민은 "국가를 반석 위에 놓고 문명에 도달하게 하는 의무가 있는 동시에 또 그 권리가 있는 자라. 국민이 된 이상은 누구든지 태어날 때부터 이 책임을 부담해야 한다"고 강조하였다.186)

(다) 계몽운동에서는 국권회복을 위해 전제 정치를 청산하고 입헌 체제로 바꾸어야 한다고 주장하면서도 여전히 인민주권론이나 공화주의보다는 입헌군주제와 국가유기체론을 선호하였다. 이런 경향은 다음과 같은 점에 관련이 있었다.

첫째, 여전히 유교 정치론과 명분론이 강하게 남아 있었다는 점이었다. 이미 보았듯이, 계몽운동에서 서양 근대학문의 수용은 유교를 부정

---

184) 薛泰熙, 〈法律上 人의 權義〉, 《大韓自强會月報》 8, 16~18쪽.
185) 法學少年, 〈憲法上 八代自由에 就ᄒ야〉, 《西北學會月報》 14, 13쪽.
186) 卞悳淵, 〈國民과 政治의 關係〉, 《大韓協會會報》 7, 30쪽.

하기도 하였지만, 대개 유교의 변용과 절충 속에서 이루어졌다. 서양 정치론도 유교 원리로 이해하고, 그 용어로 표현하였다. 서양의 공화제나 입헌제를 중국의 당우唐虞 시대와 삼대三代 시대의 제도와 동일한 것으로 이해하였다. 국가의 구성 요건으로 지적되던 토지·인민·주권을 《맹자》에 나오는 "제후의 보배가 세 개 있으니 토지·인민·정사政事"라는 것으로 이해하였고,187) 또 국가가 군주 한 사람의 사유물이 아니라는 것도 "백성이 가장 중하며, 사직이 그 다음이며, 군주는 또 그 다음이라"는 구절을 인용하면서 "백성과 사직이 국가를 뜻하므로, 군주와의 선후경중先後輕重을 알 수 있다"고 해석하였다.188)

유교적 명분론이나 통치 원리는 가부장권家父長權에 기반을 두고 있다. 가부장권의 원리인 충효에 의거하여 자연스럽게 국가를 절대적으로 간주하는 국가유기체설이나 군주주권론이 수용되었던 것이다.189) 국가유기체론은 유교의 수신·제가·치국의 논리와 배치되는 것이 아니라는 것이었다. 국가의 발생도 가족, 종족, 민족의 연합으로 이해하고,

　　一國家가 始由 一家族ᄒ고, 一家族이 始由 一身上起 而一身之中에 形體, 智識, 言論, 習慣이 亦各爲組織國家之材料니, 何也오. 以形體로 爲社會之質素ᄒ며, 以智識으로 爲敎育之標準ᄒ며, 以言論으로 爲議政之機關ᄒ며, 以習慣으로 爲立法之指針ᄒ여 各保其權 則一家도 亦國家오, 一身도 亦國家라. 故로 國家之有無存亡을 不得不向人人一家一身上定ᄒ니, 爲民者之責任이 豈不重且大哉아190)

---

187) 金光濟, 〈國家之寶〉, 《大韓協會會報》 4, 21쪽.
188) 海外遊客, 〈國家의 本義〉, 《大韓自强會月報》 3, 54~55쪽.
189) 石田雄, 《明治政治思想史硏究》, 東京: 未來社, 1954, 6~16쪽.
190) 金成喜, 〈國家意義〉, 《大韓自强會月報》 11, 41쪽.

라고 하여, 신身−가家−국國의 유교적 관계를 서양 정치론과 결합하였
던 것이다. 요컨대 "국가는 즉 일 가족"이고[191] "국은 즉 일 대가大家"
라는[192] 것이었다.

둘째, 계몽운동의 이론적 기반이 되었던 사회진화론의 구조에서 그
러하였다. 사회진화론은 기본적으로는 개인주의에 기초한 것이지만,
사회유기체설, 국가유기체설과 결합하면서 개인이 전체에 봉사하는 관
념으로 전환되었다.[193] 사회진화론의 논리에서는 국가의 발생, 발전도
모두 강권强權의 변화과정이고,[194] 따라서 정치에서 강자인 군주나 지
배층의 지배, 통치를 합리화해 주었다. 당시 국가, 민족의 경쟁이 치열
한 속에서 살아남기 위해서는 군주의 지배권을 중심으로 결합하고, 이
를 바탕으로 강자가 되어야 한다는 것이었다. 이런 것을 정립한 정치론
이 바로 군주주권론, 입헌군주제론이었다.

셋째, 일본이나 중국에서 일어난 근대정치 개혁론의 영향을 받은 점
이었다. 메이지유신의 성격에 대해서는 논란이 많지만, 천황의 권력을
법적으로 보장한 외견적 입헌제였다. 천황제 속에는 봉건적인 요소도
있으며, 또 절대주의 국가의 모습도 있었다.[195] 메이지유신 아래의 국
가를 흔히 국가유기체론을 근거로 한 '가족 국가'라고 규정하는 것도
그러하였다.[196]

계몽운동 진영에 청말 변법자강운동의 주역 양계초梁啓超의 영향은

---

191) 《大韓每日申報》 1908년 7월 31일 論說 〈國家는 即─家族〉 《丹齋申采浩全集》 別).
192) 《大韓每日申報》 1909년 5월 13일 論說 〈國은 即─大家〉.
193) 八杉龍一, 《進化論の歷史》, 岩波書房, 1969, 164~165쪽.
194) 元永義, 〈政治의 進化〉, 《大韓協會會報》 5, 24쪽. 국가의 발생 과정은 ① 인류가 가족의 소단체
　　를 형성하여 족장에 복종하는 家族時代, ② 가족의 강력자가 다른 종족을 점령하여 부락을 형성
　　한 族長時代, ③ 강한 부락이 약한 것을 병탐하고 연합하여 정부의 제도를 만들기 시작한 有國
　　時代로 변화한다고 하였다. 물론 국가의 변천도 항상 약육강식의 논리로 진화된다고 하였다.
195) 下山三郎, 《明治維新研究史論》, 御茶の水書房, 1966 참조.
196) 石田雄, 《明治政治思想史研究》, 1954, 제1장 3절 참조. 일본에서는 사회진화론도 그런 역할을
　　하였다. 유명한 계몽사상가였던 加藤弘之는 사회진화론을 받아들이면서 그전부터 주장하던 천
　　부인권론을 포기하였다(松本三之介, 《日本政治思想概論》, 勁草書房, 1975, 130~142쪽).

매우 컸다. 특히 개신유학자의 변법개혁론은 그 대부분이 양계초의 정치론의 영향을 받았다. 《음빙실자유서飮冰室自由書》를 비롯한 많은 저술을 번역하였다. 정치론만 보더라도, 〈변법통의變法通議〉, 〈신민설新民說〉, 〈입헌법의立憲法議〉, 〈입법권론立法權論〉 등을 소개하였다. 양계초 정치론의 근거도 사회진화론이었다. 그에게는 천부인권론조차 사회진화론과 모순 없이 결합되어 있었으며, 입헌군주론도 사회진화론, 국가유기체설, 국가법인설을 채용하여, 주권은 국가에, 통치권은 군주가 갖는 형태를 취하였다. 특히 계몽운동에 영향을 끼쳤던 신민설新民說도 '새로운 국민新民'의 창출을 통한 국가의 강화였다.197)

넷째, 계몽운동을 이끌던 지배층, 식자층이 가진 우민관, 민중 불신 등으로 민중의 국정 참여에 반대한 점이었다. 독립협회의 입헌군주론은 '제한적制限的 군주제'의 성격을 띠면서 "자유나 민권을 모르는 백성들에게 민권을 주어 하원을 설치하는 것이므로 위태롭다"고 생각하였고, 무식한 나라에서는 군주국이 민주국보다 견고하다고 하였다.198) 유길준은 일찍부터 이런 지론을 가지고 있었다.199)

---

197) 梁啓超는 시기에 따라 정치론이 다양하게 변모하였다. 계몽운동과 관련 있던 시기만 하더라도 ① 변법운동에 종사하던 시기(1898), ② 孔子敎와 附會說을 비판하고 루소의 民約論에 심취하고 新民論을 주장하던 시기(1901~1902), ③ 루소를 비판하고 현상유지를 골자로 하는 개명군주제를 주장하던 시기(1903~1906) 등으로 나눌 수 있다. 그런데 우리나라에 소개된 그의 저술은 전시기의 것이 구분 없이 망라되었다. 그런 가운데서도 사회진화론은 항상 바탕으로 계속 견지되었다. 두 번째의 시기에는 사회진화론과 천부인권론이 모순 없이 존재하기도 하였고, 세 번째의 시기에는 사회진화론과 블룬칠리의 국가유기체론을 결합하기도 했다. 梁啓超의 정치론은 小野川秀美, 《淸末政治思想硏究》, みすず書房, 1969, 257~277쪽 ; 楠瀨正明, 〈梁啓超의 國家思想〉, 《史學硏究》 121 · 122 합, 1974 ; 〈梁啓超의 國家論의 特質〉, 《史學硏究》 132, 1976 ; 橫山英, 〈梁啓超의 立憲政策論〉, 《廣島大學文學部紀要》 35, 1976 ; 〈淸末ナツョナリズ ムと國家有機體論〉, 《廣島大學文學部紀要》 45, 1986 등 참조.

198) 《독립신문》 1898년 7월 27일 〈하의원은 급치안타〉.

199) 유길준에 대해서는 柳永益, 《甲午更張硏究》, 일조각, 1990 ; 金仁順, 〈朝鮮에 있어서 1894년 內政改革硏究〉(1968), 《甲申甲午期의 近代變革과 民族運動》, 청아, 1983 ; 姜在彦, 〈開化派에 있어서 自由民權思想의 形成〉(1971), 《近代韓國思想史硏究》, 한울, 1983 ; 李光麟, 〈俞吉濬의 開化思想〉(1977), 《韓國開化思想硏究》, 일조각, 1979 등 참조.

國中에 不學無知ᄒᆞᆫ 人民이 多ᄒᆞᆫ 則 其害를 枚擧ᄒᆞ기 不能ᄒᆞᆫ 者ᄂᆞᆫ 此輩流
가 元來 是非를 不分ᄒᆞ며 曲直을 不辨ᄒᆞ야 國法으로 人民의 私有物을 保護
ᄒᆞᄂᆞᆫ 道理에 暗昧ᄒᆞᆫ 故로 一朝 國中에 騷亂이 有ᄒᆞᆫ 則 其釁을 乘ᄒᆞ며 其機를
因ᄒᆞ야 蜂처럼 起ᄒᆞ며 雲又치 集ᄒᆞ야 法도 不畏ᄒᆞ며 人도 不憚ᄒᆞ야, 其慘酷
ᄒᆞᆫ 擧措와 凶惡ᄒᆞᆫ 行爲가 名狀ᄒᆞ기 不勝ᄒᆞ니, 今 其 一例로 云ᄒᆞ면 近古 佛蘭
西의 騷亂ᄒᆞ든 時에 古今無比ᄒᆞᆫ 暴行을 縱恣ᄒᆞ든 徒輩ᄂᆞᆫ 皆 不學無賴 蚩愚
放蕩ᄒᆞ야 良政府 下에 居ᄒᆞ야도 其 活計를 營求ᄒᆞ기 不能ᄒᆞᆫ 者라.[200]

고 하여, 프랑스 혁명을 일으킨 무리는 배우지 못해 무뢰하고 어리석어
방탕한 집단으로, 이들의 참혹하고 흉악한 행위는 좋은 정부 아래에서
도 살아갈 수 없다고 하였다.

유길준은 정체政體 개혁에도 이런 인식을 그대로 보였다. 그는 당시
세계에 존재하는 정부의 종류로 군주가 명령하는 정체[壓制政體], 군민
이 공치하는 정체[立憲政體], 국인國人이 공화하는 정체[合衆政體]로 나누
고, 이 가운데 영국과 같은 입헌 정체[君民共治]가 가장 좋다고 하였다.
그러나 정체는 인민의 풍속, 국가의 사정에 따라 실시해야 한다는 점을
강조하면서, "인민의 지식이 부족한 국國은 졸연卒然이 그 인민에게 국
정을 참섭參涉하는 권리를 허許함이 불가하다"고 하였다. 인민들이 배
우지도 않고 외국의 좋은 제도만을 모방한다면 나라 안에 큰 혼란이
일어날 것으로 보았던 것이다. 정체 변혁을 위해서는 먼저 인민이 국정
에 참여할만한 지식을 습득한 뒤에 가능하다고 주장하였다.[201]

원영의元泳義도 민중의 우매성을 지적하고 입헌군주제조차 즉각적으

200) 兪吉濬, 《西遊見聞》(《兪吉濬全書》I, 일조각, 100~101쪽).
201) 《西遊見聞》, 143~152쪽. 이와 아울러 그는 국가의 문제를 다룬 글에서는 立憲君主制와
代議共和制로 나누고 각국의 사정을 매우 자세하게 설명하고 있고, 국가의 淵源을 지적하면
서 특히 國家契約說에 대해서는 의의와 영향, 誤謬를 지적하고 있다.(〈政治學〉, 《兪吉濬全
書》IV) 유길준의 입헌군주론에 대해서는 尹炳喜, 〈兪吉濬의 立憲君主制論〉, 《東亞硏究》
13, 1988 참조.

로 시행할 수 없다고 하였다. 그는 정체의 종류를 '군주 전제', '군주 입헌', '군주 귀현貴顯', '공화 민주' 등으로 구분하고, 세계 만국의 각 나라는 풍토 · 민족 · 관습이 같지 않으므로 정치 체제도 획일적으로 비교할 수 없으며, 정치학자들이 가장 좋다고 하는 '공화민주제'도 당시의 문명 단계로 볼 때는 급히 시행할 수 없다고 하였다. 우리나라는 군주 정체를 입헌 체제로 일변시켜야 하지만, 이것도 인민의 정도를 고려하면, 먼저 정치 지식의 보급과 교육을 통해 인민의 개명을 이루어야 한다고 하였다.202)

입헌 정체에 대한 이런 관점에서 본다면, 당연하게 서양의 사회주의, 무정부주의에 대해서도 부정적이었다.203) 이는 1880년대 초반 서양 학문을 소개할 때부터 견지되던 것이었다.204) 일본의 메이지유신은 사회주의와 자연주의를 배격하였기 때문에 성공할 수 있었다고 보았다.205) 톨스토이류의 무저항 · 무정부주의도 "인류를 약하게 하고 망멸亡滅하게 하는 것으로 보았다.206) 정부는 학부의 교과서 검열에서 "사회주의와 기타 사회의 평화를 해害케 함과 같은 기사가 없는 지", 곧 "방금 각국 사회에 미만瀰漫하는 바, 사회주의나 혹 이와 유사한 사상의 찬입竄入(숨어 들어옴)함을 극력 방지防止하지 않음이 불가"하다고 하

---

202) 元泳義, 〈政體槪論〉, 《大韓協會會報》 3, 27~28쪽.
203) 정치학뿐 아니라 경제학 분야도 그러하였다. 마르크스, 라살 등의 사회주의 학파의 이론은 소개는 하되 부정적으로 기술하였다(李基俊, 《韓末 西歐經濟學導入史研究》, 일조각, 1985, 54~59쪽).
204) "지금 러시아에는 虛無黨이, 영국에는 아일랜드의 變亂黨이, 프러시아와 프랑스에는 모두 社會黨이 있으니, 이는 모두 국법을 문란시키고 生民에게 해독을 주는 단체이다. …… 금년 봄에 사회당이 수도 파리에서 난을 일으켰고"(《漢城旬報》 1, 1883년 10월 31일, 〈西班牙國內亂〉), 혹은 "유럽의 사회당은 어느 나라에나 있는데, 독일 · 프랑스 두 나라가 가장 많다. 대체로 이 당은 貴賤와 貧富를 평등하게 하는 것을 主意로 하기 때문에 그 당에 끼어든 자는 유독 貧賤한 무리들뿐이고, 富人 · 貴族 및 經世에 통달한 學者는 전혀 없다. 그러나 이 黨은 날로 더욱 당인을 소집하여 백성들에게 해독을 끼치고 있기 때문에 각국 정부가 아무리 온갖 방법으로 제거하려고 하여도 신통한 계책이 없다"라고 하였다(《漢城旬報》 9, 1884년 1월 18일, 〈歐洲社會黨〉).
205) 金永基, 〈教育의 新報〉, 《大韓興學報》 3, 2~3쪽.
206) 《西北學會月報》 12, 〈倫理叢話(續)〉, 19~22쪽.

였다.207) 지배층, 식자층의 처지에서 그들의 이익을 보장할 수 있는
정치체제만 선호하고 수용하고자 하였던 것이다.

  (라) 현실적인 차원에서 근대 정치론에 따라 주장하였던 법치론, 정
당론 등도 계몽운동 주체들의 계급적 성격과 통감 지배 체제 아래의
정치 활동이 가지는 한계를 분명하게 안고 있었다.

  법치론, 법치주의는 다음과 같은 두 가지 문제를 동시에 안고 있었
다. 하나는 그들이 선호하였던 입헌군주론이나 국가유기체론에서 법률
의 위상이었다. 군주의 절대권을 보장하는 제도적 장치도 법률이었다.
통치권 자체를 주권으로 인식하였고, 신민臣民은 통치권에 절대 복종해
야 한다고 강조하면서, 법률은 "인민으로 하여금 주권 하에 복종케 하
는 소이所以"라고 표현한 바였다.208) 이런 경우 입헌주의가 약하게 반
영되면서 법치는 법률에 따른 행정 집행만 중시하고, 군주나 관료의
의사가 강하게 반영되는 법치 행정이 발달할 가능성이 있었다. 관존민
비官尊民卑 자체는 비판하면서도, "관직은 국가의 공기公器라, 국법을
집행하는 기관이니 일반 국민은 그 공기와 기관을 존경하고 복사服事"
해야 한다고 한 바였다.209)

  다른 하나는 통감 지배 아래의 현실 속에서 법치주의는 '실정법을
준수하는 논리'였다. 실정법의 인정이라는 사실은 결국 통감 정치를 인
정하는 것이었다. 계몽운동 단체들은 이미 활동 방침을 "치안을 방해하
지 않는 범위에서 정부에 건의"하고자 하였고,210) "치안 유지할 방침
과 부강 전포展布할 계산을 밤낮[日夜]으로 강구講究하여 법률 범위 내의

207)《畿湖興學會月報》12, 38~40쪽.
208) 元泳義,〈法律槪論〉,《大韓協會會報》4, 29쪽.
209) 鄭雲復,〈官尊民卑〉,《大韓自强會月報》2, 42쪽.
210) 大垣丈夫,〈本會趣旨〉,《大韓自强會月報》1, 23쪽;尹孝定,〈大韓協會의 本領〉,《大韓協會
    會報》1, 47쪽.

행동으로 정부를 보조하고 감독하여 공평한 정치를 실시하도록 권고"
하는 것이 최대한의 방법이었다.211)

　물론 또 다른 편에서는 법치론이 가지는 여러 한계점을 인식하고,
법률 자체가 가지는 정당성 여부를 문제로 삼은 논자도 있었다. 법률이
국가권력의 강제성으로 시행된다는 점, 법률의 목적이 무엇이며, 누구
를 보호하기 위한 것인지, 법률을 제정할 때의 국가나 사회의 상태는
어떠한지를 정확하게 관찰할 필요가 있다고 지적하였다.212) 또는 당시
의 우리 법률은 순전한 주권자의 명령이 아니고 '외적外敵'의 힘에 의해
만들어진 것이므로 '국가적 법률'이라 규정할 수 없다고 생각하였
다.213) 그렇지만 어느 경우에나 제국주의 지배 아래서 법치론을 강조
하는 것만으로는 현실을 개혁하는 논의가 될 수 없었다.

　정당정치론에서도 당시 통감 정치와의 관계 속에서 명백한 한계가
있었다. 계몽운동의 활동이 그러한 것처럼, 정당으로서 활동도 '국법의
범위 안'에서 치안을 방해하지 않는 활동만 추구하였다.214) 안국선安國
善은 그 정당 활동을 다음과 같이 제시하였다.

　　大抵 人民이 政治上에 對ㅎ야 思想을 全然 斷絶ㅎ면 已어니와 設使 外國
保護政治 下에 立홀지라도 其 政治가 我에 痛癢[아프고 가려움] 相關이 有
ㅎ 以上은 我가 此에 對ㅎ야 容喙홀[말하고 간여할] 權利가 有ㅎ며 干與홀
주의가 有ㅎ 것이니 …… 政治上의 目的을 達ㅎ기 爲ㅎ야 組織ㅎ 政黨은 秩序
를 紊亂ㅎ기 前에는 統監府의 權力으로도 妨害치 못ㅎ며 政府의 壓制로도
解散치 못ㅎ느니 …… 215)

211) 尹商鉉, 〈政界에 對혼 管見〉, 《大韓協會會報》 9, 9쪽.
212) 卞悳淵, 〈法律이 斯世에 施行되는 理由〉, 《大韓協會會報》 5, 26~27쪽 ; 〈人民은 法律을
　　 解釋홀 必要가 有홈〉, 《大韓協會會報》 6, 32~33쪽.
213) 崔錫夏, 〈韓國之法律觀〉, 《大韓學會月報》 4, 51~52쪽.
214) 大韓子, 〈本會之行動如何〉, 《大韓協會會報》 5, 4~5쪽.
215) 安國善, 〈政黨論〉, 《大韓協會會報》 3, 25쪽.

라고 하여, 국법의 범위 안에서 치안을 방해하지 않고 질서를 문란하게 하지 않는 정당정치만을 지향하였다. 이렇게 활동하는데도 만일 통감부에서 방해하거나 해산시키면 이는 "인민의 자유를 무시하고 국가의 여망을 위반"한 것으로 여겨야 한다고 하였다. 통감 지배라는 실정법 아래에서 인민의 자유와 여론을 확립하려고 했던 현실적 모순이 있었던 것이다.

또한 지방자치제 논의도 당연히 국가, 통치권의 틀 속에서 감독을 받아야 하였다. 자치는 나라 안의 단체가 자기의 의사로 공공사무를 처리하는 것이므로, 그 단체의 의사는 국가의 의사를 위반할 수 없으며, 법규 범위 안에서만 의사의 자유를 보유할 수 있음이었다.[216] 따라서 통감 정치라는 제국주의 공권력이 존재하고 있는 현실에서 자치제가 가지는 의미는 오히려 줄어들 수밖에 없었다. 특히 통감부는 각 지방을 장악하고 특히 징세 업무를 담당하는 지방위원회를 설치하였다. 즉 일제 재정 침탈의 청부기구, 선전기구였다. 하지만 일제는 지방위원회를 "자치제의 창시, 모체, 전신前身"이거나 "문명국의 대의기구" 등으로 띄워, 지방자치제 수준에서 선전하였다.[217]

일제가 지방자치라는 이름으로 지방까지 장악하자, 이런 추세 속에서 정치적 활동의 여지가 없다고 판단한 어느 논자는, 정치와 무관한 자치 활동만을 제시하였다. 서울을 비롯하여 각 도, 군, 촌, 시에 자치제를 설치하고, 촌시회村市會에서는 자유 선거에 따라 임원 선출과 교육·경제·위생·교통의 공공사무를 해 나가, 군회에서는 각 촌의 교육 방법과 위생 방법, 사회 도덕의 발달 등을 지도한다는 것이었다.

---

216) 車宗鎬, 〈法律上 自治의 槪念〉, 《西友》 9, 16~17쪽.
217) 李相燦, 〈1906~1910년 地方行政制度 變化와 地方自治論議〉, 《韓國學報》 42, 1986, 64쪽. 지방위원회는 官民의 의사를 소통케 할 것, 법령을 주지하여 인민의 오해가 없도록 할 것, 지방 산업을 발달시키고 재원을 함양케 할 것 등을 그 업무로 하였지만, 본 업무는 조세 징수였다(《大韓民報》 1909년 6월 26일 〈地方委員會成績〉).

그런데 정치 수단으로는 우리 민족의 행복을 도모하기 어려우므로 정치에 관계되는 일은 해서 안된다는 원칙을 제시하였다.[218] 정치문제를 외면하고 경제적, 사회적인 부분에서 제기한 자치론은 그 뒤 일제 강점기에도 나타났는데, 그 싹은 이때 이미 보이고 있었다고 할 것이다.

---

218) 一歲生, 〈新時代의 思潮〉, 《太極學報》 14, 22~26쪽.

일진회의 문명개화운동과 '합방'론

　일제의 한반도 침략은 무력적, 강압적으로 이루어졌지만, 다른 한 편에서는 국내의 계급적 모순 관계를 이용하여 그 침략을 찬양, 추종 하는 세력, 곧 '친일 세력'을 양성, 결집하고 이를 이용하였다. 아울러 일제는 침략 실상을 호도하는 다양한 명분이나 구실을 내세웠다. 1910년 이전의 침략 명분은 조선의 내정개혁과 문명화, 조선의 독립 과 영토 보전 및 동양평화였다. 친일 세력은 일제 침략론의 본질을 정확하게 보지 못하고, 이를 자신들의 정치 이념과 일치시켰다.

　그런데 친일 세력의 정치론과 문명개화운동은 개항 이후 줄곧 발전 해온 문명화론의 또 다른 측면이었다. 1880년대부터 본격화된 문명 개화론과 개혁운동은 일본의 문명개화를 모델로 구상한 것으로, 내용 상으로는 일본이 내세우던 한국의 독립, 문명개화 등과 별 차이가 없 었다. 따라서 개혁 주체나 목표를 명확하게 하지 않으면 항상 '문명화

지상주의'에 빠질 위험을 가지고 있었다. 일본의 지원 아래 이루어진 갑신정변, 갑오개혁의 개혁 내용이나, 그 참여자의 향후 행방에서도 이런 점을 확인할 수 있다. 그들은 이념적, 계급적으로 민중의 동력을 규합할 수 없었다. 그리하여 일본의 지원과 지도를 마다하지 않았고, 일본은 이런 기회를 놓치지 않고 개화파를 자신들의 논리와 운동 속으로 끌어들였다. 일본의 침략 의도를 파악하지 못하고 그 힘에 기대어 문명개화를 추진한 것이 친일 세력이었던 것이다.

국권회복운동이 한창일 때 나타난 가장 대표적인 친일 세력이 일진회一進會였다.[1] 일진회가 전면에 내세운 목표는 한국의 문명화, 개화였고, 문명개화를 가장 효과적이고 확실하게 달성할 수 있는 방안이 한국의 보호국화였고, 더 나아가 '합방合邦'이었다.

---

1) 일진회에 대해서는 다음의 연구를 참고할 수 있다. 김종준, 《일진회의 문명화론과 친일활동》, 신구문화사, 2010 ; 崔埈, 〈一進會의 言論活動分析〉, 《中央大論文集》 7, 1962 ; 車文燮, 〈賣國의 앞잡이=一進會〉, 《韓國現代史-民族의 抵抗》 3, 新丘文化社, 1969 ; 趙恒來, 〈一進會研究〉, 중앙대학교 대학원 박사학위논문, 1984 ; 李亮, 〈對韓政策의 一側面 : 一進會의 位置〉, 《九州史學》 84, 1985 ; 金度亨, 〈日帝侵略初期(1905~1919) 親日勢力의 政治論 研究〉, 《계명사학》 3, 1992 ; 金東明, 〈一進會と日本-「政合邦」と併合-〉, 《朝鮮史研究會論文集》 31, 1993 ; 강창일, 〈일진회의 '한일합방'운동과 흑룡회〉, 《역사비평》 52, 2000 ; 韓明根, 〈一進會 對日認識과 '政合邦'論〉, 《崇實史學》 14, 2001 ; 서영희, 《국민신보》를 통해 본 일진회의 합방론과 합방 정국의 동향〉, 《역사와 현실》 69, 2008 ; 이태훈, 〈일진회의 '보호통치' 인식과 '합방'의 논리〉, 《역사와 현실》 78, 2010 ; 김종준, 〈국권상실에 대한 일진회의 인식-문명화론과 합방론의 관계를 중심으로〉, 《한국독립운동사연구》 40, 독립기념관 한국독립운동사연구소, 2011 등.

1. 일제의 문명화론과 동양평화론

일제의 식민 정책은 서구 제국주의에 비해 지배의 구조나 형태에서 독특한 점이 있었다.[2] 특히 일본 자본주의의 구조적 특성 가운데 하나가 식민지를 확보하지 못하면 산업혁명이 불가능했던 점도 있었고,[3] 또 사회문화적으로 동일한 유교 문화권의 나라를, 그것도 문화적으로 오히려 앞선 조선을 식민 지배해야 하는 차원에서 그러하였다.

이런 점에서 일본은 조선을 침탈하고 식민 지배하고자 여러 이데올로기를 개발하였다. 조선은 일본보다 낙후하고, 조선의 독립, 문명화를 위해 같은 인종ㆍ문화인 일본의 도움이 필요하다는 점, 또 일본의 조선 지배는 동양 평화를 위한 것으로 양국에 모두 이익이 되며, 조선의 문명 발전을 위한 것이라는 점 등을 내세웠다. 이른바 동양평화론東洋平和論과 문명개화론文明開化論(文明化, 施政改善論)이었다.[4]

일본의 한국 침략 이데올로기는 일본이 대륙을 침략하면서 만들었다. 문명개화 차원에서 일본은 서양에 비해 열등하지만, 동양의 다른 나라보다는 우월하다는 것을 강조하였다. 이에 중국과 조선의 후진성을 멸시하는 경향을 강하게 드러내었다. 일본 자신의 우월 의식은 일본이 아시아의 지도자라는 의식을 강화하고, 미개한 아시아를 일본이 지도, 지배해야 한다는 논리로 만들었다.

이런 논리 속에서 1880년대, 일본을 중심으로 아시아 국가들이 하나가 되어야 한다는 '아시아주의', '일본맹주론日本盟主論'이 형성되었다.

---

2) 김동노, 〈일본제국주의의 조선지배의 독특성〉, 《東方學志》 133, 연세대국학연구원, 2006 (김동노 편, 《일제 식민지 시기의 통치체제 형성》, 혜안, 2006).
3) 大石嘉一郎 편, 《日本産業革命の研究》(上・下), 東京大學出版會, 1975. 참조.
4) 식민 지배 정책에 대해서는 姜東鎭 《日帝의 韓國侵略政策史》, 한길사, 1980 ; 신희석, 〈일제의 식민지배 이데올로기〉, 《한민족독립운동사》 5, 1989 참조.

타루이[樽井藤吉]는 서양 열강의 아시아 침략이라는 위기감을 조장하면서 대동합방론大東合邦論을 제기하였다. 백인종인 서구 열강의 아시아 침략에 대항하기 위해서는 황인종인 아시아 제국이 단결하여 일어서야 하며, 그러기 위해서는 일본과 조선이 합동하여 '대동大東'이라는 새로운 합방국을 만들고 대동국이 청국과 긴밀한 동맹관계를 수립하자는 것이었다. 한편 일본의 대표적인 문명개화론자 후쿠자와[福澤諭吉]도 일본은 '아시아에서 벗어나 서양의 문명국과 진퇴를 같이 해야 하며, 조선의 자주적 개화는 기대할 수 없고, 강대한 문명국의 점령과 보호가 조선에 도움이 된다'는 탈아론脫亞論을 주장하였다.5)

러일전쟁 즈음에 일본은 동양평화론을 제기하였다. 메이지 '천황天皇'은 러일전쟁의 선전宣戰 조칙詔勅에서 백인종 러시아의 침략에서 황인종인 동양의 평화를 지키기 위해 전쟁을 하게 된다고 내세웠다. 1905년 '보호조약'(을사늑약) 체결을 요구할 때도 이토[伊藤博文]는 "일본 정부는 일한日韓 관계를 일층 친선시키고 동양의 평화를 영원히 보지保持하기 위하여 한국 외교는 일본 정부가 대신 그것을 집행"한다고 하였다. 조약의 교섭을 담당한 하야시[林權助] 공사도 누차 "한국을 위험에 빠뜨리는 것이 한국 외교의 실책에 기인하므로, 이 화인禍因을 두절시켜 다시는 일청, 일러 전쟁과 같은 참화를 없애고 동양 평화를 영원하게 확보"해야 한다고 하였다.6)

동양평화론은 '조선의 시정 개선施政改善'과 표리를 이루었다. "외교권이 한국의 수중에 있으면 한국은 열국의 경쟁장이 될 것이고, 이렇게 된다면 일본에게도 위험한 일"이 되어, 결국 동양 평화까지 해친다고 보았다.7) 〈한일의정서〉에 "양국의 친교와 동양의 평화를 위해 시정개

---

5) 旗田巍, 《日本人の朝鮮觀》, 勁草書房, 1969 ; 韓相一, 《日本帝國主義의 한 硏究》, 까치, 1980 ; 朴英宰, 〈近代 日本의 韓國 認識〉, 《日本의 侵略政策史硏究》, 일조각, 1984 ; 〈近代日本의 아시아 認識〉, 《露日戰爭 前後 日本의 韓國侵略》, 일조각, 1986.

6) 釋尾東邦, 《朝鮮幷合史》, 朝鮮及滿洲社, 1926, 296~297쪽.

선의 충고를 용인容認할 것"(제1조)이라고 하였고, 을사늑약의 전문前
文에서도 "일본 정부와 한국 정부는 양 제국을 결합하는 이해 공통의
주의를 공고히 하고자 한국의 부강의 실實을 인정할 수 있을 때까지
이 목적을 위하여 보호保護"한다고 하였다. 특히 이토는 한국 내정을
모두 장악하는 1907년의 〈정미 7조약〉(한일신협약)을 체결하기 직전,
이완용 내각을 출범시키면서 "한인은 외교권을 회복할 실력을 양성하
는 노력을 하지 않았다"고 지적하고, 시정 개선의 중요성을 다음과 같
이 언급하였다.

　韓國의 目下 急務는 政治의 改善에 있고, 改善의 目的은 韓國 國民을
今日의 悲境으로 부터 救出하는 데 있으며, 이에 一面으로는 敎育을 普
及하여 韓人으로 하여금 世界 文明國人의 班列에 들게 하고, 一面 殖産
興業을 隆盛시켜 韓國 今日의 貧弱한 狀況으로부터 脫出시키지 않으면
안된다. 이것은 직접으로는 韓國 자신을 위하는 동시에 日本을 위하고
또한 東洋平和를 위하는 것이니 ……8)

라고 하여, 교육과 식산흥업을 통한 시정 개선은 한국의 문명화는 물론
이고 동양 평화까지 확보할 수 있다는 것이었다.

---

7) 釋尾東邦, 위 책, 330쪽.
8) 釋尾東邦, 위 책, 328쪽.

2. 일진회의 현실 인식

1) 동학의 문명개화운동과 일진회

(가) 동학은 1904년 이후 문명개화 노선으로 활동 방향을 전환하고, 근대 종교 체계를 갖춘 천도교天道敎로 개편하였다. 문명개화운동에 동참하는 의미에서 천도교 세력의 일부는 계몽운동에도 참여하였다.9) 지도자 손병희孫秉熙는 나라의 문명 발전과 보국안민輔國安民의 방안으로 삼전론三戰論, 곧 도전道戰, 재전財戰, 언전言戰을 제기하였다.10) 삼전론은 종교(동학, 천도교)를 근본으로 하되, 식산흥업, 외교 활동으로 문명개화하며, 실력을 양성하자는 것이었다. 손병희는 삼전론을 실현하는 방안으로, 국내에 동학의 지방 조직을 동원하여 민회운동을 전개하였다.

민회운동은 이용구李容九가 중심이 되어 전국적으로 전개되었다. 이용구는 "인민은 국가의 원기元氣요, 사회는 인민의 정론正論"이라 하고, "잠시라도 분리할 수 없는 것이 원기이고 하루라도 없으면 안 되는 것이 정론이니, 세계 각국이 모두 민회로 그 부강을 이룬다"라고 하여그 필요성을 거론하였다. 곧 나라의 부강을 위한 민회의 역할을 강조하면서, 진보회와 같은 민회는 당당한 정론으로 정부를 상대로 헌의하여, "나라의 정치를 개선하고 열강의 문명을 흠모하여 우리 강토를 보존하고 우리 생민의 터전을 살린다"라고 하였다.11)

---

9) 이 책 제1편 제1장 ; 제2편 제2장.
10) 李敦化, 《天道敎創建史》, 1933 (《東學思想資料集》 貳, 아세아문화사, 260~264쪽).
    康成銀은 三戰論을 "침략자에 대해 적극적으로 싸우기 보다는 …… 그들과의 타협 하에 동학을 국교의 지위에 올려 스스로 집권을 시도한 것으로, 이른바 〈輔國安民〉의 개악판"이라고 하였다(〈20世紀初頭における天道敎上層部の活動とその性格〉, 《朝鮮史硏究會論文集》 24, 1987).

민회의 이름은 대동회大同會, 중립회中立會로 하다가, 9월에 진보회
進步會로 개칭하였다. 이름에 '진보'라는 단어를 쓴 것은 "발걸음을
개명開明으로 나아간다"는 의미였으며, 이를 통해 압정壓政의 개선을
권고하고, 간세奸細의 무리를 축출하고, 종사宗社를 바르게 부지하며,
임금을 요순의 지경에 이르게 하여 국가를 반태盤泰에 두게 한다는
것이었다.12)

진보회는 이런 목적을 담은 활동 '강령'을 정하였다. 설립 초기에는
"① 황실皇室의 안녕을 기期할 사事, ② 시정의 개선을 기할 사, ③ 생명
재산의 안고安固를 기할 사"라는 3개 항을 천명하였다.13) 그러고는 이
를 조금 보완해서 '4대 강령'으로 정하였다.14)

　　　一曰 皇室을 尊重하고 獨立 基礎를 鞏固히 할 事.
　　　二曰 政府를 改善할 事.
　　　三曰 軍政 財政을 整理할 事.
　　　四曰 人民의 生命 財産을 保護할 事.

라고 하였다. 처음 제시했던 3개 항의 강령과 견주어 '독립'이라는 단어
가 더 들어갔고, 군정과 재정 문제를 별도의 항목으로 천명하였다.

각 지방에서는 진보회라는 이름을 내걸지 않았지만, 동학 조직이 활
동을 전개하였다. 그 활동 지침은 4대 강령이었다. 이 강령과 더불어
치열해지는 러일전쟁을 지원하는 언동도 표출하였다. 평안도 동학당에
서 나돈 통문(서울 사는 박남수 발문)에는

---

11) 《一進會會報》 5, 〈進步會會長 李容九, 副會長 權鍾悳의 강원도지회에 대한 통고〉, 2~3쪽.
12) 《一進會會報》 5, 〈江原道進步支會長 朴奎喆이 春川觀察使 朱錫冕에게 보낸 公緘〉, 4쪽
13) 《一進會會報》 1, 〈時論臨記〉, 13쪽
14) 李敦化, 《天道敎創建史》, 1933 (《東學思想資料集》 貳, 222~223쪽).

일은 황실을 보호ᄒᆞ야 독립권을 공고케홀 ᄉ, 일은 정부를 기션ᄒᆞ야 빅성의 ᄌᆞ유권을 엇게홀 ᄉ, 일은 이제 이 거의 ᄒᆞ기는 우리나라 큰 의라. 즉금 일본이 아국[俄國]과 전졍ᄒᆞ기는 실노 대의를 드러[들어] 동양 의는 평화홀 목젹을 주장홈이니, 우리가 엄졍히 단속ᄒᆞ야 일본 군ᄉᆞ상에 방히홈이 업게 ᄒᆞ야 의리로써 의리를 손상홈이 업게 할 ᄉ, 일은 로비[路費]는 각각 ᄌᆞ긔가 쥬션ᄒᆞ야 민간에 침탈홈이 업게홀 ᄉ, ……15)

라고 하여, 황실 보호와 독립, 정부 개선, 백성의 자유권, 그리고 문명 진보 등을 주장하면서, 아울러 일본이 동양 평화를 위해 러일전쟁을 일으켰으므로 일본의 군사 활동에 방해가 되지 않아야 한다고 하였다.

충북의 동학 조직에 보낸 방문榜文에서도 "나라는 국민의 나라"라고 하고, 국민들이 종사 보전, 황실 안녕할 방책을 세워 관민이 같은 마음으로 "정치를 개혁하고 문명에 진보하여 치국의 정책과 외교의 방침을 확정"하여 국가의 독립권을 공고케 하고 나라를 보전하자고 하였으며, 이것을 "보국안민의 대의"라고 천명하였다. 뿐만 아니라 이 방문은 러일전쟁을 언급하면서, "금번 일아日俄 전정戰征이 동양 대세의 큰 관계라. 위선 수차 전투에 일본이 번번 대첩하였거니와, 종국까지 일본이 승전하야 황인종이 부지할 사세事勢오니, 이때에 동양 인민된 자야 누구든지 조조한 마음으로 분발치 아니하리오"라고 하여, 일본이 주장하는 인종 전쟁의 관점에서 일본을 지지하였다.16)

그리하여 평안도 지역의 중심으로, 진보회는 철도 건설, 군수품 운반 등을 맡아서 일본군을 도와주었다.17) 러일전쟁 기간 가운데 진보회는 그들이 주장하던 '일본동맹론'을 민회 활동을 통하여 실천하였던 것이

15)《大韓每日申報》1904년 9월 14일〈동학통문〉.
16)《大韓每日申報》1904년 9월 21일〈동학방문〉.
17)《皇城新聞》1904년 11월 28일〈平察報告〉.

다. "동맹국 군사 상에 보조"라는 항목을 진보회의 4대 강령 속에 제시
하였다는 언급도 있었다.[18]

이때, 진보회와 같은 강령 아래 활동하던 단체가 있었다. 1904년
8월 18일, 송병준을 중심으로 독립협회 회원이었던 윤시병尹始炳, 유학
주유학주俞鶴柱, 염중모廉仲模 등이 광통교 지전도가紙廛都家에 모여 만든 유신
회維新會였다. 그리고 이틀 뒤에 다시 모여 4대 강령을 정하고, 이름도
일진회一進會로 변경하였다.[19]

처음 유신회를 만들기 위해 모였을 때, 정부에 보낸 공함에는 "시국
의 급업炭業함을 당하여 황실을 존안尊安케 하며, 생령生靈을 보호하고,
외교를 화충和衷케 하기 위"하여 조직을 만들었다고 표명하였다.[20] 그
리고 이름을 일진회로 바꾸면서 취지서와 강령을 정하였다. 일진회는
"일심진보一心進步할 주의라, 이 주의로 단체를 만들어 의무로 삼아 비
록 일일一日 일보一步라도 신개명新開明의 영역에 전진하여 국가 면목을
일변 유신케 하는 것"이라고 하였다. 즉 새로운 문명개화의 단계로 '일
진一進'하기 위한 단체임을 표방하였다. 그러고는 '4대 강령'을 천명하
였다.[21]

　　一. 皇室을 존중케 ᄒ고 國家 基礎를 鞏固케 홀 事.
　　一. 人民의 生命 財産을 保護케 홀 事.

---

18) 《一進會會報》 5, 〈江原道進步支會長 朴奎喆이 春川觀察使 朱錫冕에게 보낸 公緘〉, 4쪽. 이
　　공함에는 "皇室 獨立 保全홈과 政府 改善을 勸告홈과 人民 生命 財産을 完全케 홈과 同盟國
　　軍事上에 補助홀 四條 綱領으로 斷髮 團心에 會名 以進步ᄒ니"라고 하였다. 그리고 일본군을
　　도와야 한다는 점은 〈주한일본공사관기록〉에도 "동맹국(일본)을 군사상 幇助할 것"이 명시되
　　어 있었고(崔埈, 〈一進會의 言論活動分析〉, 《中央大論文集》 7, 1962, 179쪽). 또한 회장 이
　　용구가 각 지방에 배포한 통고문에도 "동맹국 군사상 보조할 事"가 들어있다(金炅宅, 〈韓末
　　東學敎門의 政治改革思想 硏究〉, 연세대 대학원 석사학위 논문, 1990, 56쪽).
19) 일진회의 문명화론 및 지역민과의 관계에 대해서는 김종준, 《일진회의 문명화론과 친일활동》,
　　2010 참조.
20) 《元韓國一進會歷史》 1904년 8월 18일.
21) 《元韓國一進會歷史》 1904년 8월 20일 ; 8월 22일.

一. 政府 改善 政治를 實施케 흘 事.
一. 軍政 財政을 整釐케 흘 事.

　일진회의 4대 강령은 앞서 본 진보회의 4대 강령과 순서만 달랐고, 내용은 전적으로 같았다. 흔히 진보회는 손병희 지도 아래 조직되었고, 일진회는 일본 군부의 배후 조종 아래 만들어진 것으로 말한다. 하지만 두 단체 모두 민회운동의 일환으로 손병희가 직·간접으로 지도하여 설립된 것으로 보인다. 두 단체는 처음부터 서로 기맥을 통하여 동일한 강령을 내세웠다. 일진회는 처음부터 진보회 창립에 주목하고 공동 보조를 취하였다. 일진회는 진보회를 "경성京城 일진회가 4대 강령을 목적으로 정부에 충고하고 위국爲國 열심히, 지방에서는 그 의무를 효칙效則하여 보국안민輔國安民에 진보"하려는 단체로 보았고, "회의 명칭은 다르나 목적은 일반"이라고 하였다.22) 정부에서 진보회를 '동학 여당餘黨'이라고 탄압하자, 일진회가 "지방에서 인민들이 지방관의 탐학을 이기지 못해 시정 개선을 요구하는 것을 동학이라고 금지하는 것은 잘못"이라고 항의하였다.23)

　각 지방에서는 진보회와 일진회의 이름이 혼용되었다. 평남 영원에서는 "이른바 일진회가 변칭變稱 진보회"라고24) 하였으며, 순천에서는 "동학당 천여 명이 둔취屯聚하여 일진회라고 칭"한다고 하였다.25) 진주에서도 동학당이 모여 단발하고 일진회라고 자칭하였다.26) 초기 일진회의 간부들이 모두 동학 북접의 지도자였던 점에서 그러하였다.27)

---

22)《元韓國一進會歷史》1904년 10월 1일. 지방의 진보회가 일진회의 4대 강령을 본받아 '보국안민'를 기한다고 보았다.
23)《元韓國一進會歷史》1904년 10월 25일. 이런 기사는《元韓國一進會歷史》,《一進會會報》에 여러 차례 보인다.
24)《皇城新聞》1904년 10월 21일〈平南連報〉.
25)《大韓每日申報》1904년 9월 28일〈순천군보〉.
26)《大韓每日申報》1904년 10월 20일〈진주위면〉.

그리하여 형식적으로 나누어져 있던 두 단체는 1904년 12월에 통합하였다. 이때 이용구는 "현재 동양에는 단지 일본만이 문명의 길을 열어 기술이 발달하고 활기가 배양되어 세계 열강과 같이 서 있고, 우리 정부는 취몽醉夢으로부터 깨지 못해 개명의 길로 들어서지 못하였다"라며, 취지와 목적이 같은 두 단체가 합하여 '일본의 지도로 문명개화하자'고 하였다.28)

(나) 1905년 12월, 동학은 근대적 종교 체계를 갖춘 천도교로 개편되었다. 이듬해 2월에 손병희가 귀국하였다. 손병희의 귀국길에는 이용구와 송병준이 부산, 대전까지 내려가 마중하였다.29) 손병희는 일진회에 1천 원을 기부하였으며,30) 이용구에게는 교수, 송병준에게는 중정中正이라는 천도교 직함을 수여하였다.31) 이때는 일진회에서 이미 '보호국'을 원하는 성명서를 발표한 뒤였지만, 손병희는 이것을 별로 문제로 삼지는 않았다.32) 오히려 일진회를 포함하여 천도교 안에서 주도권 다툼이 일어났다. "내지內地[일본]로부터 선생[손병희]과 같이 나온 오세창·권동진(문명파文明派), 양한묵 일파, 일진회 골자인 이용구·송병준 일파, 비개화파인 김연국 일파(완고당頑固黨)' 등으로 분열되었다.33)

27) 金炅宅, 〈韓末 東學敎門의 政治改革思想 硏究〉, 1990, 52~72쪽.
28) 《元韓國一進會歷史》 1904년 11월 25일.
29) 《元韓國一進會歷史》 1906년 1월 23일 ; 1월 26일.
30) 《元韓國一進會歷史》 1906년 2월 2일.
31) 李敦化, 《天道敎創建史》, 1933 (《東學思想資料集》 貳, 232쪽).
32) 당시 신문에는 손병희가 관서 지방을 순회하던 중에 몇 번의 봉변을 당한 기사들이 보도되고 있다. 철산에서 학교를 방문한 손병희에게 철산군 사람이 편지 형식으로 1천 원만 기부할 것을 요구하였는데, 손병희가 이를 거절하자 격분하여 "爾가 宋秉畯으로 同히 宣言書를 發布 ᄒ얏스니, 汝ᄂᆫ 賣國賊이라. 賣國錢으로 寄付ᄒ라 ᄒ고 風色이 不好ᄒ믹 孫氏가 潛身避出ᄒ야 本郡으로 來到ᄒ얏더니, 其夜에 自該人 등 數百人이 來到ᄒ야 孫氏 旅館 窓外에서 詬話曰 賣國賊 孫秉熙가 在此乎아"라고 소리치고는 곧 창, 몽둥이를 들고 안으로 쳐 들어가 손병희 머리에 중상을 입고 전신에 상처를 입은 사건도 일어났다(《皇城新聞》 1908년 3월 14일, 〈孫氏被傷顚末〉). 일반인들이 손병희와 일진회를 같은 매국적으로 보고 있었던 것이다.

손병희와 일진회가 결별한 것은 1906년 9월이었다. 그 사이 송병준이 구속된 사건도 있었고, 또 이용구는 '대동합방론'으로 선회한 상태였다.[34] 손병희는 이용구 등 62명을 정교政敎 분리 원칙을 내세워 천도교에서 추방하였다. 축출된 일진회 세력은 일본과 대동합방론을 추구하면서 따로 시천교侍天敎를 만들었다.

일진회 세력을 몰아낸 뒤, 손병희는 일진회를 견제하면서, 천도교의 문명개화론을 실현하기 위해 계몽운동에 적극적으로 참여하였다.[35] 오세창, 권동진 등이 대한협회의 핵심 세력으로 참여하였고, 천도교 자체적으로는 《만세보》를 발간하여 문명개화론을 주장하였다.

(다) 계몽운동과 일진회가 갈리는 지점은 '합방合邦 문제'였다. 앞서 본 바와 같이, '합방론'의 근저에는 동양평화론이 있었다. 물론 동양평화를 주장한다고 모두 '합방'으로 가는 것은 아니었다. 일본의 역할과 동양 삼국의 관계 설정을 둘러싸고는 차이들이 존재하였다. 일본맹주론을 신뢰하여 일본을 중심으로 동양 평화를 구축하자는 논의도 있었지만, 다른 일각에서는 정족론鼎足論에 따라 동양 3국이 균등한 관계 속에서 진정한 동양 평화를 이루어야 한다는 논의도 있었다.

하지만 '합방론', 동양평화론이 문명개화론에 뿌리를 두고 있었던 점에서 혼란은 언제든지 표출될 수 있었다. 그런 예가 1909년 9월에 나온 '삼파三派 연합' 문제였다.[36] 이완용 내각에 불만이었던 일진회, 대한협회, 서북학회의 세 조직이 '연합'을 추진한 것이었다. 이용구, 송병준은 이를 통해 '합방'을 추진하기 위한 음모를 가졌다. 대한협회와 일

---

33) 吳知泳, 《東學史》, 永昌書館, 1938, 199쪽.
34) 葛生能久, 《日韓合邦秘史》上, 黑龍會出版部, 1930, 41쪽.
35) 康成銀, 〈20世紀初頭における天道敎上層部の活動とその性格〉, 1987, 167~174쪽 ; 金炅宅, 〈韓末 東學敎門의 政治改革思想 硏究〉, 1990, 86~100쪽.
36) 李鉉淙, 〈大韓協會에 關한 硏究〉, 《亞細亞硏究》 13-3, 1970, 39~50쪽.

진회는 국내외 정치의 측면에서도 의기가 투합하였다. 즉 "국민의 참상
을 구제하고 국가의 복리를 증진"한다는 구실 아래 결의하였다. 그런데
일진회는 '합방'을 주창하고 있었다. 대한협회는 "양국 협약의 정신을
표준하여, 일본의 선량한 지도 부액扶腋을 신인信認하며, 실력을 양성하
여 타일他日에 자치를 기도하기로 위주하여, 일본 인사의 극단론을 일
체 배척코자 함"이라고 천명하여,37) 일본 지도에 따른 문명화, 일본을
맹주로 하는 삼국동맹론을 따르고 있었다. '삼파 연합'은 '학회'라는 명
분을 내세운 서북학회가 그 대열에서 먼저 빠져나가고, 또 대한협회
내부에서도 각 지회의 반대가 제기되어 이루어지지는 않았다.

'연합'을 추진한 중심 인물은 대한협회의 김가진·윤효정, 서북학회
의 이갑·정운복이었고, 주선은 최석하가 담당하였다. 최석하는 러일
전쟁에 통역으로 참전하였고, 동양 평화를 주장하던 사람이었다. 대한
협회의 핵심 인사였던 윤효정도 일진회 창립에 참여했다는 혐의도 있
었다.38) 또 "일찍 윤효정은 …… 일본인으로부터 정탐금을 비밀히 받
아 나라의 대소사를 정찰하여 일본인에게 밀고하였다. 일진회원이 내
외 관직에 많이 나아가자 욕심이 일어나 일진회와 연합하여 합방성명
서를 제출하기에 이르렀다"는 평가가 있을 정도였다.39)

개화파 이래의 문명개화운동과 이를 이은 계몽운동, 그리고 천도교
상층부의 문명개화운동, 일본동맹론 등은 불철저한 제국주의 인식에서
비롯된 것이었다. 이런 구조에서 친일 세력들이 형성될 수 있었다. 물
론 계몽운동에 참여하였던 사람들은 일진회와는 달리, 적극적으로 '합
방'을 주장한 것은 아니었다. 하지만 일제의 무력적인 힘에 따라 '합방'
이 이루어지고 난 뒤에는, 이를 묵시적으로 인정하였고 대부분 조선총

---

37) 《皇城新聞》 1909년 11월 30일 〈韓會의 公函과 聲明書〉.
38) 朴榮喆, 《五十年의 回顧》, 京城 : 大阪屋號書店, 1929, 160~61쪽에도, 일제의 경찰기록(韓國內
    部警察局, 《顧問警察小誌》, 1910, 91쪽)에서도 일진회와 관련되어 있음을 지적하고 있다.
39) 《大韓季年史》 下, 융희 3년 12월, 국사편찬위원회, 338쪽.

독부의 관료가 되어 식민 지배 정책에 편승하였다.

2) 일진회의 현실 인식

일진회는 한국과 일본 관계를 '순치보거唇齒輔車'라는 말로 표현하였
다. 일본과는 갈대잎 같이 좁은 바다[葦海]를 사이에 두고 서로 교섭하
여 왔고[航葦相涉], 또한 땅이 서로 닿아 있는[壤地相接] 관계이니, 이것이
바로 순치의 형세[脣齒之勢]라는 것이었다.40) 따라서 역사적으로 우리
와 일본은 서로 인종이 같고, 문물이 같아서 수천 년 전부터 지식과
문물을 주고받아 왔다고 하였다.41)

당시 우리나라는 동북의 강국이 서로 싸우는 가운데 끼여, 강토와
생령이 해독을 입어 유린되고 있으므로, 이를 해결하기 위해서는 내적
으로 일진회의 4대 강령에 따라 내정을 개선하면서 일본과 연대하여야
한다고 하였다. 일본이 천연天演의 도리에 따라 지난 십수 년 사이에
우리에게 자주를 권하고 개명開明을 알려주어, 우리 독립의 기초가 성
립되고, 자주의 권한이 더욱 굳어지고 있다는 점에서 그러하였다.42)

일진회는 러일전쟁을 '의전義戰'이라고 보았다. "(일본이) 금번에는
의기義旗를 들어 러시아를 토벌"하니, 우리 한국은 "수레와 병기를 실
어 나르는 배가 되고, 군인을 건너게 하는 다리가 되어야 한다"고 하였
다.43) 그리하여 그들은 러일전쟁에 여러 형태로 참여하여 일본군을 도
왔다. 평안도, 함경도 지역의 동학 조직을 근간으로 북진수송대北進輸送

---

40) 당시 한국과 일본의 긴밀할 관계를 설명하는데 가장 많이 쓴 표현이 一衣帶水(옷 띠와 같이
　　좁은 강을 사이에 둔 이웃), 一葦帶水, 또는 脣亡齒寒, 脣齒之勢 등이었다.
41) 《元韓國一進會歷史》 1904년 10월 22일, 10월 27일.
42) 위와 같음.
43) 《元韓國一進會歷史》 1904년 10월 27일.

隊라는 것을 조직하여, 철도와 도로 부설, 군수품 운반 등을 담당하였
고, 이 업무에 대한 노임 등의 댓가도 거의 받지 않았다.44) 아울러 일
본군을 위로하는 여러 행사도 실시하였다. '정로군대征露軍隊[러시아를
정벌하는 일본 군대]' 환영회를 개최하고, 광무학교 생도 140여 명을
동원하여 일본 군가를 부르게 하고 군인을 위로, 축하하였다.45) 일본
군의 봉천奉天 점령을 자축하는 일본인의 제등 행렬에 회원들을 보내
축하하면서, 큰 등 앞쪽에 '대일본제국 천황폐하 만세'라고 썼다.46)

　일진회는 '보호조약' 체결에 이르는 과정에서도 조약 체결을 지지하
는 역할을 담당하였다. 이를 주도했던 송병준은 "우방을 신뢰하여 독립
을 유지"한다는 취지로 '일진회 선언서'[홍긍섭 製述]를 작성하였다. 그
선언서에서 주장하는 바는 다음과 같았다.47)

① 일본은 선진先進, 선각국先覺國으로 동양 평화를 극복하기 위해 주의한
　　나라이다. 그 동안 일본이 십 수년래 일청日淸의 역役[청일전쟁]과 일노
　　日露의 전쟁이 모두 의협심에서 나온 것이다.
② 한국은 외국의 간섭을 벗어나 독립의 명실名實을 유지할 힘도 능력도 없
　　으므로, 우방[일본]의 지도에 순순히 의거하여 문명에 나아가서 독립을
　　유지하는 것이 가하다.
③ '보호조약'에 따라 외교권을 일본 정부에 위임한 것은 이미 한일의정서에
　　서 명시한 바이다. 의정서 체결 당시, "대소 외교는 반드시 일본 정부의
　　자문을 받고 고문관의 추천한 후에 결정하라"고 했던 것과 차이가 없다.
　　외국에 공사를 파견한다는 명위와 허식 보다는 오히려 우방[일본] 정부

---

44) 1905년 10월 27일 지방총장 이용구는 북진수송대 일기를 보고하였다. 그 내용은《元韓國一
　　進會歷史》권2 부록에 수록되어 있다. 그 밖에도 1905년 1월 12일, 함북지회장 유문경의
　　보고, 1905년 1월 30일 경의선 안주 철도 부역 회원 실수 및 정황조사위원의 보고, 1905년
　　3월 22일 이용구의 보고 등 빈번하게 보인다.
45)《元韓國一進會歷史》1905년 11월 3일.
46)《元韓國一進會歷史》1905년 3월 16일.
47)《元韓國一進會歷史》1905년 11월 5일.

에 위임하여, 그 힘에 의거하여 국권을 보유하는 것이 한국 황제의 권한을 펴는 것이다.

④ 일본의 보호 아래 내치內治를 통해 자강을 달성해야 한다. 내치로 말하더라도 사람을 쓰지 않아도 되고, 오히려 선진 고문을 택하여 폐정을 제거하여 민복으로 나아갈 수 있다. 한국은 안으로 자강의 힘이 없고, 밖으로는 어모禦侮의 기운이 결핍되어 있으니, 우리 국민들이 단결하여 사력을 다하여 실력을 기르자.

⑤ 동맹국 일본을 신뢰해야 한다. 대일본 황제 폐하의 자인慈仁 성덕聖德은 중외中外가 첨망瞻望하며, 또 대일본 국민의 인도를 중히 여기는 점은 세계 만국이 공인하는 바이다. 독립 보전, 강토 유지는 일본 황제의 조칙으로 세계에 공포한 것이나 의심의 여지 없다.

이런 점에서 일진회는 '보호조약'을 체결하라고 선언하였다. 그 선언은 "신의로 우방과 교섭하고, 성의로 동맹국을 대하여, 그 지도에 의거하여, 그 보호에 근거하여, 국가의 독립을 유지하고, 안녕 행복을 무궁"하게 하는 것이었다.

일진회는 이토를 "동양 평화를 이룬 대은인"으로 칭송하였다. 1907년 7월, '헤이그 밀사 사건'이 일어나자 일진회는 이토 통감에게 한국의 잘못을 실토하였다. 일진회는 "근년 귀국[일본]이 개명 선진으로 동양 평화주의를 다하여 더욱 돈독히 하온지라. 각하는 노구 강력으로 대담한 책임"을 지고 있다면서, "우리 한국의 상하 인민이 오해를 아직 깨지 못하여" 헤이그 밀사 같은 사건이 일어났다고 하면서, 그 잘못에 "통곡하여 눈물이 흐르는 것도 깨닫지 못하겠다"고 하였다. 그런 뒤에 "각하는 산해山海의 덕과 금옥金玉의 마음으로 다시 포용하시어 우리 2천만 생령과 3천리 강토와 5백년 종사를 정안케 하시기를 천만번 읍축泣祝"한다고 하였다.[48]

이토가 안중근에게 살해된 뒤, 일진회는 이토의 추도식에서 다시 이
토를 칭송하였다. "일본의 대원수大元帥여, 한국의 대활불大活佛이요,
동양의 대정치요, 세계의 대위인이요, 우리 동궁의 대현사大賢師"라고
하면서, 이토가 "동양의 안위를 패패佩佩하고, 일한日韓의 순치脣齒를 염려
하여, 마관馬關조약을 체결함도, 한국의 독립을 주창하여, 세계에서 동
등권을 얻어 국위國威, 국광國光을 분양奮揚"시켰다고 하였다.49)

이런 논의 속에서 일진회는 일본의 보호와 지도 아래에서 문명화,
자강을 추구하고자 주장하였다. 그들은 일본의 메이지유신을 "귀감으
로 여기는 자"였다. 처음 '유신회'라는 이름으로 출발한 점이나, 또 이
름을 일진회로 바꾸었지만, 이 또한 문명으로 하루하루 진보해 간다는
점에서 유신회와 일진회는 '동칭동의同稱同義'였다. 이에 일진회는 일본
의 유신구락부에 "오인吾人을 위하여 지도 개발을 아끼지 않기를" 희망
하였고,50) 일본 우익단체[玄洋社, 黑龍會]의 핵심 인물이었던 우치다[內
田良平] 같은 사람을 고문으로 삼았다. 일진회는 일본의 지도 아래에서
동양 평화를 기할 수 있는 마지막 단계를 한일 간의 '합방'으로 판단하
고 전면에 나서게 되었다.

---

48) 《元韓國一進會歷史》 1907년 7월 16일.
49) 《元韓國一進會歷史》 1909년 11월 4일.
50) 《元韓國一進會歷史》 1905년 10월 16일, 〈日本維新俱樂部에 공함〉.

3. 일진회의 문명개화운동

1) 입헌군주제론立憲君主制論과 민회民會

일진회는 스스로 '민회民會'라고 자부하였고, 그 전통과 역사는 독립
협회에서 비롯된다고 하였다. 송병준, 이용구를 제외한 일진회의 핵심
인물, 가령 윤시병, 염중모, 한석진 등은 독립협회에서 활동하던 사람
이었다. 그들은 독립협회 활동 이후에 정치적인 기회를 노리고 있었
다.[51] 일진회는 독립협회에서 사용하던 독립관獨立館[이전 慕華館을
고친 것]을 본부로 사용하였고, 모든 연설회는 독립관에서 국민 연설대
를 만들어 이용하였다. 일진회는 "(1894년에) 독립을 세계에 성명하면
서, 이를 표하는 기념으로 만든" 독립문과 독립관은 "우리나라 독립의
표준"이고, 우리나라 억만 년 기념물이라고 하였다. 당시 조정에서 독
립협회라는 민회에게 독립관을 사용하도록 허가한 것 바와 같이, "본회
[일진회]는 우리나라 독립을 공고하게 하는 표준"이므로 독립관을 사용
할 수 있다고 자처하였다.[52]

민회로서 일진회가 추구한 가장 큰 목표는 새로운 정치 체제, 입헌
제, 국회 등을 건립하는 것이었다. 일진회 취지서에 이런 점을 명확히
하였다.[53]

일진회는 당시 상황을 "신식 이래 10년이 지났지만 고루한 폐정을

---

51) 《大韓季年史》下, 136쪽.
52) 《元韓國一進會歷史》1905년 1월 18일 ; 1월 27일 ; 1909년 4월 20일. 일진회는 정부가
'민론과 독립 유지를 창기했던' 독립협회를 박멸했던 잘못을 지적하기도 하였으며(《元韓國一
進會歷史》1907년 5월 5일), 혹은 그 탄압의 주역 민영기를 규탄하기도 하였다(《元韓國一進
會歷史》1904년 12월 13일).
53) 《元韓國一進會歷史》1904년 8월 18일 〈趣旨書〉.

고치지 못하고, 개량의 정신을 관철치 못하여, 황실의 존엄을 방해하며, 독립의 기초를 공고하게 하지 않은" 매우 어렵고 위급한 현실로 보았다. 그런데도 정부는 '내우외홍內憂外訌'의 현실을 외면하여 법률의 이타弛墮[해이하고 무너짐], 풍교風敎의 문란, 탐학적 수탈 등의 정치 부패가 일어났지만, 여전히 이를 개혁할 사상이나 능력이 없다고 지적하였다. 따라서 이를 개혁하기 위해서는 먼저 정치 체제의 개혁을 수반해야 한다고 주장하였다.

이를 위해 일진회는 먼저, 인민의 자유와 의무를 명확히 하자고 하였다. 일진회는 "국가는 인민으로 성립된 것이므로, 인민은 사회를 유지하는 자"라고 전제하였다. 인민이 사회를 유지하기 위한 책무가 있다면, 병력과 납세의 의무도 있고, "국가의 치란治亂 안위安危에 관하여 논의하고 권고하는 의무"도 있다고 하였다. 이를 위해서는 인민들에게 "언론 저작과 집합 결사의 자유"를 부여해야 한다고 하였다.

또 인민이 자신들의 임무와 권리를 행사하기 위해서는 인민들이 만든 단체, 곧 민회民會의 중요성을 지적하였다. 정부, 인민[민회], 군주 등의 역할과 권리 행사의 관계를 다음과 같이 제시하였다.

> 대저 政府는 輔弼하는 책임으로 行政權을 직접 擔分하는 者ㅣ오, 人民은 協贊하는 의무로 立法權에 間接 參論하는 者ㅣ오, 君主는 此 立法 行政에 大權을 摠覽하야 民國을 통치하는 無上第一 尊重혼 者ㅣ라. 是以로 合而言之하면, 政府 人民은 上下 一致하야 其皇室의 安寧을 尊嚴케 하며, 統治의 主權을 鞏固케 홈에 努力홀지오, 分而言之하면 政府는 行政과 司法의 責任을 極盡 善良케 하야 人民의 生命財産을 보호홀 것이오, 人民은 兵役과 納稅의 義務를 極盡 勤勞하야 政治의 安危 得失을 監視홀 것이니, 此ㅣ 國會와 社會[사회단체]의 設立하는 本旨라.54)

---

54) 위의 〈趣旨書〉.

요컨대 정부의 행정권, 인민의 입법 참여권, 그리고 임금의 통치권을
구분하고, 정부와 인민이 일치하여 황실을 존중하고 통치권을 굳건하
게 하며, 인민을 대표하는 사회단체, 민회는 정치의 잘잘못을 감시해야
한다고 하였다.

일진회에서 강조한 정치 개혁의 두 번째 목표는 '황실' 문제였다. 처
음에는 4대 강령 속에서도 황실 존중을 내세우고, 당시 문제가 되었던
'숙청궁금肅淸宮禁'을 주장하였다. 주로 무녀巫女, 술객術客과 간세배奸細
輩가 왕실에 출입하면서 기강을 어지럽히던 문제였다.[55] 이런 무리들
을 궁궐에 출입하지 못하게 하여 해이된 법의 기강[法綱]을 바로 잡아야
국왕이 엄정하게 국사를 총괄할 수 있다는 것이었다.

그런데 황실 존중에 대한 일진회의 태도는 얼마 지나지 않아 변하
기 시작하였다. 근대 정치 체제 구상 속에서 군주권을 상대적으로 약
화시키는 원칙을 내세웠다. 곧 "궁중宮中과 부중府中은 분별이 형이逈
異(아주 다름)하니 각각 장정章程을 준수하여 권한을 서로 침해하는
것이 없게 할 것"을 제시하였다.[56] 행정권(내각, 부중)과 왕권(궁중)
을 분립하여, 왕권의 상대적 약화를 노렸던 것이다. '궁내부 관제'를
문명국 제도에 의거하여 고쳐야 한다고 한 것도 이런 문제와 연관되
었다.[57]

일진회는 궁극적으로 입헌군주제로의 개혁을 주장하였다. 곧 헌법
정비, 국회 개설 등을 제기하였다. 1905년 정부에 정치 개혁과 헌법
실시를 건의하였고,[58] 1907년에도 '국가 유신'을 위해 실질적인 개혁

---

55) 《一進會會報》 1, 6쪽, 28~29쪽 ; 《大韓季年史》 下, 218~19쪽. 이 문제는 당시 많은 단체에
　　서 비판하였다. 가령 공진회에서도 그러하였고(《大韓季年史》 下, 140~141쪽), 일진회에서도
　　이런 활동을 그들의 회보 속에 소개하였다(《一進會會報》 5, 32~33쪽).
56) 《元韓國一進會歷史》 1905년 2월 7일, 의정부에 공함.
57) 《元韓國一進會歷史》 1907년 8월 8일. 궁중 개혁의 일환으로 궁내부 관제가 만들어지는 것은
　　1907년 11월이었다(釋尾東邦, 《朝鮮倂合史》, 408쪽).
58) 《元韓國一進會歷史》 1905년 12월 26일.

이 이루어져야 하고, 개혁을 위한 '정침頂針의 방안'으로 시의時宜에 맞
는 제도를 연구하여 내각에 권고하면서, 그 첫 조항으로 "헌법을 제정
반포하고, 국회를 설립"할 것을 주장하였다.59) 그러한 헌법의 종류,
내용 등은 알 수 없다.

2) 시정개선론과 실력양성론

(1) 시정개선론

일진회는 정치 체제 개혁과 더불어 문명개화를 위한 시정개선施政改
善을 주장하였다. 일진회는 이 개혁을 통해 문명으로 나아가고 국권을
공고하게 할 수 있다고 판단하였다.60) 시정 개선을 위한 방안은 일진
회 '4대 강령'의 나머지 3개 항, 즉 ① 인민의 생명 재산 보호, ② 정치
의 개선, ③ 군정·재정의 정비 등을 실현하는 것이었다. 일진회는 급
격한 방법이 아니라 정치, 사회단체, 곧 민회로써 정부에 건의하여 정
책으로 시행할 수 있는 방안을 택하였다. 일진회는 시정 개선을 위해
정부의 모든 행정을 조사·연구하였고, 또한 각 부처에 대한 연구·조
사 위원을 선정하였으며,61) 정부의 폐정을 지적하고 비판하였다.

(가) 일진회는 시정 개선의 필요성을 다음과 같이 지적하였다.

國家之原素는 土地也오, 國家之元氣는 人民也오, 人民養氣之機關은 政法
也오. 政法斡旋之機關은 政府也ㅣ라. 大抵 政法之斡旋이 如江海之流行ᄒ야

---

59) 《元韓國一進會歷史》 1907년 8월 6일.
60) 《元韓國一進會歷史》 1905년 2월 7일, 의정부에 공함.
61) 《元韓國一進會歷史》 1905년 9월 30일. 조직개편 시에 政務調査局을 두어 그 산하에 內部,
    外部, 度支部, 軍部, 學部, 法部, 農商工部, 警務部에 각각 위원장 1인과 약간의 위원을 두었다.

> 江海ㅣ沮游 則萬物이 腐敗ㅎ고 政法이 壅滯 則萬民이 腐敗ㅎ나니, 嗚呼ㅣ라
> 萬民之腐敗 久矣로다. …… 況 東西洋開明之猛風이 日振ㅎ야 其空殼이 隨處
> 靡然ㅎ나니 若空殼이 盡飛ㅎ면 所餘土地는 自然盡歸于開明者之手中矣리니,
> 際玆良劑를 不投ㅎ다가 元氣盡脫ㅎ면 原素를 索於何處乎잇가. …… 願求蘇
> 養之良方ㅎ야 向日에 先擧四大綱領ㅎ야 …… 62)

곧 동서양 개명한 나라들의 맹렬한 침략 앞에서 토지=국토를 보존하는 길은 정부에서 좋은 정법을 마련하여 올바른 정치를 하여 나라의 원소인 국민의 원기를 보존하는 것이었다. 이에 따른 좋은 약이 바로 일진회의 '4대 강령'이었다.

일진회에서 요구한 정치 개선론은 먼저, '행정 정리'였다. 이를 위해 기강 확립, 행정 정리, 지방 행정 정리 등을 지적하였다. 기강 확립을 위해서는 내각과 궁중의 관계를 명확하게 하고, 동시에 관리 부정을 방지해야 한다고 하였다.63) 행정 정리의 방안으로는 현명한 인재 등용과 국가 재정적 측면에서 불필요한 기구와 인원은 감축하자고 했다.64) 특히 자신들의 지지 기반과 관련하여, 관리 임용 방법의 변화를 요구하였다. 학교 졸업생 가운데 우수한 자를 임용해야 하겠지만, 학교가 많지 않으므로 특별한 방법을 택해야 한다는 것이었다.65)

다음, 지방 행정 개선 방안도 제기하였다. 곧 ① 13도제를 8도로

---

62) 《元韓國一進會歷史》 1904년 9월 5일, 참정 신기선에의 공함.
63) ① 宮中 府中은 분별이 逈異(멀고 다름)하니 各遵章程하여 權限을 互無侵害할 事, ② 賣官은 病民 病俗하는 원인이니 一切 엄금할 事, ③ 賄賂(뇌물), 苞苴(선물, 뇌물)는 貪虐에 萌苗이니 일체 엄금할 事, ④ 관리의 복무를 勵行하여 규칙을 一定할 事 등이었다(《元韓國一進會歷史》 1905년 2월 7일, 의정부에 공함).
64) 《元韓國一進會歷史》 1905년 2월 7일, 의정부에 공함.
65) ① 內外官人 敍任 시에 정부에서 회의하고 공천을 받을 것, ② 각 府部 判任官은 주무 대신이 각 府部의 각료와 회동하여 공천을 받을 것, ③ 추천하는 사람에게 답보하는 증서를 적게 하였다가 추천된 사람이 실책하여 벌을 받을 경우에는 추천한 사람에게도 경중을 헤아려 상당한 벌칙을 가할 것 등으로, 매관 매직 등의 협잡을 막을 수 있다는 것이었다(《元韓國一進會歷史》 1905년 2월 19일).

바꾸고, 군郡도 150여 개로 분합分合할 것, ② 지방관은 행정관으로만
할 것, ③ 각 지방에 재판소와 징세소를 적당하게 분설分設하고, 중앙
정부가 직접 관할할 것, ④ 각 지방청 및 재판소, 징세소에 일본인을
적당 수 고빙하여 잠시 감무監務하게 할 것 등이었다.[66]

재판소와 징세소는 지방관이 가진 권한을 '분권'한다는 명분을 내세
웠다. 하지만 일본인을 고빙하여 이를 시행하는 것은 일본이 지방 행정
이나 징세 사무까지 장악할 수 있게 하는 방안이었다. 이런 제도는
1907년에 지방 행정의 정리, 징세 사무의 정리 등으로 실시되었는데,
이 과정에서 각 지방의 서리들이 몰락하자, 그들의 생활 방침을 획정하
라고 건의하기도 하였다.[67]

다음 방안은 '인민의 생명 재산 보호'였다. 일진회는 이를 매우 중요
한 과제로 다루었다. 주로 봉건적 조세 수탈에 대한 항의가 주류를 이
루었고, 그것도 내장원의 조세 수취와 관련된 것이었다. 당시 정부,
왕실은 국가재정을 충실하게 한다는 이유로 내장원의 지주경영을 강화
하고, 아울러 조세 수취도 강화하였다. 이 문제를 둘러싸고 농민층의
불만이 쌓이고, 농민층의 항쟁이 일어나고 있었다.[68] 일진회는 이 문
제를 제기하였다.

일진회는 각 궁장宮庄의 폐단을 6개 조로 거론하였다. ① 경리원을
혁파하고, 사유재산은 국유로 특립特立하여 정부에서 보관하되, 그 가
운데 민유民有 재산이 침입侵入되어 있으면, 억울한 자를 일일이 조사하
여 확실한 증거가 있는 경우에는 환급할 것, ② 각궁의 고유한 재산
외에 백성들이 '투탁投托 혼입'한 것 가운데, 아직 돌려주지 않은 것이나
억울하게 침탈당한 것이 있으며 조사하여 추급하고, 또한 각종 세금을

---

66) 《元韓國一進會歷史》 1905년 2월 7일.
67) 《元韓國一進會歷史》 1907년 9월 5일.
68) 朴贊勝, 〈韓末 驛土屯土에서의 地主經營 강화와 抗租〉, 《韓國史論》 9, 1983.

남봉濫捧한 것은 혁파하여 탁지부의 세금[正供]으로 할 것, 그리고 ③ 궁중宮中과 부중府中을 구분하여 소유 재산을 명확하게 나눌 것 등을 요구하였다.[69] 아울러 각 연강沿江의 무명잡세無名雜稅 폐지를 요구하고, 궁내부가 관장하는 각종 잡세도 혁파할 것을 주장하였다. 인민의 생명, 재산 보호라는 목적과 더불어, 내각과 왕실을 구분하여 왕실 재정을 감축하고 국가(정부)재정을 충실하게 하고자 하였다.[70]

일진회가 각 지방에서 '인민의 재산 보호' 활동을 활발하게 행하면서 실제로 몇몇 지방에서는 민중층의 반봉건 항세 운동을 주도하였다.[71] 가령, 전주에서는 1905년 3월, 조세의 백동화 징수 문제와 관련된 사건이 발생하였다. 화폐정리 사업으로 백동화와 엽전을 교환하면서, 조세액을 결정하는데 혼란이 일어났다. 지역에 따라서는 조세액의 불균등이 생겼고, 이로 말미암아 농민항쟁이 일어났다.[72] 일진회에서는 이를 '전주 이요吏擾'라고 하였는데, 전주의 영리營吏들이 일진회 전주지회장 정경수 이하 회원을 구타하였기 때문이었다.[73] 또한 선산에서도 결전을 많이 징수하여 농민들의 불만이 있는 가운데, 조세를 신화폐인 지화紙貨 12원으로 책정하자 이는 구화폐인 엽전 80냥보다 많다고 항의하였는데, 이때 일진회원이 근처의 화적, 무뢰배 등을 이끌고 쳐들어

---

69) 《元韓國一進會歷史》 1907년 8월 8일.

70) 吳知泳, 《東學史》, 197쪽에는 일진회의 이런 활동은 "去弊生弊하고 以暴易暴이라는 악평을 받았고, 기왕에 협잡하던 역둔토 수세파원 등의 행위를 바꾸어 하게 되었다"고 하여, 일진회의 폐풍이 점점 심해졌으며, "이로부터 (일진회) 회원과 관리는 서로 원수가 되고 말았다"고 표현할 정도로 대립은 심해졌다.

71) 각 지방의 일진회 조직은 주로 '하층자'였다. 따라서 "그들은 이해관계에 따라 친일을 표방하면서 민재를 약탈하여 양민들의 원한을 싸기도 하였다"는 것처럼(《韓國獨立運動史》 1, 965쪽), 일진회가 모두 농민층의 이익을 전적으로 대변한 것은 아니었다. 당시의 신문에는 일진회는 관료층을 상대로 싸우면서 농민층과 결합되기도 했으나 농민층을 수탈하기도 했다. 각 지방마다 사례를 중심으로 신중하게 봐야 하고, 아울러 동학의 전 조직이 진보회, 일진회에 흡수되었는가라는 문제도 아울러 검토해야 할 것이다. 일진회의 지방에서 활동 및 성격 등에 대해서는 김종준, 《일진회의 문명화론과 친일활동》, 2010 참조.

72) 金惠貞, 〈舊韓末 日帝의 葉錢整理와 韓國民의 均稅運動〉, 《東亞研究》 17, 1989.

73) 《元韓國一進會歷史》 1905년 3월 12일~29일.

가 군수를 구타하였다.74) 또한 재령에서도 경리원의 역둔토에서 수조
收租하던 곡산군수를 상대로 일진회원들이 집단으로 항의하였다.75)

한편, 일진회는 인민의 생명·재산 보호를 비롯한 '민권'의 보장을
위한 법률의 정비를 주장하였다. 법부대신 박제순에게 "우리나라 법전
이 오래되어 폐단이 생겼다. 법이라는 것은 인물의 성쇠와 풍속의 변이
와 시대의 천역遷易에 따라 모두 개정"해야 한다고 요구하였고,76) 의정
대신 서리 조병식에게도 "대한제국의 신新법전을 새로이 반포하여 문
명치도文明治道를 열고 국민의 생명 재산을 안보安保할 것"을 요구하였
다.77)

(나) 일진회는 시정 개선을 빌미로 정부를 공격하였다. 일진회와 이
완용 사이에는 '일본의 지도에 의한 문명개화'와 '동양 평화 유지'라는
점에서는 차이가 없었다. 하지만 일본을 둘러싸고 국내 정권을 서로
장악하겠다는 차원에서는 서로 대립하였다.

1907년에 들어 '한일신협약'이 고종의 인허를 받지 못했다는 《대한
매일신보》의 보도가 있자 일진회는 박제순 내각을 집중적으로 공격하
였다. 그들은 근거도 없는 것을 신문 기사로 다룬 것은 "인권과 국권을
손상시키고 국체를 모멸하며 우리 황제의 권위를 멸시한 것"이라고 지
적하면서, "위로는 황실을 보좌하고, 아래로는 국민을 보호하는 통치의
대기관"인 정부가 이를 살피지 않은 것은 "황실의 죄인, 국민의 죄인,
국제상 죄인"이고, 알면서도 다스리지 않는다면 "국가 법률상 죄인"이
라고 내각을 공격하였다.78)

---

74) 《皇城新聞》 1906년 4월 3일 〈善山民擾詳報〉 ; 4월 4일 〈善山民擾〉 ;《司法稟報》 권 113
    경상북도재판소 申泰休 보고.
75) 《皇城新聞》 1906년 12월 1일 〈因稅起鬧〉.
76) 《元韓國一進會歷史》 1905년 2월 16일.
77) 《元韓國一進會歷史》 1905년 2월 14일.

5월에 들어서도 정부를 공격하였다. ① 일진회가 건의한 관민官民
일치 및 정치 개선을 실시하지 않은 것, ② 국사를 돌아보지 않고 사욕
과 쟁권爭權만 일삼은 것, ③ '신조약' 성립 이후 일치단결로 분발하지
않아 '대한매일신보 건'이나 '의병' 같은 망민罔民이 생겨난 것, ④ 국민
을 애국 혈성으로 국력, 국고國庫, 국권 문제[實我國力, 富我國庫, 挽我國
權]에 힘쓰지 않아서 국채보상운동 같은 것이 일어나게 한 것 등의 9개
항을 열거하였다.79) 이에 내각의 총사직을 권고하는 연설회를 개최하
였으며,80) 결국 박제순 내각이 무너지고 이완용 내각이 조직되자, 송
병준은 농상공부대신이 되었다.

1908년에 들어 일진회는 이완용 내각을 심하게 공격하였다. "이완
용은 국정을 농락하고, 전적으로 자기의 가족당으로 정부를 조직하는
방법을 썼다. 우리 국민으로 혈기 있는 자는 수수묵시袖手默視하여 나라
를 이 내각에 일임해서는 안 된다"라고 하면서, 날마다 회원들이 모여
내각을 공격하였다. 이완용은 "일진회는 그 당 중으로부터 인사를 등용
하는 것에 만족하지 않고 총리대신을 공격하여 현 내각을 전복"하려
한다고 판단하고, 이를 진정시키기 위해 송병준을 농상공부대신에서
내무대신으로 전임시켜 '환심'을 샀다.81)

송병준이 내무대신이 되자, 일진회 내부에서 문제가 발생하였다.
1908년 6월 10일, 일진회 특별평의회에서는 ① 내각 총리 이완용 사직
권고, ② 내부대신 송병준 사직 귀회歸會, ③ 비도 진압 등을 결의하고,
이를 실천하자고 하였다. 그러나 이용구 등의 집행부(총무회)는 "현 내
각을 개혁하는 것은 부득불 행할 것이나, 국가의 위급한 때에 내각 개

---

78) 《元韓國─進會歷史》 1907년 1월 30일.
79) 《元韓國─進會歷史》 1907년 5월 5일.
80) 《元韓國─進會歷史》 1907년 5월 11일. 이때 송병준은 〈政界革新及國民決心論〉이라는 연설
   을 행하였다.
81) 李完用, 《一堂紀事》, 1927, 130쪽, 555쪽.

혁 후 차제 시행할 방침을 연구하자"는 이유로 이를 보류하려 하였다. 그러자 지방에서 올라온 회원들이 지방위원회를 만들고 "현 내각 개혁을 불일不日 착수할 것"을 더 강하게 요구하였다. 그러자 이용구는 "나 역시 알지 못하는 바 아니나, 금번 사事가 전과 다른 것은 이토 통감이 나에게 직접으로 명언하되, 금번은 이 총리가 개선을 결심하여 진취를 도모한다 운운 인즉, 미래 선부善否를 예측할 수 없다"고 하여 만류하였다. 하지만 평의회, 지방위원회는 "이완용의 하늘을 찌르는[彌天] 대죄를 용서하여 개과改過를 기다리는 것은 백성들이 멸망하고[民滅] 나라가 쓰러지는 것[國殘]을 기다리는 것"이라고 하였다.[82]

일진회 지도부는 내각을 지속적으로 비판하면서도 송병준이 내각의 일원으로 남아 있던 것에 만족하였다. 일진회의 활동은 일본 통감부의 지시 안에서 그 한계가 정해졌다. 일진회가 처음 만들어질 때는 일본 군부의 지원이 있었지만, 오히려 주한 일본 공사관 세력이나 정부 당국의 견제와 탄압을 받았다. 그러면서도 계속 그들은 스스로 정권을 잡아야 한다고 획책하였다. 일진회 회원이 혹 관료로 진출하게 되면, 직위 고하를 막론하고 그들의 〈역사일지〉에 기록하였다. 그들 세력이 점차 커지면서 송병준이 대신이 되었고, 최정덕, 양재익, 김규창, 한남규, 윤갑병, 윤길병 등은 관찰사가 되었으며, 염중모가 내부 지방국장, 유학주는 평리원 판사, 윤갑병이 평리원 검사 등이 되었다. 그 외 20여 명의 회원이 지방 군수가 되었다. 일진회는 현직 관리도 회원으로 받아들였다.[83]

한편, 내각을 비판하면서 일진회는 다른 사회단체를 끌어들여 연합하고자 하였다. 내각을 공격할 때, 여타 계몽운동 단체들도 연합으로 행하기도 하였는데, 가령 1907년 2월에 평리원 검사 이준이 수감되었

---

82) 《元韓國一進會歷史》 1908년 6월 10일 ; 11일 ; 13일 ; 18일; 22일.
83) 《元韓國一進會歷史》 1907년 6월 14일.

던 사건에 즈음하여 개최한 '사회연합연설회'에는 대한자강회, 국민교
육회, 대한구락부, 청년회, 서우학회, 한북학회, 언론기관 등이 모였
고,[84] 일진회도 그 대열에 끼었다. 연합 단체들이 이 문제를 세밀하게
연구하기 위해 '법안연구연합회'를 만들자 일진회는 여기에 대표 2인(
한석진, 염중모)을 파송하였다.[85]

(2) 실력양성론 : 교육과 식산흥업

일진회는 문명화를 추구하고 실력양성을 주장하였고, 효과적인 방안
으로 '문명국 일본의 보호와 지도'를 취하였다. 문명개화를 위한 '실력양
성'은 당시 계몽운동에서도 추진했던 방안으로, 교육 진흥과 식산흥업
이었다. 이 점은 일진회도 마찬가지였다. 서울 본회는 지방 지회에 4대
강령에 따른 활동을 지시하면서, "농상공업의 발달과 문명 교육의 진보
케 함이 우리 회의 의무"라고 강조하였다.[86] 1906년 3월에 가서는 "부
원富源의 개발과 인문人文의 발달'이라는 2대 목적으로 정립하였다.[87]

(가) 문명화, 실력양성에서 백성들의 지식을 늘리는 교육이 무엇보다
도 중요하였다. 일진회는 "나라의 강약, 문명과 야만은 인민의 지우智愚,
식매識昧에 달려 있다"고 하고, 이를 위해 일진회 같은 민회는 "잘못되고
적체된 것을 옮기고 제거하여, 민지民智를 고동鼓動케 하여 자유를 향유
하게 하는 것", 곧 민지를 깨우치는 것이 그 의무라고 자임하였다.[88]

---

84) 1907년 2월 25일 독립관에서 개최된 사회 연합 연설회에 참여한 사람과 연제는 다음과 같다.
   대한자강회 윤효정 ; 인권은 불가불존중론 / 일진회 염중모 ; 민불신법의 원인론 / 법률가
   李冕宇 ; 검사직권론 / 법률가 洪在祺 ; 불법의 弊害論 / 국민교육회 俞承兼 ; 법률과 여론
   / 대한구락부 鄭雲復 ; 법관의 持心論 / 청년회 金德基 ; 법률은 치안의 기관론 / 서우학회 ;
   金明濬, 恩澤은 可均 不可偏論 / 한북학회 姜玩熙 ; 생명재산여하보호론 / 신문사대표 오세
   창 ; 부패한 사법은 문명의 讐賊論.
85) 《元韓國一進會歷史》 1907년 2월 27일.
86) 《元韓國一進會歷史》 1905년 4월 11일.
87) 《元韓國一進會歷史》 1906년 3월 3일.

송병준은 일진회가 급선무로 할 일을 '청년 교육'이라고 하였다.[89]

그들은 우선, 국민교육을 진흥하기 위해 경향京鄕에 학교를 증설할 것, 교과서를 편찬할 것, 외국 교사를 고빙할 것 등을 정부에 건의하였다.[90] 또한 '먼저 개명한 이웃 나라'인 일본으로 관비 유학생을 파견, 교육하자면서, 유학생 재학 기간에 일어난 각종 사항은 일진회에서 보증하겠다고 청원하였다.[91]

아울러 일진회는 직접 교육 활동을 행하였다. 1905년 5월, 이용구를 교장, 박찬명朴燦明을 감독으로, 서울에 광무학교를 설립하여, 회원의 자식, 동생 등을 입학시켰는데, 한문 교사와 일어 교사는 모두 일본인이었다.[92] 광무학교는 1906년에 독립관 터에 새로운 교사를 건축하였으며,[93] 1907년에는 학교를 개량하기 위해 학생을 더 모집하고, 교육과정도 '보통학' 수준으로 역사, 지리, 일어, 산술, 작문, 한문, 체조 등을 가르치기로 하였다.[94] 1910년에 가서는 일진회 관할의 한성중학교와 합병하였다.[95]

일진회는 일본에 유학생을 보냈다. 일찍 손병희가 일본에 있을 때, 동학의 문명개화운동의 일환으로 총 50명의 학생(천도교 소관 30명, 일진회 소관 20명)을 일본의 각급 학교에 유학시켰다. 이광수, 양대경, 장계택 등이 대표적인 사람들이었다. 그런데 천도교와 일진회가 결별하자 학비 지원 문제로 소동이 일어나기도 하였다.[96]

---

88) 《元韓國—進會歷史》 1905년 3월 4일.
89) 《元韓國—進會歷史》 1906년 1월 16일.
90) 《元韓國—進會歷史》 1905년 2월 7일.
91) 《元韓國—進會歷史》 1905년 4월 12일. 이에 따라 일진회는 많은 유학생을 선발하여 일본에 파견하였다.
92) 《元韓國—進會歷史》 1905년 5월 11일.
93) 《元韓國—進會歷史》 1906년 4월 16일.
94) 《元韓國—進會歷史》 1907년 3월 9일.
95) 《元韓國—進會歷史》 1910년 3월 31일.
96) 《元韓國—進會歷史》 1907년 1월 14일 ; 1월 16일.

한편, 일진회 지방 지회도 학교를 설립하였다. 1905년 현재, 전국 24곳에 학교를 세워 학생 수가 2,255명이나 되었다.[97] 교육을 위해 관립 일어학교 졸업생을 교사로 추천해 달라고 청원하였으며,[98] 또 지방의 학교 경비를 마련하기 위해 훈련원 둔토나 성황당 땅을 해당 지역 학교에서 사용할 수 있도록 청원하였다.[99]

학교 교육 외에 일진회는 빈번하게 연설회를 열어 계몽 활동을 전개하였다. 강연 주제는 4대 강령과 관련된 황실 보호, 인민의 생명 재산 보호, 정부의 폐정 공격, 교육과 식산흥업의 필요성, 한일 관계, 일반 인민의 생활 환경 등에 관련된 것이었다. 전국적으로 진행된 연설회에는 일진회의 핵심 활동가였던 송병준, 홍긍섭, 윤길병, 염중모, 윤갑병, 한석진, 최정덕 등이 주도하였다. 일본 지도와 문명개화, 그리고 일진회의 지지 기반 확충이라는 점이 고려되었을 것이다.

(나) 식산흥업도 계몽운동에서 시행하던 것이었다. 일진회는 식산흥업을 위한 방안으로 국내 도로를 수치修治할 것, 화폐를 정리할 것, 금융기관을 설치할 것 등을 건의하였다.[100] 직접 식산흥업 관련 활동도 전개하여, 1905년에는 농업 발달을 위한 국민농업회사를 만들었다.[101] 상공업 발달을 위해 독립관에 실업가, 자본가들을 초청하여 상공은행의 취지를 설명, 협의하였으며, 독립관에서 한성농공은행 개업식을 거행하기도 하였다.[102] 또한 진흥회사進興會社를 특설하고, 사중社中에 상공과를 두어 보부상을 규합, 관리하고자 하였다.[103]

---

97) 《皇城新聞》 1905년 10월 5일 〈一進設校數〉.
98) 《元韓國一進會歷史》 1906년 2월 10일.
99) 《元韓國一進會歷史》 1906년 4월 9일 ; 4월 16일.
100) 《元韓國一進會歷史》 1905년 2월 7일.
101) 《元韓國一進會歷史》 1905년 9월 12일.
102) 《元韓國一進會歷史》 1906년 5월 27일 ; 6월 12일.
103) 《元韓國一進會歷史》 1906년 4월 4일 ; 6월 12일 ; 7월 15일.

일진회는 식산흥업을 '부원富源 개발'이라고 하였다. 이를 위해 '부원
연구회富源硏究會'를 두었다. 외국의 신新발명 서적을 널리 참고하고, 내
국의 숨겨진 이익을 탐구하자는 것이었다. 연구는 주로 ① 국내 지리地
利[땅의 이익]에 관한 건, ② 자연의 이익[天然利]에 관한 건, ③ 인조물
人造物에 관한 건, ④ 경제상에 관한 건, ⑤ 각종 영업 습관 개량에 관한
건, ⑥ 각양 제도의 개량과 존혁存革[존치와 혁파]에 관한 건, ⑦ 외국과
수입·수출에 관한 건 등을 행하고자 하였으며, 10명의 연구원을 통하
여 연구한 지식을 서로 교환하고, 각종 사업을 시작하려는 사람에게
그 방법과 규칙을 가르쳐 주며, 회사나 단체 및 조합을 설치하는 것을
권면 지도해 주기로 하였다.104)

또 일진회는 연강沿江의 여각 주인을 혁파하는 등의 봉건적 특권상업
체제를 해체하여,105) 각종 회사 설립을 장려하여 자본주의적 상공업
발달을 기하려고 하였다. 하지만 이들은 동양척식회사의 주식 모금에
만萬 주를 신청한 바와 같이106) 민족적, 자립적인 경제로의 개편을 통
한 식산흥업 발달을 기하려고 했던 것은 아니었다.

(다) 문명개화는 물질적인 발전과 더불어 비물질적인 정신적, 의식
적 수준에서도 추구되어야 하였다. 일진회는 이를 '인문人文 발달'이라
고 규정하였다.

이를 위해 그들은 먼저 "인문을 개발하고 습속을 쇄신할 때에 불가불
음사淫祠 숭신崇神의 풍속을 먼저 제거한 후에 문명의 역域에 나아갈
수 있다"는 판단에서 성황단城隍壇을 없애자고 하였다.107) 궁중에서 행
해지던 미신 활동을 '왕실 숙정肅正' 차원에서 반대하면서 아울러 풍속

---

104)《元韓國一進會歷史》1906년 3월 31일.
105)《元韓國一進會歷史》1905년 6월 7일〈沿江各旅閣主人에게 廣告〉.
106)《元韓國一進會歷史》1908년 11월 10일.
107)《元韓國一進會歷史》1906년 4월 16일.

개량을 추구하였다. 그 밖에 조혼 금지, 노비 매매 금지 등도 주장하였
다.108) 이와 더불어 국민 생활 방침에 대한 연구를 행한 것도 이런 목
표 아래 이루어진 것으로 보인다.109)

3) 의병 반대 활동

일진회의 문명개화운동은 기본적으로 일본의 지도 아래에서 추진되
었다. 이런 점에서 반일을 주장하는 유생층이나 민중층의 일진회 반대
운동이 일어났고, 반대로 일진회도 의병을 상대로 싸웠다. 각지의 의병
들은 일진회를 비롯한 친일 세력을 이른바 '토왜土倭'라고 하였다. 지방
을 시찰 중이던 이용구는 황주에서 의병에게 피해를 받았으며,110) 일
진회 핵심 활동가였던 강화군수 정경수는 의병에 의해 살해되었다.111)
일진회는 의병에게 피해를 입은 회원 966명의 추도식을 거행하였
다.112)

물론 계몽운동에서도 의병에 비판적이었다. 의병의 무력으로 일본을
이길 수 없으며, 무력 항쟁 자체도 실정법 위반이고 치안을 방해한다는
이유였다.113) 일진회 계몽운동 단체의 활동과 보조를 맞추면서, 특히
의병이 시세를 이해하지 못한 '오해와 암매暗昧'가 있다는 점을 강조하
였다. 의병이 일진회원을 주요 대상으로 활동하자, 일진회는 스스로를
지키기 위한 '자위단'을 만들어 대항하였다.

---

108) 《元韓國一進會歷史》 1906년 6월 6일.
109) 《元韓國一進會歷史》 1910년 1월 14일.
110) 《元韓國一進會歷史》 1907년 5월 8일.
111) 《元韓國一進會歷史》 1907년 8월 12일.
112) 《元韓國一進會歷史》 1908년 8월 8일.
113) 이 책 Ⅱ-제1장 제2절 참조.

이용구는 의병[暴徒]을 이루고 있는 집단을 광군鑛軍[광부, 광산노동자], 수공업자[技類], 거지 무리들과 재산을 탕진한 무위도식無爲徒食 무리 등으로 지적하고, 이들이 "까마귀처럼 무질서하게 모이고 지렁이처럼 서로 얽혀서[烏合蚓結] 모인 집단"이라며, 이들은 "가옥을 부수고 살인 방화를 능사"로 삼는다고 하였다. 그리하여 그는 "너희 폭도[의병]가 시의時宜를 오해하고 중심衆心을 선동하여 의義를 가장하여 도적질을 행하여 국가에 해害만 끼"친다고 비판하였다.114)

이를 이어 일진회 자체적으로 〈경고지방폭도문警告地方暴徒文〉을 작성하였다. '경고문'에는 '의병'이 암매暗昧하여 시세를 깨닫지 못하고 '오해'한다는 점을 강조하였다. 한국이 외교에 실패하여 동양 평화를 달성하기 어렵기 때문에 일본이 우리를 '보호'하는데, 의병과 같은 유치한 능력으로 강한 나라를 조롱하고 배척한다면 국권을 결코 만회할 수 없다고 하였다.

> 蹉 我稱義之同胞아, 稱義之義가 果據何義오. …… 此是知識闇昧ᄒ야 不曉時機ᄒ고 不解事理ᄒ야 出於一時之誤解라. 故로 枚擧誤解而一諭之ᄒ리니 倘或降氣聽信ᄒ야 一朝引領而歸順王化 否아. 現今 日本이 與我邦政府로 協同進行者는 出於大勢之不得已者也ㅣ라. 由來 我政府之外交失錯ᄒ야 不能保東洋之平和 故로 日本이 憂其脣齒 而保護我邦ᄒ야 使之自屬精神也ㅣ니 前途之挽回國權은 固在我也어늘 今以幼稚之能力으로 强嘲排熱이면 其可得乎아. 此是一時之誤解也오.115)

특히 일진회는 의병이 미혹하여 잘못 알고 있는 점을 7개항으로 열

---

114) 《元韓國一進會歷史》 1907년 9월 21일.
115) 《元韓國一進會歷史》 1907년 10월 12일 製述委員은 崔永年이었다. 특별 총회에서 의병에 대한 선언서 초안을 통과시킨 것은 9월 19일이었다. 전반적인 내용은 시국의 대세, 실력양성, 동양 평화 등의 관점에서 비난하였다.

거하였다. 즉 ① 의를 일컬으며 혈기에서 무기를 휴대한 점, ② 이둔利鈍을 계산하지 않고 고집하다가 죽으면 의사義士의 이름을 얻을 것으로 오해한 점, ③ 무기를 사용하여 모든 것이 사라질 것이라는 점, ④ 열강이 호시탐탐 노리고 있는 경쟁 속에서 미혹·오해에 집착하여 화를 양성하여, 결국 강토를 다른 나라에 바치게 될 것이라는 점 등이었다.116) 또 의병이 동양 평화를 위해 노력하는 일본을 알지 못하고, 자연스럽게 일어난 고종 양위도 오해하고 있다면서, 무력이 약하기 때문에 일본과 대결해도 결국 패하게 될 것이라고 하였다.117)

그리하여 일진회는 의병을 해산하고, 실력양성에 힘쓰라고 하였다. "현금 국세의 안위와 국가의 존망이 인민의 자치, 자강에 있을 따름이다. 만약 하나라도 정신을 분기하고 실력에 나아간다면 몇 년 안에 인권을 회복할 것이고 국광國光을 빛낼 것"이라고 하였던 것이다.118) 아울러 일진회는 백성을 가르치지 않은 정부도 비판하였다. 나라에서 백성을 가르치지 않아 백성들이 도적으로 변했다면서 그 책임을 추궁하였다. 그리고 정부를 상대로 의병 회유, 각 촌에서 자수自守, 자방自防하기 위한 팔호작통법八戶作統法 실시, 내지 여행권 규칙 시행 등을 실시할 것을 촉구하였다.119)

일진회는 의병 때문에 나라가 망할 것이라고 단언하였다. 이용구는 "우리나라는 장차 망하게 된다. 그런데 망하게 하는 것은 외국인이 아니라 폭도"라면서, 일본이 두 번의 전쟁[청일, 러일전쟁]으로 "재산과 인명을 들여서 우리를 구하고, 부강의 땅으로 이끌어 같이 문명의 구역

---

116) 위와 같음.
117) 이미 일진회가 설립된 초기부터 '의병은 專主排外思想으로, 일진회를 타파하는 것이 독립유지의 계책인가'라고 하였고(《元韓國一進會歷史》 1904년 12월 20일), 또는 '민회를 타파하는 의병의 행위는 동양 대세를 뒤엎는 때'라고 하였던 것이다(같은 책, 12월 21일).
118) 《元韓國一進會歷史》 1907년 10월 12일.
119) 《元韓國一進會歷史》 1907년 10월 22일. 일진회는 의병이 지방에 따라서는 지방관이 일진회를 타파하기 위해 조종하고 있다고 파악하고, 정부를 공격하는 이유로 삼기도 하였다.

에 나아가려" 하였는데, "만약 우리가 개오改悟하는 바가 없다면 일본
도 결국에는 우리를 삼키게 될 것"이므로, '폭도'[의병]는 망국을 방지
하기 위해서도 없애야 한다고 주장하였다.120)

그리하여 이용구는 자위단을 조직하여 의병을 토벌하라고 지시하였
는데, 자위단은 "지방 폭도를 중지시키고 귀화시키기 위하여 양민을
안업安業케 할 방략"이었다.121) 자위단은 각 부, 군, 면 단위로 일진회
원과 지방 유지, 군리郡吏 등으로 조직하고, 지역 소재 주둔군과 헌병
경찰의 통제를 받도록 하였으며, 호구 조사, 숨겨진 무기 매수 등을
하면서 동시에 군대, 헌병, 경찰 등을 도와서 주야 경계, 정찰 등을
맡도록 하였다.122) 또 자위단이 각 지방에 조직될 수 있도록 후원회를
만들어 전국적으로 활동하였다.123)

4. '합방론'을 둘러싼 일진회와 이완용의 경쟁

1) 이완용의 친일론 : 한일제휴와 합방론

강점 전 친일 세력은 문명국 일본의 지도에 따라 문명개화하는 것이
최선의 길이며, 또한 동양 평화를 유지하는 것이라고 확신하였다. 하지
만 시간이 지나면서 그들은 한국 스스로 문명개화는 말할 것도 없고
일본의 지도에 따른 문명화도 어렵다고 보았다. 마침내 그들은 한국의

---

120) 葛生能久, 《日韓合邦秘史》 上, 473~474쪽.
121) 《元韓國一進會歷史》 1907년 11월 8일.
122) 《元韓國一進會歷史》 1907년 11월 6일.
123) 《元韓國一進會歷史》 1907년 11월 23일.

주권을 포기하고 일본의 '지도'를 넘어 '직접 지배' 아래에서 문명화할 수밖에 없다고 판단하게 되었다. 이런 판단의 이면에는 한국의 독립 능력 결여, 독립불능론이 도사리고 있었다. 그들은 이런 구도에서 '합방론'을 제기하였다.

1905년 을사늑약으로 외교권을 빼앗긴 때에도 친일 세력은 이를 국권상실로 보지 않았다. 오히려 한국이 부강해질 수 있는 기회로 보았고, 이를 통해 궁극적으로 동양 평화에 기여할 수 있다고 하였다. 이 조약의 전문에 "(한국의) 부강의 실實을 인정할 수 있을 때"까지 이 조약을 실시한다는 내용이 있었기 때문이었다.

을사늑약 체결을 주도했던 학부대신 이완용李完用은 일본이 명분으로 내세운 '동양평화론'을 신뢰하고, 동양 평화를 저해하는 한국의 지위 때문에 '보호'를 초래하였다고 하였다. "한국 외교가 변화무상하여 그 결과 일본이 두 번의 전쟁을 행하여 한국의 지위를 보전하였다. 그러므로 한국 외교로부터 일어나는 결과가 동양 평화를 문란하게 하고, 한국을 위기에 빠지게 하는 것은 부당하며, 일본이 이런 요구를 제출하는 것도 부득이한 것이다"라고 하였다.[124] 또한 그는 이 조약을 한국이 거부하면 "일본이 어떤 수단으로 한국 압박을 불사할 것이고, 또 만약 가可하다고 하더라도 협약에 대해 일언반구一言半句 변경하지 않은 것도 허락해서는 안 된다"라면서[125] 일본이 요구한 내용을 일부 수정하여 제안하였고, 그대로 조약이 체결되었다. 통감을 설치하되 그 권한을 '외교'에만 한정하여 명시하자면서, 외교권은 조만간 우리의 실력을 충실하게 하면 반환될 것으로 보았다.[126]

그리하여 이완용은 을사늑약 체결 뒤에도

---

124) 崔永禧, 〈保護라는 이름의 侵略〉, 《한국현대사》 2, 신구문화사, 1969, 462쪽 재인용.
125) 釋尾東邦, 《朝鮮併合史》, 301쪽.
126) 《一堂紀事》, 33~34쪽. 또한 이때 농상공부대신 권중현도 일본 정부는 한국 황실의 안녕과 존엄을 유지할 것을 보장한다는 내용을 1조약 더 삽입'을 주장하였다.

새 조약[新約]의 主旨는, 즉 독립의 칭호, 제국의 이름, 宗社의 안녕, 황실
의 존엄이며, 단지 외교 한 가지만 잠시 이웃 나라에 기대는 것이고, 우리의
부강을 기다려 되돌아오는 날이 있다. 항차 금일에 처음 만들어지는 조약이
아니고 그 원인은 즉 작년의 이루어진 의정서 및 협정서에 있으니 금번은
특히 성취한 것의 결과일 따름이다.127)

라고 하고, 당장 반기를 든다고 조약이 파기되고 구권舊權이 만회될 수
없으므로 오직 '부강의 실'을 이루어야 한다고 하였다.

한편, 송병준도 당시 보호국이라는 현실은 "백세의 화근禍根을 일소
하고, 동양의 장래에 대한 최선책으로서, 또한 조선 인민이 영원히 복
지를 누리는 최량책最良策"으로, 한국은 내치가 아니라 외교만 일임한
것일 따름이라고 보았다. 따라서 이 조약으로 "내치의 쇄신과 외교의
신장을 도모하고, 조선 국민으로 하여금 일본 신민과 동등히 대우받게
하며, 조선 국민의 자제를 교육하여 문명의 학술과 함께 일본어의 보급
을 도모하고 이로써 조선 국민을 자립하는 백성이게 할 것을 기"해야
한다고 주장하였다.128)

1907년 5월, 총리대신이 된 이완용은 일본과의 적극적인 제휴를 주
장하였다. 그는 "국가로서 독립의 실력이 없으면서 독립을 바라는 것도
불가능하므로 일본과 제휴"해야 한다고 하였다. 한국이 일본과 제휴해
야 할 이유로 여러 가지 점을 거론하였다. 즉 지리적인 조건으로 가장
유리한 점, 일본이 한국을 개발하겠다는 방침이 일관된 점, 그리고 일
본이 한국을 병합할 수 있는데도 그렇게 하지 않고 한국의 독립을 부식

---

127) 《一堂紀事》, 〈上自鳴疏〉, 368~369쪽.
128) 宋秉畯, 〈일본군 참모에의 사신〉, 1904 (임종국 편, 《親日論說選集》, 실천문학사, 1987,
30쪽). 이와 아울러 그는 ① 정부에서 금지한 단발을 결행, ② 경의 철도 건설에 황해, 평안
진보회원이 일본에 신뢰의 표시로 무보수 노역(식비 외 잔액은 일본 정부에 헌금), ③ 함경
도의 회원은 일본군의 노령 진출을 도울 것임, ④ 경원철도 착공 시에 다시 노역 복무 결의
등을 제시하였다.

하려고 노력하고 있는 점 등을 들면서, "안심하고 일본과 제휴하여 한국 독립의 실력을 양성하도록 노력"하자고 주장하였다.129)

그런 와중에 헤이그 밀사 사건이 일어났다. 이완용은 이를 빌미로 고종을 왕위에서 몰아내고 '정미 7조약' 체결을 주도하였으며, 그 뒤 점차 '병합倂合'으로 나아갔다. 그는 이토 통감이 "한국의 내정을 혁신하고 시국의 이해를 정돈하는 것은 선진의 지도를 받지 않고는 도저히 불가능"하다고 언급한 것에 동의하면서, "한국 정치의 실권은 실질적으로도 형식적으로도 모두 통감의 장중에 들어가게 되어, 이 협약으로 한국 병합의 기운도 역시 어렵지 않게 되었고, 한국 병합 경과의 제1보"를 이루었다고 보았다.130)

2) 일진회의 합방론

이완용 내각과 '친일'을 두고 다투던 일진회는 단순한 '제휴'를 넘어 더 적극적으로 '합방'으로 나아갔다. 일진회의 합방론은 일본의 침략 이데올로기였던 타루이[樽井藤吉]의 '대동합방론'에 근거하였다. 이용구는 이를 철저하게 신봉하였다.

대동합방론은 사이고[西鄕隆盛]의 정한론征韓論에서 출발한 것으로, 서양의 침략에 맞서 동양 제국諸國이 단결하여 '대동국大東國'을 건설하자는 것이었다. 명분상으로, 대동국을 이루는 나라들은 물론, 한국과 일본도 동등한 '연방'의 형태였다.131) 이 논리에 따라 연방국을 이룬다

---

129) 釋尾東邦, 《朝鮮倂合史》, 332~333쪽.
130) 《一堂紀事》, 101~102쪽.
131) 대동국을 이루는 단계는 ① 일본과 한국이 합동하여 '대동'이라는 새 합방국을 세우는 것, ② 대동국이 중국과 긴밀한 동맹 관계를 수립하는 것, ③ 대동국과 중국이 연합하여 남양제도를 포함한 대아시아 연방을 실현하는 것이었다(韓相一, 《日本帝國主義의 한 研究 : 大陸

면, 연방의 일원이 된 한국의 정치는 자신들이 장악하겠다는 것이 일진회의 생각이었다.132)

일진회에서 합방론을 제기한 것은 1906년 10월경이었다. 그해 8월, 일진회 평의원장 송병준이 범인은닉죄로 구속되자 이용구는 우치다[內田良平, 흑룡회, 일진회 고문, 통감부 촉탁]에게 송병준의 석방을 요청하였다. 우치다는 이를 통감 이토에게 교섭하였다. 이토와 우치다는 이 기회를 이용하여 '대동합방론'을 제시하였다. 우치다는 "만약 일진회의 방향이 나의 소견과 일치한다면 송군[송병준]을 구하는 것은 손을 뒤집는 것과 같이 쉽다. …… 일단 일한日韓 연방을 이루는 날에 이르면 귀하는 회원을 들어 위배圍排[죽 둘러서 벌여 놓은 것]의 행동을 하지 않을 것을 보장하는가"라고 하였다. 이용구는 "내가 평소부터 품어온 뜻도 역시 단방丹邦[樽井藤吉] 씨의 이른바 대동합방大東合邦에 있다"고 하였다.133)

그러고는 이용구는 우치다에게 아래와 같은 증서[起證文]를 써 주었다.

현금의 세계 형세를 논하는 자는 서세동점에 亞洲가 단합하는 것은 홍수를 방지하기 위한 堤坊이라 할 수 있다. …… 한국과 귀국은 車輪之相輔, 脣齒之相依이니, 丹邦씨가 지은 大東合邦論의 뜻이 그러하다. …… 다행스럽게 귀국은 능히 砥柱[黃河의 격류 가운데 움직이지 않는 기둥]를 부술 수 있고, 맑은 물로 쳐서 흐리게 할 수 있으며, 우주에 대의를 펼 수 있다. 동양에서 패권을 점하여, 포악한 것을 응징하여 약한 것을 구제하니 德義가 아울러

浪人과 大陸膨脹), 까치, 1980). 이용구 아들의 이름이 '大東國男'이라는 사실에서 그가 얼마나 이를 철저하게 신봉하고 있었는지 알 수 있다.

132) "일진회원 전 관찰사 김규창은 다른 사람에게 말하기를, 이제 합방은 의심할 것이 없이 단단하며, 정부를 조직할 때에는 總理 宋秉畯, 內大 李容九, 學大 閔泳瓚, 法部는 復設하여 대신 俞鶴柱"라고 하였다(《大韓季年史》下, 352~353쪽). 그러나 '대동합방론'을 주장하였던 樽井은 '합방' 두 달 전에 쓴 그의 개정판에서는 "비록 일본과 한국의 연합이 성취된다 할지라도 한국인을 합성국의 중요한 정책 결정에 참여시켜서는 안 된다"고 하였다(旗田巍, 《日本人の朝鮮觀》, 1969, 60~69쪽).

133) 葛生能久, 《日韓合邦秘史》上, 41쪽.

빛난다. 선생의 고명으로 시국을 통찰하여 우리나라에 손님으로 와서 우리
와 그 바라는 바를 나란히 하니, 막힌 것을 열고, 미몽을 깨우치고, 그 문명
발달을 지도하고, 그 식산 부원을 진흥하여 民黨을 부식하고 정치를 개선하
니. 貴國과 弊國, 양국이 마음을 나란히 하여 합력한 즉, 독수리의 깃발[러시
아]이 감히 南下하지 못할 것이고 동양은 따라서 유지될 것이다.[134]

일진회와 우치다의 노선이 합치한다는 보증 아래 송병준은 석방되었
다. 송병준도 합방, 곧 연방설을 듣고는 "한일의 연합은 역시 한민韓民
의 이익으로, 그 목적을 수행하기 위해서는 현 황제의 재위 중에는 불
가능하므로 폐위가 최급무"라고 합의하였다.[135]

그뒤 일진회는 '합방'의 분위기를 조성하는 차원에서 1909년 9월에
이른바 '3파 연합'을 추진하였다. 이완용 내각에 불만을 가진 대한협회
와 서북학회를 모아서 하나의 단체로 합치려는 것이었다.[136] 이는 이
용구, 송병준의 일진회가 합방을 추진하기 위한 음모였고, 일본이 지도
하는 문명화, 일본을 맹주로 하는 동맹론에 근거한 것이었다. 그러나
이런 시도에 대해서는 반대 여론이 강하였고, 연합은 성사되지 않았다.
연합이 깨어지자 일진회는 이를 계기로 '합방' 운동에 돌입하였다.
1909년 12월 3일, 연합이 깨어진 날 오후 7시에 일진회는 임시총회를
열었는데, 이때 이용구는 "우리 황실을 존영尊榮케하고, 우리 인민을
영원토록 복리를 누리게 하며, 위로는 정부로부터, 아래로는 사회에
이르도록 점차 발전하기로 목적하여 만세 무궁의 기초를 확정하고 정
합방政合邦을 성립케 할 사를 우리 황상皇上 폐하와 일본 천황天皇의 천
총天聰을 상철上徹하여 기어이 실행하자"라고 의지를 표명하였다.[137]

---

134) 위 책, 上, 43~44쪽.
135) 위 책, 上, 45쪽.
136) 李鉉宗, 〈大韓協會에 關한 研究〉, 1970, 39~50쪽.
137) 《元韓國一進會歷史》 1909년 12월 3일.

그 이튿날(4일)에 일진회는 회장 이용구와 백만 명 회원 일동으로 대한제국의 황제(총리대신 이완용에게 상철 요구), 일본 천황(통감 曾爾에게 상철 요구), 그리고 내각과 통감부에 장서長書를 보내고, 국민 2천만 동포에게도 서고誓告하는 성명서를 발표하였다. 요지는 정합방政合邦의 요구였다.

일진회가 '정합방'을 주장한 것은 당시의 세계 현실 속에서 약자인 한국이 살아날 수 있는 방안으로 판단했기 때문이었다. 일진회는 당시를 적자생존의 법칙 아래 "구미의 여러 나라는 재물을 들여 군비를 경쟁하고 소약小弱한 나라는 강대한 나라에게 삼키는" 현실로 파악하고,138) 이런 속에서 한국이 약소국이 된 것은 능력이 부족하여 스스로 자초한 바라고 보았다. 청일, 러일전쟁에서 일본이 우리의 독립을 확립시켜 주고, 동양 평화를 유지시켜 주었는데도, 일본과 선린 관계를 유지하지 못하고 그 호의를 무시하여 결국 외교권을 양여한 것도 우리가 스스로 자초한 것이고, '보호조약' 이후 문명으로 나아가지 않고 헤이그 사건 같은 것을 일으켜 '정미 7조약'을 맺게 된 것도 또한 우리가 자초한 것이며, 또 폭비[의병]가 창궐하고, 이토 통감을 암살하여 오늘에 이르게 된 것도 또한 우리가 자초한 것이라 하였다. 게다가 자초한 문제를 스스로 해결할 힘, 곧 외교·재정·군사·통신 등의 분야에 능력도 없으며, 더구나 일본이 힘으로 '근본적 해결', 곧 무력으로 강점한다고 해도 이를 방어할 힘도 없다고 보았다.139) 한국이 자초한 문제를 스스로 해결할 힘도 없으니, 일본과 '합방'하는 길 밖에 없다는 것이었다.140)

---

138) 《元韓國—進會歷史》 1909년 12월 4일 통감부 장서.
139) 《元韓國—進會歷史》 1909년 12월 4일 전국 동포에게 포고하는 성명서.
140) 이때 송병준과 이용구 사이에는 '합방'의 수준을 두고 차이가 있었다. 적극적인 합방론자였던 송병준은 삼파의 정세를 짐작하여 합방의 형식을 정하려는 생각이고, 이용구는 문자 그대로 합방=연방을 주장하였다. 황제와 내각은 그대로 두고 정권 전부를 통감에 위임하고,

또한 일진회는 '합방'이 "한국인의 번영과 동양의 평화"를 위해 필요
하다고 하였다.141) 심지어 '합방'으로 "우리 황실의 만세 존숭하는 기
초를 공고"히 할 수 있다고도 주장하였다. 그리고 그들이 주장하는 '정
합방'은 "우리 인민의 일등 대우하는 복리를 향유하여 정부와 사회를
점점 발전하기로 주창하여 일대 정치기관을 성립하여 동등 정치에 있
는 권리를 획득하는 것"이라고 하였다.142) 일진회는 두 나라가 정말
동등하게 '합방'한다는 것을 신념으로 굳게 믿었던 것이다.

3) 이완용과 이용구의 '매국' 경쟁

이용구와 일진회가 '합방청원서'를 발표하자, 이완용은 '합방'의 주도
권과 공로를 일진회에게 빼앗긴 꼴이 되었다. 이완용은 일진회를 견제
하고자, 우선 내각으로 보내온 일진회의 '합방청원서'를 거부하고, 일진
회의 부회장 홍긍섭, 원임 총무원 한석진, 윤길병 등을 매수하여 탈회시

중복되는 정치기관을 철폐하여 舊 독일과 같이 연방으로 하고, 滿蒙, 중국 기타의 동양 각지
에 미치는 모범을 이루자는 것이었다. 송병준은 이용구의 설이 일리가 없고, 연방적 성질은
뒷날 다른 기회에 이완이 발생할 것으로 다시 紛訌이 야기되어 양 지역이 모두 불행하게
될 것이므로, 오히려 합방을 하는 이상은 이 기회에 철저하게 떨어질 수 없는 것으로 하여
다시 생길 수 있는 우려를 근절하는 것이 가하다고 하며, 합방은 한국 황제가 총람하는 통치
권을 전부 들어 일본 천황에게 양도하는 것에 있다고 주장하였다. 결국 '합방'이라는 大標題
만을 세우고 그것을 '연방'이라고 해석하든, '정권 위임'이라고 해석하든 각자의 해석에 맡기
기로 하였다가, 결국 통치권 전부를 수수하는 것으로 결말이 났던 것이다. 그리고 이 '합방'
을 추진하는 것도 '지난 역사에서 볼 때 5~6년 간의 보호 시대에 선언서를 발표하고 신조약
을 결행하고, 황제를 변천시킨 것은 모두 우리 일진회의 수창에 의해 단행된 것인데, 그
공적은 전적으로 이토공과 이완용이 점하고 있으므로, 일진회가 단독으로 신명을 돌아보지
않고 국사와 국민 생활에 의부하여 착수하기로 결정하였다(葛生能久,《日韓合邦秘史》下,
156~159쪽). 이런 이유로 "합방 상주문에는 양자의 희망이 동시에 표현되어 합병의 형식
을 어떻게 하느냐라는 것은 애매하게 처리"되었다고 하였다(釋尾東邦,《朝鮮併合史》, 525
쪽).
141)《元韓國一進會歷史》1909년 12월 4일 합방 상주문. 그 외 일진회는 일본과 조선 사이의
정치·사회·문화·종교 등의 관계, 이른바 '同種同根論'에 근거하여 합방을 주장하였다.
142)《元韓國一進會歷史》1909년 12월 4일 전국 동포에게 포고하는 성명서.

켰다.[143] 그러고는 일진회의 합방 운동에 비판적인 일반 사회 분위기를 조성하여 대규모 연설회를 조직하였다. 이른바 '국민연설회國民演說會'였다.[144] 이 연설회에는 반일적, 민족적인 차원에서 많은 사람이 참여하였지만, 실은 일진회를 견제하려는 이완용 세력이 중심이었다.

그런 다음, 이완용 자신이 스스로 '합방'을 추진하였다. 그의 비서였던 이인직을 동원하여, "이완용 이상의 친일 내각은 나올 수 없다"는 점을 강조하면서 '합방'을 추진하여 결국 일등 공신이 되었다.[145] 이때 이완용 옆에서 이를 적극적으로 도왔던 사람이 조중응趙重應이었다. 그들은 합방을 추진하면서 ① 국민수산國民授産[산업]의 방법에 대한 특별한 주의, ② 왕실에 대한 각별한 대우, ③ 국민교육을 발달시키기 위한 특별 기구의 설치 등을 요구하였다.[146]

그리고 이들의 상담역이 당시 중추원 의장 김윤식金允植이었다. 김윤식은 '병합조약'을 체결하는 데에 참고해야 할 명분들을 지적해 주었다. 즉 한국 황제는 신민臣民을 위해 결단을 내리고, 일본 황제는 동양 평화를 위해 이 부탁을 수용한다는 것, 그리고 모든 것이 인민을 구제한다는 것 등이었다.[147] 요컨대 그들은 교육 발달, 국민 산업[授産]의 발달, 그리고 왕실의 안녕만 달성된다면 나라는 없어져도 관계없다는 것이었다. 이것은 결국 '한일병합조약'의 조항이나 '조칙' 속에 그대로 나타나게 되었다.

---

143) 《大韓季年史》 下, 339쪽.
144) 趙東杰, 〈舊韓末 國民演說會 小考〉, 《韓國學論叢》 4, 국민대, 1981.
145) 이 과정에 대해서는 小松綠, 《朝鮮倂合之裏面》, 中外新聞社, 1920, 124~143쪽 참조.
146) 小松綠, 위 책, 185쪽.
147) 小松綠, 위 책, 198~201쪽.

＊

친일 세력의 논리는, 한편으로는 일제의 식민 지배 이데올로기에서, 다른 한편으로는 개항 이후 발전되어온 문명개화론의 개량적인 측면에서 나왔다. 문명개화론 자체가 일본의 근대화 과정을 모델로 하여 형성되었다는 점에서, 정치적, 민족적 문제를 고려하지 않는다면, 두 측면의 논리는 거의 동일하였다.

그들은 사회진화론에 따라 사회 구조를 파악하였다. 약자인 조선은 강자인 열강의 지배를 당연하게 받아야 할 것으로 판단하고, 강자 일본의 식민 지배를 '지배-종속'의 관계로 보지 않았다. 백인종인 서양의 침략으로부터 독립을 지켜주고, 약자인 한국을 강자로 키워주는 '은인恩人'으로 생각하였다. 이를 통해 동양의 재앙, 화근인 한국 문제를 해결하고 동양 평화를 보장할 수 있다는 것이었다.

친일파는 일본과 제휴하여 일본의 지도에 따라 문명화, 근대화해야 한다고 주장하였다. 그러나 그 가능성이 희박해지자, 한국 독립은 불가능[독립불능론]하다고 외치면서 '합방론'으로 전화하였다. 식민지가 아닌 새로운 일본의 영토로써, 천황의 일시동인一視同仁의 은택恩澤 아래 교육과 식산흥업을 전개하여 문명화를 추구했던 것이다.

IV

국권과 문명의 기로

: 강점 전후 국권회복운동의 분화

1910년, 일제의 강제 병합으로 국권회복과 문명화를 추구하던 계몽
운동도 분화, 발전하였다. 계몽운동에 사상적, 계급적 이해가 다른 여
러 집단들이 모여 있었기에 '망국'을 거치면서 운동의 이념, 주체, 방법
론 등을 둘러싸고 격심한 분화를 겪었다.[1] 이런 분화와 자립화는 크게
세 방향으로 나타났다. 첫째, 문명개화론, 실력양성론이 심화, 발전 속
에서 안창호安昌浩와 이승만李承晩을 중심으로 국권회복, 독립을 위한
준비론, 실력양성론, 외교독립론 등을 주창하며 부르주아 민족주의의
길을 개척하였다. 둘째, 유교적 기반 위에서 발달된 주체적 변법개혁론
자들이 계몽운동의 개량적 성격, 실력양성론과 근대화 지상주의至上主
義 등을 비판하면서 무장항쟁론과 '국수國粹'에 기반을 둔 민족주의론을
제기하였다. 신채호, 박은식, 이상룡 같은 사람들이었다. 셋째, 계몽운
동이 왜곡되면서 문명화에 함몰되어 민족 문제를 외면한 예속 세력,
친일파들로, 이들의 논리 또한 계몽운동에서 내세우던 사회진화론, 문
명화론, 동양평화론을 견지하였다.

　1910년대의 민족운동은 이런 분화의 과정 속에서 제기된 것이었
다.[2] 물론 아직 엄밀한 계급적 속성이 관철되지 않았지만, 점차 민족
문제를 전면에 부각하며 식민 체제를 극복하고 새로운 사회, 국가 체제
를 지향하기 시작하였다. 3.1운동을 거치면서 근대민족운동으로 한 단
계 더 높은 차원으로 발전하였으며, 민족주의 운동에서 지향했던 공화
주의 정치체제도 달성할 수 있었다.

---

1) 계몽운동 참여층의 다양성과 이로 인한 운동의 분화 형태, 시기에 대한 연구 동향에 대해서는
　　이 책 서장 주) 37~41 참조.
2) 1910년대 국내외 민족운동에 대해서는 尹炳奭, 《國外 韓人社會와 民族運動》, 一潮閣, 1990
　　; 趙東杰, 〈1910년대 독립운동의 변천과 특성〉, 《한민족독립운동사》 3, 국사편찬위원회,
　　1988(《韓國民族主義의 成立과 獨立運動史研究》, 지식산업사, 1989) 등 참조.

제1장

문명개화론의 심화와 실력양성론

1. 실력양성론의 발전 : 안창호의 개조론과 준비주의

1) 문명화와 개조 : 힘과 인격 수양

(가) 문명개화와 부국강병을 지향하던 문명개화운동의 논리적 근거는 사회진화론이었다. '경쟁에 의한 진보'라는 사회진화론의 기본 원리에서 볼 때, 경쟁에서 이기기 위해서는 강자, 즉 문명 민족으로 성장해야 하였다. 일제에 따른 식민지화는 약육강식의 필연적인 결과였고, 이를 벗어나서 국권을 회복하는 길은 힘을 가진 강자로 성장하는 것 외는 없다고 확신하였다. 힘을 가지는 일련의 과정이 곧 문명화, 근대화, 그리고 자본주의화였다.

안창호는 일찍이 청일전쟁을 보면서 큰 충격을 받았다. 전쟁으로 우리가 많은 피해를 받게 된 원인을 "우리나라의 힘이 모자라기 때문"이라고 보았다.[1] 그는 독립협회 운동에 참여하고, 고향에 점진학교漸進學校를 설립하였다. 당시 계몽운동의 실력양성론에서 거론하던 "십년 생취生聚 십년 교훈敎訓(또는 교육)"이라는 말을 즐겨 사용하였다.[2]

1902년 미국으로 건너가 공립협회共立協會에서 활동하였고, 귀국하면서 공립협회의 국내 조직으로 신민회新民會를 만들었다(1907년). 신민회가 실력양성을 지향하였지만, 다른 계몽운동 단체와는 달리 비밀결사로 운영되었다. 다만 "실력을 양성함에는 상당한 세월을 요하므로, 그 실력이 생길 때에 무력으로서 일을 도모하든가, 혹은 정치적으로 일을 도모하든가 정할 심산이었고, 미리 그런 목적으로 조직한 것은 아니"라고 하여,[3] 우선은 시간이 많이 걸리지만 실력양성으로 힘을 기른 다음에 정치나 무력 활동을 할 수도 있다고 생각하였다. 이런 점에서 안창호가 처음부터 신민회를 독립군기지 건설을 준비하는 차원에서 '비밀결사'로 만든 것은 아니었다.[4]

안창호는 힘을 기르는 실력양성의 중요성을 잘 알고 있었다. 계몽운동 이후 문명개화운동에 동참하면서 그는 "인류의 최종 목표는 완전한 행복, 이 완전한 행복의 어머니는 문명"이라고 하였으며,[5] 문명화를

---

1) 도산기념사업회 편, 《安島山全書》 中, 汎洋社出版部, 1990, 18쪽.

2) 《安島山全書》 中, 1990, 33쪽.

3) 《安島山全書》 中, 1990, 73쪽 ; 〈豫審訊問記〉, 456쪽.

4) 신민회의 독립군기지 건설은 梁起鐸 등의 이른바 '新民會 左派'가 강점 직전부터 추진하였고, 강점 직후 '105인 사건'을 거치면서 신민회의 방략으로 확대된 것으로 보인다. 이런 흐름 위에서 강점 전후, 안창호가 참여했던 靑島, 海蔘威 회의 등을 통해서 본다면, 안창호가 독립군기지 건설과 같은 무력 항쟁의 방안을 아예 염두에 두지 않았다고 볼 수도 없다. 다만 초창기 안창호의 글이나 이후의 訊問 調書에서 이런 논의를 확인할 수는 없다. 안창호 운동론을 잘 정리했다는 李光洙 조차 新民會의 목적을 "① 국민에게 민족 의식과 독립 사상을 고취할 것, ② 동지를 발견하고 단합하여서 국민 운동의 역량을 축적할 것, ③ 교육 기관을 각지에 설치하여 청소년의 교육을 진흥할 것, ④ 각종 상공업 기관을 만들어 단체의 재정과 국민의 부력을 증진할 것"이라고 정리하였다(《도산 안창호》 한글판, 興士團本部, 1947, 24쪽).

5) 주요한 편저, 《安島山全書》, 〈改造〉, 삼중당, 1963, 544쪽.

이루는 원천은 바로 '힘'이라고 하였다.

세상의 모든 일은 힘의 산물이다. 힘이 작으면 일을 작게 이루고, 힘이
크면 크게 이루며, 만일 힘이 도무지 없으면 일은 하나도 이룰 수 없다. 그러
므로 자기의 목적을 달하려는 자는 먼저 그 힘을 찾을 것이다. 만일에 힘을
떠나서 목적을 달하겠다는 것은 너무도 공상이다.[6]

힘을 길러 달성하려던 목표는 "내 주권을 내가 찾자는 것, 한반도 위
에 모범적 공화국을 세워 이천만으로 하여금 천연의 복락을 누리게 하려
는 것, 신공화국을 통하여 동양의 평화, 항구적인 세계의 평화를 누리려
한 것"이었다.[7] 즉, 국권을 회복하고 새로운 '공화국'을 수립하여 세계
의 평화는 물론 개개인의 생활에서도 행복을 추구하는 것이었다. 이를
위해서 반드시 힘이 있어야 한다는 것이었다. 상해의 임시정부에 참여
했을 당시의 언급이지만, 망국 이후에 이런 신조는 변하지 않았다.

안창호는 '힘'을 얻는 전 과정을 '개조改造'라고 하였다. 그는 "한국이
독립을 하려면 한국 민족의 정신상 독립과 생활상 독립부터 먼저 되어
야 하겠다"고 하였으며,[8] 문명화와 독립을 준비하기 위해서는, 작게는
한 개인으로부터, 크게는 사회의 전체 영역을 모두 개조해야 한다고
생각하였다. 즉 "문명한 사람은 그 사람의 습관이 문명스럽기 때문이
요, 야만이라 하는 것은 그 사람의 습관이 야만스럽기 때문"이므로 개
인적으로 습관을 고쳐야 하고, 나아가 "이 행복이 없는 한국! 이 문명되
지 못한 한국! 반드시 개조하여야 하겠소"라 하여, 교육·종교·과학·
자연 등 모든 사회 분야를 개조, 곧 문명화하자고 하였다.[9]

---

6) 安昌浩, 〈人格完成, 團結訓鍊〉, 《安島山全書》, 1963, 495쪽.
7) 〈內務總長에 就任하면서〉, 《安島山全書》, 1963, 534쪽.
8) 〈戰爭終結과 우리의 할 일〉, 《安島山全書》, 1963, 521쪽.
9) 〈改造〉, 《安島山全書》, 1963, 545~549쪽.

문명화는 서구 자본주의 사회, 특히 미국을 모델로 하였다. 안창호는 오랜 기간 미국에 거주한 경험이 있어서 더 분명하였다. 그는 "미국은 신성한 공화국이므로 자유와 정의를 힘써 창도"하는 나라로 평가하였고,10) "미국 사람은 개인 생활은 물론 공동생활을 보존하는 공심의 역力[힘]이 넉넉하여 학교 건축과 병원 설립과 도로·공원의 수축과 박물원·도서종람소 등의 박애관을 구비하고 무거운 담보로 해륙군을 확장하여 전체 행복을 도모함에 게을리 하지 않으니, 이것이 미국 사람의 미국 사람 된 원인"이라고 칭찬하였다.11) 이러한 서구식 문명화의 달성은, 한말 계몽운동에서 대부분의 식자층이 지향하던 일본식 문명개화와는 달랐다.

(나) 안창호는 개조의 첫 단계로 개인의 실력양성, 곧 지식 습득과 인격 수양을 들었다. 그는 "한국 민족 전체를 개조하려면 그 부분의 각 개인을 개조해야 하겠고, 각 개인을 다른 사람이 개조 하여줄 것이 아니라 각각 자기가 자기를 개조하여야 한다"고 한 바였다.12)

안중근 의거(1909년 10월) 이후 일제가 무력적 식민지화를 진행하자 국내에서 활동이 어려워진 안창호는 국외로 망명하였다. 그는 그때까지의 "막연한 실력양성"으로는 국권을 회복할 수 없다고 판단하였다. 그는 당시까지 계몽운동의 주된 운동 방법이었던 '계몽' 활동이나 의열투쟁을 비판하였다.

---

10) 〈3·1運動을 繼承〉, 《安島山全書》, 1963, 525쪽.
11) 《安島山全書》 中, 1990, 71쪽 (《新韓民報》 1916년 6월 22일 〈海外韓人의 主義〉). 이에 비해 우리나라는 그렇지 못하다고 하고, 그 이유는 "전제 정치가 인민의 자치 생활을 방해한 까닭이요 …… 상식이 부족한 까닭"이라고 하였다. 전제 정치를 청산하고 인민의 자치 생활을 보장하기 위해서는 앞에서 본 정체의 변혁이 요구되었고, 상식이 부족한 점은 역시 실력양성을 통한 지력 개발에 의해서 해결될 것이었다.
12) 《安島山全書》, 1963, 6쪽.

근대 사정을 설명할진대, 과거 수십 년 이전에는 우리가 잠든 사자로 자처하여 정신과 사상이 장야건곤[長夜乾坤]에 있었으니, 이를 우리 민족의 혼돈 시대라 할지오. …… 그런 고로 혹은 신문지에 붓을 놀리며, 혹은 연단에 혀를 흔들고, 혹은 폭발탄, 혹은 칼, 혹은 총 하면서 상하 인민이 고취로만 일을 삼았으니, 이는 시세에 어기지 못할 순서다. 이때를 당하여는 자동과 피동을 물론하고 고상한 지식과 전문의 학력이 미비하였은즉 사업 착수에 이르러는 어찌할 방향을 모를지라.13)

라고 하여, 그는 지식과 전문적 학력이 미비한 상태에서 행한 모든 계몽 활동—신문, 연설—과 의열 투쟁은 의미가 없는 것이라고 보았던 것이다.

그리하여 안창호는 이전의 계몽운동과 차원을 달리하는 운동을 구상, 실천하였다. 그 출발은 개인의 인격 수양과 '민족성 개량'이었다. 그가 이런 구상을 더 분명하게 한 것은 망명 초기에 겪었던 경험 때문이었다. 일본의 강제 병합 전후에 여러 인사들이 해외 망명길에 오르면서 앞으로의 여러 방안을 협의하게 되었다. 이른바 '청도 회의青島會議'와 '해삼위 회의海蔘威會議'였다. 그런데 이 회의는 결렬되었고, 안창호는 그 결렬 원인이 지방 사이의 다툼에 있다고 파악하였다. 그는

이러고 보니 아무리 하여도 근본 문제는 우리 민족성이 잘못된 탓이 아니고 무엇이냐. 그러니까 그 일이 오래 걸려서 다른 일이 늦더라도 우리 민족성 개량이라는 것을 먼저 생각해야 하겠다. 혁명 사업이 우리 아들 대에 못 되면 손자 대에 된다 하더라도 우리 민족성부터 개량하지 않고 이 민족을 그냥 가지고는 도저히 안 되겠다. 그러니까 이번에 미국에 건너가면 민족성 개량 운동 단체를 조직해야겠다.14)

---

13) 《安島山全書》中, 1990, 68~69쪽 (《신한민보》 1916년 2월 22일 〈우리 국민의 진화의 순서〉).
14) 《安島山全書》, 1963, 118쪽.

라고 하였다. 이에 그는 민족성 개량을 독립운동의 시작으로 삼게 되었고, 민족의 품질[15]과 민족성을 독립의 최우선 요건으로 삼게 되었다. 민족성 개량을 위한 새로운 단체의 필요성을 제기하고, 미국에 가서 바로 흥사단興士團을 조직하였다.

안창호가 개인의 인격 수양을 기반으로 실력을 양성해 간 방법은 강점 이전부터 실천하던 것이었다. 신민회를 만들고, 그 표면단체인 청년학우회靑年學友會나 대성학교大成學校를 통한 활동 방안이었다. 대성학교는 "민족주의를 고취하고 장래 항일투쟁의 투사를 양성하는 것"을 근본 목적으로 하면서, 애국자를 키우고자 "성실을 근본으로 하는 건전한 인격을 가장 힘주어 훈련"하기 위한 학교였다.[16] 또 청년학우회는 "청년 운동은 진실을 숭상하고, 언변보다는 실행을, 형용보다는 내용을 존중해야 한다"는 원칙 아래, 이상과 목적을 책임 있게 실행할 능력과 정신을 기르기 위한 단체로, 무실務實 · 역행力行을 기본으로, 자강自强 · 충실忠實 · 근면勤勉 · 정제整濟 · 용감勇敢 등의 7대 덕목을 제시하였다.[17]

흥사단과 청년학우회는 사실상 하나의 단체였다.[18] 흥사단의 4대 강령은 청년학우회의 7대 덕목을 줄여서 정리한 것이었다. 곧 무실역행務實力行, 충의용감忠義勇敢이라는 개인의 행동강령이 그러하였다. "무실역행으로 생명을 삼는 충의 남녀를 단합하여, 정의를 돈수頓修하고, 덕체지德體智 삼육三育을 동맹 수련하여 건전한 인격을 작성하고, 신성한 단결을 조성하여 우리 민족 전도前途 대업의 기초를 준비"하는 것이 목표였다.[19]

---

15) 〈불쌍한 우리 한인은 희락이 없오〉, 《安島山全書》 中, 1990, 81쪽(《신한민보》 1918년 9월 12일 ; 9월 19일 ; 9월 26일). "어떻게 하면 우리가 능히 독립을 하겠소? 이것은 우리 민족의 품질로써 단정할 것이올시다."

16) 《安島山全書》, 1963, 81~82쪽.

17) 《安島山全書》, 1963, 99~100쪽.

18) 《安島山全書》, 1963, 102쪽.

19) 《安島山全書》, 1963, 40쪽.

안창호는 흥사단을 통해 '건전인격健全人格, 신성단결神聖團結'을 강조
하였다. "나라를 사랑하느냐, 그렇거든 먼저 네가 건전인격이 되어라"
고 가르쳤다. 이것은 흥사단 운동이 직접 혁명 사업에 나선 것이 아니
라, 인재를 양성하는 기초 준비를 혁명 사업 자체보다 더 중요하게 생
각한 결과였다.20) 아울러 국권상실의 원인은 결국 민족의 힘이 약하
고, 또 민족적 단결력이 박약한 까닭이라고 파악하고, "힘은 건전한
인격과 공고한 단결에서 난다"는 확신하였던 것이다.21)

안창호는 흥사단 뿐 아니라 미주 지역에서 기회 있는 대로 자신의
운동론을 피력하였다. 그는 항상 힘을 기르려면 먼저 윤리적으로 건전
한 인간이 되어야 한다고 하였다. "대한민족을 참으로 건질 뜻이 있으
면, 그 건지는 법을 멀리 구하지 말고, 먼저 우리의 가장 큰 원수가
되는 속임을 버리고 각 개인의 가슴 가운데 진실과 정직을 모셔야 한
다"고 하였다.22) 곧, 자기 개조의 핵심은 '개인의 건전한 인격 양성'이
었던 것이다.23)

개인적인 인격 수양과 더불어 안창호는 개인적으로 학력과 지식의
축적, 그리고 단결도 강조하였다. 이를 위해 첫째, 애국적 선구자들이
자기 수양에 힘써 역량을 키우고 민중의 모범이 될 것, 둘째, 그러한
동지들이 굳게 단결하여 힘을 더욱 크게 할 것, 셋째, 그 힘으로 교육과
산업 진흥에 전력하여 전민족적 역량을 준비할 것 등이었다. 이를 통해
앞으로 올 독립의 기회를 놓치지 말고, 자주적인 역량으로 민족 재생의

20)《安島山全書》, 1963, 140~142쪽. 그는 이때 청일전쟁 뒤 대한제국의 예를 들면서 기초가
    없으면 일시 성공하더라도 결국 다시 잃게 마련이라고 지적하였다.
21)〈人格完成, 團結訓練〉,《安島山全書》, 1963, 495~496쪽. "민족의 힘은 개인 힘의 결합에서
    나오는 것이므로, 일이 실패하는 것은 힘이 없는 것이 근본원인이고, 개인의 능력이 부족하거
    나 이를 한데 묶는 민족적 결합력이 박약한 까닭"이라고 하였다.
22)〈合同과 分離〉,《安島山全書》, 1963, 478쪽.
23)《安島山全書》, 1963, 5쪽. 안창호는 이런 주장을 여러 형태로 표현하였다. ① "나 하나를 건전
    인격을 만드는 것이 우리 민족을 건전하게 하는 유일한 길이다", ② "그대는 나라를 사랑하는
    가, 그러면 먼저 그대가 건전한 인격이 되라", ③ "거짓이여! 너는 나를 죽인 원수로구나" 등등.

큰 사업을 이룩하자는 것이었다. 이 방안이 안창호가 일찍이 한말 계몽
운동에 참여한 이후, '시종일관'하였던 "구국 방안이요 평생 신조"였다.
이른바 '도산식島山式 방법론'이었다.[24]

2) 준비주의와 중추 세력 양성

(가) 안창호의 민족운동론을 흔히 '준비론'이라고 한다. 이는 현실 속
에 나타난 '힘'의 강약이나 우열을 인정한 위에서, 실력양성으로 힘을 기
르기 위해서는 개인적인 인격 양성, 학식 습득으로 시작하여 전 사회의
문명화를 추구하는 것으로, 이러한 모든 과정이 독립을 위한 '준비'였다.

안창호의 준비론은 현실 정세 속에서 냉철하게 우리의 힘과 실력을
따진 실제적인 운동론이었다. 그는 "국가 사업을 빈말로만 하지 말고,
실력을 무시하지 말고, 공상적으로 하지 말고, 실제적"으로 하자고 하
였다.[25] 그리하여 "우리는 턱없이 허망한 욕심이나 요행僥倖의 희망을
가지고 공상하다가 말려는 사람이 아니요, 사실과 이치에 의지하여 적
당한 판정을 얻어 가지고 역행力行하려 함"이라며, 사업과 운동을 위해
서는 근본적으로 '조직과 자금'을 중요하게 고려하였다.[26]

그리하여 우선, 안창호는 '준비'의 운동 차원에서 사회적으로 역량
있는 세력, 곧 중추 세력을 만드는 일을 강조하였다. 개조를 통한 실력

---

24) 《安島山全書》, 1963, 71쪽. 이 방법론에 의거하여 민중에게 호소한 내용은 "① 독립은 타력
   으로 될 것이 아니라 민족 자체가 독립할 자격이 있은 후에라야 성취되는 것이요, 자기 힘으로
   쟁취한 독립이라야 영구히 지닐 수 있는 독립이다. ② 자력을 발휘하는 길은 첫째로 국민 각개
   가 분발 수양하여 도덕적으로 거짓 없고 참된 인격과 기술적으로 지식이나 기능을 적어도
   한 가지씩 가진 유능한 인재가 되어야 한다. ③ 그러한 개인들이 뭉쳐서 신의를 지키고 협동할
   줄 알아 공고한 단결을 이루어야 한다"는 것이었다.
25) 〈따스한 공기〉, 《安島山全書》, 1963, 617쪽.
26) 〈戰爭終結과 우리의 할 일〉, 《安島山全書》, 1963, 519쪽.

양성, 준비는 전민족 구성원을 대상으로 하는 것이었지만, 우선적으로 또한 근본적으로 이 운동을 이끌 지도자, 곧 중추 세력을 양성하기 위한 것이었다.

그는 분열된 민족운동 진영을 대동단결시키기 위해서는 "다수 동포가 대동 집합할만한 상식이 있어야 할 것, 큰 단체를 옹호할 만한 중추中樞력이 있어야 할 것, 그리고 중추의 중심으로 단체 전부를 통어할 만한 인격이 있어야" 할 것이라고 하여,[27] 민중의 상식과 더불어 민중을 지도할 중추 집단을 강조하였다. 지식과 덕의를 가진 인물이 필요하고, 또 세계적인 큰 지식이 있어 사람을 통솔하고 일을 총괄할 만한 자격을 갖춘 수양가들이 단체의 중심에 있어야 한다는 것이었다. 그런 중심 인물로는 민족운동에서 큰 역할을 했던 "갑오 이후의 신진세력"(가령 이동휘·이승만·양기탁·이갑·안창호 등) 보다는 당시 대학에서 새롭게 배출된 청년들이어야 한다고 하였다.[28]

이런 논의는 뒷날 국내에서 수양동우회修養同友會, 흥사단을 조직하여 그 역할을 담당하게 하였다. 그리고 그 운동 논리는 이광수의 '민족개조론'과 '중추 세력 양성'으로 천명되었다.

(나) 안창호의 준비주의는 사회 구조나 국제 정세, 곧 '시세時勢'보다는 언제나 우리의 자세, 그리고 올바른 목표와 능력을 더 중시하였다.

> (비관적인가 낙관적인가는) …… 시세와 경우를 표준함입니까. 나는 생각하기를 성공과 실패가 먼저 목적 여하에 있다고 합니다. 우리가 세운 목적이 그른 것이면 언제든지 실패할 것이요, 우리가 세운 목적이 옳은 것이면 언제든지 성공할 것입니다. …… / 그러나 나는 이 시세와 경우를 큰 문제로 삼지

---

27) 〈戰爭終結과 우리의 할 일〉, 《安島山全書》 中, 1990, 521쪽.
28) 〈건전한 인격자와 신성한 단결〉, 《安島山全書》 中, 1990, 211쪽.

않고 다만 우리 무리가 일체 분발하여 의로운 자의 자격으로 의로운 목적을
굳게 세우고 의로운 일을 꾸준히 지어나가면 성공이 있을 줄 확실히 믿기
때문에 비관은 없고 낙관뿐입니다.[29)]

라고 하며, 민족운동을 추진하는 조건보다 목적이 정당한가, 그리고 그
목적을 개개인이 인식하고 있는가라는 점을 더 중요하게 보았던 것이다.
　안창호는 이런 판단에서 당시 제기된 다른 운동노선, 가령 독립전쟁
론獨立戰爭論이나 외교독립론外交獨立論에 대해서는 찬성하지 않았다.
미주에서 흥사단을 만들 때도 그러하였지만, 특히 제1차 세계대전 뒤
세계적인 대변화 속에서도 여전히 그러하였다.
　안창호는 독립전쟁론을 주장하던 '원동의 모씨, 하와이의 모씨'를 거
론하면서, 이를 허망한 것으로 단정하였다.

　獨立戰爭 문제로 말하면 年來로 저어 遠東에서는 某氏, 某氏 등이 해마다
두만강을 건너 간다 하여 왔고, 하와이에서도 某氏 등이 달마다 태평양을 건너
간다 하여 無識한 동포들은 전쟁이 어떤 물건인지도 모르고 그런 말에 돈도
바치고 시간도 허비하여 속는 이가 많던 중에, 이런 시기에 또한 그러한 문제
를 提出할는지 모르나, 우리 동지 중에서는 아무리 무식하여도 판단력이 부족
한 줄로 자처하는 이라도 전쟁은 어떤 것임을 알고 오늘에 그런 문제를 제출하
는 것은 虛妄한 것으로 역력히 아는 바니, 다시 말할 필요가 없겠고……[30)]

　특히 박용만朴容萬의 '한인 소년병학교'에 대해서, "일시적 흥분에서
일어난 병식 교련 운동이 오래 지속 못 될 것"으로 보았다.[31)] "죽더라

---

29) 〈悲觀的인가 樂觀的인가〉, 《安島山全書》, 1963, 470~471쪽.
30) 《安島山全書》, 1963, 520쪽.
31) 《安島山全書》, 1963, 149쪽.

도 나가 싸우자"라는 방법을 주장하는 것은 '절망의 부르짖음'이라고
비판하였다.[32] 따라서 이러한 절망의 부르짖음을 억누르고, "조직하
자, 훈련하자, 실력을 기르자, 그리하여 이길 자신을 가질 때 나가 싸우
자"라는 방법이, 어떤 의미에서는 하루아침에 사생을 결決하는 것보다
더 어려운 일이라고 하였다.[33]

　　또한 안창호는 외교를 통한 독립운동도 반대하였다. 특히 이승만 등
미주의 한인 일부 세력이 미국의 월슨 대통령에게 한국의 독립승인을
요구하자는 것도 효과를 기대할 수 없는 어리석은 희망이라 하였다.
당시의 국제 정세에서 보더라도, 일본이 다른 나라가 권한다고 한국을
쉽게 내어놓을 리도 없고, 또 미국이 아무런 다른 이유 없이 대한의
독립을 위해 미일전쟁美日戰爭을 일으키지도 않을 것이라고 보았기 때
문이었다. 독립 승인을 외교적으로 요구하는 것은 "한갓 한인이 일본의
기반羈絆을 원치 아니하는 뜻이나 발표하여 후일에 다소간 찬조 자료가
될는지 하고, 혹 한인의 공통한 기관의 명의로 교섭을 제출할지 모르
나, 사실로는 오늘에 무슨 효과가 있으리라 하면, 이는 어리석은 희망
이라"고 하였던 것이다. 자기의 일을 스스로 아니하고 가만히 앉았다가
말 몇 마디나 글 몇 줄로써 독립을 찾겠다는 것은 어느 이치에도 허락
되지 않는다고 강조하였다.[34]

　　이런 판단에서 안창호는 제1차 세계대전이 끝난 뒤에 세계의 사조와
운동의 방향이 크게 전환하는 시점에서도 여전히 '준비주의'를 계속해
야 한다고 주장하였다.

　　우리는 턱없이 허망한 욕심인 僥倖의 희망을 가지고 空想하다가 말려는
　사람이 아니요, 사실과 이치를 의지하여 적당한 판정을 얻어 가지고 力行하

---

32)《安島山全書》, 1963, 147쪽.
33) 위와 같음.
34) 〈戰爭終結과 우리의 할 일〉,《安島山全書》, 1963, 520쪽.

려 함이라. …… 전쟁 후에 우리는 準備主義를 그냥 계속하여야 되겠고 ……
일치 행동하기를 결단하고 나아가면 전쟁 후에 우리는 앞에 다시 오는 시기
에 적응할만한 준비의 기초가 세워지겠다 하나이다.[35]

라고 하였다. 이 준비는 바로 앞에 지적한 바와 같이, 정신상, 생활상의
독립을 기하여 대동단결하기 위한 준비였다.

　안창호의 준비론은 3.1운동 이후 상해의 대한민국 임시 정부에 참여
하면서 '전쟁준비론'으로 발전하였다. 처음 3.1운동 소식을 들었을 때,
안창호는 "미국은 신성한 공화국으로 자유와 정의를 힘써 창도하니 미
국의 신문과 잡지를 이용하여 한국 사정을 알 수 있도록 하고 동정을
기울이게 되면 우리 활동에 도움을 얻은 것이올시다. 이것이 외교의 활
동"이라 하고, 재정 공급을 강조하였다.[36] 그러다가 상해 임시정부에
참여하면서 독립전쟁과 외교 활동을 동시에 강조하고, 또한 모든 독립
운동 단체는 임정을 중심으로 통일하자고 주장하였다. 그러면서 시세의
변화에 따라 독립전쟁을 해야 하므로, 이를 위한 준비까지 포괄하는 '준
비론'을 제기하였다. 그는 전쟁의 준비를 다음과 같이 언급하였다.

　진실로 우리는 시기로 보든지 의리로 보든지, 아니 싸우지 못할 때라고
단정하시오. 그러나 함부로 나갈까, 준비를 완성한 후에 나갈까, 혹 말하기를
혁명 사업은 타산적으로 할 수 없나니, 준비를 기다릴 수 없다 하오. 그러나
준비는 필요하오. 물론 나의 준비라 함은 결코 적의 역량에 비할 만한 준비를
칭함이 아니나, 그래도 절대로 준비는 필요하오. …… 무준비하여 나아가려
함은 독립전쟁을 너무 경시함이라 하오. …… 준비 없이 개전하면 적에게 죽
기 전에 기아에 죽을 것이오. 그러므로 만일 전쟁을 찬성하거든 절대로 준비
가 필요한 줄을 깨달으시오.[37]

35) 《安島山全書》, 1963, 519~520쪽.
36) 〈3·1運動을 繼承〉, 《安島山全書》, 1963.

라고 하였다. 독립전쟁을 위한 준비는 적에 맞설 정도의 수준과 역량을
갖추지는 못하더라도 전쟁을 수행하기 위한 최소한의 준비(군수 물자
등)를 하자는 것이었다. 과학 발달, 독립정신 배양 등도 그런 준비의
일환이었다.[38]

2. 외교독립론의 발전

1) 실력양성과 무력 항쟁 반대

한말 계몽운동에는 서구 근대문명의 우수성을 적극적으로 배우면서,
아울러 서구 열강이 주도하는 국제 질서 속에서 외교 문제를 잘 처리해
야 문명화는 물론 나라의 자주독립도 달성할 수 있다고 본 논자도 많았
다. 곧 '외교독립론'이었다. 실력양성론과 그 원류를 같이 하면서도 시
세에 따라서는 서로 보완적으로 제기되었다.

제국주의 열강의 틈 속에서 독립을 획득, 유지하기 위해서는 열강의
이해와 승인 없이는 불가능하였다. 이런 점에서 제국주의의 본질, 그
침략성을 정확하게 인식하기 어려운 점도 있었다. 한말 이래 줄곧 외교

---

37) 〈6대 사업〉,《安島山全書》, 1963, 557~561쪽. 또한 외교도 "결코 제국시대에 외국에 의뢰
하기 위한 외교가 아니고, 독립정신을 가지고 열국의 동정을 내게 끌려함"이라고 하였다.
38) 안창호는 전쟁을 하려면 '지력의 양성', 더욱이 '과학 발달'이 필요하다면서, 제1차 세계대전
당시의 독일을 예로 들었다. "그 민족 가운데 과학이 발달될 자는 전쟁을 하여도 힘이 있고,
또 승리를 얻나니 여러분이 듣고 보는 바, 德人이 대전란 개시 이래로 연합군에게 패를 당치
않음은 임의 민족적 전체 지력을 양성함이라"고 하였다(〈내 힘과 우리의 힘〉,《安島山全書》
中, 1990). 1920년대 중반 이후 안창호의 '대공주의'에 대해서는 朴萬圭, 〈島山 安昌浩의 大
公主義에 대한 一考察〉,《韓國史論》26, 1991 ; 〈안창호의 대공주의에 관한 두 가지 쟁점〉,
《한국독립운동사연구》61, 2018 참조.

의 중요성을 강조하던 사람은 이승만李承晩이었다.

이승만의 외교독립론은, 앞서 본 《독립정신》에서 제기한 바와 같이,39) "외국인이 오는 것은 본래 나를 해害하려는 주의가 없고 피차에다 이롭기를 경영함인즉 외국인이 오는 것은 막을 까닭이 없다"면서, 서양과의 교류를 '문명화'의 기회로 여겼으며, 그들의 침략도 "어두운 백성들이 항상 까닭 없이 남을 미워하는 폐단" 때문에 일어난 것으로 파악하였다.40)

이승만은 미국에서 학업을 마치고 잠시 귀국하여 기독교계 단체 [YMCA]에서 일했다. 그러다가 다시 미국으로 갔다. 여기에서 그는 외교독립론을 정리하고 또한 실행하였다.41)

이승만은 두 가지 점에 유의하였다. 첫째, 열강의 동정심을 얻는 것, 특히 미국 안의 여론을 무엇보다 중시하였다. 즉, 대일對日 관계에서 미국 여론이 대일 강경으로 변하지 않는 한 섣불리 움직이려 하지 않았다.42) 이런 차원에서 그는 특히 박용만이 추진하던 무력 항쟁을 강하게 반대하였다. 박용만과 대립하면서 "나는 한국 안에서나 하와이에서 혁명을 책동할 꿈은 꾼 일조차 없다"고 하면서, 박용만의 행동은 일본의 지배에 반대하여 태평양 지역의 평화를 유지하려는 영국과 미국의 정책 전환에 필요한 친구를 잃게 된다고 판단할 정도였다.43)

이승만은 '실력'의 이유로 일본과 같은 강국과 군사적 정면 대결은

39) 이 책 Ⅲ-제1장 참조.

40) 이승만, 《독립정신》, 대동신서국, 1910, 257~258쪽.

41) 方善柱, 〈이승만과 위임통치안〉, 《在美韓人의 獨立運動》, 한림대학교출판부, 1989 참조.

42) 方善柱, 위 책, 1989, 205쪽. 이승만은 미국 신문과의 인터뷰에서 "옛날의 은둔국은 이미 사라졌습니다. (합병 후) 3년 미만에 조선은 전통이 판을 치던 느릿느릿한 나라에서 생기 넘치고 번잡한 산업 중심지로 변하였습니다"고 하면서 예로 철도, 도시의 전기화, 공장, 제작소, 백화점의 건설 등을 들었다(205쪽). 일본에 의한 조선의 산업 발전을 언급하고 있었던 점에서 그에게도 앞서 본 바와 같은 문명개화론자의 논리가 그대로 보이고 있고, 역시 부르주아적 발전론을 가지고 있었다고 할 수 있다.

43) 方善柱, 위 책, 1989, 206쪽. 이승만과 박용만의 대립에 대해서는 김원용, 《재미한인 50년사》, 《獨立運動史資料集》 8, 독립운동사 편찬위원회 ; 方善柱, 위 책, 1989, 78~105쪽 참조.

'꿈'이라고 생각하였다. 장인환·안중근의 의거에 대해서도 "샌프란시스코[상항桑港]에서 스티븐슨을 죽인 장인환·전명운, 그리고 하얼빈에서 이등[伊藤博文]을 죽인 안중근은 일국의 명예를 더럽힌 범죄적 암살자"라고 지적하였다.44) 따라서 이런 행동은 서양인의 동정을 얻기보다는 오히려 경계심을 불러일으키며, 동시에 일본인에게 역선전의 빌미만을 제공하였다고 보았다. 또 국내에서 일어난 의병은 스스로의 희생만 컸을 뿐 별다른 소득이 없었고, 외국인의 주목도 받지 못했다고 하였다. 다만 '105인 사건'은 일본이 조선 기독교를 탄압한 것으로 세계의 이목을 받고, 또 동정도 얻었다고 하였다.45)

둘째, 이승만은 외교를 담당할 인물과 이를 위한 실력양성의 준비 과정을 강조하였다. 1907년 대동보국회에서 이승만에게 '지도'를 요구하자, 그는 "우리 조선 사람이 아무리 개명한 자라도 아직 큰 운동을 행할 정도에 이르지 못한 줄을 분명히 아는 바"라면서, "나는 공부를 좀 더 할 작정"이라면서 이를 거절하였다. 그러고는 "실로 나라를 위하고 동포를 위하여 싸우려 한 즉, 내 몸이 먼저 한 강병이 되어야 붓으로 싸우든지 지혜로 싸우든지 적국의 한 꺼리는 바가 될" 것이라 하였다. 즉, 독립을 하고자 하여도 정치상 시비, 시비 담판, 정부 조직 등, 정치가·외교가·재정가·저술가 등의 인물이 있어야 하고, 또한 "군사를 가지고 접전을 하려 하여도 세상 형편과 공론을 아는 자"가 필요하다고 보았다.

---

44) 方善柱, 위 책, 1989, 200쪽. 이 사건의 재판에는 共立協會와 大同報國會에서 연합으로 후원회를 조직하고 재판 후원의 경비, 변호사 교섭 등의 일을 하였고, 하와이에서도 후원회를 조직하여 경비를 모집하였다. 이때 재판의 통역으로 이승만을 청하였는데, 이승만은 1908년 7월 샌프란시스코에 와서 형편을 살피고 통역하기를 거절하였는데, 이유는 시간 때문에 오래 있을 수 없다는 점과(김원용, 《재미한인 50년사》, 789~790쪽) "예수교인의 신분으로 살인재판 통역은 원하지 않는다"는 것이었다. 이승만의 기본적인 태도를 엿볼 수 있는 대목이다.

45) 이승만, 《한국교회핍박》, 新韓國報社, 1913. 한국 사람들은 불평한 마음에서 우러나오는 '血氣之勇'을 억누르고 형편과 사정을 살펴 기회를 기다리면서 안으로는 교육과 교회에 힘쓰고, 밖으로는 서양인에게 우리의 뜻을 알려 동정을 얻게 되면 '순풍을 얻어 돛단 것같이 우리의 목적지에 달할 수 있다'고 하였다.

결국 "지금이라도 행하고, 얼마 후에라도 행해야 될 것은 다만 민심을 발달하고 풍기를 변혁할 학문과 교화가 제일이요, 또한 우리나라 독립 기초를 세우고자 할진대 신서적이 있어야 할지라" 하고, "이 일을 하고 자 하면 이 일을 권하는 사람들과 동심협력"하자고 강조하였다.46)

2) 위임통치론 공방과 대한민국 임시 정부

제1차 세계대전이 끝날 즈음, 이승만은 미국이 한국을 '고문 정치'할 것을 요구한, 이른바 '위임통치안委任統治案'을 주장하였다.47) 1918년 11월 25일, 대한인국민회大韓人國民會 북미총회[총회장 안창호]에서 파리 평화회의와 뉴욕 소약속국동맹회에 이승만, 민찬호閔贊鎬, 정한경鄭翰景 3명의 한인 대표를 파견하기로 결정하였다. 그런데 세 사람이 1919년 3월 3일에 미국 대통령 윌슨에게 '위임통치'를 요구하는 청원 서를 제출하였다.48)

평화 회의에 모인 연합군 측이 한국 장래의 완전한 독립을 보장하는 조건 하에, 한국을 국제연맹회의 '위임 통치' 아래에 두고, 현 일본의 통치 하에서

---

46) 이승만, 〈1907년 대동보국회에 보낸 편지〉(方善柱, 《在美韓人의 獨立運動》, 1989, 195쪽).
47) 方善柱, 위 책, 1989 ; 高珽烋, 〈大韓民國 臨時政府歐美委員部(1919~1925) 硏究〉, 고려대 학교 박사학위논문, 1991, 31~43쪽 ; 양영석, 〈위임통치 청원(1919)에 관한 고찰〉, 《韓國學報》 49, 1987.
48) 1918년 11월 25일 윌슨에게 보낸 청원 편지에는 러일전쟁 뒤 일본의 배신 행위와 탈취, 일본의 식민통치로 말미암은 경제 침탈, 문화 탄압(한국 책의 폐기, 일본어의 강요, 기독교 탄압 등) 등을 지적하고, "민족자결을 위한 한국인의 열망은 미국이 도울 도덕적 의무가 있는 외에 미국은 자신의 국가 이익을 보전하기 위해 구라파에서는 그 원형이 분쇄된, 극동의 일본 -프러시아주의를 허용할 수 없을 것"이라는 점에서, "우리는 각하께서 한국 민족에서도 자신 들이 그 밑에서 살고 싶어 하는 정부를 선택할 수 있는 타고나서부터 소유한 권리를 회복할 수 있게 힘써 주시기를 간절히 바란다"고 하였다. 그리고 제1차 세계대전 과정에서 러시아 변경에서 우리 백성 수만 명이 연합국을 위하여 자원 출전하였던 점, 미주 지역의 한인들이 이를 도왔다는 점 등을 상기시키기도 하였다.(方善柱, 위 책, 209~212쪽) 1919년 2월에 작 성된 청원서는 1918년의 청원서에 위임 통치 사항을 첨부한 것이었다.

해방하는 조치를 취할 수 있도록, 저희들의 자유 원망을 평화회의의 탁상에
서 지지하여 주시기를 간절히 청원하는 바입니다. 이것이 성취되면 한반도
는 중립적 상업 지역으로 변하고, 모든 나라가 혜택을 받을 것입니다. 이것은
또한 극동에 하나의 완충국(간접국, buffer state)을 창립하는 것이 되어,
어느 나라든지 확장을 방지하고 동양의 평화를 유지할 수 있을 것입니다.49)

라고 하였다. 곧 일본의 통치를 벗어나는 대신, 완전한 독립을 보장하
는 조건 아래에서 국제연맹의 위임 통치를 받겠다는 것이었다.

　위임통치론으로 당시 민족운동 진영에서 많은 분란이 일어났다. 그
런 와중에서도 이승만 등은 자신들의 정당성을 계속 강조하였다. 그들
은 자신들의 청원이 3.1운동이 일어나기 전의 단계에서는 옳다고 하였
다. 즉 "모든 한인들은 다 잠자는 모양이었으므로 한인들도 독립을 원
한다는 사실을 알려주고, 조선을 일본 관할에서 빼어 내서 몇 해 안에
완전 독립을 회복할 담보로 국제연맹회에 위임하자"고 한 것은 당시의
형편으로 볼 때 적당하다는 것이었다. 물론 3.1운동 뒤의 시점에서 본
다면 청원서의 내용은 "일시 문자상 실수"라고 할 수 있을지 모르지만,
자신들에게 "독립의 사상이 불철저하다든지, 독립을 원치 않고 위임통
치를 주장한다"고 하는 것은 자신들을 모함하려는 사람들의 일시적인
구실일 뿐이라고 강변하였다.

　그리하여 그들은 박용만을 비난하고, 국민대회를 개최한 '창조파創造
派'를 비판하였다. 그들은 "적국[일본]은 한인이 풍족히 여긴다고 세계
에 선포하는데, 이렇게라도 말하여야 한인이 일본의 관할을 벗으려 하
며 독립을 원한다는 뜻을 세상에 드러내는 것"이므로 자신들의 주장이
옳다고 하였으며, 위임통치 자체도 '독립을 달라고 하는 것과 같은 말'

---

49) 方善柱, 위 책, 1989, 217쪽, 253~254쪽의 자료.

이라고 하였다.50) 이런 현실 판단 속에서 1920년대에 이승만을 중심
으로 임정의 구미위원부歐美委員部로 계속 활동하였다.51)

3.1운동 뒤, 정한경은 자치론, 참정권을 거론하였다. "일본이 한국
의 완전 독립을 행하지 않는다면 자치 정부를 허용해야 한다"고 하면
서, 이것이 비록 "종주국 하의 권리라 하더라도 이 권리가 인정만 된다
면 일본인은 세계에서 가장 성공적인 식민 국가, 영국의 본보기를 따르
는 것"이라고 하였다. 혹시 그러지 못하다면 한국인들이 "자기 나라를
위하여 입법하고 행정하는 요원을 선택하고 자신들의 법을 관리하고
만드는 데 대한 발언권" 즉, 참정권을 보장해야 한다고 주장하였다.52)

---

50) 〈위임통치에 딕한 사실〉(方善柱,《在美韓人의 獨立運動, 250~252쪽), 이 위임통치론 때문
에 이승만이 그 뒤 임시정부에서 축출된 것은 잘 알려진 것이다. 결국 운동론의 차이였던 것이
다. 이 점과 관련하여 방선주는 "만주나 노령에서 혈투를 벌이고 있는 독립군의 견지에서 보
면 절대로 용서할 수 없는 반역행위일 수 있지만, 국제정치의 시각에서 보면 이 박사와 정한경
의 위임통치안도 애국하는 마음에서 나온 것이라 생각할 수 있다"(217쪽) 또는 "위임통치안은
한국의 독립을 위한 하나의 방략이었고 우국충정의 소산물이었다고 볼 수 있다"(226쪽)고 적
극적으로 평가하면서, 해방 뒤 이승만의 집권과정에 주목하고 있다.
51) 高珽烋, 〈大韓民國 臨時政府歐美委員部(1919~1925) 硏究〉, 1991.
52) 정한경, 〈금일의 한국, 일본식민정책에 대한 일·한인의 견해〉(方善柱,《在美韓人의 獨立運
動, 1989, 222~223, 247쪽 자료).

제2장

국수 보전과 무장항쟁론의 발전

일제 강점으로 계몽운동의 문제점과 한계도 드러났다. 하지만 대한 제국의 멸망으로 군주제가 폐기됨으로써 국권회복운동의 질적인 전환도 가능하였다. 곧 계몽운동의 주류를 이루던 충군·애국주의, 영웅주의, 그리고 국가주의의 한계를 극복하고 민족운동 주체로서 민중을 발견할 수 있는 계기가 되었던 것이다. 이와 더불어 제국주의의 무력적 우월성을 침략주의, 강권주의로 비판하였으며, 문명개화론 차원의 근대화론을 반대하고 국수 보전을 강조하여, 이를 바탕으로 민족주의론과 무장항쟁론이 확립되어 갔다.

1. 제국주의 비판과 국수 보전론의 발전

1) 제국주의의 강권성強權性 비판과 민족주의

계몽운동 진영 일각에서는 사회진화론에 내포된 제국주의, 강대국의 논리를 이미 꿰뚫고 있었다. 국가 사이에서 일어난 정치, 군사, 경제 부문의 경쟁과 그 결과인 우승열패優勝劣敗를 부정할 수는 없었지만, 강대국의 일체 침략 행위를 제국주의, 또는 군국주의라고 파악하였다. 제국주의의 속성은 힘으로 지배하는 강권성強權性이었다. 그리하여 제국주의 침략에 대응하는 논리로 민족주의가 형성되기 시작하였다. 물론 그 초기에는 강자화의 논리가 결합되어 있었다.[1]

1910년 이전, 제국주의를 비판하고 그 '저항抵抗' 논리로 천명된 민족주의는 "다른 민족의 간섭을 받지 않는 주의"였다.

民族主義(他民族의 干涉을 不受ᄒᄂᆫ 主義) …… / 此 民族主義ᄂᆫ 實로 民族保全의 不二的 法門이라. 此 民族主義가 强健ᄒ면 拿破崙 又혼 大英雄으로도 露都 殘焰에 窮鬼를 作ᄒ고 …… 嗚呼라 民族을 保全코ᄌ ᄒᄂᆫ 者ㅣ 此 民族主義를 捨ᄒ고 何를 當取ᄒ리오. / 是故로 民族主義가 膨脹的 雄壯的 堅忍的의 光輝를 揚ᄒ면 如何혼 劇烈的 怪惡的의 帝國主義라도 敢히 참입치 못ᄒ나니, 要컨대 帝國主義ᄂᆫ 民族主義 薄弱혼 國에만 참입하나니라.[2]

라고 하였다. 제국주의는 민족주의가 약한 나라에만 들어올 수 있는데, 민족주의는 민족을 보전하는 유일한 길이므로, 민족주의를 통해 '팽창

---

1) 이 책 Ⅱ-제4장 제1절 참조.
2) 《大韓每日申報》 1909년 5월 28일 論說 〈帝國主義와 民族主義〉 (《丹齋申采浩全集》 下, 108쪽).

적, 웅장적, 견인적'인 광휘를 발휘하자고 했던 것이다.

한말에 제기된 단초적 민족주의를 바탕으로, 강점 뒤에 민족주의는 한 단계 발전하였다. 제국주의의 강권성을 비판하되, 단순한 '저항'이나 '강자화'의 차원이 아니라 그 속에 평등平等, 평화平和, 정의正義 등과 같은 새로운 이념을 내포하였다. 박은식朴殷植이 그러하였다.

박은식은 당시를 국가 경쟁 또는 민족 경쟁의 시대로 규정하였다. 문명이 발전하고 인지人智가 진보할수록 인류 사회는 가족주의에서 국가주의, 그 다음에는 세계주의로 변화된다고 보았으며,3) 당시는 국가가 중심이 되는 '국가주의國家主義'거나 민족주의 시대라고 하였다.4) 《발해태조건국지渤海太祖建國誌》(1911)에는

　　嗚呼라, 道德時代가 降ᄒᆞ야 智力時代에 至ᄒᆞ니 人類 社會에 가장 極烈ᄒᆞᆫ 者는 國家 競爭이라. 大抵 人世의 罪惡으로 論ᄒᆞ면 國을 滅ᄒᆞᄂᆞᆫ 罪惡이 人을 殺ᄒᆞᄂᆞᆫ 罪惡보다 尤甚ᄒᆞ고 極大ᄒᆞ지만은 國與國이 競爭ᄒᆞᆯ 境遇에ᄂᆞᆫ 非理의 貪慾과 不法의 惡行이 少도 忌憚이 無ᄒᆞ되 仁義로써 調劑치 못ᄒᆞ고 法律로써 制限치 못ᄒᆞ야 優勝劣敗와 弱肉强食을 公例로 認行홈에 至ᄒᆞ얏ᄯᅩ라.5)

라고 하여, 극력해진 국가 사이의 경쟁은 인의仁義나 법률法律로도 제어하지 못한다고 하였다.

---

3) 《渤海太祖建國誌》〈緒論〉, 1쪽(《東方學志》 114, 388쪽). "人類의 情誼로 言ᄒᆞ면 家族主義가 親切ᄒᆞ나 國家主義에 比ᄒᆞ면 勢力이 偉大치 못ᄒᆞ고, 道德의 範圍로 言ᄒᆞ면 世界主義가 廣大ᄒᆞ나 國家主義에 比ᄒᆞ면 基礎가 鞏固치 못" 하다고 하였다.

4) 《大東古代史論》에서는 "天地의 進化가 날로 새로워지고 人智의 진보가 날로 증가하여 가족주의가 나아가 민족주의가 되어, 이것이 민족경쟁의 시대가 된 연유이다. …… 금일은 민족주의의 시대이다"라고 하였다(《韓國學報》 67, 자료소개, 1992, 241쪽).

5) 《渤海太祖建國誌》〈緒論〉, 2쪽(387쪽). 《夢拜金太祖》에서도 "弱肉强食을 公例라 謂ᄒᆞ며 優勝劣敗를 天演으로 認ᄒᆞ야 國을 滅ᄒᆞ며 種을 滅ᄒᆞᄂᆞᆫ 不道不法으로써 政治家의 良策을 삼으되, 所謂 平和裁判이니 公法談判이니 ᄒᆞᄂᆞᆫ 問題ᄂᆞᆫ 不過 强權者와 優勝者의 利用이오, 弱者 劣者ᄂᆞᆫ 其 苦痛을 訴ᄒᆞ고 抑冤을 伸ᄒᆞᆯ 處가 無ᄒᆞ니"라고 하였다(《朴殷植全書》 中, 214~215쪽).

그런데 박은식은 시대 변화를 보는 나름의 견해를 제시하였다. 당시 국가 경쟁은 '지력智力'이 지배하는 시대 현상으로 보았다. '지력 시대'는 곧 발달된 서양 문명이 지배하는 시대였고, 이 시대가 끝나면 인의仁義가 주도하는 '도덕 시대'가 온다는 것이었다. 따라서 박은식은 지력 시대의 국가 경쟁을 넘어서기 위해, 그 경쟁에서 망한 약자의 처지에서 국가 사이의 관계를 경쟁이 아닌 평등 문제로 접근하였다. 그는 제국주의를 극복할 논리로 '평등주의'를 주장하였다.

> 所謂 二十世紀에 滅國滅種으로 公例를 삼는 帝國主義를 征服ᄒ고 世界人權의 平等主義를 實行ᄒᄂ되 우리 大東民族이 先倡者가 되고 主盟者가 되야 太平의 幸福을 世界에 均施ᄒ얏스면 無量한 恩澤이오 無上한 榮光이로소이다. ⋯⋯ 達爾文[다윈]이 强權論을 倡흠으로부터 所謂 帝國主義가 世界에 獨一無二ᄒᆫ 旗幟가 되야 國을 滅ᄒ고 種을 滅흠으로써 當然ᄒᆫ 公例를 삼아 競爭의 禍가 益益 慘劇흠이 極度에 達ᄒ얏슨즉 進化의 常例로 推ᄒ건되 平等主義의 復活흘 時期가 不遠ᄒᆫ지라. 然則 今日은 强權主義와 平等主義가 交換ᄒᄂ는 際會이니 此際會를 當ᄒ야 最終點에 極甚ᄒᆫ 壓力을 被ᄒᆫ 者는 우리 大東民族이오 壓力에 對ᄒᆫ 感情이 最烈ᄒᆫ 者도 ᄯ흔 우리 大東民族이라. 將來에 平等主義의 旗幟를 高揚ᄒ고 世界를 號令흘 者가 우리 大東民族이 아니오 其誰리오.[6]

라고 하여, 강권주의와 평등주의가 동시에 존재하고 있지만, 앞으로는 사회진화론을 넘어 평등주의가 도래할 것이고, 평등주의는 우리 '대동大東 민족'이 선도해야 한다는 것이었다.

박은식을 비롯한 변법론자變法論者들은 이미 계몽운동에서 평등주의

---

6) 《夢拜金太祖》, 《朴殷植全書》 中, 308~310쪽. 尹世復의 序에서도 "其所力持ᄒᄂ는 平等主義로써 現 世界에 覇權을 獨佔ᄒᆫ 强權主義者와 挑戰코겨 흠이 其精神 所注가 何處不到리오"(190~191쪽)라고 하였다.

를 조금씩 표출했었다. 계몽운동에서 유교의 발달을 통해 평화 사상을 강조하였고,[7] 또 민족 간의 경쟁과 대립을 해결하고자 본래의 유교 정신을 발휘하는 '대동 평화'를 주장하였다.[8] 1915년 대동보국단大同輔國團, 1917년 〈대동단결의 선언大同團結宣言〉에 많은 사람들이 참여하여 '대동大同'을 강조한 것도 같은 맥락이었다.[9]

이러한 이념은 박은식이 1920년대 쓴 《한국독립운동지혈사韓國獨立運動之血史》에서 더욱 명백하게 표출되었다.

> 아! 과거 시대의 文明이란 人類 競爭의 利用이었고, 人道 平和의 사업은 아니었다. 이로서 物競天擇 適者生存의 논의가 유일의 法門이었고, 優勝劣敗를 天演으로 하고, 强食弱肉을 公例로 하였다. 軍國主義 侵略 政策이 생존의 목적이 되어 이른바 문명 인류가 그 心思智力을 다하여 매우 神巧한 것에 힘쓴 것은 오직 사람을 죽이는 利器와 나라를 도적질하는 흉계뿐이었다. 처음에는 강자와 약자가 싸워 약자가 없어졌고, 다음에는 강자와 강자가 서로 싸워 두 호랑이가 모두 상처를 입었다.[10]

과거의 문명인 약육강식을 군국주의가 만든 것이라면, 당시 제1차 세계대전은 약육강식의 단계를 지나 '강자와 강자의 투쟁[强與强鬪]'의 상태로, 세계 전인류가 서로 살상하는 현상이라고 하였다. 그리하여 그는 이를 해결하기 위해 '세계 대동, 인류 공존의 의리'를 거론하였다. 당시 세계 정세 속에서 사회 진보를 위한 '개조'의 예로, 러시아 혁명, 독일 사회당, 그리고 윌슨의 민족자결주의를 들면서, 이로써 일본의

---

7) 《皇城新聞》 1909년 11월 16일 論說 〈儒教發達이 爲平和最大基礎〉.
8) 愼鏞廈, 《朴殷植의 社會思想 研究》, 서울대학교출판부, 1982, 195~206쪽 ; 金基承, 〈白庵 朴殷植의 思想的 變遷過程〉, 《歷史學報》 114, 1987 참조.
9) 1910년대 박은식의 사상변화에 대해서는 김도형, 〈1910년대 박은식의 사상 변화와 역사 인식〉, 《東方學志》 114, 2001 참조.
10) 《韓國獨立運動之血史》, 제2장 〈改造世界之新文化促我獨立運動〉.

극단 침략을 물리치고 자유의 복음을 기하자고 하였다.[11]

　제국주의의 침략성 · 강권성을 비판하고 새로운 민족주의를 주장한다면, 이는 민중에 근거하여야 힘을 얻을 수 있었다. 한말 이래 생존경쟁과 우승열패라는 사회진화론의 논리에 따라 우리도 강자가 되어야 한다는 애국주의, 국가주의 경향으로는 민중을 주체로 한 민족주의로 발전할 수 없었다. 이런 한계는 1920년대 신채호의 〈조선혁명선언朝鮮革命宣言〉과 '민중론'에서야 비로소 해결될 수 있었다.[12]

2) 국수國粹 보전과 역사 연구

　국권회복운동을 지향한 계몽운동을 시작한 대한자강회는 처음부터 자강 정신의 확립을 촉구하였다. 자강 정신은 우리 역사 속에 형성된 '조국祖國 정신', '대한大韓 정신'이었다. 국혼國魂, 국수國粹, 국성國性 등으로 표현되었으며, 우리 역사 속에 깃들어 있다고 하였다. 이런 논의를 나라가 망한 뒤에 더 강조하였고, 1910~20년대 민족운동의 논리가 되었다. 국수를 보전하기 위한 역사 연구를 민족주의의 핵심으로 정립하였다.

　(가) 국수, 국혼을 보전하는데 역사가 필요하다고 주장한 대표적인 사람은 박은식이었다. 그는 역사를 통해 애국심, 독립사상을 고취하려 하였고, 강점 뒤 만주 지역으로 망명한 뒤에도 여러 편의 역사를 서술하였다.[13]

　박은식은 당시를 '민족 경쟁의 시대'로 보았다. 따라서 민족의 혈통

---

11) 위와 같음.
12) 金容燮, 〈韓國近代歷史學의 成立〉, 《한국현대사》 6, 신구문화사, 1969 (《韓國의 歷史認識》 下, 창작과비평사, 1976 ; 《역사의 오솔길을 가면서》, 지식산업사, 2011) 참조.
13) 김도형, 〈1910년대 박은식의 사상 변화와 역사인식〉, 2001.

을 밝히는 역사가 필요하다고 보았다. 즉 타인과의 경쟁에서는 반드시 우리 동족의 도움이 있어야 하고, 우리 동족의 도움을 구하기 위해서는 "불가불 우리가 나온 바 본원을 찾게 되고, 이를 위해서는 그 혈통의 관계를 밝히고 그 친애親愛의 정을 발하게 된다"라고 하였다.14) 그리하여 그는 애국, 애족, 독립, 자존 등의 정신을 위해 역사의 필요성을 주장하였다.

> 民族이 있은 후에 歷史가 있고, 역사가 없으면 역시 민족도 없다. 왜 그런가 하면 역사라는 것은 民族의 精神이기 때문이다. 조국의 역사가 있은 후에 愛國의 精神이 있고, 同族의 역사가 있은 후에 愛族의 精神이 있으며, 獨立의 역사가 있은 후에 독립의 정신이 있고, 自尊의 역사가 있은 후에 자존의 정신이 있다. 그러므로 神聖한 민족은 반드시 신성한 역사가 있는 것이다. 만약 그 민족에게 역사의 정신이 없는 것은 애국, 애족의 정신이 없고, 독립 자존의 정신이 없어서, 각 종족이 경쟁하는 것에서 自存할 수 없다. 다행히 살아남아 奴隸 賤種으로 떨어지지 않았다고 하더라도 반드시 다른 종족에게 동화될 것이다. 그러므로 "역사가 없으면 민족이 없다"라고 하는 관계가 과연 어떠한가.15)

라고 하여, '역사가 없으면 민족이 없다'라고 강조하였다.

박은식의 역사론은 한마디로 '국혼론國魂論'이었다. 국혼론적 역사 인식은 박은식 역사학의 핵심이었다. 계몽운동에서는 중국 중심의 역사 인식을 '노예 학문'이라고 반대하고 우리 국사를 강조하였으며, 광개토왕비를 소개하면서 "한민족의 국혼"이라고 하였다.16) 당시 박은식은

---

14) 《大東古代史論》, 241쪽.
15) 《大東古代史論》, 240쪽. 또한 그는 "地理는 國民의 身體요 歷史는 國民의 精神"이라고 하면서 역사와 지리를 통해 진보적이고 충애하는 사상이 나온다고 하였다[《渤海太祖建國誌》〈緒論〉, 3쪽(384쪽)].
16) 《朴殷植全書》 下, 〈讀高句麗永樂大王墓碑謄本〉, 42~43쪽.

'대한 정신', '대한 혼' 등을 국혼과 같은 의미로 사용하였다.[17]

국혼론은 1910년대에 들어 민족운동의 논리 속에서 발전하였다. 역사를 통해 국혼을 지켜나가면 언젠가 민족의 광복을 맞을 수 있다는 확신이었다. 곧 "나라가 비록 파멸되었으나 그 백성의 생기가 죽지 않아 능히 정신상 국가를 보존한다면 반드시 흥부興復의 기운을 만회하는 날이 있을 것"이라는 것이었다.[18] 《대동고대사론》에서도 "우리 민족은 이미 세력으로 승리를 얻을 수 있는 것은 잃었지만, 역사의 정신이 사람의 마음에 근기가 되지 못한다면, 시간이 빨리 지나 오래되어 반드시 다른 종족에게 동화될 것이고, 세계 역사에서 장래 우리 민족의 이름이 없어질 것"이라고 하였다.[19] 《몽배금태조夢拜金太祖》에서 민족심(곧 국혼)을 일깨우고자, 이른바 '4천년 역사학교'를 제시한 것도 이런 필요성에서 그러하였다.

박은식은 《한국통사韓國痛史》에서 국혼론國魂論을 분명하게 정리하였다. "국교國敎, 국학, 국어, 국문, 국사 등은 혼에 속하는 것이요, 전곡錢穀, 졸승卒乘, 성지城池, 함선艦船, 기계 등은 백魄에 속하는 것"이라고 하면서, 비록 군사기술, 상공업 등의 국백國魄에서 힘을 갖지 못해 나라는 망했지만, 국혼을 유지하면 망한 나라도 다시 살아날 수 있으므로 '나라는 망하지 않았다'라고 표현하였다.[20] 이런 점에서 《한국통사》는 국사, 특히 망국의 역사를 통해 '아픔과 부끄러움'을 알게 하고, 이를 통해 국혼을 지키고 유지하기 위해 서술한 것이었다. 그는

　　옛사람이 이르기를 나라는 멸할 수 있으나 역사는 멸할 수 없다고 하였다. 나라는 형체이고 역사는 정신이다. 이제 한국의 형체는 허물어졌으나 정신

---

17) 《朴殷植全書》 下, 〈大韓精神의 血書(續)〉, 72~73쪽.
18) 《渤海太祖建國誌》 3장, 5쪽(369쪽).
19) 《大東古代史論》, 242쪽.
20) 《韓國痛史》〈結論〉, 198쪽 (《朴殷植全書》 上, 376쪽).

만을 홀로 보존하는 것이 불가능하겠는가. 이것이 痛史를 짓는 까닭이다. 정
신이 보존되어 멸하지 아니하면 형체는 부활할 때가 있을 것이다.21)

라고 확신하였던 것이다.

1920년에 저술된 《한국독립운동지혈사韓國獨立運動之血史》에서도 '국
혼론'을 계속 견지하였다. 종교, 역사, 언어, 문자, 풍속 속에 국혼이
없어지지 않았다면 언제가 독립할 수 있을 것이라는 확신이었다. 특히
우리 민족은 언어, 풍속, 예의, 의식 등을 독자적으로 유지하였고, 국성
國性이 다른 나라와 구별되어 강한 국혼이 형성되었으므로 다른 민족이
결코 동화할 수 없다고 하였던 것이다.22) 이때에도 "역사는 국혼이 보
존된 것으로, 국혼을 강고強固케 하려면 마땅히 역사의 배양을 근본으
로 해야 한다"고 다시 강조하였다.23)

(나) '국수'를 지키는 가장 핵심적인 방안이 역사 연구였고, 이는 단
군 이념, 대종교大倧敎와 관련이 있었다.24) 민족적 위기 상황에서 이를
극복하는 방법의 하나로 정신적인 구심점으로 단군을 강조한 것은 당
연하였다. 1910년대 국외 민족운동에서 대종교 관련자가 중요한 역할
을 담당하였고, 특히 만주에서 많은 활동은 대종교 조직과의 연관 속에
서 이루어졌다.25)

단군과 대종교를 통해 '국수'를 강조한 대표적인 사람은 신규식申圭植
이었다.26) 그는 나라가 망한 것은 곧 "선조의 교화와 종법宗法을 잊은

21) 《韓國痛史》〈緒言〉, 2쪽 (《朴殷植全書》上, 24쪽).
22) 《韓國獨立運動之血史》〈緒言〉, 1쪽 (《朴殷植全書》上, 449쪽)
23) 《朴殷植全書》下, 〈歷史敎理錯綜談序〉, 229쪽.
24) 韓永愚, 〈1910年代의 民族主義的 歷史敍述〉, 《韓國文化》1, 1980 ; 〈1910년대의 申采浩의 歷史認識〉, 《韓㳑劤停年紀念史學論叢》, 1981.
25) 朴永錫, 〈大倧敎의 民族意識과 民族獨立運動〉, 《日帝下 獨立運動史硏究》, 일조각, 1984 참조.
26) 申圭植, 《韓國魂》, 1914 (예관선생기념회, 1955). 신규식은 이순신과 같은 조상들이 이민족

것, 선민先民들의 공열功烈과 이기利器를 잊은 것, 나라의 역사를 잊은
것, 국치國恥를 잊은 것"이라고 하고, 이를 다시 찾기 위해서는 '혼'을
지켜야 한다고 하였다. 그는 선조先祖의 교화, 특히 단군을 '우리들의
주재主宰'라고 하면서, 단군의 교화를 계승하기 위해서 민족 정신이 깃
든 대종교를 국교로 해야 한다고 하였다.

국혼을 지키기 위한 것은 국사만이 아니었다. 다른 민족의 역사적
경험을 통해 종교와 문학의 중요성도 거론하였다. 박은식은 민족 사이
의 경쟁에서 이긴 경우는, 힘이 강하거나 아니면 정신이 강한 두 형태
가 있다면서, 그 가운데 '강한 정신'이 더 중요하다고 보았다.

> 慕容씨, 拓跋씨, 完顏씨, 成吉思汗은 웅강한 무용의 능력으로 다른 종족을
> 유린하여 한때는 무적이었다. 그러나 사람들의 마음에 종교, 역사의 根基가
> 없는 까닭으로 그 세력이 한번 떨어지면 그 백성이 반대로 다른 종족에게
> 동화된다. 中國 땅의 漢族은 그 사이에 文弱한 연고로 혹 다른 종족에 被屬되
> 지만, 그 종교, 역사의 정신이 공고하여 마지막에 가서는 능히 일어나 다른
> 종족을 제압한다. 유태 민족은 조국을 상실하고 사방으로 遊離하였으나 다
> 른 종족에게 동화되지 않고, 능히 유태 민족의 이름을 고수하고 있으니, 종교
> 의 정신으로 隆失의 지경에는 다다르지 않는 것이다.[27]

라고 하였다. 《한국통사韓國痛史》에서도 문학文學[곧 학문]에 의탁한 중
국이 다른 민족의 침략을 받으면서도 오히려 침략한 민족을 동화시킨
것이나, 종교에 의탁한 돌궐이 열강의 침략으로 토지가 줄어들면서도
강력한 종교의 힘으로 결국 떨치고 일어났던 것처럼 국문, 국학, 국교

의 침략에 대항하여 싸운 尙武정신을 계승해야 한다고 하였다. 그는 국사를 '나라의 정신이
고, 나라의 문헌'이라고 하고, "자국의 역사는 모르나 중국의 역사는 잘 알고, 서양의 문명은
말하면서 자국의 문명역사는 모르는 事大사상"을 비난하였다. 또한 일본에 항쟁한 순국자와
의병의 항거, 유혈 투쟁을 찬양하였으며, 金玉均을 국권회복에 앞선 혁명의 선구자로 평가하
였다.

27) 《大東古代史論》, 242쪽.

도 또한 중요하다고 하였다.[28]

박은식은 일찍부터 종교의 중요성을 강조하였다. 계몽운동기에는 유교 개혁과 근대 종교로의 전환을 주장하고, 이를 바탕으로 근대 개혁을 구상하였다. 1911년에는 "산하가 변천될지라도 종교의 사상은 변천되지 않고, 천지가 번복飜覆될 지라도 종교의 사상은 번복되지 않는" 점에서 종교가 인류사회에서 가장 높은 지위를 차지한다고 하였다.[29] 박은식은 우리의 역대 종교를 유교, 불교, 선교, 기독교 등으로 거론하였다.

> 嗚乎라, 우리 檀君大皇祖 子孫의 四千年 神聖흔 歷史는 卽 孔夫子의 仁이오, 釋迦牟尼의 法身이오, 老子의 谷神이오, 耶蘇氏의 靈魂인즉, 비록 山河가 變遷되고 天地가 飜覆될지라도 우리 歷史의 仁과 우리 歷史의 法身과 우리 歷史의 谷神과 우리 歷史의 靈魂이야 엇지 變遷ᄒ고 飜覆홀 理가 有홈이오.[30]

라고 하여, 여러 종교가 역사적으로 축적한 힘, 곧 유교의 인, 불교의 법신, 도교의 곡신[현묘한 도], 기독교의 영혼 등은 우리 역사의 한 부분이므로 절대로 무너질 수 없다고 하였다.

그 가운데서도 1910년대 이후 박은식은 단군이 관련된 신교神敎인 대종교를 가장 중요하게 거론하였다. 당시 만주에서는 대종교를 신봉하고, 이를 민족운동의 이념으로 가진 독립운동가들이 다수 존재하였다.[31] 박은식은 1911년 망명하여 윤세복尹世復의 집에 기거하면서 대

---

28) 《韓國痛史》〈結論〉. 박은식은 세종의 한글 창제도 "國文의 敎"라는 차원에서 강조하였다.(제3편 제60장) 당시 민족주의론의 하나로 언어와 문자, 문학을 통해 민족 정신을 키우자는 "語文民族主義"도 강조하였다. 물론 박은식, 신채호 등도 한문의 폐단을 지적하고 국문 사용의 중요성을 강조했지만, 국사나 국교를 강조하는 것에 비해서는 상대적으로 약했다. 《독립신문》 계열과 《황성신문》 계열의 차이가 단적으로 보이는 점이라 할 것이다.

29) 《明臨答夫傳》〈緒論〉, 1쪽(《東方學志》 114, 319쪽).

30) 《明臨答夫傳》〈緒論〉, 1쪽(318쪽). 《韓國痛史》에서도 단군의 神敎, 箕子의 禮敎, 少連·大連의 倫敎, 삼국시대의 通俗五敎(世俗五戒), 삼국시대 이래의 유교와 불교 등을 거론하였다(제3편 60장).

종교적 빛깔이 짙은 역사 연구를 하였다.[32] 박은식은 단군이 우리 역사의 출발점이고 근본임을 항상 강조하였다. "하늘에서 내려온 신인神人인 단군대황조檀君大皇祖가 이 땅의 주인이고, 우리 대동민족大東民族은 그 자손이라"는 것이었다.

惟我 檀君大皇祖씌옵셔 天降ㅎ신 神人으로 大東 天地를 開闢ㅎ사 萬世子孫을 爲ㅎ야 白頭山 南北部의 絶勝흔 基址로써 授與ㅎ시니 東西南 三面은 大海오, 北方 一帶ᄂ 大陸이라. 高原의 牧畜과 平野의 農業과 沿海의 商業이 無不具足ㅎ며 西北의 勁悍흔 武風과 東南의 溫粹흔 文化가 交相 發達ㅎ야 萬萬世 無窮期로 此地의 主人翁이 된 者는 우리 檀君大皇祖의 子孫이 아닌가.[33]

따라서 박은식은 무엇보다도 단군의 자손인 대동민족의 계통을 세우는 역사 연구에 몰두했다.[34] 곧 단군과 이를 계승한 고구려, 발해를 중심으로 우리 역사를 체계화하는 일이었다. 이런 역사관은 강점 전부

---

31) 朴永錫, 《日帝下 獨立運動史研究》, 1984 ; 大倧敎總本司, 《大倧敎重光六十年史》, 1971에서는 많은 독립운동가를 대종교 신도로 정리하고 있다. 박은식은 "가장 열렬한 大倧敎徒이면서도 수양의 根基는 항상 王學에 두었음"이라고 평가되기도 하였다(〈哭白庵朴夫子〉, 《朴殷植全書》 하, 280쪽). 그러나 박은식 스스로 자신이 대종교 교도였다고 한 기록은 잘 보이지 않는다. 대종교 측 문헌을 이용하여 대종교와 민족운동과의 관계를 정리한 것으로는 金龍國, 〈大倧敎와 獨立運動〉, 《民族文化論叢》 鷲山李殷相博士古稀記念論文集, 삼중당, 1973.

32) 이런 경향의 역사 연구는 대종교의 2대 교주가 되는 金敎獻이나 경학사의 李相龍 등도 그러하였다(韓永愚, 《韓國民族主義歷史學》, 일조각, 1994, 제3장, 〈李相龍·金敎獻의 民族主義 歷史敍述〉 참조).

33) 《渤海太祖建國誌》 〈緖論〉, 1쪽(389쪽).

34) 《檀祖事攷》가 박은식의 저술이라고 보도된 바 있다(《대한매일》 2001년 8월 15일). 단군에 관한 사료를 체계적으로 정리하면서 단군 이래 倍達族源流를 정리하고 있다. 곧 배달족으로 朝鮮, 濊, 貊, 北扶餘, 沃沮, 肅愼 등의 6 계통으로 나누고, 箕子는 半倍達로 규정하였다. 이런 점은 대종교 계열의 역사 서술에서는 일반화되어 있던 것이었다. 하지만 박은식은 《大東古代史論》에서 여진족을 同族으로 간주하고 있으면서도 여전히 단군과 기자를 중심으로 고대사를 정리하였다. 《檀祖事攷》에 정리된 배달족의 계통은 오히려 金敎獻의 《神檀實記》의 그것과 거의 같다. 이런 점에서 《檀祖事攷》는 박은식의 저서라기보다는 대종교 계통에서 정리된 것으로 보는 것이 옳을 듯하다. 韓永愚는 이 책을 김교헌의 저서라고 지적한 바 있다(《韓國民族主義歷史學》, 151쪽).

터 강하게 제기하여 왔던 것이었다.[35] 박은식도 "우리 4천년 역사에
가장 자주독립의 자격이 완전하여 신성한 가치가 있는 것은 고구려 시
대"라고[36] 하였다. 또한 발해에 주목하여 고조선 – 고구려 – 발해로
이어지는 역사 전통을 제시하면서, 발해 건국은 단군이 후세 자손을
구하고자 태조太祖(대조영大祚榮)를 보냈기 때문에 가능하였고, 발해의
역사는 단군과 기자의 신성한 교화와 고구려의 문물 제도, 제천 의식
등을 계승한 것으로 파악하였다.[37]

또한 박은식은 단군 이래 계승된 신교神敎와 선교仙敎의 전통을 중시
하였다. 앞서 지적한 단군—고구려—발해의 역사 계승은 바로 종교의
계승 관계이기도 하였다. 1911년 박은식은 모든 역사 저술에서 이런
점을 지적하였다. 곧 동명성왕東明聖王이 선교를 창립하고, 명림답부明
臨答夫와 연개소문淵蓋蘇文이 이를 계승하였으며, 그 전통은 발해에도
계속된다는 것이었다. 특히 《명림답부전明臨答夫傳》에서는

> 明臨答夫는 祿那部의 農家子라. 其家는 卒本扶餘의 舊族으로 檀君大皇祖
> 의 神敎를 世世 敬奉ᄒ야 職業을 勤修ᄒ고 陰德을 多施ᄒ니라. …… / 原來
> 高句麗는 檀君大皇祖의 神敎를 奉承ᄒ야 祭天事神의 禮를 尊重히 ᄒ고 東明
> 聖王씌셔 天仙으로 降世ᄒ야 國家를 建設ᄒ며 人民을 救濟ᄒ시고 終年에 羽
> 化升天ᄒ신 蹟이 有흔 故로 祭天事神이 國의 大典이 되야 特別히 皂衣頭大
> 仙師의 職을 置ᄒ니, 天을 祭흠에는 王을 副ᄒ야 其禮를 主ᄒ고 政事를 議흠
> 에는 樞臣이 되고 人民을 敎育흠에는 師長이 되야 全國 仙敎徒를 統轄ᄒ고
> 又 各州 各城에 大仙을 置ᄒ야 敎徒를 分管ᄒ니 精神界와 實權界에 在ᄒ야
> 勢力이 俱大흔즉 實로 有道者가 旗幟를 高揚ᄒ고 福音을 廣播홀 地位라.[38]

35) 朴光用, 〈檀君 認識의 變遷〉, 《韓國史學史硏究》, 趙東杰先生停年紀念論叢, 나남출판, 1997 ;
   佐佐充昭, 〈檀君ナショナリズムの形成〉, 《朝鮮學報》 174, 2000 ; 〈韓末における檀君敎の重
   光と檀君ナショナリズム〉, 《朝鮮學報》 180, 2001, 참조
36) 《明臨答夫傳》〈緖論〉, 1쪽(318쪽).
37) 《渤海太祖建國誌》〈緖論〉 ; 제9장 〈渤海의 宗敎와 風俗〉

라고 하여, 선교의 계통이 단군과 동명성왕으로 이어지고 있음을 강조
하였다.

박은식의 단군 중심, 만주 중심의 역사관은 1911년 환인桓因에서 생
활하던 기간에 확립되었다. 이는 환인, 집안, 통화 등지에서 발전한
고조선과 부여, 고구려, 발해의 옛 영토와, 이곳에 널려있는 유적을
답사하면서 구상하였을 것이다. 또 모든 저술이 대종교의 교주가 되는
윤세복의 교열을 거치면서 대종교적 역사론의 영향을 받게 되었다.

이런 역사 연구는 이상룡李相龍, 유인식柳寅植, 김교헌金敎獻 등에 의
해서도 이루어졌다.39) 대종교 중심의 민족주의에서 화이관과 유교를
비판하면서 역사를 체계화하였다. 그 가운데 대표적으로 이상룡은 종
래 중국 중심의 화이관을 비판하고 자국 중심의 세계관, 역사 인식을
주장하였다.40)

이상룡은 유학자들이 엄격한 화이관으로 외국과 관계되는 일체의 정
교政教, 풍속[정법·학술·물질·기예 등]을 '이夷'라고 배척하는 사실
을 비판하고, 이를 '노예의 성질'이라고 규정하였다. 그는 보수적인 유
학자들이 화이관의 본질을 잘 알지 못하고 오히려 중국인 이상으로 화
이관을 고수하고 있다고 비판하였다. "중국인이 오만한 것도 옳지 못한
데 중국인이 아니면서 동족에게 오만한 것은 우스운 일이다. 중국인이
한국인을 이적夷狄이라 하여도 예의에 벗어나는 것인데 중국인이 아니
면서 한국인의 유자가 한국인을 지칭하여 '이夷'라고 하는 것은 더욱
더 웃을 일"이라고 하였다.41)

---

38) 《明臨答夫傳》 2장, 1쪽(311쪽) ; 3장, 4쪽(306~307쪽). 명림답부를 단군 이래의 신교, 선교
   의 계승자로 보았던 점에서 박은식은 명림답부가 遂成王의 잔악, 포악한 불법적인 전제 정치
   를 뒤엎고, 인도주의와 民權을 달성하여 救國救民主義를 실현하였으며, 文弱을 경계하고 强
   國을 이루었다고 평가하였다.
39) 韓永愚, 〈1910年代의 民族主義的 歷史敍述〉, 1980.
40) 金基承, 〈韓末 儒教知識人의 思想轉換과 그 論理〉, 《民族文化》 4, 한성대학 민족문화연구소,
   1989; 朴永錫, 〈石洲 李相龍의 華夷觀〉, 《日帝下 獨立運動史研究》, 일조각, 1984.

그는 화이의 구분이 근본적으로 예의의 유무에 있고, 또한 지구가 타원이므로 가운데[中]는 정해진 것이 아니며, 중국이라는 명칭은 '지나인支那人'의 독점물이 아니고 지구의 모든 나라들이 균등하게 쓸 수 있는 말이라고 하였다. 오직 좋은 것이 있으면 곧 동양과 서양의 문물을 취하여, 비록 구장舊章에 관계되는 것이라도 급히 고치고 새롭게 하여 자립·자유로 계속 진보한다면, 10년 이내에 천하의 모든 나라가 화하華夏의 미명으로 우리를 받들 것, 곧 세계에서 인정하는 문명의 나라가 될 것이라고 하였다.[42]

그리하여 이상룡은 역사를 "국가의 체통體統을 존중하고 국민의 정신을 기르기 위해" 필요한 것이라고 강조하였다.[43] 특히 만주 지역을 단군의 구강舊疆이고 "부여 이래 우리나라의 근본이며 복심지지腹心之地"라 하여,[44] 만주 중심의 국사 체계를 구상하였다. 곧 만주를 중심으로 한 민족운동의 논리적 근거가 되기도 하였다.

1910년대 국외 특히 만주 지역을 중심으로 제기된 국수주의적 이념은 곧 민족주의론의 바탕이 되었고, 이 지역의 민족운동이 뒤에 보게 될 것처럼 무장항쟁론으로 전개될 수 있었던 논리가 되었다. 이 지역의 민족운동이 많은 경우 대종교와 연관을 맺고 있었던 것은 결코 우연이 아니었다. '대종교적 민족주의'라고 할 만하다.

(다) 신채호의 역사학도 이런 변화 과정을 잘 보여주면서 1920년대 민족주의 역사학으로 발전하였다. 그의 역사학도 국수, 국혼의 보존을

---

41) 《石洲遺稿》 권 5, 〈尊華夷辯〉, 209~211쪽.
42) 《石洲遺稿》 권 5, 〈尊華夷辯〉, 209~211쪽. 그러나 그는 在滿 韓人들의 경제적 안정을 위해 귀화 문제, 경제 문제 등을 중국 관헌과 교섭할 때에는 전혀 다른 입장의 尊華的인 화이론을 제기하였는데, 이는 임시 편법 혹은 외교적 교섭용이라고 볼 수 있다(朴永錫, 〈石洲 李相龍의 華夷觀〉 참조).
43) 《石洲遺稿》 권 3, 〈朝平壤確有箕子墓又有井田制〉, 110쪽.
44) 《石洲遺稿》 권 6, 〈西徒錄〉, 278쪽.

위한 것이었다.

신채호는 계몽운동 시절, 역사의 중요성을 강조하고, 역사만이 애국심을 불러일으킬 수 있다고 주장하였다. 아울러 문명화에서도 비주체적인 문명개화론을 비판하였다. 그는 계몽운동의 성과도 인정하였다. 계몽운동을 통해 명예심을 고발鼓發하고, 고통을 느끼게 하고, 외국의 문명을 수입하고, 사회의 불평에 대한 파괴를 격발激發케 하였다는 것이었다. 하지만 이런 계몽 활동이 국가에 대한 '애정', 애국심을 길러주지 못했다고 보았다. 물론 계몽운동의 신교육이 아직 시행된 지 얼마되지 않아서 그런 애국자가 나올 수 없었다고 말할 수도 있지만, 신채호는 "오이를 심으면 오이가 나고, 콩을 심으면 콩이 나나니, 오늘 교육자의 방법으로 교육을 하여가면 몇 십 년은 말고 몇 백 년을 지나고 몇 천 년을 지나도 그 가운데서 애국자 하나 얻지 못하리라"로 지적하였다.45)

그리하여 신채호는 민족주의 운동의 굳건한 논리를 제공할 수 있는 새로운 이념을 구상하였다.46) 그 이념, 도덕은 "오늘에 와서 감정상으로나 이성상으로나, 아국我國 구래의 멸망케 하던 악惡도덕은 다 버리려니와 외타外他 강국인의 도덕도 맹종함은 불가"하다는 것이었다. 이 새로운 도덕의 기반은 우리의 역사 속에서 형성된 국수國粹와 같은 주체적인 문화였고, 그 위에 새로운 서양의 도덕을 결합하였다.

신채호는 먼저 '합방' 전의 우리 도덕이 나라를 망하게 하였다고 지적하였다. 첫째는 "지는 것이 이기는 것"이라는 인유仁柔·온후溫厚만 가르친 '관념의 오류', 둘째는 노예로 만드는 '복종의 편중', 셋째는 개인[君臣·父子·夫婦·朋友 등]의 덕만 가르치고 국가에 대해서는 언급하지

---

45) 《丹齋申采浩全集》 下, 〈新敎育(情育)과 愛國〉, 131쪽.
46) 《丹齋申采浩全集》 下, 〈道德〉. 이 글이 작성된 시기는 명확하지 않으나 강점 뒤 꽤 시간이 지난 것 같다.

않은 '공사公私의 전도顚倒', 넷째는 죽기를 무릅쓰고 구세救世의 길로 나아가는 것보다 산림山林에 은퇴하는 것을 가르친 '소극消極의 태심太甚' 등으로 지적하였다. 이 도덕들이 바로 우리가 버려야 할 '구래의 악도덕'이었다.

이런 판단에서 신채호는 시대의 변화를 반영한 새로운 도덕을 주장하였다. 첫째는 가족주의와 세계주의를 반대하고 국가주의를 강조한 '유제한적有制限的 도덕'이었다. 둘째는 두려움 없이 모든 수단을 동원하여 국가를 위하는 '무공포적無恐怖的 도덕'이었다. 셋째는 우리 고유의 '국수적國粹的 도덕'이었다. 고유의 도덕은 약한 나라를 강하게 하고, 망한 나라도 흥하게 하는 것으로, 곧 낭가사상郎家思想이었다. 신채호가 역사 속에서 찾고자 한 도덕이었다.

1910년대 신채호는 주체적, 고유의 도덕을 단군에서 찾고자 하였다. 1916년 〈꿈하늘〉에서 불교나 기독교를 비판하고, 자강적 승리는 선교仙敎에 의해서 가능하다고 하였으며, 화랑 정신을 강조하여서 국수적 문화 의식을 고취하고 화랑적 문화 의식을 바탕으로 한 국사 체계를 재구성하고자 하였다.47) 1920년대에는 역사 연구를 통해 김부식金富軾의 유교를 비판하고, 묘청의 난을 중시하였는데, 묘청이 '국수적 도덕'에 입각하고 있었기 때문이었다. 유교를 외래 종교로 인정하고 국수적인 고유의 낭가사상을 찾음으로써 비로소 유교를 극복할 수 있다는 것이었다. 그리고 이 논리는 더 나아가 새로운 이념체계였던 아나키즘으로 연결되면서 민족운동의 굳건한 이론이 되었다.

---

47) 韓永愚, 〈1910년대의 申采浩의 歷史認識〉, 1981, 636~638쪽.

2. 무장항쟁론의 발전

1) 계몽운동의 자기 극복과 무장항쟁론의 제기

(가) 한말 계몽운동은 국권회복을 목표로 하면서 이에 찬동하는 여러 집단이 연합한 것이었다. 이런 점에서 식민지화의 위기 앞에서 계몽운동 진영은 민족운동의 이념·방법론을 둘러싸고 여러 논의로 나누어졌다. 그 분화 가운데서 중요한 점은 '계몽'을 통한 실력양성론을 비판하고 무력 항쟁으로 전환하게 된 점이었다. 이 변화는 국권회복운동의 주체와 동력으로서 '국민'을 발견하고, 근대 지상주의적인 문명개화론 대신에 국수주의를 강조하던 논리와 결합되었다.

실력양성주의에 대한 비판은 강점 전에 이미 제기되었다. 즉 "실력만 부강하면 능히 국가의 독립을 이룰 수 있다"는 점을 비판한 것이었다. 부강이란 독립을 이루는 요소는 되지만, 결코 전부가 아니므로, 실력을 양성하는 동시에 국가주의적 정신도 분발하는 '겸실력주의兼實力主義'가 제기된 것이었다.[48]

이와 아울러 급진적인 무력 항쟁을 긍정하는 주장도 나타났다. '급진急進과 완진緩進'의 장단점을 고려하여 이를 절충해야 한다는 것이었다.

> 或은 曰 此二派의 主張이 각히 利害가 相伴ᄒᆞ니, 急進主義ᄂᆞᆫ 勇往不屈의 利益이 有ᄒᆞ나 氣力과 理想이 幷進키 難ᄒᆞᆫ 弊害가 有ᄒᆞ며, 人民의 精神을 鼓舞ᄒᆞ야 新思潮를 製造ᄒᆞᄂᆞᆫ 利益이 有ᄒᆞ나 反動의 壓制力을 增加ᄒᆞᄂᆞᆫ 弊害가 有ᄒᆞ며 目下의 惡蘖을 抵抗ᄒᆞᄂᆞᆫ 利益이 有ᄒᆞ나 働作이 甚히 困難ᄒᆞᆫ 弊害

---

48) 《大韓每日申報》 1909년 6월 18일 論說 〈韓人의 當守ᄒᆞᆯ 國家的 主義〉. 여기서는 동시에 부강이나 독립을 이루기 위해서는 다른 사람이나 나라에 기대지 말고, 국가와 국가 사이에는 신의나 도덕은 존재하지 않기 때문에 스스로 자신만 신뢰하는 '自信主義'를 행해야 한다고 하였다.

가 有하고 …… / 急進派가 되더라도 太急지 말며, 緩進派가 되더라도 太緩치 말아, 壹邊으로는 勇進을 勉强하고 壹邊으로는 實力을 養成ᄒ야 兩主義의 折衷을 用흠이 可ᄒ다 ᄒ노라.49)

라고 하였다. 즉, '용왕불굴勇往不屈'의 무력 항쟁과 '신사조新思潮를 제조하여 인민의 정신을 고무'하는 실력양성을 겸해야 한다는 것이었다.

(나) 실력양성론을 비판하고 새로운 운동론을 제기한 대표적인 사람이 신채호였다.50) 그는 일제의 강점 즈음에 생각이 바뀌었다. 먼저 "애국의 소리가 높던 신교육계의 애국 인물이 도리어 애국 소리가 드물던 구교육계만 못함은 그 까닭이 어디 있느뇨"라고 의문을 제기하였다. 그는 연설, 신문 등의 계몽운동으로는 '애국심'을 고취할 수 없다는 점을 지적하였다.

그러므로 演壇의 혀가 아무리 悲壯하여도 聽者의 感情은 激發한다 할지언정 그 純潔한 愛情, 곧 愛國心을 이루지 못할지며, 報館의 붓이 아무리 慷慨하여도 讀者의 鬱情은 觸發한다 할지언정 그 貞固한 愛情, 곧 愛國心을 만든다 못할지니라.51)

49) 《大韓每日申報》 1909년 5월 25일 論說 〈急進과 緩進〉.
50) 신채호의 민족운동 방법에 대해서는 愼鏞廈, 〈申采浩의 民族獨立運動論의 특징〉, 《申采浩의 思想과 民族獨立運動》, 형설출판사, 1986 참조.
51) 《丹齋申采浩全集》 下, 〈新敎育(情育)과 愛國〉, 133쪽. 신채호는 계몽운동 당시에도 이미 이런 주장을 한 바 있었다. "今日 我國民의 愛國心을 喚起코자 ᄒ면 其術이 何에 出홀가. 獨立館에 進ᄒ여 空前絕後의 大演說을 開ᄒ고 比牧丁具禮敎 갓튼 雄辯家를 邀ᄒ여 愛國ᄒ라 愛國ᄒ라 ᄒ는 聲에 喉를 裂盡ᄒ면 其 舌下에 幾十萬 愛國者를 可産홀가. 余曰 必不能이니라. 皇城中央에 向ᄒ여 惟一無二의 大新聞을 創ᄒ고 夏蜜敦, 素土彼亞 갓튼 巨文豪를 聘ᄒ여 愛國ᄒ라 愛國ᄒ라 ᄒ는 語에 血을 嘔盡ᄒ면 其 筆下에 幾百萬 愛國者를 可造홀가. 余又曰 必不能이니라"(〈歷史와 愛國心의 關係(續)〉, 《大韓協會會報》 3, 2쪽).

라고 하여, 연설[演壇의 혀]이나 신문·잡지[報館의 붓]로는 애국심을 만들지 못한다고 하였다. 앞서 그가 계몽운동 당시 애국심을 고취하고자 역사의 중요성을 거론하고, 그 정신이 담긴 국수國粹를 강조한 것과 동일한 맥락이었다.

그리하여 신채호는 국권회복운동의 방법, 나아가 근대국가 건설론에 변화를 보였다. 즉 계몽운동이 지향하던 '체제 내의 실력양성론'의 한계, 요컨대 운동 단체들이 '금과옥조金科玉條'처럼 여기던 '치안을 방해하지 않는 활동', '법률 범위 안의 활동'을 비판하였다.

年前 內地[朝鮮內]에서 日人이 우리의 集會·結社를 그리 禁止치 않을 때에 본즉, 매양 會團을 組織하는 이들이 반드시 그 規則 제1장에 '本會가 法律 範圍 以內에서 行動한다'고 宣言하나니, 仇敵 壓迫의 밑에서 이런 宣言이나 안할 수 있으리오마는 나의 딱하게 아는 것은 곧 이 宣言에서 나온 翌日에 一般 會員들이 발을 警戒하며 손을 조심하여 털끝만치도 法律範圍 以外에 나아갈까 하며, 더욱 可笑할 일은 或者들은 秘密會를 한다 하면서 그 會規에도 法律 範圍 以內를 지킨다 하니, 法律範圍 以內의 會議면 무슨 秘密이뇨.52)

또한 신채호는 계몽운동 당시의 신문에서 일본을 비판하였지만 흉패凶悖한 일본 활동에 직접 도전했던 사람은 없었다고 지적하였다.

痛哭의 붓은 伊藤統監에게 哀籲하며 朝野志士 請願의 글은 日本天皇에게 亂投하여 오직 東洋平和의 盟主되는 日本의 失策을 諷諫하는 이는 있었으나 祖國 수 천 년의 惡敵되는 日本의 凶悖를 挑戰하는 이는 없었다.53)

---

52) 《丹齋申采浩全集》下, 〈利害〉, 149~150쪽. 비밀결사이면서도 실력양성, 법률범위 내의 활동을 거론한 신민회를 연상하게 한다. 신채호는 또한 법률이라는 것이 지배를 위한 방편이라는 사실도 지적하였다. "또는 法律은 나라 없는 놈이 나라를 찾으려고 制定한 것이 아니라 나라 있는 놈이 나라 없는 놈을 束縛하려고 制定한 것이며, 權利없는 놈이 權利를 찾으려고 制定한 것이 아니라 權利있는 놈이 權利없는 놈을 壓迫하려고 制定한 것이니 나라도 權利도 없는 우리가 울며 堂上하듯이 法律에 服從함은 可커니와 誠心으로 法律에 服從하면 이는 靈魂까지의 自殺이니라."

일본의 흉악한 패악함에 도전한 것은 "망국의 지경에 이르러 일제와 병립치 않겠다는 혈분血憤"이었다. 그런 혈분을 가진 사람은 오직 안응칠安應七(안중근安重根) 한 사람 뿐이었다고 단정하였다.[54] 신채호는 다른 글에서 안중근 외에 최익현崔益鉉, 이강년李康秊, 민긍호閔肯鎬, 허위許蔿, 이은찬李殷瓚 같은 의병장과 '헤이그의 피'를 보인 이준李儁 등의 애국심을 강조하였다.[55] 이런 인식 속에서 신채호는 무력항쟁의 길을 모색하였다.

신채호는 대종교의 영향 아래 1911년 광복회 부회장으로 활동하였다. 1916년에는 〈꿈하늘〉을 통하여 무력 항쟁을 강조하고, 의병을 긍정적으로 평가하였다.[56] 그가 상해임시정부의 운동론을 비판하고 무장항쟁에 기초를 둔 새로운 정부를 구성할 것을 주장하면서 '창조파'의 편에 서게 된 것, 전민중의 폭력혁명을 통한 민족해방을 추구한 〈조선혁명선언朝鮮革命宣言〉을 쓴 것, 그리고 그 뒤 열렬한 무정부주의자가 될 수 있었던 것은 바로 이러한 변화에서 시작된 것이었다.

2) 무장항쟁 운동과 결합

계몽운동에 참여했던 사람들 사이에 무장항쟁의 필요성이 제기된 것은 망국 이후, 실력양성론의 한계를 깨닫고, 동시에 의병항쟁의 가치를 인정하였기 때문이었다. 국내의 의병 활동이 불가능해지면서, 많은 부대가 국외로 이동하였고, 그런 과정에서 계몽운동 계열과 결합하였다.

---

53) 《丹齋申采浩全集》下, 〈利害〉, 149쪽.
54) 위와 같음.
55) 《丹齋申采浩全集》下, 〈新敎育(情育)과 愛國〉, 131쪽.
56) 韓永愚, 〈1910년대의 申采浩의 歷史認識〉, 1981.

(가) 의병항쟁은 일제의 무자비한 '대토벌大討伐'로 새로운 길을 모색하지 않을 수 없었다. 국내에서는 소백산 지역과 중부 이북의 산간지대를 근거로 소규모 부대 활동으로 명맥을 유지하였으나, 1915년 평안도의 채응언蔡應彦이 체포되면서 거의 자취를 감추었다. 의병의 주력은 일제의 토벌을 피해 나라 밖으로 이동하였다. 국내 진공이 용이한 노령露領(러시아령)이나 간도 지역에 모였다. 초기 의병 이래 줄곧 의병을 지도하던 유인석柳麟錫, 노령 지역의 의병장 이범윤李範允, 최재형崔在亨, 국내에서 건너간 홍범도洪範圖 등이 중심적으로 활동하였다. 유인석은 이를 '지구持久를 위한 근거지根據地'라는 차원에서 접근하였고, 13도의군道義軍, 성명회聲明會, 권업회勸業會 등을 주도하였다. 1910년대 무장항쟁이 발전하는 중요한 역할을 담당하였다.

권업회는 최재형 등 러시아에 귀화한 세력, 홍범도 등의 의병 세력, 이동휘李東輝, 신채호 등의 계몽운동 세력이 만든 단체로, 노령 지역 한인들의 생활 안정과 귀화 사무를 관장하고, 교육 진흥, 농상공 실업의 발전 등을 도모하였으며, 이를 토대로 일본과 직접적으로 무력 항쟁을 꾀하였다.57) 즉 "실업失業의 동포들에게 실업實業을 수여하여 직업에 충실하도록 하고, 생활상의 저축을 장려하여 동포가 상애相愛, 상신相信하는 마음을 견고케 하여 문명의 행동을 도모"하고자 하여, 독립을 위해서는 동포들의 생활 안정을 우선해야 한다고 판단하였다. 그러면서도 더 나아가 "회명을 권업勸業이라 함은 왜구의 교섭상 방해를 피하

---

57) 劉孝鍾,〈極東ロシアにおける朝鮮民族運動ー'韓國倂合'から第1次世界大戰の勃發まで〉,《朝鮮史硏究會論文集》22, 1985. 이 논문에서는 국외운동의 한계를 지적하고 있다. 기지 제공의 대가로 해당 재류국의 정책을 지지 충성해야 하며, 그 나라는 대일관계의 추진에 이익이 있을 것이라는 판단이 될 때에만 기지를 제공하리란 점 등이었다. 따라서 국제관계의 변화에 따라서 해당 지역의 상황, 해당국과 일본과의 관계가 크게 변하게 되면 운동은 새로운 무대를 구하여 다른 지역으로 이동해야 하는 점도 그러하다고 하였다. 또한 기지가 이해를 달리하는 지역·국가에 분산되어 있기 때문에 自國으로의 충성을 강요하는 외압에 어느 정도 동화 종속되기 때문에 각지 운동세력 사이의 균열이 생기고, 운동의 지역적 분립이 힘의 분산을 가져올 수 있다는 점도 지적하였다. 해외의 민족운동을 검토하는 데 소홀히 해서는 안 될 점이다.

기 위함이오, 실제 내용은 광복光復 사업의 대기관"이었다.[58]

권업회는 연해주 지역 조선인 대표기관으로, 1914년 말까지 13개 지부, 회원 수는 8,579명이나 되었다. 권업회는 귀화 사무 외에 러시아 당국의 위탁으로 아무르 철도건설 공사장 등의 노동자를 모집하였다 (이를 위해 홍범도를 중심으로 '노동조합'을 만듦). 이종호는 러시아 당국과 교섭하여 이만 강변의 국유지를 신규 귀화자에게 분배하기도 하였으며, 한민회韓民會에서 운영하던 한민학교韓民學校를 인계 받아 건물을 신축하고 야간 학교도 개설하였다. 또한 《권업신문》을 발행하고(신채호, 김하구 등이 담당), 연설회 등의 계몽 활동을 펼쳐, 교육·산업 진흥과 의병 재기를 고취했다.

의병 재기를 위한 활동은 지속적으로 이어졌다. 소규모 인원으로 간헐적인 활동을 이어가는 가운데, 1912년 이진룡李鎭龍이 건너와 합세하였다. 1914년, 러일전쟁 10주년을 즈음하여 러시아와 일본 사이에 전쟁이 다시 일어날 것이라는 분위기가 확산되면서 조선인들 사이에는 "시기를 기다려 러시아와 공동으로 대일對日 의병을 일으켜 모국母國을 회복하는 것이 용이"하다는 여론이 고조되었다. 이런 분위기 고조에는 이동휘의 역할이 크게 작용하였다.[59] 권업회는 제1차 세계대전의 발발에 대응한 러시아 당국의 탄압으로 해산되었다.

권업회의 활동이 민족운동 발전에서 중요한 점은 이른바 의병파義兵派와 계몽파啓蒙派가 연합하였다는 것이었다.[60] 이 연합의 주역은 유인

---

58) 뒤바보, 〈俄領實記〉(9), 《獨立新聞》(上海) 대한민국 2년(1920) 3월 30일.

59) 劉孝鍾, 앞 글, 1985, 155쪽. 그들은 러·일 사이에 다시 전쟁이 일어날 것이라고 하면서, 이를 대비하는 차원에서 러시아와 연합하여 일제를 공격하고자 계획하였다. 적극적인 무장항쟁론자였던 이동휘조차도 각지를 돌아다니면서 권업회 지회 설립을 유세하였고, 이범윤·홍범도와 의병 대책을 협의하고 무기와 자금을 모집하는 활동을 하면서 "지금 쓸데없이 급히 무모한 거사를 기도하기보다 서서히 시기를 기다려 러국과 함께 대일병을 두는 것이 復國을 회복함에 용이하다"고 하였다.

60) 물론 권업회는 당시 노령지역의 민족운동을 총괄하고 있었던 것은 아니었다. 내부에는 경향을 달리하는 많은 집단들이 집결하고 있었다. 귀화인과 비귀화인 문제, 의병파와 국민회세력, 지역

석과 이상설李相卨이었다. 그들은 노령에서 이미 강점 전에 '13도 의군
十三道義軍'을 조직하여 무력 항쟁을 계획하였고, '합방'이 되자 성명회聲
明會를 조직하여 외국의 각 정부에 합방의 부당성을 호소하였다.[61]
1910년 1월에도 유인석은 일본 정부를 토죄討罪하는 격문을 각국 정부
와 중국의 신문사에 보내 전쟁을 선언하자고 하면서, "지금 이른바 유
신혁명維新革命의 당이 중외中外에 가득 차고 세력이 있으니, 시세로 미
루어 보아 병사兵事를 같이하지 않을 수 없다"고 하여, 무력 항쟁을 위
해서는 '유신 혁명'의 세력과도 연합해야 한다고 주장하였다.[62] 이와
같은 유인석의 태도는 전형적인 유생병장의 모습은 아니었다. 국권회
복운동 과정에서 보수 유생층의 자기 발전을 보였던 것이다.

한편, 국내에서도 의병 계열의 운동이 계속되었다. 가장 대표적인
것이 임병찬林炳讚의 독립의군부獨立義軍府였다.[63] 유생층이 견지하던
복벽주의復辟主義 경향을 아직 극복하지 못하였다. 그러나 점차 유교적
한계를 극복하는 집단들이 의병의 무력 항쟁 방향을 계승하면서도 근
대적 정치 체제의 개혁을 구상하고 있었다. 이런 경우에도 신지식층(계
몽운동가)과 연합하고 있었다. 가령, 대한광복회大韓光復會는 한말 의병
에 관련되었던 풍기광복단과 계몽운동 계열에 있던 대종교 경향의 조
선국권회복단朝鮮國權恢復團을 모체로 결성되었으며, 정치 체제에 대한
발전적 제시, 군자금의 수합과 무기 확보, 폭동, 암살 등을 실행하려던

출신에 따르는 갈등 등이 있었다. 이런 점에서 권업회가 운동의 이념과 방법에서 서로 어느
정도의 접근을 보였지만 하나의 통일된 조직체계로 결집된 것은 아니었다. 특히 미국에 있던
국민회의 노령지방회는 "인민에게 애국심을 고취시키고 독립기반을 조성하며 문화와 국민교육을
촉진시킬 목적으로 설치"한 것으로 명백하게 운동론이 다른 것이었다. 劉孝鍾, 위 글, 1985.
61) 《毅菴集》 권55, 〈年譜〉 下, 703~704쪽.
   尹炳奭, 《李相卨傳》, 1984, 127~147쪽.
62) 《毅菴集》 권36, 〈荒見奉示約中諸賢〉 庚戌 正月 一日 (下, 152~153쪽). 물론 그는 이 연합에
   서도 '維新黨'의 共和大統領去은 인정해서는 안 된다고 강조하였다.
63) 姜德相 編, 《現代史資料》 25(朝鮮 一), みすず書房, 1966, 22~23쪽.
   趙東杰, 〈1910년대 독립운동의 변천과 특성〉(1988), 《韓國民族主義의 成立과 獨立運動史研
   究》, 지식산업사, 1989.

단체였다.[64]

(나) 계몽운동에 참여하였던 사람들의 변화 속에서 나온 것이 '독립
군 기지 건설'이었다.[65] 이 운동은 알려진 대로 신민회의 일부 사람들,
이른바 '신민회 좌파'를 중심으로 전개되었다. 이런 흐름에 지방에서
활동하던 계몽운동가들이 가담하였다. 몇몇 지방의 계몽운동은 이미
민중층과 일정한 연대 관계를 맺고 있었던 점도 작용하였다.

강점 전후에 국외로 망명한 사람들 사이에는 민족운동 노선을 둘러
싸고 약간의 대립이 일어났다. 이른바 '청도 회의'에서 안창호安昌浩와
이갑李甲은 농지개척에 주력하여 교민 한족의 생활 안정을 얻어 독립운
동 투사를 양성하자고 하였고, 유동열柳東說, 김희선金羲善은 만주에서
빨리 한족 군인을 양성하며 일을 도모하자고 주장하였다.[66] 이 두 의
견은 한족 군인의 양성과 독립전쟁을 추구하는 점에서는 일치하였지
만, 당면 문제를 추구하는 데에 관심사가 달랐던 것이다. 1910년대 만
주·노령지역에서는 이 두 노선이, 때로는 독자적으로, 때로는 연합해
단체를 만들어 활동하였다.[67]

독립운동을 위한 기지 건설은 국외로 이주한 한인들의 생활 안정,
교육 보급, 한인의 자치와 이익 등을 도모하면서 이를 기반으로 독립군
을 양성한다는 것이었다. 일찍이 1906년 북간도에서 이상설·이동녕

---

64) 趙東杰, 〈大韓光復會의 結成과 그 先行組織〉, 《韓國學論叢》 5, 국민대, 1982 ; 〈大韓光復會
   研究〉, 《韓國史研究》 42, 1983. ; 강영심, 〈朝鮮國權恢復團의 結成과 活動〉, 《한국독립운동
   사연구》 4, 1990 ; 김일수, 〈1910년대 달성친목회의 민족운동〉, 《韓國學論集》 45, 계명대,
   2011.
65) 愼鏞廈, 〈新民會의 創建과 國權恢復運動(上·下)〉, 《韓國學報》 8·9, 1977 (《韓國民族獨立運
   動史研究》, 을유문화사, 1985) ; 〈新民會의 獨立軍基地創建運動〉, 《한국문화》 4, 1983 (《한
   국근대민족운동사연구》, 일조각, 1988).
66) 《安島山全書》 中, 1990, 460쪽.
67) 기존의 연구에서는 이 점이 소홀하게 다루어지고 있으며, 주로 두 계열의 운동이 통일적으로
   이루어진 외형만 중시되고 있다고 할 수 있다.

등이 용정을 개발하고 서전서숙瑞甸書塾을 만들었고, 서전서숙을 닫은 뒤에 명동촌明東村에 김약연金躍淵·박정서朴禎瑞 등이 명동서숙을 건립하였다. 그 뒤 간민교육회墾民敎育會를 만들고 나자구羅子溝에 무관학교인 대전학교大甸學校를 건립하여 독립군을 양성하였으며, 북만주의 밀산부 일대에 기지 건설로 이어졌다. 서간도 지역에서는 경학사耕學社와 부민단扶民團이 한인의 자치를 담당하고, 한인 사회에서 발생하는 일체의 분쟁을 해결하고자 하였다. 부민단은 한인의 민·형사 문제와 중국인과의 분쟁을 맡아 처리하였다. 신흥학교新興學校와 각 분지교分支校에 설치한 노동강습소에서 양성한 독립군 400여 명을 근간으로 백서농장白西農莊을 세웠다.[68]

독립전쟁론은 미주 지역에서도 일어났다. 중심 인물은 박용만朴容萬이었다. 미주 지역의 운동은 실력양성론에 입각한 안창호, 외교독립론의 이승만이 주도하였지만, 박용만은 이와 달랐다. 박용만은 국민개병설國民皆兵說을 주장하여 미국의 네브라스카에서 한인소년병학교韓人少年兵學校를 만들었고, 그 뒤에는 하와이에서 대조선국민군단大朝鮮國民軍團을 조직하고 사관학교를 건립하였다.[69]

신한혁명당新韓革命黨은 만주 지역에서 일어났던 여러 갈래의 무장항쟁론을 하나로 결집하였다.[70] 1915년 3월, 권업회가 해산된 뒤 상해로 온 이상설은 신규식, 박은식, 유동열, 성낙형成樂馨 등과 함께 이를 결성하였다. 제1차 세계대전의 발발이라는 국제 정세를 능동적으로 이용한 것이었다.[71] 중요한 역할을 한 사람은 외교부장 성낙형으로, 그

68) 尹炳奭, 〈1910년대 국외에서의 한국독립운동〉, 《한민족독립운동사》 3, 1988.
69) 金度勳, 〈共立協會(1905~1909)의 民族運動硏究〉, 《한국민족운동사연구》 4, 1989 ; 尹炳奭, 〈1910년대 美洲也域 韓人社會의 動向과 祖國獨立運動〉, 《李丙燾九旬紀念韓國學論叢》, 지식산업사, 1987 (《國外韓人社會와 民族運動》, 일조각, 1990).
70) 姜英心, 〈新韓革命黨의 결성과 활동〉, 《한국독립운동사연구》 2, 1988.
71) 《朝鮮統治史料》 五, 〈朝鮮保安法違反事件判決書〉, 657~659쪽. 新韓革命黨은 이 기회를 이용하기 위해서는 "在外者는 外勢에 의해 움직이고, 在內者는 실력에 의해 이에 응해야 한다"

는 유럽전쟁에서 독일이 승리할 것으로 예견하고, 동시에 중국이 일본을 원망하면서 독일과 결탁하여 일본과 전쟁을 하게 될 것으로 판단하였다. 여기에 러시아, 영국, 미국이 합세하게 되면 결국 일본이 고립될 것이므로, 이런 기회를 독립 회복의 적기로 활용해야 한다고 하였다. 이에 신한혁명당도 독립전쟁을 준비하였는데, 독립전쟁의 인적 물적 준비는 기존에 정비된 독립군과 무기, 즉 대한광복군정부의 군대 조직, 나자구羅子溝의 사관학교 등을 동원하고자 하였다. 이를 근거로 국내 진공 계획을 수립하여 주로 일본군 운반 요새지를 공격하고, 신의주, 안동安東(단둥), 봉천奉天(심양) 철도를 장악하려고 계획하였다.

1919년 2월(음)의 〈대한독립선언大韓獨立宣言〉(戊午獨立宣言)에서도 무력 항쟁을 제기하였다. 그 선언서는 '평화독립平和獨立과 대동건설大同建設'을 지향하면서, "일체의 방편으로 일제의 식민 통치를 물리치고, 민족의 평등을 전 세계 인류에게 알리고, 일제의 무력적인 겸병을 근절하여, 평등한 천하의 공도公道를 진행시켜야 하여, 무엇보다도 나라를 복국復國시키는 것이 절대적 사명"이라고 천명하였으며, 독립 쟁취의 방략으로 독립전쟁을 강조하여 독립군의 궐기를 제창하였다.[72]

(다) 상해에서 조직된 대한민국 임시 정부는 기본적으로는 외교독립론外交獨立論을 중시하였다.[73] 국제 도시라는 객관적 조건에서도 그러하겠지만, 임시정부로 이어지던 선행 조직들도 모두 그러하였다. 1912

고 하면서, 비밀 정부를 조직하고, 전쟁 수행을 위한 군비 조달을 확고히 하고, 각국의 원조를 얻기 위한 외교적 수단으로 중국과 《中韓誼邦條約》 체결을 위해 활동하였다. 한국에 혁명전쟁이 일어나면 중국 측이 군자와 병기를 공급한다는 내용의 밀약이었고, 또한 이를 독일이 보증하며, 혁명 성공 뒤 내정간섭을 배제하고 혁명이 실패했을 때 주도자를 보호하는 따위를 논의하였다.

72) 宋友惠, 〈대한독립선언서(세칭 무오독립선언서)의 실체〉, 《역사비평》 계간 1, 1988 ; 朴永錫, 〈대한독립선언서〉, 《한민족독립운동사》 3, 1988.

73) 姜萬吉, 〈韓國獨立運動의 歷史的 性格〉, 《亞細亞研究》 59, 1978, 17~24쪽.(《韓國民族運動史論》, 한길사, 1985)

년 조직된 동제사同濟社는 신규식 · 박은식 · 조소앙 등은 만국사회당萬
國社會黨 대회에 참여하기 위해 '사회당' 명의로 외교 활동을 하였다.
동제사의 전위단체라고 여겨지던 신한청년당이 제1차 세계대전의 종
결과 민족 자결 문제가 제기되자, "국제회의에 독립에 관한 진정서를
내기 위해 상해에 있던 동지들을 모아 벼락 정당으로 결성"한 것이 사
회당社會黨이었다(1918년 11월). 그들은 세계대전의 종식을 가져온 미
국의 역할을 치하하고, 일제의 악랄한 정책을 비판하였으며, 한국이
처해 있던 상황을 정신적, 정치적, 경제적인 면에서 지적하며, 한국
독립의 당위성을 주장하였다. 특히 일본 침략의 목적이 결국 중국을
점령하고, 아시아를 장악하는 것임을 상기시켰다. 그리하여 사회당은
김규식金奎植을 파견하여 일본 침략을 폭로하고, 한국에 동정과 지지를
보내줄 것을 호소하였다. 일본의 침략 야욕, 세계 여론 조성, 한국이
독립해야 하는 이유, 자치 능력의 과시, 강화회의에서 정식대표 인정과
독립청원서 정식 제출 등을 거론하였다.[74]

그러나 상해 임시정부의 외교독립론은 이승만의 친미적 경향과 달
리, 여러 제국주의 침략의 공동 피해자였던 중국과 연대를 통한 것이었
으며, 또한 무력항쟁론과도 일정한 보완 관계 속에서 제시한 것이었
다.[75] '임시' 수준이지만 정부에는 군대가 반드시 구비되어야 했다. 임
시정부는 군대를 조직하고자 우선, 1919년 6월, 상해에 '구국모험단'
을 창설하였다.[76] 그해 9월 연해주 대한국민의회와 통합 정부를 수립

---

74) 金喜坤, 〈同濟社의 結成과 活動〉, 《韓國史研究》 48, 1985 ; 〈新韓靑年黨의 結成과 活動〉,
《한국민족운동사연구》 1, 1986 참조.
75) 국제 사회에서 독립 국가로 인정받기 위해서는 국가를 유지하는 자력적 기반인 군대가 필요하
였다. 이런 점에서 무장항쟁은 자력 기반을 갖추고 있다는 주요 근거 가운데 하나였으며, 외
교는 이를 국제 사회에 알리고, 또 인정받는 과정이라고 할 수 있다. 이 때문에 무장항쟁론과
외교론은 상호 보완적이며, 밀접한 연관성이 있다. 이런 점에 대해서는 신효승, 〈20세기 초
국제 정세 변동과 한인 무장 독립운동〉, 연세대 대학원 박사학위논문, 2018 참조.
76) 신효승, 〈상해 대한민국 임시정부 초기 '구국모험단' 창설과 활동〉, 《군사사연구총서》 7,
2018, 56~57쪽.

하면서 본격적으로 준비에 착수하였다. 1920년 1월 '독립전쟁 제1년第
一年'을 선포하고,[77] 3월에는 '대한민국육군임시군제大韓民國陸軍臨時軍
制'를 반포하여 군대 조직을 위한 틀을 마련하였다.[78] 이를 기반으로
대한민국 임시 정부는 중국 동북 지역 등의 무장 단체와 연계하여 예하
에 독립군을 편성하였다.[79] 앞서 언급한 바와 같이, 임시정부에 참여
한 안창호도 무장독립의 필요성을 주장하였다.

(라) 무장항쟁 운동은 러시아 혁명과 연관되어 더 발전하였다.[80] 노
령 지역에 여러 독립운동 단체가 만들어지는 가운데, 1918년 8월에
일본군이 시베리아에 출병하였다. 이를 계기로 민족운동에 대한 대대
적인 탄압을 자행하였다. 이에 한인 독립운동가들은 군대를 조직하여
무력 항쟁을 감행하면서 그 이념을 명확히 해갔다. 이동휘는 "일본이
출병하는 경우에는 선인鮮人 가운데 군인을 규합하여 대적해야 한다"고
하였으며, 조선인 단지동맹斷指同盟에서도 "일본군의 노령 진출에 대하
여 한민족은 일제히 반대 방해할 것"을 주장하였다. 이에 홍범도, 이범
윤, 김윤金允, 유상돈劉尚燉 등이 150~300명 정도의 항일 무장부대들
을 편성하였으며, 볼셰비키 혁명군과 연대한 빨치산 활동의 형태로도
전개하였다. 빨치산 참가자들은 대개 한말 이래의 의병 출신들로, 모두

77) 《獨立新聞》 1920년 1월 24일, 〈國務院布告〉 제1호.
78) 신효승, 〈상해 대한민국 임시정부의 군사전략과 '陸軍臨時軍制' 변화〉, 《역사민속학》 54,
   2018.
79) 신효승, 〈20세기 초 국제 정세 변동과 한인 무장 독립운동〉, 2018, 151~167쪽.
80) 러시아혁명의 민족운동에 대한 영향에 대해서는 姜德相, 〈日本帝國主義の朝鮮支配とロシア
   革命〉, 《歷史學研究》 329, 1967 ; 〈海外における朝鮮獨立運動の發展〉, 《朝鮮民族運動史研
   究》 2, 1985 ; 潘炳律, 〈大韓國民議會의 성립과 조직〉, 《韓國學報》 46, 1987 ; 劉孝鍾, 〈極東
   ロシアにおける10月革命と朝鮮人社會〉, 《ロシア史研究》 45, 1987 ; 김승화, 《소련韓族史》
   (鄭泰秀 편역, 대한교과서, 1989) ; 하라 테루유키, 〈러시아 연해주에서의 한인운동〉, 《소비
   에트 한인 백년사》(서대숙 엮음, 태암, 1989) 참조. 강덕상은 "가혹한 민족 억압의 원흉이
   국제적으로 야합한 제국주의라는 것을 체험적으로 알게 되었고, 조선의 민족주의자가 조국과
   민족을 회복하는 바른 이론을 가지지 못했기 때문에 지불했던 고뇌, 희생" 등을 통해 마르크
   스주의가 급속하게 수용되었다고 하였다(〈海外における朝鮮獨立運動の發展〉, 1985, 20쪽).

노농러시아와 계급적 연대를 어느 정도 자각한 점도 있었고, 또 단순히 '민족적 증오'라는 의병 의식이 있기도 했다.[81]

　이런 활동을 진행하면서 한인 독립운동가들도 명확한 국제주의적 관점을 갖게 되었다. 이 활동이 볼셰비키 혁명군과 연대를 통해 국제적인 반제투쟁의 일환이기도 하였지만, 한인들은 독립을 쟁취하는 길이라고 인식하였다. "지금 동종同種(황인종)에 있어서 유독 일본만 제국주의를 표방하는 횡포를 저지르고 있고, 만약 조선인이 우리 당의 취지에 찬동하여 공동으로 혁명을 수행하여 일본의 제국주의를 압도하여 한국의 독립을 회복하는 것은 어렵지 않다"는 판단이 작용하였다.[82]

　명확한 이념과 대중적 기반이 확산된 것은 역시 3.1운동 이후였다. 국외에서는 무장항쟁의 노선과 명확하게 결합하고 있었다. 시베리아 지역에서 모병 운동이 추진되면서 "동지 1만 명을 일단으로 하여 무기를 휴대하고 함경북도를 습격하여 한 땅을 점령하여 한족공화정부韓族共和政府를 세우고 동시에 전선全鮮 각지에 의병을 봉기시켜 일본 군경에 대항하면 국내의 호응으로 1개월 정도면 서울에 군대를 진주시킬 수 있다"는 의견을 검토하기도 하였고,[83] 간도 지역에서도 "일본에 대하여 영구히 혈전을 선포"하고 "육탄혈전肉彈血戰으로 독립을 완성"하기 위한 시위대 조직, 항일 무장단체 창설, 결사대 모집, 군자금 모금 등과 같은 군사적 대응이 나타났다.[84] 이것으로 특히 3.1운동 뒤 부르주아적 관점에서 제기되었던 외교론에 대한 명백한 한계를 지적하고, 단순한 배외주의排外主義나 편협한 민족주의를 청산하고 명확한 계급적 태도와 국제주의 노선을 천명하고 있었다.

---

81) 姜德相, 〈日本帝國主義の朝鮮支配とロシア革命〉, 1967, 42쪽.
82) 〈全露韓族代表者會議에서 露國過激派 회장 구라스노치코프의 연설〉 大正7년 7월 11일 朝機 제429호 (姜德相, 위 글, 1967, 42쪽 재인용).
83) 姜德相, 위 글, 1967, 42쪽.
84) 姜德相, 위 글, 1967, 32쪽.

(마) 1910년대의 무장항쟁론은 기본적으로 당시 민족운동의 수준이
나 지향이 여전히 '국권회복' 단계라는 점에서 나온 것이다. 하지만 강
점 전의 운동 수준을 한 단계 발전시키면서 1920년대 민족운동을 지향
한 점에서 나름의 특징이 있었다.

첫째, 강점 전 국권회복운동에서 보였던 의병운동과 계몽운동의 이
념적, 계급적 대립이 민족적인 차원에서 점차 극복, 연합하여 갔던 점
이었다. 의병운동은 근대 변혁에서 갖추어야 할 선진 이념의 수용과정
이었고, 계몽운동은 민족운동의 주체로서 민중을 자각하고 이를 지향
하는 과정이었다. 이런 점에서 1910년대 초기의 무력항쟁론은 단순한
무력 항쟁만을 고집하는 것이 아니라 국외 각 지역에서 이주해 온 한민
韓民들의 생활 안정을 위한 실업 활동, 법적 지위 획득을 고려하면서
근대 '국민', '민족'을 자각하는 교육 운동도 실시하였다. 동시에 전쟁에
종사할 군인도 양성하고자 하였다. 이런 점에서 여전히 사회진화론적
인 실력양성론이 견지되고 있었지만, 점차 문명개화론적인 실력양성론
을 극복하고 있었다.

둘째, 무장항쟁을 포함한 독립전쟁론에서는 실력양성론 뿐 아니라
외교론도 동시에 추구하고 있었다.[85] 이 세 노선은 서로 대립적이면서

---

85) 尹炳奭은 '독립전쟁론'을 "일본으로부터 민족해방과 조국 독립을 달성하기 위한 가장 확실하
고도 바른 길은 민족의 적인 일제와 독립전쟁을 결행하는 것이라는 독립운동의 한 이론체계"
라 정의하고, "독립군의 양성, 군자금 준비 후 일제와 혈전을 벌여야 하며 그 시기는 정체·경
제·사회·문화 등 모든 분야에 걸쳐 계몽운동에서 제시한 근대적인 이념과 방략에 따라 민족
역량을 향상 시킨 후 시기를 기다리다가 일본제국주의가 더욱 팽창하여 중일전쟁 내지 러일전
쟁 혹은 미일전쟁을 감행할 때로서 민족회생의 호기인 이때에 독립전쟁을 결행해야 조국광복
을 쟁취할 수 있다는 것"이라 지적하고, 이것이 뒤에 역사적으로 '입증'되었다고 하였다
(《1910년대 국외에서의 한국독립운동》, 1988, 77~78쪽). 이에 비해 宋友惠는 독립전쟁론의
실체를 '① 원칙과 사명으로서의 독립전쟁수행론, ② 對日交戰團體로서의 국제적 승인 획득
수단론' 두 가지로 나누고 전자를 복벽파 등 수구적인 인사들의 투쟁론, 후자를 서구 문물이나
세계 정세에 대한 관심과 접촉이 많았던 독립운동가들의 무력투쟁론이었다고 가리켜 말하고
있다(《北間島 大韓國民會의 組織形態에 관한 研究》, 《한국민족운동사연구》 1, 1986). 무장항
쟁론 내부에도 편차가 있었음에 유의할 필요가 있다. 무장항쟁론은 일반적으로, ① 즉시 개전
하자는 독립전쟁 개전론, ② 때를 기다리며 준비하자는 준비론 그리고 ③ 자력만으로는 어렵
기 때문에 다른 국가와 연계해야 한다는 국제 정세 활용론 등으로 나뉘었다. 무장항쟁론이

도 동시에 보완적이었다. 외교 문제는 의병 계열 운동에서도 중시했던 것이었다. 강점 직후에 조직된 성명회를 모체로 권업회가 만들었던 방향도 그러하였고, 심지어 국내의 독립의군부조차 그러하였다. 당시 운동가들은 대부분 러·일, 또는 미·일 전쟁이 일어날 것으로 예견하고 또한 기대하였다. 노령 지역에서는 러일전쟁 10주년이 되는 1914년 즈음에 개전설開戰說이 퍼졌고, 제1차 세계대전의 발발과 일본의 산동山東 출병이 자행되자 중일中日 전쟁설이 팽배하였다. 특히 신한혁명당은 이 기회를 이용하여 결성된 것으로 외교 활동을 병행한 대표적인 단체였다.

셋째, 1910년대의 무장항쟁론은 명확한 정치 체제에 대한 전망을 가지지 못한 점도 있었다. 권업회를 지도하던 유인석柳麟錫의 경우는 말할 것도 없고, 국내의 민단조합民團組合, 독립의군부獨立義軍府 등, 의병 계열에서는 여전히 복벽주의 성향이 강하였다. 뿐만 아니라 계몽운동 계열의 운동가들에도 이 문제를 명확하게 제시하지 못했다. 독립전쟁론을 근대 정체政體를 획득하기 위한 '혁명'의 과정으로 제기한 것이 아니었다. 따라서 무장항쟁의 이념도 대체로 관념적인 형태, 때로는 단군을 강조하는 형태로 제기하였다. 대종교 입장에서, 또는 대동大同 사상의 발전 과정에서 각 조직과 단체의 단합을 강조하고 민족적인 성향을 강하게 주장하였지만, 근대적인 국가 건설 문제와 이를 결합하지는 못했던 것이다. 전쟁을 부수적인 형태로 고려하고 있던 중국 관내의 여러 단체들, 가령 동제사, 신한청년당 같은 활동가도 대종교적 입장이 강했던 것도 이런 점이었다. 이런 한계는 새로운 이념의 수용과 변용의 과정을 거쳐야 극복할 수 있는 문제였던 것이다.

넷째, 의병계열을 중심으로 무장항쟁론이 추진되는 가운데 이에 동

국제 정세의 변화 속에서 분화된 점은 신효승, 〈20세기 초 국제 정세 변동과 한인 무장 독립운동〉, 2018 참조.

참했던 계몽운동 계열 인사들은 대부분 변법론적 유생층, 대한제국의
군인 등이었다. 신채호·박은식을 비롯하여 이상룡, 이동휘·김좌진
등이 그러하였다. 진보적인 유생층은 대부분 지방에서 활동하던 사람
들이었으며, 계몽운동 활동 때부터 이미 의병항쟁과 연관된 경우가 많
았다. 지방의 계몽운동이 계급적 구성, 민족적 경향 등에서 서울의 계
몽운동과 달랐던 점에 기인하는 것이었다.

　무장항쟁을 추구한 운동가들은 철저한 반제의식反帝意識을 가지고
있었고, 또한 민족운동이념으로서 문명개화론과, 방법론으로서의 실력
양성론을 극복하고 있었다. 나아가서는 민중에 의한 사회변혁 구상을
어느 정도 인식하고 있었다. 이런 점에서 그들은 문명개화론자들이 점
차 근대화론·자치론으로 흐르고 일제에 동화되어 가던 점을 비판하고
새로운 운동론으로 발전해가고 있었다.86)

---

86) 대종교, 대동사상이 강했던 사람들(신규식, 조소앙, 박은식, 신채호, 윤세영, 박용만 등)이
　　선포하였던 〈大同團結의 宣言〉에서 "獨立 平等의 聖權을 主張하여 同化의 마력과 自治의 劣根
　　을 防除할 것"이라고 한 바 있다.

제3장

문명개화론의 왜곡 : 친일 세력의 정치론

1910년 강점 뒤, 일제는 식민 지배를 위해 다양한 방법으로 친일 세력을 만들었다. 강점 이전부터 내세우던 동양평화론, 문명화론을 더 강화하면서, 조선인의 독립 능력 부족과 천황 아래의 '행복' 추구 등을 내세웠다. 친일 세력은 이 명분을 추종하였다. 일제 초기의 친일 세력 가운데 상층 집단으로는 〈조선귀족령〉에 따라 작위를 받은 귀족으로부터, 총독부의 여러 관료, 그리고 권력 기구에 참여하지는 않았지만, 사회경제적으로 매판성을 띤 일부 대지주, 자본가, 상인층 등이 있었다.[1] 이들 가운데 많은 수는 한말 계몽운동에 참여했던 사람들이었다. 강점 전에 가졌던 문명개화론이 왜곡되어 '일본의 지도' 아래에서 이를 달성하고자 했다.

---

1) 김도형, 〈일제침략기 반민족지배집단의 형성과 민족개량주의〉, 《역사비평》 계간 6, 1989.

1. 강점 뒤 친일 세력의 정치·사상적 동향

1) 일제의 '문명화' 정책과 친일 세력 육성

(가) 일제는 조선의 독립 보장, 시정개선과 문명화, 동양 평화 등을
명분으로 내세워 조선을 강제 병합하였다. 일본 '천황天皇'은

> 朕이 東洋의 平和를 永遠히 維持ᄒ야 帝國의 安全을 將來에 保障ᄒᄂ 必
> 要를 念ᄒ며, 又 常히 韓國이 禍亂의 淵源됨을 顧ᄒ야, 曩者 朕의 政府로 ᄒ
> 야곰 韓國政府와 協定케ᄒ고, 韓國을 帝國의 保護之下에 置ᄒ야써 禍源을
> 杜絶ᄒ고 平和를 確保홈을 期ᄒ지라./ 爾來 經過 四年有餘에 其間 朕의 政府
> ᄂ 銳意 韓國 施政의 改善을 努ᄒ야, 其 成績이 亦見홀만ᄒ 자가 有ᄒ나, 韓
> 國의 現制ᄂ 尙未 治安의 保持를 完케홈에 足지 못ᄒ니, 疑懼의 念이 每時
> 國內에 充溢ᄒ야 民이 其堵에 安치 못ᄒᄂ니 …… [한국의] 民衆은 直接히
> 朕의 綏撫之下에 立ᄒ야 其 康福을 增進홀지며, 産業及貿易은 治平之下에
> 顯著ᄒ 發達을 見케 至홀지니, 東洋의 平和가 依此ᄒ야 더욱 其 基礎를 鞏固
> 케 홈이 朕이 信ᄒ야 疑치 아니ᄒᄂ 바라.[2]

라는 조칙詔勅을 발표하였다. 곧 한일의 '합방'은 동양의 화근禍根인 조선
문제를 해결하여 동양 평화를 안정시키고 유지한 것이고, 또한 산업과
무역 발달을 통하여 조선민의 강복康福을 증진하기 위한 것이었다. 그들
은 "병합은 유일한 방법일 뿐 아니라 최선의 방법"이라고 확신하였다.[3]
또한 '천황'은 '구한국'에 만연한 폐정을 고치기 위해 '병합'을 단행했다
고 내세웠다. 보호국 치하에서 시정 개선을 단행하여 일부 성과는 있었

---

2) 《每日申報》 1910년 8월 30일 〈倂合條約에 대한 日本 天皇의 詔勅〉.
3) 釋尾東邦, 《朝鮮倂合史》, 624쪽 '倂合'에 대한 桂수상의 성명.

지만 치안 유지조차 완전하지 못하였기 때문이었다. '병합'으로 궁중 안의 혼동, 행정·사법의 미분할, 지방 관헌의 주구誅求와 조세의 포흠逋欠, 재정 문란 등과 같은 '폐정弊政'을 근본적으로 타파했다고 내세웠다. 이전 통감부도 시정 개선이라는 이름으로 폐정을 개혁코자 하였으나, 한국민들이 이를 이해하지 못하고 배일排日 기운을 품게 되어 달성하지 못했다고 보았다. 따라서 통감부 체제 아래의 간접적인 '보호 정치'로는 한국 황실의 안고安固나 국민의 건실한 문화 발달을 이룰 수 없었다고 판단하고, 이를 '발본색원拔本塞源'하는 차원에서 한국 '병합'을 단행하게 되었다는 것이었다. 즉 "오랫동안 곤궁한 경지에 빠졌던 반도半島의 민중을 구제하여 정신적으로나 물질적으로 문명국 사람의 대열에 속하기에 부끄럽지 않은 교양 훈련을 쌓고, 경제의 진보와 문화의 향상을 기대"하기 위함이라고 하였다.[4]

그리하여 일제는 동양 평화의 구축을 명분으로, 조선의 '문명개화'를 가장 중요한 식민 정책의 방향으로 설정하였다. 일본의 지도 계발에 따라 조선이 물질적, 정신적으로 문명화하는 정책의 핵심은 산업 개발, 민풍 개선, 교육 보급 등이었다.

그 가운데서도 '부원富源의 개발'이라는 산업 발달을 통하여 생활에서 여유를 갖게 하는 것이 최우선 과제였고, 그런 여유가 생긴 뒤 서서히 교육을 보급한다는 계획이었다.[5] 산업 개발은 주로 농사 개량, 농사 지식 보급, 부업 장려, 상공업 발달, 교통 운수 시설 완비, 도로·항만 수축 등으로,[6] 곧 경제 수탈을 위한 개발 정책이었다.

---

4) 猪間驥一 外編,《日本人の海外活動に關する歷史的調査》朝鮮編(1), 大藏省管理局, 1947, 2~3쪽.
5)《每日申報》1911년 2월 23일〈寺內總督의 演說-朝鮮開發의 方針〉.
6)《每日申報》1911년 5월 2일 社說〈新政의 發展〉; 1911년 2월 23일〈寺內總督의 演說-朝鮮開發의 方針〉. 특히 일본의 식량 부족 문제를 해결하기 위해 우량 품종의 보급, 건조 제조의 개량, 관개수의 공급, 施肥의 장려 등을 중점적으로 실시하였다. 그리고 면화, 양잠의 장려는 일본의 면업, 생사업의 원료를 조달하기 위해 육지면의 강제 재배, 상묘 재배의 확대, 우량 품종의 강제

그리고 교육의 보급에 대해서는 "신新영토의 국민을 동화하는 최첩경은 교육상 도야陶冶"라는 생각에서, 일본어 교육을 중심으로 한 보통 교육과, 식민 지배의 하급 기술 인력을 양성하는 실업 교육을 강조하였다.[7] "제국 신민으로서의 자질과 품성"을 갖춘 '충량한 국민'을 양성하고,[8] 조선인이 "병합 이래로 선인鮮人의 생명·재산이 어떻게 안전하게 되었고, 문명의 혜택이 어떻게 복리를 주었는가를 깨닫고 은혜를 알게 할 수" 있는 교육이었다.[9] 곧 우민화愚民化, 황민화皇民化 교육이었다.

한편, 일제는 '문명화'를 달성하려면 일반인의 생활이나 정신도 변해야 한다고 강조하였다. 일제는 이를 '민풍 개선民風改善'이라고 하였다. 식민 지배를 위해서는 일반 인민들의 반일적 분위기를 억압하고, 나아가 생활, 정신상에서 식민 정책에 순종하는 인간을 만들어 내기 위한 통제 정책이었다. 식민 당국은 조선의 빈곤이 일반인의 게으름, 안일함에서 기인하므로, 민풍 개선은 주로 구래의 풍속이나 관습을 교정하는 것을 주요 내용으로 하였다. 이런 차원에서 ① 부모에 대한 효도, ② 향촌 사회에서 상부 상조와 동심 협력, ③ 근검 절약과 저축 사상의 고양, ④ 충군 애국심의 고취, ⑤ 시간의 절약, ⑥ 납세 의무의 이행 등을 강조하였다.

일제가 이런 사업을 추진하고자 만든 것이 교풍회矯風會였다. 1911년 마산에서 "관내 각 면의 도난 및 화재를 경비하며, 또는 풍기를 교정하고 공익을 증진할 목적"으로 처음 조직되었다.[10] 사치와 유일遺逸 경계, 술집·도박 등의 금지, 도적 방지 등을 목적으로 하였으며, 이를

보급 등이 행해졌다. 이에 대해서는 小早川九郎, 《朝鮮農政發達史—政策編》, 朝鮮農會, 1944 ; 鄭然泰, 〈1910년대 일제의 農業政策과 植民地地主制〉, 《韓國史論》 20, 1988 참조.

7) 《每日申報》 1913년 7월 22일 〈寺內總督談—敎育方針〉.
8) 大野謙一, 《朝鮮敎育問題管見》, 1936, 29~34쪽.
9) 《每日申報》 1918년 8월 22일 〈鮮人同化(1)〉 敎育萬能主義, 井上圓了博士談.
10) 《每日申報》 1911년 7월 26일 〈馬山의 矯風會〉 ; 1913년 2월 26일 〈馬山의 矯風會〉.

유지하기 위한 상호 '계고적戒告的 제재制裁'도 필요하다고 하였다.11)

그리하여 초대 데라우치[寺內正毅] 총독은 '황은皇恩'에 '목욕'하는 황
민皇民을 만들고자 하였다. 산업 발달, 교육 보급, 민풍 개선 등의 문명
개화를 달성하고, 이런 "진보 발전을 도모하고, 아국민(일본인)과 융합
동화融合同化하여 황화皇化의 혜택에 점露하고, 그 자손도 또한 영구히
은파恩波에 목욕하게 하기를 기期하고자" 하였던 것이다.12)

(나) 일제는 식민 지배의 정당성, 필요성을 선전하기 위하여 친일
세력을 육성, 이용하였다.13) 1910년 강점 이전부터 일본 유학생들에
게 일본의 문명개화 성과를 선전하였고, 정치 망명자를 비호하였으며,
또한 일진회一進會와 같은 친일 단체도 만들었다.14) 이런 차원에서 문
명개화론과 동양 평화를 위해 활약한 사람으로 김옥균을 줄곧 '동양
평화의 지도자'로 칭송하였다.15)

---

11) 《每日申報》 1912년 12월 13일 〈咸安郡의 矯風會〉; 1913년 8월 28일 사설 〈矯風會의 未擧〉
  ; 1917년 2월 25일 〈靑年導率과 弊風의 矯正〉.
12) 《每日申報》 1911년 2월 15일 〈朝鮮의 統治方針一寺內總督의 談話〉.
13) 姜東鎭, 《日帝의 韓國侵略政策史》, 1980, 제2장 ; 林鐘國, 《日帝侵略과 親日派》, 靑史, 1982
  ; 임종국, 《실록 친일파》, 돌베개, 1991.
14) 1910년대 전반까지 활동하였던 친일 세력 가운데 핵심 집단은 정치 망명자였다. 일본 유학생
  은 이들과 겹치기도 하였는데, 1910년대 후반에 들면서 중심적인 역할을 하였다. 박영효,
  유혁로, 신응희, 정난교, 이규완 등의 갑신정변 관련자, 장석주, 조희연, 이용태, 조희문, 이
  두황, 이진호, 이범래, 조중응, 유성준, 구연수, 김창한, 천장욱 등의 갑오개혁 관련자 등이
  대표적이었다. 일진회 관련자는 송병준(일본망명자, 자작), 조동윤(남작), 윤갑병·최정덕(도
  참여관), 염중모(중추원 찬의), 구연수·최기남(경무관, 경시), 고희준·김두천·김선재·김
  영진·윤필오·이근양·이사필·이용한·이창욱(군수) 정도였다.
15) 1916년 일본 우익의 대표적인 인물이었던 頭山滿을 중심으로 김옥균의 행적을 칭송하는 일련
  의 일들이 일어났다. 2월에 일본 중의원에서는 만장일치로 김옥균을 표창하기로 하였고, 4월
  에는 대대적인 추도회를 가졌다. 이때 서울에서도 朴泳孝, 李完用, 趙重應, 宋秉畯 등이 중심
  이 되어 추도회를 거행하였다. 이때 趙重應은 김옥균을 "조선과 일본을 상호 聯絡, 提携케하
  고, 조선의 개발에 착수하였으며, 계속하여 중국의 개발을 시도하는 동시에 아시아 문명의
  隆盛을 기도"한 인물로 평가하였고, "氏는 今世의 人이 아니나 氏의 理想은 今日에 對하여
  半數 以上에 達하였나니, 즉 조선은 일본에 병합되어 서민이 비로소 안도하고"라고 하였다.
  일본과의 제휴, 동양의 평화 등을 개척한 선구자라는 것이다. 《每日申報》 1916년 2월 25일
  〈追憶 金玉均氏-下院에서 表彰 決議〉; 3월 28일 〈故 金玉均氏의 面影〉; 4월 1일 〈追吊
  金氏 - 김옥균씨 추도회 동경에서 성대히〉; 4월 7일 〈金氏 追悼會 盛況〉; 4월 8일 〈故 偉人

강점 뒤에는 매우 광범하게 친일파를 만들어 이용하였다. 황실에서 고급 관료 출신들이 주축이었고, 경제적 이해관계 속에서 지주, 자산가, 그리고 계몽운동 인사도 그 대상이었다.

먼저, 순종을 비롯한 왕족들을 대우하고 이용하였다. 아직은 이들이 민중의 반일적 저항을 막아 내는 데 가치가 있다고 판단하였다. 일제는 한국 침탈 과정에서 줄곧 "한국 황실의 안녕과 존엄"을 내세웠다. '을사늑약' 제5조에도 "일본국 정부는 한국 황실의 안녕과 존엄을 유지할 것을 보장"한다면서 '보호국'으로 편성하였고, '병합 조약'에서도 "일본국 황제 폐하는 한국 황제 폐하, 태황제 폐하, 황태자 전하 및 그 후비와 후예로 하여금 각기의 지위에 상당하는 존치의 위엄과 명예를 향유하게 되며 또 이것을 유지하는 데에 충분한 세비를 공급할 것을 약속한다"(제3조)라고 하였다. 그 밖의 황족과 그 후예도 일정하게 대우할 것을 약속하였고, 이들은 〈이왕직 관제李王職官制〉에 따라 일본 궁내부 대신의 관리를 받으면서 예산을 부여받았다.

다음, '합방'에 공을 세운 인사들, 대한제국의 고급 관료 출신을 회유, 대우하였다. '병합조약' 제5조에 "훈공이 있는 한국인에 대한 표창 및 작위 수여" 내용에 따라 〈조선귀족령〉을 제정하여 해당자에게 작위를 주었다. 이왕직 규정에서 제외된 왕족, '합방'에 공이 있던 한말 대신 출신의 고급 관료("보호정치시대 부터 병합 전에 걸쳐 輔國 정1품, 종1품, 훈1등, 칙임1등 이상급에 속하는 자")를 대상으로 하였다. 박영효 · 이재각 · 윤덕영 등의 후작(6명)을 비롯하여 백작 3명, 자작 21명, 남작 45명 등이었다. 이 가운데는 이른바 '을사오적'(이지용, 이근택, 이하영, 이완용, 권중현), 한일신협약, 병합조약을 체결한 책임자 이완용과 그 각료들(박제순, 임선준, 고영희, 이병무, 조중응, 이재곤, 송병

을 追憶홈〉; 6월 10일 〈金玉均氏 表彰 建言, 大隈 首相의게〉 등.

준 등)도 당연히 포함되었다.

다음, 많은 조선인들을 조선총독부 관료로 등용하여 이용하였다.[16] 총독부의 기구에 따라 크게 세 부류의 집단이 있었다. '조선 귀족'의 일부는 총독의 자문기구인 중추원中樞院에 이용되었다. 중추원 의장은 총독부 정무총감政務總監이었지만, 부의장(1911년 현재 김윤식)과 고문(이완용을 비롯한 14명)은 주로 '조선 귀족'들이었고, 그 아래에 20명의 찬의, 35명의 부찬의가 있었다. 이들 의관은 모두 대한제국의 고위 관료 출신이었다.

식민통치에서 실질적인 역할을 담당하는 고위 관료도 있었다. 경찰의 경시警視 6~7명, 재판소의 판사 등이었고, 도장관道長官 가운데는 4명, 그 아래의 도 참여관參與官 13명은 조선인이었다. 부군府郡의 경우, 일본인이 많이 사는 부府의 부윤은 일본인이었지만, 이를 제외한 전국의 군수는 모두 조선인이었다.

나머지 지배 기구의 말단에 임용된 친일 세력도 있었다. 주로 식민통치의 억압기구였던 헌병, 경찰에 가장 많은 수가 충당되었다. 강점 당시 헌병 2,019명 가운데 조선인 1,019명으로, 모두 헌병보조원이었으며, 5,881명의 경찰 요원 가운데 3,493명의 한국인으로 그 가운데 순사보가 3,131명이었다. 이들은 의병 토벌, 일본어 보급, 첩보 수집, 통역 등을 담당하였다. 총독부는 지방 단위까지 식민 지배를 구축하면서 조선 민중을 직접 상대하는 자리에 이들을 활용했던 것이다.

그외 유생층을 회유하는 방편으로 경학원經學院을 설치하였다. 경학원은 "유림을 존중하고, 석학碩學을 중하게 여기는 미풍美風을 추장推奬"하고, "폐풍弊風을 교정하고 양속良俗을 조장하여 일반 교화의 비보裨補를 노력"한다는 미명 아래 설치되었다. 유교의 인의仁義 충효忠孝

---

16) 淺井良純, 〈日帝侵略 初期의 朝鮮人官吏 研究−大韓帝國官吏 出身者를 中心으로〉, 연세대 사학과 석사논문, 1990.

사상을 강조하여 조상 숭배, 스승 공경의 '미풍'을 내세워 식민 통치와
천황에 순응하는 충량한 '신민臣民'으로 만들고자 하였다. 이를 위해 일
본 천황은 25만 원을 하사하였다.17) 경학원은 전국적으로 조직을 체계
화하여 13도에 강사 1인을 두어, 춘추春秋 한 차례씩 도내를 순회, 강연
하였으며, 총독부의 '신정新政'을 선전하였다.18) 그들은 이런 행위를
'문명의 도선導線'이라고 추어올렸다.19)

　　조선총독부는 계급적 이해관계를 활용하여 지주, 자본가를 보호, 활
용하였다. 이들은 토지조사사업, 회사령과 같은 정책 속에서 예속적인
지주, 자본가로 성장하였다. 대부분 대한제국의 고급 관료층, 총독부의
군수 출신이었고, 그 가운데 일부는 당시 발달한 은행, 금융업의 주주
들이었다.20) 1916년에 만들어진 친일 단체 대정친목회大正親睦會는 조
중응(회장), 조진태(부회장)를 비롯하여 예종석芮宗錫, 한상룡韓相龍, 백
완혁白完爀 등의 자본가들이 참여하였다.

　　한편, 일제는 민족운동 진영을 분열시키고 회유하였다. 그 대상으로
삼았던 것은 민족부르주아지 상층부였고, 그 첫 대상이 된 사람이 윤치
호尹致昊였다. 일찍 독립협회 회장, 대한자강회 회장을 지낸, 계몽운동
의 핵심 인물이었다. '105인 사건'으로 구속되면서 아버지[尹雄烈]의 남
작 작위까지 이어받지 못했던 사람이었다. 그러나 윤치호는 일본 천황
의 '성은聖恩'으로 석방되면서 다음과 같이 천명하였다.

---

17) 《每日申報》 1911년 8월 2일 〈經學院에 對한 訓令〉.
18) 《每日申報》 1916년 6월 8일 〈經學院의 講演會〉 ; 1914년 8월 28일 〈經學院의 事業〉.
19) 《每日申報》 1913년 10월 9일 〈經學院 巡講〉. 1914년 4월 현재 대제학 박제순, 부제학 이용
　　직 · 박제빈, 사성 김유제 · 이인직, 강사 여규형 외 14명 등이었다(《朝鮮總督府及所屬官署職
　　員錄》 1914년판).
20) 대표적으로 거론되는 韓相龍, 芮宗錫, 閔元植, 趙鎭泰 외에 三南銀行의 朴基順 朴榮喆 父子,
　　慶一銀行의 張斅相 張吉相 형제 등이 그런 예였다. 이들은 모두 총독부의 군수, 중추원의 의
　　관을 역임하였다. 이런 대지주의 동향에 대해서는 張矢遠, 〈일제하 대지주의 존재형태에
　　관한 연구〉, 서울대 대학원 박사학위, 1989 참조.

우리 죠선 민족 되야셔는 어딕싟지던지 일본을 밋고, 오직 밋을 쑨이 안이
라 피아[彼我]의 구별이 업셔질 쌔싟지던지 힘쓸 필요가 잇슬 줄로 싱각ㅎ
고 …… 이후브터는 일본 여러 유지 신스와 교제ㅎ야셔 일선[日鮮] 민족의
힝복 되는 일이던지 일선 양 민족의 동화[同化]에 딕한 계획에는 어딕싟지
참예ㅎ야 힘이 밋치는딕로 몸을 앗기지 안코 힘써볼 싱각이로라.21)

라고 하여, 일본과 조선 민족의 행복을 위해 두 민족의 동화에 힘을
다하겠다고 하였다.

2) 친일 세력의 논리와 활동

(가) 한말 이래 친일파 논리의 출발은 사회진화론과 문명개화론이었
다. 강자의 약자 지배를 인정하면서 일본의 지도에 따른 문명화로 나아
갔다. 결국 일제 식민 통치 이데올로기였던 '조선독립불능론', '문명화
론' 등을 그대로 따랐던 것이다.《매일신보每日申報》의〈일선융화론日鮮
融化論〉이 이들 논리를 전형적으로 드러내었다.22)

먼저, 사회진화론의 우승열패의 원칙에 따라 약소국 조선의 식민지
화는 당연하다고 보았다. 조선의 멸망은 "약자가 강자의 반열에 들지
못하고, 열자劣者가 능히 승자를 추급推及하지 못하여, 약자, 열자가 필
경 강자, 우자優者의 부호扶護[부지와 보호]의 의뢰를 받는 경우"로, 강
대국과 약소국 사이에 피보호와 병합 같은 현상이 생기는 것은 당연하

---

21)《每日申報》1915년 3월 14일〈本社長을 訪問흔 尹致昊氏〉. 같은 신문 1915년 5월 20일
〈尹致昊氏의 '五十而讐'〉이라는 연설에서는 "우리와 리히관계가 큰 일본 력수와 일본 디리[地理]
를 먼져 안 연후에 힝복을 밧으니라"고 하고, 옥중 생활 속에서 일본 사람과 친밀히 교제해야
할 것을 깨달았으며, 한집이 된 후에 만일 친밀히 지나지 않으면 오해가 생기게 되고, 그 오해는
약한 민족이 받게 된다는 점도 깨달았다고 하였다.
22)《每日申報》1915년 2월 18일 社說〈日鮮融化論〉.

다고 보았다.

일제의 조선 병합은 '침략'이 아니라고 하였다. '일한日韓 병합'은 서양 제국주의가 행한 식민지 침탈도 아니면, 또 조선은 '속지屬地와 예민隷民'도 아니라고 하였다. '병합'은 "조선의 국토를 방위하고, 조선의 민족을 보호하기 위한 것"이라고 강변하였다. 조선은 역대로 민생이 안도할 날이 없었기 때문에 조선을 그대로 방임放任할 수 없다는 것이었다. 민생이 편할 날이 없었던 이유는, 오랜 역사 속에서 조선이 줄곧 다른 나라의 공격을 받아 왔고, 또 자국 안에서 혁명이 일어나면 이긴 자가 전 왕조의 신민臣民을 박해하기 때문이었다고 하였다. 그래서 일제는 조선 민족과 국토를 위해 조선을 식민지로 편입할 수밖에 없다고 하였다.

또 낙후한 조선을 일본이 그대로 내버려 두지 못한 것은 일본과 조선이 동종同種, 동문同文이기 때문이라고 하였다. 조선은 언어, 습속, 민족 구성이 일본과 같으며, 또 일본 문명의 원류라는 점이었다. "일선日鮮 양가는 자고自古 이래로 융화 친선하여, 상호 교도敎導하며, 상호 모방하고, 각자 사단취장捨短取長[단점을 버리고 장점을 취함]"한 같은 문화와 인종이라고 내세웠다.

이런 여러 이유로 일본이 조선을 병합하였으므로, 일본의 지배와 지도 아래 조선의 문명화를 추진하고 '내선일체'를 달성하자고 하였다. "우리(조선)의 빈貧함과 우愚함을 깨달아 …… 우리 민족도 지식이 일주一走하여 내지인內地人과 같게 되고, 실업이 일증一增하여 내지인과 같게 되고, 기타 백도百度가 유흥무폐有興無廢하면 성덕聖德의 일시一視하시는 아래"에 있게 되어, 절대로 민족 차별이 없을 것이라고 하였다.[23]

(나) 이런 점에서 친일 세력은 일본의 지도 아래 문명화를 추진하고

---

23)《每日申報》1910년 11월 8일 社說〈民志宜一〉.

궁극적으로 '내선일체'를 이룩하는 것을 목표로 하였다. 귀족 작위를 받은 사람들은 '조선귀족회朝鮮貴族會'를 만들어, 귀족들의 식산흥업 활동을 장려하였다. 그들은 식민당국의 '산업발전론'에 따랐다. 회사, 은행 간부, 부호 등과 실업구락부를 만들어 관헌의 지도 아래 수리 사업, 황무지 개척, 근검 저축 실천 등을 행하고, 이것이 부원개발, 산업발달, 근검저축을 이루는 것이라 생각하였다.[24]

　일본시찰단을 조직하여 일본 문명을 현장에서 돌아보고, 이를 적극적으로 배워야 할 것을 주장하기도 하였다.[25] 중추원 고문 박제순朴齊純은 강점 직후 일본에 다녀온 뒤, 일본 천황의 '홍덕洪德에 감읍하고 목욕하기를 절망切望'하였다.

> 余가 가장 感激흔 바는 日本 內地 到處의 風光이 絶佳흠이나 文物制度의 燦爛흠은 姑舍흐고, 上으로는 天皇陛下로브터 一般 文武百官, 下로는 庶民 諸君이 總히 衷心으로써 新附흔 我等을 待흠에 極히 懇篤흠이라. 如斯흔 以上에는 今後 日鮮 兩民間의 親和는 不期而自來흘지오, 數年을 不出흐야 日鮮이 一團될 것은 余等이 確信흐는 바ㅣ로다. 加之 聖上陛下가 臣等에 對흔 特別 聖意로 言흐면 …… 一同은 聖意의 優渥흐읍심을 感泣흐얏노라. 다만 余等은 歸着 後에 此 叡聖文武흐읍신 天皇陛下로브터 博愛仁慈흔 內地 同胞의 指導를 依흐야 長足의 發達을 計흐야 聖上의 洪德에 浴흐기를 切望흘 쑨이로라.[26]

　조중응趙重應도 적극적인 친일 활동을 하였다. 김옥균金玉均과도 밀접했던 그는 김옥균을 "일본과 제휴하여 동양의 평화를 개척한 선구자"라고 평가하여, 자신이 개화파의 개혁론을 계승하고 있다고 주장하였다.[27] 그는 일본 지배 아래 문명화를 명확하게 거론하였다.

---

24) 《每日申報》 1911년 8월 3일 論說 〈貴族會에 對흐야〉 ; 1911년 10월 12일 論說 〈貴族 諸公에 對흐야〉 ; 1913년 2월 25일 社說 〈朝鮮貴族의 責務〉.
25) 《每日申報》 1914년 6월 21일 〈內地視察效果(一)〉 ; 6월 23일 〈內地視察效果(二)〉.
26) 《每日申報》 1910년 11월 18일 〈朴齊純子의 談〉.

　　我 朝鮮民族은 一心으로 文明 開發에 向ᄒᆞ하여야 홀할 터인디, 其 方法은
東洋에셔 文明 先覺者된 日本 國旗 下에셔 天皇陛下 一視同仁ᄒᆞ시ᄂᆞ 其 大
盛意를 奉體ᄒᆞ야 國家의 忠良의 臣이 되ᄂᆞ 것이 第一이라.28)

　　따라서 조선이 신문명 민족인 일본의 한 부분이 된 것을 자랑하고,
동양 평화와 자신의 행복을 증진하기 위해서는, 먼저 조선의 중심지인
서울[京城]이 문명 사회가 되어야 한다고 생각하였다.29) 문명 사회를
이루는 일환으로 조중응은 대정친목회大正親睦會 같은 단체를 만들었
다. 그는 이를 "식산흥업, 근검 저축, 풍속 교정 등을 달성하여 문명
발달에 기여하는 것이며, 바로 내선인內鮮人의 융화를 이루는 것"이라
고 자부하였다.30)

　　1910년대 총독부 정책을 직접 수행했던 관료도 문명개화에 대한 기
대는 대단하였다. 문명화의 핵심은 교육 보급, 부원 개발, 식산흥업이
었고, 아울러 게으름을 없애고, 저축심을 고양하자는 민풍 개선 등이었
다.31) 가령 뒷날 충청북도 도장관이 된 유만겸兪萬兼(유길준의 장남)은
일본의 침략 이데올로기였던 '아세아주의亞細亞主義'에 찬동하면서 "현
금 조선 최선最先 급무 되는 부력 증진"이라고 하고, 이를 위해서는 식
산흥업과 교육 보급을 주장하였다.32)

　　이런 가운데 강원도 도장관 이규완李圭完 같은 사람은 '참정권參政權'

---

27) 《每日申報》 1916년 3월 28일 〈故 金玉均氏의 面影〉；12월 16일 〈熱誠의 人, 琅田子(1)−滿
　　蒙視察〉；12월 17일 〈熱誠의 人, 琅田子(2)−開化黨 失敗〉；이 장의 주 15).
28) 《每日申報》 1916년 12월 21일 〈熱誠의 人, 琅田子(5)−萬死餘生唯白髮〉.
29) 위와 같음.
30) 《每日申報》 1916년 11월 25일 〈大正親睦會 發起에 對하여−趙重應氏談〉.
31) 가령 《每日申報》 1911년 1월 11일 〈柳參與官의 勸奬〉；1913년 3월 25일 〈張參與官의 篤
　　志〉；1916년 4월 〈道長官歷訪〉；1917년 1월 16일 〈勤勉의 氣風을 養成하라−江原道長官
　　李圭完氏談〉；1월 17일 〈農業奬勵의 10年計劃−黃海道長官 趙義聞氏談〉；9월 28일 〈兩參
　　與官의 感想〉 등.
32) 兪萬兼, 〈九年星霜〉, 《學之光》 13, 特別大附錄, 2쪽.

을 획득해야 한다고 주장하였다. 만약 약 10년 정도 식산흥업을 통하여 일본 문명의 수준으로 나아간다면 "일시동인一視同仁하는 천황의 적자 赤子로 내지인과 동등의 권리를 향유치 못하겠는가"라고 하면서, 참정 권을 획득하여 제국 의회 의원이 됨은 물론이고, 국무대신이나 외교관 까지 될 수 있을 것이라고 하였다.33)

2. '자강론'의 변질과 아시아주의 : 장지연의 '범아세아몬로주의'

1910년대 민족 경쟁의 심화, '구주대전歐洲大戰'[제1차 세계대전] 같 은 사회 변동 속에서, 동양삼국동맹론과 문명화론에 함몰된 지식인이 속속 출현하였다. 이런 사람 가운데 가장 관심을 끈 사람이 계몽운동 자강주의의 대표적 논리가였던 장지연張志淵이었다.

1) 사회진화론의 틀 : 일본 문명 찬양

대한자강회의 설립과 '자강주의'를 정립했던 사람이 장지연이었다. 그는 일제 강점 당시, 진주에 내려가 《경남일보慶南日報》(1909년 10월 창간)의 주필로 활동하였다. 《경남일보》는 강점에 비판적인 황현黃玹의 〈절명시絕命詩〉를 실었다가 일시 정간되기도 하였다. 그 뒤 장지연은 1913년 8월에 권도용權道溶에게 그 직을 물려주고 마산으로 이거하였

---

33)《每日申報》1916년 4월 12일 〈道長官歷訪-李圭完氏談〉; 1917년 12월 12일 〈李江原道長 官 演說〉.

다.[34] 이때 장지연은 술로 세월을 보냈다. 취할 때까지 마시고, 미친 듯이 노래하고 통곡하며, 또 주위 사람들한테 욕설을 퍼부어 '주광酒狂'이라고 손가락질을 받을 정도였다.[35] 이런 모습은 강점 직후에 쓴 많은 시 속에서 자조自嘲와 무기력, 좌절감으로 표현되었다.[36] 하지만 그는 좌절 속에서 점차 식민 지배를 긍정적으로 인정하기 시작하였다.

장지연이 좌절하게 된 뿌리는 사회진화론이었다. 우승열패優勝劣敗, 약육강식弱肉强食의 관념으로 생령生靈만 희생시키는 무강武强을 '문명文明'으로 본 것이었다.[37] 그는 일본을 "동양의 패왕霸王",[38] 또는 "동양의 선각先覺"이라고 하면서, 일본이 아시아를 제패한 전술만 보더라도 "동양의 독일이라고 칭하는 것도 과언이 아니라"고 하였다.[39]

장지연은 일본과 조선·중국 문명의 수준 차이를 언급하였다. 즉 부강화, 문명화된 일본과, 야만스럽고 우매[野昧]한 식민지 조선을 대조시켰다. 먼저 일본의 문명화는

> 早於四五十年之前에 能感覺西洋新學之爲實利實用ᄒᆞ고 高明之士ㅣ 能遠遊歐美諸國ᄒᆞ야 留學修業에 實地見習於各工器之廠ᄒᆞ야 以得其精妙之術 而研之又研ᄒᆞ다가, 歸國 後에ᄂᆞᆫ 設立工場ᄒᆞ고 實際試驗而發用焉일ᄉᆡ. 所以로 日本之器械工業이 盡得西洋之妙 而遂築富强之基礎ᄒᆞ야 以致今日之隆盛者矣라. / 其 教育之術을 皆從歐美輸入ᄒᆞ야 換骨奪胎에 日加烝進 故로 西洋人

---

34) 崔起榮, 〈舊韓末《慶南日報》에 關한 一考察〉, 《言論文化研究》 6, 1988 ; 〈晋州의 《慶南日報》: 唯一의 地方紙〉, 《大韓帝國期 新聞 研究》, 일조각, 1991. 권도용은 후에 장지연의 문집 《韋庵文稿》를 편찬하였다.

35) 백순재, 〈위암의 애국계몽운동과 학자적 일면〉, 《나라사랑》 7, 1971, 168쪽.

36) 姜明官, 〈張志淵 詩世界의 變貌와 思想〉, 《韓國漢文學研究》 9·10합집, 1987, 391~393쪽. 강명관은 장지연의 활동을 구분하였는데, 詩를 통해서는 ① 修學期, ② 계몽과 저항의 시기, ③ 좌절과 친일의 시기로 나누었고, 또 變通論을 중심으로는 ① 위로부터의 개혁운동 단계, ② 자강주의로의 전환, ③ 新·舊學의 參互變通으로 변화하였다고 분석하였다.

37) 嵩陽山人, 〈古齋漫筆一如是觀(10)〉, 《每日申報》 1915년 1월 8일 (《張志淵全書》 8, 22쪽 ; 《韋庵文稿》 권9, 〈如是觀(一)〉, 413~414쪽. 이하 주67)까지 저자인 장지연의 필명 嵩陽山人 생략).

38) 〈漫錄一 地理關係(5)〉, 《每日申報》 1916년 9월 16일(《張志淵全書》 8, 267쪽).

39) 〈漫筆瑣語(17)一新舊學(己)〉, 《每日申報》 1915년 4월 21일(《張志淵全書》 8, 83쪽).

士의 數百年 積勤積勞ᄒ며 苦心殫精ᄒ야 以得文明之學術者를 日本學者는 一吸而收之ᄒ야 不過幾十年之間에 迨欲駸駸乎駢駕西歐ᄒ야 其文明進步之 速度가 實有不可思議之觀ᄒ니 抑所謂靑於藍者ㅣ 豈是歟아.[40]

라고 하여, 일본은 서양의 신학문, 특히 군사 기술과 무기 등을 적극적 으로 수용하여 짧은 시간에 문명화를 달성하고, 아시아를 제패할 수 있었으며, 일본의 문명화 속도는 오히려 서양보다도 빠르다고 하였다.

장지연은 중국 문명은 일본보다 뒤떨어진 단계로 보았다. 중국은 노 대국老大國으로 자존自尊, 자대自大만 하여, 서양과 통교 이후에도 각성 하지 않고 수 천 년 내려오던 진부陳腐한 학술만 고수하다가 결국 열강 에게 모멸侮蔑을 당하게 되었다고 보았다.[41] 마찬가지로 '소중화' 조선 의 문명도 일본과는 차이가 있다고 보았다.

朝鮮은 卽小支那耳라. …… 又有鎖國自固之習性ᄒ니 …… / 當明治維新之 初에 首先以交隣修好之事로 派遣使節에 交涉頻繁이로딕 終始牢拒타가 致生 葛藤하고 歐米諸國之軍艦商舶이 累以好誼而來者를 一切排斥ᄒ야 天界好便 이로딕 坐逸時機ᄒ고 甘做黑洞洞裏生活ᄒ니, 此ㅣ 朝鮮之所以未脫野昧之習 ᄒ고 終底自棄之域者也ㅣ니 / …… 過去는 姑舍是ᄒ고 就現在而論之ᄒ면 鮮人 之學術程度가 不可謂與日本人均等者 則文明步趣가 自然有差隔之分矣라.[42]

라고 하였다. 곧 조선은 쇄국으로 일본이나 서양과 교섭을 거절하면서 결국 야매野昧의 습관을 가지게 되고, 식민지화 같은 자포자기의 상태 에 이르렀으며, 따라서 문명화에서 일본과 현격한 차이가 생기게 되었 다는 것이었다.

---

40) 위와 같음.
41) 〈漫筆瑣語(17)—新舊學(己)〉(《張志淵全書》8, 83~84쪽).
42) 〈漫筆瑣語(18)—新舊學(庚)〉, 《每日申報》 1915년 4월 22일(《張志淵全書》8, 84~85쪽).

이런 판단에서 장지연은 조선이 일본을 배워 따라가야 한다고 강조
하였다. 개항 이후에 조선이 일본과 함께 구미 세계로 나아가, 실업의
학문을 강습하고 교육의 기술을 흥기興起하였더라면 부강富强, 문명文明
의 발달이 혹 일본을 능가하였을지도 모른다면서, 조선이 그러하지 못
했음을 아쉬워하였다. 따라서 '야매野昧'한 조선이 일본을 따라 가기 위
해서는 "특별하게 속력을 위주로 하여, 가르치는 자나 배우는 자가 각
자 백 배 힘을 내고, 만 배로 맹진猛進하여, 한 사람이 백 사람, 천 사람
의 공이 있어야" 한다고 했다.43)

일본을 따라가기 위해서 장지연은 서양의 신학문을 배우자고 하였
다. 그러나 그는 전면적인 서양 문명 수용에는 찬성하지 않았다. 그는
유교의 논리에 따라 먼저 유교를 개선, 진흥하고, 그 위에 신학문을
수용하자는, 이른바 '신구학 절충'을 견지하였다. 그는 당시 문명개화
를 추구하던 신진 세력의 '개화 문명'이 동양[유교] 윤리를 무시하는
잘못이 있고,44) 또한 서양 학문의 수용을 소홀히 한 '잘못된 유학자'도
있으므로, 이를 모두 비판하였다. 한말 계몽운동에서 자강론을 주장하
면서 동시에 유교를 거부하지 않고 서양 문명과 절충하려 했던 변법론
을 그대로 견지하면서도, 당시의 식민 지배 조건 속에서 그 논의가 더
보수화되었던 것이었다.45)

2) 조선총독부 '신정치新政治'의 인정과 아세아주의

(가) 장지연은 1914년 말엽 무렵부터 조선총독부의 기관지였던 《매

---

43) 〈漫筆瑣語(18)—新舊學(庚)〉, 《每日申報》 1915년 4월 22일(《張志淵全書》 8, 84~85쪽).
44) 〈古齋漫筆—如是觀(5)〉, 《每日申報》 1914년 12월 27일(《張志淵全書》 8, 15~16쪽).
45) 장지연의 유교진흥론에 대해서는 김도형, 〈張志淵의 變法論과 그 변화〉, 《韓國史研究》 109,
    2000 참조.

일신보每日申報》에 글을 쓰기 시작하였다.[46] 한시漢詩를 비롯하여 해박
한 한학漢學, 유교 지식을 바탕으로, '만필漫筆'로부터 시사 문제, 유교
문제에 걸치는 다양한 주제들이었다. 그런 글 가운데 시세時勢에 관한
것에서 총독부의 정책을 긍정적으로 바라보는 내용도 있었다.

장지연은 우선, 《매일신보》가 제 역할을 다하지 못하고 있다고 보았
다. 그는 신문의 자세를 "말하고 논하는 바는 반드시 정직해야 하고,
사실을 기록하는 바는 반드시 공명公明해야 하며, 아첨하는 말이 없어
야 하고 숨기는 말이 없어야" 한다고 하였다. 하지만, 《매일신보》의 사
설에서는 "아부하는 말이 많고, 기사에서는 숨기고 꺼리는 것이 있다"
는 것이었다. 그러고는 《매일신보》가 '경부京府', 곧 조선총독부의 기관
지이므로 "상하를 이끌고 달達하게 하여 정책을 보좌하고 방법을 지시
하여 신화新化(신정치)에 복종하게 하는 것이 귀보貴報의 직임이고 의
무"라고 '충고'하였다.[47] '신화', 곧 총독부의 새로운 정치에 복종해야
한다는 점을 강조하였던 것이다.

이런 판단에서 장지연은 점차 총독부의 '신화'를 인정하는 글을 쓰기
시작하였다. 우선 그는 총독부의 식민 통치 정책을 '좋은 방향'이라고
평가하였다. 특히 지적한 것은 두 가지였다. 하나는 식민 통치 이래의
산업발전 정책이었고, 다른 하나는 구습 타파와 풍속 개량이었다.

먼저, 장지연은 1915년 총독부의 '시정 5주년'을 기념하는 물산공진
회物産共進會를 농공업 발전 측면에서 찬사를 보냈다. 즉 "조선총독부

---

46) 장지연은 서울에 출입하면서 柳瑾, 呂圭亨, 鄭萬朝, 尹喜求 등 주로 매일신보 관련자와 자주
   만났으며, 또 阿部充家(후에 총독부의 어용지 京城日報 3대 사장)와도 아주 친밀하였다. 장지
   연은 阿部가 지은 漢詩에 대한 감흥을 시로 지어 신문에 투고하기도 하였다(〈觀玆漫筆(3)〉,
   《每日申報》 1915년 3월 24일 ; 《張志淵全書》 8, 57~58쪽), 또 이들은 詩會를 열고 대취하면
   서 "洽然相合"하였다(《每日申報》 1916년 6월 21일 〈極樂菴雅會〉).
47) 《韋庵文稿》 권3, 〈寄申報社〉, 140~141쪽. 이 글은 장지연이 매일신보사의 초청을 거절하면
   서 썼다는 것으로, 대부분이 연구자들이 言論의 자세를 보여준 좋은 글로 칭찬하고 있다.
   그러나 장지연은 매일신보의 역할을 정확하게 알고 있었고, 또한 이 초청을 거절한 두 달 뒤부
   터 《每日申報》에 글을 쓰기 시작하였다.

시정 5개년 사이에 혁구쇄신革舊刷新하여 쓸모없는 것을 없애고 농공
실업을 장려하여 진보한 성적을 모두 수집하여 진열한 것"이라고 하였
다.48) 이런 "개량 진보가 놀랍고 불가사지不可思知한 것"은 모두 당국의
산업정책과 지도, 장려에 따른 것이었음을 인정하였다.49)

　장지연이 더 강조한 것은 총독부의 교풍矯風 사업이었다. "총독부에
서 신정新政을 시설한 이래로 착착 구폐舊弊를 개혁하고 신화新化를 선
포함에 따라 조선 구습의 풍속도 점차 개량되어 변천"하였다면서, 그
예로 벌열계급閥閱階級의 풍습 타파와 평등 사상의 유입, 부녀자의 속박
타파 등을 들었다.50) 그는 총독부 사업으로 조선의 구습이 개량되고
있다고 보면서도51) 더 고쳐야 한다고 하였다. '개화'의 진전으로 물질
문명이 발달하면서 부귀가富貴家와 그 자제들이 사치하는 현상이 나타
나고,52) 이들 가운데는 직업도 없이 부랑자로 방탕한 생활을 하며,53)
또 창기, 도박으로 생활에 쪼들리게 되면 도적이 된다고도 하였다.54)
또한 부녀자들이 유람대遊覽隊를 조직하고 유희遊戲를 즐기는 점이
나,55) 각종 한글 소설이 유행하여 아녀자와 부랑자의 마음을 방탕하게
만들고 있다는 것도 거론하였다.56) 그리하여 장지연은 "근면이 화禍를
피하고 행복으로 가는 길"이라고 강조하였다.57) 이런 점에서 그는 당

---

48) 〈漫筆瑣語(90)―共進會觀覽者觀(3)〉, 《每日申報》 1915년 9월 9일(《張志淵全書》 8, 188쪽).
49) 〈産業開發之急務(1)〉, 《每日申報》 1915년 11월 4일 ; 1915년 12월 15일 社說 〈産業開發之
　　急務(22)〉. 연재 1회에서는 장지연의 이름(숭양산인)으로, 2회 이후에는 신문의 사설로 계속
　　되었다.
50) 〈朝鮮風俗의 變遷〉, 《每日申報》 1915년 1월 1일(《張志淵全書》 8, 577~578쪽).
51) 1918년 4월에서 5월에 걸쳐 풍속개량을 주장하는 장지연의 글들이 신문에 몇 번 나가자 일본
　　과 조선의 '精神的 同化'를 주장하던 三笑生이라는 사람은 부랑자 문제를 해결하고 '矯風' 곧
　　풍속을 바르게 하기 위해서는 名敎를 振起하고 世道를 혁신할 것을 주장하였다(三笑生, 〈崇陽
　　山人의 文을 讀홈〉, 《每日申報》 1918년 5월 4일).
52) 〈古齋漫筆―如是觀(1~2)〉, 《每日申報》 1914년 12월 23~24일 (《張志淵全書》 8, 10~12쪽).
53) 〈浮浪者一覽〉, 《每日申報》 1918년 5월 3일 (《張志淵全書》 8, 672~674쪽).
54) 〈浮浪者爲盜〉, 《每日申報》 1918년 3월 15일 (《張志淵全書》 8, 645~646쪽).
55) 〈京城風俗觀〉, 《每日申報》 1918년 4월 25일 (《張志淵全書》 8, 669~670쪽).
56) 〈小說雜書壞亂風俗〉, 《每日申報》 1918년 5월 2일 (《張志淵全書》8, 672쪽).
57) 〈漫筆閑話(6)―人生在勤〉 ; 〈漫筆閑話(7)―儉以養德 儉以足用〉, 《每日申報》 1915년 9월

시 제기된 조선산직장려계朝鮮産織獎勵契를 토산품土産品 장려보다는 사
치 풍조를 억제한 차원에서 일어난 것으로 이해하였다.[58]

　한편 장지연은 조선과 일본의 융화融化를 기리는 시도 여러 편 썼다.
1916년 12월에 새로 부임하는 하세가와[長谷川好道] 총독을 환영하였
고, 또 1917년 6월에는 순종의 일본 방문을 "내선內鮮 인민이 친목의
우의를 더욱 중하게 하여 병장屛障[병풍으로 가로막은 것]을 해제하고
일체一體로 간극이 없다"라고 하여, 만만세萬萬歲를 외치며 환송하면서
"일선 융화의 서광이 빛나리라"고 칭송하였다.[59]

　(나) 제1차 세계대전을 거치면서 장지연은 일본을 중심으로 하는 새
로운 아시아주의를 주장하였다. 즉 서양의 동양 침략에 대비하여 일본
을 맹주로 아시아 민족이 단결해야 한다는 것이었다.

　그는 제1차 세계대전을 민족 사이의 무력 대결이라고 파악하였다.
종전에는 국가 차원의 경쟁이나 대립이었다면, 그 대립이 점차 '민족'으
로 전화했다는 것이었다. 그는 사회 및 정신 생활에서 국가의 경계를
넘으려는 현상을 '민족주의民族主義'라고 규정하고, 당시를 "민족주의
시대"라고 하였다. 곧 제1차 세계대전은 범게르만 민족과 범슬라브 민
족의 대립이라고 보았다.[60]

　그는 제1차 대전 이후에는 '민족' 대립이 더 심화되고, 큰 문제가 될
것이라고 예견하였다. 전쟁의 결과, 독일이 패하더라도 제2, 제3의 독

　　25~26일 (《張志淵全書》 8, 205~207 ;《韋庵文稿》 권8, 355~358쪽).
58) 〈覊窓漫筆(6)〉,《每日申報》 1915년 3월 27일 (《張志淵全書》 8, 61쪽).
59) 韋庵, 〈歡迎長谷川總督〉,《每日申報》 1916년 12월 10일, 現代詩壇 ; 嵩陽山人, 〈奉送李王殿
　　下東上〉,《每日申報》 1917년 6월 8일 ; 〈大正六年詩史〉,《每日申報》 1918년 1월 1일. 이에
　　대해서는 姜明官, 〈張志淵 詩世界의 變貌와 思想〉, 397~399쪽 참조.
60) 韋庵, 〈時事小言(1~2)〉,《每日申報》 1916년 5월 30~31일 ; 嵩陽山人, 〈漫筆瑣語(67)―歐
　　洲戰亂의 起因(5)〉,《每日申報》 1915년 6월 30일 (《張志淵全書》 8, 155~156쪽) ;《韋庵文
　　稿》 권10, 〈歐洲戰爭起因(下)〉, 438~440쪽). (〈時事小言〉은《全書》에 미수록.)

일이 속출할 것이며, 또 군사적 무기가 더 발달한 '무력시대'가 도래하면서 '군국주의'가 발전하는 동시에 영토가 침탈하는 '척토주의拓土主義'가 치열하게 나타날 것이라고 보았다. 결국 서양의 침략은 동양을 향하게 될 것이고, 따라서 황인종과 백인종 사이의 인종전쟁人種戰爭이 일어날 것으로 보았다.61) 이와 같은 서양의 동양 침략으로 야기될 인종 전쟁, 곧 '백화론白禍論'에 대비해야 한다고 하였다.

이런 정세의 변화 속에서 장지연이 주장한 방안이 '범아세아 몬로주의'였다. 그는 "미국의 몬로주의처럼 아세아 몬로주의를 채용함이 금일 동양의 유일무이한 최상책 방법"이라고62) 하였다.

亞細亞 全部를 聯合ㅎ야 統一을 行코져 홈은 到底 不可能ㅎ 事이라. 只足 夢想에 不過ㅎ다 홀지나 地理上 關係던지 種族上 關係던지 亞洲同種의 民族된 者ㅣ 宜히 民族主義를 採用ㅎ야 一大 汎亞細亞主義를 發達홈에 努力홀지니, 卽 汎亞細亞몬로主義가 是라.63)

라고 하였다. 곧 지리, 종족에서 같은 태도를 취할 수 있는 아시아가 민족주의를 확립하여 자강, 자위自衛를 이루어야 동양의 영구한 평화와 현재의 영토를 보전할 수 있다고 하였다.64)

'범아세아 몬로주의'는 일본을 중심으로 아시아가 뭉쳐야 한다는 '일본 맹주론日本盟主論'이었다. 일본은 세계 열강 사이에서 웅비雄飛하는 '동양의 패왕覇王'이므로, 일본을 중심으로 동양 사람이 서로 제휴하여 장벽을

---

61) 〈時事小言(7~8)〉,《每日申報》 1916년 6월 7~8일 ; 〈漫筆瑣語(70)— 歐洲戰亂의 起因(7)〉, 《每日申報》 1915년 7월 3일 (《張志淵全書》 8, 160쪽 ; 《韋庵文稿》 권10, 〈歐洲戰爭起因(下)〉, 441~443쪽) ; 〈黃白人種戰〉,《每日申報》 1918년 3월 19일 (《張志淵全書》 8, 647~648쪽)
62) 〈時事小言(6)〉,《每日申報》 1916년 6월 4일.
63) 〈時事小言(8)〉,《每日申報》 1916년 6월 8일.
64) 위와 같음.

철거하고 '동제공장同濟共仗[공동으로 돕고 무장함]'하여 동양의 평화를
보전하자는 것이었다.65) 이때 조선을 별도의 독자적인 민족으로 취급하
지 않았다. 이미 식민지였기 때문이지만, 장지연은 일본과 조선이 같은
문화와 민족이므로 그럴 필요가 없다고 보았다. 즉 "일본은 비록 우리
조선과 물을 끼고 격隔하여 있으나 그 국경이 서로 이웃이고, 인종, 문화
역시 우리와 상동相同"하기 때문이었다.66) 아시아 전체를 연합하는 것은
불가능하지만, '몽골족[蒙古族]'에 속하는 일본, 중국, 조선의 연합은 가능
하다고 보았다. 따라서 "금일 동양의 지위는 지나, 일선日鮮 …… 이 양방
兩邦이 같이 나아가고 순치보거脣齒輔車의 모양을 한 연후에 국방을 온전
하게 할 수 있고, 민족을 보전"할 수 있다고 하였던 것이다.67)

장지연의 '범아세아 몬로주의'는 사실상 일본의 침략 이데올로기였
던 아시아주의를 그대로 수용한 것이었다. 일본이 러일전쟁 당시부터
내세우던 인종주의, 동양평화론도 그대로 받아들였다. 그리고 그 연원
은 '보호국' 지배 아래에서 많은 지식인이 가졌던 삼국제휴론三國提携論,
한일동맹론韓日同盟論이었다. 장지연도 러일전쟁을 인종전쟁人種戰爭으
로 파악하고, 동양의 안녕과 평화를 위해 일본을 도와야 한다는 주장에
동조하였으며,68) 대한자강회 고문이었던 오가키[大垣丈夫]의 삼국동맹
설에 찬동하였다.69) 또한 강점 뒤, 여러 시회詩會를 통하여 장지연은
아베[阿部充家]와도 가깝게 지냈는데, 그는 1920년대에 민족개량주의를
퍼뜨리며 최남선, 최린, 이광수 등을 회유했던 사람이었다.70)

---

65) 〈漫錄―地理關系(5)〉, 《每日申報》 1916년 9월 16일 (《張志淵全書》 8, 267쪽).
66) 위와 같음.
67) 〈支那 覺醒의 今日(續)〉, 《每日申報》 1918년 3월 21일 (《張志淵全書》 8, 650쪽). 또 "동양대
　　국은 오직 일본과 지나 두 나라일 뿐이고, 서로 제휴하여 친선을 한 연후에 외부를 막을 수
　　있는 술책"이라고 하였다(〈漫筆瑣語(72)―日支親善은 東洋幸福〉, 《每日申報》 1915년 7월 13
　　일 (《張志淵全書》 8, 162쪽)].
68) 《韋庵文稿》 권8, 〈亞裵先生問答〉 (《皇城新聞》 1904년 5월 6일).
69) 南崇山人 張志淵, 〈送金陵大垣丈夫之西京序〉, 《大韓每日申報》 1906년 7월 7일 ; 南崇山人,
　　〈送金陵大垣丈夫之西京序〉, 《皇城新聞》 1906년 7월 7일.

3. 3.1운동에 대한 친일파의 공세 : 독립불능론과 실력양성론

1910년대 총독 정치를 도왔던 친일 세력은 3.1운동이 일어나자 당황해 마지않았다. 조선총독부 중추원 부의장, 경학원 대제학을 지냈던 김윤식金允植과 부제학 이용직李容植은 공동으로 일본 정부에 '독립청원서'를 제출할 정도였다.[71] 하지만 적극적이고 철저한 친일 세력은 오히려 3.1운동을 비판하고, 민심의 진정을 위해 여러 논의와 활동을 전개하였다.[72]

그들은 모두 3.1운동을 "사리를 불변不辯하고 국정國情을 알지 못하는 자의 경거망동輕擧妄動으로서, 내선 동화의 실實을 상해傷害하는 것"이라고 지적하였다. 이 운동은 조선의 상태를 알지 못하는 일부 재외 조선인이 파리 강화회의에서 토의된 민족자결주의를 기회 삼아 조선인 유학생, 조선 내의 일부 종교 관련자, 사려 천박한 학생 등과 비밀히 상통하여 민심을 선동한 것으로 파악하였다.[73]

윤치호尹致昊는 3.1운동에 참여하자는 권유를 거부하였다. 조선은

---

70) 姜東鎭, 《日帝의 韓國侵略政策史》, 1980, 393~396쪽.
71) 이용직은 한말 친일적인 공자교회의 회장으로 경학원 대제학 감으로 평가되었다. 그러나 일제는 처음 이용직을 제치고 '성질이 온건한' 박제순을 그 책임자로 삼았다. 이용직은 '합방' 당시 학부대신으로 조약안이 각의에 상정되었을 때, '이 같은 망국안에는 목이 달아나도 찬성할 수 없다'면서 강하게 반대하였다. 그리고 22일의 마지막 어전회의에도 불참하였다. 이런 이용직이 혹 유생층을 격려하여 소요를 일으킬 줄도 모른다고 판단되었고, 따라서 그를 경학원의 대표로 임명할 수 없었던 것이다. 물론 일제 당국자는 조약 체결 직후 이용직을 만나 "귀하는 학자이므로 마땅히 대제학이 되어야 하지만, 지금 경학원의 조직을 확장하고, 제사 외에 전국의 교화를 도모해야 하므로 행정 사무가 많다"는 이유를 설명하고, 박제순으로 하여금 담당하게 하고, 이용직은 講學을 전담하는 부제학을 권하였다. 이용직은 이를 "지위의 상하를 떠나 미력이나마 기꺼이 행하겠다"고 수락하였다. 이런 사정으로 보면 이용직이 처음 이완용의 병합 협의시에 반대하였던 것은 일시의 權略이나 辭令에 지나지 않는다고 평가하였다(小松綠,《朝鮮併合之裏面》, 203~205쪽).
72) 당시 친일파의 동향에 대해서는 車文燮,〈三 · 一運動을 前後한 受爵者와 親日韓人의 動向〉,《三 · 一運動 50周年紀念論文集》, 동아일보사, 1969 참조.
73)《每日申報》1919년 3월 8일〈荒唐한 流言에 迷惑지 말라〉某貴族談.

독립할 능력도 없으며, 약자인 조선은 강자에 순종해야 하며, 동양 평화를 위해서는 한국과 일본이 합해야 한다는 점을 그 이유로 들었다. 그는 신문 면담에서, ① 조선은 제1차 대전의 타격을 받지 않아 민족적으로 자결할 이유가 없고, ② 설사 독립한다고 해도 자립이 불가능하고, ③ 동양 평화를 위해서도, 또 민족성이 비슷하므로 '한일 합병', 내선인內鮮人 동화는 움직일 수 없는 것이며, ④ 강자와 약자가 서로 상화, 상애할 때, 약자가 항상 종순從順해야 하며, 약자가 강자에게 함부로 항거抗拒하면 강자의 노여움을 사서 결국 약자 자신을 어렵게 만들게 된다는 점 등을 지적하였다.74)

이완용李完用은 모두 세 차례에 걸쳐 "조선 민족 장래의 행복을 계도"한다는 이름 아래 조선 민중에게 '경고警告'하였다.75) 그는 3.1운동을 "불령不逞 도배의 선동煽動으로 무지몰각한 아동배兒童輩가 망동妄動"한 것으로, 치안을 방해하였다고 개탄하였으며, "조선 독립의 설이 허망하니 망동하여 생명을 사상하는 화에 자함自陷치 말라"고 하였다.76) 그리고 3.1운동이 점차 진정되어 간 것도 조선 사람들이 진심으로 "어제의 잘못과 오늘의 옳음을 자각"하였기 때문이라고 하였다.77)

이완용은 조선의 독립이 불가능하다는 여러 이유를 들었다. 첫째, 조선과 일본은 상고 이래로 동종동족同宗同族, 동종동근同種同根이므로 '일한 병합'은 역사적 운명이며, 세계 대세의 순리라는 것이었다. 이 '합방'은 지리적으로도 공동의 이해와 공동의 존립을 위하여 양국이 흥망성쇠를 같이 하자는 정신이라고 하고, 양자를 분리하면 양자의 자멸을 초래하게 될 것이라 하였다. 이를 통해서 비로소 동양 평화가 확보

74)《每日申報》1919년 3월 8일〈朝鮮人을 爲하야 悲哀-尹致昊氏談〉.
75)《每日申報》1919년 4월 5일〈適宜의 警告 - 警告文〉; 1919년 4월 9일〈李伯再次警告〉; 1919년 5월 30일〈李伯三次警告〉.
76)《每日申報》1919년 4월 5일〈適宜의 警告 - 警告文〉; 1919년 4월 9일〈李伯再次警告〉.
77)《每日申報》1919년 5월 30일〈李伯三次警告〉.

되며, 또한 조선 민족의 유일한 활로가 된다고 하였다.

둘째, 조선의 독립능력 부족, 실력 부족을 강조하였다. 조선은 국제 경쟁이 심하지 않던 시절에도 나라의 독립을 완전히 유지하지 못하였고, 동양의 평화를 위해 힘쓴 적이 없을 뿐 아니라 오히려 자국의 보유도 항상 타력에 의뢰하였는데, 제1차 세계대전 후 전 세계의 개조가 진행되고 있는 시점에서 독립을 고창하는 것은 허망하다는 것이었다. 그리하여 "냉정한 두뇌로써 우리 조선 민족의 장래와 동양 평화의 영원한 대계를 심사 숙고하며, 현금 우리의 경우와 실력과 세상의 진운을 몰각하지 말"라고 하면서, 경거 망동하는 무리들은 "조선 민족을 멸망케 하며 동양 평화를 파괴하려는 우리의 적"이라고 단정하였다.[78]

그 밖에 총독부의 고급 관료로 있던 대부분의 친일파(朴榮喆 등)들도 3.1운동을 반대하였다.[79] 그들이 반대한 이유는 ① 당시 국제 정세상 조선의 독립은 불가능하다는 점, ② 민족 자결의 원칙은 제1차 대전과 무관한 조선과는 관련이 없다는 점, ③ 백인이 동양을 넘보고 있는 상황에서 일본은 동양의 평화를 지키기 위해 조선을 지배해야 한다는 점, ④ 총독부의 식민 지배 이후 정치가 일신되고, 산업·교육의 장려, 교통 운수의 편이, 사법의 공평, 경찰의 주밀綢密로 일반 민중이 점차 안도 낙업樂業하고 있다는 점, ⑤ 조선의 현 상태로는 재정, 병력, 기술, 인물 같은 면에서 독립국의 체면을 유지할 실력이 없다는 점 등을 거론하였다. 3.1운동의 부당성과 식민 정책의 정당성을 선전하였던 것이다.

이에 덧붙여 친일파들은 식민 정책의 방향까지 구상하여 건의하였다. 이완용은 조선의 장래 행복을 위해 조선인이 '일한 병합'의 의의와 그 정신을 실현하기 위해 노력하는 것이 최선의 양책이라고 하였으며,

---

78) 위와 같음.
79) 《每日申報》 1919년 4월 30일 〈今回의 騷擾에 就하여-咸興參與官 朴榮喆氏談〉 ; 1919년 4월 24일 〈黃海長官警告〉 ; 1919년 3월 25일 〈某郡守의 郡民에 騷擾에 對한 說論〉.

지방 자치의 문제, 참정권, 병역, 교육, 집회, 언론 등은 생활 지식 정도
에 따라 정당한 방법으로 요구하면 동정이 있을 것이라 하였다.[80]

　고양군수 민원식閔元植도 일제의 식민 지배가 정당하다는 점으로 ①
청일전쟁에 의한 조선의 독립, ② 동양 평화를 위한 보호국화, ③ 독립
유지가 불가능한 점에서의 병합, ④ 백인의 인종적 차별을 벗어나기
위한 동근同根의 조선과 일본의 결합 등을 열거하였다. 따라서 3.1운동과
같은 소요를 해결하려면 "조선은 동양의 화근이므로 동양 평화를 위해서
는 조선이 일본의 통치 하에 두는 것이 적당하다"고 명확하게 판단해야
하며, 당시 국제 정세에서 일본의 동의 없이 외교 활동을 통한 독립
쟁취는 불가능하다고 주장하였다. 이와 아울러 그는 일본 지배 아래라고
하더라도 민권民權으로 요구할 것이 있으면 일본 제국의 신민臣民으로
정정당당하게 요구하자고 하였으며, 장래에는 조선 민족에게도 참정권
을 부여해야 한다고 주장하였다. 그 밖에 교육 기관의 증설, 엄중한
결사 · 언론의 취체取締, 헌병 경찰도 고려해야 한다고 하였다.[81] 이런
요구들은 1920년대 식민 정책의 근간을 이루는 핵심적인 부문이었다.

　식민 정책의 변화를 주장하고 건의하면서, 동시에 조선인의 실력도
한층 더 양성해야 한다는 점도 강조하였다. 이완용은 당시 추구해야
할 최급무를 '실력양성'이라고 하면서, 천황의 일시동인一視同仁을 이해
하지 못하는 일본인이 있고, 이런 일본인의 차별에 대해 불만도 있겠지
만, "우리가 내지인[일본인]에 비하여 실력의 차가 없지 않다고 못하리
니, 도량을 크게 하여 가급적으로 그들에게 반성을 촉구하며 이해를
구할 것이요, 결코 일시 감정으로 일시동인하시는 성지聖旨를 오해해서
는 안 된다"고 하였다.[82]

---

80) 《每日申報》 1919년 5월 30일 〈李伯三次警告〉.
81) 閔元植, 〈騷擾의 原因과 匡救例案〉, 《每日申報》 1919년 4월 15-20일 ; 〈更히 騷擾에 對하
　여〉, 《每日申報》 1919월 4월 27일.
82) 《每日申報》 1919년 5월 30일 〈李伯三次警告〉.

또한 민원식도 조선인들이 완미頑迷한 구사상, 구관습을 고쳐 문명을 추수追隨하면 희망이 있다고 하면서

> 新附國民인 我 朝鮮人은 오직 實力의 養成을 圖ㅎ야 國家에 對흔 義務를 內地人과 差等이 無키에 至홈을 期ㅎᄂ 同時에 內地人과 同樣의 權利를 享受홈을 望치 안이홈이 不可ㅎ도다. 朝鮮人이 此 希望으로서 忠良흔 國民이 됨을 自期ㅎ고 勇往驀進ㅎ면 幾年을 不出ㅎ야 內地人으로브터 平等, 無差別ㅎ게 될 것은 …… / 故로 余는 朝鮮人의 精神的으로 敎育의 普及을 期ㅎ고 物質的으로 産業의 發達을 圖ㅎ야 內地人과 差別이 無흔 忠良한 國民이 됨을 熱望ㅎ야 己치 안이ㅎᄂ 바……83)

라고 하여, 산업 발전과 교육 보급을 통한 실력양성을 주장하면서, 이는 오직 총독부 당국의 지도, 장려에 따라 실력을 양성하면, 일본인과 동등한 '충량한 국민'이 될 것이며, 일본의 고관 대작大爵도 될 수 있고, 결사結社 언론의 자유를 비롯한 국민의 권리를 얻게 되며, 심지어 참정권參政權도 구하면 얻을 수 있다고 하였다.84)

적극적인 친일파를 중심으로 독립불능론, 실력양성론은 물론 참정권까지 주장한 것은 매우 유의해야 할 것이다. 특히 참정권은 문명화의 최고 단계, 곧 내지연장, 일시동인으로 문명화에 다다른 것이라는 판단에서 제기하였다. 예속적인 친일 세력이 나아갈 수 있는 최고의 수준이었다. 1920년대 친일 세력의 운동론이 벌써 제기되기 시작하였던 것이다. 그리고 이것은 물론 일제의 기만적인 지배 논리 속에서 제기될 수도 있었지만, 친일 세력의 논리적 발전, 변화 과정에서도 가능하였다.

---

83) 閔元植, 〈先覺者의 奮鷹를 望함〉(9) 《每日申報》 1919년 3월 19일.
84) 위와 같음.

V

종 장

개혁운동의 전개와 계몽운동
: 문명과 자주독립의 착종錯綜 속에서

(가) 1876년 문호개방 이후 한국의 근대사는 자주적 근대국가를 수립하기 위한 개혁운동의 과정이었다. 중국을 중심으로 한 전근대적 동아시아 질서가 무너지고 제국주의가 지배하는 세계질서 속에서 근대국가를 만들기 위해서는 반드시 제국주의를 배척해야 했지만, 동시에 제국주의 강대국의 문명은 배워야 하였다. 이런 점은 문명개화를 지향하던 지식층, 지배층은 물론이거니와, 시세의 변화를 알게 된 지방의 유교 지식인에 이르기까지 모두에게 같았다. 서양 문명을 수용하여 문명화를 이루면서 동시에 자주적 민족 및 국권 문제를 해결하여야 하였고, 그 향방에 따라 개혁운동의 성격도 정해졌다. 이에 따라 근대개혁론은 유교를 근간으로 서양의 기술 문명만 배우자는 양무론洋務論, 전면적인 서양 문명의 수용을 주장한 문명개화론文明開化論, 그리고 서양 문명을 장단점을 고려하여 절충적으로 받아들이자는 변법론變法論 등으로 제기되었다.

우리가 검토했던 계몽운동은 여러 갈래의 개혁론이 다양하게 결합되면서 위로부터 일어난 부르주아 개혁운동이었다. 문명과 자주독립을 지향하며 시작되었던 계몽운동은 1905년의 국권상실 뒤에 들어서 국권회복, 자주독립이 최우선의 과제가 되었고, 이를 이루기 위해 문명화를 통한 자강, 실력양성을 달성해야 하였다. 국권상실을 통치권-황제권의 문제로 보기도 하였지만, 점차 이를 민족 문제로 인식하게 되었다. 민족이 결집하고 새로운 '국민'이 부상하면서 근대 민족주의를 형성되는 단초가 이루어졌다. 민족주의는 근대 한국의 국가와 사회를 만들어 간 이념이었다.

우리는 오랜 역사 속에서 민족을 단위로 독자적인 역사를 영위하였다. 더욱이 조선 후기 실학 속에서 전근대적 중국 중심의 문화 인식을 비판하면서 자국 의식이 강화되었다. 따라서 계몽운동 시기에는 이런 역사적 경험을 계승하면서, 제국주의가 지배하던 국제 정세 속에서 민족을 명확하게 인식하기 시작하였다. 이런 점에서 한국의 근대 민족주의는 자민족 중심에서 이민족의 침략을 반대하는 저항성抵抗性을 기본으로, 근대사회를 만들어가기 위한 논리[近代性]와 이를 주도하던 계급의 이념[階級性]도 그 속에 내포하였다. 요컨대 민족주의의 성격은 어떤 계급이, 어떤 방향에서 서양 문명을 배우면서 문명화와 자주독립과 국권 문제를 해결하느냐에 따라 결정되었다.

(나) 위로부터의 부르주아 개혁운동이 '계몽'을 그 운동 방법으로 설정한 것은 1880년대 초반이었다. 이때는 조선 정부 집권 세력과 식자층의 일부가 국제 질서의 변동 속에서 자주적 국권을 유지하고, 또한 이를 위해서 서양 문명의 수용으로 부국강병富國强兵을 구상하였다.

조선 왕조 집권 세력은 19세기 이래 중세 체제의 위기에 직면해 있었다. 격화된 반봉건 농민항쟁 때문이었다. 개항을 전후하여서는 강화된 외세 침략으로 또 다른 차원의 위기를 맞았다. 정부의 집권 세력과 그 주변 사람들은 기존의 중세적 조세제도를 개혁하여 농민층의 불만을 무마하고, 동시에 부분적이지만 서양 문명을 수용하여 나라의 부강을 달성하고자 하였다. 그들은 지주층이 가진 사회경제적 이득을 지키면서, 서양 문명을 수용하여 문명화, 개화를, 나아가 나라의 자강과 자주를 이루고자 하였다. 곧 문명과 국권(독립, 민족적 자주)의 과제를 동시에 해결하여야 했다.

이런 논의를 주도했던 사람들은 노론老論 낙론洛論계였다. 자신들의 학문적 전통, 곧 북학론北學論을 바탕으로 서양의 기술 문명을 수용하였다. 같은 당파적 이해관계에 있던 재야의 노론, 척사론과는 달랐다. 18세기 말~19세기 초, 서울 지역을 중심으로 형성되었던 북학론은 청 문화와 전래 된 서양 문명을 접하면서 이들 이적夷狄의 학문에서도 배울 것이 있다는 논의였다. 그들은 서양의 종교와 기술을 서로 구분하여, 종교는 절대적으로 부정하면서, 기술 문명은 이용후생利用厚生 차원에서 수용할 수 있다고 하였다. 이들은 대원군 집권기에 부상하기 시작하여 이른바 개화세력으로 결집하였다.

그리하여 정부 집권 세력은 문호를 개방하고 서양 기술 문명 수용을 추진하였다. 1880년대에 들어서는 청과 일본에 시찰단, 사절단 등을 파견하여 두 나라의 근대개혁 사업을 경험하게 하는 한편, 그 시찰단, 사절단의 일원으로 젊은 인재도 파견하여 국제 정세와 서양 문명을 배우게 하였다. 일본의 도움으로 신식 군대(별기군別技軍)를 만들었으며, 또한 변화된 국제 관계에 대처하기 위해 통리기무아문統理機務衙門을 설치하였다. 서양의 사정을 소개하는 신문(《한성순보漢城旬報》)을 만들고, 또한 교육과 의료 등의 분야에 서양인을 활용하여 육영공원育英公院, 제중원濟衆院 등을 설치하였다. 그들은 서양과의 통교 및 기술 문명 수용이 그 종교를 받아들이는 것은 아니라고 하였다. 이에 따라 서양

여러 나라와 수호통상 조약을 맺었다. 만국공법萬國公法을 내세우고 '포
함砲艦'으로 약소국을 침략하는 국제 정세에 대응하는 조치였고, 논자
에 따라 차이는 있었지만, 대부분의 집권층은 여전히 청의 '사대' 질서
에 기대어 강대국의 침략에 대처하면서 유교 사회를 보완하는 차원에
서 서양 기술 수용을 추진하였다. 이른바 양무개혁론이었다.

　정부의 집권 세력이 자신들의 개혁 이념을 추진하는 방법으로는 '강
온强穩' 양면이 있었다. 지주적 기반을 둔 채 농민층을 안정시키기 위해
조세제도와 같은 것을 손보기도 하였지만, 체제 유지를 위해서는 농민
층의 항쟁을 힘으로 억압하였다. 임오군란이나 1894년 농민전쟁에 대
한 정부의 대응이 이를 잘 보였다. 자신들의 힘이 부족하면 외세 청이
나 일본에도 의존하여 이를 해결하였다. 자신들의 개혁론에 반대하던
척사론자에 대해서도 계몽하거나 억압하였다. 《한성순보》나 《한성주
보》를 통하여 세계 정세의 변동, 서양 문명 수용의 필요성 등을 '계몽'
하였다. 또 정부의 개혁론이 집약적으로 정리된 《조선책략朝鮮策略》 같
은 책을 찍어 배포하였다. 그러나 정부의 정책에 척사론자들이 반기를
들어 상소 운동으로 항의하자 그 주모자를 처형하거나 유배시켰다.

　(다) 정부의 근대개혁 사업은 보수 유생층[척사상소 운동]이나 민중
층의 항의[임오군란]로 주춤해졌다. 그러자 집권 세력의 일각, 곧 김옥
균金玉均, 박영효朴泳孝 등은 좀 더 적극적으로 근대개혁을 추구하였다.
일본의 문명개화 사업을 경험하면서 메이지유신과 같은 적극적인 서양
문명 수용과 개혁을 구상하였다. 곧 문명개화론이었다.

　서양 문명을 적극적으로 수용하면서 유교 문명의 우월성을 부정하는
논리를 수반하였다. 기술 문명만을 수용하자는 양무개혁론은 유교의
절대성을 견지하였지만, 문명개화론에서는 그 절대성을 인정하지 않았
다. 또한 힘의 강약에 따라 현실을 인식하면서, 기존의 유교 문명은

오히려 서양 문명보다 뒤떨어진 것으로 판단하였다. 문명개화의 목표
는 서양의 문명을 달성하는 것이었다. 조선 문명은 반개화半開化, 미개
화未開化의 상태로 보았다. 서양 문명을 수용하자는 논의는 문명의 위
계位階 질서를 인정하고, 서양 문명의 우월성을 인정한 것이었다.

　문명관이 변하면서 유교에 기반을 둔 화이관華夷觀도 변하지 않을 수
없었다. 현실적으로 청의 간섭에서 벗어나 만국공법萬國公法이 통용되
는 국제 관계 속에서 '독립'을 추구하였다. 청이 지배하는 의례적인 조
공체제를 청산하면서, 일본과 같은 수준의 문명화, 근대개혁을 구상하
였다. 바로 갑신정변甲申政變이었다.

　갑신정변은 지배층 내부의 권력 다툼 형태로 일어났다. 계급적 제한
성으로 민중을 결집할 수 없었던 그들은 정변의 동력을 일본에 의존하
였다. 갑신정변이 3일 만에 실패한 뒤, 이들 또한 해외로 망명하였다.
자신들의 문명개화 이념을 실현할 방안을 제시하지 못한 가운데 일본
의 지원 아래 10년 뒤 갑오개혁을 추진하였다.

　갑오개혁을 거치면서 '보통 교육'이 확립되기 시작하였고, 그 대상도
확대되었다. 개화 사업을 담당할 인재의 양성을 위해 총명한 자제를
일본에 유학을 보내기도 하였고, '개화' 사업의 대상이 일반 '국민'으로
확대되었다. 개화의 근본이 교육에 있음을 천명하고, 공립학교를 세웠
다. 갑오개혁에서 단행한 신분제 폐지와 더불어 국민, 곧 국왕의 신민
臣民을 만들기 시작하였다.

　(라) 부르주아 개혁운동에서 '계몽'을 조직적, 본격적으로 실현한 것
은 독립협회, 《독립신문》이었다. 근대 한국의 계몽운동은 바로 여기에
서 시작되었다.

　《독립신문》과 독립협회는 서재필徐載弼이 주도하였다. 갑신정변 실
패 뒤, 미국으로 망명했던 그는 미국을 통해 서양 문명을 경험하고,

이를 한국 근대화의 길잡이로 삼았다. 그는 갑신정변 실패가 민중층의 지지를 받지 못한 점이었다고 파악하고, 민중층이 세계 정세의 변화와 서구 문명 수용을 알아야 한다고 생각하였다. 《독립신문》을 순국문으로 발간하여 민중층을 계몽하고자 하였으며, 또한 독립협회를 계몽운동 단체로 탈바꿈하고, 민중층과 결합하여 관민공동회, 민회民會(萬民共同會) 운동을 주도하였다.

《독립신문》, 독립협회를 중심으로 전개된 계몽운동에서 가장 중요한 문제는 문명화와 자주독립이었다. 그들은 청일전쟁을 '문명과 야만의 대결'이라고 보았고, 일본의 승리는 결국 서양 문명의 우월성, 곧 문명의 승리라고 파악하였다. 청일전쟁의 결과 청의 '속국'이었던 조선이 '독립' 되었으므로, 새로운 국제 질서 속에서 자주독립국으로 다시 등장해야 하였다. 《독립신문》, 독립협회의 계몽운동에서 추구했던 과제였다.

계몽운동에서 추구했던 문명화의 방략은 서양 문명의 전면적 수용과 학습이었다. 그들은 서양을 가장 높은 단계의 문명으로 보고, 조선은 반개화, 그리고 아프리카 등은 야만으로 나누는 문명의 위계적 질서에 공감하고, 조선의 문명화를 위해서 적극적으로 서양 문명을 수용해야 한다고 하였다. 그들이 수용하고자 했던 서양 문명은 1880년대 이래 양무개혁론에서 추진하였던 기술 문명에만 한정하지 않았다. 사회 전반에 걸쳐 서양화, 문명화가 필요하므로, 정교政敎, 즉 서양의 정치론과 종교까지 받아들이고자 하였다. 물론 정치 체제는 대한제국 황제의 권한이 강화되고 있었으므로 군권君權의 보장 아래에서 민권의 성장을 꾀하였다. 또한 서양 문명의 원천이 기독교에 있다는 점을 들어 기독교 수용까지 주장하였다. 이에 동양 문명의 원천이었던 유교 문명은 비판의 대상이 되었다.

한편, 대한제국의 개혁사업에서도 문명화와 자주독립을 추구하였다. 갑오개혁 당시 약화된 황제권을 강화하고, 유교 이념을 계속 강조한 것을 제외한다면, 문명화, 개화를 위해 서양 문명을 대폭적으로 수용하였다. 또 개화의 근본이 교육에 있음을 천명하고, 학교 교육을 통해 새로운 신지식을 교육하고, 황제의 신민臣民, '국민'을 만들어갔다. 황제가 통치하는[專制] 제국의 지위도 서양의 국제법 이론에 따라 강화 정비하였고, 대내외의 주권主權도 황제의 통치권에서 비롯되었음을 천명하였다. 대한제국은 황제의 권한에 도전하는 일체의 행위는 용납하지 않았다. 전제 황권 아래에서 독립협회, 민회운동은 허용하였지만, 이를 벗어나면 바로 해체시켜 버렸다.

대한제국의 개혁사업이 활발하게 추진되고, 또한《독립신문》등의 문명개화론이 확산되는 가운데, 또 다른 논리로 계몽운동에 참여했던 것이《황성신문皇城新聞》이었다. 이 신문을 주도한 사람은 유교에서 출발하여 사상적으로 변했던 이른바 '개신유학자改新儒學者'였다. 이들은 유교의 변통론變通論에 따라 시세가 변하였으므로, 문명화를 위해서는 서양 문명을 수용해야 하며, 구래의 조종祖宗의 법도 고쳐야 한다고 하였다. 이들의 논리는 변법론變法論, 곧 변법개혁론이었다.

그들은 문명화를 위해서는 우리와 서양 문명의 장단점을 살피고, 우리의 부족한 것을 보완하는 차원에서 서양 문명도 선택적, 절충적으로 수용할 것을 주장하였다. 우리의 역사, 문화 가운데 조선 후기의 실학이 당시의 근대개혁을 추진하는 데도 바탕이 될 것으로 생각하였다. 역사와 영토 문제에 대한 인식을 체계화하면서 민족을 새롭게 인식하고, 일본의 침탈 속에서 국권과 자주독립 문제에 대처하였다. 일부에서는 실학의 토지개혁론을 계승하여 농민, 농업 문제를 해결하고, 그 위에서 근대 서양의 정치론을 수용하고 자본주의 체제를 구축하는 방안도 제시하였다.

(마) 1905년 을사늑약으로 대한제국은 일제의 보호국으로 전락하였

고, 모든 사람은 이를 국권상실로 여겼다. 독립협회 이후 잠시 주춤했던 계몽운동은 국권회복을 목표로 내걸고 새롭게 출범하였다. 계몽운동 초기부터 제기했던 문명화와 자주독립의 과제는 새로운 차원으로 발전하게 되었다.

계몽운동(이른바 '애국계몽운동')이 국권회복을 목표로 하였던 바, 이에 찬동하는 여러 계열의 인사들이 참여하였다. 종래 계몽운동을 이끌던 《독립신문》의 문명개화론자와, 《황성신문》의 변법개혁론자들이 결합하였다. 이들은 사상적 연원과 사회경제적 형편에서 차이가 있었지만, 국권회복을 위해 민족적 차원에서 연합하였다. 이들은 대한자강회를 비롯하여, 대한협회, 신민회, 학회 등의 단체와, 《대한매일신보》, 《황성신문》 등의 신문, 잡지, 그리고 학교 교육 등을 통하여 국권회복을 위한 계몽운동을 전개하였다. 더욱이 계몽운동이 전국적으로 확산되면서 각 지방 유생[개신유학자] 출신의 '유식자', '자산가' 등도 참여하였다. 국외의 일본 유학생, 미주 지역의 이민자 등도 운동을 전개하였다. 각지의 학교 설립, 국채보상운동 등도 계몽운동의 일환이었다.

계몽운동에 매우 다양한 계층과 집단이 참여하게 되면서 내부에는 이념적, 계급적으로 다양한 견해들이 표출되었다. 국권 침탈에 대한 인식, 민중층에 대한 인식, 계몽운동의 이념, 문명화와 유교와의 관계, 국가의 권리[국권]와 개인의 권리[민권] 등에서 그러하였다.

계몽운동 내부의 편차로 현실 정세가 변하면서 운동론도 분화하였다. 즉 목표로 했던 국권회복이 좌절되거나 대한제국이 완전하게 망하게 된 때였다. 그들이 신봉했던 사회진화론의 본질을 깨닫게 되고, '제국'에 대신하는 새로운 정치 이념[공화주의]의 등장, 이를 담당할 새로운 '민족', '국민' 또는 '민중' 등을 인식하게 되면서 새로운 단계의 민족운동으로 전화하게 되었다.

(바) 국권회복운동을 선도했던 대한자강회는 대한제국의 국권이 상실된 것은 우리 스스로 자강自強하지 못했기 때문이라고 파악하였다. 자강을 이루기 위해서는 가장 먼저 자강 정신, 조국 정신을 명확히 확립해야 한다고 하였다. 그런 다음 이를 바탕으로 자강지술自強之術, 곧 교육과 산업을 진흥하자고 하였다. 교육과 산업 진흥으로 부강富強을 이루자는 것은 1880년대 이후 지배 세력들이 추구하던 바였고, 그 방법은 어떤 형태로든지 서양 문명을 배우는 것이었다. 대한자강회는 이런 점을 "안으로는 조국 정신을 배양하고, 밖으로는 문명의 학술을 흡수하는 것"이 급무라고 하였다. 그리하여 대한자강회는 잡지 발간, 연설회 개최 및 지방 지회 설립 등으로 보수 유생층이나 민중층을 계몽하였다. 또한 자산가들에게 근대적 상업 활동을 소개하고 학교 설립도 권유하였다. 사안에 따라서는 좋은 개선 방안을 마련하여 이를 정부에 건의하고, 정책으로 실시하기를 권유하였다. 자신들의 활동이 항상 치안을 방해하지 않는, 실정법 안에서 합법적인 활동을 지향하였다.

대한자강회가 내세운 운동의 방법과 범위 등은 그 뒤의 여러 단체, 신문 활동의 전형이 되었다. 그러나 계몽운동에는 사상적, 사회경제적 이해관계를 달리하는 여러 집단이 연합하고 있었고, 또한 일제의 침략이 강화되면서 국권회복의 가능성이 희박해지면서, 계몽운동 내부에서는 성격을 달리하는 여러 논의들이 제기되어 나왔다.

그 출발은 국권상실을 보는 대비되는 두 견해였다. 계몽운동의 이론적 근거는 사회진화론社會進化論이었다. '경쟁에 따른 사회 진보'를 기본 원리로 하여, 경쟁에서 지지 않기 위해 약자가 자강, 부국강병으로 강자가 되어야 한다는 논리이기도 하였지만, 다른 한편으로는 강자가 경쟁에 따라 약자를 지배하는 것을 어쩔 수 없는 법칙이고, 따라서 문명화와 진보를 위해서는 강자의 '보호'가 필요하다는 논의도 나왔다. 이런 인식의 차이는 계몽운동 내부에 참여한 계열에 따라 제기된 것이었다.

계몽운동의 이념이었던 자강주의와 실력양성주의 사이의 미묘한 차이도 그런 것이었다. 대한자강회 주요 핵심 인사들은 자주적, 주체적 차원에서 '自'라는 점을 강조하여 자강론을 주장하였다. 그러나 점차 문명화론의 틀 속에서 교육과 식산흥업을 통한 부강, 실력양성만을 강조하는 경향이 강해졌다. 자강 정신이 약화된 가운데 제기된 실력양성론, 문명화론은 강자의 지배와 지도 아래 이루어야 한다는 방향으로 가고 있었다.

국권회복을 목표로 했던 민중층, 유생층의 의병운동에 대한 태도도 대립적이었다. 일반적으로 의병이 실력을 헤아리지 않고 강자를 상대로 무력으로 싸우는 것이므로, 이는 무모한 '망동妄動'이며, 또한 치안을 방해하는 행위라고 하였다. 오직 필요한 것은 '실력양성'이고, 실정법을 따르는 활동 범위를 강조하였다. 하지만 개인이나, 지역에 따라서는 의병 정신을 높게 평가하고, 의병과 연결되는 활동도 나오고 있었다.

현실 문제를 인식하는 태도는 문명화의 방안 문제와 직결되어 있었다. 계몽운동에서는 국권회복을 위해 실력을 양성하고, 자강을 이루는 길을 통틀어 '문명화'의 길로 이해하였다. 곧 문명화만이 국권을 회복할 수 있는 길이었다. 문명화를 위해서는 당연히 서양 문명을 수용하여야 했고, 강대국, 문명국을 모델로 이를 배워야 하였다. 서양 문명을 수용해야 한다는 대원칙에서는 반대가 있을 수 없었지만, 전통 사회를 어느 정도까지 개혁할 것인가, 또 이를 위해 수용해야 할 서양 문명이 어디까지인가 등의 문제를 둘러싸고 여러 갈래의 논의가 제기되었다. 그 논의 핵심은 결국 유교로 대표되는 구학문과 새로운 신학문을 어떻게 결합할 것인가라는 문제였다. 이는 개화 과정에서 언제나 고민하던 것이었다. 국권회복 계몽운동 단계에서는 신학문과 구학문을 절충하는 수준에서 수용할 것인가, 아니면 서양 문명을 전면적으로 수용할 것인가로 모였다. 문명화에 대한 인식의 차이는 국권 문제와 결합하면서 주체적인 문명화의 방향도 있었지만, 강자=문명국인 일본의 지배와 도움에 따른 문명화론도 나왔다.

힘이 없어 국권을 상실했다고 파악한 계몽운동에서는 힘을 양성하고 부강을 이루는 것도 중요하지만, 이보다도 더 우선하여 정신적인 면을 강조하였다. 대한자강회에서는 이를 '조국 정신'으로 내세웠다. 이런 점에서 우선, 문명화의 주역으로 5천 년 간 역사적으로 유지되어 오던 민족을 재발견하고, 이를 새로운 '근대 민족'으로 결집해갔다. 한국에는 이미 역사적, 문화적으로 같은 민족공동체라는 의식이 형성되어 있었기 때문에, 계몽운동에서는 근대적 의미의 애국심과 국민 의식을 고취하는 방향으로 이를 약간 조정하는 것만으로 충분하였다.

계몽운동에서는 민족 정신, 애국심을 배양하고, 근대 민족으로 만들어가는 과정에서 역사를 중시하였다. 중국 중심의 중세적 역사관에서 벗어나, 자국의 역사 체계를 세우는 일이었다. 그들은 단군을 중심으로 역사를 체계화하였다. 따라서 자연스럽게 고조선, 부여, 고구려가 자리 잡았던 만주 지역을 '고토故土'로 중시하였고, 이곳에 살고 있었던 모든 종족을 우리 민족 구성원으로 파악하였다.

한편, 계몽운동이 대부분 통감부 체제 아래의 합법 단체 운동으로 전개되었던 점에 불만을 가진 계열도 있었다. 신민회가 그러하였다. 물론 신민회의 운동 방안도 근본적으로는 실력양성론이었지만, 구미 지역의 새로운 사조 속에서, 새로운 국가 건설과 이를 담당할 '신국민'을 양성하기 위해 노력하였다. 따라서 그런 사업은 합법 단체보다는 비합법 단체가 적합하다고 생각했던 것이다. 이 계열의 일부 세력이 1910년 전후 계몽운동의 실력양성론과는 다른 민족운동의 방법으로 국외 독립군기지 건설을 추진했던 것도 이런 점에서 가능하였다.

이와 같이 국권회복을 목표로 한 계몽운동은 교육과 식산흥업을 통한 자강화, 문명화를 한 축으로 하고, 또 다른 축으로는 이를 담당할

민족과 국민을 결집하는 운동으로 전개되었다. 그러나 문명화의 방안
과 제국주의에 대한 태도 여하에 따라 실제의 운동에서는 불균형과 모
순이 일어날 수 있었다. 서양 문명의 적극적 수용과 문명화에 치우쳐
민족 문제를 외면할 수도 있었고, 그 반대로 민족 문제에 집착하여 문
명화에 소홀할 수도 있었다. 그리고 이런 불균형과 모순은 결국 계몽운
동에 참여했던 다양한 집단의 현실 인식과 개혁 방향에 따른 것이었다.
계몽운동에는 국권회복이라는 목표에 찬동했던 여러 계열의 지식인,
자산가, 특히 사상적 연원이 다른 문명개화론자와 변법개혁론자가 참
여하였다. 이러한 차이는 서양 문명의 수용과 문명화의 방향, 그리고
민족 형성과 국권회복 방법 등에서 나타나게 되었다. 신학과 구학(유
교)을 어떻게 할 것인가에 대한 태도는 곧 바로 민족의 역사와 문화에
대한 태도를 결정하였다. 특히 문제가 되었던 것은 문명화에 치우쳐
국권, 민족 문제의 중요성을 방기하고, 제국주의 일본의 침탈과 지배를
문명화의 과정으로 용인한 것이었다. 한국의 자주적, 주체적 문명화의
길이 점차 좌절되었다고 보면서, 한국의 문명화를 위해서는 문명국 일
본의 지도를 받아야만 한다는 것이었다. 많은 식자층이 1910년 망국으
로 가면서 이런 태도를 보였던 것이다. 이런 태도는 그들이 신봉했던
사회진화론의 덫에 걸린 것이었고, 또한 이는 일본의 침략 명분이기도
하였다. 이에 견주어 민족을 올바르게 세워야 한다는 일부의 변법개혁
론자는 전통의 역사와 문화 속에서 민족의 정수인 정신, 국수國粹를 찾
고 이를 보전할 것을 주장하였다.

　문명화와 국권(민족) 문제를 둘러싼 갈등, 불균형으로 계몽운동은
이념에 따라 세력이 분리되어 갔다. 일본의 지도와 지배 아래에서 문명
화를 추구한 이른바 친일 세력이 계몽운동 노선에서 이탈하였다. 국권
의 완전 상실 속에서 실력양성과 문명화의 중요성을 더 중요하게 제기
한 논자들은 이 이후 부르주아 민족운동의 주류를 형성하였다. 그 가운

데는 열강의 틈 속에서 외교 문제를 동시에 해결하려고 하였다. 한편 실력양성, 문명화를 추구하는 계몽운동의 개량적인 면을 비판하면서, 한편으로는 힘으로 일제에 항쟁하면서, 또 다른 한편으로는 이를 추동할 힘으로 민족과 민족 정신(국혼國魂, 국수國粹)을 민족운동의 본령으로 세우는 계열도 형성되기 시작하였다. 1910년대의 민족운동은 이러한 대대적인 분화 속에서 전개되었다.

(사) 일제는 강점 뒤, 식민지 조선을 헌병 경찰을 동원한 무력으로 통치하였다. 소수의 친일 세력을 제외한 모든 민족적 성향의 운동을 억압하였다. 일제의 무력 탄압이 강화됨에 따라 의병 세력도 국외로 이동하였고, 또한 계몽운동이 운동 노선의 분화 속에서 무력 항쟁에 합류한 사람들은 독립운동의 근거지를 국외, 특히 만주 지역에 구축하면서 의병 세력과의 통합을 모색하였다. 일제는 국내에 남아 있던 계몽운동 세력에 대해서도 대대적인 탄압을 가하였다. 총독암살 모의사건, 105인 사건 등을 조작하여, 특히 관서 지방의 계몽운동 세력, 기독교 세력을 억압하였다. 국내의 계몽운동 잔여 세력은 총독부 통치에 저촉되지 않는 범위 안에서 교육 사업과 산업운동을 전개하였다.

계몽운동에 참여했던 사람들은 제국주의 열강이 지배하는 국제 질서 속에서 나라가 점차 망해가고, 결국은 식민지로 떨어지는 과정 속에서 제국주의 열강과 문명화를 다시 살펴보게 되었다. 계몽운동에서 당시 현실을 파악하고, 또한 문명화, 강자화의 논리가 되었던 것이 사회진화론이었다. 그러나 문명화, 강자화의 길은 좌절되고, 오히려 제국주의 열강이 약소국을 침략해오던 논리가 사회진화론이라는 점을 인식하게 되었다. 곧 제국주의 열강의 침략성, 강권성을 비판하였던 것이다. 서양 문명에 따른 강자화를 추구하면서 동시에 제국주의 침략을 비판하기는 아주 어려운 문제였다. 제국주의의 침략성에 대한 비판은 이미 강점 전에 제기되기 시작하였고, 1910년대에 더욱 확산되었다. 제국주의의 침략성과 문명화를 비판하기 위해서는 사회진화론을 극복할 수 있는 새로운 이념 체계가 필요하였다. 1910년대까지는 아직 새로운 이념이 정립되지 않았다. 그러나 유교 이념에서 출발했던 변법개혁론에서는 유교의 인의仁義, 대동大同, 평등平等 등을 동원하였다. 이런 점은 1910년대 초반 박은식의 역사서술에서 잘 보였다.

제국주의 침략에 대한 비판은 세계적으로 제1차 세계대전을 겪으면서 확고하게 제기되었다. 이 전쟁은 제국주의 상호 간의 식민지, 영토 쟁탈이라고 규정되었고, 따라서 전쟁을 비판하고 제국주의의 침략성과 강권주의를 비판하는 분위기가 형성되기 시작하였다. 1차 대전이 끝나면서 세계적으로 새로운 사회 개조를 위한 정의와 인도人道가 널리 퍼졌다. 게다가 러시아에서 사회주의 혁명은 이런 비판을 가속화했다. 국내에 남아 있던 계몽운동 세력은 이를 '3.1독립선언서'에 그대로 담았다.

제국주의 침략을 명확하게 지적하면서 이에 대한 민족 의식도 심화되었다. 국권의 완전한 상실로 국권, 민족이 가장 중요한 과제로 부상하였고, 역사적, 문화적으로 형성된 민족과 그 핵심으로서 민족 정신, 국수, 국혼을 강조하면서, 동시에 민족 문제를 해결할 주체 세력을 새롭게 모색하였다. 국권의 상실로 대한제국의 황제가 가졌던 주권이 일반인들에게 양여讓與되었다고 보았고, 이들이 바로 민족 문제를 해결할 주체로 인식하게 되었다. 영웅 의식을 벗어나 국민 의식이 발전하였고, 점차 민중을 찾아내었다. 곧 공화주의가 형성, 발전되면서, 3.1운동 뒤 대한민국 임시 정부의 정치 체제로 천명되었던 것이다.

국권회복 계몽운동의 귀결
: 공화주의 정치론의 정립

국권회복을 지향하던 계몽운동은 1910년대를 지나면서 '국권' 단계를 넘어서 '민족', '독립'이라는 차원으로 발전하였다. 국권회복운동을 통하여 축적된 역량은 '제국帝國' 대신에 '민국民國'으로 귀결되었다. 국권회복은 대한제국의 국권을 회복하는 것이 아니라 국민이 주권을 가진 새로운 정치 체제를 이루어야 하였다. '국권회복' 차원의 운동도 새로운 민족운동으로 발전하였다. 계몽운동은 공화와 민주를 지향하는 '민국'을 명확히 하면서 1920년대 부르주아 민족운동으로 이어져 심화, 발전하였다.[1]

(가) 준비와 실력양성을 강조하던 안창호는 이를 추진하는 단체를

---

1) 김현철 편, 《3.1운동과 대한민국 임시정부의 재조명(Ⅰ)−군주제에서 민주공화제로》, 동북아 역사재단, 2019 참조.

만들었다. 하나는 흥사단興士團이었고, 또 다른 하나는 이를 모체로 만든 대한인국민회大韓人國民會였다. 대한인국민회는 스스로 해외 동포를 대표하는 '임시 정부'라고 자처하였다. 이전 《신한민보》의 논의를 참작한다면, '임시 정부'는 새로운 정체로 공화주의와 무관하지 않았을 것이다.

> 대한인국민회가 중앙총회를 세우고 해외 한인을 대표하여 일할 계제에 임하였으나, 형질상 대한제국이 이미 망하였지만 정신상 민주주의 국가는 바야흐로 발흥되며 …… / (1) 대한인국민회 중앙총회를 해외 한인의 최고기관으로 인정하고 자치 제도를 실시할 것.2)

대한제국의 멸망 이후 바야흐로 '정신상 민주주의 국가'가 태어났다는 것이며, 그것이 바로 대한인국민회였다. 그리하여 "우리의 단체를 무형 정부로 인정하는 자치제도를 실시하여 일반 동포가 자치 안에서 자치제도의 실습을 받으면 장래 국가건설에 공헌이 될 것"으로 생각하였다.

국민회는 중앙총회 아래 북미, 하와이, 시베리아, 만주 등지 지방총회 4개, 지방회 116개소를 조직하였는데, 각 지방회는 철저하게 민주주의 방식에 의거하여 조직하였다. 한인 회원의 권리와 의무는 민주 국가의 국민과 같이 모두가 평등하며, 또한 입법과 행정의 분권제를 채택하였다. 지방회는 일반 회원으로 구성된 대의회가, 지방총회와 중앙총회는 각 지방회에서 선임된 대표회가 각각 의결권을 행사하는 입법 기관이었고, 중앙총회 · 지방총회 · 지방회 등은 행정권을 행사하는 기능을 갖는 기관이었다.

---

2) 김원용, 《재미한인 50년사》, 《獨立運動史資料集》 8, 673쪽, 〈1912년 국민회중앙총회 결성 선포문〉.

(나) '제국'을 대신하여 '민국'을 표출한 것은 1917년 신규식, 조소 앙, 박은식, 신채호 등이 선포한 〈대동단결의 선언大同團結宣言〉이었다.

隆熙 皇帝가 三寶를 抛棄한 八月 二十九日은 卽 吾人 同志가 三寶를 繼承한 八月 二十九日이니, 其間에 瞬間도 停息이 無함이라. 吾人 同志난 完全한 相續 者니, 彼 帝權 消滅의 時가 卽 民權 發生의 時오, 舊韓 最終의 一日은 卽 新韓 最初의 一日이니, 何以 故오. 我韓은 無始 以來로 韓人의 韓이오, 非韓人의 韓이 아니라. 韓人 間의 主權 授受난 歷史上 不文法의 國憲이오, 非韓人에게 主權 讓與난 根本的 無效오, 韓國 民性의 絶對 不許하난 바이라. 故로 庚戌年 隆熙 皇帝의 主權 抛棄는 卽 我 國民 同志에 對한 黙示的 禪位니, 我 同志는 當然히 三寶를 繼承하야 統治할 特權이 잇고, 또 大統을 相續할 義務가 有하도다.

라고 하여, 대한제국의 멸망으로 주권이 일본으로 넘어갔다고 한 것은 근본적으로 '무효'이며, 군주가 포기한 주권은 국민에게 상속되었다는 점이었다. 민권을 가진 국민이 주권도 가지게 되었다는 것이었다. 주권 의 상속 방법으로 "법리상 정신상으로 국가 상속의 대의를 선포하여 해외 동지의 총단결을 주장하며, 국가적 행동의 진급적 활동을 표방"하 자고 하였다. 또한 조국 독립을 위한 전前 단계로 통일된 기관을 만들어 헌법[大憲] 제정과 법치주의를 실시하며, 국민 외교를 실시하자고 주장 하였다.3)

〈대한독립선언서〉(〈무오독립선언서〉)에서도 그러하였다. 분명하게 "대한 민주의 자립을 선포"하여 민주적인 자립 국가임을 강조하였다.

---

3) 강령은 ① 海外 各地에 現在한 단체의 大小 隱顯을 막론하고 규합 통일하여 唯一 無二의 최고기관을 조직할 것 ② 中央總本部를 상당한 지점에 설치하여 一切 韓族을 통치하며 각지 지부로 관할 구역을 明定할 것 ③ 大憲을 제정하여 民情에 合한 법치를 실행할 것 ④ 獨立平等의 聖權을 主張하여 同化의 마력과 自治의 劣根을 防除할 것 ⑤ 國情을 세계에 공개하여 國民外交를 실행할 것 ⑥ 永久히 統一的 有機體의 존립을 鞏固하게 하기 위하여 同志者 간의 愛情을 수양할 것 ⑦ 실행방법은 卽成한 각 단체의 대표와 德望이 有한 개인의 회의로 결정할 것 등이었다. 이에 대해서는 趙東杰, 〈臨時政府 樹立을 위한 1917년의 大同團結宣言〉, 《韓國學論叢》 9, 국민대, 1987.

광복이 된 뒤의 국가는 '동권同權 동부同富', 즉 동등한 정치·사회적 권리와 동등한 경제 관계를 동포들에게 실시하여, "남녀 빈부를 고르게 하고, 등현등수等賢等壽, 지우智愚 노유幼老를 고르게 하여 사해인류에 법法한다"라고 하였다.[4] 유교적인 대동사상에 기초하면서 공화주의적 성격을 명확하게 표명하였던 것이다.

그리하여 마침내 상해에서 대한민국 임시 정부가 민주공화주의를 천명하고, '민국'을 '건국'하였다. 종래 거론하던 입헌군주제의 틀을 벗어나고 민권에 기초한 공화주의를 정착시키면서 근대 국민국가 건설의 논의는 한 단계 진전되었다. 물론 민주공화주의 정치 체제의 정부였지만, 내부에는 민족운동의 노선과 방법, 곧 문명개화론 계열의 준비론과 외교론, 그리고 변법개혁론 계열의 무장항쟁론이 여전히 혼재되어 있었다. 때로는 격렬한 논쟁과 정치운동을 수반하기도 했다. 임시정부가 명실상부한 대표적인 민족운동 기관으로 발전하지 못한 연유이기도 하였다. 그러나 국권회복운동 단계의 '국권'은 완전히 새로운 개념으로 정립되었던 점에서 중요한 의미를 지녔다.

(다) 〈대동단결의 선언〉에서는 무장항쟁, 임시정부 수립, 그리고 새로운 정치체제 등을 지향하였다. 특히 당시의 국제적 여건, 곧 러시아 혁명을 '행운의 기회'로 삼고 있었다.

彼[슬나부]의 革命은 半[我]韓의 福이니, 芬蘭[핀란드], 猶太, 波蘭[폴란드]은 其 先進이오, 聯合國의 散渙은 全世의 福이니, 若 愛爾蘭[아일랜드], 若 特里波利[트리폴리], 若 摩洛哥[모나코], 若 印度, 若 西藏[티베트], 若 高麗난 其 復活의 聲이 日高하고, 其 解放의 議가 日緊하도다. 此에만 止할 쑨 아니라 民權聯合會난 强權打破와 民權伸張의 大運動에 着手하야 國界 種

---

4) 朴永錫, 〈대한독립선언서〉, 《한민족독립운동사》 3, 국사편찬위원회, 1988.

別이 無하고, 萬國社會黨은 繼絶存亡의 大義를 宣布하야 人類 禍福을 裁定
하난 現狀이니, 是日이 福日이라.[5]

라고 하여, 러시아 혁명과 만국사회당의 대의大義 선포를 피압박민족
독립 회복의 계기로서 파악하였던 것이다. 이것은 사회주의로의 전망
까지 고려하면서, 또한 국제 연대까지 전망하고 이를 위해 민족 단결을
강조한 것이었다.[6]

이런 생각은 1920년 박은식의 《한국독립운동지혈사韓國獨立運動之血
史》에도 보였다. 그는 제1차 세계대전 뒤 세계 사조의 변화가 우리의
독립운동을 촉진시켰다면서, '세계 개조'의 신문화의 하나로 러시아 혁
명을 지적하였다. 즉 "러시아 혁명당은 처음으로 붉은 기를 높이 들고
전제專制를 뒤엎고 큰 정의를 선포하였으며, 각 민족의 자유·자치를
인정하였다. 전에 극단적인 침략주의자였던 러시아가 일변하여 극단적
인 공화주의가 된 것이다"라고 하면서, 이를 '세계 개조의 첫 번째의
동기'라고 하였다.[7]

러시아 혁명의 영향은 국외, 특히 노령, 북간도 지역에서 명확하게
나타났다. 이로 말미암아 무장항쟁은 물론 새로운 정치 체제 구상도
할 수 있게 되었다. 러시아 혁명의 영향 속에서 민족운동 발전을 주도
했던 핵심 인물인 이동휘李東輝도 그러하였다. 노령의 인사들이 전로한
족회중앙총회를 만들고, "러시아 혁명으로 수백 년 간의 전제 정치가
타도되고 새로운 정부가 수립되면서, 러시아에 있는 각종 민족에게 상
당한 자유와 행복이 부여되었으므로, 우리 한민도 이 자유 및 행복을

---

5) 〈大同團結의 宣言〉, 8~9쪽.
6) 姜德相, 〈海外における朝鮮獨立運動の發展〉, 《朝鮮民族運動史研究》 2, 1985, 21쪽.
7) 朴殷植, 《韓國獨立運動之血史》 하편, 5쪽(김도형 역, 소명출판사, 2008, 156~157쪽). 그
   외 독일의 사회당이 황제를 축출하고 공화제를 세운 것을 '세계 개조의 서광'이라고 하였고,
   윌슨의 민족자결주의와 국제연맹 결성을 '세계 개조의 진보'라고 하였다.

받아 반드시 상당한 노력을 해야 하며, 반드시 강대한 민족적 과업을
달성해야 한다"고[8] 천명하면서 민족해방운동을 사회주의 혁명 노선 위
에서 제기하였다. 그리하여 마침내 1918년 2월, 하바로프스크에서 볼
셰비키의 지지를 받고 있던 조선인 혁명가들은 한인사회주의자동맹韓
人社會主義者同盟을 조직하고, "조선 독립을 보장하는 유일한 길은 사회
주의 혁명의 승리요, 소비에트 러시아와 함께 하는 형제애적 우애"라고
천명하였다. 이 회의에 참여했던 좌익사상의 대표들인 이동휘, 김립金
立, 박애朴愛 등은 6월에 한인사회당韓人社會黨을 조직하게 된다.

  (라) 위, 아래로부터 각각 전개되던 국권회복운동은 3.1운동을 통해
결합하였다. 이전의 국권회복운동의 단계를 극복하고 새로운 공화주의
정치론을 민족운동 과정 속에서 정착시켰으며, 민족주의의 발전 속에
서 민중층의 의식과 운동력도 발전하였다. 이런 과정을 통해 1920년대
에는 그 이전에 전개되었던 지주적, 농민적 노선의 운동들이 각각 이론
적 깊이를 더해가면서 새로운 형태, 곧 계급적 성격이 명확한 명실상부
한 근대 민족운동이 전개되었던 것이다.
  지주적 입장의 문명개화론자들은 식민 지배 아래에서 근대화 · 자본
주의화를 추구하였다. 1910년대를 거치면서 꾸준히 실력양성론, 준비
론을 견지하였다. 이 운동의 기본 성격으로 일찍부터 자본주의 체제
일본에 예속화되기도 하였고, 또는 1920년대 '문화정치'의 분위기에서
참정권 · 자치론 등의 문화운동을 주도하기도 했다. 한편으로는 일제의
식민 지배 아래서라도 산업 발전과 교육 진흥을 일으키자는 개량적인
부르주아 운동을 추구했다. 그러나 이것조차도 결국에는 식민지배자의

---

8) 全露韓族會 설립에 관한 격문. 姜德相, 〈日本帝國主義の朝鮮支配とロシア革命〉, 《歷史學研
  究》 329, 1967, 40쪽 ; 〈海外における朝鮮獨立運動の發展〉, 《朝鮮民族運動史研究》 2,
  1985, 19쪽.

통치정책과 강력하게 제기된 노농 계급의 저항에 부딪히면서 1930년대에 예속적인 집단으로 변화되어 갔다. 이들은 제국주의에 대한 직접적인 항쟁은 포기하고 실력양성, 준비라는 미명 아래 이를 정당화하고 있었던 것이다. 그들은 이런 예속화를 곧 자본주의화라고 여겼다.

또한 국외에서는 자본주의 체제를 지향하면서도 국내 운동과는 방법이나 자세에서 일정하게 차이가 나타났다. 상해의 대한민국 임시 정부를 중심으로 외교독립론을 골격으로 실력양성, 무장항쟁을 주장하는 사람들이었다. 그들은 일제로부터 독립은 절대적으로 이루어져야 한다면서도 독립을 달성할 수 있는 방법으로 독립전쟁을 지향하면서도 국제간의 외교적인 활동을 통해서 독립을 보장받아야 한다는 태도도 보였다. 무장항쟁을 추진할 수 있는 유리한 조건을 가진 노령·만주를 외면하고, 국제도시 상해를 중심으로 활동하였던 것이다.

농민적 입장의 개혁론과 3.1운동의 경험은 새로운 사회주의 사상의 수용으로 더욱 발전하였다. 노동자·농민층은 노농계급의 자립화와 해방운동에서 주도권을 스스로 장악하고 있었던 것이다. 농민층의 항쟁은 일제의 토지조사사업을 거치면서 더욱 심화하였고, 바야흐로 1920년대의 농민운동으로 발전하였다. 여기에서도 여전히 지주와 소작 농민 사이의 토지문제가 가장 핵심적인 과제였으며, 제국주의는 지배의 동조자로서 지주층을 선택하였다. 농민층은 자신들의 자립을 요구하는 농업혁명을 주장하였다. 이는 사회주의 운동에서 기본적으로 풀어야 할 과제였다.

물론 노농 계급을 중심으로 하는 운동은 밖으로부터 사회주의 이념이 전래된 이후에 폭발적으로 발전하였다. 우리가 이미 보아온 바와 같이 내적 사상의 발전으로 수용할 토양이 이미 마련되어 있었기 때문에 그러하였다. 농민적 이념을 지향하던 많은 진보적 지식인도 민족해방운동의 이념으로 사회주의 사상을 수용하고 있었던 것이다. 실학적인 토지개혁의 방안에서 보였던 농민적 토지소유론은 당시에도 여전히 추구해야 할 농업혁명의 목표였기 때문이었다. 그리고 해방운동의 방법으로 무력 항쟁을 추구하던 사람들도 논리상 사회주의 사상을 쉽게 받아들이고 있었다.

1920년대 이후 전개된 신국가 건설론이 부르주아 계급을 중심으로 하는 자본주의사회건설론과 노농계급을 중심으로 하는 사회주의사회 건설론으로 제기되었던 것은, 당시 1920년대, 1930년대 일본자본주의의 외연적 확장과 사회주의 사상의 수용이라는 외적 요인으로 제기된 결과였다. 하지만 이런 논의는 중세체제 극복을 위한 근대개혁론이 이런 방향으로 수렴, 재조정되었던 점과도 무관하지 않았다. 곧 조선후기 이래의 사회 변화와 이를 둘러싼 반봉건反封建 근대화의 방향에서 제기된 지주적 상품생산의 개혁방안과 농민적 상품생산의 개혁방안이, 개항 이후의 제국주의와 통상무역, 일제의 식민 지배 등의 사회구조 속에서 재조정되었다는 것이다. 이 책에서 분석한 계몽운동은 바로 전자인 위로부터의, 지주적 입장의, 개혁운동의 일환이었다. 계몽운동의 역사성은 이런 점에서 오늘날 분단 체제 아래 형성된 한국 자본주의의 뿌리인 점에 있을 것이다.

참고문헌

1. 자료

《高宗實錄》《日省錄》《承政院日記》,《秘書院日記》(고종 편)
《독립신문》《미일신문》《皇城新聞》《時事叢報》《大韓每日申報》《萬歲報》《大韓民報》
《경향신문》《共立新報》《新韓民報》《每日申報》《親睦會會報》《大朝鮮獨立協會會報》
《協成會會報》《大韓自强會月報》《大韓協會會報》《西友》《西北學會月報》《嶠南教育
會雜誌》《畿湖興學會月報》《湖南學報》《大東學會月報》《大韓俱樂》《大韓留學生學報》
《大韓學會月報》《大韓興學報》《太極學報》《學之光》《獨立新聞》(상해)《一進會會報》
《元韓國一進會歷史》

경리원 편,《開城蔘圃種蔘章程》(규장각, 규18959).
고려대 아세아문제연구소 편,《舊韓國外交文書》.
내각 편,《各道郡報告書》(규장각, 규18020).
미상,《堤川總約契立議》(연세대 도서관).
朴漢烈 편,《高靈郡自治民議所程式》(국립도서관).
의정부 편,《中樞院來文》(규장각, 규17788).
제천현 편,《鄕約節目》(서울대 도서관).

郭鍾錫,《俛宇先生文集》(景仁文化社, 1990).
金允植,《雲養集》(《金允植全集》, 아세아문화사, 1980).
_____,《續陰晴史》(國史編纂委員會, 1971).
金昌淑,《心山遺稿》(國史編纂委員會, 1973).
閔泳煥,《閔忠正公遺稿》(國史編纂委員會, 1958).
閔弼鎬,《韓中外交史話》(《獨立運動史資料集》8).
朴榮喆,《五十年の回顧》, 京城 : 大阪屋號書店, 1929.
朴殷植,《朴殷植全書》, 檀國大學校 出版部, 1975 ;《白巖朴殷植全集》, 동방미디
       어, 2002.

_____, 《明臨答夫傳》, 《渤海太祖建國誌》 (필자 소장).

_____, 《大東古代史論》 (《韓國學報》 67).

_____, 《한국독립운동지혈사》 (김도형 역, 소명출판, 2008).

宋相燾, 《騎驢隨筆》, 國史編纂委員會, 1955.

申圭植, 《韓國魂》, 1914 (예관선생기념회, 1955).

_____, 《丹齋申采浩全集》, 螢雪出版社, 1977 ;《단재신채호전집》, 독립기념관,
    2008.

안창호, 《安島山全書》, 주요한 편저, 삼중당, 1963 ;《安島山全書》, 도산기념사
    업회 편, 汎洋社出版部, 1990.

俞吉濬, 《俞吉濬全書》, 一潮閣, 1971.

柳寅植, 《東山文稿》, 《東山全集》, 東山先生紀念事業會, 1978.

俞致衡, 《憲法》, 1905 (아세아문화사, 1981).

尹致昊, 《尹致昊日記》 (國史編纂委員會, 1973~1988).

李沂, 《海鶴遺書》 (國史編纂委員會, 1955).

李敦化, 《天道敎創建史》, 1933 (《東學思想資料集》 貳, 아세아문화사).

李相龍, 《石洲遺稿》 (高麗大學校出版部, 1973).

李承晩, 《독립정신》, 대동신서관, 1910 (연세대학교 이승만연구원, 2019).

_____, 《한국교회핍박》, 新韓國報社, 1913.

李完用, 《一堂紀事》, 金明秀 편, 1927.

李寅梓, 《省窩集》 (亞細亞文化社, 1980).

張志淵, 《韋庵文稿》 (國史編纂委員會, 1956) ;《張志淵全書》, 檀國大 東洋學研
    究所, 1979~1989.

鄭喬, 《大韓季年史》 (國史編纂委員會, 1957).

許薰, 《國譯舫山全集》 (成均館大學校 大東文化研究院, 1983).

許蔿, 《國譯許蔿全集》 (아세아문화사, 1985).

黃玹, 《梅泉野錄》 (國史編纂委員會, 1955).

姜德相 편, 《現代史資料》 25~26(조선편 1~2), みすず書房, 1966~1967.

金正明 편, 《朝鮮統治史料》, 동경한국사료연구소, 1970 (서울: 혜성출판사,
    1986)

韓國內務部警察局, 《顧問警察小誌》, 1910 (아세아문화사, 1973).

조선총독부 편, 《朝鮮總督府及所屬官署職員錄》 해당년도

_____, 《朝鮮總督府統計年報》 해당년도 (旿晟社, 1982~1987).

2. 저서

姜東鎭, 《日帝의 韓國侵略政策史》, 한길사, 1980.

姜萬吉, 《韓國民族運動史論》, 한길사, 1985

姜在彦, 《韓國의 開化思想》(1980), 정창렬 역, 비봉출판사 1981.

_____, 《韓國近代史研究》, 한울, 1982.

_____, 《근대한국사상사연구》, 한울, 1983.

權泰檍, 《韓國近代綿業史研究》, 일조각, 1989.

金道泰, 《徐載弼博士自敍傳》, 首善社, 1948.

김동노 편, 《일제 식민지 시기의 통치체제 형성》, 혜안, 2006.

김명호, 《환재 박규수 연구》, 창비, 2008.

김봉렬, 《俞吉濬 開化思想의 研究》, 경남대학교출판부, 1998.

김성배, 《유교적 사유와 근대 국제정치의 상상력 – 구한말 김윤식의 유교적 근
　　　대 수용》, 창비, 2009.

김승화, 《소련韓族史》, 鄭泰秀 편역, 대한교과서, 1989.

金泳謨, 《朝鮮支配層研究》, 일조각, 1977.

金容燮, 《朝鮮後期農業史研究》(Ⅰ)·(Ⅱ), 新訂增補版, 지식산업사, 2007.

_____, 《韓國近代農業史研究》(Ⅰ)·(Ⅱ)·(Ⅲ), 新訂增補版, 지식산업사,
　　　2001·2004.

_____, 《韓國近現代農業史研究》 증보판, 지식산업사, 2000.

_____, 《역사의 오솔길을 가면서》, 지식산업사, 2011.

김원용, 《재미한인 50년사》, 《獨立運動史資料集》 8, 독립운동사 편찬위원회,
　　　1984 (손보기 엮음, 혜안, 2004).

김종준, 《일진회의 문명화론과 친일활동》, 신구문화사, 2010.

_____, 《한국 근대 민권운동과 지역민》, 유니스토리, 2015.

김학준, 《한말의 서양정치학 수용 연구—유길준·안국선·이승만을 중심으로》,
　　　서울대학교출판부, 2000.

김현철 편, 《3.1운동과 대한민국 임시정부의 재조명(Ⅰ)—군주제에서 민주공화
　　　제로》, 동북아역사재단, 2019.

金孝全, 《근대한국의 국가 사상 : 국권회복과 민권수호》, 철학과현실사, 2000.

노대환, 《동도서기론 형성 과정 연구》, 일지사, 2005.

大邱商工會議所, 《大邱商議 80年史》, 1986.

大倧敎總本司, 《大倧敎重光六十年史》, 1971.

大韓商工會議所,《商工會議所九十年史》上, 1976.

_____,《商工會議所百年史》, 1984.

閔斗基,《中國近代改革運動의 研究》, 일조각, 1985.

박성진,《사회진화론과 식민지 사회사상》, 선인, 2003.

朴永錫,《韓民族獨立運動史研究》, 일조각, 1982.

_____,《日帝下 獨立運動史研究》, 一潮閣, 1984.

朴鍾赫,《韓末 激變期 海鶴 李沂의 思想과 文學》, 아세아문화사, 1995.

박찬승,《한국근대 정치사상사 연구》, 역사비평사, 1992.

方善柱,《在美韓人의 獨立運動》, 한림대학교출판부, 1989.

사회과학원 력사연구소,《조선전사》14(근대편 2), 조선과학백과사전종합출판사,
　　　　1980.

_____,《조선근대혁명운동사》, 1962 (서울: 한마당, 1988).

_____,《김옥균》, 1964 (서울: 역사비평사, 1990).

_____,《조선통사》(하), 1958 (서울: 오월, 1989).

孫晋泰,《國史大要》, 을유문화사, 1949.

_____,《國史講話》, 을유문화사, 1950.

愼鏞廈,《獨立協會研究》, 일조각, 1976.

_____,《朴殷植의 社會思想研究》, 서울대학교출판부, 1982.

_____,《韓國民族獨立運動史研究》, 을유문화사, 1985.

_____,《韓國近代社會思想史研究》, 일지사, 1987.

_____,《韓國近代民族運動史研究》, 일조각, 1988.

申一澈,《申采浩의 歷史思想研究》, 고려대학교출판부, 1980.

오길보,《조선근대 반일의병운동사》(1988), 개정판, 사회과학출판사, 2010.

吳瑛燮,《華西學派의 思想과 民族運動》, 국학자료원, 1999.

柳永烈,《開化期의 尹致昊 研究》, 한길사, 1985.

_____,《大韓帝國期의 民族運動》, 일조각, 1997.

_____,《애국계몽운동(Ⅰ)—정치사회운동》, 한국독립운동의 역사 12, 한국독립
　　　　운동사편찬위원회, 독립기념관한국독립운동사연구소, 2007.

유준기,《韓國近代儒教改革運動史》, 삼문, 1994.

尹健次,《韓國近代教育의 思想과 運動》(1982), 심성보 역, 청사, 1987.

尹慶老,《105人 事件과 新民會 研究》(1990, 일지사), 개정증보판, 한성대학교
　　　　출판부, 2012.

尹炳奭,《李相卨傳》, 일조각, 1984.

_____, 《國外 韓人社會와 民族運動》, 一潮閣, 1990.

李光麟, 《韓國開化史研究》 改訂版, 일조각, 1974.

_____, 《韓國開化思想研究》 증보판, 일조각, 1974.

_____, 《韓國開化史의 諸問題》, 일조각, 1986.

_____, 《開化派와 開化思想研究》, 일조각, 1989.

이광수, 《도산 안창호》 한글판, 興士團本部, 1947.

李基東, 《悲劇의 軍人들》, 일조각, 1982.

李基俊, 《韓末 西歐經濟學導入史研究》, 일조각, 1985.

李萬珪, 《朝鮮教育史》, 을유문화사, 1949.

李萬烈, 《한국기독교와 역사의식》, 지식산업사, 1981.

_____, 《丹齋 申采浩의 歷史學 研究》, 문학과 지성사, 1990.

이승렬, 《제국과 상인》, 역사비평사, 2007.

이윤갑, 《한국 근대 지역사회 변동과 민족운동—경상도 성주의 근대전환기 100
     년사》, 지식산업사, 2019.

李正熙, 《아버님 秋丁 李甲》, 인물연구소, 1981.

이태진 외, 《한국병합의 불법성 연구》, 서울대학교출판부, 2003.

林鐘國, 《日帝侵略과 親日派》, 靑史, 1982.

_____ 편, 《親日論說選集》, 실천문학사, 1987.

_____, 《실록 친일파》, 돌베개, 1991.

임지현, 《민족주의는 반역이다》, 소나무, 1999.

전복희, 《사회진화론과 국가 사상 : 구한말을 중심으로》, 한울, 1996.

田鳳德, 《韓國近代法思想史》, 박영사, 1981.

정용화, 《문명의 정치사상 : 유길준과 근대한국》, 문학과지성사, 2004.

정재정, 《일제 침략과 한국철도》, 서울대학교출판부, 1999.

鄭泰秀 편역, 《소련 韓族史》, 대한교과서주식회사, 1989.

趙璣濬, 《韓國企業家史》, 박영사, 1973.

_____, 《韓國資本主義成立史論》 全訂版, 大旺社, 1977.

趙東杰, 《韓國民族主義의 成立과 獨立運動史研究》, 지식산업사, 1989.

崔起榮, 《大韓帝國期 新聞 研究》, 일조각, 1991.

_____, 《韓國近代啓蒙運動研究》, 일조각, 1997.

_____, 《한국근대 계몽사상사 연구》, 일조각, 2003.

_____, 《애국계몽운동(Ⅱ)—문화운동》, 한국독립운동의 역사 13, 독립기념관, 한국독
     립운동사연구소, 2009.

崔鐘庫,《韓國의 西洋法受容史》, 박영사, 1982.

崔昌圭,《近代韓國政治思想史》, 일조각, 1972.

한국기독교사연구회,《한국기독교의 역사》(I), 기독교문사, 1989.

_____,《한국근대 개화사상과 개화운동》, 신서원, 1998.

韓相一,《日本帝國主義의 한 研究 : 大陸浪人과 大陸膨脹》, 까치, 1980.

韓永愚,《韓國民族主義歷史學》, 일조각, 1994.

韓㳓劤,《韓國開港期의 商業研究》, 일조각, 1970.

韓哲昊,《親美開化派研究》, 국학자료원, 1998.

홍정완,《한국 사회과학의 기원》, 역사비평사, 2021.

황공률,《조선근대애국문화운동사》, 과학백과사전종합출판사, 1990 (개정판, 사
　　　회과학출판사, 2012).

金原左門,《『日本近代化論の歴史像》, 増補版, 東京 : 中央大学出版部, 1971.

石田雄,《明治政治思想史研究》, 未來社, 1954.

小野川秀美,《淸末政治思想史研究》, みすず書房, 1969.

松本三之介,《日本政治思想槪論》, 勁草書房, 1975.

月脚達彦,《朝鮮開化思想とナショナリズム》, 東京大學出版會, 2009 (최덕수 역,
　　　《조선의 개화사상과 내셔널리즘》, 열린책들, 2014).

八杉龍一,《進化論の歴史》, 岩波書房, 1969.

彭澤周,《中國の近代化と明治維新》, 同朋舎, 1976.

葛生能久,《日韓合邦秘史》(상, 하), 黑龍會出版部, 1930 (原書房, 1966).

釋尾東邦,《朝鮮倂合史》, 朝鮮及滿洲社, 1926 (太山文化社, 1985).

小松綠,《朝鮮倂合之裏面》, 中外新論社, 1920 (한국인문과학원, 1990).

猪間驥一 外編,《日本人の海外活動に關する歷史的調査》朝鮮編(1), 大藏省管理
　　　局, 1947.

Shin, Gi-wook and Robison, Micheal ed. *Colonial Modernity in Korea*,
　　　Harvard East Asian Monographs, 1999 (도면회 역,《한국의 식민
　　　지근대성》, 삼인, 2006).

Schmid, Andre, *Korea Between Empires 1895~1919*, Columbia
　　　University Press, 2002 (정여울 옮김,《제국 그 사이의 한국,
　　　1895~1919》, 휴머니스트, 2007).

3. 논문

姜萬吉, 〈申采浩의 英雄·國民·民衆主義〉,《申采浩의 思想과 民族獨立運動》, 형설
　　　출판사, 1986.

姜明官, 〈張志淵 詩世界의 變貌와 思想〉,《韓國漢文學研究》9·10합, 1987.

姜英心, 〈新韓革命黨의 결성과 활동〉,《한국독립운동사연구》2, 1988.

＿＿＿, 〈朝鮮國權恢復團의 結成과 活動〉,《한국독립운동사연구》4, 1990.

姜在彦, 〈朝鮮末期의 實力培養=自强運動〉,《韓國近代史研究》, 한울, 1982.

高珽烋, 〈開化期 李承晩의 思想形成과 활동〉,《歷史學報》109, 1986.

＿＿＿, 〈大韓民國 臨時政府歐美委員部(1919~1925) 研究〉, 고려대학교 박사학위
　　　논문, 1991.

구완회, 〈제천의병과 거믄돌 마을의 博約齋〉,《한국독립운동사연구》67, 2019.

권기하, 〈독립협회의 결사·집회 문화와 정치적 공공성〉, 연세대학교 박사학위논문,
　　　2020.

權泰檍, 〈한말·일제 초기 서울지방의 직물업〉,《한국문화》1, 1980.

＿＿＿, 〈자강운동기 문명개화론의 일본인식〉,《한국문화》28, 서울대학교 한국문화
　　　연구소, 2001.

金炅宅, 〈韓末 東學敎門의 政治改革思想研究〉, 연세대학교 석사학위논문, 1990.

金基承, 〈白巖 朴殷植의 思想的 變遷過程〉,《歷史學報》114, 1987.

金度勳, 〈共立協會(1905~1909)의 民族運動研究〉,《한국민족운동사연구》4, 1989.

김동노, 〈대한제국기 황성신문에 나타난 근대적 개혁관〉,《사회와역사》69, 2006.

＿＿＿, 〈일본제국주의의 조선지배의 독특성〉,《東方學志》133, 연세대학교 국학연
　　　구원, 2006.

金東冕, 〈協成會 活動에 관한 考察〉,《韓國學報》25, 1981.

＿＿＿, 〈協成會의 思想的 研究〉,《史學志》15, 단국대, 1981.

金邦, 〈李東輝의 國權恢復運動(1905~1910)에 관한 一考察〉,《한민족독립운동사논
　　　총》, 박영석교수화갑기념논총, 1992.

＿＿＿, 〈李東輝의 국권회복운동(1906~1913)〉,《한국근현대사연구》6, 1997.

金祥起, 〈韓末 私立學校의 敎育理念과 新敎育救國運動〉,《淸溪史學》1, 1984.

金素伶, 〈한말 도일유학생들의 현실 인식과 근대국가론—《共修學報》와《洛東親睦會
　　　學報》분석을 중심으로〉,《한국근현대사연구》84, 2018.

金泳鎬, 〈實學과 開化思想의 聯關問題〉,《韓國史研究》8, 1972.

金龍國, 〈大倧敎와 獨立運動〉,《民族文化論叢》鷺山李殷相博士古稀記念論文集, 삼

중당, 1973.

金龍德, 〈朱子學的 民族主義論〉, 《朝鮮後期思想史研究》, 을유문화사, 1977.

金容燮, 〈光武年間의 量田·地契事業〉, 《아세아연구》 11-3, 1968 (《韓國近代農業史研究》[Ⅱ], 지식산업사, 2004).

_____, 〈江華 金氏家의 地主經營과 그 盛衰〉, 《東亞文化》 11, 1972 (《韓國近現代農業史研究》, 지식산업사, 2000).

_____, 〈書評 - 獨立協會研究〉, 《韓國史研究》 12, 1976.

_____, 〈近代化過程에서의 農業改革의 두 방향〉, 《韓國資本主義 性格論爭》, 대왕사, 1988 (《韓國近現代農業史研究》, 지식산업사, 2000).

김윤희, 〈러일대립기(1898~1904) 『皇城新聞』의 이중지향성과 자강론-연대와 배제의 접합〉, 《韓國史學報》 25, 2006.

김의진, 〈雲養 金允植의 西學受容論과 政治活動〉, 연세대 석사학위논문, 1985.

金仁杰, 〈1960, 70년대 內在的 發展論과 韓國史學〉, 《한국사 인식과 역사이론》, 김용섭교수정년기념 한국사학논총간행위원회, 지식산업사, 1997.

김일수, 〈1910년대 달성친목회의 민족운동〉, 《韓國學論集》 45, 계명대, 2011.

金貞美, 〈東山 柳寅植의 國權恢復과 民族敎育運動〉, 《大丘史學》 50, 1995.

_____, 〈石洲 李相龍의 獨立運動과 思想〉, 경북대학교 박사학위논문, 2001.

김종덕, 〈한말계몽운동의 계보와 성격〉, 《조선후기의 체제위기와 사회운동》, 한국정신문화연구원, 1988.

김종복·박준형, 〈《大東歷史(古代史)》를 통해 본 신채호의 초기 역사학〉, 《東方學志》 162, 2013.

김종준, 〈대한제국기 '학교비 분쟁'의 양상〉, 《韓國文化》 46, 2009.

_____, 〈국권상실에 대한 일진회의 인식-문명화론과 합방론의 관계를 중심으로〉, 《한국독립운동사연구》 40, 독립기념관 한국독립운동사연구소, 2011.

김주성, 〈박영효의 자유주의 정신〉, 《정치사상연구》 2, 2000.

金顯哲, 〈박영효(朴泳孝)의 '近代國家 구상'에 관한 연구 - 개화기 문명개화론자에 나타난 傳統과 近代를 중심으로〉, 서울대학교 박사학위논문, 1999.

김형목, 〈강화도 사립 합일학교의 근대교육사에서 위상〉, 《인천학연구》 29, 인천대 인천학연구원, 2018.

金喜坤, 〈同濟社의 結成과 活動〉, 《韓國史研究》 48, 1985.

_____, 〈新韓靑年黨의 結成과 活動〉, 《한국민족운동사연구》 1, 1986.

盧官汎, 〈1875~1904년 朴殷植의 朱子學 이해와 敎育自强論〉, 《韓國史論》 43, 2000.

_____, 〈大韓帝國期 朴殷植 著作 目錄의 再檢討〉, 《韓國文化》 30, 2002.

_____, 〈대한제국기 朴殷植과 張志淵의 自强思想 연구〉, 서울대학교 박사학위논문, 2007.

_____, 〈대한제국기 장지연(張志淵) 저작목록의 재검토〉, 《역사문화논총》 4, 2008.

_____, 〈청년기 장지연의 학문 배경과 博學風〉, 《朝鮮時代史學報》 47, 2008.

_____, 〈大韓帝國期 張志淵의 自强思想 연구〉, 《한국근현대사연구》 47, 2008.

_____, 〈대한제국기 《황성신문》의 중국 인식〉, 《韓國思想史學》 45, 2013.

노상균, 〈한말 '자유주의'의 수용과 분화―일본유학생을 중심으로〉, 《역사와 현실》 97, 2015.

閔斗基, 〈中體西用論考〉, 《東方學志》 18, 1978.

朴光用, 〈箕子朝鮮에 대한 認識의 변천〉, 《韓國史論》 10, 1980.

_____, 〈대종교 관련 문헌에 위작 많다〉, 《역사비평》 10, 1990.

_____, 〈檀君 認識의 變遷〉, 《韓國史學史研究》, 趙東杰先生停年紀念論叢, 1997.

朴萬圭, 〈島山 安昌浩의 大公主義에 대한 一考察〉, 《韓國史論》 26, 1991.

_____, 〈안창호의 대공주의에 관한 두 가지 쟁점〉, 《한국독립운동사연구》 61, 2018.

朴永錫, 〈大宗敎의 民族意識과 民族獨立運動〉, 《日帝下 獨立運動史研究》, 일조각, 1984.

_____, 〈石洲 李相龍의 華夷觀〉, 《日帝下 獨立運動史研究》, 일조각, 1984.

_____, 〈대한독립선언서〉, 《한민족독립운동사》 3, 국사편찬위원회, 1988.

朴英宰, 〈近代 日本의 韓國 認識〉, 《日本의 侵略政策史研究》, 일조각, 1984.

_____, 〈近代 日本의 아시아 認識〉, 《露日戰爭 前後 日本의 韓國侵略》, 일조각, 1986.

朴贊勝, 〈韓末 自强運動論의 각 계열과 그 성격〉, 《韓國史研究》 68, 1990

潘炳律, 〈李東輝와 韓末 民族運動〉, 《韓國史研究》 87, 1994.

方善柱, 〈이승만과 위임통치안〉, 《在美韓人의 獨立運動》, 한림대학교출판부, 1989.

백동현, 〈러·일전쟁 전후 '民族' 용어의 등장과 민족인식 ―『皇城新聞』과 『大韓每日申報』를 중심으로〉, 《韓國史學報》 10, 2001.

_____, 〈한말 민족 의식과 영토관―《皇城新聞》과 《大韓每日申報》의 論說에 나타난 領土觀을 중심으로〉, 《韓國史研究》 129, 2005.

白永瑞, 〈大韓帝國期 韓國言論의 中國認識〉, 《歷史學報》 153, 1997.

서영희, 〈『국민신보』를 통해 본 일진회의 합방론과 합방정국의 동향〉, 《역사와 현실》 69, 2008.

宋友惠, 〈北間島 大韓國民會의 組織形態에 관한 硏究〉, 《한국민족운동사연구》 1, 1986.

_____, 〈대한독립선언서(세칭 무오독립선언서)의 실체〉, 《역사비평》 계간 1, 1988.

愼鏞廈, 〈書評 - 韓國近代農業史硏究〉, 《韓國史硏究》 13, 1976.

_____, 〈新民會의 創建과 國權恢復運動(上·下)〉, 《韓國學報》 8·9, 1977.

_____, 〈朴殷植의 實業救國思想〉, 《學術院論文集》 18, 1979.

_____, 〈韓末 愛國啓蒙思想과 運動〉, 《韓國史學》 1, 1980.

_____, 〈新民會의 獨立軍基地創建運動〉, 《한국문화》 4, 1983.

_____, 〈申采浩의 民族獨立運動論의 특징〉, 《申采浩의 思想과 民族獨立運動》, 형설출판사, 1986.

_____, 〈大韓帝國과 獨立協會〉, 《한국사연구입문》(2판), 지식산업사, 1987.

_____, 〈개화당과 독립협회〉, 《한민족독립운동사(1)-국권수호운동(Ⅰ)》, 국사편찬위원회, 1987.

신효승, 〈20세기 초 국제 정세 변동과 한인무장독립운동〉, 연세대학교 박사학위논문, 2018.

_____, 〈상해 대한민국 임시정부 초기 '구국모험단' 창설과 활동〉, 《군사사연구총서》 7, 2018.

_____, 〈상해 대한민국 임시정부의 군사전략과 '陸軍臨時軍制' 변화〉, 《역사민속학》 54, 2018.

신희석, 〈일제의 식민지배 이데올로기〉, 《한민족독립운동사》 5, 1989.

심철기, 〈1907년 이후 《제국신문》의 성격과 의병인식〉, 《근대지식과 '조선-세계' 인식의 전환》, 소명, 2019.

심희찬, 〈근대전환기 신문·잡지 역사 관련 기사 데이터베이스 검토〉, 《역사문제연구》 43, 2020.

安秉旭, 〈朝鮮後期 自治와 抵抗組織으로서의 鄕會〉, 《聖心女大論文集》, 1986.

양영석, 〈위임통치 청원(1919)에 관한 고찰〉, 《韓國學報》 49, 1987.

柳永烈, 〈大韓自强會의 新舊學折衷論〉, 《崔永禧華甲紀念韓國史學論叢》, 探求堂, 1987.

_____, 〈大韓自强會의 愛國啓蒙運動〉, 《韓國近代民族主義運動史硏究》, 일조각, 1987.

_____, 〈大韓協會의 愛國啓蒙思想〉, 《李載龒博士還曆紀念韓國史學論叢》, 한울, 1990.

_____, 〈愛國啓蒙派의 民族運動論〉, 《國史館論叢》 15, 1990.

윤경로, 〈105인 사건과 기독교 수난〉,《한국기독교와 민족운동》, 종로서적, 1986.

尹炳奭, 〈日本人의 荒蕪地開拓權 要求에 대하여〉,《歷史學報》21, 1964.

_____, 〈1910년대 국외에서의 한국독립운동〉,《한민족독립운동사》3, 1988.

尹炳喜, 〈俞吉濬의 立憲君主制論〉,《東亞研究》13, 서강대, 1988.

李光麟, 〈舊韓末 進化論의 受容과 그 影響〉,《世林韓國學論叢》1, 1977.

_____, 〈舊韓末 新學과 舊學과의 論爭〉,《東方學志》23 · 24, 1980.

李萬烈, 〈韓末 기독교인의 민족 의식 형성과정〉,《韓國史論》1, 서울대 국사학과, 1973.

_____, 〈丹齋史學에 있어서의 歷史主體 認識의 問題〉,《丹齋申采浩와 民族史觀》, 형설출판사, 1980.

이만형, 〈舊韓末 愛國啓蒙運動의 對義兵觀〉,《海士論文集》18, 1983.

이병천, 〈북한학계의 한국근대 사회성격과 시대구분 논쟁〉,《북한학계의 한국근대사 논쟁》, 창작과 비평사, 1989.

李相燦, 〈1906~1910년 地方行政制度 變化와 地方自治論議〉,《韓國學報》42, 1986.

_____, 〈1894~5년 地方制度 개혁의 방향〉,《震檀學報》67, 1989.

李松姬, 〈韓末 愛國啓蒙思想과 社會進化論〉,《釜山女大史學》2, 1984.

_____, 〈大韓帝國末期 愛國啓蒙學會研究〉, 이화여대대학원 박사논문, 1986.

李志雨, 〈大韓自强會의 活動에 대하여〉,《慶熙史學》9 · 10, 1982.

_____, 〈大韓自强會의 時代認識에 대하여〉,《慶大史論》3, 1987.

李榮薰, 〈韓國史에 있어서 近代로의 移行과 特質〉,《제39회 전국역사학대회 발표요지》, 1996.

이태훈, 〈일진회의 '보호통치' 인식과 '합방'의 논리〉《역사와 현실》78, 2010.

李鉉淙, 〈大韓自强會에 對하여〉,《震檀學報》29 · 30, 1966.

_____, 〈大韓協會에 關한 硏究〉,《亞細亞研究》13-3, 1970.

장규식, 〈개항 후 美國使行과 서구 수용의 추이〉,《中央史論》, 24, 2006.

장영숙, 〈동도서기론의 연구 동향과 과제〉,《역사와 현실》50, 2003.

정용화, 〈유교와 자유주의: 유길준의 자유주의 개념 수용〉,《정치사상연구》2, 2000.

정유경, 〈텍스트의 계량 분석을 활용한 근대전환기 신문의 시계열적 주제 분석법-《황성신문》 논설을 대상으로〉,《역사문제연구》43, 2020.

정지호, 〈량치차오[梁啓超]의 '국성(國性)'론과 중화민족의 신질서 모색〉,《東北亞歷史論叢》, 동북아역사재단, 2020.

鄭昌烈, 〈韓末의 歷史認識〉, 《韓國史學史의 硏究》, 한국사연구회 편, 을유문화사, 1985.

_____, 〈韓末 申采浩의 歷史認識〉, 《孫寶基博士停年紀念 韓國史學論叢》, 知識産業社, 1988.

趙東杰, 〈安東儒林의 渡滿經緯와 獨立運動上의 性向〉, 《大丘史學》 15·16, 1978.

_____, 〈舊韓末 國民演說會 小考〉, 《韓國學論叢》 4, 1981.

_____, 〈大韓光復會의 結成과 그 先行組織〉, 《韓國學論叢》 5, 1982.

_____, 〈大韓光復會硏究〉, 《韓國史硏究》 42, 1983.

_____, 〈臨時政府 樹立을 위한 1917년의 大同團結宣言〉, 《한국학논총》 9, 1987.

_____, 〈1910년대 독립운동의 변천과 특성〉, 《한민족독립운동사》 3, 1988.

_____, 〈韓末 啓蒙主義의 構造와 獨立運動上의 位置〉, 《韓國學論叢》 11, 1989.

조영애, 〈《황성신문》과 《대한매일신보》의 의병 인식 비교〉, 《청람사학》 22, 한국교원대, 2013.

趙仁成, 〈韓末 檀君關係史書의 再檢討〉, 《國史館論叢》 3, 1989.

조형열, 〈《황성신문》이 주목한 조선의 역사문화 – 관심 소재의 정량적·시계열적 분석을 통한 조선연구의 기반 검토〉, 《역사문제연구》 43, 2020.

朱鎭五, 〈독립협회의 경제체제 개혁구상과 그 성격〉, 《韓國民族主義論》 III, 창작과비평사, 1985.

_____, 〈獨立協會의 社會思想과 社會進化論〉, 《孫寶基停年紀念韓國史學論叢》, 지식산업사, 1988.

_____, 〈개화파의 성립과정과 정치·사상적 동향〉, 《1894년 농민전쟁연구》(3), 역사비평사, 1993

_____, 〈19세기 후반 개화 개혁론의 구조와 전개〉, 연세대 박사학위논문, 1995.

_____, 〈開化論의 論理와 系譜〉, 《韓國 近現代의 民族問題와 新國家建設》, 김용섭정년기념논총(3), 지식산업사, 1997

車文燮, 〈賣國의 앞잡이=一進會〉, 《韓國現代史-民族의 抵抗》 3, 新丘文化社, 1969.

_____, 〈三·一運動을 前後한 受爵者와 親日韓人의 動向〉, 《三·一運動 50周年紀念論文集》, 동아일보사, 1969.

淺井良純, 〈日帝侵略 初期의 朝鮮人官吏 硏究-大韓帝國官吏 出身者를 中心으로〉, 연세대 사학과 석사논문, 1990.

崔起榮, 〈憲政硏究會에 관한 일 고찰〉, 《尹炳奭敎授華甲紀念韓國近代史論叢》, 지식산업사, 1990.

_____, 〈舊韓末 共進會에 관한 一考察〉, 《世宗史學》 1, 1992.

_____, 〈한말 국민교육회의 설립에 관한 검토〉, 《한국근현대사연구》 1, 1994.

_____, 〈황성신문의 역사관련 기사에 대한 검토〉, 《한국근현대사연구》 2, 1995.

_____, 〈露日戰爭 발발 직후 지식인의 政治改革論: 1904년의 '政治更張'에 關한 主要事項을 중심으로〉, 《吉玄益敎授停年紀念史學論叢 》, 1996.

崔德壽, 〈韓末 日本留學生의 對外認識 硏究(1905~1910)〉, 《公州師大論文集─사회과학》 22, 1984.

崔永禧, 〈保護라는 이름의 侵略〉, 《한국현대사》 2, 신구문화사, 1969.

_____, 〈韓末 官人의 經歷一般〉, 《史學硏究》 21, 1969.

최재목, 〈金源極을 통해서 본 1910년 陽明學 이해의 특징〉, 《陽明學》 23, 2009.

崔埈, 〈一進會의 言論活動分析〉, 《中央大論文集》 7, 1962.

韓永愚, 〈1910年代의 民族主義的 歷史敍述〉, 《韓國文化》 1, 1980.

_____, 〈韓末에 있어서의 申采浩의 역사인식〉, 《丹齋 申采浩와 民族史觀》, 형설출판사, 1980.

_____, 〈1910년대의 申采浩의 歷史認識〉, 《韓㳓劤停年紀念史學論叢》, 1981.

韓㳓劤, 〈開港 當時의 危機意識과 開化思想〉, 《韓國史研究》 2, 1968.

홍순권, 〈을사늑약 전후 개화지식인들의 정국인식과 대응〉, 《한국독립운동사연구》 24, 2005.

홍정완, 〈근대전환기 한국학 지형 다시 읽기─신문·잡지의 한국 역사·문화 관련 텍스트 계량 분석을 중심으로〉, 《역사문제연구》 43, 2020.

黃義敦, 〈昌德宮中의 御晩年─光武隆熙年代의 啓蒙運動〉, 《新民》 14, 1926.

姜德相, 〈日本帝國主義의 朝鮮支配とロシア革命〉, 《歷史學研究》 329, 1967.

_____, 〈啓蒙運動のリーダー, 李東輝〉(1977), 《朝鮮獨立運動の群像》, 靑木書店, 1984.

_____, 〈海外における朝鮮獨立運動の發展〉, 《朝鮮民族運動史研究》 2, 1985.

康成銀, 〈20世紀初頭における東學敎上層部の活動とその性格〉, 《朝鮮史研究會論文集》 24, 1987.

劉孝鍾, 〈極東ロシアにおける朝鮮民族運動─'韓國倂合'から第1次世界大戰の勃發まで〉, 《朝鮮史研究會論文集》 22, 1985.

_____, 〈極東ロシアにおける10月革命と朝鮮人社會〉, 《ロシア史研究》 45, 1987.

李亮, 〈對韓政策の一側面: 一進會の位置〉, 《九州史學》 84, 1985.

楠瀨正明, 〈梁啓超の國家思想〉, 《史學研究》 121·122 합, 1974.

_____,〈梁啓超の國家論の特質〉,《史學研究》132, 1976.

月脚達彦,〈愛國啓蒙運動の文明觀・日本觀〉,《朝鮮史研究會論文集》26, 1989.

林雄介,〈愛國啓蒙運動の農業重視論―西友學會・西北學會の實業論を中心に〉,《朝鮮史研究會論文集》29, 1991.

田口容三,〈愛國啓蒙運動期の時代認識〉,《韓國史研究會論文集》15, 1978.

佐佐充昭,〈檀君ナショナリズムの形成〉,《朝鮮學報》174, 2000.

_____,〈韓末における檀君敎の重光と檀君ナショナリズム〉,《朝鮮學報》180, 2001.

池川英勝,〈大垣丈夫について〉,《朝鮮學報》117, 1985.

_____,〈大垣丈夫の研究〉,《朝鮮學報》119・120, 1986.

靑木功一,〈朴泳孝の民本主義・新民論・民族革命論(1・2)〉,《朝鮮學報》80・82, 1976・1977.

橫山英,〈梁啓超の立憲政策論〉,《廣島大學文學部紀要》35, 1976.

_____,〈淸末ナツョナリズムと國家有機體說〉,《廣島大學文學部紀要》45, 1986.

4. 본서에 참고한 필자의 논저

《大韓帝國期의 政治思想 硏究》, 지식산업사, 1994.
《근대 한국의 문명 전환과 개혁론 - 유교 비판과 변용》, 지식산업사, 2014.
《민족과 지역 - 근대 개혁기의 대구·경북》, 지식산업사, 2017.
《민족문화와 대학 - 연희전문학교의 학풍과 학문》, 혜안, 2018.
〈韓末 啓蒙運動의 政治論 硏究〉, 《韓國史硏究》 54, 1986.
〈韓末 啓蒙運動의 地方支會〉, 《孫寶基停年紀念韓國史學論叢》, 지식산업사, 1988.
〈大韓帝國末期의 國權恢復運動과 그 思想〉, 연세대학교 박사학위논문, 1988
〈한말·일제초기의 변혁운동과 성주지방 지배층의 동향〉, 《韓國學論集》 18, 1991.
〈日帝侵略初期(1905~1919) 親日勢力의 政治論〉, 《啓明史學》 3, 1992.
〈애국계몽운동에 대한 연구동향과 과제〉, 《한민족독립운동사》 12, 국사편찬위원회,
　　1993.
〈한말 친일파의 등장과 문명개화론〉, 《역사비평》 계간 23(겨울), 1993.
〈한국근대사에서 자주·독립의 의미〉, 《역사비평》 계간 29, 1995.
〈애국계몽운동(1)〉, 《한국독립운동사 사전—총론편》 1, 한국독립운동사연구소,
　　1996.
〈한말 근대화 과정에서의 구학·신학논쟁〉, 《역사비평》 34호, 1996.
〈近代社會成立論〉, 《韓國史 認識과 歷史理論》, 金容燮停年紀念韓國史學論叢(1),
　　지식산업사, 1997.
〈한말 경북지역의 近代敎育과 儒敎〉, 《啓明史學》 10, 1999.
〈張志淵의 變法論과 그 변화〉, 《韓國史硏究》 109, 2000.
〈大韓帝國期 變法論의 전개와 歷史敍述〉, 《東方學志》 110, 2000.
〈1910년대 박은식의 사상 변화와 역사인식〉 《東方學志》 114, 2001.
〈근대개혁기의 역사서술과 변법론〉, 《한국문화연구》 3, 2003.
〈大韓帝國 초기 文明開化論의 발전〉, 《韓國史硏究》 121, 2003.
〈개항 전후 실학의 변용과 근대개혁론〉, 《東方學志》 124, 2004.
〈개항 전후 儒者의 '三代' 인식과 近代改革論〉, 《한국 중세의 정치사상과 周禮》,
　　혜안, 2005.
〈1910년대 유생층의 근대개혁론과 유교〉, 《일제하 한국사회의 전통과 근대인식》,
　　혜안, 2009.

人